Christiane Kuller

Bürokratie und Verbrechen

Das Reichsfinanzministerium im Nationalsozialismus

herausgegeben von Jane Caplan, Ulrich Herbert, Hans Günter Hockerts, Werner Plumpe, Adam Tooze, Hans-Peter Ullmann, Patrick Wagner

Band 1

Christiane Kuller

Bürokratie und Verbrechen

Antisemitische Finanzpolitik
und Verwaltungspraxis
im nationalsozialistischen Deutschland

Oldenbourg Verlag München 2013

Diese wissenschaftliche Arbeit wurde im Rahmen des Forschungsprojektes „Geschichte des Reichsfinanzministeriums in der Zeit des Nationalsozialismus" durch das Bundesministerium der Finanzen gefördert.

Bibliografische Information der Deutschen Nationalbibliothek

Die Deutsche Nationalbibliothek verzeichnet diese Publikation in der Deutschen Nationalbibliografie; detaillierte bibliografische Daten sind im Internet über <http://dnb.d-nb.de> abrufbar.

Rosenheimer Straße 143, 81671 München
Internet: oldenbourg.de

Umschlagentwurf: hauser lacour
Umschlagabbildung: Frau auf dem Weg zur Deportations-Sammelstelle, Gestapostelle Würzburg 18880a, Foto 21, Staatsarchiv Würzburg
Gedruckt auf säurefreiem, alterungsbeständigem Papier (chlorfrei gebleicht).

Satz: le-tex publishing services GmbH, Leipzig
Druck und Bindung: Memminger MedienCentrum, Memmingen

ISBN 978-3-486-71659-7
E-ISBN 978-3-486-73592-5

Inhaltsverzeichnis

Dank 9

Einleitung 11

1. Die Organisation der Judenverfolgung in den Behörden der staatlichen Finanzverwaltung 31
   1.1 Gründung und Aufbau der Reichsfinanzverwaltung in der Weimarer Republik . . . 32
   1.2 Koordinationszentren der Judenverfolgung im Reichsfinanzministerium während der NS-Zeit: Steuerabteilung, „Referat Maedel“ und Zoll . . . 42
   1.2.1 Organisatorische Kontinuität und „milder“ personeller Austausch . . . 42
   1.2.2 Die Abteilung für Besitz- und Verkehrsteuern als früher Impulsgeber für die Diskriminierung von Juden . . . 55
   1.2.3 Die organisatorische Umgestaltung ab 1937/38 und die Entstehung des „Referats Maedel“ 1940 . . . 61
   1.2.4 Der Zollgrenzschutz . . . 72
   1.3 Zwischen Zentral- und Regionalinteressen: Die Mittelbehörden . . . 75
   1.3.1 Zentralisierungstendenzen und ihre Grenzen . . . 75
   1.3.2 Führungswechsel und „Nazifizierung“ zu Beginn der NS-Herrschaft . . . 79
   1.3.3 Umstrukturierung 1937/38 . . . 85
   1.3.4 Im Beutekampf um jüdisches Vermögen: die „Eingliederung“ der österreichischen Finanzverwaltung . . . 88
   1.3.5 Die Vermögensverwertungsstellen in den Oberfinanzpräsidien ab 1941 . . . 98
   1.3.6 Die zweite Kriegshälfte und das Ende der NS-Herrschaft . . 101
   1.4 Spezialisierung in Judenfragen: Die Finanzämter als operative Basis . . . 106
   1.4.1 Integrierte Steuerbearbeitung als Leitprinzip . . . 106
   1.4.2 Das „Mannheimer System“: Die Einrichtung von Reichsfluchtsteuerstellen in den Finanzämtern . . . 109
   1.4.3 Kriminalisierung: Verschärfung des Steuerfahndungsdienstes 113
   1.4.4 Ausschluss von Juden von Mitwirkungsrechten: Beiräte der Finanzämter . . . 118
   1.5 Das Berliner Finanzamt Moabit-West als Schaltzentrale für die Enteignung jüdischer Emigranten . . . 124

2. Steuerliche Diskriminierung von Juden im „Dritten Reich" 133
2.1 Kontinuitäten der Steuerordnung zwischen Weimarer Republik und „Drittem Reich" 133
2.2 Erste Reformen und Ideologisierung des Steuersystems 1933–1935 137
2.3 Planungszentrum Steuerabteilung: Radikalisierungsentwürfe im Sommer 1935 144
2.4 Vermögensanmeldung und „Judenvermögensabgabe" 1938 151
2.5 Von der steuerlichen Diskriminierung zur gesonderten Steuerklasse für Juden 167
2.6 Steuerpolitik gegen jüdische Einrichtungen 170
2.7 Antisemitische Steuerpolitik in der „Ostmark" 174
2.8 Kontinuitäten und Brüche in der Verwaltungspraxis der Finanzbehörden während der NS-Zeit 178

3. Die Ausplünderung jüdischer Emigranten 185
3.1 Reichsfluchtsteuer 185
3.1.1 Die Entwicklung und Bedeutung der Reichsfluchtsteuer in der Weimarer Zeit 185
3.1.2 Antijüdische Ausrichtung und Radikalisierung der Reichsfluchtsteuer nach 1933 188
3.1.3 Präventiver Zugriff der Finanzbehörden zur „Sicherung" der Reichsfluchtsteuer 195
3.1.4 Reichsfluchtsteuer als Instrument der Teilenteignung 199
3.2 Devisenrecht 201
3.2.1 Die Anfänge der Devisenbewirtschaftung seit dem Ersten Weltkrieg 205
3.2.2 Antijüdische Diskriminierungsmechanismen im Devisenrecht in einer Phase des Pragmatismus 1933–1935 208
3.2.3 Antisemitische Radikalisierung in der devisenpolitischen Dauerkrise 1935–1939 217
3.2.4 Transferabkommen für jüdische Emigranten 231
3.2.5 Devisenpolitik in der „Ostmark" 241

4. „Arisierung" – Die Rolle der Finanzverwaltung im Konflikt zwischen staatlichen Interessen, Gauleitungen und Privatwirtschaft 243
4.1 Fiskalische Verfolgung und „Arisierung" 243
4.2 Die Reichsfinanzpolitik und die „Arisierung" bis 1937 250
4.2.1 Aprilboykott, „Nürnberger Gesetze" und „Arisierungspolitik" 250
4.2.2 Steuern als Druckmittel in der Praxis der „Arisierung" 256

4.3 Übergang zur „Zwangsarisierung" 1938 263
4.3.1 Erste staatliche Regulierung der „Arisierung" 1938 und Widerspruch Schwerin von Krosigks gegen eine „Zwangsarisierung" im Sommer 1938 263
4.3.2 Durch Steuerschulden zur „Zwangsarisierung": der Ignaz-Petschek-Konzern 267
4.3.3 „Zwangsarisierung" nach dem Novemberpogrom 270
4.4 Zwischen Partei-, Staats- und Privatinteressen: die Ausgleichsabgabe 272
4.4.1 Gegen regionale Parteiinteressen im „Altreich": die Entscheidung für eine staatliche Ausgleichsabgabe 272
4.4.2 Arisierungsskandal in Franken und die Einsetzung einer Prüfungskommission durch Hermann Göring 287
4.4.3 „Arisierung" und Ausgleichsabgabe in Österreich: der Staat gerät ins Hintertreffen 294

5. Staatliche Enteignung jüdischen Vermögens 307
5.1 Entwicklung des staatlichen Eigentumsschutzes und Möglichkeiten der Vermögenskonfiskation vor 1933 309
5.1.1 Nationalisierung und Zentralisierung des Eigentumsschutzes seit dem 19. Jahrhundert 310
5.1.2 Verfahren der staatlichen Enteignung und die zentrale Bedeutung der Entschädigung vor 1933 313
5.1.3 Die Fürstenenteignung in der Weimarer Republik und die NSDAP als Gegner einer entschädigungslosen Enteignung . 319
5.2 Von der politischen Gegnerbekämpfung zum Rassenrecht: Entzug der Staatsangehörigkeit und Enteignung von Juden 1933–1938 324
5.2.1 Das „Gesetz über die Einziehung volks- und staatfeindlichen Vermögens" vom 14. Juli 1933 325
5.2.2 Steuerliche Förderung der Vermögenskonfiskation 330
5.2.3 Das „Gesetz über den Widerruf von Einbürgerungen und die Aberkennung der deutschen Staatszugehörigkeit" vom 14. Juli 1933 und die Frage der „Ostjuden" 333
5.2.4 Die beiden Enteignungsgesetze in der Praxis: Unklare Rechtslage und Konflikte 338
5.2.5 Verschärfung der vermögensrechtlichen Regelungen gegenüber Juden 343
5.3 Die Verwaltung und Verwertung der während des Pogroms vom November 1938 „sichergestellten" Vermögenswerte . . 347
5.4 Radikalisierung der Enteignungspolitik nach 1938 352
5.4.1 Legalisierung der Raubaktionen in der „Ostmark" 352

5.4.2 „Wiener Verhältnisse“: Die Praxis der Vermögensverwertung in der „Ostmark“ . . . 366
5.4.3 Sudetengau . . . 374
5.4.4 Wechselwirkungen zwischen Staatsbürgerschaftsfragen und Enteignung im Protektorat Böhmen und Mähren und in Polen . . . 376
5.4.5 Der Weg der Finanzbehörden in die Schlüsselposition der Vermögensverwaltung bei den frühen Deportationen . . 379
5.5 Die 11. Verordnung zum Reichsbürgergesetz vom 25. November 1941 . . . 387
5.5.1 Die Verknüpfung von Staatsbürgerschaftsdiskussionen und Enteignungsfragen in der Debatte um die Einführung der 11. Verordnung zum Reichsbürgergesetz . . . 387
5.5.2 Grenzen der Regelbarkeit: Konflikte zwischen Reichssicherheitshauptamt und Reichsfinanzverwaltung im Kontext der Enteignung der Deportierten . . . 397
5.5.3 Die „Aktion 3“: Die 11. Verordnung zum Reichsbürgergesetz und die Deportationen in der Praxis . . . 402

Zusammenfassung und Schlussbetrachtung 427

Abkürzungen 445

Quellen- und Literaturverzeichnis 449

Ungedruckte Quellen . . . 449
Gedruckte Quellen, Memoiren und zeitgenössische Literatur 451
Periodika . . . 451
Gedruckte Quellen . . . 451
Forschungsliteratur . . . 455

Personenregister 477

Dank

Dieses Buch ist die leicht überarbeitete Fassung meiner Habilitationsschrift, die im Wintersemester 2010/11 an der Ludwig-Maximilians-Universität München angenommen wurde. Allen, die zur Entstehung dieser Arbeit beigetragen haben, möchte ich herzlich danken.

An erster Stelle ist dabei Hans Günter Hockerts zu nennen, der am Lehrstuhl für Neueste Geschichte und Zeitgeschichte der Ludwig-Maximilians-Universität ein intellektuelles Arbeitsumfeld geschaffen hat, wie man es sich nicht besser wünschen kann. Auch die Mitglieder des Habilitationsmentorats Jane Caplan, Horst Möller und Mathias Schmoeckel haben das Projekt durch Ratschläge und Kritik gefördert. Dafür gilt ihnen mein Dank, ebenso wie den Mitgliedern des Beirats des Forschungsprojektes über die Geschichte des Reichsfinanzministeriums in der NS-Zeit und seinem Vorsitzenden Hans-Peter Ullmann.

Ein Habilitationsstipendium des bayerischen Hochschul- und Wissenschaftsprogramms und ein Forschungsstipendium des Bundesministeriums der Finanzen ermöglichten es, dass ich auch längere Archivreisen konzentriert durchführen konnte. Hier durfte ich von der Hilfsbereitschaft vieler Mitarbeiter in den Archiven und Behörden profitieren, die mir beim Zugang zu den oft sperrigen Quellenbeständen mit Rat und Tat zur Seite standen.

Freunde und Kollege haben ihr Wissen mit mir geteilt und durch Gespräche, Anregungen und Kritik zum Gelingen der Arbeit beigetragen, insbesondere Ralf Banken, Ramona Bräu, Axel Drecoll, Rüdiger Hachtmann, Jürgen Kilian, Stefanie Middendorf, Dietmar und Winfried Süß, Josephine Ulbricht sowie Tobias Winstel. Den Mühen der Textredaktion haben sich Sophia Dafinger, Christina Garstecki, Friederike Klingenberg, Gabriele Kuller und Tobias Sowade unterzogen. Gabriele Jaroschka vom Oldenbourg Verlag hat schließlich geholfen, aus dem Manuskript ein Buch zu machen. Dafür danke ich allen sehr.

Winfried hat mich während der Jahre der Arbeit an diesem Buch immer wieder ermutigt und unermüdlich unterstützt, wofür ich ihm von ganzem Herzen danke.

Berlin, im Februar 2013 Christiane Kuller

Einleitung

„Ich kenne den Beschuldigten nur als einen korrekten Beamten, er war ein Arbeitstier und zeigte sich nicht als Systemdiener, sondern als Staatsdiener. Ich will damit sagen, daß er sich unter einem anderen System genauso verhalten haben würde.“[1] Diese Worte, mit denen ein Kollege 1960 in einer Zeugenaussage vor dem Amtsgericht Kronach das Verhalten des Leiters der Zollfahndungsstelle Nürnberg während der NS-Zeit beschrieb, waren charakteristisch für das Selbstverständnis eines Großteils der Finanzbeamten. Sie sahen sich rückblickend als politisch neutrale Staatsdiener, die – wie unter anderen Regierungen auch – im „Dritten Reich“ nur geltende Gesetze und Verordnungen ausgeführt hatten. Bürokratische Organisationsprinzipien und rationale Verwaltungsverfahren als Bestimmungselemente ihrer Arbeit schienen den Beamten der Beleg dafür zu sein, dass die Finanzverwaltung im „Dritten Reich“ als unpolitische Fachverwaltung gearbeitet hatte.

Mit Blick auf die Judenverfolgung beschrieb hingegen schon Raul Hilberg Anfang der 1960er Jahre die Finanzbehörden als „Vorreiter der Enteignungsoperation“.[2] Steuerliche Diskriminierung, die Erhebung hoher Sonderabgaben und die Einziehung, Verwaltung und Verwertung jüdischen Vermögens waren zentrale, von der Finanzverwaltung durchgeführte Elemente der wirtschaftlichen Beraubung der deutschen Juden. Reichsfinanzminister Lutz Graf Schwerin von Krosigk und Finanzstaatssekretär Fritz Reinhardt waren während der gesamten NS-Zeit an Entscheidungen zur wirtschaftlichen Verfolgung von Juden beteiligt, und zahlreiche antisemitische Gesetze und Verordnungen trugen ihre Unterschrift. Leitende Beamte im Reichsfinanzministerium entwickelten antisemitische Verwaltungspraktiken. Lokale Finanzbeamte diskriminierten jüdische Steuerpflichtige und trieben Sonderabgaben in Milliardenhöhe ein.

Vielfach gingen die Mitarbeiter der Finanzbehörden dabei strategisch vor, etwa um ihre Opfer systematisch zu kriminalisieren, die „Arisierung“ ihres Eigentums zu forcieren oder sie in die Flucht zu treiben. Zunehmend gewann die fiskalische Verfolgung dabei den Charakter einer Enteignung. Finanzbeamte sorgten dafür, dass jüdische Emigranten große Teile ihres Vermögens bei ihrer Flucht in Deutschland zurücklassen mussten, so dass viele nahezu mittellos im Ausland ankamen. Für diejenigen, denen die Flucht aus dem Deutschen Reich nicht mehr möglich war, bedeutete die fiskalische Verfolgung den vollständigen

[1] Zeugenaussage eines Zollinspektors vor dem Amtsgericht Kronach am 24.8.1960 im Verfahren gegen den Leiter der Zollfahndungsstelle Nürnberg, StAN, Staatsanwaltschaften beim Landgericht Nürnberg-Fürth, 691.

[2] Hilberg, Vernichtung, S. 85.

Verlust allen Vermögens, den „Finanztod" (H. G. Adler).[3] Während der Deportationen räumten Finanzbeamte die verlassenen Wohnungen, überführten das letzte Hab und Gut der Verschleppten in Staatsbesitz und regelten offene Vermögensfragen. Was die Finanzbeamten hier taten, war ein substanzieller Beitrag zur Vernichtungspolitik: Sie tilgten die letzten Spuren des bürgerlichen Lebens der deportierten Juden. So gesehen war die Tätigkeit der Finanzbeamten alles andere als Verwaltung wie „unter einem anderen System". Die Mitarbeiter der Finanzbehörden waren an zentraler Stelle in die nationalsozialistische Verbrechenspolitik involviert.

Die beiden unterschiedlichen Deutungen der Tätigkeit der Finanzbeamten kreisen im Kern um einen Punkt: Steuerliche Diskriminierung und Enteignung von Juden fügten sich im „Dritten Reich" auf den ersten Blick scheinbar nahtlos in den Verwaltungsalltag der Finanzbeamten ein. Insbesondere waren die Abläufe in der Regel durch gesetzliche Vorgaben geregelt. Was die Finanzbeamten taten, war – so gesehen – ein legales Verfahren. Mehr noch: Das Vorgehen gegen Juden war für Finanzbeamte im „Dritten Reich" gesetzlich bindend vorgeschrieben, so dass ihr Handeln den Anschein der Legitimität haben konnte. In der Rückschau hingegen fallen Legalität und Legitimität weit auseinander. Die zeitgenössische Vorstellung bürokratischer Normalität kollidiert rückblickend mit der menschenrechtlich fundierten Einsicht in die Verbrechensdimension der NS-Judenpolitik.

Umso mehr ist zu fragen: Wie war es möglich, einen weitverzweigten Apparat wie die Finanzverwaltung mit zehntausenden von Mitarbeitern in die Verfolgung, Vertreibung und Vernichtung der Juden einzubinden? Auf welche Weise wurde die fiskalische Verfolgung in scheinbar normale Verwaltungsakte übersetzt, und wo zeigten sich Grenzen der administrativen Regelbarkeit? Wie arrangierte sich ein bürokratischer Apparat wie die Reichsfinanzverwaltung mit den Funktionsbedingungen der NS-Verbrechenspolitik bei der Ausplünderung, Deportation und Ermordung der deutschen Juden? Wie funktionierte die Zusammenarbeit zwischen Finanzbeamten und anderen Akteuren der Judenpolitik, und auf welche Weise prägten die Mitarbeiter der Finanzbehörden das Gesamtbild der Verfolgungswirklichkeit mit? Kurz: Wie lassen sich Bürokratie und Verbrechen in Bezug zueinander setzen? Diese Fragen bilden den Ausgangspunkt für die folgende Untersuchung über die Möglichkeiten und Modi der Einbindung einer staatlichen Verwaltungsbehörde in die nationalsozialistische Diktatur.

Lange Zeit stand die wirtschaftliche Ausplünderung der Juden nicht im Vordergrund des Interesses der historischen Forschung. Angesichts des

[3] H. G. Adler bezeichnete die Ausplünderung der Juden als „Finanztod". Diesem folgte der „bürgerliche Tod" durch die Vertreibung aus der Heimat und schließlich die Ermordung. Vgl. Adler, Mensch, S. 166.

millionenfachen Mordes an den europäischen Juden blieben Fragen der ökonomischen Verfolgung im Hintergrund. Nur einzelne Historiker wie etwa Raul Hilberg bezogen die wirtschaftliche Beraubung in ihre Untersuchungen mit ein.[4] Auch konzentrierte sich die wissenschaftliche Forschung vor allem auf die Rolle nationalsozialistischer Organisationen bei der Verfolgungs- und Vernichtungspolitik, so dass die Bedeutung staatlicher Institutionen unterbeleuchtet blieb.

Neue Impulse gingen ab den 1990er Jahren von der aufkommenden Forschung zur „Arisierung" aus. Aufbauend auf einzelne ältere Arbeiten insbesondere von Genschel und Barkai[5] betonten diese Untersuchungen vor allem die Beteiligung und den Profit gesellschaftlicher Kreise, aber auch staatlicher und parteilicher Institutionen an der wirtschaftlichen Ausplünderung der Juden. Regionalstudien wie die Pionierarbeit von Frank Bajohr zur „Arisierung" in Hamburg warfen einen erhellenden Blick auf die spezifische Dynamik des Prozesses und legten ein breites Spektrum an beteiligten Akteuren offen, darunter auch die Finanzbehörden.[6] In den vergangenen Jahren hat sich das Themenfeld dahingehend differenziert, dass zwischen der „Arisierung" als gesellschaftlichem Prozess und der staatlichen Konfiskation stärker unterschieden wird. Die Frage nach der Beteiligung der staatlichen Finanzbehörden wurde dadurch zu einem eigenständigen Forschungsfeld.

Einer der Ersten, der sich mit der Geschichte der wirtschaftlichen Ausplünderung der Juden durch die staatlichen Finanzbehörden beschäftigte, war H. G. Adler in seiner Studie „Der verwaltete Mensch" aus dem Jahr 1974.[7] Ausgehend von einer Analyse der Deportationen beschrieb Adler darin unter anderem minutiös die Vorgänge bei der „Trennung von Menschen und Habe" im Zusammenhang mit der „Aktion 3", wie die Verwaltung und Verwertung des Eigentums der Deportierten in der Tarnsprache der NS-Behörden hieß. Adler stützte sich auf Quellen aus den staatlichen Finanzbehörden, insbesondere aus dem Raum Würzburg, der aufgrund der dort vorhandenen Gestapoüberlieferung den regionalen Schwerpunkt seiner Studie bildete. Sein Interesse galt allerdings vor allem den Auswirkungen der fiskalischen Verfolgungsmaßnahmen auf die Opfer, aus deren Perspektive auch zahlreiche Fallbeispiele dokumentiert wurden. Die verwaltungstheoretischen Überlegungen, mit denen Adler seine Studie abschloss, zielen hingegen auf die Position

4 Hilberg, Vernichtung.

5 Genschel, Verdrängung; Barkai, Boykott. Genschels Untersuchung beschäftigt sich vor allem mit den politischen Entscheidungsprozessen, während Barkai auch die Auswirkungen auf die Verfolgungsopfer und das Zusammenwirken der unterschiedlichen Maßnahmen in den Blick nahm.

6 Bajohr, „Arisierung" in Hamburg; zum Forschungsstand vgl. Nietzel, Vernichtung.

7 Adler, Mensch.

Hitlers und die Rolle der Polizei im NS-Staat. Adlers Untersuchung fand in der historischen Forschung zunächst nur geringe Resonanz, was auch damit zusammenhing, dass das Buch aufgrund der zahlreichen, wenig kommentierten Quellenwiedergaben sperrig und schwer zu rezipieren war.[8] Die Rolle der Finanzbehörden bei der wirtschaftlichen Ausraubung der deutschen Juden tauchte in den nächsten Jahren zwar am Rande von Untersuchungen zur wirtschaftlichen Verfolgung auf.[9] Größere Untersuchungen erschienen zum Thema der fiskalischen Judenverfolgung aber erst wieder seit den 1990er Jahren.

Im Unterschied zu Adler und anderen Autoren, die die wirtschaftliche Ausplünderung vor allem in den Kontext der allgemeinen Judenpolitik und insbesondere der Deportationen einordneten, betonten rechtsgeschichtliche Untersuchungen die Verbindung mit der allgemeinen Steuerpolitik.[10] Indem sie der frühen Steuerpolitik gegenüber Juden die Tendenz zur Teilenteignung zusprachen und die Konfiskationen in gewissem Maße als Fortsetzung steuerlicher Maßnahmen interpretierten, machten diese Studien bislang kaum beachtete Kontinuitätslinien im Tätigkeitsfeld der Finanzverwaltung sichtbar. Organisationsgeschichtlich setzte sich in den frühen 1990er Jahre Stefan Mehl mit der politischen Rolle des Reichsfinanzministeriums bei der Diskriminierung und Enteignung von Juden während der NS-Zeit auseinander.[11]

Seit Ende der 1990er Jahre sind dann mehrere Studien zur Involvierung der regionalen Finanzbehörden in die fiskalische Judenverfolgung erschienen. Das deutlich zunehmende Interesse der Forschung an dieser Thematik hatte nicht zuletzt damit zu tun, dass sich der Zugang zu den Akten erheblich verbesserte. Eine große Zahl von Quellen aus der NS-Zeit, die vielfach noch in den staatlichen Finanzbehörden lagerten, wurde seit Ende der 1990er Jahre für die Forschung zugänglich gemacht. Die umfangreichen Quellenbestände zur steuerlichen Diskriminierung und Enteignung sowie zur späteren Wiedergutmachung – in weiten Teilen Einzelfallakten – bildeten die Basis für Forschungsprojekte in mehreren Bundesländern.

[8] Das Münchner Institut für Zeitgeschichte sah die Studie als Mischform zwischen Quellen- und Forschungspublikation an und wollte sie mit dieser Begründung nicht in einer Institutsreihe publizieren, obwohl es Adler ursprünglich bei seiner Studie unterstützt hatte. Vgl. dazu Berg, Holocaust, S. 304–310.

[9] Vgl. etwa Barkai, Boykott.

[10] Zur Steuerordnung allgemein Voß, Steuern; Giese, Abgabenordnung; Schauer, Steuergesetzgebung. Zur Reichsfluchtsteuer und der Frage der Konfiskation von Emigrantenvermögen: Mußgnug, Reichsfluchtsteuer. Mit Bezug auf Enteignungsgesetze Tarrab-Maslaton, Strukturen.

[11] Mehl, Reichsfinanzministerium. Mehl ging im Wesentlichen auf fiskalische und machtpolitische Auseinandersetzungen in der Führungsspitze des NS-Regimes ein und bezog sich vor allem auf Minister, Staatssekretär und führende Beamte im Ministerium. Die konkrete Verwaltungstätigkeit kommt in dieser Studie, die als interdisziplinäre sozialwissenschaftlich-historische Magisterarbeit entstand, allerdings kaum vor.

Eine erste dokumentarische Ausstellung von solchen Einzelfallakten der fiskalischen Ausplünderung stellte Wolfgang Dreßen für Köln 1998 vor.[12] In Nordrhein-Westfalen entstand eine Ausstellung zu dem Thema „Verwaltung und Verfolgung. Die wirtschaftliche Ausplünderung der Juden und die westfälischen Finanzbehörden", in deren Umfeld 1999 ein Aufsatzband unter dem gleichen Titel erschienen ist.[13] Dieses Projekt leistete – unterstützt durch Mitarbeiter aus der Oberfinanzdirektion Münster – Pionierarbeit bei der Erschließung des Forschungsfeldes. In Rheinland-Pfalz wurden die Münsteraner Forschungsergebnisse ebenfalls in einer Ausstellung präsentiert, ergänzt um eine umfangreiche regionale Untersuchung, die sich vor allem auf die Enteignung der Deportationsopfer bezieht.[14] In Hessen entstand am Fritz-Bauer-Institut eine Wanderausstellung mit dem Titel „Legalisierter Raub. Der Fiskus und die Ausplünderung der Juden in Hessen 1933–1945", zu der Susanne Meinl und Jutta Zwilling eine umfangreiche Studie vorlegten.[15] Dieser Band bietet nicht nur eine ausführliche Untersuchung der hessischen Verwaltungsprozesse, sondern stellt auch die zugrunde liegende archivalische Überlieferung in einem detaillierten Überblick zusammen. Für Berlin verfasste Martin Friedenberger eine Untersuchung über die „fiskalische Ausplünderung", die auch die in Berlin ansässigen Zentralbehörden miteinbezog.[16] In Bayern entstanden im Rahmen des dortigen Forschungsprojektes drei Monografien zum Thema fiskalische Judenverfolgung und Wiedergutmachung.[17] Auch in Hannover wurde ein Forschungsprojekt zu dem Thema betrieben, aus dem unter anderem eine Dissertation mit dem inhaltlichen Schwerpunkt auf der Devisenpolitik hervorging.[18] Im erweiterten Sinn gehören auch die Ergebnisse der österreichischen Historikerkommission in den Kontext der Regionalprojekte, die in ihren Bänden teilweise auch auf die Finanzbehörden eingehen.[19] Seit dem Jahr

12 Dreßen, Aktion 3.

13 Kenkmann/Rusinek, Verfolgung. Die Ausstellung war seither an mehreren Orten in der Bundesrepublik zu sehen. Dabei wurden jeweils ergänzende Katalogbeiträge mit regionalem Bezug erarbeitet.

14 Rummel/Rath, Dem Reich verfallen.

15 Meinl/Zwilling, Legalisierter Raub.

16 Friedenberger, Ausplünderung; ders., Finanzamt, sowie mit zahlreichen Dokumenten Friedenberger u. a., Reichsfinanzverwaltung.

17 Winstel, Gerechtigkeit; Drecoll, Fiskus; Kuller, Finanzverwaltung und Judenverfolgung. Zusammenfassend Hockerts u. a., Finanzverwaltung.

18 Franke, Legalisiertes Unrecht; ders., Rolle. Ebenfalls aus dem Projektkontext hervorgegangen ist der Aufsatz von Schmid, Finanztod.

19 Vgl. zusammenfassend Jabloner u. a., Schlussbericht; zu Österreich auch Böhmer/Faber, Finanzverwaltung; Faber/Meissel, Steuerrecht. Zum Sudetengau vgl. Osterloh, Judenverfolgung. Mit Blick auf die europäische Dimension des Vermögensraubs vgl. Goschler/Ther, Raub, sowie Dean, Robbing. Zur österreichischen Entwicklung liegt seit kurzem eine quellenintensive Regionalstudie zur Finanzverwaltung vor: Fritz, Fortschritt.

2009 beschäftigt sich eine internationale Kommission mit der Geschichte des Reichsfinanzministeriums in der NS-Zeit. Die vorliegende Studie war in dieses Projekt eingebunden.[20]

Als Studie über eine staatliche Reichsverwaltung schließt diese Untersuchung auch an allgemeine verwaltungsgeschichtliche Forschungsergebnisse zur NS-Zeit an. Generell erlebte die Verwaltungsgeschichte des „Dritten Reichs" bereits in den späten 1980er Jahren einen ersten Höhepunkt, als Jane Caplan ihre wegweisende Untersuchung über die Entwicklung der Innenverwaltung in Weimar und in der NS-Zeit publizierte[21] und Dieter Rebentisch eine Studie zur Geschichte der Innenverwaltung während des „Dritten Reichs" veröffentlichte[22]. In den 1990er Jahren erschien Michael Rucks Gruppenbiografie über südwestdeutsche Beamte, die den zeitlichen Bogen von den 1920er bis zu den 1970er Jahren spannte.[23] Seither hat sich die verwaltungsgeschichtliche Forschung weiter ausdifferenziert und neben der Innenverwaltung auch andere Verwaltungszweige in den Blick genommen. Insbesondere gibt es mittlerweile eine Reihe von Arbeiten, die sich speziell mit der Frage des Zusammenhangs von Bürokratie und NS-Verbrechen beschäftigen.[24]

Im nationalsozialistischen Staat entfaltete die bürokratische Herrschaft ein hohes Verfolgungspotential. Staatsverbrechen wie die Verfolgung und Ermordung politischer Gegner, die Ermordung von Geisteskranken und die Vernichtung der europäischen Juden waren auch das Werk eines ausgedehnten administrativen Apparats. In der „Vernichtungsmaschinerie" wirkten „ganz normale Beamte" mit, indem sie ihre „unbestechliche planerische und verwalterische Gründlichkeit" in ihren jeweiligen Zuständigkeitsbereich einbrachten.[25] Wie die Forschung betont, war es gerade das professionelle Handeln von Beamten in Verfahren ohne Ansehen der Person, das im Kontext der nationalsozialistischen Diktatur eine menschenverachtende Wirkung entfaltete. Der bürokratische Apparat häufte zudem in kurzer Zeit eine enorme Menge an Information über seine Bürger an. Durch die Verknüpfung umfassender statistischer Erhebungen mit individuellen Daten hatte die Verwaltung die Grundlage für eine systematische und engmaschige Verfolgung.[26] Gleichzeitig spielten die charakteristische Segmentierung von Verantwortlichkeit und die Arbeitsteilung eine zentrale Rolle bei der Entwicklung einer mörde-

[20] Überblick über das Projekt unter URL: http://www.reichsfinanzministerium-geschichte.de [15.3.2013].
[21] Caplan, Government.
[22] Rebentisch, Führerstaat; Rebentisch/Teppe, Verwaltung.
[23] So etwa Ruck, Korpsgeist; vgl. auch Rauh-Kühne/Ruck, Eliten. Vgl. dazu auch den Forschungsüberblick bei Ruck, Beharrung.
[24] Vgl. dazu bereits Gruner/Nolzen, Bürokratien.
[25] So schon Hilberg, Vernichtung, S. 60, dort auch die Zitate.
[26] Aly/Roth, Erfassung.

rischen Dynamik. Hans Mommsen sah daher in den Funktionsmechanismen bürokratischer Herrschaft einen maßgeblichen Beitrag zur „kumulativen Radikalisierung“[27], die ihm als treibenden Faktor auf dem Weg zum Völkermord galt.

Untersucht wurde diese Dynamik bisher vor allem für die Gesundheits- und die Kommunalverwaltung.[28] Zu den neuen bzw. stark veränderten Verwaltungen, die im Dienste der politischen und rassistischen Gegnerverfolgung besonders hervortraten, ist zudem das Reichssicherheitshauptamt zu rechnen. Hierzu gibt es seit den Arbeiten von Ulrich Herbert und Michael Wildt grundlegende Untersuchungen,[29] die die bürokratischen Aspekte der „kämpfenden Verwaltung“ und das institutionelle Selbstverständnis der Behörden in den Blick nehmen.

Die Judenverfolgung durch staatliche Verwaltungsinstanzen stand im Mittelpunkt einer Studie, die Michael Mayer vor kurzem veröffentlicht hat. Bei seiner Untersuchung über „Staaten als Täter“ nahm Mayer vor allem die politischen Debatten um Staatsangehörigkeit sowie um Deportation und Ermordung in den Blick.[30] Damit unterscheidet er sich in doppelter Weise von dieser Untersuchung: Zum einen ist die wirtschaftliche Verfolgung bei ihm nicht eingebunden. Zum anderen richtet Mayer den Blick vorwiegend auf die politischen Entscheidungsprozesse und nicht auf die Verwaltungspraxis. Die Radikalisierungsdynamiken bürokratischer Verwaltungen standen auch im Zentrum des Projektes „Holocaust und Polykratie in Westeuropa 1940–1944“, in dem ein Forscherteam um Wolfgang Seibel und Sven Reichardt das Vorgehen der deutschen Besatzungsregime in Frankreich, Belgien und den Niederlanden sowie die Kooperation mit den einheimischen Institutionen während des Zweiten Weltkriegs untersuchte.[31] Während dort jedoch vorwiegend neue Institutionen untersucht wurden, die im Krieg entstanden, steht mit der Finanzverwaltung in dieser Untersuchung ein Verwaltungsapparat im Mittelpunkt, der üblicher

[27] Mommsen, Nationalsozialismus.

[28] Süß, Volkskörper; Gruner, Wohlfahrt. Wie „alte“ Verwaltungsbehörden im Herrschaftssystem des „Dritten Reichs“ agierten und die neuen Rahmenbedingungen effizient nutzten, zeigt die Studie von Bernhard Gotto über die Kommunalverwaltung in Augsburg, Gotto, Kommunalpolitik, die allerdings kaum auf die Judenverfolgung eingeht. Vgl. dazu auch Mecking, Immer treu. Zur „neuen Staatlichkeit“ vgl. auch Hachtmann, Staatlichkeit.

[29] Herbert, Best; Wildt, Generation.

[30] Mayer, Staaten. Mayer betont für seine Untersuchungsbereiche, dass die Ministerialbürokratie in den 1930er Jahren in Deutschland (und zeitversetzt ab 1942 in Frankreich) zurückgedrängt worden sei, und „nationalsozialistisch“ geprägte Institutionen die Federführung in der Judenpolitik übernommen hätten. Für die wirtschaftliche Verfolgung und die Zwangsarbeit, an denen staatliche Verwaltungsbehörden wesentlich beteiligt waren, lässt sich diese These allerdings nicht bestätigen.

[31] Vgl. Seibel, Market; ders., Strength; ders., Restraining; ders., Staatsstruktur; Seibel/Raab, Verfolgungsnetzwerke.

Weise zu den traditionellen Staatsverwaltungen gerechnet wird – auch wenn er zum Zeitpunkt der nationalsozialistischen Machtübernahme erst seit 14 Jahren bestand.

Die Arbeit nähert sich dem Thema von zwei Seiten: Sie fragt zum einen, welche politischen Ziele für die Finanzverwaltung von Bedeutung waren und worin sich diese von denen anderer Akteure der Judenverfolgung unterschieden. Welche Rolle spielten ökonomische und fiskalische Interessen und in welchem Verhältnis standen diese zu ideologischen Aspekten? Zum anderen untersucht sie die konkrete Verwaltungspraxis bei der Umsetzung der fiskalischen Judenverfolgungsmaßnahmen. Beide Leitperspektiven, die der politischen Entscheidungen und die der praktischen Umsetzung, sollen in dieser Arbeit verbunden und als zwei Teile eines – mitunter wechselwirksamen – Prozesses untersucht werden. Zugleich werden durch diesen Ansatz Zentrale und Region gemeinsam in den Blick genommen. Durch die integrierte Betrachtung geht die Studie über frühere Arbeiten hinaus, die in der Regel nur eines – die politischen Debatten der ministerialen Leitungsebene in Berlin oder die lokale Praxis – betrachtet haben, und sie untersucht darüber hinaus übergreifende Zusammenhänge und Funktionsmechanismen der fiskalischen Verfolgung.

Die erste Leitperspektive dieser Studie untersucht die *fiskalische Judenverfolgung als politischen Prozess*. Dabei ist die Debatte um die Maßnahmen der Finanzverwaltung gegenüber Juden in unterschiedliche politische Kontexte einzuordnen. So waren die Verfolgungsvorgänge Teil der nationalsozialistischen Judenpolitik.[32] Wie allgemein bei der NS-Rassenpolitik, so war auch deren fiskalische Komponente gekennzeichnet durch Widersprüche und Richtungswechsel. Augenfällig ist beispielsweise die Kollision zwischen dem Ziel der Vertreibung der Juden aus Deutschland und dem Ausplünderungsverfahren, das mit einer Auswanderung einsetzte und viele Juden an einer Emigration hinderte. Auch die enge Kopplung der Debatte um den staatsbürgerlichen Status von Juden mit Enteignungsfragen verbindet die fiskalische Verfolgung mit anderen Bereichen der NS-Judenpolitik.

Zudem muss die fiskalische Judenverfolgung im wirtschaftspolitischen Kontext verortet werden.[33] Der explizite Ausschluss der Juden von sozial- und wirtschaftspolitischen Impulsen im Steuerbereich war ein Signal, dass Juden am Aufschwung nicht teilhaben sollten. Die Ausrichtung auf den wirtschaftlichen Aufschwung erzwang jedoch auch in gewissem Maße Zurückhaltung in der Frage der antisemitischen Steuerpolitik, sei es mit Rücksicht auf wirtschaftliche

[32] Diese Deutung steht insbesondere im Vordergrund bei älteren Studien zur Judenverfolgung wie beispielsweise Hilberg, Vernichtung; Adam, Judenpolitik.

[33] Vgl. zur Wirtschaftspolitik Tooze, Ökonomie. Die ökonomischen Motive in der Judenpolitik betonten insbesondere Aly/Heim, Ökonomie.

Verflechtungen mit dem Ausland, sei es, weil manche Verfahren auch im Inland Neben- und Rückwirkungen hatten, die im Widerspruch zur intendierten Förderung der Wirtschaft standen, etwa wenn die betroffenen Juden „arische" Mitarbeiter entließen oder die steuerliche Mehrbelastung auf die Verbraucher abwälzten.

Schließlich müssen die antisemitischen Gesetze und Verordnungen auch in den Gesamtkontext der Finanzpolitik eingeordnet werden.[34] Welche Bedeutung hatte die Judenverfolgung für die Entwicklung der staatlichen Einnahmen? Und umgekehrt: Was bedeutete die allgemeine fiskalpolitische Neuausrichtung und die Professionalisierung der Finanzverwaltung im NS-Staat für den Teilbereich der fiskalischen Judenverfolgung? Die spezifische, nicht selten von inneren Widersprüchen durchzogene Dynamik der fiskalischen Judenverfolgung erklärt sich in erheblichem Maße aus der gegenseitigen Durchdringung der verschiedenen politischen Interessenfelder.

Die fiskalische Judenpolitik ist aber nicht nur im Hinblick auf die unterschiedlichen Politikfelder zu untersuchen, sie war zudem auch Ausdruck der Macht- und Kompetenzkämpfe der beteiligten Akteure in der NS-Diktatur. Hier trafen die Interessen „alter" Institutionen, die schon während der Weimarer Republik bestanden hatten, wie etwa das Reichsfinanzministerium, das Reichswirtschaftsministerium und das Auswärtige Amt, auf die Ansprüche von „neuen" NS-Institutionen, die das Regime erst nach 1933 geschaffen hatte, insbesondere Gestapo und Reichssicherheitshauptamt sowie NSDAP-Dienststellen. Dass das Reichsfinanzministerium bei der wirtschaftlichen Ausplünderung der Juden eine federführende Rolle spielen würde, war dabei keineswegs unumstritten. So folgt die Untersuchung auch ein Stück weit der machtpolitischen Spur der Finanzverwaltung in den Auseinandersetzungen und wirft einen Blick darauf, wie sich der bürokratisch organisierte Verwaltungsapparat mit der Veränderung politischer Entscheidungsbildungsprozesse und der Entstehung neuer Machtzentren im „Dritten Reich" arrangierte.

Es gehört zu den Charakteristika der fiskalischen Verfolgung, dass sie in vielen Bereichen eine gesetzesförmige Grundlage hatte, im Gegensatz etwa zu willkürlichen Gewaltakten, wie sie für die Übergriffe und Pogromaktionen der SA und die Maßnahmen der SS typisch waren. Fragt man danach, wie Steuer- und Konfiskationspolitik ihre rassistische Qualität gewannen, dann richtet sich der Blick zunächst auf die explizit antisemitischen Gesetze und Verordnungen, die im „Dritten Reich" neu eingeführt wurden. Ein solches „Sonderrecht für Juden"[35] gab es auch im Bereich der Finanzverwaltung, als ab 1938 eine Reihe von Regelungen eingeführt wurde, die Juden unter anderem in eine schlechter ge-

[34] Vgl. den Überblick über die nationalsozialistische Fiskalpolitik bei Ullmann, Steuerstaat. Zur finanzpolitischen Bedeutung der Verfolgung vgl. auch Aly, Volksstaat.
[35] Walk, Sonderrecht.

stellte Steuerklasse einstuften und von ihnen eine hohe Sonderabgabe erhoben. Schon in der drastischen und für Steuergesetze ungewohnten Sprache wurde dabei die rassistische Qualität dieser neuen Sondergesetze deutlich.[36]

Die Frage nach der gesetzlichen Basis für die fiskalische Judenverfolgung reicht aber über die Neuschaffung und Novellen von Gesetzen weit hinaus. Auch ältere Gesetze, die noch aus der Weimarer Zeit stammten und formal weitgehend unverändert weiter galten, wurden im „Dritten Reich" systematisch antisemitisch ausgelegt. Nicht zuletzt vor dem Hintergrund, dass die Steuerordnung der Weimarer Zeit während der NS-Zeit in wesentlichen Teilen in Kraft blieb (und auch nach 1945 weiter fortbestand), ist nach den Anknüpfungspotentialen zu fragen, die die Weimarer Steuerordnung für eine ideologische Instrumentalisierung bot.

Deutlich werden beim Blick auf die gesetzlichen Grundlagen der fiskalischen Judenverfolgung aber auch die Grenzen der gesetzesförmigen Regelbarkeit der nationalsozialistischen Staatsverbrechen, insbesondere bei der Durchführung der „Aktion 3", der Enteignung der Deportierten. Die Geheimhaltungspolitik und das Primat ideologischer Entscheidungen der Gestapo kollidierten an zahlreichen Stellen mit dem Bedürfnis der Finanzbehörden nach klar geregelten Verfahren.

Wurden Finanzbeamte nach 1945 auf ihre Einbindung in die Verfolgungsmaßnahmen angesprochen, so rechtfertigten sie sich in der Regel damit, dass sie im „Dritten Reich" lediglich Gesetze und Verordnungen ausgeführt hätten. Die Verantwortung wiesen sie damit den politischen Entscheidungsträgern in der Regimeführung zu, die diese Gesetze konzipiert und in Kraft gesetzt hatten. Die Radikalisierung in den rechtlichen Regelungen zeigt indes nur einen Teilaspekt der Verfolgungswirklichkeit. Es würde zu kurz greifen, die Rolle der staatlichen Finanzbehörden allein anhand von Gesetzen und Verordnungen zu beschreiben, wie das die frühe Forschung teilweise getan hat.

Wesentliche Faktoren werden erst sichtbar, wenn man die Verwaltungspraxis in die Untersuchung einbezieht. Die Verfolgungswirklichkeit war maßgeblich durch die Funktionsbedingungen bürokratischer Arbeitsorganisation und die Praxis der Umsetzung geprägt. Damit ist die zweite Leitperspektive der Studie angesprochen, die das *konkrete Verwaltungshandeln der Finanzbehörden als Teil der Herrschaftspraxis des „Dritten Reichs"* in den Blick nimmt.

Hier fragt die Studie nach Struktur und Funktionsweise der in die Juden-

[36] So begründete beispielsweise eine Verordnung im November 1938 die Eintreibung von einer Milliarde Reichsmark aus jüdischem Vermögen mit den Worten: „Die feindliche Haltung des Judentums gegenüber dem deutschen Volk und Reich, die auch vor feigen Mordtaten nicht zurückschreckt, erfordert entschiedene Abwehr und harte Sühne." Verordnung über eine Sühneleistung der Juden deutscher Staatsangehörigkeit vom 12.11.1938, RGBl. I (1938), S. 1579.

verfolgung involvierten Behörden, denn es bedeutete beispielsweise einen großen Unterschied, ob „Judenfragen" in einem Referat zusammengeführt wurden oder ob antisemitische Grundsätze in einer Vielzahl von Arbeitsbereichen als Handlungsmaximen zu anderen hinzu kamen.

Das Interesse der Arbeit richtet sich außerdem auf die formellen Strukturen und informellen Netzwerke, welche die Finanzbehörden gegenüber anderen Institutionen des nationalsozialistischen Verfolgungsapparates entwickelten. Hier kommt eine Reihe von Abteilungen und Dienststellen in der Reichsfinanzverwaltung in den Blick, die ab 1938 neu eingerichtet wurden und besonders engen Kontakt zu Gestapo und Reichssicherheitshauptamt hatten. Welche Faktoren trieben die institutionelle Entwicklung voran? Inwiefern kamen die Anregungen von außen und wo lassen sich auch innere Dynamiken der Finanzverwaltung ausmachen? Gingen die Initiativen von der Verwaltungsspitze aus, oder gab es auch Impulse von der Basis?

Zudem sollen Entscheidungsträger und Initiatoren für antisemitische Maßnahmen identifiziert werden – und zwar nicht nur auf der ministerialen Leitungsebene, sondern auch auf den mittleren und unteren Hierarchiestufen. An welchen Positionen in der Verwaltungsorganisation sind Personen zu finden, die sich bei der fiskalischen Verfolgung profilierten, und wie können diese Beamten charakterisiert werden? Welche Rolle spielte der personelle Austausch zu Beginn und während der NS-Zeit? In welchem Verhältnis standen „Nazifizierung" und der in der NS-Zeit in der Finanzverwaltung stark propagierte Anspruch auf Professionalität? Auch in der Reichsfinanzverwaltung gab es fanatische Nationalsozialisten, die Einfluss auf die Entwicklung ausübten. Daneben soll in dieser Studie der Blick aber vor allem auf solche Aspekte der Verwaltungsabläufe und Behördenorganisation gerichtet werden, die dazu beitrugen, dass „ganz normale" Finanzbeamte an den Staatsverbrechen des „Dritten Reichs" mitwirkten.

In diesem Zusammenhang werden auch die Arbeitsprozesse in den Dienststellen betrachtet. Dabei geht es sowohl um innerbehördliche Verwaltungsabläufe als auch um die Interaktion der Finanzbehörden mit anderen Institutionen des NS-Verfolgungsapparats.[37] Welche praktischen Verwaltungsroutinen innerhalb der Reichsfinanzverwaltung waren für die Verfolgungspolitik in der NS-Zeit anschlussfähig? Wo gab es signifikante Abweichungen vom Entwicklungspfad? An dieser Stelle kommen auch die klassischen bürokratischen Verwaltungsprinzipien in den Blick und damit die Frage, ob diese im Kontext der NS-Verfolgungspolitik funktionierten bzw. verändert oder ersetzt wurden.[38] Allerdings darf nicht vorschnell auf Spannungen zwischen alten Leitbildern und neuen Rahmenbedingungen geschlossen wer-

[37] Vgl. zu diesem Ansatz auch Audeval u. a., Arisierungsnetzwerke.
[38] Zu den Spannungen zwischen traditionellen Verwaltungsprinzipien und neuen Funkti-

den. Vielmehr ist zu prüfen, inwieweit die jeweiligen idealtypischen Maßstäbe dem zeitgenössischer Erfahrungs- und Deutungsrahmen der Beamten entsprachen und wo sich im konkreten Fall Diskrepanzen, aber auch Konvergenzen ergaben.

Diese Studie befasst sich räumlich mit der Finanzverwaltung im Reichsgebiet und in den „angeschlossenen" Gebieten, in denen reguläre Finanzbehörden eingerichtet wurden (Saarland, Österreich, Sudetenland, Danzig, Wartheland, Böhmen und Mähren). Auf Österreich richtet sie dabei eine besondere Aufmerksamkeit, weil die Finanzbehörden dort nicht nur in kurzer Zeit tiefgreifend umgestaltet wurden, sondern auch mit den Folgen einer großen Welle ungesteuerter „Arisierungen" in den ersten Monaten nach der nationalsozialistischen Machtübernahmen konfrontiert waren. Die Entwicklung in Österreich soll dabei auch auf ihr Wechselverhältnis mit den Radikalisierungsschritten ab 1938 auf Reichsebene überprüft werden.

Der Untersuchungszeitraum der Studie wird durch die politischen Rahmendaten 1933 und 1945 bestimmt, die nicht nur auf Brüche, sondern auch auf übergreifende Kontinuitäten hin ausgelotet werden. Die Studie setzt ein mit den Veränderungen, welche die nationalsozialistische Machtübernahme hervorrief – sowohl auf der Ebene der Gesetze und Verordnungen, wo neue Regelungen geschaffen, aber häufig auch ältere Gesetze in neue Funktionszusammenhänge gebracht wurden, als auch in der Praxis der Verwaltung. Rechtshistorisch wie verwaltungspraktisch müssen dabei die Traditionen und Erfahrungen aus der Zeit des Kaiserreiches, insbesondere aber die tief greifenden Umbrüche seit der Zeit des Ersten Weltkriegs und der Weimarer Republik mit einbezogen werden.[39] Sie prägten die Entwicklung in der NS-Zeit maßgeblich, nicht zuletzt, weil der Apparat der staatlichen Finanzbehörden erst 1919 geschaffen worden war und 1933 eine vergleichsweise junge Institution darstellte.

Einen Schwerpunkt der Untersuchung bilden die Entwicklungen um das Jahr 1938, die mit dem Begriff der „Verstaatlichung" der wirtschaftlichen Verfolgung charakterisiert werden können. In diesem Prozess gewannen die staatlichen Finanzbehörden an Einfluss auf die wirtschaftliche Ausraubung der deutschen Juden. So mussten Juden im April 1938 ihr Vermögen anmelden, wodurch auch die Finanzbehörden Zugriff auf diese Informationen bekamen, Finanzämter wurden an den Genehmigungsverfahren für gewerbliche „Zwangsarisierungen" offiziell beteiligt, und die Finanzverwaltung trieb eine „Judenvermögensabgabe" ein, die Juden dazu zwang, ein Viertel ihres Vermögens an den Staat abzugeben.

Daran anschließend richtet die Studie den Blick auf die Kriegszeit und knüpft

onsbedingungen vgl. bereits die Untersuchungen von Mommsen, Beamtentum, sowie den Sammelband von Rebentisch/Teppe, Verwaltung; neuerdings: Reichardt/Seibel, Staat.

39 Caplan, Government.

damit an aktuelle Interpretationen an, die die Zeit des Zweiten Weltkriegs als eine eigenständige Phase beschleunigter Veränderung und Radikalisierung verstehen.

Das Kriegsende 1945 bildete für die Finanzbehörden eine entscheidende Zäsur, welche die Verwaltungsabläufe in die zwei gegenläufigen Phasen der Verfolgung und der Wiedergutmachung teilt. Die Wiedergutmachung nationalsozialistischen Unrechts war dabei verwaltungstechnisch eng mit der Verfolgungsgeschichte verbunden. Die Finanzbehörden mussten nach 1945 zum einen selbst Wiedergutmachung leisten für die Verfolgungsakte, die sie im „Dritten Reich" begangen hatten. Zum anderen waren sie – zumindest in einigen Regionen der Bundesrepublik – für die Durchführung der Wiedergutmachung generell verantwortlich.

Die Studie beginnt mit einem Kapitel, das einen Überblick über die Organisation und die Aufgaben der staatlichen Finanzbehörden gibt. Im Mittelpunkt steht dabei die Frage, wie die Judenverfolgungsmaßnahmen in der institutionellen Struktur verortet wurden. Geschildert werden zunächst die Anfänge der Reichsfinanzverwaltung nach dem Ende des Ersten Weltkriegs und die prägenden Faktoren ihrer Formierungsphase während der Weimarer Republik. Daran anschließend untersucht das Kapitel die organisatorischen und personellen Veränderungen während der NS-Zeit. Dabei wird für alle drei Ebenen der Reichsfinanzverwaltung – das Reichsministerium in Berlin, die regionalen Mittelbehörden und die Finanzdienststellen an der Basis – sowie für Sonderbehörden wie das Berliner Finanzamt Moabit-West, das für die Verwaltung und Verwertung des Eigentums von Emigranten zuständig war, systematisch untersucht, wie das „Arbeitsgebiet" Judenverfolgung in den Verwaltungsstrukturen institutionalisiert wurde und wo sich organisatorische Verdichtungspunkte identifizieren lassen.

In den nächsten Kapiteln richtet die Studie ihre doppelte Untersuchungsperspektive auf vier Themenfelder der fiskalischen Judenverfolgung: die Diskriminierung von Juden bei inländischen Steuern sowie die Eintreibung von Sonderabgaben, die fiskalische Ausplünderung der Emigranten, die Rolle der Finanzbehörden bei der „Arisierung" jüdischen Eigentums und die staatliche Konfiskation jüdischen Vermögens.

Das zweite Kapitel untersucht die Diskriminierung von Juden im Bereich der inländischen Steuern und zeichnet dabei die Entwicklung von der rassistischen Auslegungspraxis hin zu explizitem Sonderrecht nach. Hier wird besondere Aufmerksamkeit auf die Merkmale der Weimarer Steuerordnung gerichtet, die es ermöglichten, durch antisemitische Auslegungsgrundsätze weitreichende, nicht selten existenzbedrohende Wirkungen für die jüdischen Betroffenen zu erzielen. Dabei kommt auch die zunehmende Instrumentalisierung der steuerlichen Verfahren zum Zweck einer systematischen Enteignung des Vermögens von Juden in den Blick. Die steuerliche Diskriminierung aus rassistischen Gründen setzte die bisher geltenden Prinzipien der steuerlichen Gleichbehandlung und der Leistungsbezogenheit der Steuern gegenüber Juden außer Kraft. Gleichzeitig begann in den Finanzbehörden die Registrierung von Personen, die nach den rassistischen Grundsätzen des Regimes als Juden galten. Dies waren erste Schritte auf dem Weg zur Erfassung jüdischen Vermögens in Deutschland, die eine Voraussetzung für dessen Entziehung und Verwertung war.[40]

Das dritte Kapitel der Studie beschäftigt sich mit den Steuern und Abgaben im Kontext der Emigration. Hier geht es vor allem um die Reichsfluchtsteuer und Devisenregelungen. Ein Viertel des Vermögens mussten jüdische Auswanderer beim Verlassen Deutschlands an den Staat abgeben und auch der Rest konnte nur unter großen Verlusten ins Ausland gebracht werden. Spätestens ab 1938 setzten die Finanzbehörden ihre Verfahren gegen Juden auch präventiv ein, unabhängig davon, ob eine Auswanderung tatsächlich bevorstand. Reichsfluchtsteuer und Devisenregelungen entwickelten sich damit zu Werkzeugen, mit denen Finanzbeamte jederzeit auf jüdische Vermögen zugreifen konnten. Dabei erwiesen sich die Verfahren nicht nur gegenüber den jüdischen Eigentümern als wirkungsvoll. Insbesondere die Reichsfluchtsteuer war auch ein Hebel, mit dem die Finanzverwaltung in Auseinandersetzung mit dem Reichswirtschaftsministerium, dem Reichssicherheitshauptamt und NSDAP-Einrichtungen ihren Anspruch auf einen Teil des Vermögens von Juden durchsetzen konnte.

Das nächste Kapitel nimmt dann die Rolle der Finanzverwaltung bei der „Arisierung" in den Blick und somit einen Bereich, in dem sich die Finanzbehörden ebenfalls mit einer Reihe anderer Akteure auseinandersetzen mussten. Wie die Forschung in den letzten Jahren herausgearbeitet hat, kann die „Arisierung" in den ersten Jahren der nationalsozialistischen Herrschaft als ein primär gesellschaftlicher Prozess gedeutet werden, denn es gab anfangs kaum gesetzliche Regelungen, und die gesellschaftlichen Akteure trieben die „Arisierung" jüdischen Eigentums eigenständig voran. Dabei darf jedoch nicht übersehen werden, dass die staatlichen Finanzbehörden in vielfältiger Weise in die Vorgänge involviert waren. So nahmen Finanzbehörden in ihren Steuerunterlagen Wertschätzungen vor, und ihr Expertenwissen wurde bei Preisverhandlungen mit herangezogen. Auch bestand ein Zusammenhang zwischen Steuerforderungen und „Arisierung", denn die Finanzbeamten drängten darauf, dass der Erlös des jüdischen Verkäufers hoch genug sein müsse, um die Steuerschulden

[40] Die Begriffe „Jude" und „jüdisch" beziehen sich in dieser Studie nicht auf Identitätsmerkmale der Verfolgungsopfer, sondern markieren das rassistische Distinktionskriterium, welches das NS-Regime bei Diskriminierung und Beraubung anwandte. Es handelt sich um Fremdzuschreibungen durch die nationalsozialistischen Machthaber, die nur aus Gründen der Lesbarkeit des Textes nicht in Anführungszeichen gesetzt werden.

zu begleichen. Für die Finanzbehörden war die „Arisierung" zudem wichtig, weil sich dadurch der steuerliche Status des Vermögens änderte, denn die Vermögensgegenstände unterlagen, sobald sie sich nicht mehr im Besitz von Juden befanden, auch nicht mehr den steuerlichen Diskriminierungen.

Nach der Einführung der Zwangsarisierung im Gefolge des Novemberpogroms 1938 erhielten die Finanzbehörden auch formal eine feste Rolle im nun obligatorischen Genehmigungsverfahren. Sie bestimmten wesentlich mit, wie hoch ein „Arisierungserlös" sein sollte und wer von „Arisierungen" profitierte. Über die sogenannte Ausgleichsabgabe versuchte der NS-Staat schließlich, Gewinne aus den „Arisierungen" für die Staatskasse abzuschöpfen. Dahinter stand vor allem das Interesse, die Gauleitungen, die bis 1938 aus „Arisierungen" sehr hohe Gewinne in die eigenen Taschen gewirtschaftet hatten, als Arisierungsprofiteure auszuschalten, und die Gewinne in die Staatskasse zu lenken.

Im Mittelpunkt des letzten Kapitels stehen schließlich die Verfahren zur Enteignung von Juden. Es beschreibt die unterschiedlichen Mechanismen der Vermögensentziehung und die Rolle der Finanzbehörden dabei. Bemerkenswert ist zunächst, dass die Nationalsozialisten nach der „Machtergreifung" kein Gesetz zur allgemeinen Enteignung von Juden initiierten. Ihre Enteignungsregelungen richteten sich vielmehr gegen politische Gegner. Über Jahre hinweg mussten daher Hilfskonstruktionen gefunden werden, damit die Kriterien für eine Enteignung auf Juden angewandt werden konnten. Dabei entwickelte der NS-Staat neben der Enteignung von „Volks- und Staatsfeinden" ein weiteres Verfahren, das daran anknüpfte, dass nach dem Verlust der Staatsangehörigkeit das Vermögen von Staatenlosen konfisziert werden konnte. So war die Debatte um eine Enteignung der Juden auch stets mit der Frage des staatsbürgerlichen Status von Juden verbunden. Spätestens seit dem „Anschluss" Österreichs und den dort einsetzenden Plünderungsaktionen war die scheinrechtliche Fassade kaum mehr aufrechtzuerhalten. Dennoch dauerte es noch weitere drei Jahre, bis im November 1941 mit der 11. Verordnung zum Reichsbürgergesetz eine umfassende Enteignungsregelung beschlossen wurde.

Mit Blick auf die Enteignungspraxis ist in diesem Kapitel auch zu untersuchen, wie die Finanzbehörden in Interaktion mit anderen beteiligten Reichsinstanzen – insbesondere dem Innenministerium – sowie gegenüber Kommunalverwaltungen und Organisationen der NSDAP ihre Interessen durchsetzten. Darüber hinaus werden die direkten und indirekten Profiteure, darunter an erster Stelle die Reichsfinanzbehörden selbst, betrachtet.

Die Studie endet mit einer Schlussbetrachtung, die die Ergebnisse der Untersuchung zusammenführt und die Bedeutung antisemitischer Finanzpolitik und Verwaltungspraxis in den Prozessen der Neujustierung der rassistischen „Volksgemeinschaft" in Diktatur und Krieg auslotet.

Die *Quellen* für die Durchführung der Studie umfassen im Wesentlichen drei Gruppen:

1. Das sind zuerst die Generalakten des Reichsfinanzministeriums und seiner nachgeordneten Behörden.[41] Viele Vorgänge der fiskalischen Judenverfolgung waren präzedenzlos, konflikthaft und somit aus bürokratischer Perspektive regelungsbedürftig. So spiegelt sich bereits in Art und Umfang der Korrespondenzen, dass Teilbereiche der Judenverfolgung nicht oder nur unzureichend geregelt waren.

Die Quellenlage zur Organisationsgeschichte ist sehr heterogen und bildet eine besondere Herausforderung. Geschäftsverteilungspläne als klassische Quellengruppe für institutionengeschichtliche Untersuchungen sind für die Reichsfinanzverwaltung nur unvollständig überliefert und können auch lediglich Anhaltspunkte für die wechselnden Aufgabenschwerpunkte und die sich wandelnden Konzeptionen der Reichsfinanzpolitik geben. Für eine Analyse der tatsächlichen Machtverhältnisse und der Hintergründe organisatorischer Veränderungen bilden sie nur einen Ausgangspunkt. Insbesondere in der Kriegszeit verlieren die Geschäftsverteilungspläne zunehmend ihre Aussagekraft, und andere Aspekte gewinnen an Bedeutung. Wichtige weitere Quellen sind vor allem Korrespondenzen über organisatorische Entscheidungsprozesse und die unübersichtliche Politik der Personal- und Mittelverteilung sowie der Blick in die Praxis, der zeigt, welche Abteilungen bei der „Verwaltung in Aktion" Schlüsselrollen spielten. Eine empfindliche Lücke klafft in der ministerialen Überlieferung zur Enteignung der Deportierten. Die Unterlagen der dafür zuständigen Referate gelten als verloren, und ihre Geschichte kann nur sehr begrenzt aus Ersatzüberlieferungen rekonstruiert werden.

2. Hinzu kommen Personalakten der Finanzbehörden und solcher Institutionen, mit denen die Finanzbehörden interagierten. Diese wichtige Quellengruppe ist für die Finanzverwaltung leider ebenfalls nur lückenhaft

[41] Vgl. die Quellenbestandsübersicht am Ende der Arbeit. Im Zentrum der Recherchen standen die Bestände R 2 (Reichsfinanzministerium) und R 2 Anh. (Restverwaltung des ehem. Reichsfinanzministeriums nach 1945) im Bundesarchiv Berlin, daneben wurden dort u. a. auch Unterlagen aus den Beständen R 37 (Reichsfinanzhof), R 2501 (Deutsche Reichsbank) eingesehen. Auf regionaler Ebene liegen in den Hauptstaats- bzw. Staatsarchiven die Überlieferungen der Landesfinanzministerien und der Oberfinanzdirektionen (im „Dritten Reich" Landesfinanzämter/Oberfinanzpräsidien). Eingesehen wurden Bestände in Berlin, Bayern, Hessen, Niedersachsen und Nordrhein-Westfalen, da die Quellen in diesen Regionen archivalisch erfasst und benutzbar waren. In den jeweiligen Staatsarchiven dieser Regionen wurden zudem Unterlagen von Finanzämtern eingesehen. Problematisch ist die Benutzung des nur lückenhaft erhaltenen und zudem bislang unverzeichneten Bestandes des Finanzministeriums im Staatsarchiv Wien, das ebenfalls für diese Studie herangezogen wurde. Wichtige Aushandlungsprozesse spiegeln sich auch im Bestand des Reichskommissars Bürckel, der die Entscheidungskompetenz in Fragen der „Arisierung" und Judenverfolgung an sich gezogen hatte.

überliefert.[42] In größerem Umfang vorhanden und teilweise auch aussagekräftiger sind hingegen die Unterlagen der Entnazifizierungsverfahren nach 1945. Ergänzend können hier Unterlagen von Nachkriegsprozessen mit herangezogen werden. Dabei steht man allerdings vor dem Problem, dass Steuereinziehung und Vermögenskonfiskation nach 1945 keine strafrechtlich verfolgten Tatbestände waren. Diese Vorgänge spiegeln sich daher nur in ganz seltenen Fällen in Strafprozessen, meist nur dann, wenn die Finanzbeamten ihre Ämter massiv missbraucht hatten. Eine größere Zahl von Prozessen gibt es nur für die Beraubung im Kontext der Deportationen, und auch da steht die Enteignung nicht im Mittelpunkt – Finanzbeamte waren in der Regel Zeugen, nicht Angeklagte in den Prozessen.

3. Wichtig sind schließlich auch die Einzelfallakten der Finanzverwaltung.[43] Diese sehr umfangreiche Quellengruppe zerfällt in zwei Teile: Zum einen gehören dazu Steuerunterlagen und Akten zur Vermögenskonfiskation aus der NS-Zeit. Unter diesen Fallakten gibt es eine besondere Gruppe von Fällen, die hervorgehoben bearbeitet und in den Akten immer wieder zitiert wurden. Es gehörte zu den typischen Verwaltungsverfahren, Probleme anhand von ausgewählten Einzelfällen zu definieren und paradigmatisch zu lösen. Diese Fälle wurden von der Verwaltung speziell auf die Frage hin ausgesucht, wo Klärungsbedarf für die Finanzbehörden bestand, und sind besonders ausführlich dokumentiert. Ihre Bedeutung als Orientierungspunkt für Verwaltungsverfahren und ihre umfangreichere Dokumentation machen sie besonders aussagekräftig. Gleichzeitig ist aber zu bedenken, dass sie nicht unbedingt exemplarisch für eine Vielzahl anderer Fälle stehen.

Zum anderen sind hier die Wiedergutmachungsakten zu nennen. Nach 1945 wurden Verfolgung und Beraubung im Zuge von Wiedergutmachungsverfahren vielfach minutiös rekonstruiert – zum Teil mit Quellen aus der NS-Zeit, zum Teil mit Zeugenaussagen aus der Nachkriegszeit. Diese Akten eröffnen oftmals weiterführende Einblicke. So gewinnen hier – im Gegensatz zu den Ver-

42 Kaum vorhanden sind Personalakten des Reichsfinanzministeriums im Bundesarchiv Berlin. Die Bestände des Berlin Document Center bieten teilweise Informationen. Wichtige Unterlagen zu einigen Finanzbeamten, die während der NS-Zeit verfolgt wurden, befinden sich in der Bundesfinanzakademie in Brühl. Ein Hilfsmittel bei der Suche nach Quellen ist die Zusammenstellung von Bathe/Kumpf, Mittelbehörden. Die umfangreichen Quellenmaterialien, die als Grundlage für diese Darstellung dienten, aber weit darüber hinaus reichen, befinden sich ebenfalls in der finanzgeschichtlichen Sammlung in der Bundesfinanzakademie in Brühl. Auf Regionalebene ist die Quellenlage der Personalakten sehr unterschiedlich. Vielfach sind nur Teil-Personalakten erhalten.

43 Hier wurden schwerpunktmäßig Unterlagen aus den bayerischen Finanzverwaltungsbezirken ausgewertet, für andere Regionen stützt sich die Arbeit vorwiegend auf die Literatur. Vgl. zur Bestandsbeschreibung und zur Auswertung dieser Quellengruppen Stephan, Steuer-, Devisen- und Einziehungsakten; Grau, Entschädigungs- und Rückerstattungsakten.

waltungsakten aus der NS-Zeit – Einzelpersonen aus der Verwaltung ein Profil. Doch muss man bei der Interpretation in Rechnung stellen, dass auch in diesen Akten die Ereignisse nur stark überformt sichtbar werden, denn in den Akten fand das Niederschlag, was Aussicht auf Wiedergutmachung hatte.

Die Untersuchung der fiskalischen Verfolgung anhand der Einzelfallakten der Verfolgung und der Wiedergutmachung, die seit Ende der 1990er Jahre zugänglich gemacht wurden, bedeutet eine wichtige Neujustierung der Forschungsperspektive, denn diese Quellen weiten den Blick gegenüber früheren Forschungen in dreifacher Hinsicht aus: Erstens kommen Opfergruppen der wirtschaftlichen Judenverfolgung in den Blick, die bislang im Schatten der „Arisierungs"-Forschung standen. Da auch und vor allem der Zugriff auf das Privatvermögen für die fiskalische Verfolgung charakteristisch war, wird neben Kaufhäusern, Einzelhandelsgeschäften und Industrieunternehmen erstmals auch die Masse der jüdischen Bevölkerung greifbar, die über kein markantes Betriebsvermögen verfügte, aber ebenfalls wirtschaftlicher Verfolgung ausgesetzt war. Im Unterschied zu früheren Forschungen bringen die neuen Quellen zudem eine zeitliche Erweiterung. Die meisten älteren Studien zur „Arisierung" blieben auf die Zeit bis zur staatlichen Regulierung des Prozesses und die Zwangsarisierung aller jüdischen Betriebe Ende 1938 beschränkt. Mit Hilfe der fiskalischen Quellen wird die Zäsur zwischen der „wilden Arisierung" im Kräftespiel der Gesellschaft und der staatlich geregelten und kontrollierten „Zwangsarisierung" überbrückt und die Rolle der staatlichen Finanzbehörden bei diesem Übergang betont. Drittens lenken die Quellen den Blick auf die Profiteure des Raubzugs gegen die Juden. Dabei verweisen sie nicht nur auf die Personen, an welche die Finanzverwaltung jüdisches Eigentum vermittelte, sondern auch auf die große Gruppe der mittelbaren Profiteure wie Speditionen, Gutachter und Handwerker, die im Auftrag der Finanzbehörden die Verwertung jüdischen Eigentums abwickelten.

Bei der Interpretation von Quellen aus Behördenprovenienz tauchen Fragen auf, die hier kurz angedeutet werden sollen. Ein Problem bildet die Tarnsprache. Vor allem im Zusammenhang mit den Deportationen und der Ermordung der Juden entwickelten die Nationalsozialisten eine Reihe von verharmlosenden Tarnbegriffen. So wurden die Deportationen im Behördenverkehr stets als „Abschiebungen" oder „Evakuierungen" bezeichnet. Im Bereich der Finanzverwaltung gab es zudem das Codewort „Aktion 3", das die Verwaltung und Verwertung jüdischen Eigentums nach den Deportationen bezeichnete.

Schwierigkeiten ergeben sich auch daraus, dass in der NS-Zeit die Amtsbezeichnungen personifiziert wurden. Die fiskalische Mittelbehörde hieß beispielsweise „der Oberfinanzpräsident". Diese Amtsbezeichnung kann das Handeln einzelner Mitarbeiter verschleiern, und oft lässt sich nur durch Abgleichung mit internen Verwaltungsprozessen nachweisen, in welchem Maße Entscheidungen einzelnen Beamten zugerechnet werden können. In der

Darstellung dieser Studie wurde die Begrifflichkeit an den heutigen Sprachgebrauch angeglichen und für Behörden die Bezeichnung der Institution, in diesem Fall „Oberfinanzpräsidium“, gewählt.

Als Produkte von standardisierten Verfahren müssen die Unterlagen aus der Verwaltung auch quellenkritisch eingeordnet werden. Über individuelle Verhaltensformen und Motive einzelner Beamter sind aus den Formularen, die in der Regel am Ende der Begegnung von Verfolgtem und Verfolger stehen, kaum Informationen zu erwarten. Auch schlug sich in den Akten nieder, was die Finanzbeamten für ideologisch angepasst und durchsetzbar hielten. Die Akten zeigen daher die Verwaltungstätigkeit primär in einem systemkonformen und kooperativen Licht. Zudem geben die Unterlagen aus den Behörden die Verfolgung meist nur im Filter bürokratischer, rechtsförmiger Prozesse wider. Hier fand Niederschlag, was mit rechtlichen Regulierungen und Verwaltungsroutinen vereinbar schien. Man muss sich stets vor Augen halten, dass diese Kriterien nicht mit dem Erfahrungshorizont der Zeitgenossen übereinstimmen mussten – und sie sind häufig auch nicht deckungsgleich mit den Analysekategorien einer historischen Studie.

1. Die Organisation der Judenverfolgung in den Behörden der staatlichen Finanzverwaltung

„Die Reichsfinanzverwaltung befindet sich seit der Machtübernahme in stürmischer Vorwärtsbewegung. Sie hat neue Aufgaben in großer Mannigfaltigkeit zu bewältigen. Alte Einrichtungen mußten fallen. Neues trat und tritt an ihre Stelle. Neue Aufgaben erfordern neue Verwaltungsmaßnahmen. Ein neuer Geist in Volk und Staat verlangt gebieterisch seinen Ausdruck auch in den Einrichtungen der Verwaltung. Wer sich einen Überblick über die Aufgaben der Reichsfinanzverwaltung verschaffen will, muss beachten, dass er nicht starre Formen vor sich hat. Er hat einen Fluß vor sich, der sich in ständiger Vorwärtsbewegung befindet. Das erschwert die Betrachtung, macht sie aber besonders reizvoll."[1] Mit diesen Worten leitet der Ministerialdirigent Karl Groth sein Buch über den Aufbau und die Aufgaben der Finanzverwaltungen ein, das 1938 erstmals erschien.

Auch wenn diese Sätze aus der Feder eines leitenden Mitarbeiters des Reichsfinanzministeriums vor allem von dem zeitgenössischen ideologischen Leitbild eines auf das Regime ausgerichteten und hochbeweglichen, anpassungsfähigen Verwaltungsorganismus getragen waren, steckt darin doch ein ernst zu nehmender Kern. Denn die Organisationsstruktur der Reichsfinanzverwaltung blieb während der NS-Zeit nicht unverändert, und die Verfolgung von Juden war eine der zentralen neuen Aufgaben, welche die Finanzbehörden während der NS-Zeit in ihr Handlungsspektrum aufnahmen und für die organisatorische Strukturen geschaffen wurden, in denen sich die jeweiligen Machtverhältnisse, die Vorstellungen von Art und Umfang der Tätigkeit und die aktuellen Handlungsprinzipien spiegelten.

Der organisatorische Rahmen, in dem Finanzbeamte agierten, spielt eine wichtige Rolle für die Handlungsmotivation und die Entwicklung von Verwaltungsroutinen. Spezialisierte Stäbe, die ausschließlich oder vorwiegend antijüdische Verfahren durchführten, entwickelten beispielsweise schneller und gezielter spezifische Routinen als Beamte, die ein breites Spektrum unterschiedlicher Aufgaben auf dem Schreibtisch liegen hatten. Auch ob die Beamten im Kontext größerer Stäbe arbeitsteilig vorgingen oder von Anfang bis Ende eine Verfolgungsaktion individuell durchführten, war von Bedeutung. Das Handeln der Finanzbeamten hing mithin eng mit der Struktur der Verwaltung zusammen, in der die Beamten arbeiteten.

[1] Groth, Reichsfinanzverwaltung (7. Aufl. 1942), S. 11.

So geht das folgende Kapitel der Frage nach, wie die Arbeit in den Institutionen der Reichsfinanzverwaltung organisiert war und welchen Ort die Maßnahmen der Judenverfolgung darin hatten. Es fragt nach den Charakteristika fiskalischer Verwaltungsorganisation, nach Veränderungen während der NS-Zeit und nach Mustern und Motiven dieser Veränderungen. Welche Faktoren trieben die institutionelle Entwicklung voran, und welche Wirkungszusammenhänge waren für die Ausgestaltung prägend? Inwieweit folgte die Integration der fiskalischen Judenverfolgung als neue Verwaltungsaufgabe herkömmlichen Verfahren der Aufgabenorganisation und in welchem Maße gab es nach 1933 neue Organisationsformen, wie sie von anderen Institutionen der NS-Judenverfolgung bekannt sind?

1.1 Gründung und Aufbau der Reichsfinanzverwaltung in der Weimarer Republik

Die Reichsfinanzverwaltung war bei der „Machtergreifung" der Nationalsozialisten 1933 noch ein vergleichsweise junger Zweig der Reichsverwaltung, dessen Entwicklung mit der Geschichte der ersten deutschen Demokratie eng verbunden war. Erst 1919 geschaffen, entwickelte sie sich neben Reichswehr, Reichsbahn und Reichspost bald zu einer „Hauptklammer" der Weimarer Republik.[2] Die Reichsabgabenordnung vom 23. Dezember 1919, die die Grundzüge der neuen Verwaltung festlegte, gilt neben der Weimarer Verfassung als das „wichtigste Stück zur Neuordnung des Reiches".[3]

Nach dem Ende des Ersten Weltkrieges stand die staatliche Finanzpolitik vor erheblichen Herausforderungen. Kriegsschulden, soziale Ausgaben und die Reparationsleistungen ließen den Finanzbedarf des Reiches in die Höhe schnellen.[4] Gleichzeitig sanken die Steuereinnahmen. Dieser Druck schuf die Rahmenbedingungen für die große Finanzreform von Finanzminister Matthias Erzberger mit insgesamt 17 Gesetzen, die zwischen September 1919 und März 1920 erlassen wurden.

Leitmotiv für die Reform war, dass sich die Weimarer Republik von einer fiskalischen Lähmung, wie sie im Kaiserreich bestanden hatte, befreien wollte. Die Verfassung von 1871 hatte dem Reich mit den Einnahmen aus Zöllen sowie einigen Verbrauch- und Verkehrsteuern nur begrenzte Finanzbefugnisse eingeräumt, die Haupthandlungsmacht aber in die Hand der Bundesstaaten gelegt. Diese Konstellation hatten Reichsfinanzpolitiker und -beamte bereits

[2] Metzger/Weingarten, Einkommensteuer, S. 162.
[3] Leidel, Begründung, S. 145.
[4] Vgl. dazu ausführlich Ullmann, Steuerstaat, S. 97–140.

seit dem Ende des 19. Jahrhunderts kritisiert. Sie hatten nachdrücklich nach einer Ausdehnung ihrer Kompetenzen gestrebt und immer wieder Kritik an den bundesstaatlichen Verwaltungen geübt. Die kleine Reichsschatzamtsbürokratie berief sich vor der Reform von 1919 in ihrer Ablehnung der föderalen Struktur auf Kriterien wie Rationalität und Effektivität, die zunächst vor allem von den links stehenden Parteien im Reichstag – von der Sozialdemokratie bis zum linken Flügel des Zentrums und den Nationalliberalen – aufgegriffen wurden, aber grundsätzlich auch für konservative Kräfte anschlussfähig waren. Um ihre Interessen durchzusetzen, entwickelten die Reichsfinanzbehörden des Kaiserreichs zwar eine gewisse Bereitschaft zu Bündnissen mit Parteien des Reichstags, insgesamt gesehen führte ihre recht schwache Position aber dazu, dass die Reichsfinanzinstitutionen sich in wesentlich geringerem Maße als andere bürokratische Apparate dem Druck organisierter Interessen beugten, dem sie wohl auch wegen ihrer marginalen Bedeutung seltener ausgesetzt waren.[5] Letztlich konnte sich die Finanzreform von 1919 auf einen breiten Konsens stützen.[6] Lagerübergreifend unterstützten auf Reichsebene sowohl SPD- als auch Zentrumspolitiker die Reform für ein gerechteres und effizienteres Steuersystem. Die Einführung einer Reichsfinanzverwaltung wurde nicht zuletzt als erster Schritt auf dem Weg zu einer allgemeinen Reichsverwaltung gesehen.[7]

So bestimmte die Weimarer Verfassung in Artikel 14 die Übertragung der Finanzverwaltung auf das Reich und gab ihm einen Zugriff auf fast alle Steuern. Nach den neuen Regelungen der Steuerverteilung sollte das Reich von Einkommen-, Körperschaft- und Verbrauchsteuern, Verkehrsabgaben und Zöllen 100 Prozent erhalten, von der Erbschaftsteuer 50 Prozent, von der Umsatzsteuer 85 Prozent. Einkommen- und Körperschaftsteuer wurden bald zu den wichtigsten Einnahmequellen des Reiches. Bei den Ländern sollten 20 Prozent der Erbschaftsteuer, fünf Prozent der Grunderwerbsteuer und zehn Prozent der Umsatzsteuer bleiben. Die Gemeinden sollten fünf Prozent der Umsatzsteuer sowie die Grund-, Gewerbe- und die Vergnügungsteuer bekommen. Außerdem gab es einmalige Abgaben, die dem Reich zuflossen.[8] Die mit dem Namen Matthias Erzbergers verbundene Reform von 1919 steigerte die finanzielle Handlungsmacht des Reiches deutlich.

Die Umstrukturierung zu Beginn der Weimarer Republik bildete einen markanten Schritt im langfristigen Entwicklungstrend der Verreichlichung der deutschen Finanzverwaltung, dessen prägende Wirkung auch auf die inhaltliche Debatte um die Finanz- und Steuerpolitik nicht zu unterschätzen ist.

5 Witt, Finanzpolitik, S. 199 f. Witt bezieht sich dabei vor allem auf die Finanzreform 1908/09.
6 Zu den Debatten und konkurrierenden Entwürfen im Vorfeld vgl. Hettlage, Finanzverwaltung, S. 178–182.
7 Misera, Organisationsveränderungen, S. 64.
8 Ebd., S. 62 f.

Zuvor waren finanzpolitische Fragen immer vorrangig als Probleme des Föderalismus behandelt worden, was Rückwirkungen auf das Selbstverständnis, die politische Taktik und die Prozesse der Entscheidungsbildung gehabt hatte.[9] Die Auswirkungen zeigten sich nicht zuletzt darin, dass die Reichsfinanzbürokratie traditionell ein besonders ausgeprägtes „Reichs"-Bewusstsein hatte.

Die Umsetzung dieser neuen Steuerstruktur brachte auch einen grundlegenden organisatorischen Umbau der Finanzverwaltung mit sich. Die Reichseinnahmen sollten nicht mehr wie bisher durch Länderbehörden eingetrieben werden. Stattdessen wurde im Finanzsektor eine eigene, einheitliche Reichsverwaltung gebildet. Konkret sahen das im September 1919 verabschiedete Gesetz über die Reichsfinanzverwaltung[10] und die Reichsabgabenordnung[11] einen dreistufigen Verwaltungsaufbau vor. Die Spitze bildete das Reichsfinanzministerium, dem die oberste Leitung der Steuerverwaltung oblag. Auf der mittleren Ebene befanden sich 25 neu errichtete Landesfinanzämter (davon 13 in Preußen), die für die Gleichmäßigkeit der Besteuerung sorgen sollten. Obwohl der Name anderes suggeriert, waren sie keine Landeseinrichtungen, sondern bildeten die mittlere Ebene der Reichsverwaltung und waren direkt dem Reichsfinanzministerium unterstellt. An der Basis der Finanzverwaltung standen rund 1 000 Finanzämter, rund 200 Hauptzollämter bzw. Zollämter sowie die Zollfahndungsstellen. In ihrer Hand lag die praktische Verwaltung, also das Festsetzen, Erheben und Beitreiben der Steuern. Daneben verwalteten die Finanzämter auch die Landesabgaben und die Kirchensteuer.[12]

Die institutionelle Entwicklung der neuen Reichsfinanzverwaltung war in den ersten Jahren ihres Bestehens nicht zuletzt dadurch geprägt, dass ihr wechselnde politische Aufgaben übertragen wurden, die sich in häufigen Umstrukturierungen der Behörden niederschlugen. Im neu geschaffenen Reichsfinanzministerium etwa kam es bereits in den ersten Jahren nach der Reform von 1919 zu einer Reihe von organisatorischen Veränderungen. Die Haushaltsabteilung (I) und die Zoll- und Steuerabteilung (II und III) blieben zwar immer der institutionelle Schwerpunkt. Abteilungen und Referate, die neu auftretende wirtschafts- und ordnungspolitische Aufgaben verwalteten,

[9] Vgl. hierzu Witt, Reichsfinanzminister, S. 5.

[10] Gesetz über die Reichsfinanzverwaltung vom 10.9.1919, RGBl. (1919), S. 1591–1601.

[11] Reichsabgabenordnung vom 13.12.1919, RGBl. (1919), S. 1993–2107; vgl. zur Entstehungsgeschichte der Reichsabgabenordnung auch Cordes, Untersuchungen.

[12] Zum Amtsbereich des Reichsfinanzministeriums zählten neben der Kernverwaltung auch der Reichsfinanzhof, die Reichsmonopolverwaltung für Branntwein, die Reichsbaudirektion, die Deutsche Reichslotterie, die Reichsschuldenverwaltung, das Münzmetalldepot des Reiches, die Zusatzversorgungsanstalt des Reiches und der Länder, der Umschuldungsverband deutscher Gemeinden, die Deutsche Zentralgenossenschaftskasse, die Deutsche Landesrentenbank und die Generaldirektion der Alpenländischen Salinen. Vgl. Caesar/Hansmeyer, Haushalts- und Finanzwesen, S. 841.

erlebten jedoch einen regen Wandel, in dem sich wechselnde politisch induzierte Aufgabenschwerpunkte spiegelten, die sich aus der Inflation, der Abwicklung der Kriegsfolgen und den sich verändernden Konzeptionen der Reichsfinanzpolitik ergaben.[13]

Die häufigen Veränderungen der institutionellen Struktur jenseits der Kernabteilungen waren dabei auch Ausdruck einer Politisierung der Verwaltung, der immer wieder neue Aufgabenbereiche zugeteilt wurden. Dabei mag auch eine Rolle gespielt haben, dass das Reichsfinanzministerium als neue Institution noch keinen etablierten Kompetenzkanon besaß, sondern um das Aufgabenprofil immer wieder gerungen wurde. Daneben konnten auch personal- und machtpolitische Gründe den Ausschlag für die Errichtung neuer Abteilungen geben. So wurde beispielsweise 1921 für Paul Beusch eine eigene Betriebsprüfungsabteilung eingerichtet, die 1923 bereits wieder aufgelöst und in eine Abteilung für Reichsbau- und Vermögensverwaltung eingegliedert wurde, die nach Auflösung des Reichsschatzministeriums infolge der Übernahme der Kompetenzen durch die Reichsfinanzverwaltung gebildet wurde. 1924 kam es erneut zur Umorganisation nach der Auflösung des Reichsministeriums für Wiederaufbau, dessen Aufgaben ebenfalls dem Reichsfinanzministerium übertragen wurden.[14]

Personell war die Reichsfinanzverwaltung bei ihrer Errichtung 1919 eine recht „neue" Institution. Zwar lässt sich über die Zäsur von 1919 hinweg personalpolitisch eine hohe Kontinuität verzeichnen. Die rund 12 000 Finanzbeamten, die bis 1918 für das Reichsschatzamt und andere bundesstaatliche Einrichtungen gearbeitet hatten, wurden weitgehend in die neu geschaffenen Behörden der Reichsfinanzverwaltung übernommen. Dieses Personal reichte jedoch für die Bewältigung der Arbeit bei weitem nicht aus. Es wurden darüber hinaus rund 18 000 Personen zusätzlich ausgebildet und eingestellt, so dass am Ende der Umstrukturierung insgesamt rund 30 000 Personen in der Reichsfinanzverwaltung tätig waren. Die neuen Mitarbeiter stammten teilweise aus der Privatwirtschaft, zum Teil wurden aber zudem ehemalige Militärangehörige übernommen. Auch Verwaltungs- und Polizeibeamte aus Reichsgebieten, die nach dem Ersten Weltkrieg an Frankreich oder Polen abgetreten werden mussten, fanden im Kreis der neuen Finanzbeamten Aufnahme.[15]

Noch deutlicher stellt sich die personelle Erneuerung im Bereich des Führungspersonals im Ministerium dar. Die bis heute oft zu lesende These von der personellen Kontinuität über die Reform von 1918/19 stimmt so nicht. Wie Peter-Christian Witt bereits 1975 festgestellt hat, waren von den 33 höheren Beamten, die im Oktober 1918 im Reichsschatzamt gearbeitet hatten, nach Ab-

[13] Witt, Reichsfinanzminister, S. 15.
[14] Ebd., S. 9–11.
[15] Gössel, Beamtentum, S. 96.

schluss der institutionellen Aufbauphase 1920 noch 15, im Mai 1922 nur noch neun und 1924 nur noch sechs im Reichsfinanzministerium beschäftigt. Die bürokratische Spitze, die Unterstaatssekretäre, die Direktoren und die Dirigenten, wurden schon während der Revolutionszeit fast vollständig ausgewechselt.[16]

Bathe und Kumpf heben in ihrer Untersuchung hervor, dass auch von den 32 Personen, die 1919/20 die Leitung eines Landesfinanzamtes übernahmen, nur drei aus der früheren Reichsfinanzverwaltung im weiteren Sinn stammten (Reichsschatzamt und Reichsfinanzhof). Die übrigen 29 Personen hatten zuvor auf Länderebene gearbeitet. Darunter befanden sich sechs Landesfinanzminister, die das neue Amt in Personalunion übernahmen (bis 1922).[17] Drei weitere Landesfinanzamtspräsidenten waren zuvor Landesfinanzminister gewesen, hatten aber ihr früheres Amt niedergelegt. 19 der neuen Landesfinanzamtspräsidenten hatten zuvor als hohe Beamte in der Finanzverwaltung (12), der inneren Verwaltung (5) und der Militärverwaltung (2) gearbeitet.

Angesichts dieser Konstellation erscheint die lange Amtszeit der ersten Generation der Landesfinanzamtsleiter besonders auffällig: Sie betrug durchschnittlich 8,1 Jahre.[18] Dadurch gab es für die nächste Generation eine vergleichsweise lange Vorbereitungs- und Ausbildungszeit. Die personelle Entwicklung zwischen 1919 und 1945 zeichnet sich durch eine weitere Besonderheit aus: Von den insgesamt 92 Landesfinanzamtspräsidenten und Oberfinanzpräsidenten, die in dieser Zeit amtierten, leiteten über 20 Prozent im Laufe ihrer Karriere mehrere Landesfinanzämter.[19]

Die Reichsfinanzverwaltung litt während ihrer ersten Jahre unter einem drückenden Nachwuchsproblem. Dies hatte unter anderem zur Konsequenz, dass das Juristenmonopol zeitweise ernstlich in Frage gestellt wurde. Zudem konnte man in der Reichsfinanzverwaltung schnell Karriere machen. Langfristig führte dies wiederum dazu, dass die für den Aufstieg wichtigen Ministerialrats-, Abteilungspräsidenten- und Finanzgerichtspräsidentenstellen durch junge Stelleninhaber nach deren Ernennung erst einmal auf Jahre hinaus blockiert waren.[20]

Von Anfang an kämpfte die neu geschaffene Reichsfinanzverwaltung mit inneren Spannungen, die aus der Vor- und Gründungsgeschichte resultierten. Diese betrafen unter anderem das Verhältnis zwischen Zentral- und Regionalinteressen sowie Friktionen zwischen Zoll- und Steuerbereich, zwei Konflikt-

16 Witt, Reichsfinanzminister, S. 22.

17 Dazu und insb. zur Rolle Bayerns vgl. Menges, Reichsreform.

18 Bathe/Kumpf, Mittelbehörden, S. 15. Die Zahl bezieht sich auf die zu Landesfinanzamtspräsidenten ernannten Personen. Nicht berücksichtigt sind Minister, die in Personalunion das Amt ausübten, und kommissarische Leiter.

19 Ebd., S. 16. Von den rund 90 Präsidenten, die 1945–1990 eine Mittelbehörde leiteten, vollzog nur einer einen solchen Wechsel.

20 Witt, Reichsfinanzminister, S. 27 f.

felder, die auch in der NS-Zeit noch eine Rolle spielten und deren Folgen auch für die Organisation der Judenverfolgungsmaßnahmen relevant waren.

Auf der mittleren Verwaltungsebene wurde schnell deutlich, dass die Einrichtung der unter Berliner Führung stehenden Reichsfinanzverwaltung auf starke Gegnerschaft in einigen Länderregierungen stieß. Die Etablierung der Landesfinanzämter war für das Gelingen der Reform Erzbergers von besonderer Bedeutung, denn sie waren die Instanz, mit der die Reichsfinanzverwaltung in den bislang bestehenden Länderverwaltungsbereich eindrang und ihren „Behördenorganismus in das bisher harte und für es praktisch so gut wie undurchdringliche Gestein der Gliedstaaten keilartig hineintreiben" konnte, wie es der Bonner Ordinarius für Völker- und Verfassungsrecht Erich Kaufmann im Jahr 1919 formulierte.[21]

Dies gelang am Ende nur auf dem Weg eines Kompromisses zwischen dem Reichsfinanzministerium, das eine straffe Organisation anstrebte, und den Länderegierungen, die daran interessiert waren, möglichst viele Landesfinanzämter in ihrem Regierungsbereich zu erhalten. So setzte beispielsweise Preußen durch, dass Hamburg und Schleswig-Holstein sowie Bremen, Oldenburg und eine Reihe weiterer Bezirke nicht zu größeren Landesfinanzämtern zusammengefasst wurden, Bayern beharrte auf dem Erhalt seiner drei Landesfinanzämter, und auch Mecklenburg-Lübeck und Darmstadt blieben selbständige Landesfinanzamtsbezirke. Aufgrund des erfolgreichen Widerstands der Landesregierungen gegen die Vereinheitlichungspläne der Reichsebene hatten die neu entstandenen Landesfinanzämter unterschiedliche Größen und Arbeitsaufkommen.

In den Landesfinanzämtern hatten sich die Länder ein Mitspracherecht bei der Erstbesetzung zusichern lassen, das sie in der Folgezeit nicht selten zur Selbstversorgung nutzten. War das Amt allerdings einmal besetzt, dann konnte der Reichsfinanzminister in bloßem Benehmen mit dem Landesfinanzminister, d. h. faktisch auch gegen dessen Wünsche, neu besetzen. Die Reichsfinanzminister nutzten in der folgenden Zeit diese Möglichkeit auch, um eine an gesetzgebender und verwaltender Tätigkeit orientierte Personalpolitik zu betreiben. Im süddeutschen und sächsischen Raum geschah dies eher behutsam, „um die personellen Interesse der Landesfinanzministerien und die föderalistischen Empfindlichkeiten" zu schonen, in anderen Gebieten nachdrücklicher.[22]

Obwohl die Einrichtung und der Zuschnitt der neuen Landesfinanzämter, die eine Abstimmung mit den Ländern gesetzlich voraussetzte, über Jahre hinweg stark umstritten war, blieb die Zahl der Landesfinanzämter seit der Reform

[21] Kaufmann, Steuerverwaltung. Zu dem jüdischen Rechtswissenschaftler Kaufmann (1880–1972) vgl. Rennert, Staatsrechtslehre.

[22] Witt, Reichsfinanzminister, S. 49 f., Zitat S. 49.

von 1919 bis zum Ende der Weimarer Republik nahezu unverändert. Lediglich das Landesfinanzamt Brandenburg-Berlin wurde 1920 in zwei Landesfinanzämter aufgeteilt, was die Gesamtzahl von 25 auf 26 erhöhte. Ein weiteres Landesfinanzamt veränderte seinen territorialen Zuschnitt: Der Amtsbezirk des Landesfinanzamts Oppeln wurde als Folge des Versailler Vertrags und im Rahmen der Konflikte in den nächsten Jahren verkleinert, bis er 1922 seine endgültigen Grenzen erhielt.[23]

Ähnlich problematisch wie die Diskussion um die Landesfinanzämter war die Debatte über den Zuschnitt der Finanzämter, der vielfach erhalten blieb, obwohl die Finanzamtsbezirke in Größe und Zusammensetzung erhebliche Unterschiede aufwiesen. Auch hier waren es die Länder, die darauf bestanden, dass die Verwaltungsbezirke der Finanzämter denen der inneren Verwaltung entsprachen, und so gab es – insbesondere in Süddeutschland, Thüringen und Hannover – Finanzämter mit weniger als 20 000 Steuerpflichtigen, während der Durchschnitt in Sachsen und Preußen bei 40 000 Steuerpflichtigen lag. Da die kleinen Finanzämter auch personell entsprechend knapper ausgestattet waren, arbeiteten dort weniger Spezialisten, was wiederum die angestrebte Vereinheitlichung der Steuererhebungspraxis behinderte.[24]

In den besonders reformkritischen süddeutschen Ländern gelang die Einbindung von Vertretern der alten Landesfinanzverwaltungen in die neue Reichsstruktur. Dies war möglich, da Erzberger in Baden, Württemberg, Bayern und Hessen die Landesfinanzminister dadurch für seinen Plan gewonnen hatte, dass er ihnen anbot, sie auf Lebenszeit in Personalunion zu Präsidenten der Landesfinanzämter in den jeweiligen Hauptstädten zu ernennen, wobei ihnen das Gehalt eines Landesministers erhalten bliebe – ein Angebot, dem alle Angesprochenen zustimmten. In Oldenburg und Hamburg wechselten die Finanzminister in die neu geschaffenen Behördenleitungspositionen.[25] So erklärt sich die auf den ersten Blick paradox anmutende Verbindung zwischen alten Landes- und neuen Reichsbehörden insbesondere in den Ländern, welche die Einführung einer Reichsverwaltung zunächst abgelehnt hatten.

Der Kompetenzkonflikt zwischen Zentral- und Regionalinteressen war während der Weimarer Zeit von entscheidender Bedeutung und prägte auch die inhaltlichen Auseinandersetzungen über finanzpolitische Fragen. Bis weit in die NS-Zeit hinein gab es – insbesondere im Bereich der Vermögenskonfiskation – immer wieder Konflikte zwischen Landes- und Reichsinteressen, die die Dynamik der NS-Judenverfolgung mitbestimmten. Auch nach 1933 war eine Reihe von Auseinandersetzungen wesentlich durch die Diskrepanzen zwischen

[23] Bathe/Kumpf, Mittelbehörden, S. 10 f.
[24] Hettlage, Finanzverwaltung, S. 188; Witt, Reichsfinanzminister, S. 44–47.
[25] Witt, Reichsfinanzminister, S. 48 f.

Reichs- und Landes- bzw. Regionalebene geprägt, allerdings traten nun als ein dritter Faktor die NSDAP-Gauleitungen mit auf den Plan.

Der Aufbau der Landesfinanzämter war durch deren Geschäftsordnungen geregelt. Die erste dieser Geschäftsordnungen stammte vom Juli 1920 und führte zu einer reichsweiten Vereinheitlichung des Aufbaus der Landesfinanzämter, die von nun an aus drei Abteilungen für Besitz- und Verkehrsteuern, für Zölle und Verbrauchsteuern sowie für die Reichsvermögensverwaltung bestehen sollten.[26] Daneben bildeten zunächst die ehemaligen Militärbauämter und Garnisonsverwaltungen einen vierten Baustein der Mittelebene der Reichsfinanzverwaltung. Eine Oberfinanzkasse war dem Präsidenten des Landesfinanzamtes direkt zugeordnet. Die Präsidenten der Landesfinanzämter waren dem Reichsfinanzminister unterstellt und fungierten ihrerseits als Vorgesetze für alle Mitarbeiter des jeweiligen Landesfinanzamts und der ihnen nachgeordneten Finanzbehörden.

Die Reichsschatzabteilungen in den Landesfinanzämtern wurden ab 1922 in die Liegenschafts- und Baugruppe in den Präsidialstellen der Landesfinanzämter umgewandelt.[27] Im selben Jahr richteten die Landesfinanzämter Finanzgerichte als Spruchbehörde in Besitz- und Verkehrsteuersachen ein, womit der Neuaufbau der Reichsfinanzverwaltung auf regionaler Ebene zu einem ersten Abschluss kam.[28] Die Finanzgerichte waren eine Innovation der Weimarer Reichfinanzverfassung, die die Position der Steuerpflichtigen im Verfahren stärken sollte. Die Vorsitzenden und Beisitzer in den Kammern dieser Finanzgerichte setzten sich aus Referenten für das jeweilige Steuergebiet aus dem Landesfinanzamt zusammen und waren dem Landesfinanzamtspräsidenten unterstellt. Da sie jederzeit abgesetzt werden konnten, kann man auf dieser Ebene der Finanzgerichtsbarkeit allerdings nicht von einer richterlichen Unabhängigkeit sprechen. Neben den Beamten hatten die Finanzgerichte ehrenamtliche Mitglieder aus den Organen der kommunalen und berufständischen Selbstverwaltung, die für sechs Jahre gewählt wurden. Im Jahr 1924 bestimmte eine neue Geschäftsordnung, dass die Zahl der Abteilungen auf zwei reduziert werden sollte (Besitz- und Verkehrsteuern, Zölle und Verbrauchsabgaben). Die Reichvermögensverwaltung entfiel und ihre Aufgaben sollten von der Präsidialabteilung mit übernommen werden.[29]

Die organisatorischen Vorgaben wurden in den Landesfinanzämtern teil-

26 Vorläufige Geschäftsordnung für die Landesfinanzämter, Amtsblatt der Reichsfinanzverwaltung (RFBl.) (1920), S. 311–318, abgedruckt in Bathe/Kumpf, Mittelbehörden, S. 212–219; vgl. dazu auch Meinl/Zwilling, Legalisierter Raub, S. 266 f.

27 Kanther, Finanzverwaltung, S. 146.

28 Ebd., S. 164.

29 Geschäftsordnung für die Landesfinanzämter vom 18.8.1924, RFBl. (1924), S. 73–77, abgedruckt in Bathe/Kumpf, Mittelbehörden, S. 222–226; vgl. auch Meinl/Zwilling, Legalisierter Raub, S. 267.

weise nur langsam umgesetzt. Im Landesfinanzamt Düsseldorf beispielsweise bestand die Abteilung für Zölle und Verbrauchsteuern monatelang nur auf dem Papier. De facto verwalteten die Kölner Kollegen die Düsseldorfer Abteilung mit. Noch häufiger als im Zollsektor finden sich Schwierigkeiten beim Übergang zur neuen Organisationsstruktur im Bereich der Steuerverwaltung, denn der Zoll konnte in der Regel an die bereits bestehende Zollverwaltung anknüpfen, während für die Steuerverwaltung in den Regionen keine Vorläuferinstitution vorhanden war. In Köln blieben die beiden Bereiche Zoll und Steuern jahrelang auch räumlich getrennt. Die Steuerverwaltung war hier bis 1928 in provisorischen Gebäuden untergebracht.[30]

Im August 1931 fielen mit der Einführung der Devisenbewirtschaftung auch Aufgaben der Devisenkontrolle in den Zuständigkeitsbereich der Finanzverwaltung. Die damit eingeführten Devisenstellen bei den Landesfinanzämtern waren dienstlich dem Finanzressort, fachlich jedoch dem Reichswirtschaftsministerium unterstellt.[31] Mit der Einrichtung der Devisenstellen hatten die fiskalischen Mittelbehörden Ende 1931 die Form erreicht, die auch während der ersten Jahre der NS-Herrschaft weiterbestehen sollte.

Zu Spannungen innerhalb der Reichfinanzverwaltung kam es auch aus einem weiteren Grund. Die Reichsfinanzverwaltung setzte sich aus zwei ungleichen Bereichen zusammen. Die Verbindung von Zoll- und Steuerverwaltung in einem Behördenkörper brachte ständig schwelende Konflikte mit sich. Der ältere Zweig der Zollverwaltung blickte auf eine lange Tradition auf Länderebene zurück. Die Steuerverwaltung hingegen war ein relativ junger Verwaltungsbereich. Als Matthias Erzberger diese beiden Bereiche nach dem Ende des Ersten Weltkriegs zu einer einheitlichen Reichsverwaltung zusammenzuführen versuchte, stieß er auf erhebliche Animositäten und Hindernisse. Die von Erzberger eingesetzte Organisation, die beide Bereiche durch eine gemeinsame vertikale Dreigliederung integrieren sollte, konnte diese Spannungen zunächst nicht auflösen, sondern nur notdürftig überwölben. Auf allen drei Verwaltungsebenen blieben die Konflikte zwischen Zoll- und Steuerbereich ein weiterhin bestehendes Problem, das auch für die spätere Entwicklung eine Rolle spielte und für die Durchführung der fiskalischen Judenverfolgung während des „Dritten Reiches" einen wichtigen Subtext bildet.

Der organisatorische Umbau der Reichsfinanzverwaltung in den folgenden Jahren bis in die NS-Zeit hinein war in erheblichem Maße dadurch motiviert, dass die Finanzminister versuchten, die Konflikte zwischen Zoll- und Steuerabteilungen durch eine Neukonfiguration der Bereiche zu entschärfen. Wenn der Reichsfinanzminister Lutz Graf Schwerin von Krosigk während der

[30] Kanther, Finanzverwaltung, S. 143–148.
[31] Vgl. zur Devisenpolitik und -verwaltung neuerdings Franke, Legalisiertes Unrecht.

nationalsozialistischen Diktatur organisatorische Maßnahmen ergriff, um die Spannungen zwischen den beiden Organisationsbereichen abzufedern, und eine neue Abteilung schuf, in der beide Verwaltungszweige integriert werden sollten, dann stand dies also in einer längeren organisationspolitischen Tradition seit der Weimarer Zeit und folgte auch bereits längerfristig praktizierten Mustern der Problemlösung. Neu war jedoch, dass in dieser Abteilung auch eine Art „Judenreferat" gebildet wurde, das speziell für konfisziertes Vermögen aus jüdischer Hand zuständig war.

Die Entstehungsphase während der Weimarer Republik brachte grundlegende Weichenstellungen im Bereich der Behördenorganisation mit sich, welche die Situation zum Zeitpunkt der nationalsozialistischen „Machtergreifung" prägten. So waren die organisatorischen Strukturen erstens wegen der vergleichsweise späten Bildung der Reichsfinanzverwaltung noch nicht so fest etabliert wie bei anderen Reichsverwaltungen, die auf eine längere Tradition zurückblickten. Das Aufgabenprofil hatte sich während der Weimarer Republik mehrfach verschoben, und die Reichsfinanzverwaltung hatte immer wieder neue, hochpolitische Aufgaben übernommen.

Damit hängt zweitens zusammen, dass die Reichsfinanzverwaltung Erfahrungen damit hatte, neu übertragene Aufgaben schnell institutionell umzusetzen. Sie zeichnete sich dabei durch eine gewisse Flexibilität aus – freilich um den Preis einer geringen Professionalität, was von zeitgenössischen Beobachtern durchaus kritisch vermerkt wurde.

Drittens schließlich galt die Reichsfinanzverwaltung – im Gegensatz zu anderen Verwaltungszweigen des Deutschen Reiches – als ein Geschöpf der ersten deutschen Demokratie und damit tendenziell weniger republikfeindlich als andere Bereiche der Reichsverwaltung. Dieser Eindruck kam nicht zuletzt dadurch zustande, dass die Reichsfinanzverwaltung mit der Reparationsfrage und der Kriegsfolgenbewältigung für eine Reihe von Aufgaben verantwortlich war, die mit der republikanischen Politik eng verbunden waren. Allerdings trafen Inflation und Weltwirtschaftskrise in den späten 1920er Jahren die Beamten besonders stark, da sie häufig ihr Vermögen in Geldwerten angelegt hatten. Rationalisierungs- und Sparmaßnahmen der Weimarer Zeit brachten unter anderem Gehaltskürzungen und einen Rückbau der Beschäftigtenzahlen mit sich. Wie die meisten anderen staatlichen Beamten lasteten die Mitarbeiter der Reichsfinanzverwaltung diese Verschlechterung der beruflichen und persönlichen Situation der Weimarer Demokratie an, und dies begünstigte eine Politisierung zu Gunsten der radikalen Rechten.[32]

Die Einbindung der Reichsfinanzverwaltung in die Finanzpolitik der Weimarer Demokratie erklärt wohl auch zumindest zum Teil, warum gerade die

[32] Gössel, Beamtentum, S. 97.

Reichsfinanzverwaltung eine bevorzugte Zielscheibe nationalsozialistischer Polemik bildete, die diese Aspekte bereitwillig aufgriff und propagandistisch ausschlachtete. Hitler sprach polemisch vom „parlamentarisch-demokratische[n] Schiebertum, das wie ein Heuschreckenschwarm unsere einst so saubere Verwaltung abgrast".[33] Dies bezog sich insbesondere auf die Zweige der Staatsverwaltung, die in der Weimarer Zeit neu eingerichtet worden waren, was auf die Finanzverwaltung in besonderem Maße zutraf: Sie hatte vergleichsweise wenig Verbindungslinien zur „einst so sauberen Verwaltung" der Kaiserzeit, der Hitler durchaus positive Seiten abgewinnen konnte, sondern war Repräsentant jener erst nach dem Ersten Weltkrieg eingesetzten „Novemberbürokratie", die im Mittelpunkt von Hitlers Verwaltungskritik stand. In ihren Reihen vermutete der spätere Diktator verstärkt Anhänger der Sozialdemokratie, die parteipolitische Interessen auf dem Weg der Verwaltung durchsetzten. Nicht zuletzt kritisierte Hitler die Finanzverwaltung als Vollstrecker des Versailler Vertrages, denn die Finanzbehörden begründeten den verstärkten Zugriff auf die Geldbeutel der Bürger auch damit, dass die Reparationsforderungen der Siegermächte bedient werden mussten.[34]

1.2 Koordinationszentren der Judenverfolgung im Reichsfinanzministerium während der NS-Zeit: Steuerabteilung, „Referat Maedel" und Zoll

1.2.1 Organisatorische Kontinuität und „milder" personeller Austausch

Vergleicht man die Geschäftsverteilungspläne des Reichsfinanzministeriums vor und nach dem Januar 1933, dann blieb gegenüber der Weimarer Zeit der Aufbau des Reichsfinanzministeriums zunächst weitgehend unverändert.[35] Zu Beginn der nationalsozialistischen Herrschaft gliederte sich das Ministerium in drei Hauptabteilungen. Die Abteilung I mit ihren drei Unterabteilungen war für Etatfragen zuständig. Hier ging es um die Einzeletats der Ministerien sowie um den Staatshaushalt. Dazu gehörten auch die finanziellen Auslandsbeziehungen, für die eine eigene Unterabteilung zuständig war, sowie Fragen der Gehälter für Beamte, Angestellte und Arbeiter und die Liegenschaftsver-

[33] Adolf Hitler, Politik der Woche, Illustrierter Beobachter vom 20.4.1929, abgedruckt in: ders., Reden, Schriften, Anordnungen, Bd. 3, Teil 2, S. 214–218. Folgende Zitate ebd.

[34] Ähnlich auch Feder, Manifest; ders., Staatsbankerott; ders., Steuerstreik; ders., Staat. Vgl. dazu Pausch/Pausch, Weltgeschichte, S. 92, Anm. 1944.

[35] Vgl. dazu auch die folgenden Abteilungsübersichten.

waltung, die ebenfalls in einer eigenen Unterabteilung angesiedelt waren. Für die Einzelhaushalte der Ministerien und staatlichen Einrichtungen gab es eine weitere Unterabteilung. Die Abteilung II war für Zollfragen und, mit eigener Unterabteilung, für Verbrauchsabgaben zuständig. Die Abteilung III regelte Besitz- und Verkehrsteuern.[36]

Im Vergleich zum letzten Weimarer Organisationsaufbau hatte lediglich die Unterabteilung III B (Finanzielle Beziehungen zum Ausland, Dr. Berger) aus der Steuerabteilung in die Haushaltsabteilung gewechselt und war dort zur Unterabteilung I A geworden. Außerdem entstand im Haushaltsbereich eine weitere, neue Unterabteilung, die Abteilung I C mit der Bezeichnung „Einzelhaushalte" unter Leitung von Ministerialdirigent von Manteuffel, die für eine ganze Reihe von durch die NS-Politik neu aufgetretenen Haushaltsbereichen zuständig war.[37] Unter von Manteuffels Leitung standen unter anderem die Referate für die Haushalte von Reichspropagandaministerium, Arbeitsdienst, SA- und SS-Angelegenheiten, Polizeifragen, aber auch für das Reichsluftfahrtministerium. Ebenso war hier das Referat für das Saarland angesiedelt. Hinzu kamen neue Bereiche, die durch die Abschaffung der Länder in den Reichshaushalt hinzugekommen waren, wie das Reichsministerium für Wissenschaft, Erziehung und Volksbildung und der Bereich der Schulen.

Die Leiter der sechs großen Abteilungen und Unterabteilungen des Reichsfinanzministeriums (Olscher, Berger, Wever, Ernst, Jahr und Hedding) blieben nach der nationalsozialistischen Machtübernahme vorerst weiter im Amt. Die Politik der ideologischen Durchdringung der Finanzverwaltung, die vor allem vom Staatssekretär Fritz Reinhardt vorangetrieben wurde, zeigte sich zunächst weniger in Führungswechseln, sondern vor allem in der Neubesetzung der Personalreferate als Schlüsselpositionen für die künftige Personalpolitik. Am 17. Juli 1933 erging ein Erlass Fritz Reinhardts zur Gleichschaltung der Personalreferate in der Reichsfinanzverwaltung.[38] Die beiden Hauptabteilungen II (Zoll) und III (Besitz- und Verkehrsteuern), deren Personalangelegenheiten zuvor in einer gemeinsamen Unterabteilung unter Leitung von Albert Boenicke[39] zu-

[36] Geschäftsverteilungspläne 1932 und 1933, beide BAB, R 2, 12985; Übersicht für 1934 bei Caesar/Hansmeyer, Haushalts- und Finanzwesen, S. 842. Vgl. zur organisatorischen Entwicklung als knapper Überblick auch Meinl/Zwilling, Legalisierter Raub, S. 34, 228–230.

[37] Neuer Geschäftsverteilungsplan der Abt. I vom 6.3.1935, BAB, R 2, 12985, Bl. 162 f.

[38] Erlass des Reichsfinanzministers an die Oberfinanzpräsidenten vom 17.7.1933, zit. nach Meinl/Zwilling, Legalisierter Raub, S. 267.

[39] Dr. Albert Boenicke (1882–1936), geb. 4.8.1882 in Luckenwalde, 1901 Reifeprüfung in Berlin, 1901–1905 Studium der Rechts- und Staatswissenschaften in Freiburg und Berlin, erste Staatsprüfung 1905, 1911 zweite Staatsprüfung, 1905 Promotion zum Dr. jur., 1911 Gerichtsass. Bank für Handel und Industrie, dann Magistrat Luckenwalde, 1913 Übertritt in die preußische Steuerverwaltung, Hilfsarbeiter bei der Veranlagungskommission Berlin-Steglitz, 1914 Ref. Ass., beim Preußischen Finanzministerium tätig, 1914–1918 Teilnahme am Ersten Weltkrieg, 1918 RegRat, 1919 Vorsteher Finanzamt Guben, später Steueramt

Tabelle 1: Aufbau des Reichsfinanzministeriums 1932

Abteilung	Unterabteilung	Zuständigkeiten
Abt. I		Haushaltsabteilung (Olscher)
	Abt. I B	Beamten-, Angestellten- und Arbeiterangelegenheiten, ferner Liegenschaftsverwaltung (Wever)
Abt. II		Zölle und Verbrauchsabgaben (Ernst)
	Abt. II A	Verbrauchsabgaben (Jahr)
Abt. III		Steuern vom Einkommen, Vermögen und Umsatz, Verkehrsteuern, Organisation der Steuerverwaltung (Hedding)
	Unterabteilung P	Personal- und Verwaltungsangelegenheiten (Boenicke)
	Unterabteilung B	Finanzielle Beziehungen zum Ausland (Fritz Berger)

Geschäftsverteilungsplan 1932, BAB, R 2, 60580.

Tabelle 2: Aufbau des Reichsfinanzministeriums 1933

Abteilung	Unterabteilung	Zuständigkeiten
Abt. I		Haushaltsabteilung (Olscher)
	Abt. I A	Banken, Rechtsfragen, finanzielle Beziehungen zum Ausland (Berger)
	Abt. I B	Beamten-, Angestellten- und Arbeiterangelegenheiten, ferner Liegenschafts- und Bauverwaltung (Wever)
Abt. II		Zölle und Verbrauchsabgaben (Ernst)
	Abt. II A	Verbrauchsabgaben (Jahr)
Abt. III		Besitz- und Verkehrsteuern (Hedding)

Geschäftsverteilungsplan 1933, BAB, R 2, 12985.

sammengefasst gewesen waren, erhielten 1933 jeweils eigene Personalreferate, die mit neuen Personen besetzt wurden: Für den Zollbereich wurde Ernst Viktor Erich Zschaler[40] Personalreferent, für den Steuersektor Otto Maaß[41], beides „alte Kämpfer" und im nahen Umfeld des Staatssekretärs Fritz Reinhardt angesiedelt. Bis zur Umgestaltungsphase ab 1937/38 bildete die Einführung der Abteilungspersonalreferate und deren Besetzung mit aus der Sicht des NS-Regimes zuverlässigen Personen die weitreichendste strukturelle Veränderung im Reichsfinanzministerium.

Reichsfinanzminister Lutz Graf Schwerin von Krosigk der bereits im Juni 1932 von Reichskanzler Franz von Papen berufen worden war,[42] blieb auch

Niederbarnim-Ost in Berlin, 1920 ORR, tätig beim LFA Brandenburg, 1921 Organisationsreferent im Reichsfinanzministerium, 1922 MinRat, 1930 Leitung der Unterabt. Personal-, Haushalts-, Kassen- und Bausachen, 1932 MinDir., 1933 komm. Leitung des LFA Berlin, 1934 LFA-Präsident Berlin, wurde 1935 im Alter von 53 Jahren vom Dienst beurlaubt und in den Ruhestand versetzt, gest. 7.8.1936 in Berlin.

40 Dr. Ernst Viktor Erich Zschaler (1885–1974), geb. 22.7.1885 in Dresden, 1906 Reifeprüfung in Chemnitz, 1906–1910 Studium der Rechts- und Staatswissenschaften in Leipzig, 29.1.1910 erste Staatsprüfung, Mai 1915 zweite Staatsprüfung, 1917 Promotion zum Dr. jur. in Leipzig, 1914–1919 Teilnahme am Ersten Weltkrieg, 1919 Syndikus bei einer Versicherungsgesellschaft in Leipzig, ab 1.11.1920 in der Reichszollverwaltung, Vorsteher eines Hauptzollamtes, 1.5.1922 RegRat, bis 1924 Referent im LFA Leipzig, bis 1926 Vorsteher des Hauptzollamts Leipzig-West, dann wieder im LFA Leipzig, nebenamtl. Dozent an der Handelshochschule Leipzig, seit August 1933 im Reichsfinanzministerium, 1.9.1933 ORR, 1.1.1935 MinRat, Personalreferent der Zollabteilung, 1.10.1938 Oberfinanzpräsident Ostpreußen/Königsberg, 1.4.1943 Oberfinanzpräsident Kassel, 1947 in Kassel entnazifiziert, 9.1.–20.7.1947 im Rahmen des Verfahrens interniert, gest. 2.9.1974 in Kassel; vgl. auch Meinl/Zwilling, Legalisierter Raub, S. 278 f.

41 Otto Friedrich Gustav Adolf Maaß (1880–1969), geb. 24.2.1980 in Degow/Kr. Kolberg-Köslin, Reifeprüfung 1900 in Kolberg, 1900–1903 Studium der Rechts-, Staats- und Finanzwissenschaften in Marburg, Berlin und Greifswald, 5.12.1903 erste Staatsprüfung, 17.9.1909 zweite Staatsprüfung, 23.9.1909 Gerichtsassessor, 1.12.1909–31.7.1910 beim Amtsgericht Belgrad, ab 12.2.1910 beurlaubt zur Beschäftigung bei der Stadtverwaltung Kolberg, 1.8.1910–19.4.1920 Stadtrat, Syndikus, Kämmerer in Kolberg, 1914–1918 Teilnahme am Ersten Weltkrieg, 1.4.1920 RegRat in der Reichsfinanzverwaltung, Vorsteher des Finanzamts Kolberg, 1.2.1922 ORR beim LFA Berlin (Mitglied des Finanzgerichts), 1.7.1925 Vorsteher des Finanzamts Berlin-Schöneberg, 15.2.–1.5.1933 Abordnung zum Reichssparkommissar, ab Juni 1933 im Reichsfinanzministerium, 1.9.1933 MinRat, 14.8.1936 komm. Leiter des LFA Nürnberg, 1.10.1936 Präsident ebd., ab 21.2.1938 wieder im Reichsfinanzministerium, 1.4.1938 MinDir (Leiter der Abteilung für Personal- und Verwaltungsangelegenheiten), ab 1.8.1943 zugleich Leiter der Reichszollschule in Sigmaringen, ab 1.2.1945 Ruhestand.

42 Zu Schwerin von Krosigk vgl. Woitkowski, Graf von Krosigk; Goehrke, Fesseln der Pflicht. Nach dem Suizid Hitlers leitete Schwerin von Krosigk ab 2. Mai 1945 zeitweilig die Reichsregierung unter Karl Dönitz. 1949 wurde Schwerin von Krosigk im Nürnberger Wilhelmstraßen-Prozess zu zehn Jahren Haft verurteilt, unter anderem wegen der Verfolgung von Juden sowie Raub und Plünderung. Schon 1951 kam er aber wieder in Freiheit und verfasste danach eine Reihe von Büchern, die die Rückschau auf die Entwicklung der

nach der nationalsozialistischen Machtübernahme im Amt. Er war neben Reichsarbeitsminister Franz Seldte der einzige Minister eines traditionellen Ressorts, der während der gesamten NS-Zeit seinen Posten behielt. Schwerin von Krosigk hatte seit 1920 im Reichsfinanzministerium als Haushaltsexperte Karriere gemacht. Dort hatte er zunächst die Reparations- und die Haushaltsabteilung geleitet und in dieser Funktion auch an einer Reihe internationaler Konferenzen teilgenommen. Er stand der DNVP nahe. 1937 erhielt er das goldene Parteiabzeichen und wurde dadurch als Ehrenmitglied in die NSDAP aufgenommen.[43]

Einen einschneidenden Wechsel an der Spitze des Ministeriums bedeutete allerdings die Entlassung des Staatssekretärs Arthur Zarden[44] wegen dessen jüdischer Herkunft – er war nach nationalsozialistischen Kategorien „Halbjude" und mit einer Jüdin verheiratet – und die Neubesetzung des Postens mit dem Nationalsozialisten und „alten Kämpfer" Fritz Reinhardt.[45] Der neue Finanzstaatssekretär, der 1933 ins Amt kam, galt als Chefideologe im Reichsfinanzministerium. Sucht man nach dem stärksten ideologischen Bewegungsfaktor in der Reichsfinanzverwaltung, so ist an erster Stelle Reinhardts Name zu nennen. Der 1895 im thüringischen Ilmenau geborene Handelsschullehrer und steuerpolitische Autodidakt, der vor 1933 Gauleiter von Oberbayern gewesen war, eine von ihm selbst gegründete „Fernhandelsschule" als Rednerschule der NSDAP in Herrsching am Ammersee betrieben und rund 6 000 Parteimitglieder durch seine Kurse geschleust hatte, begann Mitte der 1920er Jahre auch kaufmännische und steuerliche Publikationen zu veröffentlichen, nachdem er sich während der russischen Kriegsgefangenschaft im Ersten Weltkrieg im Steuerbereich fortgebildet hatte und zeitweise als Steuerbevollmächtigter beim Landesfinanzamt Thüringen tätig gewesen war. Seit 1926

Finanzpolitik während der NS-Zeit und seine Anteil daran prägen sollten. Die Untersuchungen über Schwerin von Krosigk ziehen nur einen Teil der möglichen Quellenbestände heran. Eine umfassende wissenschaftliche Studie über den Reichsfinanzminister des „Dritten Reichs" bildet nach wie vor ein Desiderat.

43 Schwerin von Krosigk betonte selbst wiederholt, dass er der NSDAP nicht „beigetreten" sei. Er wurde aber durch das goldene Parteiabzeichen Ehrenmitglied. Er benutzte seither auch in einigen Fällen die Anrede „lieber Parteigenosse" und ließ sich auch selbst so anreden. Vgl. dazu Aly, Volksstaat, S. 23.

44 Zu Zarden und seiner Entlassung nach § 6 des Berufsbeamtengesetzes vgl. die Abschnitte weiter unten in dieser Arbeit.

45 Zu Fritz Reinhardt vgl. Pausch, Fritz Reinhardt; Schöpf, Fritz Reinhardt; Meinl/Zwilling, Legalisierter Raub, S. 232 f. Fritz Reinhardt wurde nach seiner Flucht nach Oberbayern im April 1945 in München als „Hauptschuldiger" entnazifiziert. Die Strafe von mehreren Jahren Arbeitslager galt durch seine Internierung von 1945–1949 als abgebüßt, sein Vermögen wurde eingezogen. Reinhardt arbeitete später als Steuerberater und Fachautor und starb 1969 in Regensburg. Eine eingehende biografische Untersuchung über die Person Fritz Reinhardt steht in der Forschung noch aus.

NSDAP-Mitglied, saß er ab 1930 für die NSDAP in steuerpolitischen Reichstagsausschüssen, bevor er nach der nationalsozialistischen Machtübernahme als Nachfolger Zardens ins Reichsfinanzministerium kam.

Gegen die Absetzung Zardens wehrte sich der Reichsfinanzminister letztlich nicht, allerdings hatte er mit Dieter Oertzen, einem Militärkameraden Schwerin von Krosigks, später Finanzminister in Mecklenburg und 1933 Rechtsanwalt in Rostock, einen alternativen Nachfolgekandidaten im Blick. Dass Schwerin von Krosigk der Besetzung mit dem steuerpolitisch nur laienhaft ausgewiesenen Reinhardt am Ende zustimmte, hatte nach eigener Aussage vor allem taktische Gründe. Denn Fritz Reinhardt war als Hauptamtsleiter der NSDAP für den Sektor Finanzen bestens in die Partei vernetzt. „Für mich sah es nun so aus", schildert Schwerin von Krosigk seine Überlegungen rückblickend: „nahm ich Oertzen, würde man in der Partei gegen mich Sturm laufen und ihn schließlich zur Strecke bringen. Dem Ministerium würden, vor allem in Personalfragen, unausgesetzt Schwierigkeiten gemacht werden. Reinhardt bearbeitete als Hauptamtsleiter in der Partei den Sektor Finanzen. Ich würde ihn also entweder als höchst gefährlichen Gegner, oder als wertvolle Hilfe haben. Denn durch ihn würde das Ministerium auf diesem Teilgebiet Einfluss in der Partei gewinnen und die sonst drohende Zweigleisigkeit vermeiden. So entschloss ich mich, nicht gerade mit Begeisterung, den jungen Handelskammerlehrer zum Staatssekretär zu machen."[46] Auch wenn Schwerin von Krosigk hier seine abwägenden Überlegungen hervorhebt, spricht doch einiges dafür, dass Hitler dem Reichsfinanzminister zwar formal die Entscheidungsfreiheit ließ, tatsächlich aber erheblichen Einfluss auf die Neubesetzung nahm, dem sich das Finanzministerium wohl kaum entziehen konnte.[47]

Später scheint Schwerin von Krosigk aber reibungsfrei mit Reinhardt zusammengearbeitet zu haben, der im Umfeld der langjährig erfahrenen Finanzbeamten offenbar erstaunlich gut zurecht kam. Fritz Reinhardt war im Reichsfinanzministerium für den Steuer- und Personalbereich zuständig, während der Reichsfinanzminister die Haushalts- und Etatfragen kontrollierte. Der Steuerbereich als Domäne des Staatssekretärs Fritz Reinhardt war der Sektor, in dem die Finanzverwaltung mit der breiten Masse der Bevölkerung in Kontakt trat und dem die entsprechenden regionalen und lokalen Ebenen der Reichsfinanzverwaltung zugeordnet waren.

Diese Aufgabenteilung zwischen Haushalts- und Steuerpolitik, die Schwerin von Krosigk bereits mit Reinhardts Amtsvorgänger Zarden praktiziert hatte und die auch seiner eigenen bisherigen beruflichen Schwerpunktsetzung als

[46] Schwerin von Krosigk, Memoiren, S. 160 f.; vgl. zur Ernennung Reinhardts auch Friedenberger, Ausplünderung, S. 48 f.; Meinl/Zwilling, Legalisierter Raub, S. 29 f., 232 f.

[47] Zur Einsetzung Reinhardts durch Intervention Hitlers vgl. Akten der Reichskanzlei, Regierung Hitler 1933–1938, Teil I: 1933/34, Bd. 1, S. 276 f.

Haushaltsexperte entsprach, bedeutete für die fiskalische Judenverfolgung, dass im Steuerbereich, der vor allem in den ersten Jahren der NS-Herrschaft von großer Bedeutung für die antijüdischen Verfahren war, ein überzeugter Antisemit die Federführung übernahm. Auch wenn die Kompetenzverteilung zwischen dem Minister und seinem Staatssekretär keine für politische Zwecke 1933 neu eingeführte Regelung war, entstand mit Beginn der nationalsozialistischen Diktatur durch die Ernennung einer Person wie Reinhardt zum Staatssekretär eine Kompetenzkonstellation, die für eine schnelle und umfassende ideologische Ausrichtung der Steuerpolitik und -verwaltung sorgte, da er die bereits etablierte Arbeitsteilung für diese Ziele nutzen konnte.

Schwerin von Krosigk hat sich nach 1945 zu seiner Verteidigung immer wieder auf diese Aufgabenteilung berufen, um zu belegen, dass er an zentralen Bereichen der fiskalischen Judenverfolgung nicht beteiligt gewesen sei. Betrachtet man allerdings die Jahre der nationalsozialistischen Herrschaft im Ganzen, dann zeigt sich, dass sich zum einen der Schwerpunkt der Judenverfolgungsmaßnahmen zunehmend aus dem steuerlichen Bereich in den Bereich der Vermögens- und Beschlagnahmungspolitik verlagerte und dass zum anderen ab 1937/38 maßgebliche organisatorische Veränderungen stattfanden, die die Gewichte innerhalb des Ministeriums verschoben – zwei Entwicklungen, die im folgenden Kapitel näher untersucht und am Ende im Hinblick auf die Verantwortung Schwerin von Krosigks in die Überlegungen einbezogen werden müssen.

Am 7. April 1933 wurde das „Gesetz zur Wiederherstellung des Berufsbeamtentums" erlassen.[48] Durch dieses Gesetz, an dem der Reichsfinanzminister aktiv mitgewirkt hatte, sollten die „wilden" Umbesetzungen und Entlassungen, die es in den ersten Monaten der NS-Herrschaft gegeben hatte, unter staatliche Kontrolle gebracht werden. Ideologisch motivierte Personaleingriffe in die öffentliche Verwaltung wurden nun legalisiert und zentral gesteuert.[49] Damit ermöglichte das Berufsbeamtengesetz ein legalisiertes Vorgehen gegen politische Regimegegner und rassisch Verfolgte.

Das „Berufsbeamtengesetz" verfügte die Entlassung von Beamten, die „in das Beamtenverhältnis eingetreten sind, ohne die für ihre Laufbahn vorgeschriebene oder übliche Vorbildung oder sonstige Eignung zu besitzen" (§ 2), von Beamten, die „nicht arischer Abstammung sind" – eine Ausnahmeregelung war für Frontkämpfer und die Väter und Söhne von Gefallenen des Ersten Weltkriegs vorgesehen – (§ 3) sowie von Beamten, die „nach ihrer bisherigen politischen Betätigung nicht die Gewähr dafür bieten, dass sie jederzeit rückhaltlos für den nationalen Staat eintreten" (§ 4). Neben der Dienstentlassung

[48] Gesetz zur Wiederherstellung des Berufsbeamtentums vom 7.4.1933, RGBl. I (1933), S. 175–177.

[49] Mühl-Benninghaus, Beamtentum, S. 27.

mit dreimonatigen Übergangsbezügen konnte auch ohne Grund eine rangmäßige Herabstufung oder die Überführung in den Ruhestand bestimmt werden (§§ 5 und 6).

Die Auswirkungen des „Berufsbeamtengesetzes“ von 1933 für die Reichsfinanzverwaltung haben schon frühe Studien untersucht.[50] Insgesamt arbeiteten zum Zeitpunkt der „Machtergreifung“ der Nationalsozialisten über 73 000 Beamte in der Reichsfinanzverwaltung. Von ihnen wurden bis zum November 1933 insgesamt 2 632 Fälle nach dem Berufsbeamtengesetz behandelt. Bei 721 Betroffenen wurde das Berufsbeamtengesetz letztlich nicht angewandt, 1 410 Beamte wurden in den Ruhestand oder in ein anderes Amt versetzt, es gab lediglich 5 Fälle nach § 2, und 26 jüdische Beamte wurden in den Ruhestand versetzt, während in 10 weiteren Fälle die „Frontkämpferregelung“ zur Anwendung kam und die Beamten daher zunächst im Amt bleiben konnten. Der § 4 wurde auf 49 Personen angewandt, § 5 auf 108 Fälle (Versetzung in ein anderes Amt). Die ganz überwiegende Anzahl der Beamten (1 163) wurden nach § 6 in den Ruhestand versetzt.

Auch die weitere Entwicklung änderte an dem statistischen Gesamttrend wenig. In der gesamten Reichsfinanzverwaltung wurden bis 1934 insgesamt 1 732 Beamte entlassen, in den Ruhestand geschickt oder zwangsversetzt. In der Reichsfinanzverwaltung wurde damit die nationalsozialistische „Säuberung“ milde durchgeführt. Der hohe Anteil der nach § 6, und damit ohne explizite Nennung eines Grundes, in den Ruhestand überführten Beamten lässt allerdings vermuten, dass auf diesem Weg auch vielen Beamten ein Verfahren nach „rassischen“ oder „politischen“ Gründen erspart werden sollte.[51]

Insgesamt 29 Personen wurden bis 1934 wegen ihrer „jüdischen Abstammung“ aus der Reichsfinanzverwaltung entlassen. Wie viele Juden unter den Pensionierten waren, ist nicht bekannt. Eine Reihe von Personen konnte sich zu diesem Zeitpunkt auch noch halten, indem sie sich auf ihren Dienst im Ersten Weltkrieg beriefen, wie etwa der Betriebsprüfungsreferent im Reichsfinanzministerium Rolf Grabower. Für die gesamte Beamtenschaft des NS-Staates geht man davon aus, dass rund die Hälfte der betroffenen jüdischen Beamten auf Grund der „Frontkämpfer“-Ausnahmeregelung zunächst im Dienst bleiben konnte. Auch für diese Beamten endete allerdings 1935 ihre Tätigkeit im Staatsdienst, nachdem im November dieses Jahres der Beamtenstatus an die Reichsbürgerschaft gebunden worden war, die Juden grundsätzlich verschlossen blieb.

Die Gesamtbilanz des „Berufsbeamtengesetzes“ könnte den Schluss nahelegen, dass es in der Reichsfinanzverwaltung weniger so genannte „Partei-

50 Mommsen, Beamtentum; Mühl-Benninghaus, Beamtentum. Eine Aufstellung der Fälle nach §§ 2 bis 4 in der Reichsfinanzverwaltung befindet sich in BAB, R 2, 22559, Bl. 183.

51 Mommsen, Beamtentum, S. 59–61; Gössel, Beamtentum, S. 100.

buchbeamte" der Weimarer Republik gab als in anderen Verwaltungszweigen. Das wäre auf den ersten Blick erstaunlich, war doch die Reichsfinanzverwaltung erst seit 1919 während der Weimarer Zeit aufgebaut worden. Hier könnte man eine entsprechend höhere Beteiligung von Mitgliedern der Weimarer Regierungsparteien erwarten als in den traditionell gewachsenen Bereichen der Staatsverwaltung. Gleichzeitig kann die Tatsache, dass die Verwaltung erst seit kurzem bestand, aber auch gerade als Argument für eine gewisse politische Neutralität interpretiert werden, wenn man davon ausgeht, dass sich die Reichsfinanzverwaltung erst in einer Phase gebildet hat, in der fachliche Qualifizierung bereits eine große Rolle spielte.[52] Die Professionalisierung ersetzte und überdeckte dabei teilweise die parteipolitische Bindung der Beamten.

Nach Ansicht der historischen Forschung war letztlich der hohe Professionalisierungsgrad für die vergleichsweise Milde der personalpolitischen Eingriffe ausschlaggebend. Fritz Reinhardt, der sich die ideologische Ausrichtung der Finanzverwaltung zum Ziel gemacht hatte, räumte offenbar dem professionellen Standard der Finanzbeamtenschaft eine hohe Priorität ein.[53] Finanzbeamte waren hoch spezialisierte Experten, die nicht leicht in großer Zahl zu ersetzen waren. Reinhardt setzte daher anstelle eines Austauschs des Personals auf intensive Schulungen der Finanzbeamten im Sinne der nationalsozialistischen Weltanschauung.

Der Staatssekretär verfügte als enger Vertrauter Martin Bormanns und auf Grund seines Status als „alter Kämpfer" offenbar auch über die Macht, „wesentliches zur Bewahrung der Integrität der Reichsfinanzverwaltung gegenüber den Eingriffen der NSDAP" zu leisten.[54] So bilanziert jedenfalls Hans Mommsen das Ergebnis. Es fällt zudem ins Auge, dass die Finanzverwaltung von dem Berufsbeamtengesetz weniger unter politischen als vielmehr unter verwaltungstechnischen Rücksichten Gebrauch machte.[55] So korrelierte der Personalab- und -umbau damit, dass im Zuge einer Vereinfachung der Reichsfinanzverwaltung eine Reihe von Finanzämtern aufgehoben wurde. Auch nutzte das Reichsfinanzministerium das Berufsbeamtengesetz, um die Zahl der Wartestandbeamten zu reduzieren. Dass davon auch eine Reihe von NSDAP-Mitgliedern im Wartestand betroffen war, führte sogar zu einer Intervention des Stellvertreters des Führers und des Reichsinnenministeriums.[56]

Auch wenn die Zahl der insgesamt durchgeführten Verfahren in der Reichs-

[52] Mommsen, Beamtentum, S. 54; Mühl-Benninghaus, Beamtentum, S. 63.
[53] Zur Ausbildung der Finanzbeamten vgl. Schönknecht, Ausbildung.
[54] Zit. nach Mommsen, Beamtentum, S. 59.
[55] Ebd., S. 55.
[56] Vgl. dazu auch den Erlass des Reichsministeriums des Innern vom 7.8.1933 über die bevorzugte Verwendung national gesinnter Wartestandsbeamter, abgedruckt in Mommsen, Beamtentum, Dokument III.2, S. 166 f.

finanzverwaltung vergleichsweise gering war, zeigte der „Säuberungsprozess" doch symbolische Wirkung, indem er in der Verwaltung Angst und Schrecken verbreitete und die verbliebenen Beamten einschüchterte. Die Opfer waren teilweise prominente Mitarbeiter des Reichsfinanzministeriums, und ihre Entlassung bzw. Zwangsversetzung ohne jeden fachlichen Anhaltspunkt allein aus rassistischen Gründen war ein sichtbares Signal der neuen, antisemitischen Personalpolitik.

Zu nennen ist in diesem Zusammenhang der oben bereits erwähnte Arthur Heinrich Ludwig Zarden,[57] der seit 1919 im Reichsfinanzministerium tätig gewesen war und seit 1932 den Posten des Staatssekretärs inne gehabt hatte. Zarden hatte an der zweiten Steuerreform der Weimarer Republik mitgearbeitet und war Experte für Vermögen-, Kapitalertrags- und Einkommensteuerfragen. Vor seiner Ernennung zum Staatssekretär hatte er die Steuerabteilung des Ministeriums geleitet. Zarden, der Mitglied der DVP war, hatte eigentlich schon 1929, nach dem Rücktritt von Johannes Popitz damit gerechnet, dessen Nachfolger im Amt des Finanzstaatssekretärs zu werden, damals erhielt aber zunächst auf Wunsch des damaligen Finanzministers Paul Moldenhauer, der gleichzeitig Finanz- und Wirtschaftsminister war, Hans Schäffer, und damit ein ausgewiesener Wirtschaftsexperte, diesen Posten. Erst Schwerin von Krosigk holte bei seiner Ernennung 1932 Zarden als Staatssekretär zu sich. Als gläubiger Jude – nach der Definition des NS-Ideologie „Halbjude" – und verheiratet mit einer Jüdin, wurde Zarden 1933, im Alter von 48 Jahren, zunächst in den einstweiligen, im September des Jahres in den dauerhaften Ruhestand versetzt. Er war in der Folgezeit in den beiden Widerstandsgruppen des „SeSiSo-Club" und des „Solf-Kreises" um die Witwe des ehemaligen Botschafters in Tokio Wilhelm Solf engagiert. Auf Grund seiner Mitarbeit im „Solf-Kreis" wurde Arthur Zarden denunziert und im Januar 1944 verhaftet und in ein Gestapogefängnis gebracht, wo er sich kurz darauf das Leben nahm.

Auch der erwähnte Steuerjurist Rolf Grabower gehörte zu den Finanzexperten, die in den 1920er Jahren das Reichsfinanzministerium in Berlin

[57] Arthur Heinrich Ludwig Zarden (1885–1944), geb. 27.4.1885 in Hamburg, 1904 Reifeprüfung in Hamburg, 1904–1908 Studium Rechtswissenschaften in Lausanne, München, Berlin und Kiel, 1908 erste jur. Staatsprüfung in Kiel, 1909 Dr. jur. utr. in Rostock, 1912 zweite jur. Staatsprüfung in Hamburg, anschl. Assessor in der Hamburger Steuerverwaltung, 1914 Verwaltungsassessor, 1917 RegRat, 1919 Wechsel ins Reichsfinanzministerium, 1920 Heirat mit Edithe Orenstein, Tochter des Industriellen Benno Ohrenstein, 1920 MinRat, 1923 MinDir, 1925 Ministerialdirektor, 1932 Staatssekretär, am 25.9.1933 Versetzung in den dauernden Ruhestand nach § 6 des Gesetzes zur Wiederherstellung des Berufsbeamtentums, später Mitglied in der Widerstandsgruppe „Solf-Kreis", 1944 Selbstmord nach Denunziation und Verhaftung durch die Gestapo. Zu Zarden vgl. Bundesministerium der Finanzen, Arthur Zarden; Ruppel, Erinnerungen (Irmgard Ruppel, geb. 1921, war die Tochter Arthur Zardens).

mit aufgebaut hatten.[58] 1919 war Grabower als enger Mitarbeiter des späteren Staatssekretärs und preußischen Finanzministers Johannes Popitz ins Ministerium gekommen und hatte dort schnell Karriere gemacht. 1922 hatte er als Ministerialrat das Umsatzsteuerreferat übernommen und war 1926 in das Buch- und Betriebsprüfungsreferat gewechselt, wo er als „Architekt der modernen Betriebsprüfung"[59] auch nach dem Wechsel Popitz' in die preußische Landesfinanzpolitik 1929 tätig blieb. Nach der nationalsozialistischen Machtübernahme geriet der als Kind evangelisch getaufte „Dreivierteljude" Grabower im Reichsfinanzministerium unter Druck. 1934 wurde er als Richter an den Reichsfinanzhof versetzt, 1935 auch dort entlassen, behielt allerdings vorerst noch seine vollen Bezüge. 1941 wurde er zur Zwangsarbeit eingeteilt und später nach Theresienstadt deportiert, wo er überlebte und im Frühjahr 1945 befreit wurde.

1947 schilderte Grabower in einem Spruchkammerverfahren, wie er 1942 unmittelbar vor seiner Deportation in die Vermögensverwertungsstelle des Münchner Oberfinanzpräsidiums beordert wurde, um dort beschlagnahmte Gegenstände zurück zu erhalten, und hob hervor, dass er dort „anständig" behandelt worden sei:

„Ich war am Ostersonnabend, Transport 1942, weil unter die Nürnberger Gesetze fallend auf der Evakuationsliste und wurde eine Minute vor Abgang des Zuges auf Intervention des Reichsministers der Finanzen herausgeholt. Wening [Mitarbeiter der Dienststelle für Vermögensverwertung im Oberfinanzpräsidium München] hatte den Auftrag mir durch die Gestapo beschlagnahmte Gegenstände zurückzugeben. Bevor ich zu Wening ging, hatte ich mich auf der Dienststelle der Gestapo zu melden und wurde dort in einer jeder Beschreibung spottenden Weise behandelt. Ich fürchtete Fortsetzung in der Dienststelle für Vermögensverwaltung. Das Gegenteil war der Fall. Ich entsinne mich, dass ein freundlicher älterer Herr, als ich das Zimmer betrat, aufstand, mich bat Platz zu nehmen, mir einige beschlagnahmte Gegenstände aushändigte und zum Schluß sagte, er habe den Auftrag von der Gestapo, mir ein goldenes

[58] Rolf Grabower (1883–1963), geb. 21.5.1883 in Berlin, 1901 Abitur in Berlin, 1901–1904 Studium in Heidelberg, Königsberg und Berlin, 1905 erste jur. Staatsprüfung, 1905 Dr. jur. Leipzig, 1910 Dr. phil. Berlin, 1911 Assessor-Examen in Berlin, 1912–1914 Tätigkeit bei der Berliner Handelskammer und dem preuß. Oberverwaltungsgericht, ab 1914 in der Verwaltung der preuß. direkten Steuern, Teilnahme am Ersten Weltkrieg, Eisernes Kreuz erster und zweiter Klasse, 1918 RegRat, 1919 Wechsel ins Reichsfinanzministerium, 1920 ORR, 1922 MinRat, 1934 Reichsrichter am Reichsfinanzhof München, 1936–1945 entlassen bei vollen Bezügen, 1941 Zwangsarbeit, 1942 Deportation nach Theresienstadt (Aufenthalt 37 Monate), 1945 dort befreit, Oktober 1945 Oberfinanzpräsident Nürnberg, 1947 Honorarprofessor in Erlangen, 1.4.1952 Ruhestand, im selben Jahr Großes Verdienstkreuz der Bundesrepublik und Bayerischer Verdienstorden, gestorben 7.3.1963 in München. Zu Rolf Grabower vgl. Pausch, Persönlichkeiten, S. 112 f.; Voß, Steuern, S. 162 f.; Bundesministerium der Finanzen, Wenn im Amte. Ein Teilnachlass von Grabower befindet sich in der finanzgeschichtlichen Sammlung der Bundesfinanzakademie.

[59] Zitat aus dem Materialband über Rolf Grabower vom Bundesministerium der Finanzen, Wenn im Amte, S. 5.

Armband abzunehmen. Ich erwiderte, daß ich derlei nicht mehr besitze. Ohne jede weitere Untersuchungsfrage gab er sich mit dieser meiner selbstverständlich der vollen Wahrheit entsprechenden Angabe ohne weiteres zufrieden. Das Achselzucken, das ich noch heute in Erinnerung habe, sah ich zu meiner inneren Überraschung als einen Protest gegen das Ansinnen der Gestapo an. Beim Abschied stand er auf und gab mir die Hand. Ich habe diesen kurzen Vorgang deshalb so genau in Erinnerung, weil ich derlei anständige Behandlung, so selbstverständlich sie uns heute erscheinen mag, nicht mehr gewohnt war.“[60]

Nach Kriegsende wurde Grabower Oberfinanzpräsident in Nürnberg und war als Autor und Dozent tätig. Ein Richteramt im Bundesfinanzhof, das er nach 1945 anstrebte, blieb ihm allerdings versagt. Grabower hat in seinem Leben nie einer Partei angehört.

Ein drittes prominentes Opfer der rassistischen „Säuberung“ im Reichsfinanzministerium war der Einkommensteuerexperte August Weltzien.[61] Wie die anderen Genannten gehörte auch er zur Gründungsgruppe des Reichsfinanzministeriums. 1919 war der ausgebildete Gerichtsassessor in die Reichsfinanzverwaltung eingetreten, wo er 1922 Ministerialrat und Referent für Einkommensteuer wurde. 1933 musste Weltzien das Reichsfinanzministerium verlassen und arbeitete danach, herabgestuft zum Oberregierungsrat, im Landesfinanzamt Berlin weiter. Nach Kriegsende übernahm Weltzien die Leitung des Berliner Oberfinanzpräsidiums bzw. späteren Landesfinanzamts. 1951 wurde er Senatsdirektor beim Berliner Senator für Finanzen, 1958–1959 war er selbst Senator für Finanzen.

Zu den hohen Beamten, die Opfer der rassistischen NS-Personalpolitik wurden, gehörte auch Herbert Dorn, der seit 1931 Präsident des Reichsfinanzhofes gewesen war und hier ebenfalls erwähnt werden soll, obwohl er zum Zeitpunkt der nationalsozialistischen Machtübernahme nicht im Ministerium, sondern in einer anderen zentralen Reichsinstitution der Finanzverwaltung tätig gewesen war.[62] Dorns rasche Karriere war, ähnlich wie die Grabowers, maßgeblich durch Johannes Popitz gefördert worden, der den jungen Juristen, der seit 1914 im Reichsjustizministerium tätig gewesen und von dort aus an der Vorbereitung der Erzbergerschen Finanzreform mitgewirkt hatte, in das neu geschaffene Reichsfinanzministerium holte, wo Dorn bereits 1920, im Alter von 33 Jahren, Ministerialrat wurde. 1921 war er dann Ministerialdirigent, 1926 Ministerial-

60 Schreiben Rolf Grabowers vom 31.8.1947, StAM, Spruchkammerakte 1947 (Hugo Wening).

61 August Weltzien (1887–1971), geb. 27.8.1887 in Berlin, GerAss., 1919 Eintritt in die Finanzverwaltung, 1920 RegRat, 1922 MinRat und Referent für Einkommensteuer im Reichsfinanzministerium, 1933 ORR im LFA Berlin-Brandenburg (herabgestuft), 1945 kommissarischer Oberfinanzpräsident Berlin, seit 1946 Präsident des LFA Berlin, seit 1951 Senatsdirektor beim Senator für Finanzen Berlin, 1958–1959 Senator für Finanzen, verschiedene Aufsichtsratsposten, gest. 28.2.1971 in Berlin; Lowenthal, Juden, S. 54.

62 Vgl. zu Herbert Dorn (1887–1957) Voß, Steuern, S. 161 f.; Pausch, Persönlichkeiten, S. 104–106.

direktor und Abteilungsleiter. Als Dorn 1931 mit 44 Jahren das Präsidentenamt im Reichsfinanzhof übernahm, war er jünger als alle anderen dort amtierenden Richter. Im selben Jahr wurde Dorn auch zum Vorsitzenden des Finanzausschusses des Völkerbunds gewählt. Seit 1920 war er als Dozent an der Handelshochschule Berlin tätig, wo er 1927 zum Honorarprofessor ernannt wurde. Dorn galt als führender Experte im internationalen Steuerrecht.

Dorns Laufbahn brach abrupt ab, als die Nationalsozialisten die Macht übernahmen. Er verlor seinen Posten im Reichsfinanzhof, arbeitete zunächst noch kurzzeitig im Reichsfinanzministerium und wurde im März 1934, mit 47 Jahren, in den Ruhestand versetzt. Auch seine Lehrbefugnis wurde ihm entzogen. Dorn wurde 1938 während des Novemberpogroms von der Gestapo verhaftet und misshandelt. Erst danach entschloss er sich zur Flucht nach Kuba, wo er bei der dortigen Regierung als Rechts- und Finanzberater arbeitete. 1947 wanderte Dorn in die USA weiter und erhielt dort 1949 einen wirtschaftswissenschaftlichen Lehrstuhl an der University of Delaware in Newark. Nach seiner Emeritierung 1955 kehrte er zeitweise zu Forschungszwecken nach Deutschland zurück.

Neben Entlassungen sind auch Einstellungen und Beförderungen auf Grund „nationalsozialistischer Verdienste" ein Kriterium, um die personelle Umgestaltung der NS-Machthaber einzuschätzen. Bereits im Oktober 1933 kündigte der Reichsfinanzminister an, dass in Zukunft Beamte, die sich um die nationalsozialistische Erhebung besonders verdient gemacht hätten, auch außer der Reihe befördert werden sollten.[63] Hierfür war ein Prozentsatz aller freiwerdenden Stellen reserviert. Insgesamt gab es reichsweit rund 1 000 auf diese Weise beförderte Beamte.[64] Wenig später erhielten Beamte, die sich nachweislich für die NSDAP und ihre Organisationen engagierten, vereinfachte Prüfungsbedingungen.[65] Dagegen wurden Beamte, die Mitglied von SPD, DDP, demokratischen Verbänden oder Freimaurerlogen waren, sowie „Nicht-Arier" oder Ehepartner von „Nicht-Ariern" von einer Beförderung ausgeschlossen.[66]

Insgesamt war die staatliche Finanzverwaltung vergleichsweise stark „nazifiziert". 1944 hielt eine amtliche Veröffentlichung des Ministeriums fest, dass 76 Prozent der Beamten und 70 Prozent der Angestellten der Reichsfinanzverwaltung ehrenamtliche Mitarbeiter der NSDAP oder einer Parteigliederung waren.[67]

63 Gössel, Beamtentum, S. 103.
64 Metzger/Weingarten, Einkommensteuer, S. 187, 190.
65 Sie mussten von den sechs schriftlichen Prüfungsaufgaben nur drei bearbeiten. Erlass des Reichsfinanzministeriums vom 22.12.1933, abgedruckt bei Gössel, Beamtentum, Dokument 49, S. 124.
66 Erlass des Reichsfinanzministeriums vom 6.1.1934, zit. bei Gössel, Beamtentum, S. 103.
67 Mitteilungen des Staatssekretärs Nr. 35 vom Juli 1944, vgl. dazu Friedenberger, Ausplünderung, S. 11.

Angesichts der geschilderten Personalpolitik wird deutlich, dass insbesondere im Bereich der Steuerverwaltung, die für die erste Phase der fiskalischen Judenverfolgung von besonderer Bedeutung war, eine Reihe von Referentenstellen neu besetzt wurde. Hier rückten Personen nach, die ideologische Linientreue zum NS-Regime mit langjähriger, professioneller Erfahrung in Steuerfragen verbanden. Damit dominierte nach deren „Säuberung" in der Steuerabteilung des Reichsfinanzministeriums nicht etwa jener Typus des parteipolitisch bestens vernetzten Ideologen, aber fachlichen Quereinsteigers, wie ihn Fritz Reinhardt verkörperte, sondern der des langjährigen, erfahrenen Verwaltungsexperten, der auch bei der nun stattfindenden Einbindung rassistischer Kriterien in die Steuerpolitik hohe Amtsautorität genoss.

1.2.2 Die Abteilung für Besitz- und Verkehrsteuern als früher Impulsgeber für die Diskriminierung von Juden

In der ersten Phase der fiskalischen Judenverfolgung, in der die steuerliche Diskriminierung im Mittelpunkt stand, bildete im Reichsfinanzministerium die Steuerabteilung eine Zentrale, welche die Maßnahmen initiierte, koordinierte und vielfach im Sinne der Verfolgung radikalisierte. In der Abteilung III für Besitz- und Verkehrsteuern war eine Reihe von Referaten angesiedelt, deren Aufgabenspektrum zentrale Instrumente der fiskalischen Judenverfolgung der ersten Jahre der NS-Herrschaft umfasste. So war hier unter anderem das Referat 8 unter Ministerialrat Kurt Zülow[68] für die Abwicklung der Reichsfluchtsteuer zuständig. Schon kurz nach der nationalsozialistischen Machtübernahme nahmen Zülow und seine Mitarbeiter jüdische Emigranten als Sondergruppe der Reichsfluchtsteuerpflichtigen gezielt in den Blick und forderten, dass für deren Auswanderung nach der „Änderung der politischen Verhältnisse" nach dem 30. Januar 1933 besondere Regelungen getroffen werden müssten.[69] Zülow machte Vorschläge, wie die Reichsfluchtsteuer an die neue Situation angepasst werden und die Einnahmen für den Staat erhalten bleiben und ausgebaut werden könnten. Bereits 1934 war das Referat Zülow maßgeblich daran beteiligt, eine Argumentation zu entwickeln, jüdische Flüchtlinge trotz der veränderten Rahmenbedingungen, durch welche die Auswanderung zur Zwangsvertreibung mutierte, zur Reichfluchtsteuer

[68] Kurt Zülow (1889–1942), geb. 4.5.1889 in Pillkallen, 1919 Promotion zum Dr. jur., 1920 Gerichtsassessor im Finanzamt Königsberg, 1920 RegRat in Königsberg und im Reichsfinanzministerium Berlin, 1924 ORR, 1932 MinRat, 1937 Mitglied der NSDAP, 1939 MinDir, 1940 Senatspräsident am Reichsfinanzhof München, gest. 3.5.1942 in Berlin.

[69] Vgl. dazu auch Kap. 3.

heranzuziehen.[70] Hier wie auch in späteren Fällen lassen sich antijüdische Verschärfungen in den Reichsfluchtsteuerregelungen maßgeblich auf Zülows Vorschläge zurückführen.[71] Dabei setzte er sich insbesondere gegenüber Wünschen aus dem Wirtschaftsministerium durch, wo man zur Erleichterung der Auswanderung von Juden auf eine Entschärfung der Reichsfluchtsteuerregelungen drängte.[72] Zülow gehörte zu der Gruppe von Finanzbeamten, die seit den Anfangsjahren der Weimarer Republik das Reichsfinanzministerium mit aufgebaut und dort eine rasche Karriere erlebt hatten.

Nicht nur das Reichsfluchtsteuer-Referat, sondern auch die anderen Referate der Abteilung III befassten sich schon in den ersten Jahren der nationalsozialistischen Diktatur mit Fragen der Diskriminierung von Juden. Dies zeigt sich beispielsweise in den Ausarbeitungen zur steuerlichen Sonderbehandlung von „Nichtariern", die der Direktor der Abteilung, Ministerialdirektor Otto Hedding[73], im August 1935 von seinen Referenten zusammenstellen ließ.[74] Die in diesem Kontext entstandenen Vorlagen belegen zum einen, dass bereits zu diesem Zeitpunkt, noch vor dem Erlass der „Nürnberger Gesetze" und lange bevor die erste explizit antijüdisch formulierte Reform eines Steuergesetzes in Kraft trat, erhebliche Handlungs- und Interpretationsspielräume für rassistisch motivierte Schlechterstellung von Juden im Steuerrecht bestanden, und dass Finanzbeamte in der Praxis diese Freiräume zur antijüdischen Verfolgung auch nutzten. Sie machen deutlich, in welche Richtung eine fiskalische Judenver-

[70] Referat Zülow an die Referate Trapp, Kühne, Blümich und Groth, Anschreiben und Begründung zur Änderung der Reichsfluchtsteuerregelungen, vom 17.1.1934, BAB, R 2, 57129.

[71] Kurt Zülow, Die Verlängerung der Reichsfluchtsteuer, in: Deutsche Steuerzeitung 4/1938 vom 8.1.1938, S. 27; Mußfeld, Zur Reichsfluchtsteuer, in: Deutsche Steuerzeitung 6/1940 vom 27.1.1940, S. 42; vgl. dazu auch Mehl, Reichsfinanzministerium, S. 47–49.

[72] Vgl. beispielsweise Stellungnahme Referat 8, Zülow, an Referate Trapp, Kühne, Groth, Eylert, Blümich vom 15.7.1937, BAB, R 2, 57129.

[73] Dr. Otto Hedding (1881–1960), geb. 1.5.1881 in Königswinter, Reifeprüfung 1901 in Köln, 1901–1904 Studium der Rechte in Lausanne und Bonn, erste Staatsprüfung 20.9.1904, 1908 Promotion zum Dr. jur., zweite Staatsprüfung 1909, 1910–1914 Rechtsanwalt, Teilnahme am Ersten Weltkrieg, 1918–1920 Syndikus bei Sal. Oppenheim jun. & Co., Köln, 1920 Übertritt in die Reichsfinanzverwaltung, RegRat im Bezirk des Landesfinanzamts Köln, 1922 ORR LFA Köln, 1924 Honorarprofessor in Köln, 1930 Honorarprofessor in Breslau, 1930 Präsident des LFA Oberschlesien, 1932–1945 Ministerialdirektor der Abt. III im Reichsfinanzministerium als Leiter der Steuerabteilung.

[74] Vermerk Reichsfinanzministerium, Referat Herting, für Dir. 3 vom 22.8.1935, BAB, R 2, 56014, Bl. 15. Am 20.8.1935 fand eine interministerielle Besprechung statt, auf der gesetzliche Maßnahmen zur „Bekämpfung des Judentums" diskutiert wurden, vgl. Adam, Judenpolitik, S. 123, und Friedenberger, Ausplünderung, S. 158, Fußnote 10. Am nächsten Tag forderte Staatssekretär Fritz Reinhardt seine Referate auf, Stellungnahmen zu steuerlichen Fragen und Maßnahmen auf dem Gebiet der Judengesetzgebung zu formulieren. Die Anfrage selbst ist in den Akten nicht erhalten.

folgung nach Ansicht der leitenden Beamten künftig ausgebaut werden sollte, denn die Vermerke beschreiben nicht nur den Status quo, sondern enthalten zudem Vorschläge für Gesetzesänderungen, die zu einem erheblichen Teil später auch realisiert wurden.

Die Ausarbeitungen sind gleichzeitig ein Beleg dafür, wie sich im Reichsfinanzministerium langjähriges Verwaltungsexpertentum und antisemitische Ideologie verbanden. Dem finanzpolitischen Laien Fritz Reinhardt mit seinem weltanschaulichen Fanatismus standen erfahrene Fachexperten für die Umsetzung der Steuermaßnahmen zur Seite, die ihrerseits maßgebliche Impulse für eine Konkretisierung der rassistischen Neuausrichtung der Steuerpolitik gaben.

So stammte ein Konzeptpapier von Walter Blümich, dem Referenten für Einkommensteuer. Blümich galt zu diesem Zeitpunkt als einer der führenden Experten im deutschen Einkommensteuerrecht.[75] 1935 veröffentlichte er einen Einkommensteuerkommentar, der bis 1943 in fünf Auflagen erschien.[76] Der ausgewiesene Fachmann für Einkommensteuer war seit 1. April 1933 im Reichsfinanzministerium tätig, nachdem er sich zuvor seit 1920 durch seine Tätigkeit im Landesfinanzamt Berlin, die konzeptionelle Mitarbeit an der Formulierung des neuen Einkommensteuergesetzes vom 10. August 1925 und diverse Veröffentlichungen einen Namen gemacht hatte.

Gleichzeitig galt Blümich als loyaler Unterstützer der NS-Herrschaft. Er war bereits zum 1. Dezember 1932 in die NSDAP eingetreten. Rolf Grabower, Referentenkollege Blümichs und, wie erwähnt, Opfer der rassistischen „Säuberung“ des Ministeriums, äußerte sich 1946 rückblickend zum Verhalten Blümichs zu Beginn der NS-Herrschaft. Demnach lehnte dieser es ab, das Betriebsprüfungsreferat von Grabower zu übernehmen, der, wie geschildert, wegen seiner jüdischen Herkunft aus dem Ministerium verdrängt werden sollte. „Staatssekretär Reinhardt wollte, dass Blümich mein Referat übernahm, das eines der interessantesten und wichtigsten war, und das immer wichtiger werden musste“, schreibt Grabower: „Blümich lehnte es ab, dieses Referat, für das er wie kaum ein zweiter sachlich geeignet war, zu übernehmen und mich zu verdrängen.

[75] Dr. Walter Blümich (1888–1950), geb. 28.10.1888 in Peterswalde, 1907 Reifeprüfung hum. Gymnasium Schweidnitz, 1907–1910 Studium der Rechte in Marburg, Berlin und Breslau, 15.12.1910 erste Staatsprüfung, 1911/12 Promotion zum Dr. jur. in Breslau, 25.4.1915 zweite Staatsprüfung in Berlin, 1915–1919 Teilnahme am Ersten Weltkrieg, seit 1919 Anwalts- und Notariatsvertreter in Landshut/Schlesien, 1920 RegRat, ab 1.7.1920 im Finanzamt Sagan, Sept. 1920–1922 Hilfsarbeiter im Reichsfinanzministerium, 1.3.1922 Vorsteher Finanzamt Kolberg, 1.5.1924 LFA Berlin (Mitglied des Finanzgerichts), 1.2.1933 ORR, ab 1.4.1933 im Reichsfinanzministerium, 1.1.1934 MinRat, 1.7.1938 Oberfinanzpräsident Düsseldorf, 1.4.1943 bis 1945 Oberfinanzpräsident Berlin-Brandenburg, 1945 Dozent an der Wirtschaftshochschule Berlin, Verhaftung durch sowj. Truppen, 1946–1948 Bauarbeiter, Nachtwächter, Mitarbeiter eines Steuerberaters in Berlin, später Leiter der Steuerabt. der Dt. Revisions- und Treuhand AG Düsseldorf, gest. 15.1.1950 in Berlin.

[76] Vgl. zum Folgenden auch Friedenberger, Blümich.

Ich habe ihm das damals hoch angerechnet und habe alle die Jahre, die seitdem verflossen sind, immer an diese uranständige Haltung gedacht, die man selten findet."[77] Auch habe Blümich Grabower gegenüber Angriffen von Kollegen verteidigt. Gleichzeitig betont Grabower aber auch, Blümich sei 1932 aus „rein idealistischen Gründen" der NSDAP beigetreten: „Ich weiß noch, wie ich mich darüber wunderte, dass ein so kluger Mann sich so irren kann." Blümich übernahm 1933 zwar nicht Grabowers Referat, aber er rückte für einen anderen Referenten nach, der das Reichsfinanzministerium wegen seiner jüdischen Herkunft verlassen musste: den Einkommensteuerexperten und Ministerialrat August Weltzien, der, wie erwähnt, 1933 zurückgestuft zum Oberregierungsrat in das Landesfinanzamt Berlin-Brandenburg weichen musste.

Die Vorlage vom Sommer 1935 ist ein Beleg dafür, dass Blümich bereit war, steuerliche Maßnahmen gegen „Nichtarier" mit zu konzipieren. Ob die Ausarbeitung Blümichs vom August 1935 „ein eher mageres Ergebnis" war, in das der Einkommensteuerexperte wenig Energie gesteckt hatte,[78] oder ob man sie eher als professionelle Expertise bewertet, deren legitimierende Wirkung für antijüdische Maßnahmen dem erfahrenen Finanzbeamten bewusst gewesen sein musste – am Ende bleibt festzuhalten, dass Blümich die antijüdischen Gesetze und Verordnungen sowie die antijüdische Verwaltungspraxis hier wie auch später nicht in Frage stellte.

Am 1. Juli 1938 wurde er zum Oberfinanzpräsidenten von Düsseldorf ernannt, und am 1. April 1944 krönte die Ernennung zum Oberfinanzpräsidenten von Berlin-Brandenburg Blümichs NS-Karriere. Nach seiner Versetzung an das Oberfinanzpräsidium Düsseldorf unterstützte er das Regime auch propagandistisch. Die Ausplünderung der Deportierten ab 1941 organisierte er sowohl in Düsseldorf als auch nach seinem erneuten Wechsel in das Oberfinanzpräsidium Berlin-Brandenburg im April 1943 widerspruchslos und effizient.[79]

Nach dem Einmarsch der Russen in Berlin wurde Walter Blümich am 7. Mai 1945 verhaftet und bis Weihnachten in einem Lager interniert – sein Nachfolger in der Leitung des Berliner Oberfinanzpräsidiums wurde übrigens jener August Weltzien, dessen Posten im Reichsfinanzministerium Blümich 1933 übernommen hatte. Im Anschluss an seine Inhaftierung arbeitete er als Nachtwächter und Bauarbeiter. Die Entnazifizierungskommission Charlottenburg lehnte im April 1948 eine Entlastung Blümichs ab. Dieser erhob gegen die Entscheidung Einspruch, starb aber vor Abschluss des Verfahrens am 15. Januar 1950 an den Folgen eines Unfalls. Sein Einkommensteuerkommentar wurde posthum 1951 noch einmal neu herausgebracht – diesmal unter Weglassung des letzten kom-

[77] Zitat nach Bundesministerium der Finanzen, Wenn im Amte, S. 14. Die folgenden Passagen finden sich ebd.

[78] Friedenberger, Blümich, S. 261.

[79] Vgl. dazu Friedenberger, Blümich; Gruner, Verfolgung, S. 621, Fußnote 3.

promittierenden Absatzes im Vorwort zur ersten Auflage, der ein Bekenntnis zur nationalsozialistischen Steuergesetzgebung enthalten hatte.

Ein weiteres Papier vom August 1935 mit Vorschlägen für antijüdische Maßnahmen im Hinblick auf die Vermögensteuer stammte von Dr. Walter Kühne.[80] Der Jurist Kühne war bereits seit den 1920er Jahren Mitarbeiter im Reichsfinanzministerium im Bereich der Vermögensteuerfragen. 1882 als Sohn eines Steuerbeamten geboren präsentierte Kühne sich rückblickend als „Musterbeispiel eines Fachbeamten, dem Mitarbeiter ein ausgeprägtes Gefühl für Pflicht und Gerechtigkeit bescheinigten".[81] Seinen Beitritt zur NSDAP 1933 hatte er nach eigener Aussage unter Druck vollzogen, seine Karriere, die ihn 1938 in die Leitung des Oberfinanzpräsidiums Köln führte, auf Grund von Fachkompetenz gemacht. Wie Kühne war auch der Referent für Verkehrsteuern Schaefer, der im August 1935 ein Konzept für eine antisemitische Ausrichtung seines Arbeitsbereiches vorlegte, bereits seit der Weimarer Zeit in leitender Funktion in der Steuerabteilung des Finanzministeriums tätig.

Der Leiter des Referats 9, Ministerialrat Detlef Herting, der für die Umsatzsteuer zuständig war und in seiner umfangreichen Ausarbeitung vom August 1935 eine Reihe von konkreten umsatzsteuerlichen Schlechterstellungen jüdischer Steuerzahler vorschlug, hatte hingegen erst seit Juli 1935 das Referat übernommen,[82] ähnlich wie der Leiter des Referats 15 Illgner, der für die Be-

[80] Dr. Walter Kühne (1892–1968), Jurist, 1922–1923 Finanzamt Berlin-Steglitz, 1923–1938 im Reichsfinanzministerium, dort Referent für Steuern und Vermögen, 1938–1945 Oberfinanzpräsident in Köln, 1949–1952 Bundesfinanzministerium, Sondergruppe Lastenausgleich, zuletzt als MinDir, 1953–1957 Präsident des Bundesausgleichsamtes, nach Gruner, Verfolgung, S. 479, Fußnote 2. Vgl. zu Kühne auch die Informationen bei Kanther, Finanzverwaltung, S. 178.

[81] Zitat nach Rummel/Rath, Dem Reich verfallen, S. 220. Vgl. dazu Spruchkammerakte von Walter Kühne im NWHStAD, Best. NW 1054, Nr. 819; Kanther, Finanzverwaltung, S, 178–180. Zu Kühnes weiterer Tätigkeit im Oberfinanzpräsidium Köln, wo er die Beteiligung an der Verwertung des Eigentums der Deportierten mit dem Argument rechtfertigte, dass die enteigneten Güter bedürftigen Familien, insbesondere „Fliegergeschädigten" zugute kämen, vgl. Kap. 5.5.

[82] Nachrichten des Reichsfinanzministeriums Nr. 30 vom 28.6.1935, BAB, R 2, 12985, Bl. 180. Detlef Herting (1893–1977), 1912 Reifeprüfung Düsseldorf, 1912–1915 Studium der Rechts- und Staatswissenschaften in Marburg, München, Leipzig und Bonn, 1915 erste Staatsprüfung, 1915–1918 Teilnahme am Ersten Weltkrieg, 1922 zweite Staatsprüfung, 1.5.1923 jur. Hilfsarbeiter im Reichspostministerium, 31.3.1924 in einem Berliner Finanzamt, dann bei den Finanzämtern Vohwinkel und Duisburg tätig, ein Semester Studium der Betriebswirtschaftslehre, Sachbearbeiter bei den Betriebsprüfungsstellen der Landesfinanzämter Düsseldorf und Köln, ab 16.8.1928 im Reichsfinanzministerium, 1936–1943 Umsatzsteuerreferent, 1.4.1943 Oberfinanzpräsident Düsseldorf, 1945 Internierung für 8 Monate, seit 23.10.1947 Rechtsanwalt/Fachanwalt für Steuerrecht in Düsseldorf, Tätigkeit in der Evang. Kirche im Rheinland; diverse Veröffentlichungen, u. a. zusammen mit Rolf Grabower und Gottfried Schwarz.

handlung von Gesuchen Steuerpflichtiger zuständig war und im August 1935 über die Umsetzung der umfangreichen steuerlichen Diskriminierungen von Juden in diesem Bereich berichtete. Herting und Illgner gehörten auch zum Arbeitsteam des Staatssekretärbüros von Fritz Reinhardt.

In der Bilanz zeigt sich, dass ein erheblicher Teil der Verfasser dieser Papiere über steuerliche Verfolgungsmaßnahmen gegen Juden zu dem seit der Weimarer Zeit etablierten und erfahrenen Personal der Finanzverwaltung gehörte. Sie waren größtenteils Experten in ihrem Fachgebiet und hatten an der rechtlichen Ausgestaltung der verschiedenen Steuerbereiche mitgearbeitet. Gleichzeitig standen sie der NSDAP und deren mächtigem Vertreter im Reichsfinanzministerium, Fritz Reinhardt, nahe. Die neue Kategorie der „Nichtarier" stand im Sommer 1935, kurz vor den „Nürnberger Gesetzen", in den Köpfen dieser Beamten offenbar bereits außer Frage, auch wenn sie teilweise bei der konkreten Feststellung, welche Person als „Nichtarier" bzw. welcher Betrieb als „nichtarisch" gelten sollte, Probleme anmeldeten.

In den ersten Jahren der NS-Herrschaft waren die Mitarbeiter der Steuerabteilung im Reichsfinanzministerium Schrittmacher der antijüdischen Diskriminierung. So begann auch zunächst das Referat des Einkommensteuerexperten Blümich ab 1936 mit Planungen, wie Juden zu einer zusätzlichen Sondersteuer herangezogen werden könnten. Als die so genannte Judenvermögensabgabe dann aber im November 1938 realisiert wurde, zeichnete für das Konzept allerdings das Vermögensteuerreferat unter Referatsleiter Martin Uhlich verantwortlich. Diese innerministerielle Schwerpunktverschiebung war Ausdruck einer allgemeinen Umorientierung der fiskalischen Judenverfolgung, die der Tatsache geschuldet war, dass Juden immer weiter aus dem deutschen Wirtschaftsleben verdrängt worden waren und nur mit vermögensteuerlichen Instrumenten noch in großem Ausmaß ausgepresst werden konnten.

Uhlichs Referat entwickelte sich in den folgenden Jahren zu einer Art Sammelbecken für „Judenfragen" in der Finanzverwaltung. Er zeichnete gemeinsam mit dem späteren Leiter der Haupttreuhandstelle Ost, dem damaligen Saarbrücker Oberfinanzpräsident Hans Casdorf, für die Angelegenheiten der Judenvermögensabgabe verantwortlich.[83] Auch spätere steuerliche Verfahren, die im Kontext der Judenverfolgung standen, wie etwa die „Arisierungsgewinnsteuer", wurden dort verankert.

Vor dem Hintergrund, dass sich die antijüdischen Aktivitäten im vermögenspolitischen Bereich konzentrierten, zeigt sich auch die strategische Bedeutung einer organisatorischen Umgestaltung des Reichsfinanzministeriums ab 1937/38 für die Judenverfolgung.

[83] Meinl/Zwilling, Legalisierter Raub, S. 233; Mehl, Reichsfinanzministerium, S. 73.

1.2.3 Die organisatorische Umgestaltung ab 1937/38 und die Entstehung des „Referats Maedel" 1940

1937 begann in der Reichsfinanzverwaltung ein Umbau, der auch für die Organisation der antijüdischen Maßnahmen von grundlegender Bedeutung war. Im Zuge dieses Prozesses entstand ein großes eigenes Referat für die Verwaltung geraubten Vermögens. Mehrere Faktoren wirkten bei der Entstehung dieses neuen Verwaltungszentrums zusammen.

So wurde in diesem Zusammenhang die Frage nach der Gestaltung der Personal- und Organisationsabteilung im Reichsfinanzministerium aufgegriffen, die schon seit dessen Gründung zu Beginn der Weimarer Republik eine besondere Bedeutung gehabt hatte. In der Anfangsphase des Reichsfinanzministeriums 1919/20 waren im Reichsfinanzministerium bewusst alle Personal- und Organisationsfragen für den Zoll- und den Steuerbereich in einer gemeinsamen Unterabteilung zusammengefasst gewesen, um die verschiedenen Zweige der neuen Verwaltung besser zusammen zu führen. Dadurch hatte der damalige Staatssekretär gehofft, Animositäten zwischen Zoll- und Steuerbeamten überwinden zu können.[84] Schon nach kurzer Zeit wurden die Personalabteilungen jedoch in die Abteilungen Zölle und Steuern aufgeteilt, und die integrierte Abteilung wurde abgeschafft, später wieder eingerichtet.[85] 1933 hatte eine erste organisatorische Reform darin bestanden, die Personalangelegenheiten wieder auf die jeweiligen Abteilungen Zoll sowie Besitz- und Verkehrsteuern aufzuteilen, wohl auch wegen der Neubesetzung der Personalreferate mit ausgewiesenen Nationalsozialisten. In der zweiten Hälfte der 1930er Jahre nahm man im Reichsfinanzministerium einen erneuten Anlauf, um die Personal- und Organisationsreferate wieder aus den Fachabteilungen herauszulösen, miteinander zu verbinden und zu einer eigenen Hauptabteilung aufzuwerten. Wenn die Entwicklung dieser Abteilung in der Folgezeit eine eigene Dynamik gewann und die neue Abteilung zu einer Keimzelle für ein fiskalisches „Judenreferat" wurde, dann hing das nicht zuletzt wohl auch damit zusammen, dass bei der Enteignung jüdischen Vermögens unterschiedliche Referate Hand in Hand arbeiteten, eine Kooperation, die sich in der neuen Abteilung besonders effizient organisieren ließ.

Außerdem spielte bei der Reform eine Rolle, dass die Reichsfinanzbehörden spätestens seit der Eintreibung der „Judenvermögensabgabe" im November 1938 in verstärktem Umfang mit dem Problem konfrontiert waren, dass in den Finanzämtern des Reichsgebietes die unterschiedlichsten Vermögensgegenstände konfisziert wurden, deren Verwertung koordiniert werden musste. Viele Juden konnten die Abgabe nicht durch Bargeld begleichen, weil sie ihr

[84] Vgl. hierzu und zum Folgenden Mehl, Reichsfinanzministerium, S. 31.
[85] Witt, Reichsfinanzminister, S. 9 f.

Vermögen in anderen Wertformen angelegt hatten. Das NS-Regime hatte kein Interesse daran, dass durch massenweise Verkäufe etwa der Wertpapier- oder der Immobilienmarkt unter Druck gerieten. So nahm man in den Finanzämtern auch Immobilien, Wertpapiere und andere Vermögenswerte zur Begleichung der Abgabepflicht an. In den ersten Jahren der NS-Herrschaft waren solche Vermögenswerte vorwiegend bei der Ausplünderung jüdischer Emigranten angefallen, die durch eine spezielle Sonderarbeitsgruppe im Berliner Finanzamt Moabit-West organisiert wurde.[86] Je stärker die fiskalische Judenverfolgung auch jenseits der formalen staatlichen Enteignung auf eine Konfiskation von Sachvermögen ausgerichtet war – oder anders formuliert: Je stärker die steuerlichen Diskriminierungen Enteignungscharakter annahmen, umso mehr gewannen die Referenten, die für die Verwaltung und Verwertung dieses Gutes zuständig waren, an Bedeutung. Die Haushaltsabteilung des Reichsfinanzministeriums, die für Reichsvermögen eigentlich verantwortlich war, war im Gegensatz zu den Zoll- und Steuerabteilungen kaum darauf eingerichtet, die Arbeit nachgeordneter Verwaltungsebenen in den Oberfinanzbezirken und auf lokaler Ebene bei den Finanzämtern zu beaufsichtigen. Für die Koordination der Verwertung des konfiszierten jüdischen Vermögens in dem Maße, wie sie u. a. durch die Eintreibung der „Judenvermögensabgabe" nötig wurde, war zunächst kein institutioneller Ort im Reichsfinanzministerium vorhanden. Neben vielen anderen Verwaltungsfragen erhielten auch die Haushaltsangelegenheiten der Außenverwaltung in der neuen Abteilung einen festen Platz.[87]

Zudem standen, wie Stefan Mehl vermutet, wohl Konflikte zwischen Zoll- und Steuerabteilung im Hintergrund der Umgestaltung.[88] So wurde im Rahmen der Umgliederung, die auch durch die Umgestaltung der Zollabteilung nach dem Tod ihres langjährigen Leiters, Ministerialdirektor Willy Ernst, im Frühjahr 1937 beeinflusst worden war, ein erheblicher Teil der Zollverwaltung aus der bisherigen Abteilung II herausgelöst und dem neu geschaffenen Generalinspekteur für den Zollgrenzschutz zugeschlagen.[89] Die Personal- und Organisationsfragen wurden gleichzeitig in einer neu eingerichteten Abteilung VI zu einem eigenständigen Verwaltungsbereich aufgewertet. Von der ursprünglichen Zollabteilung blieb damit nur noch ein Rumpffragment bestehen.

Ausgangspunkt der Umgestaltungsphase, an deren Ende eine Abteilung VI neu gebildet wurde, war nach Aussage des Ministers Schwerin von Krosigk der

[86] Vgl. Kap. 1.5.
[87] Groth, Reichsfinanzverwaltung (4. Aufl. 1939), S. 28.
[88] Mehl, Reichsfinanzministerium, S. 32.
[89] Vgl. dazu auch weiter unten die Abschnitte zum Zollgrenzschutz.

Tabelle 3: Aufbau des Reichsfinanzministeriums 1937

Abteilung	Unterabteilung	Zuständigkeiten
Abt. I		Haushaltsabteilung (Manteuffel)
	Abt. I U	Länder- und Gemeindefinanzen, Finanzausgleich (Kluge)
Abt. II		Zölle und Verbrauchsteuern (Wucher)
	Abt. II U	Verbrauchsteuern und Monopole (Jahr)
B		Generalinspekteur des Zollgrenzschutzes (Hoßfeld)
Abt. III		Besitz- und Verkehrsteuern (Hedding)
Abt. IV		Beamten- und Versorgungsangelegenheiten, Angestellten- und Arbeiterfragen, Liegenschafts- und Bausachen (Wever)
Abt. V		Allgemeine Finanz- und Wirtschaftsfragen (einschl. finanzielle Beziehungen zum Ausland) (Berger)

Vgl. Caesar, Haushalts- und Finanzwesen, S. 842, und Geschäftsverteilungsplan des Reichsfinanzministeriums 1937, BAB, R 2, 30976.

Tabelle 4: Aufbau des Reichsfinanzministeriums 1938

Abteilung	Unterabteilung	Zuständigkeiten
Dem Staatssekretär unmittelbar unterstellt		Generalinspekteur des Zollgrenzschutzes (Hoßfeld); Angelegenheiten der Ehestandsdarlehen, Kinderbeihilfen, Ausbildungsbeihilfen und Förderung der Landbevölkerung (sowie Generalbüro für allgemeine Finanz- und Kreditfragen) (Bayrhoffer)
Abt. I		Reichshaushalt, Länder- und Gemeindefinanzen, Finanzausgleich (Manteuffel)
	Abt. I U	Finanzwesen der Länder, Gemeinden und sonstigen Gebietskörperschaften, Reichsreform, Finanzausgleich (Kluge)
Abt. II		Verwaltung der Zölle und Verbrauchsteuern (Wucher)
	Abt. II U	Verbrauchsteuern (Jahr)
Abt. III		Verwaltung der Besitz- und Verkehrsteuern (Trapp)
Abt. IV		Beamten- und Versorgungsangelegenheiten, Angestellten- und Arbeiterfragen, Liegenschafts- und Bausachen (Wever)
Abt. V		Allgemeine Finanz- und Wirtschaftsfragen (Berger)
Abt. VI		Personal- und Verwaltungsangelegenheiten (Maaß)

Geschäftsverteilungsplan Reichsfinanzministerium 1938, BAB, R 2, 30976.

Tabelle 5: Aufbau des Reichsfinanzministeriums 1943

Abteilung	Unterabteilung	Zuständigkeiten
Dem Staatssekretär unmittelbar unterstellt		1. Generalinspekteur des Zollgrenzschutzes (Hoßfeld); 2. Generalbüro für allgemeine Finanzierungs- und Kreditfragen (Bayrhoffer)
Abt. I		Reichshaushalt und Finanzwesen der Gebietskörperschaften (Manteuffel)
	Abt. I A	Finanzwesen der Länder, Reichsgaue als Selbstverwaltungskörperschaften, Gemeinden und sonstigen Gebietskörperschaften, Reichsreform, Finanzausgleich (Kluge)
Abt. II		Zölle und Verbrauchsteuern (Wucher)
Abt. III		Besitz- und Verkehrsteuern (Hedding)
Abt. IV		Beamten- und Versorgungsangelegenheiten, Angestellten- und Arbeiterfragen, Liegenschaftssachen (Wever)
Abt. V		Zwischenstaatliche Finanzfragen, allgemeine Wirtschaftsfragen und Rechtsfragen (Berger)
	Abt. V UR	Rechtsangelegenheiten, Maßnahmen des Wirtschaftskriegs, Entschädigungsfragen (Schwandt)
	Abt. V U	Wirtschaftsausbau (Vierjahresplan), Garantien, Kredite und sonstige Hilfsmaßnahmen für Industrie und Handel (Nasse)
Abt. VI		Personal und Verwaltung (Maaß)
	Abt. VI P	Personal (Brahtz)
	Abt. VI O	Organisation und Verwaltung (Groth)
Abt. VII		Reichsbauverwaltung (Reichle)

Geschäftsverteilungsplan 1943, BAB, R 2, 12986, Bl. 137–165.

Weggang des bisherigen Leiters der Etatabteilung (Abt. I) Alfred Olscher[90] im April 1937, der in den Vorstand der Elektrizitäts-, Aluminium- und Reichskreditgesellschaft (Ekra) wechselte.[91] Nach Olschers Weggang teilte Schwerin von Krosigk die bisherige Haushaltsabteilung (I) in drei Abteilungen auf: Etat (I, Joachim von Manteuffel), Länderabteilung (I U, Johannes Kluge) und Besoldung (IV, Karl O. E. Wever, bereits zuvor für Besoldungsfragen zuständig).[92] Die internationalen Wirtschafts- und Finanzfragen, die zuvor ebenfalls im Bereich der Abteilung I angesiedelt gewesen waren, gliederte Schwerin von Krosigk in einer eigenen Abteilung V aus. Die innere Umstrukturierung war zum einen Ausdruck einer Umverteilung der Gewichte in der Reichsfinanzverwaltung, denn die Teilbereiche der Abteilung I waren in den vorangehenden Jahren stark gewachsen und die Reform glich das dadurch entstandene Ungleichgewicht wieder ein Stück weit aus. Zum anderen dürfte auch die zunehmende Vereinheitlichung und Verreichlichung der Reichsfinanzen eine gewisse Rolle gespielt haben.

Wenig später, im April 1938, änderte sich die Abteilungsgliederung des Reichsfinanzministeriums erneut, und eine neue Abteilung VI für Personal- und Verwaltungsangelegenheiten wurde eingerichtet.[93] Ihr Leiter, der den Zusatztitel „Vereinfachungsreferent“[94] trug, wurde Otto Maaß. Schon diese personelle Besetzung war kennzeichnend für die dezidierte politische Ausrichtung der neuen Abteilung: Neben dem Staatssekretär Fritz Reinhardt und dem Personalreferenten im Zollbereich Ernst Zschaler[95] war Maaß der dritte „alte Kämpfer“ im Reichsfinanzministerium in zentraler Position. Maaß war seit 1933 im Büro des Staatssekretärs Fritz Reinhardt beschäftigt und dort für Personalfragen zuständig gewesen. Gleichzeitig hatte Maaß das Sachgebiet Personalangelegenheiten in der Steuerabteilung des Reichsfinanzministeriums geleitet.[96] Im August 1936 hatte Maaß dann die kommissarische Leitung des Oberfinanzpräsidiums Nürnberg übernommen, von wo er 1938 ins Ministerium zurückkehrte.[97]

Schwerin von Krosigk hat die Personalentscheidung für Maaß als Ab-

[90] Schwerin von Krosigk, Staatsbankrott, S. 253.

[91] Gleichzeitig wurde Olscher auch Vorstandsmitglied bei der VIAG. Zur Umgestaltung vgl. Kabinettssitzung vom 19.3.1937, in: Akten der Reichskanzlei, Regierung Hitler 1933–1945, Bd. IV: 1937, Dokument 59, S. 200–207, S. 201; vgl. auch Schwerin von Krosigk, Staatsbankrott, S. 253.

[92] Vgl. dazu auch Schwerin von Krosigk, Memoiren, S. 170.

[93] Groth, Reichsfinanzverwaltung (7. Aufl. 1942), S. 27.

[94] Geschäftsverteilungsplan Reichsfinanzministerium 1938, BAB, R 2, 30976.

[95] Vgl. Sandkühler, Gegnerabwehr, S. 110.

[96] Geschäftsverteilungsplan Reichsfinanzministerium vom 15.10.1933, BAB, R 2, 12985, Bl. 130, 139.

[97] Nachrichten des Reichsfinanzministeriums Nr. 44 vom 13.8.1946, BAB, R 2, 12985, Bl. 199.

teilungsleiter im Rückblick als „Mißgriff“ bezeichnet.[98] Maaß habe keine Autorität und keine Eignung zur Führung besessen. Nur die „ausgezeichneten Leiter der Unterabteilungen“ hätten die Blößen des Abteilungsdirektors „taktvoll und geschickt“ verdeckt. Gemeint waren damit Walter Brahtz[99] und Karl Groth, die für die Bereiche Personal und Organisation zuständig waren.

Hier wird eine beachtenswerte Querverbindung im Reichsfinanzministerium deutlich. Brahtz war bis 1938 Personalreferent in der Steuerabteilung gewesen und hatte damit im politisierten Einflussbereich von Staatssekretär Fritz Reinhardt eine machtpolitische Schlüsselstellung besetzt. Gleichzeitig hatte Brahtz aber auch als persönlicher Referent des Reichsfinanzministers Schwerin von Krosigk gearbeitet und war nach dessen eigener Aussage ein enger Vertrauter.[100] Es zeigt sich also, dass die Bereichsgrenzen zwischen Steuer- und Haushaltsabteilung nicht immer den klar abzugrenzenden Einflusssphären von Minister und Staatssekretär entsprachen. Ministerialrat Karl Groth hatte zuvor das Arbeitsgebiet Organisation in der Steuerabteilung geleitet.[101] Stellvertreter von Maaß war Ministerialdirigent Schlüter, der zuvor in der Steuerabteilung für Haushalts- und Liegenschaftssachen zuständig gewesen war (Referat 6).[102]

Karl Groths Arbeitsgebiet in der neuen Abteilung war 1938 zunächst das Referat 9, das – ganz unbestimmt formuliert – für „allgemeine Verwaltungs- und Organisationsangelegenheiten der Reichsfinanzverwaltung sowie die gleichen Angelegenheiten der Abt. Steuer“ zuständig war.[103] Wichtig war zudem das Referat 14, das unter der allgemeinen Bezeichnung „Kassen- und Rechnungswesen“ laut Geschäftsverteilungsplan unter anderem den Arbeitsbereich „Verwertung von beweglichen Gegenständen, an denen das Reich bei der Durchführung von Steuer- und Zollgesetzen Rechte erworben hat“ subsumierte. Leiter dieses Referats war Oberregierungsrat Engelbrecht. Die beiden Referate beschäftigen sich folglich mit Aufgaben, die für die Ausplünderung der Juden in den folgenden Jahren ausschlaggebende Bedeutung gewannen.

Im Geschäftsverteilungsplan 1940 findet sich dann erstmals ein eigenes Referat 13 unter Leitung von Oberregierungsrat Walter Maedel, das die Verwaltung des Reichsvermögens, soweit es nicht in Wertpapieren oder sonstigen Betei-

[98] Schwerin von Krosigk, Staatsbankrott, S. 257.
[99] Dr. Walter Brahtz (1893–1970), Ministerialrat im Reichsfinanzministerium.
[100] Schwerin von Krosigk, Staatsbankrott, S. 257; ders., Memoiren, S. 171. Nachfolger von Brahtz als persönliche Referenten des Ministers waren Franz Scholl und, nach dessen Versetzung zum Oberfinanzpräsidium Hamburg ab 1943, Walter Donandt. Geschäftsverteilungsplan des Reichsfinanzministeriums von 1938, BAB, R 2, 30976.
[101] Geschäftsverteilungsplan 1933, BAB, R 2, 12985; Geschäftsverteilungsplan 1937, BAB, R 2, 30976.
[102] Geschäftsverteilungsplan 1937, BAB, R 2, 30976.
[103] Geschäftsverteilungsplan 1938, BAB, R 2, 30976.

ligungen bestand, sowie die Haupttreuhandstelle Ost betreute. Raubgüter aus jüdischem Vermögen fielen von nun an in diesen Verwaltungsbereich.[104] Maedel war zuvor Regierungsrat im Vermögensteuerreferat der Steuerabteilung gewesen.[105] Zunächst war Maedels Referat eines der kleinsten in der Abteilung mit nur wenigen Mitarbeitern. Schon im Geschäftsverteilungsplan vom August 1941 sind jedoch weitere Mitarbeiter handschriftlich nachgetragen.[106]

Als 1941 die Deportationen im gesamten Reichsgebiet begannen, erhielten Referate in der Abteilung VI die Zuständigkeit für die Verwaltung und Verwertung des Eigentums der verschleppten Juden. Die Abteilung VI-O (Organisation) war inzwischen in dieser Hinsicht erheblich erweitert und ausgebaut worden. Insbesondere die umnummerierten Referate 19 und 20 unter Ministerialrat Walter Maedel und Ministerialrat Eylert[107] organisierten die Verwaltung und Verwertung des „verfallenen" und „eingezogenen" Vermögens. Maedels Referat war dabei für „eingezogenes" Vermögen und Grundbesitz aus „verfallenem" Vermögen zuständig, Eylerts Bereich war die Verwaltung und Verwertung von „verfallenem" Vermögen ohne Grundbesitz.[108]

Diese beiden Referate der Unterabteilung VI-O wurden „zu einem quasi Juden-Referat"[109] des Reichsfinanzministeriums. Die Bedeutung, welche die Referate 19 und 20 in der Folgezeit hatten, lässt sich auch daraus ablesen, dass für die Referate 18–20 ein eigener Vertreter innerhalb der Abteilung VI eingesetzt wurde, dessen Name ebenfalls in den einschlägigen Anweisungen zur Verwertung jüdischen Vermögens immer wieder auftaucht: der Leiter des Referats 18, Ministerialdirigent Schlüter.[110]

Sachlich war das Referat von Walter Maedel nahe an der Haushaltsabteilung angesiedelt. Hier bestand 1941 eine enge Verbindung, teilweise, so klagte ein Referent der Abteilung I, habe Maedel 10- bis 20mal am Tag mit ihm Kontakt

[104] Geschäftsverteilungsplan 1940, BAB, R 2, 30976. Befindet sich auch in R 2, 12984.

[105] Geschäftsverteilungsplan 1938, BAB, R 2, 30976.

[106] Geschäftsverteilungsplan 1941, S. 46, BAB, R 2, 30976.

[107] Eylert kam ebenfalls aus der Steuerabteilung, wo er zuvor das Referat 11 für Erlass- und Gnadensachen geleitet hatte, vgl. Geschäftsverteilungsplan 1938, BAB, R 2, 30976.

[108] Die Differenzierung zwischen „eingezogenem" und „verfallenem" Vermögen bezog sich auf den zugrunde liegenden Rechtsakt: „Verfallen" war jüdisches Eigentum, wenn es nach der 11. Verordnung zum Reichsbürgergesetz konfisziert worden war – eine große Zahl spät emigrierter Juden und die Mehrzahl der Deportierten verloren durch dieses Verfahren ihr Vermögen. „Eingezogen" war Vermögen, wenn es auf anderer Rechtsgrundlage, beispielsweise den beiden Enteignungsgesetzen aus dem Jahr 1933, beschlagnahmt worden war. Auch darunter konnten sowohl Emigranten- als auch Deportiertenvermögen fallen.

[109] Mehl, Reichsfinanzministerium, S. 32.

[110] Geschäftsverteilungsplan 1943, BAB, R 2, 30976.

aufgenommen, um Entscheidungen abzustimmen.[111] Die Zusammenarbeit, so Mayer, könne wesentlich erleichtert werden, wenn das Referat Maedel der Abteilung I zugeordnet werden würde. Schon bei seiner Einrichtung sei dargelegt worden, dass es aufgabenmäßig zur Abt. I gehöre.

Dass die Referate für „verfallenes" und „eingezogenes" Vermögen nicht im Haushaltsressort angesiedelt wurden, lag vermutlich auch daran, dass die Haushaltsreferenten in der Regel keinen Kontakt zu den nachgeordneten Mittelbehörden hatten, in denen das jüdische Vermögen mit Beginn der systematischen Verschleppungen in großem Umfang anfiel. Hinter der Entscheidung, Maedels Referat in der neuen Abteilung VI anzusiedeln, stand möglicherweise aber auch das Interesse von Staatssekretär Fritz Reinhardt, die Vermögensverwaltung und insbesondere die Verwaltung und Verwertung konfiszierten jüdischen Vermögens in seinem Verfügungsbereich zu verorten. Je mehr die Verwaltung und Verwertung konfiszierten jüdischen Vermögens an Bedeutung gewann, umso mehr musste Reinhardt aber daran gelegen sein, diesen Bereich aus der Haushaltsabteilung – und damit dem Bereich des Reichsfinanzministers – herauszulösen und in seiner Einflusssphäre zu verankern. Fragt man nach der Bedeutung des institutionellen Umbaus 1937/38 für Fritz Reinhardt, dann zeigt sich, dass er durch die Bildung einer solchen neuen Abteilung unter seiner Federführung auch die Kontrolle über den Profit aus der wirtschaftlichen Ausplünderung der Juden ausbaute.

Im Referat von Walter Maedel arbeitete auch Regierungsrat Friedrich Schwarzat, dessen Name mit den Besprechungen für die regionalen Oberfinanzpräsidien verbunden ist, in denen diese im Herbst 1941 über die bevorstehenden „Abschiebungen in den Osten" und über ihre Aufgaben in diesem Zusammenhang informiert wurden.[112] Schwarzat kam ähnlich wie Maedel aus dem Ministerbüro, wo er 1933 als Steueramtmann einer von drei engen Mitarbeitern Schwerin von Krosigks gewesen war.[113]

Im August 1940 fiel Schwarzats ursprüngliches Arbeitsgebiet aus. Referent Poerschke vom Referat I 3 wollte ihn daher in sein Referat holen, er ging dabei offenbar fälschlich davon aus, dass Schwarzat schon früher einmal bei ihm gearbeitet hatte. Auch das Referat I 10 hätte ihn gerne zu sich geholt.[114] Der Schriftwechsel, der sich im Zusammenhang mit Schwarzats Weiterverwendung entspann, brachte dessen schwierige bisherige Karrierelaufbahn

[111] Vermerk Generalreferat Abt. I, Mayer, an Herrn Dir. I A vom 30.8.1941, BAB, R 2, 12986, Bl. 54.

[112] Vgl. Kap. 5.5 und Kuller, Finanzverwaltung und Judenverfolgung, Dokument 1, S. 214–220.

[113] Geschäftsverteilungsplan 1933, R 2, 12985, Bl. 77.

[114] Schreiben Poerschke an Referat VI vom 14.8.1940 und Antwort des Referates VI/1 vom 26.9.1940, beide BAB, R 2, 12985, Bl. 326 f.

zum Ausdruck. So erläuterte ein Mitarbeiter der Haushaltsabteilung in einem Schreiben Schwarzats problematische Situation: „Schwarzat hat, wie die Akten zeigen, insofern ein Mißgeschick erfahren, als er, aus der Expeditionslaufbahn (innere Verwaltung) stammend, bei der Übernahme aus Elsaß-Lothringen zunächst Jahre hindurch gegen seinen Wunsch in der Registratur verwendet worden ist. Nach seinem Ausscheiden aus dem Ministerbüro, das Voraussetzung für seine Beförderung zum Amtsrat war, ist er durch die Abt. III, I und zuletzt II gegangen, hat aber anscheinend nirgends recht festen Fuß gefaßt. Sein Wunsch, jetzt nicht wieder nur aushilfsweise verwendet zu werden, ist daher begreiflich."[115] Nachdem er aber nirgends eingearbeitet war, kam Schwarzat im Oktober 1940 wieder nur vorübergehend zur Abteilung I.[116] Erst im Januar 1941 wurde er in die Abt. I fest übernommen.[117] Schon wenig später wechselte er aber erneut, nun in die Abteilung VI in das Referat von Walter Maedel. Die Laufbahn Schwarzats, dessen Name im Zusammenhang mit der Organisation der „Aktion 3" immer wieder auftaucht, deutet erneut auf die enge inhaltliche Verbindung zur Haushaltsabteilung hin.

Im Mai 1942 wurde die Abteilung VI in zwei Unterabteilungen aufgeteilt:[118] Brahtz leitete von nun an die Abteilung VI-P für Personalfragen, Groth übernahm eine eigene Unterabteilung, in der die Einziehung und Verwertung jüdischen Vermögens reichsweit konzipiert und koordiniert wurde. Hier kamen neben Maedels und Eylerts Referaten für Vermögensverwertung weitere Teilbereiche zusammen, die für die fiskalische Enteignungspolitik bedeutsam waren.

So ging die Verwaltung enteigneter Wertpapiere auf diese Abteilung über. Bis 1934 waren die Finanzämter für die Verwertung von Aktien, Reichsanleihen u. ä. zuständig gewesen. Um die Wertpapiere einheitlich behandeln zu können und Störungen des Marktes zu vermeiden, hatte das Reichsfinanzministerium ab März 1934 begonnen, die Verwertung von Wertpapieren zentral zu kontrollieren. Bei der Konfiskation von Emigrantenvermögen, bei der Abwicklung der „Judenvermögensabgabe" und der Reichsfluchtsteuer und ab 1941 auch bei der vollständigen Enteignung der Deportierten war das Wertpapierreferat stets involviert.[119] Die Bedeutung des Referates spiegelt sich auch in seiner institutionellen Einordnung: Es war seit März 1939 Teil des neu eingerichteten Generalbüros für allgemeine Finanz- und Kreditfragen, das dem Staatssekretär Fritz Reinhardt unmittelbar unterstellt war.[120] Die Verwertung von Wertpapieren

[115] Schreiben Abt. I Mayer an Direktor I vom 27.8.1940, BAB, R 2, 12985, Bl. 328.
[116] Schreiben Abt. I an Abt. VI, Brahtz, vom 15.10.1940, BAB, R 2, 12985, Bl. 329.
[117] Mitteilung Abt. I an Abt. VI, Brahtz, vom 16.1.1941, BAB, R 2, 12985, Bl. 356.
[118] Groth, Reichsfinanzverwaltung (7. Aufl. 1942), S. 27.
[119] Mehl, Reichsfinanzministerium, S. 81 f.; Meinl/Zwilling, Legalisierter Raub, S. 234 f.
[120] Nachrichten aus dem Reichsfinanzministerium Nr. 15 vom 23.3.1939, BAB, R 2. 12984, Bl. 76; Leiter war Walther Bayrhoffer (1890–1964), geb. 1.2.1890 in Berlin, um 1922 RegRat im Reichsministerium für Wiederaufbau, zwischen 1924 und 1926 ORR in der

oblag Ministerialrat Patzer.[121] Die Verwaltung und Verwertung von Wertpapieren aus jüdischem Besitz ist daher maßgeblich mit seinem Namen verbunden. Im Zuge der Umstrukturierung 1941/42 wurde dieses Referat dem Arbeitsbereich Groths und seiner Abteilung VI-O zugeschlagen.

Ein weiterer Bereich, der in das Aufgabenspektrum der Abteilung VI-O mit einfloss, war die Aufsicht über die Verwertung von konfisziertem jüdischem Vermögen, die bis 1941 im Finanzamt Moabit-West konzentriert gewesen war.[122] Vermögensbeschlagnahmungen hatte es bis 1941 in großem Stil vor allem gegenüber ausgewanderten Juden gegeben, für die im gesamten Reichsgebiet das Berliner Finanzamt Moabit-West zuständig gewesen war.[123] Als am 25. November 1941 mit der 11. Verordnung zum Reichsbürgergesetz ein Verfahren zum automatischen Vermögensverfall für Juden in Kraft trat, sobald diese die Reichsgrenze überschritten, übertrug das Reichsfinanzministerium die Zuständigkeit für die Verwaltung dieser Vermögen den regionalen Oberfinanzpräsidien. Die Moabiter Dienststelle wurde mit Wirkung vom 1. Januar 1942 in die Vermögensverwertungsstelle des Oberfinanzpräsidiums Berlin eingegliedert. Nach dieser Rückstufung des Finanzamts Moabit-West auf eine regionale Zuständigkeit übernahm das Referat Maedel im Reichsfinanzministerium die reichsweite Koordination der Enteignungen.

Dass vermutlich noch 1943 das Referat von Eylert mit dem von Maedel zusammengelegt und Eylert in einem neuen Arbeitsbereich eingesetzt wurde, dürfte sowohl mit dem dramatischen Personalmangel im Reichsfinanzministerium als auch mit dem mittlerweile verringerten Arbeitsaufkommen im „Judenreferat" zusammenhängen. Eylert übernahm danach die Leitung des Referats 7 in der Abteilung IV.

In der neu geschaffenen Abteilung VI, in der sich professionelle Kompetenz der Finanzbeamten mit der Bereitschaft zur Politisierung ihrer Tätigkeit und der Flexibilität einer relativ jungen Sonderabteilung verbanden, fand das Reichssicherheitshauptamt während der Deportationen offenbar einen selbst-

Abt. VB (Ausführung des Versailler Vertrag usw.) im Reichsfinanzministerium, um 1929 ORR in der Abt. IA (Einzelhaushalte des Reiches usw.), Kommissar der Reichsregierung bei der Dt. Rentenbank-Kreditanstalt, zwischen 1931 und 1935 MinRat im RFM, nach 1935 MinDir. im Reichsfinanzministerium, nach 1937 Aufsichtsratsmitglied in der Landwirtschaftliche Haupttreuhandstelle des deutschen Osten GmbH, 1938 Vertreter des Reichsfinanzministeriums im Reichsbankdirektorium, Vorsitzender des Verwaltungsrates der Preuß. Landeszentralbank, u. a. auch Mitglied des Aufsichtsrates der Deutschen Genossenschafts-Revision und Treuhand AG Berlin, stellv. Vorsitzender des Ausschusses der Deutschen Zentralgenossenschaftskasse Berlin, 1946–1948 Befragung durch amerikanische Besatzungsbehörden für die Nürnberger Prozesse, gest. 14.8.1964.

121 Geschäftsverteilungspläne 1940 und 1941, BAB, R 2, 30976.

122 Vgl. Kap. 1.5.

123 Bekanntmachung des Reichsfinanzministeriums vom 30.8.1933, RStBl. (1933), S. 817; vgl. dazu Friedenberger, Finanzamt, S. 679.

bewussten Kooperationspartner für effiziente Arrangements bei der Konfiskation des letzten Hab und Guts der Deportierten, die sich in der Praxis bewährten.

1.2.4 Der Zollgrenzschutz

Zur Zollverwaltung gehörte auch der Zollgrenzschutz, der als „bewaffneter Arm" der Reichsfinanzverwaltung 1942 rund 56 000 Mann umfasste und die polizeilichen Aufgaben an der Grenze übernahm. Zum Arbeitsfeld des Zollgrenzschutzes zählte die Überwachung der Devisenausfuhrverbote und -beschränkungen, die sich früh zu einem zentralen Instrument der Ausplünderung jüdischer Emigranten entwickelte. Die Tätigkeit der Zollbeamten war nicht nur auf die Bekämpfung des Schmuggels begrenzt. Sie nahmen auch vermeintlich illegale Flüchtlinge fest und trugen erheblich zur Kriminalisierung jüdischer Emigranten bei.[124]

Der Bereich des Zollgrenzschutzes ist auch deshalb interessant, weil hier eine besonders enge – und teilweise auch konfliktreiche, konkurrierende – Kooperation mit der Gestapo und der SS bestand. Gestapobeamte waren an wichtigen Grenzübergängen bei den Kontrollen mit im Einsatz, und auch SS-Leute waren in den Grenzschutz integriert. Hier lag ein seit 1933 schwelendes Konfliktfeld mit der SS.[125]

Frühe Darstellungen aus der Zeit nach 1945 zur Geschichte des Zollgrenzschutzes stammten vorwiegend von ehemaligen Zollbeamten und vertraten die Interpretation, dass der Zollgrenzschutz, als er in die Nähe und unter den Druck der SS geriet, aufgrund seiner professionellen Überlegenheit seine Dominanz bewahren konnte. In NS-Verbrechen sei der Zollgrenzschutz nicht involviert gewesen.[126] Auch in der neueren Forschung findet sich dieser Topos teilweise noch.[127]

Der Konflikt zwischen Gestapo und SS auf der einen Seite und der Zollverwaltung auf der anderen Seite hatte eine lange Vorgeschichte. Bis zum Ersten Weltkrieg waren im Zollgrenzschutz Personenkontrollen unüblich gewesen.[128] Die Grenzen wurden vor allem im Hinblick auf den Warenverkehr kontrolliert,

[124] Vgl. dazu die Darstellung von Blumberg, Etappen, insb. S. 27 f., S. 30 f.

[125] Mehl, Reichsfinanzministerium, S. 31.

[126] Eulitz, Zollgrenzdienst; Mitze, Kampf.

[127] Mehl, Reichsfinanzministerium, S. 30. Vgl. dagegen die kritische Darstellung bei Sandkühler, Gegnerabwehr. Darin auch in Fußnote 10 Hinweise zur insgesamt als unbefriedigend bezeichneten Quellenlage. Zur Rolle des Zollgrenzschutzes bei der Judenverfolgung vgl. Blumberg, Flucht; ders., Zollverwaltung; ders., Etappen. Vgl. zum Thema Zollgrenzschutz allgemein auch die älteren Untersuchungen von Buchheim, Herrschaftsinstrument; ders., Zollgrenzschutz.

[128] Das folgende nach Sandkühler, Gegnerabwehr, S. 97.

und diese Aufgabe lag in der Hand von Zollbeamten. Als mit Beginn des Ersten Weltkriegs Vorschriften für Pass- und Sichtvermerke erlassen wurden, übernahm in Deutschland eine spezielle Grenzpolizei die Aufgabe der Passkontrollen, während der Zollgrenzschutz weiterhin für die Warenkontrolle zuständig blieb. Die Aufgabenteilung zwischen den fiskalischen und den polizeilichen Institutionen und die teilweise konflikthaltige Abstimmung ihrer Einsatzbereiche bildeten seither ein zentrales Kennzeichen der deutschen Grenzschutzpolitik. Parallel zu einer Liberalisierung der Passgesetze in der Weimarer Zeit wurde die Grenzpolizei zunächst in den meisten deutschen Ländern in den 1920er Jahren wieder abgeschafft. Schon 1927 führte Preußen die Grenzpolizei jedoch wieder ein, ab 1929 unterstand sie der preußischen Politischen Polizei. Als 1933 Hitler die Macht übernahm, wurde die preußische Grenzpolizei in Reinhard Heydrichs Geheimes Staatspolizeiamt eingegliedert. In Bayern wurde sie Teil von Heinrich Himmlers neuer Politischer Polizei.

Mit dem Beginn der NS-Herrschaft verstärkten auch das Reichskriegsministerium und das Reichsfinanzministerium ihr Engagement bei der Bildung eines freiwilligen Grenzschutzes. Zusammen mit ehemaligen Soldaten sowie SA- und SS-Mitgliedern sollten Zollbeamte in einem schon seit Weimarer Zeit bestehenden „Verstärkten Grenzaufsichtsdienst" (VGAD) eine Art paramilitärischer, schnell mobilisierbarer Grenzschutztruppe bilden, die im Falle außenpolitischer Spannungen einen „lückenlosen Grenzschleier" bilden konnte. Sandkühler deutet diesen Aufbau der Organisation nicht wie die frühere Literatur als einen Abwehrkampf, sondern vorrangig als ein Indiz für die enge und bereitwillige Kooperation zwischen dem Reichsfinanzministerium und der Gestapo.[129]

Dennoch gab es auch Spannungen zwischen Reichsfinanzverwaltung und Gestapa. Dabei ging es vor allem um die Frage, ob der Grenzschutz sich eher auf den Westen konzentrieren solle, was im Interesse des Reichsfinanzministers lag, oder ob man sich eher auf Grenzen im Osten und Südosten ausrichten solle, wie es Werner Best für das Gestapa favorisierte. Im Hintergrund spielte der ständige Machtkampf zwischen beiden Institutionen eine Rolle. Auch wenn der Reichsfinanzminister Lutz Graf Schwerin von Krosigk Ende 1935 die Gestapo als politischen Grenzschutz anerkannte, stand ihm mit dem Zoll doch ein eigener eingespielter Apparat zur Verfügung, der in der Praxis den politischpolizeilichen Grenzschutz durchführen konnte und das auch tat.

Zunächst behauptete sich das Reichsfinanzministerium in diesem Macht- und Kompetenzstreit, der 1936/37 einen gewissen Höhepunkt erlebte, und der Grenzaufsichtsdienst der Zollbeamten, der ab 1937 „Zollgrenzschutz" hieß, übernahm nach einer – laut Aussagen von Zeitzeugen hitzigen – Chefbe-

[129] Ebd., S. 99; vorangehendes Zitat nach einer Ausarbeitung eines Zollamtmannes a. D. über die Verstärkung des Zollgrenzschutzes, zit. nach ebd., Fußnote 23.

sprechung, an der auch Hermann Göring teilnahm, alle grenzpolizeilichen Aufgaben.[130] Seinen institutionellen Ausdruck fand dieser Prozess darin, dass Reichsfinanzminister Schwerin von Krosigk am 2. April 1937 Hans Hoßfeld als Generalinspekteur für den Zollgrenzschutz einsetzte und die machtpolitisch gestärkte fiskalische Zollgrenzverwaltung unter dessen Leitung zentralisierte.

Die ältere Forschung hat diese Entwicklung als Triumph der Eigenständigkeit der Zollverwaltung gegenüber den ideologisch infiltrierten Polizeiinstitutionen des NS-Staates interpretiert. Dieser Eindruck wird allerdings durch zwei Faktoren relativiert: Zum einen nahm der Zollgrenzschutz anschließend anstelle der geplanten Neurekrutierung von 4 000 Mitarbeitern 3 000 SS-Angehörige in seine Reihen auf. Vor allem aber entschied Hermann Göring im Mai 1937, dass die Gestapo für die gesamte Grenzpolizei zuständig sein solle, und unterstellte damit die Zollbeamten der Reichsfinanzverwaltung den Rahmenanweisungen des Reichsführers-SS, der diese – teilweise nach vorheriger Absprache – an den Generalinspekteur für den Zollgrenzschutz weitergab.

Auch wenn der Grenzdienst der Zöllner keine Auftragsverwaltung der Gestapo im engen Sinne war, gaben diese Weisungen den Rahmen vor, und die Zollgrenzbeamten unterstanden auch den Weisungen der polizeilichen Grenzpolizeikommissariate.[131] Ein Ergebnis dieser Regelung war beispielsweise, dass ein erheblicher Teil der Personen, die der Zollgrenzschutz festnahm – 1937 waren das immerhin 120 286 Personen – direkt an die Gestapo übergeben wurde. Diese Praxis, die schon vor der Einsetzung Hoßfelds üblich und in den Richtlinien des VGAD vorgeschrieben war, widersprach eigentlich dem geltenden Zollrecht und kann als Zeichen der zunehmenden Verklammerung von Zollgrenzschutz und Gestapo gewertet werden.[132]

Hoßfeld übernahm in seine Dienststelle Teile der früheren Zollabteilung (Abt. II) des Reichsfinanzministeriums. Der frühere Leiter der Zollabteilung, Ministerialdirektor Ernst, war im Frühjahr 1937, kurz vor der Chefbesprechung im März jenes Jahres, verstorben. Maßgeblich beteiligt an der organisatorischen

[130] Vgl. dazu die Selbstdarstellung von Schwerin von Krosigk, Memoiren, S. 264. Neben dieser kurzen, rückblickenden Darstellung des Reichsfinanzministers schilderte auch Rudolf Mitze, der damalige Sachreferent im Reichsfinanzministerium für die Zollverwaltung, den Verlauf dieser Sitzung unter Betonung seiner eigenen Rolle (Mitze, Kampf, S. 251–261). Vgl. kritisch zu diesen durch die persönliche Involvierung vermutlich stark gefärbten Darstellungen Sandkühler, Gegnerabwehr, S. 100.

[131] Sandkühler, Gegnerabwehr, S. 102 f.

[132] Vgl. dazu die Bestimmungen für die Vorbereitung eines Verstärkten Grenzaufsichtsdienstes an den Grenzen des Reiches gegen Holland, Belgien, Luxemburg, Frankreich, Schweiz, Österreich, Tschechoslowakei, Polen und Litauen vom September 1937, und die Statistik der abwehrpolizeilichen Tätigkeit der Gestapo (Spionage und Landesverrat) für die Jahre 1936–1938 nach „Angriffsländern", beides zit. nach Sandkühler, Gegnerabwehr, S. 103 und Fußnoten 49 und 66.

Umstrukturierung war Ministerialrat Rudolf Mitze, der auch Stellvertreter Hoßfelds wurde. Mitze hatte 1936 das Organisations- und Grenzreferat der Abteilung Zoll übernommen und stieg nach seiner Tätigkeit beim Generalinspekteur für den Zollgrenzschutz 1938 zum Oberfinanzpräsidenten von Karlsbad auf.[133]

Von Bedeutung für die Zollgrenzschutzorganisation war auch Personalreferent Zschaler, ein „alter Kämpfer" und SS-Sturmbannführer, der an den Beratungen mit Reinhard Heydrich über die Aufgabenverteilung zwischen Gestapo und Zollgrenzschutz beteiligt war.[134] Sowohl Hoßfeld als auch seine Mitarbeiter legten Wert auf fachliche Kompetenz, beschleunigten aber ihre Karrieren durch den Beitritt zur NSDAP. Nach Ansicht von Sandkühler vollzog sich die „Nazifizierung" im Amt des Generalinspekteurs „weniger personell als inhaltlich" und vor allem durch das Grenzpolizeireferat, das unter Leitung von Finanzpräsident Schuster stand.[135] Damit entsprach die Entwicklung dem Muster, das sich auch in den übrigen Abteilungen findet.

1.3 Zwischen Zentral- und Regionalinteressen: Die Mittelbehörden

1.3.1 Zentralisierungstendenzen und ihre Grenzen

Im Kompetenzkonflikt zwischen Zentral- und Regionalinteressen, der für die Entwicklung der Landesfinanzämter während der Weimarer Zeit von so entscheidender Bedeutung gewesen war, bildete die nationalsozialistische Machtübernahme eine wichtige Zäsur. Nachdem die Länder als letzten Schritt der Gleichschaltung ihre Hoheitsrechte im Januar 1934 auf das Reich übertragen hatten, waren die Voraussetzungen für das Gesetz zur Vereinfachung und Verbilligung der Verwaltung vom 27. Februar 1934 geschaffen.[136] Dieses Gesetz verschob auch die Machtverhältnisse in der Finanzverwaltung maßgeblich: Sitz und Grenzen der Mittelbehörden, der Landesfinanzämter, wurden von nun an vom Reich gesetzlich festgelegt, und die Leiter der Finanzämter und Landesfinanzämter sowie die Abteilungsleiter in den Landesfinanzämtern ernannte von jetzt an allein der Reichsfinanzminister, ohne wie bisher eine Zustimmung

133 Vgl. Amtseinführungen der Oberfinanzpräsidenten im Sudetengau, in: DZZ 8 (1939), S. 355–357.

134 Zschaler wurde 1939 zum Oberfinanzpräsidenten von Königsberg berufen, zur Biografie Zschalers siehe DZZ 8 (1939), S. 355–357.

135 Sandkühler, Gegnerabwehr, S. 110.

136 Gesetz zur Vereinfachung und Verbilligung der Verwaltung vom 27.2.1934, RGBl. I (1934), S. 130. Vgl. dazu auch Misera, Organisationsveränderungen, S. 239–245.

der Länder oder ein Einvernehmen mit den obersten Landesbehörden einzuholen. Bald kam es daraufhin zu Zusammenschlüssen bzw. Neuaufteilungen von Landesfinanzämtern und Finanzämtern: Die Landesfinanzämter Breslau und Oberschlesien wurden zum Landesfinanzbezirk Schlesien, Mecklenburg-Lübeck und Schleswig-Holstein zu Nordmark, Unterweser und Oldenburg zum Landesfinanzamt Weser-Ems zusammengeschlossen. Dadurch verringerte sich die Zahl der Landesfinanzämter von 26 auf 23.[137]

Zeitgenössische Beobachter deuteten diese Entwicklung als Fortschritt. So bilanzierte beispielsweise Karl Groth, der als Beamter im Reichsfinanzministerium für Organisationsfragen zuständig war, in seiner bereits einleitend erwähnten Institutionengeschichte der Reichsfinanzverwaltung, der Einfluss der Länderregierungen sei während der Weimarer Zeit „oft störend und hemmend" gewesen. „Es war erst im nationalsozialistischen Reich möglich, mit derartigen Bestimmungen aufzuräumen und damit eine wirklich einheitliche Reichsfinanzverwaltung zu schaffen."[138]

Allerdings hob die Entmachtung der Länder 1934 die Interessenkonflikte zwischen Zentrale und Region nicht von einem Tag auf den anderen auf. Weiterhin gab es Felder der Auseinandersetzung, und neben die Länder traten zunehmend die Gaue als regional-politische Aktionseinheiten.

Auch wenn die Verreichlichung nicht vollständig umgesetzt wurde, zeigt sich doch im Rückblick: Die Konzentration der Entscheidungskompetenzen auf Reichsebene schuf grundlegende Voraussetzungen dafür, dass der große institutionelle Apparat der Reichsfinanzverwaltung eine erhebliche organisatorische Flexibilität zur Anpassung an die sich rasch verändernden Verhältnisse gewann. Die Verreichlichung der Finanzverwaltung gilt als eine wichtige Voraussetzung für ihre erfolgreiche Ausdehnung auf neue Territorien während der nationalsozialistischen Diktatur: Im März 1935 wurde vorübergehend bis 1937 eine Zweigstelle des Oberfinanzpräsidiums Würzburg in Saarbrücken errichtet. Nach dem „Anschluss" Österreichs formten die Nationalsozialisten aus den sieben dort bestehenden österreichischen Finanzlandesdirektionen fünf Oberfinanzbezirke (Wien, Niederdonau, Oberdonau, Graz und Innsbruck). Die Eingliederung des Sudetenlandes führte zur Einrichtung der Oberfinanzbezirke Karlsbad und Troppau. Schließlich kamen nach dem „Wiederanschluß" Danzigs Oberfinanzpräsidien in Danzig und im Wartheland sowie im okkupierten Protektorat Böhmen und Mähren das Oberfinanzpräsidium in Prag hinzu. Insbesondere der Umbau bzw. teilweise Neuaufbau der Finanzbehörden in den angeschlossenen Gebieten innerhalb kürzester Zeit war von zentraler Bedeutung dafür, dass die Behörden dort auch Aufgaben in der fiskalischen Judenverfolgung übernehmen konnten.

[137] Bathe/Kumpf, Mittelbehörden, S. 11.
[138] Groth, Reichsfinanzverwaltung (7. Aufl. 1942), S. 17.

Gemessen an den selbst gesteckten verwaltungsreformerischen Zielen blieben die Veränderungen allerdings insbesondere im Altreichsgebiet weit hinter den Vorstellungen der Planer zurück. Staatsekretär Fritz Reinhardt hatte 1934 die Pläne zur Neugliederung der Reichsfinanzverwaltung in den Kontext einer umfassenden allgemeinen Verwaltungsreform des Reiches gestellt.[139] Damit griff er einen Gedanken auf, der schon in der Weimarer Zeit eine wichtige Rolle gespielt hatte[140] – und damals ebenso wenig zur Umsetzung gekommen war, wie es in der NS-Zeit der Fall sein sollte. Die grundlegende Reform der inneren Verwaltung scheiterte und mit ihr auch der Teilbereich, der die Finanzbehörden betreffen sollte. Dass Reinhardt sich für diese Pläne engagierte, ist ein Indiz für seine Nähe zu jener Gruppe der nationalkonservativen NS-Politiker, zu denen auch Wilhelm Frick, Hans Pfundtner und Wilhelm Stuckart zu rechnen sind, die im NS-Staat ein grundlegend reformiertes autoritäres Staatsmodell errichten wollten. Dass die groß angekündigte Reichsreform nicht zustande kam und die Versuche, ein nationalsozialistisches Einheitsreich mit dem Reichsinnenministerium als dessen Machtzentrum zu etablieren, fehlschlugen, höhlte die Macht dieser Politikergruppe aus.[141] Ähnlich wie jene Innenreformer geriet auch Reinhardt mit seinen weitreichenden organisatorischen Utopien zunehmend aus dem Zentrum in die Randbereiche der NS-Politik.

Die Spannungslinie zwischen Ländern und Reichsebene verschwand trotz der fortschreitenden Verreichlichung auch während der NS-Zeit nie vollständig. In Bayern beispielsweise gelang es dem Reichfinanzministerium bis 1945 letztlich nicht, die geplante Vereinheitlichung von Reichs- und Landesfinanzverwaltung ganz umzusetzen. Das war zum einen auf die mangelnde Durchsetzungsfähigkeit der Reichsbehörde zurückzuführen. Mathias Rösch sieht aber auch im Beharrungsvermögen und der Zählebigkeit der Länderverwaltungen ein wichtiges Hindernis.[142] Der effizienten Durchführung der fiskalischen Verfolgung der Juden in Bayern stand dies jedoch nicht im Wege. Im Gegenteil: In der Ausplünderung der Juden erfüllten die Länderfinanzbehörden wichtige

[139] „Die Vereinfachung wird sich nicht nur auf das Recht und auf die Gesetze erstrecken, sondern auch auf die Verwaltung. Es werden verschiedene Zusammenlegungen erfolgen, für die der Zeitpunkt im Wesentlichen aus dem Fortgang der Reichsreform sich ergeben wird. Im Ziel darf es grundsätzlich nur noch Reichsteuern und nur noch eine Reichsfinanzverwaltung geben. Womit jedoch nicht gesagt sein soll, daß die Länder oder Gaue und die Gemeinden ohne finanzielle Selbstverwaltung und Selbstverantwortung gelassen werden sollen." Rede des Staatssekretärs Fritz Reinhardt am 26.6.1934 in der Vollsitzung der Akademie für Deutsches Recht in der Aula der Universität München, abgedruckt unter der Überschrift „Der Reinhardt'sche Steuerreform-Plan", in: Deutsche Steuer-Zeitung vom 30.6.1934, 23 (1934) Nr. 16, S. 465–481, Zitate S. 481.

[140] Dieser Gedanke zeigt sich in der Weimarer Zeit beispielsweise bei Boenicke, Organisation, S. 715.

[141] Rebentisch, Führerstaat, S. 91–110.

[142] Rösch, Hammer, S. 221.

Funktionen. So organisierte die bayerische Landeshauptkasse beispielsweise die Einziehung der „Arisierungsabgaben", die danach an das Reich abgeführt wurden. Ministerialdirektor Karl Schlumprecht im bayerischen Finanzministerium förderte die staatliche Ausplünderung der Juden und empfahl auch offenen Rechtsbruch zur Steigerung der Effizienz.[143]

Im Gegensatz zur obersten Verwaltungsspitze im Reichsfinanzministerium ging es in den Landesfinanzämtern bei der fiskalischen Judenverfolgung weniger um deren legislative Vorgaben, sondern vorwiegend um die Koordination der Verwaltungspraxis. Von Bedeutung für die fiskalische Verfolgung waren in den Landesfinanzämtern vor allem die Abteilung Besitz- und Verkehrsteuern – zuständig für diskriminierende Abgaben – sowie die Abteilung Zoll- und Verbrauchsteuern und die Devisenstelle – beide griffen im Falle einer Emigration auf das Vermögen der Auswanderer zu. Aus diesen beiden Abteilungen rekrutierte sich ab 1941 in der Regel auch das Personal für die Abwicklung der Vermögensfragen im Kontext der Deportationen und die vollständige Enteignung aller deutschen Juden.

Zunächst führte die fiskalische Verfolgung der Juden auf der Mittelebene der Finanzverwaltung nicht zum Aufbau von Sonderabteilungen. Bereits bestehende Dienststellen bearbeiteten die antijüdischen Steuern im Rahmen ihres Alltagsgeschäftes mit. Beschwerden über die zusätzliche Belastung sind aus einigen Regionen Deutschlands bekannt.[144] Der organisatorische Aufbau der Landesfinanzämter blieb also zunächst nach der nationalsozialistischen Machtübernahme unverändert. In den ersten Monaten betrafen die Aktionen der neuen Machthaber vor allem die Frage der „personellen Säuberung" durch das Berufsbeamtengesetz vom April 1933 und einen Erlass zur „Gleichschaltung der Personalreferate" vom Juli 1933, die damit zu Schaltzellen der Neubesetzung zentraler Positionen mit regimetreuen Mitarbeitern wurden.[145]

143 Ebd., S. 241 f.

144 Vgl. Niederschrift über die am 10.3.1939 mit den Vorstehern der Finanzämter des Oberfinanzpräsidiums Hamburg abgehaltene Besprechung, auszugsweise abgedruckt in Friedenberger, Rolle, Dokument 27, S. 10–94. Beschwerde des Vorstehers des Finanzamts Wilmersdorf-Nord während einer Besprechung von Finanzamtsleitern und dem Oberfinanzpräsidenten am 3.5.1939, zit. bei Gössel, Beamtentum, S. 112 f.

145 Gesetz zur Wiederherstellung des Berufsbeamtentums vom 7.4.1933, RGBl. I (1933), S. 175–177; Erlass zur Gleichschaltung der Personalreferate vom 17.7.1933, zit. nach Meinl/Zwilling, Legalisierter Raub, S. 267.

1.3.2 Führungswechsel und „Nazifizierung" zu Beginn der NS-Herrschaft

Finanzminister Schwerin von Krosigk schrieb rückblickend, er habe lediglich vier Präsidenten von Landesfinanzämtern (in Sachsen, Pommern, Ostpreußen und Nürnberg) nach Konflikten mit den Gauleitungen „im Interesse der Verwaltung und in ihrem eigenen Interesse" an eine andere Stelle versetzt.[146] Tatsächlich zeigt die Statistik aber weiter reichende Neubesetzungen nach der Machtübernahme der Nationalsozialisten, deren Hintergründe auch über politische Motive hinausreichen. Bei den Landesfinanzämtern kam es 1933/34 zu Führungswechseln in erheblichem Ausmaß. Auch wenn nicht in allen Fällen parteipolitische Gründe dafür ausschlaggebend waren, dass die Führungspositionen der Mittelbehörden der Finanzverwaltung neu besetzt wurden, gewannen in den allermeisten Fällen mit der neuen Leitung ideologische und insbesondere antisemitische Prinzipien für die Verwaltung an Bedeutung.

In Darmstadt übernahm beispielsweise nach eineinhalbjähriger Vakanz der überzeugte Nationalsozialist und Antisemit Richard Giese am 1. Oktober 1933 die Leitung des dortigen Landesfinanzamts.[147] In Düsseldorf und Karlsruhe wechselten die amtierenden Landesfinanzamtsleiter zum Reichsfinanzhof. Damit versetzte Schwerin von Krosigk zwei Zentrumsmitglieder, Heinrich Schmittmann (Präsident des Landesfinanzamts Düsseldorf 1925–1933) und Hans Müller (Präsident des Landesfinanzamts Karlsruhe 1932–1933), um sie nach eigener Aussage „aus der Schußlinie zu nehmen".[148] Die Nachfolger,

146 Schwerin von Krosigk, Staatsbankrott, S. 200.

147 Der Darmstädter Oberfinanzpräsident Richard Giese, der vom Oktober 1933 bis zum April 1936 diese Behörde leitete, tat sich beispielsweise schon früh durch antisemitische Äußerungen gegenüber seinen Mitarbeitern und Untergebenen hervor. So erklärte er im Mai 1934 auf einer Amtsleiterbesprechung der Finanzamtsvorsteher seines Bezirkes mit Bezug auf die Weimarer Republik: „Und wer waren die Nutznießer dieses Systems? In der Hauptsache jene verächtlichen Konjunkturritter, Schieber und Blutsauger meist nichtarischer Rasse und nicht zum geringen Teil solche, die erst nach dem Kriege aus den östlichen Gebieten nach Deutschland eingewandert waren und hier das Bürgerrecht erworben hatten." Richard Giese auf einer Besprechung mit Finanzamtsvorstehern am 29. - 30.5.1934, Protokoll, zit. nach Meinl/Zwilling, Legalisierter Raub, S. 276.

148 Schwerin von Krosigk, Staatsbankrott, S. 258 f. So argumentieren auch Bathe/Kumpf, Mittelbehörden, S. 17. Schmittmann und Müller stiegen nach 1945 zu Präsidenten des Bundesfinanzhofs auf.

Paul Hopf (Düsseldorf)[149] und Walther Weidemann (Karlsruhe)[150], stammten beide aus Landesfinanzbehördenverwaltungen. Paul Hopf, der seit 1921 in der Reichsfinanzverwaltung in Düsseldorf tätig gewesen war, blieb bis zum 1. Juli 1938 im Amt, bevor er auf eigenen Antrag mit 63 Jahren in den Ruhestand trat und anschließend in der Industrie tätig war. Hopf starb am 12. April 1939 in Düsseldorf. Walther Weidemann, der nur drei Jahre jünger war als Hopf, war auch bereits seit der Frühzeit der Reichsfinanzverwaltung dort beschäftigt und kam 1933 aus dem Landesfinanzamt Königsberg, wo er Leiter der Steuerabteilung gewesen war, nach Karlsruhe. Er blieb an der Spitze der Karlsruher Finanzbehörde bis zu seinem Ruhestand 1943. Weidemann starb 1960 in Remscheid.

In Bayern wurde der Würzburger Oberfinanzpräsident Alexander Prugger 1933 aus seinem Amt entfernt.[151] Prugger war eines der prominentesten und auffälligsten Opfer des „Berufsbeamtengesetzes" in der mittleren Verwaltungsebene. Er wurde im Juli 1933 gemäß § 5 des „Gesetzes zur Wiederherstellung des Berufsbeamtentums" als Reichsfinanzrat ebenfalls nach München an den Reichsfinanzhof versetzt.[152] Der 1887 geborene Prugger hatte bis zu diesem

[149] Dr. Paul Hopf (1875–1939), geb. 19.6.1875 in Spandau, 1895 Reifeprüfung in Spandau, 1895–1898 Studium Rechts- und Staatswissenschaften in Marburg, Genf, Berlin und Erlangen, 1898 erste Staatsprüfung, 1899/1900 Promotion zum Dr. jur. in Erlangen,1904 zweite Staatsprüfung, 1904 Gerichtsassessor in Spandau, 1905–1907 Regierungsassessor in Düsseldorf, 1907–1911 bei der Regierung in Stettin, RegRat, 1911 Beigeordneter der Stadt Elberfeld, 1919–1920 Oberbürgermeister von Elberfeld, 1914–1918 Militärdienst, 1921 Übernahme in die Reichsfinanzverwaltung beim LFA Düsseldorf, 1921 ORR, 1926 Landesfinanzamtsdirektor, 1933 Präsident des Landesfinanzamts Düsseldorf, 1.7.1938 Ruhestand auf eigenen Antrag, anschließend Tätigkeit in der Industrie, gest. 12.4.1939 in Düsseldorf.

[150] Dr. Walther Weidemann (1878–1960), geb. 23.2.1878 in Kassel, 1897 Reifeprüfung Berlin, 1897–1900 Studium der Rechte in Freiburg und Berlin, 1901 erste Staatsprüfung, 1902 Promotion zum Dr. jur in Berlin, 1905 zweite Staatsprüfung, 1905 Assessor, Eintritt in das Auswärtige Amt, 1908 Vizekonsul in London, 1914 Konsul, 1914–1917 Teilnahme am Ersten Weltkrieg, 1917 Teilnahme an den Friedensverhandlungen in Brest-Litowsk, dann Konsul in Jekaterinoslaw/Ukraine, 1919 Eintritt in die Reichsfinanzverwaltung, Finanzamt Elbing, 1920 RegRat ebd., Vorsteher des Finanzamts Gumbinnen, 1921 ORR Finanzamt Elbing, 1923 Landesfinanzamtsdirektor und Leiter der Steuerabteilung in Königsberg, 1933 Präsident des Landesfinanzamts Karlsruhe, 1943 Ruhestand.

[151] Schwerin von Krosigk spricht vom Nürnberger Landesfinanzamtsleiter, was aber sehr wahrscheinlich eine Verwechslung ist. In Nürnberg hat zu diesem Zeitpunkt kein Wechsel in der Leitung stattgefunden. Möglicherweise ordnete Schwerin von Krosigk seine Erinnerung falsch ein, weil die Finanzbezirke Nürnberg und Würzburg 1942 in Nürnberg zusammengeführt wurden. Auch in Sachsen, Pommern, Ostpreußen und Nürnberg versetzte der Reichsfinanzminister die Landesfinanzamtspräsidenten nach Konflikten mit den Gauleitern. Vgl. Schwerin von Krosigk, Staatsbankrott, S. 200.

[152] Schreiben des Reichsfinanzministers an den Präsidenten des Landesfinanzamts Würzburg Alexander Prugger vom 7.7.1933, Schreiben im Besitz der Familie.

Zeitpunkt eine steile Karriere gemacht. 1906 hatte er in München das Abitur abgelegt und anschließend Rechtswissenschaft studiert. Kurz vor Beginn des Ersten Weltkriegs hatte er seine erste Stelle in der bayerischen Zollverwaltung angetreten.[153] Gleich zu Anfang des Krieges war er zum Heeresdienst eingezogen worden und dort bis Kriegsende geblieben. Während seines Militärdienstes erreichte ihn die Beförderung zum Finanzassessor. 1920 wurde Prugger aus dem Landesdienst in die Reichsfinanzverwaltung übernommen und 1921 in das Reichsfinanzministerium nach Berlin berufen. Mehrfach wechselte er in den folgenden Jahren zwischen Reichsministerium und Zollbehörden. 1925 übernahm er die Leitung des Ministerbüros in Berlin, 1929 die Leitung der Unterabteilung für Personal- und Verwaltungsangelegenheiten im Reichsfinanzministerium, bis er schließlich 1930 zum Präsidenten des Landesfinanzamts Würzburg ernannt wurde. Er war zu diesem Zeitpunkt mit 43 Jahren der jüngste Landesfinanzamtspräsident in Deutschland. Prugger stieg zwar nach seiner Zwangsversetzung am Reichsfinanzhof 1937 zum Reichsrichter auf. Dennoch bedeutete die Vertreibung aus dem Amt des Landesfinanzamtspräsidenten 1933 einen tiefen Bruch in seiner beruflichen Laufbahn. Sein Nachfolger in Würzburg war zunächst Ludwig Pißel, der das Amt jedoch nur für zwei Monate kommissarisch ausübte und danach an die Spitze des Landesfinanzamts nach München wechselte. Ihm folgte nach einer kurzen Vakanz im November 1933 Max Dingler.

In Stettin und München erreichten die amtierenden Landesfinanzamtspräsidenten Rudolf Karl Georg Ueberschaer und Otto Ritter von Dandl, die beide 1868 geboren waren, 1933 das Pensionsalter. Die Nachfolger waren in Stettin Max Karl Franz Düsing, der bis 1938 im Amt des Stettiner Landesfinanzamts blieb. Düsing war wohl jener pommersche Behördenleiter, auf den Schwerin von Krosigk in seiner Aufzählung anspielte, denn er war zum Zeitpunkt seines Ausscheidens aus dem aktiven Dienst 1938 erst 61 Jahre alt, ging also vorzeitig in den Ruhestand. Sein Nachfolger war Ernst Mann.

Wenn im Finanzbezirk München die Präsidenten anfangs in rascher Folge wechselten, so war das nicht auf Repressionen der neuen Machthaber gegen missliebige Beamte zurückzuführen. Der ehemalige bayerische Ministerpräsident Otto Ritter von Dandl, der seit 1929 Präsident des oberbayerischen Landesfinanzamts gewesen war, schied im August 1933 wie erwähnt aus Altersgründen aus dem Amt. Ihm folgte Ludwig Pißel, der das Präsidentenamt bis zu seinem Tod 1934 ausübte. So wurde innerhalb von acht Monaten am 15. März 1934 zum dritten Mal ein neuer Landesfinanzpräsident in München eingesetzt. Mit dessen Namen, Ludwig Mirre, verbindet sich insbesondere die Freistellung Adolf Hitlers von seinen Steuerpflichten, die Mirre in Absprache

153 Angaben nach einem Lebenslauf, den Alexander Prugger ca. 1960 verfasste. Besitz der Familie.

mit dem Staatssekretär im Reichsfinanzministerium Fritz Reinhardt arrangierte.[154] Dies dürfte dazu beigetragen haben, dass Mirre schon nach einem Jahr zum Präsidenten des Reichsfinanzhofs befördert wurde. Mirres Nachfolger war Christian Weisensee, überzeugter Nationalsozialist und „alter Kämpfer", welcher der NSDAP bereits 1930 beigetreten war und bis zu seinem Übertritt in den Ruhestand 1944 Leiter der Behörde blieb.

In Schleswig-Holstein schied 1933 Kurt Ludwig Eberhard Wachsmann aus der Finanzverwaltung aus und übernahm die Direktion der neu errichteten Tilgungskasse für gewerbliche Kredite in Berlin.[155] Sein Nachfolger war Theodor Hillmer, der zuvor schon seit 1922 das Landesfinanzamt Oldenburg geleitet hatte. In Münster ging im August 1934 der langjährige Leiter des Landesfinanzamts Georg Ronge in den Ruhestand. Ihm folgte Paul Rühe.

In Köln wurde Ende 1934 der dortige Landesfinanzamtsleiter Alexander von Brandt – formal auf eigenen Antrag – vorzeitig in den Ruhestand versetzt, und im Grunde muss er auch noch zu den politisch motivierten Führungswechseln der Anfangszeit der NS-Herrschaft gerechnet werden.[156] Gegen das Zentrumsmitglied von Brandt, der 1934 61 Jahre alt war, war von Gegnern im Landesfinanzamt der Vorwurf der „Parteibuchwirtschaft" erhoben worden, die sich angeblich in Form von Bevorzugung von katholischen Beamten gezeigt habe.[157] Sein Nachfolger wurde Heinrich Müller, ein „in der Wolle gefärbter Nationalsozialist", der seit 1921 Mitglied der NSDAP und damit einer der ältesten Parteimitglieder der gesamten Reichsfinanzverwaltung war. Müller, der nach Kriegsdienst und juristischem und staatswissenschaftlichem Studium zunächst im Landesfinanzamt Würzburg, später als Vorsteher in hessischen Finanzämtern tätig gewesen war, hatte sich Anfang der 1930er Jahre durch sein Buch „Beamtentum und Nationalsozialismus"[158] den Ruf eines „Beamtenprogrammatikers" erworben. Er hatte dann als „rechte Hand" des Frankfurter Gauleiters Jakob Sprenger gearbeitet. 1933 begann eine steile Karriere: Kurzzeitig Reichskommissar und hessischer Innen-, Finanz- und Justizminister, dann für ein halbes Jahr Oberbürgermeister von Darmstadt, rückte er 1934 in

[154] StAM, Spruchkammerakt 1180. In seinem Entnazifizierungsverfahren versuchte Mirre, der erst 1937 NSDAP-Mitglied wurde, darzulegen, dass sein Eintreten für eine Steuerbefreiung Hitlers keinen Zusammenhang mit einer ideologischen Nähe zum Nationalsozialismus gehabt habe und seine Karriere auf fachlichen Fähigkeiten basiert habe. Einen Zusammenhang zwischen seinem beruflichen Aufstieg, u. a. wurde er 1943 Honorarprofessor an der Ludwig-Maximilians-Universität München, und der Steuerbefreiung Hitlers bestritt er. Er wurde schließlich als „Mitläufer" eingestuft.

[155] Bathe/Kumpf, Mittelbehörden, S. 192.

[156] Vgl. hierzu und zum Folgenden Kanther, Finanzverwaltung, S. 174–181. Die folgenden Zitate soweit nicht anders ausgewiesen ebd.

[157] Zwei dieser Vorfälle sind nach Kanther aktenkundig nachweisbar.

[158] Müller, Beamtentum.

die Leitung des Landesfinanzamts Darmstadt auf, von wo er im August 1934 in das Präsidium des Landesfinanzamts Köln wechselte. Müller äußerte sich in mehreren Stellungnahmen zur „finanzpolitischen Bevölkerungspolitik". Darin kam sein rassistisches und antijüdisches Weltbild deutlich zum Ausdruck. Über allgemeine Auslassungen hinaus mahnte Müller auch seine Untergebenen, beispielsweise bei der Gewährung von Ehestandsdarlehen die „arische" Abstammung der Eheleute gründlich zu überprüfen.[159]

1938 setzte sich die Karriere Müllers weiter fort. Er stieg zum Präsidenten des Reichsrechnungshofes und der preußischen Oberrechnungskammer in Potsdam auf. Dort scheint er den Erwartungen der Regierung, den Rechnungshof zu einem Werkzeug des Regimes umzuformen, nicht entsprochen zu haben. Im Laufe des Krieges geriet der Rechnungshof dann unter die Kontrolle verschiedener nationalsozialistischer Machthaber und wurde so – trotz der personalpolitischen Unabhängigkeit, für die Müller dort gekämpft hatte – zu einem „Erfüllungsgehilfen".[160] Er nahm sich gemeinsam mit seiner Frau und dreien seiner Kinder am 26. April 1945 das Leben.

Zieht man hier eine erste Zwischenbilanz, dann zeigt sich, dass von den 26 Landesfinanzämtern zehn in den ersten zwei Jahren nach der nationalsozialistischen Machtübernahme einen neuen Leiter erhielten: Darmstadt, Düsseldorf, Karlsruhe, Köln, Leipzig, München, Münster, Würzburg, Schleswig-Holstein und Stettin/Pommern.

Für die neue, seit Beginn der Reichsfinanzverwaltung 1919 gerechnet dritte Generation an Mittelbehördenleitern, die zu Beginn der NS-Herrschaft ins Amt kam, betrug die durchschnittliche Amtszeit 5,3 Jahre. Gut die Hälfte (47) der 92 Mittelbehördenleiter zwischen 1919 und 1945 trat in den Altersruhestand, zwei gingen angeblich auf eigenen Wunsch 1934 und 1938 in den vorzeitigen Ruhestand und vier starben vor Erreichen des Ruhestandsalters, die übrigen wechselten in andere Posten. Die hohe Zahl der Mittelbehördenleiter, die während der NS-Zeit in den Altersruhestand traten, ist gleichzeitig ein Hinweis darauf, dass hier eine deutlich ältere Generation in den Entscheidungspositionen saß als bei den neuen Institutionen des NS-Regimes, insbesondere in der SS und später beim Reichssicherheitshauptamt, mit denen die fiskalischen Mittelbehörden bei der Enteignung von Juden eng kooperierten.

Aber auch ein Karriereverlauf mit einem oder mehreren Wechseln zwischen Reichsfinanzministerium und Mittelbehörde war nach 1933 keine Ausnahme und kein neues Phänomen. Es gab zwischen Reichsfinanzministerium und Oberfinanzpräsidien schon seit der Einrichtung der neuen Verwaltungsstruktur nach dem Ende des Ersten Weltkriegs einen regen personellen Wechsel. Seit Bestehen der Reichsfinanzverwaltung war die Leitung eines Landesfinanzam-

159 Nachweis über die Personalakte bei Kanther, Finanzverwaltung, S. 177, Fußnote 189.
160 Vgl. zur Entwicklung des Rechnungshofes Weinert, Sauberkeit.

tes bzw. Oberfinanzpräsidiums für 15 Beamte Ausgangspunkt für eine weitere Führungsposition innerhalb oder außerhalb des staatlichen Finanzwesens gewesen, beispielsweise auch für Dr. Otto Hedding, den späteren Leiter der Steuerabteilung im Reichsfinanzministerium, der 1930–1932 Präsident des Landesfinanzamts Oberschlesien gewesen war.

Auch in umgekehrter Richtung hatte der Wechsel Tradition. So hatte der ehemalige Reichsfinanzminister Otto von Schlieben das Amt des Landesfinanzamtspräsidenten in Magdeburg übernommen, der Leiter der Steuerabteilung im Reichsfinanzministerium Paul von Laer war 1921 an die Spitze des Landesfinanzamts Kassel gewechselt und Wilhelm Denhard, der 1921–1925 die Zollabteilung im Reichsfinanzministerium geleitet hatte, war anschließend Präsident des Landesfinanzamts Hannover geworden. Dieser Austausch setzte sich auch während der NS-Zeit fort, insbesondere bei den Leitungswechseln im Zuge der organisatorischen Umgestaltung der Reichsfinanzverwaltung 1938.

Die Durchführung des „Berufsbeamtengesetzes" in den Landesfinanzämtern nahm der Reichsfinanzminister nach eigener Aussage selbst in die Hand. Er fuhr zu den regionalen Behörden und hielt dort „Gerichtstag" ab.[161] In seinen Memoiren schildert Schwerin von Krosigk eine solche Sitzung in Bayern, bei der „eine große Zahl von Fällen" anstand. Der Münchner Personalreferent habe auf der Entlassung in vier Fällen bestanden. Das seien „hartgesottene Sünder" gewesen, die „den Kampf gegen den Nationalsozialismus besonders scharf und hartnäckig geführt" hätten. Schwerin von Krosigk fährt in seiner Schilderung fort: „Ich sah mir die Akten an, es waren Familienväter, Kriegsteilnehmer, fachlich gut beurteilte Männer. Ich stellte das dem Personalreferenten vor, aber er blieb unerbittlich. Da entschied ich! Bei dieser feindseligen Einstellung sei hier eine harmonische Zusammenarbeit nicht gewährleistet, aber aus der Verwaltung entlassen würde ich die Männer auf keinen Fall, ich versetzte sie daher nach Ostpreußen. Betretenes Schweigen im Saal. Dann meldete sich der Personalreferent mit ganz veränderter Stimme zu Wort: Einer der Beamten hätte doch hier in Bayern vier Kinder auf der Schule, ‚Ist da die Strafe nicht zu hart?'. Nun konnte ich dem Personalreferenten meine Meinung sagen. Den kinderreichen Vater habe ich zu ‚Thüringen' begnadigt." Auch wenn man die selbstgefällige Darstellung wohl kritisch hinterfragen muss, kann man zwei Hinweise daraus entnehmen: Zum einen nahm der Reichsfinanzminister persönlich an solchen Sitzungen teil, zum anderen wird die Schlüsselposition des Personalreferenten deutlich, von dem sich Schwerin von Krosigk im Nachhinein demonstrativ distanzierte.

Die zentrale Position der Personalreferenten war auch in den Mittelbehörden im Fokus der Nationalsozialisten. Schon am 17 Juli 1933 hatte es

[161] Schwerin von Krosigk, Staatsbankrott, S. 199 f. Die folgenden Zitate ebd.

wie erwähnt einen Erlass zur Gleichschaltung der Personalreferate gegeben, der auch die Landesfinanzämter betraf. Am 30. Juli 1934 ordnete das Reichsfinanzministerium dann an, dass die für Personalfragen zuständigen Behördenmitarbeiter grundsätzlich NSDAP-Mitglied sein sollten.[162] Auch über die Personalreferate hinaus bestanden enge Verbindungen zur NSDAP. Neben Staatssekretär Fritz Reinhardt, der im Stab Heß eingebunden war, gab es eigene Fachschaftsleiter für die Reichssteuerverwaltung beim Amt für Beamte in den Gauverwaltungen. In München saß auf diesem Posten Karl Scherer, Obersteuerinspektor im Landesfinanzamt München, der ebenfalls in der Personalabteilung des Oberfinanzpräsidiums München einen Posten hatte. In den Dienststellen des Münchner Landesfinanzamtes bis hinunter auf die Ebene der Finanzämter gab es zahlreiche Vertrauensmänner.[163] Dass zwischen dem Münchner Landesfinanzamt und den NSDAP-Stellen eine „vorbildliche“ Zusammenarbeit bestand, die der Sachbearbeiter beim Amt für Beamte im Gau München-Oberbayern 1937 als „Idealzustand“ bezeichnete, war nach Ansicht des NSDAP-Funktionärs vor allem darauf zurückzuführen, dass der Landesfinanzamtspräsident Christian Weisensee ein „alter Kampfgefährte“ Hitlers war.[164]

1.3.3 Umstrukturierung 1937/38

Für die Mittelbehörden bedeutete die allgemeine Umgestaltung der Reichsfinanzverwaltung in den Jahren 1937 und 1938 ebenfalls eine erhebliche organisatorische Zäsur, die auch für die fiskalische Judenverfolgung wichtig war. In einem ersten Schritt wurden die Mittelbehörden in „Oberfinanzpräsidenten“ umbenannt, wenig später änderte der Reichsfinanzminister die Bezeichnung in „Oberfinanzpräsidium“.[165] Diese Umbenennung war nach zeitgenössischer Ansicht erforderlich, weil die Bezeichnung „Landesfinanzamt“ den Charakter einer Landesbehörde nahelegte und daher als „falsch und irreführend“ galt.[166] Der neue Name sollte zum Ausdruck bringen, dass die Mittelbehörden zur Reichsverwaltung gehörten. Der Aufgabenbereich oder der Verwaltungssprengel änderte sich mit dieser Umbenennung zunächst nicht.

162 Rundschreiben des Reichsfinanzministeriums an die Landesfinanzämter und andere Behörden vom 30.7.1934, StAM, FinA 12721.
163 Organisationsplan der Fachschaft 3 Reichssteuerverwaltung beim Amt für Beamte, Gau München-Oberbayern vom 1.10.1935, StAM, FinA 12854.
164 Niederschrift über die Finanzamtsvorsteherbesprechung des LFA München in Garmisch am 26. und 27.2.1937, S. 27, StAM, FinA 12815.
165 Amtsblatt der Reichsfinanzverwaltung Nr. 7 vom 1.4.1937, S. 31.
166 Groth, Reichsfinanzverwaltung (7. Aufl. 1942), S. 31.

Im folgenden Jahr ordnete das Reichsfinanzministerium seinen Mittelbehörden auch eine organisatorische Reform an.[167] Gleich im ersten Paragrafen der neuen Dienstordnung kam die ideologische Zielrichtung der angestrebten Reform zum Ausdruck. Sie verpflichtete die Oberfinanzpräsidenten explizit auf die nationalsozialistische Weltanschauung und hielt die Behördenleiter zur Gesinnungskontrolle ihrer Mitarbeiter an. So begann der erste Paragraf der Dienstordnung mit einer Einschwörung auf die NS-Ideologie (Hervorhebungen im Original):

„§ 1
Der Oberfinanzpräsident
(1) Der Oberfinanzpräsident leitet die Reichsfinanzverwaltung in seinem Bezirk nach den Leitsätzen und Erkenntnissen der nationalsozialistischen Weltanschauung.
(2) Er ist innerhalb seines Dienstbereichs Dienstvorgesetzer, Gefolgschaftsführer und Arbeitskamerad aller Angehörigen der Reichsfinanzverwaltung. Er hat dafür zu sorgen, daß die Beamten und Gefolgschaftsmitglieder seines Dienstbereichs
1. sich jederzeit rückhaltlos für den nationalsozialistischen Staat und die den nationalsozialistischen Staat tragende Nationalsozialistische Deutsche Arbeiterpartei einsetzen,
2. die Steuergesetze nach nationalsozialistischer Weltanschauung auslegen und die Tatbestände nach nationalsozialistischer Weltanschauung beurteilen.
[...]“[168]

Ein weiteres erklärtes Ziel der Reform war die Vereinfachung und Vereinheitlichung bürokratischer Prozesse. So schrieb die Geschäftsordnung Zuständigkeiten und Verwaltungsabläufe vom Eingangsstempel über die Form von Berichten bis zum Geschäftsverkehr mit anderen Behörden genau vor. Ein Großteil der neuen Dienstordnung beschäftigte sich mit sprachlichen und formalen Vorgaben für amtliche Dokumente. Alle Schriftstücke sollten „kurz und in einer dem Volksgenossen verständlichen Sprache“ verfasst werden. „Es muss“, hieß es weiter, „nachdem links ausgerückt der Sachbetreff angegeben ist, sofort mit dem *Kern* der Sache begonnen werden“ (§ 12,1). Die neue Geschäftsordnung war damit Ausdruck des Reformwillens von Staatsekretär Fritz Reinhardt, der die Professionalisierung der Finanzbeamtenschaft durch formale Mittel mit einer größeren Nähe zur Bevölkerung verbinden wollte.

In den Augen des zeitgenössischen Beobachters Karl Groth, der über Jahre hinweg immer aktualisierte Auflagen seiner „Reichsfinanzverwaltung“ herausbrachte, waren die fiskalischen Mittelbehörden ab 1938 aber auch in ihrem inneren Aufbau in einer „von dem früheren Aufbau völlig abweichenden Weise“ gegliedert.[169] Diese Aussage bezog sich auf die Neuaufteilung der Abteilungen in den Oberfinanzpräsidien. Kernelement der organisatorischen Umstruktu-

[167] Dienstordnung für die Oberfinanzpräsidenten vom 20.5.1938, RFBl. (1938), S. 555–557, abgedruckt in Bathe/Kumpf, Mittelbehörden, S. 227–229.
[168] Dieses und die folgenden Zitate ebd.
[169] Groth, Reichsfinanzverwaltung (4. Aufl. 1939), S. 53.

rierung war dabei die im Reichsfinanzministerium zu diesem Zeitpunkt bereits vollzogene Zusammenfassung der Personal- und Verwaltungsangelegenheiten aus Steuer- und Zollbereich in einer gemeinsamen Abteilung, die nun auch auf mittlerer Ebene umgesetzt wurde. Künftig sollten die Oberfinanzpräsidien aus drei Abteilungen für Personal und Verwaltung (Abteilung P), für Steuern (Abteilung St) und Zölle (Abteilung Z) sowie dem Finanzgericht und einer sog. Devisen(prüfungs)stelle bestehen.

Ursprünglich mit dem Ziel einer besseren Kooperation zwischen Zoll- und Steuerabteilungen begründet, entwickelten sich die Abteilungen P ähnlich wie im Reichsfinanzministerium auch auf Regionalebene zunehmend zu dem zentralen Verwaltungsbereich, in dem Verfolgungsmaßnahmen gegen Juden bearbeitet wurden. So war die neu geschaffene Abteilung P unter anderem für Liegenschaftsangelegenheiten zuständig und übernahm bereits wenige Monate nach der Reform ab November 1938 die Verwaltung von Liegenschaften, die im Zuge der „Judenvermögensabgabe" von jüdischen Eigentümern, welche die Summen nicht bar entrichten konnten, in Zahlung gegeben werden mussten. Damit bearbeiteten die Mitarbeiter der Liegenschaftsabteilung einen wichtigen Bereich der fiskalischen Ausplünderung, denn während die liquiden Mittel von den Finanzämtern eingetrieben wurden, waren für die Immobilien die Bauabteilungen der Oberfinanzpräsidien zuständig.[170] In vielen Oberfinanzpräsidien bildete die neue Abteilung P eine organisatorische Kernzelle für die späteren Abteilungen zur Verwaltung und Verwertung jüdischen Vermögens.

Verbunden war die organisatorische Umstrukturierung 1937/38 mit einem teilweisen Austausch des Führungspersonals. In sechs Oberfinanzpräsidien kamen neue Beamte an die Spitze, und ganz überwiegend stammten sie aus dem Reichsfinanzministerium. Außerdem waren sie meist früh der NSDAP beigetreten. Der neue Düsseldorfer Oberfinanzpräsident Walter Blümich, NSDAP-Mitglied seit 1932, hatte zuvor in der Steuerabteilung des Reichsfinanzministeriums gearbeitet, ebenso sein Kollege Walter Kühne (NSDAP-Beitritt 1937), der nun das Kölner Oberfinanzpräsidium leitete; der „alte Kämpfer" Ernst Zschaler, der die Königsberger Behörde übernahm, kam aus der Zollabteilung des Reichsfinanzministeriums, Heinrich Voß, der schon seit 1937 das Oberfinanzpräsidium Kassel leitete, kam ebenfalls ursprünglich aus dem Reichsfinanzministerium. 1915–1918 hatte er in der Zivilverwaltung im deutsch besetzten Polen gearbeitet, danach als Anwalt in Berlin. 1920 kam er zur Reichsfinanzverwaltung, wo er verschiedene Berliner Finanzämter leitete. 1933 rief der NS-Staatssekretär Fritz Reinhardt Heinrich Voß ins Reichsfinanzministerium. Voß war ursprünglich Liberaler und Mitglied der DVP gewesen, es hatten freundschaftliche familiäre Kontakte zu Gustav Stresemann

170 Vgl. Meinl/Zwilling, Legalisierter Raub, S. 268.

bestanden. Allerdings war Voß unter dem Eindruck des wirtschaftlichen Abstiegs seiner Familie 1930 der NSDAP beigetreten und damit das älteste Parteimitglied unter den hessischen Oberfinanzpräsidenten. 1937 übernahm er die Leitung des Kasseler Oberfinanzpräsidiums. Meinl bezeichnet ihn als „in der Judenverfolgung überzeugten und engagierten Oberfinanzpräsidenten, [...] mehr jedoch nicht".[171]

1938 war zudem eine Reihe neu geschaffener Oberfinanzpräsidien zu besetzen. In Troppau trat mit Herbert Hermann Martin Franz Jancke ein ehemaliger Mitarbeiter der Berliner Ministerialverwaltung an die Spitze der Behörde, ebenso wie in Karlsbad mit Rudolf Mitze. Ausnahmen von dem beschriebenen Muster bildeten lediglich Ernst Mann, ab 1938 Oberfinanzpräsident in Stettin – er war zuvor in leitender Position im Landesfinanzamt Stettin tätig gewesen und also intern aufgestiegen –, und Erich Zerahn, der ab 1938 das Oberfinanzpräsidium Nürnberg leitete. Dieser kam aus dem Landesfinanzamt Königsberg, wo er eine leitende Position gehabt hatte.[172] Hinzu kamen die fünf neuen Mittelbehörden im „angeschlossenen" Österreich, deren Führungsspitzen fast vollständig aus der österreichischen Zentralverwaltung rekrutiert wurden.

1.3.4 Im Beutekampf um jüdisches Vermögen: die „Eingliederung" der österreichischen Finanzverwaltung

1938 musste das NS-Regime in der so genannten „Ostmark" erstmals nicht nur einzelne Mittelbehörden mit begrenzter Reichweite, sondern einen flächendeckenden fiskalischen Behördeapparat mit fünf neuen Oberfinanzpräsidien schaffen. Im Gegensatz zur Parteiorganisation, die in der „Ostmark" von Grund auf neu aufgebaut und damit einem Reißbrettentwurf angepasst wurde, übernahm das NS-Regime die staatliche Verwaltung Österreichs vorerst und formte sie nur schrittweise um. Die staatlichen Finanzbehörden in Österreich waren nicht zuletzt deshalb unter erheblichem Druck, einen im Sinne des NS-Regimes funktionsfähigen Verwaltungsapparat zu erhalten, weil sie zentrale staatliche Aufgaben, darunter auch eine Reihe von Funktionen bei der wirtschaftlichen Verfolgung und Ausplünderung der Juden, übernehmen sollten. In der Welle von Raub und Gewalt in Österreich drohten staatliche Stellen und insbesondere die Finanzbehörden, die sich in einem Prozess der Umgestaltung befanden, zunächst ins Hintertreffen zu geraten.

Unmittelbar nach dem „Anschluss" begann in Österreich ein Umbau der

[171] Ebd., S. 183.
[172] Angaben nach Bathe/Kumpf, Mittelbehörden.

Finanzverwaltung.[173] Die Aufgabe, die Administration umzuformen, nahm nicht, wie zu erwarten gewesen wäre, die österreichische Übergangs-Regierung unter Arthur Seyss-Inquart in die Hand, sondern Gauleiter und Wiedervereinigungskommissar Josef Bürckel.[174] Bürckel gelang es, sein Büro zu einer Schaltstelle für die österreichischen Verwaltungsbehörden zu machen. Seine Verwaltungsreform zielte darauf, in Österreich die staatlichen Bundesregierungsstellen schrittweise aufzulösen und die Gaue als neue reichsunmittelbare Instanzen aufzubauen. Dadurch erhielt die NSDAP über ihre Gauverwaltungen institutionell ein großes politisches Gewicht, wie es im sonstigen Reichsgebiet bisher nicht existierte. Der politische Aufbau der „Ostmark" sollte reichsweit Modellfunktion für die gegenseitige Durchdringung von Staat und NSDAP haben, und die Finanzverwaltung war Teil dieses organisatorischen Experiments.

Die Forderung nach dem „Primat der Partei" fand in Wien mit Josef Bürckel einen durchsetzungsstarken Verfechter. Auch schienen hier die Voraussetzungen für Durchsetzung der NSDAP gegen die staatliche Bürokratie günstiger als im „Altreich".[175] Die Besetzung von durch das Berufsbeamtengesetz „frei gemachten" Stellen erfolgte unter systematischem parteipolitischem Einfluss. Personalunionen zwischen Staats- und Parteifunktionen waren häufig. Die Exekutive sollte eine „offensive Speerspitze" bei der Implementierung und späteren Verteidigung des NS-Systems bilden. Das bezog sich nicht nur auf den Polizeiapparat, sondern auch auf andere Verwaltungszweige.[176]

Organisatorisch wurden, wie erwähnt, aus den sechs bestehenden Finanzlandesdirektionen und dem Bundesfinanzamt in Feldkirch fünf neue Oberfinanzpräsidien gebildet (Wien, Niederdonau, Oberdonau, Graz und Innsbruck), die direkt dem Reichsfinanzministerium in Berlin unterstanden.[177] Das österreichische Bundesfinanzministerium wurde aufgelöst. Die fünf neuen Oberfinanzpräsidien sollten denselben Aufbau haben wie ihre Schwesterinstitutionen im „Altreich", also je eine Abteilung für Personal und Verwaltung, eine Abteilung Steuer, eine Abeilung Zoll und eine Abteilung

173 Pfeifer, Ostmark, S. 325 f.; Verordnung über die Gliederung der Reichsfinanzverwaltung im Land Österreich vom 4.6.1938, RGBl. I (1938), S. 637, und die Verordnung über die Amtsbezirke der Oberfinanzpräsidenten in der Ostmark und im Reichsgau Sudetenland vom 5.7.1939, RGBl. I (1939), S. 1305; zu den Aufgaben der Finanzämter Mannlicher, Wegweiser, S. 553 f.

174 Vgl. dazu und zum Folgenden Fritz, Fortschritt, sowie Hagspiel, Ostmark, S. 128–134.

175 Hagspiel, Ostmark, S. 133. Zur Situation im „Altreich" vgl. Mommsen, Verschränkung.

176 Vor allem das Polizei- und Gerichtswesen wurde bisher von der Forschung in den Blick genommen, weil sich hier Funktionen der terroristischen Gegnerverfolgung und Oppositionsbekämpfung konzentrierten. Vgl. z. B. Hagspiel, Ostmark, S. 134–140.

177 Verordnung über die Gliederung der Reichsfinanzverwaltung im Lande Österreich vom 4.6.1938, RGBl. I (1938), S. 637.

für die Bearbeitung von Anfechtungssachen auf dem Gebiet der Besitz- und Verkehrsteuern (Finanzgericht). Die Finanzlandesdirektionen in Klagenfurt, Salzburg und Feldkirch wurden nicht in Oberfinanzpräsidien umgeformt, sondern zunächst anderen Oberfinanzpräsidien untergeordnet. Sie sollten dort Aufgaben übernehmen, die nach österreichischem Recht noch weiter bestanden. Im Januar (Salzburg und Feldkirch) und April 1939 (Klagenfurt) wurden sie endgültig aufgehoben.

Schrittweise gliederte das Reichsfinanzministerium die österreichischen Dienststellen in die Reichsfinanzverwaltung ein. Die Dienststellen behielten anfangs ihre Aufgaben, soweit sie österreichisches Recht betrafen, und sollten ihre Geschäfte nach den bisherigen Vorschriften weiterführen.[178] Schon mit der ersten Verordnung über die Eingliederung der österreichischen Bundesfinanzverwaltung in die Reichsfinanzverwaltung vom März 1938 erhielten die Finanzlandesdirektionen allerdings auch zusätzlich neue Aufgaben, welche die weltanschauliche Ausrichtung spiegelten: die Gewährung von Ehestandsdarlehen und Kinderbeihilfen für solche Familien, die dem rassisch gewünschten Bild entsprachen. Hierfür traten wenig später auch besondere Vorschriften für Österreich in Kraft.[179]

Mit einer Verordnung vom 17. Mai 1938 übernahm der Reichsfinanzminister dann die Zuständigkeit in der „Sachleitung" auf dem Gebiet der direkten Steuern und Gebühren, der Zölle, Verbrauchsteuern und Monopole, soweit sie bisher noch beim österreichischen Finanzminister gelegen hatte.[180] Gleichzeitig wurde der Reichsfinanzminister zum obersten Leiter und Dienstvorgesetzten des gesamten Personals des österreichischen Finanzministeriums und der ehemaligen österreichischen Finanzverwaltungsbehörden. Am 27. März 1939 hob eine weitere Verordnung dann die letzten noch bestehenden Strukturen des ehemaligen österreichischen Finanzministeriums, die „Abwicklungsstelle Österreich" des Reichsfinanzministeriums in Wien, auf,[181] alle ihre Aufgaben

178 1. Verordnung über die Eingliederung der österreichischen Bundesfinanzverwaltung in die Reichsfinanzverwaltung vom 24.3.1938, RGBl. I (1938), S. 308.

179 Verordnung über die Einführung von Vorschriften auf dem Gebiete der Förderung der Eheschließung und der Gewährung von Kinderbeihilfen an kinderreiche Familien im Lande Österreich vom 30.3.1938, RGBl. I (1938), S. 341.

180 2. Verordnung über die Eingliederung der österreichischen Bundesfinanzverwaltung in die Reichsfinanzverwaltung vom 17.5.1938, RGBl. I (1938), S. 601. Die Regelung wurde durch die 3. Verordnung über die Eingliederung der österreichischen Bundesfinanzverwaltung in die Reichsfinanzverwaltung vom 10.6.1938, RGBl. I (1938), S. 699, auf das Personal der österreichischen Finanzprokuratur, der österreichischen Technischen Finanzkontrolle, der österreichischen Tabakregie, der österreichischen Salinen und der österreichischen Fachprüfungsstellen II und III ausgeweitet.

181 Ebenso wurden die Fachprüfungsstelle III und die Technische Finanzkontrolle aufgehoben. Verordnung über die Aufhebung der Abwicklungsstelle Österreich des Reichsfinanzministeriums in Wien, der Fachprüfungsstelle III und der Technischen Fi-

gingen auf die regionalen Oberfinanzpräsidien über. Die österreichische Landesfinanzverwaltung hatte damit ihre Spitze verloren und war formal ganz in die Mittelbehörden der Reichsfinanzverwaltung eingegliedert.[182]

In Österreich folgten die Grenzen der Oberfinanzbezirke jeweils denen von einem oder mehreren Reichsgauen – eine Regelung, für die es auch im „Altreich" Verfechter gab, die dort aber bis Kriegsende nicht vollständig verwirklicht wurde.[183] Dass die Verwaltungsgrenzen nicht mit den Gaugrenzen übereinstimmten war eine dauernde Konfliktquelle während der gesamten NS-Zeit, wie beispielsweise auch die Diskussion um den Neuzuschnitt der beiden hessischen Oberfinanzpräsidien aus dem Jahr 1942 zeigt.[184] Allerdings barg auch die Grenzziehung entlang von Gaugrenzen ein Konfliktpotential. Denn in der „Ostmark", wo die Reichsgaue eine starke, Staats- und Parteiverwaltung integrierende Funktion erhielten, war die Frage, in welchem der Gaue der Sitz der jeweiligen Verwaltungseinheit sein sollte, von erheblicher Bedeutung für das Prestige der Gauleiter, zumal damit zu rechnen war, dass die Aufteilung in sieben Gaue revidiert werden würde und der Sitz einer Verwaltungszentrale daher für den künftigen Bestand des Gaues von Bedeutung sein konnte.[185]

Schon in den ersten Wochen führten die Nationalsozialisten eine „personelle Säuberung" der Verwaltungsbehörden durch, in deren Fokus vor allem Anhänger der Ständeregierung und Juden standen. Insgesamt waren 1935 von den 160 692 Beamten Österreichs 682 Juden gewesen, also nur ein geringer

nanzkontrolle und über die Unterstellung der Finanzprokuratur in Wien unter den Oberfinanzpräsidenten Wien vom 27.3.1939, Reichsministerialblatt Nr. 19, zit. nach Pfeifer, Ostmark, S. 328 f. Die Finanzprokuratur als „Rechtsanwalt des Staatsvermögens" unter der Leitung des österreichischen Bundesfinanzministeriums hatte im „Altreich" keine Entsprechung und wurde am 20. Juni 1939 aufgehoben und die Geschäfte dem Oberfinanzpräsidenten Wien übertragen und von ihm abgewickelt. Vgl. Verordnung über die Aufhebung der Finanzprokuratur Wien vom 20.6.1939, RGBl. I (1939), S. 1040.

182 Auch der österreichische Rechnungshof verlor im August 1939 seine Funktion und wurde aufgelöst. Alle seine Aufgaben gingen an den Rechnungshof des Deutschen Reiches über. Allerdings bestand weiterhin eine Außenabteilung des Rechnungshofes in Wien. Der Präsident des Rechnungshofes konnte „zur Anpassung des bisherigen österreichischen Prüfungsverfahrens an das Verfahren nach der Reichshaushaltsordnung" neue Bestimmungen treffen, für Änderungen der gesetzlichen Vorschriften des Landes Österreich musste er die Zustimmung des Reichsfinanz- und des Reichsinnenministers einholen. Vgl. Verordnung über den Übergang der Aufgaben des Rechnungshofs des Landes Österreich auf den Rechnungshof des Deutschen Reichs und über die Bildung einer Außenabteilung des Rechnungshofs des Deutschen Reichs in Wien vom 19.8.1939, RGBl. I (1939), S. 1441.

183 Verordnung über die Amtsbezirke der Oberfinanzpräsidenten in der Ostmark und im Reichsgau Sudetenland vom 5.7.1939, RGBl. I (1939), S. 1305. Die sudetendeutschen Oberfinanzbezirke Troppau und Karlsbad entsprachen nicht Gaugebieten.

184 Meinl/Zwilling, Legalisierter Raub, S. 265.

185 Vgl. dazu Hagspiel, Ostmark, S. 131.

Prozentsatz.[186] Das erste Instrument zur Aussonderung von Juden nach dem „Anschluss" war die Vereidigung der Beamten auf Hitler am 17. März 1938, von der Juden grundsätzlich ausgeschlossen waren. Am 31. Mai 1938 begann dann eine „Neuordnung des österreichischen Beamtentums" nach dem Vorbild des Berufsbeamtentumsgesetzes im „Altreich".[187] Die eingesetzten Untersuchungsausschüsse führten die personelle „Säuberung" in der „Ostmark" dabei mit Einverständnis des Berliner Abteilungsleiters Maaß wohl weitgehend eigenständig und ohne Einflussnahme des Reichsfinanzministeriums durch.[188]

In der unmittelbaren Nachkriegszeit wurde erhoben, dass insgesamt 16 237 Beamte auf Grund des österreichischen „Berufsbeamtengesetzes" entlassen oder gemaßregelt wurden.[189] In der österreichischen Finanzverwaltung waren von den 16 939 Bediensteten 819 von den Sanktionen betroffen.[190] Diese Quote von 4,8 Prozent lag etwa doppelt so hoch wie die wenige Jahre zuvor im „Altreich". Insgesamt wurden nach neuen Erhebungen von Wolfgang Fritz 168 Beamte der österreichischen Finanzverwaltung aus rassischen Gründen verfolgt.[191]

In der staatlichen Verwaltung insgesamt konnte die personelle Lücke, die aufgrund der Maßnahmen des Berufsbeamtengesetzes entstand, durch nachrückende Beamten aus niedrigeren Rängen und wiedereingestellt Beamte, die vor 1938 wegen ihrer nationalsozialistischen Betätigung entlassen worden waren, nicht aufgefüllt werden. So konnten die „Säuberungen" vor allem in ländlichen Gebieten oft nicht wie angestrebt durchgeführt werden. Vielfach übernahmen auch Beamte aus dem „Altreich" Führungsaufgaben, während Beamte aus dem „angeschlossenen" Österreich zur „Schulung" ins Altreich versetzt wurden.

Der Blick auf die Finanzverwaltung zeigt, dass sich dort die Entwicklung von den geschilderten, allgemeinen Trends etwas unterschied. Die Leiter der neuen Oberfinanzpräsidien stammten fast alle aus Österreich und hier wiederum aus dem ehemaligen österreichischen Finanzministerium. Richard Richter beispielsweise, der 1938 das Oberfinanzpräsidium Graz übernahm, hatte eine Karriere im österreichischen Finanzministerium gemacht, wo er zuletzt seit 1932 Chef des Departments 20 im Rang eines Ministerialrats gewesen war,[192]

186 Pauley, Geschichte, S. 268 f.

187 Verordnung über die Neuordnung des österreichischen Berufsbeamtentums vom 31.5.1938, RGBl. I (1938), S. 607–610.

188 Fritz, Fortschritt, S. 67.

189 Hagspiel, Ostmark, S. 129 mit Bezug auf Rot-Weiß-Rot-Buch – Gerechtigkeit für Österreich! Darstellungen, Dokumente und Nachweise zur Vorgeschichte und Geschichte der Okkupation Österreichs. Erster Teil Wien 1946, S. 77.

190 Fritz, Fortschritt, S. 70.

191 Zahlreiche Einzelbiografien bei Fritz, Fortschritt, S. 69–114.

192 Richard Richter (1882–1966), geb. 2.9.1882 in Schluckenau, Reifeprüfung 1900 im Je-

ähnlich wie Franz Groß, der bis 1927 im österreichischen Finanzministerium, dann Referent und Kanzleidirektor im obersten Gefällsgericht gewesen war, bevor er schon im März 1938, unmittelbar nach dem „Anschluss“, die Leitung der Finanzlandesdirektionen Wien, Niederösterreich und Burgenland übernahm. Im Juni 1938 wurde er kommissarisch, ab August 1938 vollamtlicher Oberfinanzpräsident von Linz.[193] Das Oberfinanzpräsidium Linz war das einzige, das bis zum Ende des Zweiten Weltkriegs noch einmal einen personellen Wechsel an der Spitze erlebte. Groß ging 1943 aus Altersgründen in den Ruhestand, sein Nachfolger wurde Franz Schön, der ebenfalls aus der österreichischen Finanzverwaltung stammte und seit 1938 im Oberfinanzpräsidium Graz gearbeitet hatte.[194] Auch der Beamte, der im August 1938 die Führung des wichtigen, mit einer Reihe von Sonderaufgaben betrauten Wiener Oberfinanzpräsidiums und damit eine der Schlüsselrollen für das ganze österreichischen Gebiet übernahm, der Steuerexperte Rudolf Egger, stammte aus dem österreichischen Finanzministerium, wo er bis 1938 Sektionschef und Leiter der „Abwicklungsstelle Österreich des Reichsfinanzministeriums“ gewesen war, also den Auflösungsprozess der österreichischen Bundesbehörde koordiniert hatte. Egger war zudem publizistisch hervorgetreten und korrespondierendes Mitglied des Comité fiscal

suitenkonvikt Maria Schein in Böhmen, Studium der Rechts- und Staatswissenschaften an der Deutschen Universität in Prag, 1908 probeweise Finanzkonzeptspraktikant bei der Finanzlandesdirektion Prag, 1913 Einberufung in das Finanzministerium in Wien (Dep. Personalangelegenheiten), 1916 Ministerialkonzipist, 1918 Finanzsekretär, 1919 Finanzrat, 1921 Sektionsrat, 1923 Hofrat, 1926 Ministerialrat, anschl. Personalreferent, ab 1931 Leiter des Präsidialbüros, 1932 Chef des Departments 20, ab 17.6.1938 kommissarische Leitung des Oberfinanzpräsidiums Graz, 1.8.1938 Leitung des Oberfinanzpräsidiums Graz, nach der Besetzung der Steiermark durch die Engländer 1945 Leiter der Finanzlandesdirektion Graz, 2.2.1946 in den Ruhestand versetzt, gest. 5.5.1966 in Graz.

193 Dr. Franz Josef Groß (1877–1977), geb. 6.9.1877 in Graz, 1895 Reifeprüfung in Graz, 1895–1899 Studium der Rechts- und Staatswissenschaften in Graz, 1899 Staatsprüfungen, 1900 Promotion zum Dr. jur. in Graz, ab Februar 1900 Praktikant bzw. Askultant im Gerichtsdienst des OLG Graz, 1904 Richteramtsprüfung, 1904 Gerichtsadjunkt beim Bezirksgericht Feldbach, 1908 im österreichischen Finanzministerium (Gebührensektion), 1908 Ministerialvizesekretär, 1911 Finanzrat, 1912 Ministerialsekretär, 1918 Oberfinanzrat, 1920 Ministerialrat, 1923 Referent und Abteilungsleiter, 1927 Referent und Kanzleidirektor des Obersten Gefällsgerichts, 14.3.1938 komm. Leiter der Finanzlandesdirektion für Wien, Niederösterreich und Burgenland, 17.6.1938 komm. Leiter Oberfinanzpräsidium Oberdonau, 1.8.1938 Leitung Oberfinanzpräsidium Oberdonau, 1.4.1943 Ruhestand, gest. 21.7.1977 in Bad Ischl.

194 Dr. Franz Schön (1892–1961), geb. 16.5.1892 in Wien, 1911 Reifeprüfung, 1911–1914 und 1918–1919 Studium der Rechte in Wien, 1914–1918 Teilnahme am Ersten Weltkrieg, 1919 Promotion zum Dr. jur., 1920 Eintritt in die österreichische Finanzverwaltung, 1923 Sektionsrat im Finanzministerium mit dem Titel eines Hofrats, Juli 1938 Finanzpräsident, Leiter der Steuerabteilung beim Oberfinanzpräsidium Graz, 1943 Leitung Oberfinanzpräsidium Oberdonau, Entlassung 31.5.1945, gest. 23.9.1961 in Linz.

des Völkerbundes gewesen.[195] Max Holtei, der ab 1938 das Innsbrucker Oberfinanzpräsidium leitete, hatte zuvor in der Finanzlandesdirektion Graz als Leiter des Departments für Personal- und Warenumsatzsteuern gearbeitet.[196]

Nach der zeitgenössischen politischen Einschätzung standen Rudolf Egger und Richard Richter der NSDAP schon länger nahe, Franz Groß und Max Holtei wurden als ehemalige „illegale Parteigenosssen" bezeichnet. Holteis Einsetzung hatte die NSDAP selbst beantragt. Aus heutiger Sicht lässt sich die Mitgliedschaft von Groß und Holtei in der NSDAP vor dem „Anschluss" bislang nicht bestätigen. Wolfgang Fritz geht vielmehr davon aus, dass die „eigentlichen Nationalsozialisten" bei der Besetzung der Präsidentenstellen leer ausgegangen seien.[197]

Nur ein einziger der fünf neuen Behördenleiter stammte aus dem „Altreich": der neue Chef des Oberfinanzbezirks Niederdonau Paul Bretz. Der Zollexperte hatte nach Stationen im Berliner Reichsfinanzministerium und in mehreren Landesfinanzämtern zuletzt im Rang des Finanzpräsidenten im Landesfinanzamt Dresden gearbeitet, bevor er im März 1938 von Staatssekretär Fritz Reinhardt nach Wien abgeordnet wurde, um die Abwicklungsstelle des Finanzministerium in Zoll- und Zollgrenzschutzfragen zu beraten. Bretz war damit einer von drei Berliner Koordinatoren in der Geschäftsleitung des österreichischen Finanzministeriums. Neben diesem hatte Reinhardt den Regierungsdirektor Ernst Beck vom Finanzamt Berlin Mitte als Steuerexperten und Ministerialrat Ewald Fiedler für Haushaltsfragen dorthin geschickt. Bretz genoss in Wien jedoch eine Sonderposition, da er im Gegensatz zu den beiden anderen Berliner Entsandten auch selbst die Leitung der Zollsektion übernahm.[198] Ähnlich wie dem Österreicher Rudolf Egger gelang Bretz dann der Übergang von der Sektionsleitung im abgewickelten österreichischen Finanzministerium in die Leitung eines Oberfinanzpräsidiums. Als sein Oberfinanzbezirk 1942 mit dem Oberfinanzpräsidium Wien zusammengelegt

[195] Dr. Rudolf Egger (1880–1963), geb. 23.9.1880 in Wien, 1900 Reifeprüfung in Wien, 1900–1904 Studium der Medizin, später Rechts- und Staatswissenschaften in Wien, 1905 Promotion zum Dr. jur., 1905 Rechtspraxis, dann Eintritt in die Finanzprokuratur, 1905 Einberufung ins österr. Finanzministerium (Steuersektion), Finanzrat, Sektionsrat, Ministerialrat, seit 1924 Leiter und Referent des Departments 2 (Körperschaftsteuer), korrespondierendes Mitglied des Comité fiscal des Völkerbundes, bis 1938 Sektionschef im Finanzministerium in Wien, Juni 1938 Leiter der Abwicklungsstelle Österreich des Reichsfinanzministeriums, 1.8.1938 OFP Wien (ab 1942 Wien-Niederdonau), gest. 13.1.1963 in Wien.

[196] Dr. Max Josef Karl Bernhard Holtei (1880–1970), geb. 9.2.1880 in Graz, nach Reifeprüfung, Studium und Promotion wirklicher Hofrat, bis 1938 Leiter des Departments I (Personalsteuern, Warenumsatzsteuer) der Finanzlandesdirektion Graz, 1.8.1938 OFP Innsbruck, gest. 21.12.1970 in Graz.

[197] Fritz, Fortschritt, S. 169.

[198] Ebd., S. 38.

wurde, wechselte Bretz wieder zurück ins „Altreich“ nach Westfalen, wo er ab 1. Juli 1942 das dortige Oberfinanzpräsidium leitete.[199]

Nicht zuletzt, um „beim Kampf um die Beute nicht zu kurz zu kommen“[200], schuf der NS-Staat in der „Ostmark“ ganz neue Gesetze und Institutionen, mit denen auf der einen Seite die bestehende Praxis – beispielsweise die Vorgehensweise der so genannten Kommissare bei der „Arisierung“ – nachträglich legalisiert wurde, auf der anderen Seite aber auch Behörden geschaffen wurden, die im „Altreich“ kein Vorbild hatten.

Noch vor dem Einmarsch der Wehrmacht und ohne Anweisungen aus Berlin kam es in Wien, wo die große Mehrzahl der österreichischen Juden lebte, zu Ausschreitungen und bald auch zu wilden Raubaktionen.[201] In den ersten Wochen nach dem „Anschluss“ wurden jüdische Geschäfte geplündert, Häuser und Wohnungen durchsucht, Bargeld, Schmuck und Sparbücher, aber auch Autos geraubt. Hinzu kamen Verhaftungen und Erpressungen. Anfangs waren es vor allem „Partei- und Volksgenossen“, die ohne staatliche Autorisierung willkürlichen Terror ausübten. Angesichts dieser Entwicklung stellte der Reichskommissar für die Wiedervereinigung Österreichs mit dem Deutschen Reich, Josef Bürckel, im November 1938 fest: „Die herrliche Geschichte des Nationalsozialismus und der Erhebung in Österreich hat durch das, was sich in den ersten Wochen an Raub und Diebstahl ereignet hat, und was mich zu den schärfsten Maßnahmen veranlasste, eine gewisse Trübung erfahren.“ Die Einstellung der österreichischen Parteigenossen habe „unserer Auffassung über Eigentum, persönliche Sauberkeit in Geldsachen usw. nicht ganz“ entsprochen.[202]

Bald beteiligten sich auch der Sicherheitsdienst der SS und die Gestapo an den Aktionen und übernahmen zunehmend die Kontrolle über die „Arisierung“. Die historische Forschung hat hervorgehoben, dass bei der „Arisierung“

[199] Alexander Paul Bretz (1882–1960), geb. 28.7.1882 in Ratingen, 1901 Reifeprüfung in Straßburg, 1901–1905 Studium der Rechte in Straßburg und Bonn, 15.12.1905 erste Staatsprüfung, 14.2.1910 zweite Staatsprüfung, 1910 kurzzeitig Gerichtsassessor, 1910–1913 Regierungsassessor bei der Direktion der Verbrauchsteuern in Straßburg, 1913 Regierungsamtmann bei der Oberzolldirektion Straßburg, 1914–1917 Teilnahme am Ersten Weltkrieg, 1918 Regierungsrat, 1919–1920 bei der Oberzolldirektion Köln, 1920 LFA Düsseldorf, 1922 Hauptzollamt Düsseldorf, 1923 Reichsfinanzministerium Berlin, 1923 ORR im LFA Düsseldorf, 1933 Sonderkommission des Reichsfinanzministeriums beim Höheren Polizeiführer West, 1935 Leiter des LFA Dresden, 1937 Finanzpräsident, 1938 OFP Niederdonau, 1.7.1942 OFP Westfalen, 31.5.1945 von der brit. Militärregierung suspendiert, verhaftet und aus dem Amt entlassen, Entnazifizierung, ab 1948 in den Ruhestand versetzt unter Gewährung seiner Bezüge gest. 27.5.1960 in Detmold.

[200] Safrian, Beschleunigung, S. 71.

[201] Vgl. zum Folgenden ebd., S. 65 f.

[202] Schreiben Josef Bürckels an Hermann Göring vom 19.11.1938, zit. nach Safrian/Witek, Dokumente, S. 186–188, Zitat S. 186.

jüdischen Eigentums in der „Ostmark" die Gestapo und der Sicherheitsdienst der SS eine federführende Rolle spielten. Insbesondere Adolf Eichmann, der als Leiter der Zentralstelle für jüdische Auswanderung eine Schlüsselposition inne hatte, stand dabei im Fokus der Untersuchung. Im „Kräftevakuum der Ostmark", wo sich die Reichsinstitutionen erst etablieren mussten, sicherte sich der SD eine starke Position in der Judenpolitik, die er im „Altreich" erst etwa 1940/41 besetzen konnte.[203]

Damit waren die staatlichen Behörden allerdings nicht ausgeschaltet. Die Zentralstelle ist in der Forschung vielmehr als „Hohlkörper" bezeichnet worden, der den verschiedenen Behörden, die an der Vertreibung der Juden beteiligt waren, einen Rahmen bot, ihnen aber nicht die Arbeit abnahm.[204] Weiterhin blieben die Behörden für ihre bisherigen Aufgaben zuständig, die nun koordiniert unter einem Dach abgewickelt wurden. Offenbar, so folgert Dirk Rupnow, habe wegen der unter den Bedingungen des NS-Staates reibungslos funktionierenden Bürokratie keine Notwendigkeit bestanden, überlieferte Strukturen aufzuheben. Die Einbindung des staatlichen Behördenapparats bot zudem die Möglichkeit, den Anschein von Normalität und Legalität zu wahren und die Verantwortung breit zu verteilen. Auch die Finanzbehörden hatten in der Zentralstelle für jüdische Auswanderung ihren festen Platz.

Eigene Interessen hatte die Finanzverwaltung vor allem, wenn es um die Frage ging, wie Juden Devisen bekommen konnten. Zur Verfügung standen dabei nur solche Devisen, die von ausländischen jüdischen Hilfsorganisationen gespendet wurden, so dass eine Finanzierung über Devisen des Reichsfiskus gar nicht zur Debatte stand und die Frage letztlich nur war, zu welchem Wechselkurs das Vermögen der österreichischen Juden in die gespendeten Devisen umgetauscht werden sollte.[205] Um auswandern zu können, mussten die jüdischen Emigranten bei der Zentralstelle zudem eine so genannte Steuerunbedenklichkeitsbescheinigung vorlegen. Ein solches Dokument zu bekommen, stellte viele Antragsteller vor immense praktische Probleme. Vielfach konnten sie die geforderten Abgaben nicht leisten, weil sie nicht genügend Bargeld hatten. Auch waren die Forderungen oft viel zu hoch angesetzt, weil Vermögensänderungen der letzten Monate seit dem „Anschluss" Österreichs nicht berücksichtigt wurden.[206] So bestand in der Zentralstelle für jüdische Auswanderung auch bei der Steuerpflicht Verhandlungsbedarf mit den Finanzbehörden. Das Reichsfi-

[203] Gruner, Zwangsarbeit, S. 42.
[204] Rupnow, Förderung, S. 25. Das Folgende ebd.
[205] Safrian, Beschleunigung, S. 78.
[206] Anderl u. a., Zentralstelle, S. 178.

nanzministerium hatte mit Johannes Schwandt einen eigenen Vertreter für die Zentralstelle für jüdische Auswanderung.[207]

Neben der Zentralstelle für jüdische Auswanderung war eine weitere neue Institution die „Vermögensverkehrsstelle", die dem Wirtschafts- und Finanzminister im „Anschluss"-Kabinett von Seyss-Inquart, Hans Fischböck[208], unterstellt war und vom Staatskommissar für die Privatwirtschaft, Walter Rafelsberger[209], geleitet wurde.

Die infolge der Verordnung über die Anmeldung des Vermögens von Juden vom 26. April 1938 am 18. Mai 1938 eingerichtete Vermögensverkehrsstelle beim österreichischen Wirtschafts- und Arbeitsministerium hatte im „Altreich" zu diesem Zeitpunkt kein Pendant. Ihre Aufgabe bestand darin, die „Kommissare" zu überwachen und gegebenenfalls auszuwechseln, sowie die Vermögensanmeldungen, welche die österreichischen Juden abgeben mussten, zu verwalten und auszuwerten. Außerdem oblag ihr die Kontrolle von „Arisierungen", vor allem von Gewerbebetrieben, und die Überprüfung der dabei gezahlten Preise.[210] Damit bestand in der „Ostmark" bereits seit dem Frühjahr 1938 eine staatliche Kontrollinstanz zur Überwachung und Lenkung der de facto zwangsweisen „Arisierung" jüdischen Eigentums, während in Berlin zu diesem Zeitpunkt Möglichkeiten zur gesetzlichen Regulierung und kontrollierten Beschleunigung des Vorgangs noch heftig diskutiert wurden.[211]

Zur Vermögensverkehrsstelle standen die Finanzbehörden in einem spannungsreichen Konkurrenzverhältnis, anders als etwa gegenüber Eichmanns Zentralstelle für jüdische Auswanderung, die im Handlungsbereich der Finanzverwaltung vor allem koordinierende Aufgaben hatte.

Jenseits der Zentralstelle und der Vermögensverkehrsstelle kann man eine gewisse Konzentration der Verfolgungsmaßnahmen bei den Wiener Finanzbehörden feststellen. So trieb das Finanzamt Wien Innere Stadt-Ost von jüdi-

207 Vermerk über die Mitteilung des Regierungsrats von Langen-Keffenbrinck vom 13.2.1939 an das Reichsfinanzministerium, BAB, R 2, 5973, Bl. 222.

208 Dr. Hans Fischböck, geb. 1895 in Niederösterreich, März 1938 Minister für Handel im Kabinett Seyss-Inquart, ab Mai 1938 auch Finanzminister. 1920er und 1930er Jahre Karriere im Banken- und Versicherungsbereich, Juni 1940 Beitritt zur SS und NSDAP. Angaben nach Safrian, Beschleunigung, S. 72, Fußnote 40.

209 Walter Rafelsberger, geb. 1899 in Wien, Dipl. Ing., Mai 1933 Eintritt in die NSDAP, Propagandaleiter, Bezirksleiter, Kreisleiter, 1934 Gauleiter in der Steiermark, 1935 Mitarbeiter der Landesleitung der illegalen NSDAP in Österreich, 1 Jahr Haft, Oktober 1936 Abwanderung nach Berlin, 1938 nach dem „Anschluss" Staatskommissar in der Privatwirtschaft, Leiter der Vermögensverkehrsstelle, Gauwirtschaftsberater und Gemeinderat in Wien, März 1938 Beitritt zur SS, anschließend SS-Sturmbannführer, Juli 1938 SS-Standartenführer. Angaben nach Safrian, Beschleunigung, S. 72, Fußnote 38. Klee, Personenlexikon, S. 477. Vgl. auch Spuhler u. a., Arisierungen; Botz, Arisierungen, S. 42 f.

210 Zur Vermögensverkehrsstelle vgl. Steiner/Kucsera, Recht; Steiner, Files.

211 Zu diesem Fazit kommt Safrian, Beschleunigung, S. 77.

schen Emigranten aus der gesamten „Ostmark" die Reichsfluchtsteuer ein.[212] Als im Anschluss an das Pogrom im November 1938 die „Judenvermögensabgabe" als Kontribution von Juden eingetrieben wurde, mussten auch Juden in der „Ostmark" 20, später 25 Prozent ihres Vermögens abgeben. Bis 1942 wurde die „Judenvermögensabgabe" von den örtlichen Finanzämtern eingetrieben, die Schlussabrechnung erledigte auch hier das Finanzamt Wien Innere Stadt-Ost.[213] Ausgewanderte österreichische Juden mussten die Kontribution an das Finanzamt Moabit-West entrichten.[214] Hinzu kam die Sozialausgleichsabgabe, für deren Eintreibung die örtlichen Finanzämter zuständig waren, die sie gemeinsam mit der Lohnsteuer erhoben.[215]

1.3.5 Die Vermögensverwertungsstellen in den Oberfinanzpräsidien ab 1941

Der organisatorische Umbruch 1937/38 trug zum Ausbruch eines schon länger schwelenden Kompetenzkonflikts innerhalb der Finanzverwaltung bei.[216] Dabei standen sich die Berliner Behörden, insbesondere das Finanzamt Moabit-West, und die übrigen Oberfinanzpräsidien gegenüber. Schon seit längerem hatte es immer wieder Kritik der Regionalbehörden an der Verwaltungspraxis der Berliner Zentrale Moabit-West gegeben, die reichsweit für die Verwaltung des konfiszierten Vermögens jüdischer Emigranten verantwortlich war. Gegen den starken Moabiter Amtsleiter Diels, der auf die jahrelange Erfahrung seiner Mitarbeiter pochte, konnten sich die Oberfinanzpräsidenten aber zunächst nicht durchsetzen.

Im Zuge der frühen Vertreibungen von Juden sowie infolge der Entwicklung in den angeschlossenen und eingegliederten Gebieten übernahmen die regionalen Finanzbehörden allerdings schrittweise Aufgaben bei der Durchführung von Enteignungen von Juden. Dafür bot die im Zuge der Umstrukturierung 1938 neu geschaffene Abteilung für Personal und Verwaltungsangelegenheiten einen Rahmen.

Bereits bei den „Polentransporten" vom Oktober 1938, mit denen 12 000

212 Kundmachung des Reichsfinanzministeriums vom 14.4.1938 betr. Einführung der Reichsfluchtsteuer in Österreich, ÖStA AdR, 04 „Bürckel" Materie, Karton 90, Mappe 2060/2, vgl. Venus/Wenck, Entziehung, S. 106.

213 Anderl u. a., Zentralstelle, S. 246.

214 Ausgenommen waren Wertpapiere, die an die preußische Seehandlung abgegeben werden mussten.

215 Faber/Meissel, Steuerrecht, S. 4; vgl. dazu auch die Hinweise bei Böhmer/Faber, Finanzverwaltung, S. 232 f.

216 Darauf weist schon Mehl, Reichsfinanzministerium, S. 98 f. hin; Vgl. dazu auch Rummel/Rath, Dem Reich verfallen, S. 106–110.

bis 17 000 polnische Juden aus Deutschland vertrieben und über die polnische Grenze gejagt wurden, gab es eine Zusammenarbeit zwischen Polizei, Reichsbahn, Diplomatie und regionalen und lokalen Finanzbehörden.[217] Die Finanzverwaltung regelte dabei Steuerfragen; über das bewegliche Vermögen und über die Konten blieben die abgeschobenen Juden vorläufig verfügungsberechtigt, weil sie Ausländer waren.[218] Auch die Vermögensgegenstände und Werte, die im Zuge des Novemberpogroms 1938 geraubt wurden, sollten in den jeweiligen Oberfinanzpräsidien am Ort gesammelt und verwaltet werden.[219]

Bei der nächsten größeren Abschiebungsaktion im Rahmen der Pläne zur Errichtung eines „Judenreservats" in den eroberten polnischen Gebieten östlich von Nisko im September 1939, also nach Beginn des Zweiten Weltkriegs, war erstmals von vornherein das „Ausziehen des Vermögens der zum Abschub gelangenden mittellosen Juden" durch staatliche Stellen eingeplant.[220] Die Enteignung der deportierten Juden aus Mährisch-Ostrau, Wien und Kattowitz wurde allerdings nicht durch Behörden der Finanzverwaltung, sondern durch die seit 20. August 1938 bestehende Wiener Zentralstelle für jüdische Auswanderung unter Leitung von Adolf Eichmann und durch die am 5. März 1940 ins Leben gerufene entsprechende Prager Dienststelle organisiert. Auch wenn vor allem Juden ohne Vermögen in der „Nisko"-Aktion deportiert wurden, war die Aktion dennoch als Modell für die systematische Verbindung von Deportation und Eigentumsraub von erheblicher Bedeutung.[221] Auch bei der Deportation von Juden aus Stettin und Schneidemühl nach Lublin im Februar 1940 waren es zunächst nicht die Finanzbehörden, sondern die Gestapo, die die zurückgelassenen Werte beschlagnahmte; für deren Verwaltung und Verwertung war dann der Regierungspräsident zuständig.[222]

Einen Wendepunkt für die Beteiligung der Finanzbehörden an der Abwicklung der Deportationen bedeutete die Abschiebung von rund 6 500 Juden aus Baden und der Pfalz nach Frankreich im Herbst 1940. Ähnlich wie schon bei den früheren Aktionen war die Finanzverwaltung auch bei dieser ersten größeren Abschiebungsaktion aus dem „Altreich" zunächst noch nicht in

217 Milton, Menschen. Vgl. zum Folgenden auch die Abschnitte zu den frühen Deportationen in Kap. 5.3.

218 Maurer, Abschiebung, S. 72, mit Bezug auf Melzer, Relations, S. 217–219. Vgl. dazu auch Melzer, No Way Out. Das Eigentum der Vertriebenen bildete eine wichtige Verhandlungsmasse zwischen der polnischen und der deutschen Regierung, die beide über die Köpfe der Eigentümer hinweg agierten.

219 Vgl. Kap. 5.

220 Vermerk Adolf Eichmanns vom 6.10.1939, zit. nach Gruner, Kollektivausweisung, S. 32. Vgl. zu der Nisko-Aktion allgemein Goshen, Eichmann.

221 Anderl u. a., Zentralstelle, S. 266.

222 Adler, Mensch, S. 146. Zu den vermögensrechtlichen Problemen, die sich im Nachgang zu diesen Deportationen ergaben, insbesondere weil Angehörige der Ermordeten den Nachlass verlangten, vgl. auch Friedenberger, Ausplünderung, S. 275.

die Vermögensfragen einbezogen.[223] Vielmehr versuchte der Gauleiter und Reichsstatthalter von Baden, die Verfügungsgewalt über die „zurückgelassenen jüdischen Vermögenswerte" an sich zu ziehen, und auch das Reichssicherheitshauptamt forderte eine federführende Rolle ein,[224] ein Machtkampf, der sich anfangs zumindest formal zu Gunsten von Heydrichs Behörde entschied. In Baden wurde auch ein eigener Generalbevollmächtigter für das jüdische Vermögen bei der inneren Verwaltung eingerichtet und mit der Verwaltung der konfiszierten Vermögen beauftragt.[225] Die Finanzverwaltung kam in den Regelungen für Baden und die Pfalz zunächst nur insofern vor, als die Finanzämter für die vertriebenen Juden Steuerbescheide ausfertigen sollten.

Die Richtlinien des Reichssicherheitshauptamtes wurden allerdings im Mai 1941 abgelöst durch den „Erlass des Führers und Reichskanzlers über die Verwertung des eingezogenen Vermögens von Reichsfeinden".[226] Der Führerbefehl, der nach langen Vorverhandlungen anstelle eines Enteignungsgesetztes erlassen wurde und eine Übertragung der Erfahrung aus dem pfälzisch-badischen Raum auf das gesamte Reichsgebiet war, bedeutete für die Reichsfinanzverwaltung den Durchbruch. In diesem Erlass erklärte Hitler nicht nur den Reichsfiskus zum Hauptprofiteur der Raubaktionen und drängte damit NSDAP-Stellen und andere staatliche Stellen aus dem Verfahren. Er sprach auch dem Reichsfinanzminister erstmals explizit eine koordinierende Funktion bei der Verwaltung und Verwertung des enteigneten Vermögens zu, der sich dazu der Mittelbehörden seines Verwaltungsapparates bedienen sollte. Damit war ab Mai 1941 die Reichsfinanzverwaltung Schlüsselinstanz bei der Verwaltung und Verwertung des Eigentums abgeschobener Juden.

Der Führererlass vom Mai 1941 legte dabei die Vermögensverwertung – und das ist im Hinblick auf den eingangs erwähnten Kompetenzkonflikt von erheblicher Bedeutung – in die Hände der regionalen Oberfinanzpräsidien, in denen die deportierten Juden ihren letzten Wohnsitz gehabt hatten, und legitimierte damit eine dezentrale Verwaltung und Verwertung jüdischen Vermögens. Ein weiteres Indiz, dass nun dauerhafte Weichenstellungen vollzogen wurden, war die Änderung des Aktenplans im Mai 1941. Seither führten die Oberfinanzpräsidien das Aktenzeichen O 5205 für die »Übernahme von Vermögen, das zu Gunsten des Reichs eingezogen ist«.[227] Den dezentralen Ansatz übernah-

223 Düwell, Rheingebiete, S. 261; vgl. dazu auch Rummel/Rath, Dem Reich verfallen, S. 81–85.
224 Richtlinien für die Erfassung, Verwaltung und Verwertung der zurückgelassenen Vermögenswerte der aus der Pfalz und Baden evakuierten Juden vom 9.11.1940, abgedruckt bei Düwell, Rheingebiete, S. 296–298.
225 Rummel/Rath, Dem Reich verfallen, S. 104.
226 Erlass des Führers und Reichskanzlers über die Verwertung des eingezogenen Vermögens von Reichsfeinden vom 29. Mai 1941, RGBl. I (1941), S. 303.
227 Friedenberger, Ausplünderung, S. 277 f.

men auch spätere Regelungen. So übergab der Schnellbrief vom 4. November 1941, der die vermögenstechnische Abwicklung der einsetzenden systematischen reichsweiten Deportationen regelte, diese Aufgabe ebenfalls an die regionalen Oberfinanzpräsidien.

Mit Beginn der systematischen reichsweiten Deportationen begannen die Oberfinanzpräsidien umgehend, sich auf die neue Aufgabe einzustellen.[228] Dabei kann man zwei organisatorische Varianten unterscheiden. Einige Oberfinanzpräsidien delegierten das operative Geschäft mit den beweglichen Vermögensteilen an die Finanzämter und richteten lediglich kleine Koordinationsstäbe ein, welche die Arbeiten kontrollierten und erfassten.[229] Andere richteten eigenen Dienststellen ein, in denen eine große Zahl von Mitarbeitern ausschließlich mit der „Verwaltung und Verwertung" der Vermögen von Juden beschäftigt waren.[230]

Wie eine Reihe von Beispielen zeigt, bedurfte es für die Durchführung der „Aktion 3" keines neuen, ideologisch besonders geprägten Personals. Vielfach waren die Finanzbeamten, welche die Verwaltung und Verwertung jüdischen Vermögens organisierten, schon lange vor 1933 als Mitarbeiter der Reichsfinanzverwaltung tätig gewesen und brachten vor allem langjährige Erfahrung und Fachwissen in den Prozess ein. Gleichzeitig fällt die starke „Nazifizierung" der Leitungsebene in den Landesfinanzämtern/Oberfinanzpräsidien nach dem personellen Wechsel 1938 ins Auge. Dies korrespondiert damit, dass Beamte in höheren Hierarchiestufen auch größere Entscheidungsverantwortung trugen. Ihre Regimeverbundenheit war daher wichtig.

1.3.6 Die zweite Kriegshälfte und das Ende der NS-Herrschaft

Die Mittelbehörden der Finanzverwaltung waren während der NS-Zeit nicht nur Transmissionsinstrumente für reichsweit angeordnete Verwaltungsmaß-

228 Zu den einzelnen Regionen vgl. Pausch, Geschichte (Stuttgart); Bohnsack, Finanzverwaltung (Hamburg); Kanther, Finanzverwaltung (Köln); Pawellek, Finanzverwaltung (Baden); Leesch u. a., Geschichte der Finanzverfassung (Westfalen).

229 Schnellbrief des Oberfinanzpräsidiums Westfalen an die Finanzämter vom 8.12.1941, abgedruckt in Leesch u. a., Geschichte der Finanzverfassung, S. 264–267. Vgl. auch Blumberg, Etappen, S. 36, sowie zu den westfälischen Finanzbehörden insg. Kenkmann/Rusinek, Verfolgung; für Thüringen: Schreiben des Oberfinanzpräsidenten in Rudolstadt an die Zentralstelle der städtischen Pfandleihanstalten in Berlin zur Verwertung jüdischen Besitzes vom 7.7.1942, abgedruckt in Gibas, Arisierung, Bd. 2, S. 206 f.; Beleg für die Delegierung in Kassel in StAN, Oberfinanzdirektion Nürnberg (Bund), 15464 (5210 B, 3000–3350); zur Saarpfalz vgl. Rummel/Rath, Dem Reich verfallen, S. 154 f.

230 Vgl. zur Dienststelle für Vermögensverwertung in München auch Kuller, Finanzverwaltung und Judenverfolgung, S. 50–61.

nahmen. Bis zum Ende des „Dritten Reiches" – und noch einmal verstärkt nach der politischen Aufwertung der Gauleiter in der Kriegszeit – spielten auch regionale Interessen eine Rolle, wie in der Diskussion um den Neuzuschnitt der beiden hessischen Oberfinanzpräsidien aus dem Jahr 1942 exemplarisch deutlich wird.[231] An diesem Beispiel lässt sich zeigen, dass auch zu diesem Zeitpunkt Machtkämpfe zwischen Zentral- und Regionalkräften stattfanden, allerdings waren es nun nicht mehr die Länder, sondern die im Krieg in ihren Kompetenzen gestärkten Gauleitungen, die ihre Interessen vehement vertraten. So entsprachen die Pläne von Staatssekretär Fritz Reinhardt, die Oberfinanzbezirke Kassel und Hessen/Darmstadt zusammenzulegen, den Vorstellungen des hessen-nassauischen Gauleiters und hessischen Reichsstatthalters Jakob Sprenger, der das Rhein-Main-Gebiet, das bislang auf zwei Gaue und zwei Oberfinanzbezirke aufgeteilt war, unter seiner Führung vereinigen wollte. Der Gauleiter von Kurhessen, Karl Weinrich, ein erklärter Gegner Sprengers, war jedoch strikt gegen eine solche Zusammenlegung und drohte, die Sache bei Hitler vorzutragen. Der Konflikt schwelte lange. Erst als Weinrich Ende 1943 bei Hitler in Ungnade fiel, setzte eine Gebietsreform ein, die aber nicht mehr auf die Finanzverwaltung durchschlug. Tatsächlich wurden 1942 als Behelfsmaßnahme lediglich die Zollverwaltungen der beiden hessischen Oberfinanzbezirke vereinigt, und 1944 entstand eine gemeinsame Devisenstelle.

Die Umgestaltungspläne der hessischen Oberfinanzbezirke gehörten zu einer letzten größeren Umstrukturierungsphase der NS-Zeit in den Jahren 1942/43, in deren Zuge sechs Oberfinanzpräsidien aufgehoben bzw. mit anderen Oberfinanzpräsidien zusammengelegt wurden: Aus den Oberfinanzpräsidien Berlin und Brandenburg wurde das Oberfinanzpräsidium Berlin-Brandenburg, das Oberfinanzpräsidium Mainfranken (Würzburg) wurde dem Oberfinanzpräsidium Nürnberg zugeschlagen. Wien und Niederdonau wurden zu einem Oberfinanzpräsidium Wien-Niederdonau, die Oberfinanzpräsidien Thüringen und Magdeburg zum Oberfinanzpräsidium Mitteldeutschland und Leipzig und Dresden zum Oberfinanzpräsidium Dresden vereinigt.[232]

Gleichzeitig kam es 1942/43 auch erneut zu einem umfangreichen Personalwechsel an der Führungsspitze der Oberfinanzpräsidien. In 16 der 28 Oberfinanzpräsidien im Reichsgebiet und in den angeschlossenen Gebieten, die zu diesem Zeitpunkt bestanden, traten neue Beamte an die Spitze der Behörde. Teilweise war dieser Führungswechsel durch die Zusammenlegung der genannten Oberfinanzpräsidien initiiert. So setzte nach der Zusammenlegung der Oberfinanzbezirke von Leipzig und Dresden eine umfangreiche Personal-Rochade ein. Der Leipziger Oberfinanzpräsident Fritz Sobe wechselte zunächst

231 Vgl. dazu Meinl/Zwilling, Legalisierter Raub, S. 265.
232 Metzger/Weingarten, Einkommensteuer, S. 185 f.; vgl. auch Gerloff, Finanzwirtschaft, Bd. 2.

1943 nach Nürnberg, dann 1944 nach München. Sein Nürnberger Amtsvorgänger Erich Zerahn ging 1943 nach Königsberg und löste dort Ernst Zschaler ab, der seinerseits nach Kassel wechselte, dessen Amtsinhaber Heinrich Voß in den Oberfinanzbezirk Nordmark ging, wo der dortige Oberfinanzpräsident Giese in den Ruhestand trat und damit eine Stelle frei wurde. Als Sobe 1944 nach München wechselte, trat dort der Münchner Oberfinanzpräsident Weisensee altersbedingt in den Ruhestand, so dass hier ebenfalls eine Stelle frei wurde. In Nürnberg folgte als kommissarischer Leiter der Münchner Finanzpräsident Hans Rauch. Der Würzburger Oberfinanzpräsident Weymann, der nach der Auflösung seines Bezirks nach Saarbrücken wechselte, trat an die Stelle von Hans Casdorf, der von nun an Beauftragter für Fragen der Haupttreuhandstelle Ost im Reichsfinanzministerium wurde.

Die anderen Zusammenlegungen fielen mit regulären Ruhestandsversetzungen zusammen. So trat der Berliner Oberfinanzpräsident Kuhn aus Altersgründen am 1. April 1943 in den Ruhestand. Der Brandenburgische Kollege Hans Hoßfeld wandte sich nun ganz seiner Tätigkeit als Generalinspekteur des Zollgrenzschutzes im Reichsfinanzministerium zu, die er schon seit 1937 parallel zur Leitung des Oberfinanzpräsidiums ausgeübt hatte. So wurde die Stelle des Oberfinanzpräsidenten im vereinigten Bezirk Berlin-Brandenburg 1942 mit Walter Blümich besetzt, der aus Düsseldorf nach Berlin wechselte. In Düsseldorf folgte ihm sein ehemaliger Kollege aus der Steuerabteilung des Reichsfinanzministeriums, der Umsatzsteuerreferent Detlef Herting nach.

Der Oberfinanzpräsident des aufgelösten Bezirks Niederdonau, Paul Bretz, wechselte wie bereits erwähnt in die Leitung des Oberfinanzpräsidiums Münster, wo der dortige Amtsinhaber Paul Rühe ebenfalls altersbedingt in den Ruhestand trat. Auch in Magdeburg stand für den dortigen Oberfinanzpräsidenten Alfred Günter der Ruhestand an und der ehemals thüringische Behördenleiter Theodor Hillmer übernahm daraufhin den zum mitteldeutschen Oberfinanzpräsidium vereinten Bezirk.

Auch die übrigen Neubesetzungen waren durch den Übertritt in den Ruhestand begründet: Hamburg (Franz Scholl als Nachfolger von Georg Rauschning), Hannover (Rudolf Rinkefeil als Nachfolger von Wilhelm Denhard), Karlsruhe (Hans Müller als Nachfolger von Dr. Walther Weidemann), Oberdonau (Franz Schön als Nachfolger von Franz Groß), Stuttgart (Rudolf Mitze als Nachfolger von Ernst Pfeiffer, der mit 63 Jahren vorzeitig in den Ruhestand trat und 1944 starb) und Weser-Ems (Alfred Spindler[233] als Nachfolger von Friedrich Carl, der diesen Finanzbezirk seit 1919 geleitet hatte).

Der umfangreiche personelle Wechsel in der zweiten Kriegshälfte verweist

233 Alfred Spindler (1888–1948), 1939–1942 Militärbeauftragter im Militärbezirk Lodz, später Leiter der Finanzabteilung beim Generalgouverneur in Krakau, wurde 1945 verhaftet und Ende 1946 nach Polen ausgeliefert. 1948 Tod in polnischer Untersuchungshaft.

zum einen darauf, wie viele der Oberfinanzpräsidenten einer Generation angehörten, die zu diesem Zeitpunkt die Pensionsgrenze erreichte. Auch die Nachfolger im Amt waren in der Regel nicht viel jünger. Das ist auch ein Beleg dafür, dass die allermeisten eine klassische bürokratische Karriere durchlaufen hatten und nicht durch politische Protektion besonders schnell aufgestiegen waren. Die umfangreichen Neubesetzungen bedeuteten einen Führungswechsel zu einem Zeitpunkt, als die Deportationen aus dem Reichsgebiet schon weit fortgeschritten waren. Die Abwicklung der jüdischen Vermögen befand sich zu diesem Zeitpunkt auf einem Höhepunkt.

Bemerkenswert ist mit Blick auf die Leitungspositionen in Österreich, dass der im „Altreich" zu beobachtende Führungswechsel in den Oberfinanzpräsidien 1942/43 in der „Ostmark" offenbar nicht stattfand. Blickt man auf die personelle Entwicklung in den Oberfinanzbezirken in den folgenden Jahren, dann zeigt sich, dass, während im „Altreich" 1942/43 16 Oberfinanzpräsidien eine neue Leitung bekamen, im österreichischen Gebiet nur in Linz Franz Schön nachrückte, dessen Vorgänger aus Altergründen in den Ruhestand gegangen war.

Nach dem Ende des „Dritten Reiches" endete auch für gut ein Viertel der Oberfinanzpräsidenten ihre berufliche Laufbahn. Es gab Fälle von Selbstmord, manche starben in einem Lager oder Gefängnis oder unter unbekannten Umständen. Nur wenige kehrten in die Finanzverwaltung zurück. Häufig ist der Fall der (vorzeitigen) Versetzung in den Ruhestand oder der Entlassung aus der Verwaltung. Danach waren viele in der Privatwirtschaft oder freiberuflich tätig.

Die Vermögensverwertungsstellen der Finanzbehörden arbeiteten bis in die letzten Kriegstage an der Abwicklung der Deportationsfälle, und viele der Aktenvorgänge waren beim Untergang des NS-Regimes noch nicht abgeschlossen. Auch nach Kriegsende führten die Finanzbehörden die Verwaltung der jüdischen Vermögen zunächst weiter. Funktional lässt sich also eine bemerkenswerte Kontinuität beobachten: Die Vermögensgegenstände befanden sich sowohl in den letzten Kriegsjahren als auch in der unmittelbaren Nachkriegszeit nicht selten in ein und derselben Hand – der des Fiskus. Diese verwaltungstechnische Kontinuität überwölbt die politische Zäsur von 1945. Daran schließt sich die Frage an, ob es auch dieselben Mitarbeiter waren, die in den Dienststellen arbeiteten. Was geschah nach 1945 mit den Mitarbeitern der „Vermögensverwertungsstellen"? Wurden sie zur Rechenschaft gezogen? Mussten sie sich für ihre Tätigkeit verantworten?

Als Mitglieder einer staatlichen Behörde mussten sich die Beamten aus der „Vermögensverwertungsstelle" ebenso wie alle ihre Kollegen aus der öffentlichen Verwaltung nach 1945 obligatorisch einem Entnazifizierungsverfahren stellen. In den ersten Monaten nach Kriegsende griffen die Besatzungsmächte, die für die Entnazifizierung zuständig waren, hart durch. Dies führte die

Finanzverwaltung kurzzeitig an den Rand des Zusammenbruchs. In der westfälischen Finanzverwaltung wurden beispielsweise in den ersten zwei Monaten nach Kriegsende 604 Beamte und Angestellte entlassen.[234] Auch in Bayern waren kurz nach Kriegsende nicht einmal mehr die Hälfte der Finanzämter funktionsfähig. Etwa 50 Prozent der mittleren und höheren Verwaltungsbeamten waren aufgrund der Spruchkammerverfahren entlassen worden, allein im Oberfinanzpräsidium Nürnberg mussten 20 der 30 höheren Beamten ihren Stuhl räumen.[235]

Die Tätigkeit in der „Vermögensverwertungsstelle" kam in den Spruchkammern jedoch nur in ganz seltenen Ausnahmefällen zur Sprache.[236] Was bei der Entnazifizierung eine Rolle spielte, war die Mitgliedschaft in der NSDAP, persönliche Vorteilsnahme und Beteiligung an strafrechtlich relevanten Gewaltverbrechen. Die Mitwirkung bei der Ausplünderung der NS-Verfolgten im Rahmen der Verwaltungstätigkeit fiel hingegen nicht darunter.

Wenn sich Finanzbeamte nach dem Untergang des „Dritten Reiches" überhaupt für ihre Involvierung in die Verfolgung rechtfertigen mussten, dann beriefen sie sich meist darauf, dass es dafür gesetzliche Regelungen gegeben habe. Die Verantwortung wiesen sie den nationalsozialistischen Politikern zu, welche die Gesetze formuliert und in Kraft gesetzt hätten.

Diese Interpretation entsprach der zeitgenössischen Ansicht, die zwischen dem NS-Regime als verbrecherischer Organisation und dem neutralen Verwaltungsstaat strikt unterschied. Auch strafrechtlich hatte die Tätigkeit in der „Vermögensverwertungsstelle" in der Regel keine Konsequenzen. Bei den Deportations- und „Arisierungs"-Prozessen wurden Finanzbeamte meist nur als Zeugen geladen. Lediglich wenn ihnen eine persönliche Bereicherung oder physische Übergriffe nachweisbar waren, mussten sie mit einer Anklage rechnen.

Die Entnazifizierungskategorien wurden zudem zunehmend aufgeweicht. Die Funktionsfähigkeit der Verwaltung zu erhalten, stand als Ziel bald deutlich über dem Gedanken der politischen und strafrechtlichen Aufklärung, nicht nur bei den Deutschen, sondern auch bei den Alliierten. In der „Mitläuferfabrik"[237] wurden auch Finanzbeamte in der Regel in den Gruppen der gering oder gar nicht Belasteten eingeordnet. So verwundert es auch nicht, dass schon in den späten 1940er Jahren die ehemaligen Mitarbeiter der Vermögensverwertungsstellen vielfach wieder im Amt waren.

Blickt man auf die Zäsur von 1945, dann zeigt sich in der Bilanz also in doppelter Hinsicht eine Kontinuität. Zum einen funktional: Die Verwaltung

[234] Kenkmann, Der Beamte, S. 162.
[235] Niethammer, Mitläuferfabrik, S. 182.
[236] So auch der Befund bei Meinl/Zwilling, Legalisierter Raub, S. 193.
[237] Niethammer, Mitläuferfabrik.

jüdischen Eigentums blieb auch über die Zäsur von 1945 hinweg in den Händen der Oberfinanzpräsidien. Und in einer Reihe von Bundesländern ging man sogar noch einen Schritt weiter und gab auch die Rückerstattung geraubten Eigentums in die Hand der Finanzbehörden. Dies gibt der personellen Kontinuität noch einen besonderen Akzent. Die Entzieher von einst waren nach der Zerschlagung der nationalsozialistischen Herrschaft für die Wiedergutmachung an deren Opfern zuständig. Ehemalige Verfolger und ehemalige Verfolgte begegneten sich in neuen Rollen: als Rückerstattungspflichtige und Rückerstattungsberechtigte.[238]

1.4 Spezialisierung in Judenfragen: Die Finanzämter als operative Basis

1.4.1 Integrierte Steuerbearbeitung als Leitprinzip

Im Kern umfasste der Aufgabenbereich der Finanzämter neben der Veranlagung, also der Erfassung der Steuerpflichtigen und die Bearbeitung der Steuererklärungen, auch die Betriebsprüfung, den Kassendienst, die Steuerfahndung, Strafsachen und Vollstreckungen.[239] Hinzu kamen „soziale Aufgaben" im Kontext der Bevölkerungspolitik, wenn die Finanzbeamten Ehestandsdarlehen, Kinder- und Ausbildungsbeihilfen an bevölkerungspolitisch erwünschte Familien oder Einrichtungsdarlehen und -zuschüsse zur „Förderung der Landbevölkerung" gewährten. Die Finanzbeamten vor Ort verweigerten Juden systematisch Billigkeitserlasse, berechneten die Höhe von Reichsfluchtsteuer, Judenvermögensabgaben und anderer diskriminierender Steuern und blockierten jüdische Vermögen mit Sicherungsverfügungen. Einzelne Finanzämter waren auch mit Sonderaufgaben betraut. So gab es in größeren Städten beispielsweise spezielle Finanzämter für Körperschaftsteuern, aber auch andere Steuerarten wurden in einzelnen Finanzämtern zusammengefasst. Für die fiskalische Judenverfolgung sticht in diesem Zusammenhang vor allem das Berliner Finanzamt Moabit-West hervor, das für Steuerpflichtige im Ausland zuständig und maßgeblich an der Ausplünderung jüdischer Emigranten beteiligt war.

Ein durchschnittliches Finanzamt hatte neben dem Vorsteher vier oder

[238] Was es für die jüdischen Verfolgungsopfer bedeutete, ihre Anträge auf Wiedergutmachung bei denselben Behörden und teilweise bei denselben Beamten vorzulegen, die die Beraubung durchgeführt hatten, zeigt die Studie von Winstel, Gerechtigkeit. Dazu auch Kenkmann, Konfrontationen.

[239] Vgl. hierzu und zum Folgenden Groth, Reichsfinanzverwaltung (4. Aufl. 1939), S. 61–95.

fünf weitere Sachbearbeiter, die für Einkommensteuer, Umsatzsteuer, Gewerbesteuer, Wandergewerbesteuer und Reichsfluchtsteuer, Vermögensteuer, Reichsbewertung- und Grundsteuergesetz, Körperschaftsteuer, Grunderwerbsteuer, Landessteuern, Kirchensteuer, Erbschaftsteuer, Versicherungssteuer, Rennwett- und Lotteriesteuer, Kraftfahrzeugsteuer, Beförderungsteuer, Steuerabzug vom Arbeitslohn, Ehestandsdarlehen, Kinderbeihilfen und Ausbildungsbeihilfen zuständig waren.[240] Diese Steuerfragen wurden also auf vier bis fünf Sachgebiete aufgeteilt, in denen jeweils ein Sachbearbeiter tätig war. Parallel zu ihrem jeweiligen speziellen Sachgebiet waren die Beamten aber auch für bestimmte Steuerbezirke zuständig, in denen Einkommensteuer, Umsatzsteuer, Vermögensteuer, Gewerbesteuer und Betriebsprüfung zusammengefasst wurden. So hatten die Finanzbeamten jeweils ihre Spezialgebiete und die integrierte Steuererhebung in ihren Steuerbezirken zu bearbeiten.

In vielen Bereichen arbeiteten die Finanzämter eng mit anderen Behörden zusammen. Bei der Personenstandsaufnahme und der Ausstellung der Steuerkarten etwa war man auf die Kooperation mit den Gemeinden angewiesen. Diese wiederum brauchten Informationen der Steuerverwaltung, beispielsweise wenn sie Bescheinigungen für das Armenrecht ausstellen sollten. Die kommunale Baupolizei gab den Finanzämtern wichtige Auskünfte für die steuerliche Bewertung von Immobilien. Bei Ehestandsdarlehen und Kinderbeihilfen waren die Gemeinden ohnehin mit eingeschaltet, bei Ausbildungsbeihilfen die Schulen. Die städtische Steuerstelle und das Finanzamt tauschten sich über Erfahrungen bei Vollstreckungen aus, und das Finanzamt wirkte auch mit, wenn die Kommune so genannten unzuverlässigen Steuerpflichtigen die Konzession entzog. Auch mit Gerichten bestand ein enger Arbeitszusammenhang; vielfach nahmen die Finanzbeamten Einsicht in Gerichtsakten, wenn es um die Veranlagung von Unternehmen ging.

Zum Zeitpunkt der nationalsozialistischen Machtübernahme gab es im „Dritten Reich" rund 1 000 Finanzämter.[241] Für einen systematischen Überblick über die personelle „Säuberung" und Nazifizierung in den Finanzämtern liegen bislang noch keine flächendeckenden Ergebnisse vor, auch ist zweifelhaft, ob dies überhaupt durchgeführt werden kann, da die Quellenlage lückenhaft und uneinheitlich ist.

Wie oben bereits erwähnt gibt es aber Hinweise darauf, dass die Finanzverwaltung das Berufsbeamtengesetz für allgemeine verwaltungstechnische Ziele instrumentalisierte. So wies der Reichsfinanzminister am 10. Mai 1933 in einem Rundschreiben die Finanzämter darauf hin, dass die §§ 5 und 6 des Berufsbeamtengesetzes „die Möglichkeit [geben], die Verwaltung dadurch wieder schlagkräftig zu machen, dass Beamte, die ihren Arbeitsplatz nicht mehr voll

240 Außerdem gab es in den Finanzämtern noch die Finanzkasse.
241 Zur Entwicklung der Finanzämter vgl. allgemein Misera, Organisationsveränderungen.

ausfüllen, aus ihrer bisherigen Tätigkeit herausgenommen werden". „Ich beabsichtige", hieß es in dem Rundschreiben weiter, „von dieser Möglichkeit in allen in Betracht kommenden Fällen Gebrauch zu machen. Deshalb sind mir rücksichtslos alle die Beamten zu benennen, deren Tätigkeit für die Verwaltung nicht mehr den vollen Wert hat."[242]

Nach Einschätzung von Hans Mommsen wurde das Berufsbeamtengesetz in den Zentralbehörden „maßvoller" umgesetzt als in den nachgeordneten Dienststellen.[243] Einzelne regionale Ergebnisse deuten dabei darauf hin, dass die Entlassungspraxis recht unterschiedlich gehandhabt wurde. In Berlin etwa blieb der personelle Wechsel gering.[244] Lediglich fünf Finanzamtsvorsteher wurden hier auf Grund des Berufsbeamtengesetzes „ausgewechselt", darunter vier mit formal fachlicher Begründung unter Berufung auf den § 5 des Berufsbeamtengesetzes. Die einzige offiziell politisch motivierte Entlassung betraf den Leiter des Finanzamts Neukölln, Oberregierungsrat Fourier, der wegen seiner Mitgliedschaft in der DDP seinen Posten räumen musste. Auf der Ebene der Finanzamtsvorsteher waren auch nach der „personellen Säuberung" keine altgedienten Parteimitglieder zu finden. Eine Nazifizierung zeigte sich lediglich in den Personalverwaltungsposten.

Mit seinen rund 2 740 Beamten war die Steuerverwaltung des Landesfinanzamts München personell die zweitstärkste hinter dem Landesfinanzamt Berlin.[245] Im Oberfinanzpräsidium München wurden auf Grund des „Gesetzes zur Wiederherstellung des Berufsbeamtentums" ebenfalls nur sieben Beamte entlassen, davon einer, weil er Jude war, und die anderen ohne nähere Angaben.[246] In Darmstadt besetzte hingegen der neue Landesfinanzamtspräsident und überzeugte Nationalsozialist und Antisemit Richard Giese innerhalb von sieben Monaten fast die Hälfte der Leitungspositionen der Finanzämter seines Bezirks neu.[247]

Wie schon während der Weimarer Republik unterschieden sich auch in der NS-Zeit die Finanzämter erheblich in ihrer Größe, in der Regel ein Erbe aus der Umstellungsphase zu Beginn der Weimarer Republik. So gab es „besonders wichtige" Finanzämter mit erweiterten Zuständigkeiten, die von einem

[242] Runderlass des Reichsfinanzministers vom 10.5.1933, zit. nach Mühl-Benninghaus, Beamtentum, S. 65.

[243] Mommsen, Beamtentum, S. 60.

[244] Vgl. zur Entwicklung in Berlin die Ergebnisse von Friedenberger, Ausplünderung, S. 50 f.

[245] Angaben nach der Niederschrift über die Finanzamtsvorsteherbesprechung des Landesfinanzamts München in Garmisch am 26. und 27.2.1937, S. 22, 28 f., StAM, FinA 12815; vgl. hierzu und zum Folgenden Kuller, Finanzverwaltung und Judenverfolgung, S. 46.

[246] Diese Zahlen berücksichtigen jedoch nicht die Pensionierungen „im gegenseitigen Einvernehmen", von denen es wohl einige gab, deren genaue Zahl und Hintergründe aber schwer zu ermitteln sind.

[247] Meinl/Zwilling, Legalisierter Raub, S. 276.

Regierungsdirektor geleitet wurden, „große" Finanzämter, denen ein Oberregierungsrat vorstand, „mittlere" Finanzämter, deren Leiter Regierungsräte waren, und „kleine" Finanzämter mit Vorstehern im Rang von Regierungsräten, Steuerräten oder Steueramtmännern.[248]

Von der Größeneinteilung, die sich vor allem nach der Zahl der Steuerpflichtigen im Bezirk richtete, war auch abhängig, wie viele Mitarbeiter das Finanzamt hatte. War das Finanzamt zu groß, so konnten die Finanzbeamten die Arbeit nicht gleichmäßig bewältigen. Während der NS-Zeit wurden daher 29 Finanzämter vor allem in großen Städten aufgeteilt. Durch die Teilung, so bilanzierte Groth, könne die Steueraufsicht nun eingehender und erfolgreicher durchgeführt werden, was sich „sehr günstig" auf die Steuereinnahmen ausgewirkt habe. Aber auch, wenn die Finanzämter zu klein waren, entstanden Probleme. Die Unkosten stiegen dann unverhältnismäßig an, und die wenigen Mitarbeiter konnten sich kaum auf Teilbereiche spezialisieren. Seit Bestehen der Reichsfinanzverwaltung bis 1944 wurden daher 225 Finanzämter aufgehoben, darunter allerdings 102 seit 1939 und allein 81 im Jahr 1943, was auf den kriegsbedingten Personalmangel als Ursache hindeutet. Allerdings kamen – insbesondere in den angeschlossenen Gebieten – auch neue Finanzämter hinzu. 1944 gab es im Reichsgebiet insgesamt noch 1 114 Finanzämter, darunter 56 „besonders wichtige", 529 „große", 329 „mittlere" und 200 „kleine".

1.4.2 Das „Mannheimer System": Die Einrichtung von Reichsfluchtsteuerstellen in den Finanzämtern

Mit der Vertreibungspolitik der Nationalsozialisten stieg auch die Zahl der Personen, die Reichsfluchtsteuer zahlen mussten,[249] sprunghaft an. Das Finanzamt Mannheim-Stadt richtete daher eine zentrale Organisation der Reichsfluchtsteuerbearbeitung ein. „Zur Vermeidung der Nachteile des dezentralistischen Systems und zur Erhöhung der Schlagkraft des Finanzamts"[250] wurden dort alle Vorgänge der verschiedenen Abteilungen in einer Reichsfluchtsteuerstelle beim Steuerfahndungsdienst zentral bearbeitet. Diese Reichsfluchtsteuerstelle hatte auch die Aufgabe, „illegale" Auswanderungen zu eruieren, indem sie beweiskräftiges Material sammelte, aus dem auf eine bevorstehende Auswanderung geschlossen werden konnte.

Die Mannheimer Reichsfluchtsteuerstelle kooperierte mit der Devisenstelle in Karlsruhe, die Transferanträge an das Finanzamt meldete, sowie

248 Vgl. hierzu und zum Folgenden Groth, Reichsfinanzverwaltung (8. Aufl. 1944), S. 71–81.

249 Vgl. zur Reichsfluchtsteuer als Instrument der fiskalischen Judenverfolgung auch Kap. 3.

250 Bericht des Finanzamts Mannheim-Stadt über die Einrichtung einer Reichsfluchtsteuerstelle vom 30.11.1935 (Abschrift), S. 8, BAB, R 2, 5973, Bl. 67–72. Folgende Zitate ebd. Das Dokument ist auszugsweise abgedruckt in Friedenberger, Ausplünderung, S. 79–81.

mit dem Passbüro und der Zollverwaltung, um anhand der Grenzübertritte „reichsfluchtsteuerverdächtige" Personen zu identifizieren. Zudem waren die Polizeipräsidien wichtige Kooperationspartner. Kriminal- und Gewerbepolizei war ebenfalls an der Überwachung beteiligt. Schließlich sollte auch die Gestapo jüdische „Verdächtige" überwachen, welche die Reichsfluchtsteuerstelle identifiziert hatte. Auch nichtstaatliche Institutionen wie Post (Umzug, Telefon- und Briefüberwachung), Notariate und Grundbuchämter, die Handelskammer, die Kreisleitung der NSDAP und „private Quellen" bezogen die Mitarbeiter der Reichsfluchtsteuerstelle in ihre Arbeit ein.

Rechtliche Grundlage für diese Kooperationen bildeten die Paragrafen 175, 188 und 201 der Reichsabgabenordnung sowie die Rechtsprechung des Reichsfinanzhofes. 1938 kamen die Informationen für die zentrale Steuerfahndungsstelle im Landesfinanzamt Berlin beispielsweise von berufständischen Vereinigungen, Privatleuten, Lebensversicherungsanstalten, Speditionen, Gestapo, Polizeiverwaltung, Zollfahndungsstelle, Reichsbankanstalten, Amtsgerichten, Notaren und Gemeindevorstehern, Zeitungen, dem Werberat der Deutschen Wirtschaft und Deutschen Auslandsvertretungen.[251]

Der Mannheimer Erfahrungsbericht fasste 1935 zusammen:

„Aufgrund der vorgetragenen Tatsachen ist abschliessend noch die Frage nach der Zweckmässigkeit und der Berechtigung des Mannheimer Systems aufzuwerfen. Die Zweckmässigkeit ergibt sich daraus, dass anstelle der Zersplitterung des dezentralen Systems eine einheitliche und zentralistisch geschlossene Organisation tritt, die alle Phasen der Reichsfluchtsteuervorgänge in einer Abteilung und in einem Arbeitsgang von der Antragstellung bezw. dem amtlichen Aufgriff bis zur Bezahlung bezw. Sicherstellung erfasst und dass ferner durch Schaffung einer zentralen Überwachungsstelle mit verschiedenen Fällen auch die irregulären Auswanderungsfälle nach Möglichkeit erfasst werden. Die Berechtigung ergibt sich aus den oben skizzierten finanziellen Erfolgen. Damit ist auch das von Anfang an gesteckte Ziel, nämlich eine Verwaltungsorganisation zu schaffen, die von kaufmännischen Grundsätzen beherrscht nur auf den etatsmässigen Erfolg abgestellt ist, und die ferner durch die Zusammenfassung der verschiedensten Verwaltungsabteilungen und sonstigen Stellen, den nationalsozialistischen Grundsatz der Zusammenarbeit aller im Dienst der Allgemeinheit verwirklicht, erreicht."[252]

Als am 1. Oktober 1935 in Mannheim offiziell die erste Reichsfluchtsteuerstelle eingerichtet wurde,[253] übernahm ihre Leitung neben seinen bisherigen Aufgaben der Leiter des Steuerfahndungsdienstes und der Strafsachenstelle,

[251] Bericht über die Tätigkeit der Arbeitsgruppe Zentrale Steuerfahndungsstelle, Steuerfahndungsdienst einschl. Steuerstrafsachen, Nachrichtenstelle vom 26.9.1938, BAB, R 2, Bl. 342–346.

[252] Bericht des Finanzamts Mannheim-Stadt über die Einrichtung einer Reichsfluchtsteuerstelle vom 30.11.1935 (Abschrift), S. 10, BAB, R 2, 5973, Bl. 67–72.

[253] Bericht Reichsfinanzministerium Berlin über die Besprechung am 12.3.1936 bei den Finanzämtern Mannheim und Frankfurt a. M. vom 19.3.1936 (Abschrift), BAB, R 2, 5973, Bl. 58–65. Folgende Zitate ebd.

dem zunächst fünf, später acht weitere Beamte zur Seite gestellt wurden. Wenig später folgte Frankfurt dem Vorbild der Mannheimer Kollegen. Die seit 11. November 1935 bestehende Frankfurter Reichsfluchtsteuerstelle hatte neben einem Leiter (Personalunion Strafsachenstelle) zwei Bezirksbearbeiter und einen Mitarbeiter des Steuerfahndungsdienstes.[254] Auch hier verwies man darauf, dass seit Bestehen der Stelle alle Reichsfluchtsteuerpflichtigen erfasst und keine Steuersteckbriefe mehr ausgestellt worden seien. Im Finanzamt Frankfurt (Main)-West wurde allerdings auch nachdrücklich über Personalmangel geklagt.[255] Hier war die Aufstellung einer Liste wegen der hohen Zahl der „Verdächtigen" – man rechnete dort mit rund 4 000 Juden mit einem Vermögen über 50 000 Reichsmark – nicht möglich. Weitere Reichsfluchtsteuerstellen wurden in Karlsruhe-Stadt, Freiburg und Pforzheim eingerichtet. Bei den übrigen Finanzämtern des Karlsruher Landesfinanzamtsbezirks sollten Reichsfluchtsteuer- und Steuerfahndungsdienst zusammengelegt werden.

Angeregt durch einen Bericht der Mannheimer Reichsfluchtsteuerstelle empfahl die Zentrale Nachrichtenstelle beim Berliner Landesfinanzamt auch den Berliner Finanzämtern eine solche Regelung.[256] Im Landesfinanzamtsbezirk Berlin wurden daraufhin in 26 von 35 Finanzämtern Reichsfluchtsteuerstellen eingerichtet.[257] In der Regel arbeiteten dort vier bis sechs Beamte der Veranlagungsstelle und des Steuerfahndungsdienstes.

Auch im Landsfinanzamtsbezirk Düsseldorf wurde der Steuerfahndungsdienst im Dezember 1935 neu zentral organisiert, „um seine Schlagkraft in dem erforderlichen Maße zu erhöhen und um ihm die zur Unterstützung der Veranlagungsstellen notwendige Arbeitsmöglichkeit und Beweglichkeit zu geben".[258] Im Landesfinanzamt und in vier Finanzämtern wurden Fahndungsstellen errichtet, in denen jeweils sechs bis neun Beamte arbeiteten. Arbeitsanweisungen sollten eine einheitliche Arbeitsweise der Stellen gewährleisten.

Schon nach kurzer Zeit bewertete das Düsseldorfer Landesfinanzamt die Arbeit der Fahndungsstellen als „nicht mehr zu entbehrendes Hilfsorgan der Veranlagungsstellen". Ein Bericht vom Oktober 1936 charakterisierte die Tätigkeit der Reichsfluchtsteuerstelle:

„Nicht die Frage nach Täter und Motiv bestimmt die Methode wie in der allgemeinen Kriminalistik; denn der Täter ist meist bekannt und das Motiv ist Erwerbssinn, Streben nach

254 Bericht Reichsfinanzministerium Berlin über die Besprechung am 12.3.1936 bei den Finanzämtern Mannheim und Frankfurt a. M. vom 19.3.1936 (Abschrift), BAB, R 2, 5973, Bl. 58–65.

255 Reisevermerk vom 18.3.1936, BAB, R 2, 5973, Bl. 95 f.

256 Schreiben der Zentralen Nachrichtenstelle des LFA Berlin an alle Landesfinanzpräsidenten und an die Berliner Finanzämter vom 21.1.1936, BAB, R 2, 5973, Bl. 66.

257 Friedenberger, Ausplünderung, S. 81.

258 Bericht des Landesfinanzamts Düsseldorf an das Reichsfinanzministerium vom 29.10.1936, BAB, R 2, 5973, Bl. 166–170. Die folgenden Zitate ebd.

Besserung der eigenen sozialen Lage oder Hang am Gelde. Der Fahndungsbeamte macht sich sein Bild und richtet sein Handeln ein auf Grund der besonderen Merkmale, die das Handeln des Steuerverbrechers charakterisieren und je nach der Lage des Falles verschieden sind. Akten- und Milieustudium, psychologisches Einfühlen und Vernehmungstechnik sind die weiteren Mittel, mit denen der Fahndungsbeamte zu arbeiten hat. Das ist aber ohne ein ausreichendes Maß an Menschenkenntnis, ohne Erkenntnis und Auswertungsfähigkeit sozialer und wirtschaftlicher Umstände nicht möglich. Besonderes Geschick erfordert die Vernehmung des verdächtigen Pflichtigen, die bei ausgefeilter Technik und psychologisch richtiger Augenblickserfassung oft schon allein zum entscheidenden Erfolg führen kann und geführt hat. Der Fahnungsbeamte darf sich nicht in eine Prüfung der Bücher verlieren. Die fraudulosen Handlungen sind in den Büchern meist nicht zu finden. Er überführt den Pflichtigen meist auf Grund von Feststellungen und Umständen ausserhalb der Buchführung, ja oft schon – wie praktische Fälle ergeben haben – allein auf Grund einer ausreichenden Kenntnis der Psyche des fraudulosen Steuerpflichtigen."

Diese Aufgabe stelle, so fuhr der Düsseldorfer Bericht fort, besondere Anforderungen an die Steuerbeamten. Neben dem straffen und zweckmäßigen Aufbau sei das Personal unerlässliche Voraussetzung erfolgreicher Steuerfahndung. Vor allem die Beamten im Außendienst bräuchten Wissen, geistige Beweglichkeit, geistige und körperliche Widerstandskraft und unermüdliche Energie. „Hinzukommen muß ein den unumgänglichen Notwendigkeiten der Sachaufklärung und der Vermeidung unnötiger Bloßstellungen der Betroffenen wie dem Ansehen der Verwaltung im Einzelfall in gleicher Weise Rechnung tragendes Taktgefühl." Gefordert sei „eine geistige Überlegenheit des Fahndungsbeamten, die so elastisch ist, daß er ebenso sicher im Milieu internationaler Großindustrie wie im Handwerkerkreise, im Milieu des Devisenschiebers wie des kleinen Grenzgängers sich zu bewegen weiß."

Dass das Düsseldorfer Landesfinanzamt erwog, die Fahndungsbeamten auch mit Schusswaffen auszustatten, kommentierte das Reichsfinanzministerium mit einem klaren „Nein!". Die Düsseldorfer Beamten regten auch ein Koordinationstreffen mit den Landesfinanzämtern Darmstadt, Hamburg, Köln, Kassel, Münster, Weser-Ems und Würzburg an. „Es wurde die Erfahrung gemacht, dass Juden durchwegs Steuerhinterziehungen begehen."[259] Mit diesen Worten kommentierte der Neustädter Finanzbeamte im Januar 1939 die Frage nach seinen Erfahrungen bei der Fahndung gegen Juden. Da nach der Pogromnacht im November 1938 die Juden vielfach keine Unterlagen mehr hätten, müssten „Zuschätzungen" gemacht werden.

In einer Zusammenschau hielten Mitarbeiter des Reichsfinanzministeriums fest, dass es ihrer Ansicht nach zweckmäßig sei, für die Bearbeitung der Reichsfluchtsteuerangelegenheiten bei jedem Finanzamt eine besondere

[259] Niederschrift über die Besprechung der Steuerfahndungsbeamten der Steuerfahndungsstelle Würzburg, Neustadt a. d. W. und Saarbrücken unter dem Vorsitz des Herrn Oberfinanzpräsidenten Würzburg am 27. und 28.1.1939 in Neustadt a. d. W., Zitat S. 29, BAB, R 2, 5973, Bl. 311–326.

Reichsfluchtsteuerstelle einzurichten.[260] Die Zahl der Steuersteckbriefe habe vielerorts zugenommen, was darauf zurückgeführt wurde, dass die Bezirksbearbeiter die Fälle nicht schnell genug erledigen könnten. „Die Erfolge in Mannheim und Frankfurt-Main bestätigen [...], daß eine Vermeidung der Steuersteckbriefe nur möglich ist, wenn bei jedem FA [Finanzamt] eine besondere Reichsfluchtsteuerstelle besteht, die über Erfahrungen auf dem Gebiet der Reichsfluchtsteuer verfügt und daher mit allen verfügbaren Mitteln und in der Zusammenarbeit mit allen in Betracht kommenden Dienststellen für eine restlose Erfassung aller Reichfluchtsteuerpflichtigen Sorge trägt." Obwohl man die Vorteile der Zentralisierung sah, hielten die Beamten im Reichsfinanzministerium die Einführung solcher Reichsfluchtsteuerstellen zunächst aber vor allem für Grenzgebiete für sinnvoll, sahen hingegen von einer allgemeinen Anweisung zur Einrichtung von Reichsfluchtsteuerstellen ab, insbesondere weil ein so hoher Personaleinsatz wie in Mannheim-Stadt an anderen Orten kaum realisierbar schien.[261]

Die Arbeit der Reichsfluchtsteuerstellen trug erheblich zur Kriminalisierung der Verfolgungsopfer bei. Die Mitarbeiter in der Reichsfluchtsteuerstellen sollten möglichst viele Teile des Vermögens von Auswanderern gleichzeitig in den Blick nehmen, und ihre Arbeit war auf eine ganz spezielle Zielgruppe unter den Steuerpflichtigen konzentriert: die jüdischen Emigranten. In der Arbeit der Reichsfluchtsteuerstellen trat die zentrale Bedeutung „nichtarischer" Emigranten schon 1935/36 deutlich hervor. So zitiert Martin Friedenberger beispielsweise eine Amtsanweisung des Finanzamts Charlottenburg von 1936, in der besonders darauf hingewiesen wurde, dass „bei dem geringsten Verdacht einer Auswanderungsmöglichkeit bei Nichtariern" sofort die Reichsfluchtsteuerstelle eingeschaltet werden sollte.[262]

1.4.3 Kriminalisierung: Verschärfung des Steuerfahndungsdienstes

Am 8. Juni 1933 wurde beim Landesfinanzamt Berlin eine zentrale Nachrichtenstelle eingerichtet, die Material zur Steuerhinterziehung und Kapitalflucht und Vermögensverschiebungen sammeln und dabei insbesondere jüdische Steuerpflichtige ins Visier nehmen sollte. Dieses Material sollte den jeweili-

260 Bericht Reichsfinanzministerium Berlin über die Besprechung am 12.3.1936 bei den Finanzämtern Mannheim und Frankfurt a. M. vom 19.3.1936 (Abschrift), S. 3, BAB, R 2, 5973, Bl. 58–65. Das folgende Zitat ebd.

261 Reisevermerk vom 18.3.1936, BAB, R 2, 5973, Bl. 95 f.

262 Amtsverfügung des Finanzamts Charlottenburg-Ost vom 17.12.1936, zit. nach Friedenberger, Ausplünderung, S. 81.

gen Landesfinanzämtern zur Verfügung gestellt werden und deren Vorgehen koordinieren.[263]

Die Gründung hing unter anderem mit einer Initiative des zwielichtigen Unternehmers Walter Hell zusammen, der sich selbst als „freiwilliger Mitarbeiter" in Steuerstrafverfahren bezeichnete. Dieser schrieb 1933 an das Reichsinnenministerium über seine Planungen, eine zentrale Nachrichtenstelle im Reichsfinanzministerium einzurichten.[264] Bislang hätten vor allem der ehemalige Staatssekretär Zarden und Ministerialdirektor Zülow seine Vorhaben „sabotiert". „Agentenmeldungen" würden aber nach Ansicht Hells bestätigen, „dass im Augenblick die Gefahr einer ganz ausgedehnten Kapitalflucht speziell der jüdischen Kreise so akut geworden ist, dass in absehbarer Zeit nur noch Schulden zurückbleiben." Die von Hell ins Auge gefasste Nachrichtenstelle sollte alle Nachrichten über Kapitalverschiebungen und Steuerflucht sammeln, systematisch einzelne Auslandsbanken „durcharbeiten" („Diese Arbeit bringt Milliarden ein") und mit kriminalistischen Methoden wie beispielsweise Postkontrolle arbeiten. Unter Berufung auf einen ehemaligen Kontaktmann im Landesfinanzamt Brandenburg, Regierungsrat Lantzke, forderte Hell rasches Handeln. Er schloss seinen Appell mit den Worten: „Ich wende mich an Sie, weil ich den nutzlosen Kampf mit der weltfremden Bürokratie des Reichsfinanzministeriums nunmehr zwei Jahre vergeblich gekämpft habe und hoffe, dass ihre Tatkraft auch hier eine dringend notwendige Abhilfe schaffen wird."

Mit einem ähnlichen Schreiben wandte sich Hell auch an den Staatssekretär im Reichsfinanzministerium und Nachfolger von Arthur Zarden, Fritz Reinhardt. Im Reichsfinanzministerium hatte man erhebliche Bedenken gegenüber Hell. „Herr Hell, der sich als Agent, also auf deutsch als Spitzel zur Verfügung stellte, machte den denkbar ungünstigsten Eindruck" schildert ein Vermerk den ersten persönlichen Kontakt. „Er ist offenbar einer derjenigen Leute, die ihr wenig schönes Gewerbe dadurch schmackhaft zu machen versuchen, daß sie es mit einem vaterländischen Mäntelchen umhüllen. [...] Höchstwahrscheinlich liegen die Dinge so, daß die überaus große Vorsicht im dienstlichen Verkehr mit Leuten seines Schlages, wie sie unsere Referenten bei den LFÄ. an den Tag legen müssen, um sich und die Verwaltung nicht in die unbequemsten Situationen zu binden, ihn zu dem Versuch bewogen haben, Sie, Herr Staatssekretär, selbst zu sprechen."[265]

Hells Kontaktmann im Landesfinanzamt Brandenburg, Regierungsrat Lantzke, zeichnete hingegen ein sehr viel positiveres Bild. In den etwa eineinhalb

263 Erlass des Reichsfinanzministeriums zur Einrichtung einer zentralen Nachrichtenstelle beim Landesfinanzamt Berlin vom 9.6.1933, BAB, R 2, 5972, Bl. 129–134.

264 Schreiben Walter Hells an das Reichsinnenministerium vom 4.4.1933, BAB, R 2, 5942, Bl. 90–93. Folgende Zitate ebd.

265 Vermerk Reichsfinanzministerium vom 6.4.1933, BAB, R 2, 5942, Bl. 89.

halb Jahren, die Hell nun schon für den brandenburgischen Steueraußendienst gearbeitet habe, habe er „auf äußerst geschicktem Wege" in kürzester Zeit eine große Menge wichtiger Unterlagen ermittelt, insbesondere über Schweizer Banken und Grundstückstransaktionen.[266]

„Er ist der Überzeugung, daß etwa bis Mitte 1932 unter der Herrschaft des alten Systems Anregungen dieser Art zwecklos gewesen seien und sieht nunmehr – seit dem 30. Januar 1933 – freie Bahn für eine grundsätzliche Neuorganisation des Nachrichtendienstes. Die erforderlichen Umstellungen seien aus bestimmten Gründen (und zwar nach H.s Ansicht aus übertriebener Sorge vor Auslandsverwicklungen) vom alten System verhindert und durch einen zu engen Standpunkt in der Aufwands-, Spesen- und Belohnungsfrage ‚sabotiert' worden. Als ‚schikanöse Maßregel' empfindet H. die Benutzung des bisher allgemein üblichen Belohnungsprotokolls (Anlage d). H. bekämpft insbesondere die Vorschriften der Reichsfluchtsteuerverordnung vom 8. Dezember 1931 und hält weitergehende Maßnahmen auf diesem Gebiete für unvermeidlich, zumal ihm auf Grund seiner guten Auslandsverbindungen bekannt ist, daß gerade im Jahre 1930 zahlreiche Abwanderungen erfolgt sind, die z. Zt. von der RflSt.VO. nicht erfaßt werden."

Lantzke verwies auf Erfolge des Landesfinanzamts Karlsruhe, das verdächtige Konten nach Berlin gemeldet hatte, die dort unbekannt gewesen waren. Er qualifizierte nach seinem persönlichen Eindruck Hell als „einen der besten Agenten Deutschlands" und hielt eine Einrichtung eines zentralen Nachrichtendienstes, wie dieser ihn forderte, für „erforderlich".

Am 11. Mai fand im Reichsfinanzministerium eine Besprechung mit Walter Hell statt. Die Reichsfinanzbeamten hielten danach fest, dass „nach vielfachen Erfahrungen ein näheres, dienstähnliches oder irgendwie geartetes auftragsähnliches Verhältnis zu Personen, die Material über Steuerhinterziehungen u. ä. beschaffen und der Verwaltung übergeben", nicht in Frage käme. Bisher wurde solchen Zuträgern erst dann eine Belohnung zuerkannt, wenn auch mehr Steuern eingegangen waren. Auch eine Rücksprache mit „bewährten Praktikern" unter denen sich auch ein Kriminalbeamter befand, ergab, dass eine bezahlte Spitzeltätigkeit zur Aufdeckung von Steuerhinterziehungen im Ausland „überaus bedenklich" sei. Hell wolle vor allem seine Spesen – unabhängig vom Erfolg seiner Arbeit – beglichen wissen. Daher sei „von weiteren Erörterungen mit Hell abzusehen."[267]

Auch wenn die Initiative Hells letztlich scheiterte, erwog man auch im Reichsfinanzministerium, eine nachrichtendienstliche Informationsstelle einzurichten. Im Juni 1933 schlug das Ministerium die Errichtung einer zentralen Nachrichtenstelle beim Landesfinanzamt Berlin vor.[268] Dort sei die Zahl der

266 Schreiben Regierungsrat Dr. Lantzke an das Reichsfinanzministerium vom 19.4.1933, BAB, R 2, 5942, Bl. 108–111. Folgende Zitate ebd.

267 Vermerk Abt. III Reichsfinanzministerium vom 31.5.1933, BAB, R 2, 5942, Bl. 124–126.

268 Einrichtung einer zentralen Nachrichtenstelle beim Landesfinanzamt Berlin, 9.6.1933, BAB, R 2, 5072, Bl. 129–134.

Steuerhinterziehungsfälle besonders groß, ziehe weite Kreise und erfordere umfangreiche Verhandlungen mit anderen Landesfinanzämtern, Staatsanwaltschaften und Gerichten. Mit diesen Stellen bestehe in Berlin auch schon seit Jahren eine enge Fühlungnahme.

Zum Aufgabenkreis der neuen Stelle gehörte zunächst die ständige Fühlung mit den zur Erforschung von Korruptionsfällen eingerichteten Sonderstellen. Auch mit anderen Landesfinanzämtern sollte die Nachrichtenstelle eng zusammenarbeiten, die ihrerseits die Nachrichtenstelle „laufend mit Material zu versorgen" hätten. Formal wurde die zentrale Nachrichtenstelle dem Sachbearbeiter für den Steueraußendienst unterstellt. Es traten dort zunächst ein Regierungsrat, zwei Bürobeamte und ein Ermittlungsbeamter den Dienst an. In der Nachrichtenstelle wurden anfangs ausschließlich Fachbeamte der Finanzverwaltung eingesetzt, Leiter war in Personalunion der Leiter der Steuerfahndungsabteilung beim Landesfinanzamt Berlin Walter Hampf. Sein Stellvertreter war der ehemalige Leiter der Steuerfahndung beim Berliner Finanzamt Friedrichstadt, Hinze.[269]

Im Oktober 1936 fordere das Referat II, Groth, vom Referat Voß die Einrichtung einer festen Stelle für den Steuerfahndungsdienst in jedem Landesfinanzamt.[270] Während der Steuerfahndungsdienst früher mit kleinen Steuerpflichtigen beschäftigt gewesen sei, würde er sich nun mit der Bekämpfung umfangreicher Steuerhinterziehungen beschäftigen, welche die Zusammenarbeit mit vielen Behörden und die Beherrschung des Strafrechts in allen Einzelheiten erforderlich mache und wirtschaftliche Erfahrung voraussetze. In Inhalt und Umfang sei das Arbeitsgebiet „wesentlich schwerer" geworden.

Schon im Juni 1934 wurde der Steueraußendienst in „Steuerfahndnungsdienst" umbenannt.[271] „Der heutige Staat, der mit allen Mitteln erfolgreich versucht, die Steuermoral zu heben, hat es nicht nötig, derartige Tarnungen vorzunehmen", begründete der Reichsfinanzminister die Umbenennung.[272] Sie kann als Ausdruck eines stärker „exekutiven" Selbstverständnisses und höheren Selbstbewusstseins interpretiert werden.[273] Friedenberger führt dies nicht zuletzt auch darauf zurück, dass die Fahndungsdienste mit der steuerstrafrechtlichen Verfolgung und Kriminalisierung der jüdischen Emigranten als Konsequenz der NS-Auswanderungspolitik Machtbefugnisse gewonnen hatten.

Schon frühzeitig richtete sich die Aufmerksamkeit der Steuerfahndung

[269] Friedenberger, Ausplünderung, S. 97.
[270] Referat III, Groth, an Referat Voß, 17.10.1936, BAB, R 2, 5973, Bl. 117.
[271] Erlass des Reichsfinanzministeriums vom 13.6.1934, BAB, R 2, 5972, Bl. 412.
[272] Begründung für die Umbenennung, BAB, R 2, 5972.
[273] Friedenberger, Ausplünderung, S. 100.

besonders auf Juden. Im April 1936 wies das Reichsjustizministerium die Grundbuchämter und Notare an, den Landesfinanzämtern Grundstücksverkäufe von Juden zu melden,[274] Spediteure wurden verpflichtet, dem Steuerfahndungsdienst Umzüge, später auch gelagertes Umzugsgut zu melden.[275] Auch Lebensversicherungsgesellschaften sollten die Zentrale Steuerfahndung über die Auflösung von Versicherungspolicen durch Juden informieren.[276] Unter Berufung auf einen Erlass des Reichsfinanzhofes vom Januar 1936 und ein Reichsfinanzhofsurteil vom 24. April 1936 konnten Finanzbehörden ohne begründeten Anlass Einsicht in Bankunterlagen von Juden nehmen.[277]

Die Berliner Finanzämter unterstützten die Staatspolizei auch bei der Ermittlung gegen jüdische Emigranten. Als Hermann Göring im Januar 1934 die Aufstellung einer Liste über die Emigranten durch die Staatspolizei anordnete, gewährten die Finanzämter gerne ihre Hilfe.[278] Auch wurden die Finanzbehörden von der Gestapo in die Pflicht genommen. Es sei vorgekommen, kritisiert ein Schreiben der Gestapo an das Berliner Oberfinanzpräsidium, dass die Finanzämter an „politisch nicht einwandfreie Personen", insbesondere Juden, Bescheinigungen zur Mitnahme von Vermögen ins Ausland vergeben hätten.[279] Reinhard Heydrich, stellvertretender Leiter des Geheimen Staatspolizeiamtes, lobte 1936 die Kooperation zwischen Gestapo und Finanzbehörden, die sich „bewährt und als wirkungsvoll" erwiesen habe.[280] Die Zusammenarbeit schien ihm von staatspolitischem Interesse, „da hierdurch einmal nach Möglichkeit die Kapitalflucht gesteuert wird und zum anderen die Emigration genau kontrolliert wird".

An der Basis gab es auch Kritik an der Praxis der Kooperation, die sich vor allem an der langsamen Reaktionszeit der Gestapo festmachte: Nicht selten dauerte es Wochen, bis die Finanzämter eine Antwort erhielten. Belegt ist aber auch ein Fall von grundsätzlicher Kritik, weil die Polizeibehörden und die Staats-

274 Notare mussten für Zwecke der Grunderwerbsteuer die Finanzämter ohnehin informieren, die Meldepflicht im Hinblick auf Devisen- und Reichsfluchtsteuer wurde ab 1936 eingeführt, Mitteilung an die Landesfinanzämter vom 3.4.1936, BAB, R 2, 5979, Bl. 1 f.

275 Zur Meldepflicht der Spediteure siehe den Tätigkeitsbericht von Hampf vom 26.9.1938, und das Schreiben der Zentralen Steuerfahndungsstelle an die Mitglieder der Reichsverkehrsgruppe Spedition und Lagerei vom 18.4.1939; Belege nach Friedenberger, Ausplünderung, S. 100 f.

276 Vgl. dazu Laube, Mitteilung.

277 Friedenberger, Ausplünderung, S. 102.

278 Bericht der Zentralen Nachrichtenstelle an das Reichsfinanzministerium vom 27.2.1936, zit. nach Friedenberger, Ausplünderung, S. 103.

279 Schreiben der Gestapo an das Oberfinanzpräsidium Berlin vom 20.9.1935, zit. nach Friedenberger, Ausplünderung, S. 103.

280 Schreiben des Gestapas an die Zentrale Nachrichtenstelle vom 6.6.1936, zit. nach Friedenberger, Ausplünderung, S. 106.

polizeistellen eigentlich nicht berechtigt waren, in „reichsfiskalische Belange" einzugreifen.[281] Die Regelanfrage an die Gestapo seitens der Finanzämter blieb in Kraft, bis 1939 die Berliner Zentralstelle für jüdische Auswanderung gegründet wurde.

Friedenberger bezeichnet die Anweisung des Reichsfinanzministeriums, dass die Finanzämter die Gestapo benachrichtigen sollten, als rechtswidrig. Die individuellen Schutzrechte des Steuerpflichtigen nach § 22 der Abgabenordnung hätten eigentlich eine flächendeckende, auf totale politische Kontrolle zielende Informationspolitik ohne konkreten Einzelverdacht verboten.[282] Einzelne Finanzbeamte verweigerten daher auch unter Berufung auf diese Gesetzeslage der Gestapo Einblick in die Akten. Dokumentiert ist dies für Lübeck und Sigmaringen. Erst durch eine Grundsatzentscheidung von Staatssekretär Fritz Reinhardt vom Juni 1936 waren alle Bedenken hinsichtlich des Steuergeheimnisses explizit aus dem Weg geräumt.[283] Berliner Finanzämter gaben die Informationen auch an die NSDAP und ihre Gliederungen weiter.

Am 23. April 1935 wies das Reichsfinanzministerium auch seine Behörden an, alle Tatbestände nichtsteuerlicher Art, deren Mitteilung an die NSDAP „im Interesse der Reinhaltung und des Ansehens der Bewegung" erforderlich sei, an die Partei weiterzumelden. So sind auch Fälle bekannt, in denen Finanzbeamte auf den Verdacht von „Rassenschande" aufmerksam machten.[284]

1.4.4 Ausschluss von Juden von Mitwirkungsrechten: Beiräte der Finanzämter

Die Regelungen der Erzbergerschen Finanzreform 1919/20 hatten nicht nur die Grundlage für eine einheitliche Finanzamtsstruktur gelegt, sondern auch organisatorische Neuerungen wie die Beiräte in den Finanzämtern gebracht, die während der NS-Zeit systematisch wieder ausgehöhlt wurden. Das Gesetz über die Reichsfinanzverwaltung sah vor, dass in den Finanzämtern Ausschüsse gebildet werden sollten, die bei der Veranlagung bzw. bei Korrekturen daran und bei der Entscheidung über Erstattungsansprüche, aber auch bei Entscheidungen über Einsprüche von Steuerpflichtigen mitwirken sollten.[285]

281 Bericht des Finanzamts Schöneberg vom 14.2.1936, zit. nach Friedenberger, Ausplünderung, S. 107.

282 Friedenberger, Ausplünderung, S. 108 f.

283 Erlass des Reichsfinanzministeriums vom 14.6.1936, zit. nach Friedenberger, Ausplünderung, S. 109.

284 Runderlass des Reichsfinanzministeriums vom 23.4.1935, zit. nach Friedenberger, Ausplünderung, S. 111. Ein Fallbeispiel wird ebd. S. 110 vorgestellt.

285 §§ 18–24 des Gesetzes über die Reichsfinanzverwaltung vom 10.9.1919, RGBl. (1919), S. 1591–1601; §§ 25–31 der Reichsabgabenordnung vom 13.12.1919, RGBl. (1919), S. 1993–2107.

Darin sollten sowohl gewählte Mitglieder der Selbstverwaltung als auch vom Landesfinanzpräsidenten ernannte Mitglieder vertreten sein, die jedoch zahlenmäßig nur die Hälfte der gewählten Mitglieder stellen duften. Vorsitzender des Steuerausschusses war der jeweilige Finanzamtsleiter. Die Steuerausschüsse berieten unter anderem über Erstattungsansprüche und Einsprüche bei der Einkommen- und Vermögensteuer.

Bereits 1931 waren die Steuerausschüsse mit den parallel in den Finanzämtern bestehenden und ähnlich zusammengesetzten Gewerbe- und Grundwertausschüssen zusammengelegt worden.[286] Die neuen Sammelausschüsse setzten sich zusammen aus gewählten Mitgliedern aus Organen der Selbstverwaltung und öffentlich-rechtlichen berufsständischen Vertretungen, ernannten Mitgliedern sowie bestellten Mitgliedern des Landes und der Gemeinden. Diese Ausschüsse erwiesen sich allerdings in der Regel als viel zu groß und fällten viele Entscheidungen im Umlaufverfahren. Nach der nationalsozialistischen Machtübernahme wurden Juden von der Mitwirkung ausgeschlossen und die Steuerausschüsse zunehmend entmachtet.

Fritz Reinhardt bezeichnete die Steuerausschüsse nach der nationalsozialistischen Machtübernahme abfällig als ein „Stück Parlamentarismus".[287] Die Ausschüsse waren in seinen Augen nur nach politischen Gesichtspunkten und „Partei-Arithmetik" zusammengesetzt gewesen, und die gefällten Mehrheitsbeschlüsse hätten daher in der Regel den Parteienproporz abgebildet. Schon im April 1933, lange vor dem Ende der ersten offiziell vierjährigen Amtszeit der 1931 gebildeten Steuerausschüsse, ordnete das Reichsfinanzministerium eine grundlegende, vom Gedanken der Gleichschaltung getragene Reform an, die antisemitische Züge trug. Zwar sei bis zur Neubildung der Steuerausschüsse an den bisherigen Ausschüssen grundsätzlich festzuhalten. „Es geht jedoch auch für die Übergangszeit nicht an, daß zur Mitwirkung im Steuerausschuß Personen herangezogen werden, die Juden sind oder einer staatsfeindlichen Partei angehören oder aus politischen Gründen aus dem öffentlichen Dienst entfernt worden sind, oder deren Mitwirkung bei der national eingestellten Bevölkerung Anstoß erregen würde. Derartige Personen dürfen zur Mitwirkung im Steuerausschuß nicht mehr eingeladen werden", hieß es dazu in einem Kommentar in der Deutschen Steuerzeitung.[288] Wenig später wurden die bestehenden Steuerausschüsse vorzeitig aufgelöst und gemäß dem Erlass vom 8. April 1933 neu

286 Steuerausschußordnung vom 22.5.1931.

287 Reinhardt, Beiräte, Zitat S. 58.

288 Anordnung des Reichsfinanzministeriums vom 8.4.1933, abgedruckt in: Deutsche Steuer-Zeitung vom 19.1.1935, 24 (1935) Nr. 3, S. 59.

gebildet.[289] In keinem Fall durften Juden, Kommunisten und Sozialdemokraten künftig in die Steuerausschüsse entsandt werden.

Auch die neuen Steuerausschüsse, die eigentlich bis zum Dezember 1937 im Amt bleiben sollten, wurden bald wieder aufgelöst. Neben einer zweiten Welle der personellen „Säuberung" folgte im Oktober 1934 mit dem Steueranpassungsgesetz die Ausrichtung auf das Führerprinzip: Das Steueranpassungsgesetz schrieb vor, dass die Ausschüsse durch so genannte Beiräte abgelöst werden sollten. Mitglieder durften nun nur noch Personen sein, „von denen zweifelsfrei bekannt ist, daß sie uneingeschränkt auf dem Boden des nationalsozialistischen Staates und zum Führer und Reichskanzler Adolf Hitler stehen"[290], wozu auch die NSDAP „im Zweifel" eine Stellungnahme abgeben sollte. Die Beiratsmitglieder mussten dem Vorsteher des Finanzamtes bei Beginn ihrer Tätigkeit durch Handschlag an Eides Statt geloben, ihr Amt unparteiisch, nach bestem Wissen und Gewissen auszuüben, nur dem Wohl der „Volksgemeinschaft" zu dienen, keine „Sonderinteressen" zu verfolgen und das Steuergeheimnis zu wahren.[291]

Statt einer Wahl durch die Organe der Selbstverwaltung und durch öffentlich-rechtliche berufständische Vertretungen, wie es zuvor gewesen war, berief nun der Finanzamtsvorsteher die Mitglieder. Die Beiräte hatten auch keine beschließende Kraft, sondern wirkten nur noch beratend.[292] Wenn gegen eine Entscheidung, an der der Beirat mitgewirkt hatte, Einspruch erhoben wurde, musste der Beirat zwar noch einmal gehört werden, hatte aber kein Mitentscheidungsrecht mehr. Damit war die während der Weimarer Zeit bestehende Beteiligung der Laien an der Verwaltung vollständig umgestaltet und dem Führerprinzip untergeordnet worden.[293]

Im Vorfeld hatte ein Bericht des Landesfinanzamts Hannover die Arbeit der Steuerausschüsse kritisch dargestellt.[294] Bei der Veranlagung buchführender Steuerpflichtiger seien die Steuerausschüsse ohnehin bedeutungslos, in der Regel liege die Hauptarbeit der Ausschussmitglieder daher bei den Steuerzahlern ohne Buchführung, wo sie persönliche Kenntnisse über die Einkommensverhältnisse einbringen konnten. Solche Kenntnisse hätten die Ausschussmitglieder aber nur, wenn sie am selben Ort wohnten und – etwa

289 Gesetz über die Neubildung der Steuerausschüsse vom 22.4.1933, RGBl. I (1933), S. 219.

290 Durchführungsbestimmungen zu den mit dem Steueranpassungsgesetz 1934 geänderten §§ 30–38 Abgabenordnung, abgedruckt in: Deutsche Steuer-Zeitung vom 19.1.1935, 24 (1935) Nr. 3, S. 62.

291 Neuer § 38 der Abgabenordnung, abgedruckt in: Deutsche Steuer-Zeitung vom 19.1.1935, 24 (1935) Nr. 3, S. 62.

292 Steueranpassungsgesetz vom 16.10.1934, § 21 Ziff. 6, RGBl. I (1934), S. 925–941, S. 930.

293 Voß, Steuern, S. 97.

294 Bericht des Landesfinanzamts Hannover, Abteilungspräsident Dr. Werth, an das Reichsfinanzministerium, Referent Groth u. a., vom 2.11.1933, BAB, R 2, 5992, Bl. 138–142.

in einer Mittelstadt – örtliche Kenntnisse hätten. Der Hannoveraner Bericht schätzte die Zahl der Fälle, in denen der Steuerausschuss einen substanziellen Beitrag leistete, auf fünf bis zehn Prozent. Dabei bringe das Steuerausschussverfahren eine Reihe von Nachteilen mit sich: Die Sitzungen seien mit erheblichem Zeitaufwand verbunden, und die Finanzämter müssten ihren Arbeitsrhythmus nach dem Sitzungsturnus der Ausschüsse richten. Dabei habe ein Großteil der Ausschussmitglieder offenbar mehr Interesse daran, die Einkommens- und Vermögensverhältnisse anderer Steuerzahler kennen zu lernen, als an einer sachlichen Kooperation. So schloss der Bericht mit der Empfehlung, im Zuge der geplanten Vereinfachung des Steuerwesens auf die Mitwirkung der Steuerausschüsse ganz zu verzichten und stattdessen Gemeindevorsteher und andere Sachverständige gezielt anzuhören.

Seitens der NSDAP gab es allerdings Einwände dagegen, die Auswahl der Beiratsmitglieder allein den Finanzamtsvorstehern in die Hände zu legen. „Die Vorsteher der Finanzämter sind noch nicht Leute, die durchwegs auf dem Boden des Nationalsozialismus stehen", hieß es im Oktober 1934 in einem Schreiben aus dem Büro des Stellvertreters des Führers: „Ich befürchte eine einseitige Zusammensetzung dieser Beiräte, wenn lediglich der Vorsteher des Finanzamts sie beruft. Hier möchte ich eine Stelle der Partei eingeschaltet wissen."[295]

Auch die neu eingeführte Auflage, dass die Mitglieder der Beiräte „arischer Herkunft" sein mussten, führte in der Praxis zu Problemen. So schrieb ein Regierungsrat aus dem Landesfinanzamt Magdeburg an das Reichsfinanzministerium: „Es bestehen Zweifel, ob der Nachweis der arischen Abstammung in jedem Falle durch Vorlegung von Urkunden zu erbringen ist." Stattdessen schlug der Referent vor, eine Erklärung unterzeichnen zu lassen: „Ich erkläre hiermit: Mir sind trotz sorgfältigster Prüfung keine Umstände bekannt, die die Annahme rechtfertigen könnten, dass ich nichtarischer Abstammung sei; insbesondere hat keiner meiner Eltern- oder Großelternteile zu irgend einer Zeit der jüdischen Religion angehört."[296]

Die Frage, welche Personen politisch „einwandfrei" seien, konnte sich zu einem brisanten Konfliktherd entwickeln. So erhob beispielsweise der Pelkumer Bürgermeister vehementen Einspruch gegen die Beiratsbesetzung im Finanzamt Hamm, die ohne seine Zustimmung erfolgt sei.[297] Das Finanzamt hatte von den 15 Kandidaten, die von Wirtschaftsorganisationen benannt worden waren, zwölf abgelehnt und keinen Ersatz bestellt. Die Begründung, dass die

[295] Schreiben des Stellvertreters des Führers an Staatssekretär Fritz Reinhardt vom 9.10.1934, BAB, R 2, 5992, Bl. 146 f.

[296] Schreiben des Landesfinanzamts Magdeburg an das Reichsfinanzministerium vom 9.1.1935, BAB, R 2, 5992, Bl. 173.

[297] Schreiben des Landesfinanzamts Münster an das Reichsfinanzministerium vom 27.1.1935, BAB, R 2, 5992, Bl. 221–223.

abgelehnten Kandidaten fachlich ungeeignet bzw. unzuverlässig bei der Steuerzahlung seien, bestätigte die vorgesetzte Behörde bei einer Überprüfung. Nach Ansicht des Landesfinanzamts hätte das Finanzamt Hamm nun personelle Ersatzvorschläge bei den Organen der Wirtschaft einholen müssen, was jedoch nicht geschehen war. Der Vorwurf des Büros des Stellvertreters des Führers, dass das Finanzamt Hamm keine politische Stellungnahme der NSDAP im Vorfeld eingeholt hatte, wurde hingegen vom Landesfinanzamt nicht anerkannt. Der Runderlass vom 10. November 1934, in dem die Berufung der Beiräte geregelt worden war, sah eine obligatorische Anhörung von Parteistellen bei der Besetzung nicht vor.

Das Finanzamt Hamm berief sich nun darauf, dass die Berufungen in den Beirat nur unter Angabe von Gründen zurückgenommen werden könne. Solche Gründe weigerte sich der Bürgermeister allerdings zu benennen. Der Konflikt schraubte sich durch die Partei- und Staatsinstanzen nach oben: Das Landesfinanzamt als vorgesetzte Behörde des Finanzamts bat den Regierungspräsidenten, den Bürgermeister an die Kandare zu nehmen. Der Bürgermeister seinerseits schaltete die NSDAP-Gauleitung ein. Von dort wurde die Frage in den Stab Heß weitergereicht, der daraufhin an das Reichsfinanzministerium schrieb und eine generelle Beurteilung durch Parteisdienststellen vor der Ernennung zu Ehrenbeamten forderte.[298] Das Reichsfinanzministerium akzeptierte eine so generelle Regelung jedoch nicht: „Die Einholung eines politischen Zeugnisses ist notwendig, wenn nicht zweifelsfrei bekannt ist, dass die betreffenden Volksgenossen uneingeschränkt auf dem Boden des nationalsozialistischen Staats und zum Führer und Reichskanzler Adolf Hitler stehen".[299] Im Reichsfinanzministerium habe man aber bei Einführung der Beiräte davon abgesehen, dass in allen Fällen vor der Bestellung eines Mitglieds eine Äußerung der Dienststelle der Partei einzuholen sei. „Auch jetzt halte ich eine solche allgemeine Anordnung nicht für notwendig", fuhr der Reichsfinanzminister in seinem Antwortschreiben fort. Bei Mitgliedern der NSDAP und ihren Gliederungen, bei Beamten, Angestellten und Arbeitern im öffentlichen Dienst und bei Personen, die von ständischen Gliederungen, die unter „nationalsozialistischer Leitung" stünden, vorgeschlagen würden, sei vielmehr ohne weitere Prüfung davon auszugehen, dass diese politisch zuverlässig seien. Im konkreten Fall des Finanzamts Hamm mahnte das Reichsfinanzministerium allerdings, die Personen, die nicht das Vertrauen des Kreisleiters besäßen,

298 Schreiben des Stellvertreters des Führers der NSDAP an das Reichsfinanzministerium vom 10.1.1936, BAB, R 2, 5992, Bl. 219.

299 Vermerk des Reichsfinanzministeriums vom März 1936 und Schreiben an den Stellvertreter des Führers (Abschrift), BAB, R 2, 5992, Bl. 233 f.

zu entlassen und die Neubesetzung des Beirats im Einvernehmen mit dem Kreisleiter der NSDAP vorzunehmen.[300]

Massiven Protest löste die neue Beiratsregelung beim Synagogengemeindeverband der Provinz Oberschlesien aus, der sich dabei auf das Genfer Abkommen berief.[301] Während den früheren Steuerausschüssen auch eine Anzahl Juden angehört hatte, waren die neuen Beiräte unter völligem Ausschluss der jüdischen Minderheit gebildet worden, da nach dem § 34 des Steueranpassungsgesetzes Absatz 2 alle Mitglieder „arischer Abstammung" sein mussten. In der Provinz Oberschlesien musste – anders als im übrigen Reichsgebiet – das deutsch-polnische Abkommen vom 15. Mai 1922 berücksichtigt werden, das eine Einbeziehung der jüdischen Minderheit vorschrieb. Die oberschlesischen Finanzämter hatten hingegen die Vorgaben des Steueranpassungsgesetzes mit seinem rassistischen Artikel umgesetzt. Nach Ansicht des Synagogengemeindenverbands wären die Finanzämter verpflichtet gewesen, „jede unterschiedliche Behandlung der Angehörigen der jüdischen Minderheit zu vermeiden", und hätten über Vorschläge der Wirtschaftszweige hinaus Minderheitenvertreter in den Beirat berufen müssen. Daher beantragte der oberschlesische jüdische Gemeindeverband, die Verletzung der Genfer Minderheitsschutzbestimmungen festzuhalten und zu veranlassen, dass die Beiräte unter Beachtung der Genfer Bestimmungen neu gebildet bzw. durch Vertreter der jüdischen Minderheit angemessen ergänzt werden.

Das Landesfinanzamt in Breslau sah in der neuen Zusammensetzung der Finanzbeiräte keine Verletzung des jüdischen Minderheitenschutzes, wogegen der Synagogengemeindenverband heftig protestierte.[302] „Nach Artikel 77 sind alle Staatsangehörigen bei der Zulassung zu öffentlichen Ämtern und Ehrenstellungen gleichmäßig zu behandeln", hieß es in dem Protestschreiben. „Es ist heute unmöglich, daß ein arisches Mitglied des Beirates sich für den Einspruch eines Nichtariers einsetzt, auch wenn der Einspruch zu Recht besteht, weil er – trotz der an sich den Beteiligten auferlegten Verschwiegenheit – persönliche Nachteile zu befürchten hat." Schon deshalb müsse die jüdische Minderheit bei der Bildung der Beiräte beteiligt werden. Vor allem bei der bevorstehenden Einheitsbewertung der Grundstücke befürchtete der Gemeindeverband Nachteile.

[300] Die Anweisung erfolgte nach einem Gespräch mit dem Staatssekretär Fritz Reinhardt, vgl. Vermerk und Schreiben des Reichsfinanzministeriums an den Stellvertreter des Führers vom 16.4.1936 (Abschrift), BAB, R 2, 5992, Bl. 235.

[301] Schreiben des Synagogengemeindenverbands der Provinz Oberschlesien an das Minderheitsamt Oppeln, weitergeleitet an das Reichsfinanzministerium, vom 8.4.1935 (Abschrift), BAB, R 2, 56266.

[302] Schreiben des Synagogengemeindenverbands der Provinz Oberschlesien an die Gemischte Kommission in Kattowitz und an das Reichsfinanzministerium vom 20.8.1935 (Abschrift), BAB, R 2, 56266. Kein Ergebnis in den Akten.

1.5 Das Berliner Finanzamt Moabit-West als Schaltzentrale für die Enteignung jüdischer Emigranten

Eine Reihe von Finanzämtern im Reichsgebiet war spezialisiert auf Sonderaufgaben. Unter ihnen nimmt das Berliner Finanzamt Moabit im Hinblick auf die fiskalische Judenverfolgung eine besonders wichtige Stellung ein, denn es war dafür zuständig, die Vermögen von politisch oder rassisch unliebsamen Auswanderern zu konfiszieren. Zum Ensemble der Maßnahmen gegen jüdische Auswanderer gehörte neben der Devisenpolitik und der Reichsfluchtsteuer auch die Konfiskation von Vermögen zu Gunsten der Staatskasse. Insgesamt führte das Finanzamt Moabit-West zwischen 1933 und 1940 3 562 Vermögensbeschlagnahmungen von ausgebürgerten Auswanderern durch und zog dabei Vermögen im Wert von 23 794 371 Reichsmark ein. Hinzu kamen Wertpapiere und Grundstücke, deren Wert separat erfasst wurde.[303] Bis Januar 1941 hatte sich die Zahl auf rund 5 000 Fälle erhöht.[304]

Dabei war die zentrale Rolle des Finanzamts Moabit-West anfangs nicht unumstritten gewesen. Nach dem Abklingen der ersten antisemitischen Welle wurde im Sommer 1933 zunächst das Reichsinnenministerium zum Zentrum der Planungen für die künftige antisemitische Gesetzgebung. Hier war die Frage der Staatsangehörigkeit ein Dreh- und Angelpunkt, und es gab seit März 1933 Überlegungen, wie man über ein neues Ausbürgerungsgesetz die Zuwanderung von Ostjuden begrenzen, Namensänderungen aufheben, Ausweisungen von Juden durchführen und Juden in Deutschland einen Sonderstatus zuweisen könnte.[305] In den folgenden Monaten trieb das Reichsinnenministerium die Planungen für ein antisemitisches Reichsangehörigkeitsgesetz voran. Obwohl die Entwürfe weit entwickelt waren, kamen sie aber letztlich nicht ins Kabinett. Dort wurde im Juli 1933 lediglich ein Teilaspekt, der auf einer interministeriellen Ressortbesprechung im Mai 1933 vorbereitet worden war, beschlossen: das Gesetz über den Widerruf von Einbürgerungen und die Aberkennung der deutschen Staatsangehörigkeit, das von Hitler, Frick, Neurath und Schwerin von Krosigk ausgefertigt und im Reichsgesetzblatt veröffentlicht wurde und die Basis für die Konfiskationen des Berliner Finanzamts Moabit-West bildete.[306]

303 Bericht des Finanzamts Moabit-West an den OFP Berlin vom 13.9.1940, zit. nach Friedenberger, Finanzamt, S. 681.

304 Meinl/Zwilling, Legalisierter Raub, S. 225–570, S. 245. Spätere Zahlen sind bislang nicht bekannt.

305 Vgl. dazu auch Neliba, Legalist, S. 173 f.

306 Longerich, Politik, S. 48. Vgl. dazu auch Lehmann, Acht und Ächtung. Gegen dieses Ausbürgerungs-Gesetz, das aufgrund des Ermächtigungsgesetzes verabschiedet werden sollte, erhob lediglich Reichsaußenminister von Neurath Einspruch. Er gab aber letztlich

In seinem ersten Paragrafen regelte das Gesetz den Widerruf von Einbürgerungen, was sich vor allem gegen Juden richtete, die aus Osteuropa eingewandert waren. Der zweite Paragraf ermöglichte es, Personen, die „durch ein Verhalten, das gegen die Pflicht zur Treue gegen Reich und Volk verstößt, die deutschen Belange“[307] schädigten, die Staatsangehörigkeit abzuerkennen. Diese Regelung zielte unter anderem auf deutsche Juden, die ins Ausland emigriert waren. Auch wenn sich das Ausbürgerungsgesetz nicht ausschließlich gegen Juden richtete, war die antisemitische Stoßrichtung unverkennbar. Wilhelm Frick als federführender Minister sah in dem Gesetz 1934 rückblickend den „Beginn und Ausgangspunkt der deutschen Rassengesetzgebung“[308].

Wie die Unterschriften unter dem Gesetzestext zeigen, war der Reichsfinanzminister an diesem Gesetz beteiligt. Seine Behörden sollten in der Durchführung einen wichtigen Part übernehmen. Laut „Gesetz über den Widerruf von Einbürgerungen und die Aberkennung der deutschen Staatsangehörigkeit“ vom 14. Juli 1933 konnte nämlich, nachdem die Staatsangehörigkeit aberkannt worden war, auch das Vermögen beschlagnahmt werden, das dann dem Reich verfallen sollte. In Verbindung mit dem Gesetz über die Einziehung kommunistischen Vermögens vom Mai 1933[309] und dem Gesetz über die Einziehung volks- und staatsfeindlichen Vermögens[310] vom Juli 1933 bildete das Ausbürgerungsgesetz einen legislativen Hintergrund für Vermögensraub an Emigranten.

Federführend für die Ausbürgerungsverfahren war zunächst das Reichsinnenministerium, das die Ausbürgerungslisten erstellte und die Vermögensbeschlagnahme anordnete. War das Ausbürgerungsverfahren eingeleitet, informierte das Innenressort die Finanzverwaltung, welche die weitere Beschlagnahmung durchführen sollte. Der Reichsfinanzminister entschied, eine zentrale Dienststelle mit dieser Aufgabe zu betrauen. Beauftragt wurde das Berliner Finanzamt Moabit-West, das schon andere reichsweite Aufgaben zentral verwaltete und unter anderem eine Reichskartei über im Ausland wohnende Personen und Körperschaften mit steuerpflichtigem Vermögen in Deutschland führte.[311] Diese Kartei bildete auch die Grundlage für die Ent-

dem Druck Hitlers nach und unterzeichnete das Gesetz ebenso wie seine Amtskollegen. Gesetz über den Widerruf von Einbürgerungen und die Aberkennung der deutschen Staatsangehörigkeit vom 14.7.1933, RGBl. I (1933), S. 480.

307 RGBl. I (1933), S. 480.

308 Zeitschrift der Akademie für Deutsches Recht 1 (1934), S. 92, zit. nach Adam, Judenpolitik, S. 61.

309 Gesetz über die Einziehung kommunistischen Vermögens vom 26.5.1933, RGBl. I (1933), S. 293.

310 Gesetz über die Einziehung volks- und staatsfeindlichen Vermögens vom 14.7.1933, RGBl. I (1933), S. 479.

311 Darstellung des Amtsleiters Dr. Dirks in einem Schreiben an das Oberfinanzpräsidium Berlin vom 19.11.1941, zit. nach Mehl, Reichsfinanzministerium, S. 100.

eignung von politisch verfolgten Emigranten. So erhielt am 30. August 1933 das Berliner Finanzamt Moabit-West den Auftrag, das Vermögen jener Auswanderer einzuziehen, die vom Reichsinnenministerium ausgebürgert worden waren und deren Besitz staatlich beschlagnahmt werden sollte.[312] Sobald ein Ausbürgerungsverfahren gegen einen Emigranten vom Reichsinnenministerium eingeleitet war, sollten die Finanzämter des jeweiligen Wohnorts ihre Unterlagen an die Berliner Kollegen schicken, die dann mit der Enteignung beginnen sollten.[313]

Als das Finanzamt Moabit-West im August 1933 seine neue Aufgabe übernahm, konnte wegen der Kürze der Vorbereitungszeit keine personelle Umstrukturierung erfolgen. So bearbeitete der bereits bestehende Steuerfahndungsdienst die Enteignung der Emigranten. Bis 1936 bearbeiteten fünf Mitarbeiter des Steuerfahndungsdienstes die Ausbürgerungsfälle. Als im Jahr 1937 die Zahl der Verfahren im Finanzamt Moabit stark anstieg, blieb der Personalbestand weiterhin gering, was man als besonders belastend empfand, zumal eine Reihe von Fällen aus den Vorjahren noch nicht abgeschlossen war.[314] Bis zum April 1938 musste die Vermögensverwaltung und -verwertung im Finanzamt Moabit-West mit fünf Arbeitskräften bewältigt werden. Auch als 1938 eine eigene Dienststelle für die Einziehung verfallener Vermögen eingerichtet wurde, war damit zunächst wohl noch keine personelle Ausweitung verbunden. Nach 1939 stieg die Zahl der Mitarbeiter dann offenbar sprunghaft an. Im September 1940 waren 47 Amtsangehörige mit Ausbürgerungsangelegenheiten beschäftigt, 1941 waren es rund 100 Personen.[315]

Die Ausbürgerungsstelle des Finanzamts Moabit-West, die verwaltungsintern auch als „Judenausbürgerungsstelle“[316] (1941) bezeichnet wurde, entwickelte sich zunehmend zur Schaltzentrale der Ausplünderung jüdischer Emigranten. Hier sammelten sich Kompetenzen. Der Moabiter Amtsleiter Dirks zog immer mehr Aufgaben an sich und berief sich dabei auf die Erfah-

[312] Auftrag des Reichsfinanzministers vom 30.8.1933, RStBl. (1933), S. 817.

[313] Diese Anweisung zur systematischen Verletzung der örtlichen Zuständigkeit wurde angeordnet im Schreiben des Reichsfinanzministeriums an die Landesfinanzämter vom 30.8.1933, zit. nach Friedenberger, Ausplünderung, S. 58.

[314] Bericht des Finanzamts Moabit-West vom 13.9.1940, LA-B, Rep. 93-03, Nr. 54589. Vgl. auch Friedenberger, Finanzamt, S. 681.

[315] Zahlen nach eigenen Angaben des Finanzamts Moabit-West, vgl. Friedenberger, Ausplünderung, S. 255.

[316] So der Begriff im Vermerk OFP Berlin an das RFM vom 26.11.1941, LA A rep. 092/O 1740, Bd. 1; vgl. Friedenberger, Ausplünderung, S. 255.

rung seiner Mitarbeiter.[317] Geleitet wurde diese „Ausbürgerungsdienststelle" von Regierungsrat Willy Bötcher.[318]

Antisemitische Äußerungen sind bei dem 1890 geborenen Juristen Bötcher nur in einem Fall belegt, als er in einem Dienststrafverfahren, in dem einem Steuersekretär außerehelicher Verkehr mit einer Jüdin vorgeworfen wurde, eine Anschuldigungsschrift verfasste.[319] Darin warf Bötcher dem Steuermitarbeiter vor, dass er auf Grund der Schulung im Rassebewusstsein als Beamter habe erkennen müssen, dass die Beziehung seine Beamtenpflichten verletzte, auch wenn sie vor dem Erlass der Nürnberger Gesetze bestanden hatte und daher nach dem Rasseschandeverfahren nicht geahndet werden konnte.

Im Entnazifizierungsverfahren erklärte Bötchers Frau, dass ihr Mann dem Antisemitismus und der NSDAP, in der er seit 1. Mai 1933 Mitglied war, fern gestanden habe.[320] Bötcher selbst konnte sich nicht vor der Entnazifizierungskommission äußern, denn er wurde am 3. Juni 1945 verhaftet durch den sowjetischen Geheimdienst NKWD und in das Speziallager Buchenwald gebracht, wo er am 30. Januar 1947 an den Folgen der Haft verstarb.

Nach Interpretation von Friedenberger bedurfte es für die Durchführung der Enteignung jüdischer Verfolgter auch keines Antisemitismus, sondern nur einer Einstellung, die „hierin eine interessante, mit juristischem und verwaltungstechnischem Sachverstand durchzuführende Aufgabe zu Gunsten des nationalsozialistischen Staates" sah. Damit erwies sich Bötcher in den Augen Friedenbergers als ein „Eichmann der Finanzbürokratie".[321]

Im November 1938 erhielt das Finanzamt Moabit-West einen weiteren neuen Auftrag. Es war nun auch für die Eintreibung der „Judenvermögensabgabe" von Emigranten zuständig, die sich zum Zeitpunkt der Pogromnacht im Ausland aufhielten, aber noch die deutsche Staatsangehörigkeit besaßen.[322] Aus dem ganzen Reichsgebiet ließ sich das Berliner Finanzamt daraufhin Vermögenserklärungen zuschicken, die die Juden im April 1938 hatten ausfüllen müssen. Bearbeitet wurden die Einziehungen von den inzwischen 16 Mitarbeitern der Ausländerabteilung. In großem Umfang ging es dabei um Wertpapiere und Grundstücke, da die Emigranten häufig nicht über ausreichend viel Bargeld

[317] Bericht des Finanzamts Moabit-West vom 13.9.1940, LA-B, Rep. 93-03, Nr. 54589. Vgl. dazu auch Meinl/Zwilling, Legalisierter Raub, S. 245.

[318] Willy Bötcher (1890 –1947) war als Leiter der Ausbürgerungsabteilung des Finanzamts Moabit-West und ab 1942 als Leiter der Vermögensverwertungsstelle zuständig für die Organisation der Enteignung von ausgebürgerten Emigranten und der Verwertung des Besitzes der deportierten und ermordeten Berliner Juden. Vgl. Friedenberger, Bötcher.

[319] Friedenberger, Bötcher, S 29 f.

[320] Entnazifizierungsverfahren: LAB-B Rep. 031-01-02, Nr. 11458.

[321] Friedenberger, Bötcher, S. 30.

[322] Durchführungsverordnung über die Sühneleistung der Juden vom 21.11.1938, RStBl. (1938), S. 1065.

verfügten. In Berlin waren über ein Drittel der „Judenvermögensabgabe"-Fälle Emigranten: knapp 12 900 von insgesamt rund 34 800 abgabepflichtigen Juden. Das Finanzamt Moabit-West achtete in der Folgezeit streng darauf, keine Kompetenzen bei der Enteignung abzugeben. Der personelle Ausbau korreliert auch damit, dass das Finanzamt Moabit-West 1940 die Enteignung ausgebürgerter Juden aus dem „angeschlossenen" Österreich übernehmen sollte, was eine erhebliche Zunahme des Arbeitsaufkommens bedeutete.

Ab 1937 stieg die Zahl der Ausbürgerungsfälle, die das Finanzamt Moabit bearbeitete, sprunghaft an. Dies lässt sich kaum auf verändertes Auswanderungsverhalten zurückführen. Der Hintergrund des Anstiegs ab 1937 war vor allem eine veränderte und verschärfte Ausbürgerungspraxis durch das Reichsinnenministerium und durch die Gestapo, in der sich eine Verschiebung der Ziele und Schwerpunkte in Richtung einer Massenausbürgerung jüdischer Emigranten spiegelt.

Auch die Moabiter Finanzbeamten nahmen zunehmend Einfluss auf die Verfahren. Obwohl sie formal nicht die Kompetenz hatten, Ausbürgerungen und Enteignungen von sich aus einzuleiten, nahmen die selbstbewussten Mitarbeiter des Finanzamts Moabit-West doch bald auch ihrerseits Einfluss auf die Einleitung solcher Verfahren. Wie Regierungsrat Bötcher in einem Bericht vom September 1940 rückblickend erläuterte, schlugen die Finanzbeamten in Fällen, in denen Firmen oder Grundstücke mehreren Personen gehörten, die teilweise noch nicht ausgebürgert waren, diese bei der Gestapo zur Ausbürgerung vor, um die Verfahren zu vereinfachen.[323]

Dabei konnten die Finanzbeamten einen Vorsprung an Informationen nutzen. Auf ihren Schreibtischen sammelten sich die Unterlagen über die Vermögenslage der Verfolgten und deren Veränderungen. Sie hatten einen umfassenden Überblick über Einnahmen und Ausgaben, Zu- und Abnahme der Vermögen der Emigranten. Zudem waren sie Experten im Bereich der Steuer- und Devisengesetze und konnten vor dem Hintergrund der individuellen Vermögensinformationen griffige Verfolgungsszenarien entwickeln, die erheblich dazu beitrugen, dass die Verfolgten kriminalisiert wurden. In diesem Zusammenhang trugen Richtlinien aus dem Reichssicherheitshauptamt erheblich dazu bei, die Einflussmöglichkeiten des Finanzamts Moabit-West noch einmal zu erweitern: Ab 1937 wurden steuerliche Verstöße – auch wenn sie nicht zu einer Strafverfolgung geführt hatten – zu entscheidenden Faktoren der Ausbürgerung von Juden. In ihrem ureigensten Kompetenzbereich konnten nun die Finanzbeamten Argumente für eine Ausbürgerung sammeln und zur Verfügung stellen.[324]

[323] Bericht über die Tätigkeit des Finanzamts Moabit-West vom 13.9.1940, LA-B, A Rep. 093-03, Nr. 54591; vgl. dazu Friedenberger, Finanzamt, S. 681.

[324] Geheimerlass des Reichsführers SS und Chefs der deutschen Polizei im Reichsministeri-

Ein Schlüsseldokument für das Amtsverständnis der Moabiter Beamten ist der bereits erwähnte Bericht von Regierungsrat Bötcher über die bisherige Tätigkeit des Finanzamts vom September 1940. Der darin „mitschwingende Unterton der Überheblichkeit und Arroganz" resultierte zum Teil aus der Fülle der Sondervollmachten, die das Amt besaß. Hinzu kam aber auch die Erfahrung der jahrelangen, dezidierten Machtausübung gegenüber Menschen, die in der Weimarer Republik Teil der kulturellen, politischen und akademischen Elite gewesen waren. Ihre Schicksale wurden in Moabit-West technokratisch abgewickelt. Dabei blendete Bötcher die Tatsache vollständig aus, dass das Finanzamt als Baustein eines politischen Verfolgungsapparats agierte.[325]

Als im Jahr 1938 die Zahl der Ausbürgerungsfälle auf über 1 000 anstieg und das Finanzamt an seine Kapazitätsgrenzen geriet, versuchte der Amtsleiter, dem mit Personalverstärkung zu begegnen.[326] Eine Abgabe von Kompetenzen an die lokalen Finanzämter, wie sie der Reichsführer SS schon im Dezember 1938 anregte (und wie sie später mit Beginn der großen Deportationswellen im Herbst 1941 auch durchgeführt wurde), lehnte Amtsleiter Dirks zu diesem Zeitpunkt strikt und arrogant ab mit dem Argument, den örtlichen Beamten fehlten die Sachkompetenz und die Entschlussfähigkeit.

In Österreich wurde die Verwertung jüdischer Umzugsgüter – im Gegensatz zum „Altreich", wo die Finanzämter zuständig waren – von der Gestapo abgewickelt. Diese Entscheidung fällte der stellvertretende Leiter der Staatspolizeileitstelle Wien, Karl Ebner, nachdem er zuvor mit dem Reichssicherheitshauptamt und Bötcher vom Berliner Finanzamt Moabit-West Rücksprache gehalten hatte. Nach Aussage von Ebner hatte Bötcher geraten, die Umzugsgutverwertung in Wien durch die Gestapo durchführen zu lassen.[327] Dies führte schließlich zur Einrichtung der VUGESTA, die am 7. September 1940 ihre Tätigkeit aufnahm.

Einen ersten Kompetenzverlust erfuhr das Finanzamt Moabit-West nach der Einverleibung der sudetendeutschen Gebiete im Oktober 1939. Für die Erhebung der „Judenvermögensabgabe" von Juden, die dort ihren Wohnsitz hatten, so entschied das Reichsfinanzministerium im September 1939, sollten die örtlichen Finanzämter des sudetendeutschen Gebietes zuständig sein.[328]

Dennoch konnte das Finanzamt Moabit-West auch im Sudetengau großen Einfluss nehmen. Besonders deutlich wird das beim Fall des Kohle- und Bergbaukonzerns von Ignaz Petschek. Ausschlaggebend für die „Arisierung" des

um des Innern an das Geheime Staatspolizeiamt in Berlin vom 30.3.1937, BAB, R 58, 62, Bl. 1 f.; Vgl. dazu Kap. 5.2.5 sowie Essner, Nürnberger Gesetze, S. 276, und Meinl/Zwilling, Legalisierter Raub, S. 90 f.

325 Friedenberger, Ausplünderung, S. 245; ders., Finanzamt, S. 682 f.

326 Friedenberger, Finanzamt, S. 682. Vgl. dazu auch die Statistik.

327 Anderl u. a., Arisierung, S. 110 mit Bezug auf eine Zeugeneinvernahme Karl Ebners im April 1948.

328 Runderlass des Reichsfinanzministeriums vom 9.9.1939, RStBl. (1939), S. 999.

Wirtschaftskonzerns war eine gezielt zusammengestellte Steuernachforderung der Moabiter Finanzbeamten in Höhe von 30 Millionen Reichsmark.[329]

Mit dem Beginn der Deportationen der deutschen Juden im Herbst 1941 erhielt die Reichsfinanzverwaltung den Auftrag, das bewegliche Vermögen sowie Grund-, Wertpapier und sonstiges Vermögen der Deportierten zu verwalten und zu verwerten. Die 11. Verordnung zum Reichsbürgergesetz hatte der Verwaltung und Verwertung des verfallenen Vermögens des Deportierten den Oberfinanzpräsidien übertragen. Die Dienststelle für die Einziehung verfallener Vermögenswerte beim Finanzamt Moabit-West verlor damit ihre reichsweite Aufgabe. Am 1. Januar 1942 wurde sie in die Abteilung „Personal und Organisation" des Oberfinanzpräsidiums Berlin eingegliedert und hieß dort nun „Vermögensverwertungsstelle".[330]

Damit wurde das Personal der Ausbürgerungsabteilung des Finanzamts Moabit-West vollständig in das Oberfinanzpräsidium Berlin übernommen. Es handelte sich dabei um 20 Beamte, darunter 6 Regierungsräte, sowie 80 Angestellte und Arbeiter.[331] Leiter der neuen Dienststelle wurde erneut der seit 1. Juni 1942 zum Oberregierungsrat beförderte Bötcher.[332] Er war dem stellvertretenden Gruppenleiter Oberregierungsrat Erik Jahn unterstellt. 1944 arbeiteten in der Dienststelle rund 200 Mitarbeiter.[333]

Der Leiter des Finanzamts Moabit-West hatte noch im November 1941 versucht, den Verlust seiner reichsweiten Zuständigkeit und die Verlegung seiner „Judenausbürgerungsstelle" in das Berliner Oberfinanzpräsidium zu verhindern. In einem vertraulichen Bericht vom 19. November 1941 beklagte er, dass die achtjährige Praxis und die dabei gewonnen Erfahrungen der Moabiter Dienststelle weiterhin genutzt werden sollten. Er sprach sich daher dafür aus, die Zuständigkeiten beim Finanzamt Moabit-West zu belassen oder zumindest nur wenige weitere Oberfinanzpräsidien (Wien, München, Frankfurt, Köln und Hamburg) einzubeziehen.[334]

Auch wenn Dirks offenbar vom zuständigen Ministerialdirektor Maaß vom Reichsfinanzministerium aufgefordert worden war, sein Anliegen zu formulieren,[335] hatte seine Eingabe keinen Erfolg. Dass seine Intervention ohne Reso-

[329] Zum Fall Petschek vgl. Kap. 4.

[330] Vgl. Friedenberger, Finanzamt, S. 690. Dort auch Hinweis auf die organisatorische Neugliederung der Oberfinanzpräsidien und die damit verbundene Bildung von Referaten im November 1943. Damit wurde die Vermögensverwertungs-Außenstelle als „Vermögensverwertungsstelle" dem Referat 2 der Abteilung Vermögen zugeordnet.

[331] Friedenberger, Finanzamt, S. 690.

[332] Friedenberger, Bötcher, S. 28 f.

[333] Friedenberger, Ausplünderung, S. 288.

[334] Bericht des Vorstehers des Finanzamtes Moabit-West an das Oberfinanzpräsidium Berlin vom 19.11.1941, zit. nach Friedenberger, Finanzamt, S. 691 f.

[335] Hinweis auf eine fernmündliche Anweisung von Maaß vom 21.10.1941 im Bericht des Fi-

nanz blieb, schreibt Martin Friedenberger nicht nur dem späten Zeitpunkt oder der Unbeliebtheit von Dirks zu, sondern vor allem den Interessen des Oberfinanzpräsidiums Berlin, das schon lange nach einer Gelegenheit gesucht hatte, sich die Dienststelle mit ihren Sondervollmachten einzuverleiben. Auch der Leiter der Moabiter Auswanderungsstelle Bötcher scheint zu diesem Zeitpunkt eine Eingliederung in das Oberfinanzpräsidium befürwortet zu haben. Darauf deutet zumindest der Befund hin, dass er an der Abfassung der Denkschrift Dirks' nicht mehr beteiligt war.[336]

Betrachtet man die Rolle des Finanzamts Moabit-West im Überblick, dann zeigt sich, dass die Behörde ihre Arbeit schnell auf jüdische Emigranten konzentrierte und diese als Sondergruppe gezielt in den Blick nahm. Ihre Sonderkompetenzen mussten die Moabiter Finanzbeamten dabei gegenüber zwei Seiten verteidigen. Zum einen bestand eine ständige Konkurrenz zur Innenverwaltung, zur Gestapo und zur SS, die 1934 zunächst zugunsten des Berliner Finanzamts entschieden wurde, aber bei jeder neuen Aufgabe neu aufbrach. Zum anderen mussten sich die Moabiter Finanzbeamten dagegen verteidigen, dass ihre Kompetenzen dezentralisiert werden sollten. Bald gab es Kritik seitens der anderen regionalen Finanzverwaltungsbehörden, welche die „Fälle" nur ungern nach Berlin abgaben. Seit 1938 wurden immer wieder Vorschläge vorgebracht, die Aufgaben des Finanzamts Moabit-West auf die regionalen und örtlichen Finanzbehörden des Reiches aufzuteilen. Diese Initiativen gingen teilweise von regionalen Finanzbehörden aus, die die in ihren Augen langsame und unprofessionelle Arbeit der Moabiter Dienststelle kritisierten. Bezeichnender Weise kamen Vorschläge in dieser Richtung aber auch von Seiten des Reichssicherheitshauptamtes, das sich von der Dezentralisierung vermutlich eine Schwächung der fiskalischen Seite bzw. eine relative Stärkung der eigenen Position beim Zugriff auf das jüdische Vermögen erhoffte.

nanzamts Moabit-West vom 19.11.1941, vgl. dazu Friedenberger, Ausplünderung, S. 286, Fußnote 64.

336 Friedenberger, Ausplünderung, S. 286. Quellen zur Entscheidungsbildung in OFD A 2070-IV.

2. Steuerliche Diskriminierung von Juden im „Dritten Reich"

2.1 Kontinuitäten der Steuerordnung zwischen Weimarer Republik und „Drittem Reich"

Die Abgabenordnung, die Matthias Erzberger 1919/20 eingeführt hatte, geriet unter den finanzpolitischen Belastungen der Jahre nach dem Ersten Weltkrieg und angesichts der Hyperinflation in eine schwerwiegende Krise. Es gelang letztlich nicht, die Herausforderungen mit dem bestehenden Steuersystem in den Griff zu bekommen. Trotz mehrfacher Änderungen brach es 1923/24 zusammen.

Nach der Einführung der Reichsmark als neuer Währung kam es daher im August 1925 zu einer grundlegenden Steuerreform.[1] Staatssekretär Johannes Popitz, unter Finanzminister Schlieben der maßgebliche Gestalter der neuen Steuerordnung, hielt die Reform für einen völligen Neubau der Steuergesetzgebung.[2] Zwar bauten auch die neuen Steuerregelungen auf der 1919 angelegten Grundstruktur auf. Durch die Reform vom August 1925 wurden aber die Einkommensteuer, die Körperschaftsteuer, die Vermögensteuer und die Erbschaftsteuer neu geregelt. Hinzu kamen drei Gesetze über Verkehrsteuern und ein Steuerüberleitungsgesetz, das die Veranlagung bei Einkommen- und Körperschaftsteuer einem regelmäßigen Verfahren mit exakten Werten unterwarf und einheitliche Bewertungsrichtlinien schuf, die gewährleisteten, dass bestimmte Vermögensteile in unterschiedlichen Steuerarten mit dem gleichen Wert angesetzt wurden. Zudem wurde der Finanzausgleich mit den Ländern verändert. Die Steuerreform von 1925 ordnete damit das Steuerrecht und die Steuerverwaltung in Kernbereichen neu. Außerdem verminderte sie die Belastung der Steuerpflichtigen erheblich.

Ein weiterer Reformanlauf für ein „Steuervereinheitlichungsgesetz", dessen Entwurf 1927 vom Reichsfinanzministerium vorgelegt wurde, kam dann allerdings vor allem wegen des Widerstands Preußens nicht zustande, das eine völlige Entmachtung der Länder in Steuerfragen befürchtete.[3] Auch spätere Vorstöße für eine Steuervereinheitlichung führten zu keinem Ergebnis. So erklärt es sich, dass ein erheblicher Teil der Reformen, die während der NS-Zeit umgesetzt wurden, auf Entwürfe zurückging, die bereits Ende der

[1] Zur Steuerreform vom 10.8.1925 vgl. Schauer, Steuergesetzgebung, S. 62–66.
[2] Johannes Popitz in der Deutschen Juristen-Zeitung 1925, Sp. 361.
[3] Giese, Abgabenordnung, S. 38.

1920er Jahre ausgearbeitet, dann aber wegen politischen Widerstands und der Weltwirtschaftskrise nicht realisiert worden waren.

Das Weimarer Steuersystem hatte zudem eine Reihe von Charakteristika, die es für eine ideologische Aufladung anfällig machten. Mit Blick auf die spätere steuerliche Diskriminierung von Juden treten dabei vor allem vier Aspekte hervor:

Erstens wurden Steuerregelungen auch für außerfiskalische Ziele in Anspruch genommen. Klassisches Ziel von Steuern ist es, dem Staat Mittel zur Durchführung seiner Aufgaben zur Verfügung zu stellen.[4] Darüber hinaus haben Steuern in modernen Staaten aber auch eine Lenkungsfunktion. Sie füllen nicht nur die Staatskasse, sondern mit ihrer Hilfe sollen wirtschafts-, konjunktur-, wachstums- und gesellschaftspolitische Maßnahmen verwirklicht werden.[5] Bereits lange vor der Machtübernahme der Nationalsozialisten spielten soziale, seit der Weimarer Zeit auch zunehmend wirtschaftspolitische Motive für die Ausgestaltung der Steuern eine wichtige Rolle.[6] Für Steuerexperten und Steuerpflichtige war es daher nicht außergewöhnlich, dass eine Regierung Steuern dazu einsetzte, das Verhalten der Bevölkerung in eine bestimmte Richtung zu lenken sowie wirtschafts- und sozialpolitische Impulse zu geben. Das NS-Regime setzte steuerliche Maßnahmen vor allem in der Wirtschafts- und Arbeitsmarktpolitik, in der Bevölkerungspolitik, im Dienste der Kriegsvorbereitung und -durchführung, aber auch – und das war neu – für seine rassistische und rassenhygienische Politik ein.[7]

Im „Dritten Reich" bildete somit die rassistische Verfolgung ein markantes außerfiskalisches Ziel der Steuerpolitik, die dadurch auf spezifische Weise ausgedehnt wurde.[8] Die „nichtarischen" Steuerpflichtigen sollten rechtlich schlechter gestellt, sie sollten aus Deutschland vertrieben, und ihnen sollte ein möglichst großer Teil ihres Vermögens abgepresst werden.

Die charakteristische zweifache Wirkung von Steuern – erhöhte Einnahmen und eine wirtschaftliche und soziale Impulsfunktion in eine politisch gewünschte Richtung – lässt sich auch bei der steuerliche Diskriminierung von

[4] Zur allgemeinen Steuerpolitik im „Dritten Reich" vgl. auch den Überblick bei Ullmann, Steuerstaat, S. 141–176; Schauer, Steuergesetzgebung; Giese, Abgabenordnung.

[5] Vgl. Henning, Steuerpolitik, S. 197 f.

[6] Schmöckel, Rechtsgeschichte, S. 301–303.

[7] Wernsmann hebt in diesem Zusammenhang auch die absolute Stellung des Gemeinnutzgedankens in der NS-Zeit hervor, die Freiheitsrechte des Einzelnen und partikulare Interessen ausschloss. Der Rassismus und die Verabsolutierung des Gemeinnutzgedankens gelten demnach als die negativen Kehrseiten einer verhaltenslenkenden Steuerpolitik im „Dritten Reich", deren Wirkungen im wirtschaftlichen Bereich teilweise von der Forschung durchaus positiv bewertet wurden. Wernsmann, Verhaltenslenkung. Vgl. dazu auch Voß, Steuern, S. 82 f.

[8] Vgl. dazu aus juristischer Perspektive Wernsmann, Verhaltenslenkung, S. 30–42; Selmer, Steuerinterventionismus.

Juden im „Dritten Reich" beobachten, und beide Aspekte spielten für die NS-Politik eine Rolle, wie beispielsweise bei der „Judenvermögensabgabe" 1938 deutlich wird.

Zweitens hatte das deutsche Steuersystem bereits vor 1933 ein breites Instrumentarium von Lenkungssteuerverfahren durch seine zahlreichen steuerlichen Ermäßigungs- und Erlassmöglichkeiten. Verhaltenslenkende Anreize kann ein Steuersystem dadurch setzen, dass es ein bestimmtes Handeln mit Steuern belegt. In diesen Bereich gehört beispielsweise die Reichsfluchtsteuer, durch die Emigranten bei ihrer Auswanderung einmalig ein Viertel ihres Vermögens an den Staat abführen mussten. Die Reichsfluchtsteuer zielte im Ansatz darauf, von einer Auswanderung abzuschrecken. Auf die Reichsfluchtsteuer und ihre Umdeutung im „Dritten Reich" wird weiter unten im Kapitel über fiskalische Maßnahmen im Kontext der Devisen- und Auswanderungspolitik noch näher eingegangen werden.

Kennzeichnend für das deutsche Steuersystem war aber vor allem eine andere Form der verhaltenslenkenden Impulse: Es stellte für bestimmte Verhaltensformen Steuerermäßigungen in Aussicht und verringerte die Zahlungspflicht bei „Wohlverhalten". Die deutsche Steuergesetzgebung eröffnete Steuerpflichtigen bei bestimmtem Verhalten oder unter bestimmten Umständen eine Verringerung oder den Erlass einer Steuerschuld. Die Entscheidung, ob und in welchem Umfang die Erleichterung gewährt wurde, lag dabei weitgehend im Ermessen der Finanzbeamten.

Die rassistische Handhabung von Steuerermäßigungen und Billigkeitserlassen ermöglichte eine unauffällige steuerpolitische Diskriminierung von Juden, da keine neuen Gesetze mit explizit antijüdischen Formulierungen beschlossen werden mussten, vielmehr reichte eine ideologisch motivierte Praxis der Auslegung für die Verweigerung von Steuererlassen aus. Die Tatsache, dass das deutsche Steuerrecht viele Möglichkeiten für Billigkeitserlasse bot, eröffnete in den ersten Jahren der NS-Herrschaft einen Handlungsraum für eine „stillschweigende" Form der ideologischen Aufladung.

In den Steuerverfahren kann man bereits kurz nach der nationalsozialistischen Machtübernahme eine antijüdische Diskriminierung auf diese Weise konstatieren, zum einen im Bereich der aus der Weimarer Zeit fortgeführten Steuergesetze, bei deren Anwendung Juden Billigkeitserlasse systematisch verweigert wurden, zum anderen bei neu eingeführten Gesetzen wie etwa das Ehestandsdarlehen und die Beihilfen für Familien, die nur volksgemeinschaftlich „wertvollen" Familien zugute kommen sollten.[9]

Ein dritter Aspekt war die Auslegung der Steuergesetze nach dem „Wirklich-

[9] Gesetz zur Verminderung der Arbeitslosigkeit vom 1.6.1933, RGBl. I (1933), S. 323–329, Abschnitt V: Ehestandsdarlehen S. 326–329; Durchführungsverordnung vom 20.6.1933, RGBl. I (1933), S. 377–379.

keitssinn"[10]. Das Weimarer Steuersystem war im Ansatz darauf ausgerichtet, dass steuerliche Tatbestände nicht abstrakt, sondern unter Berücksichtigung ihrer Wirkung in konkreten Vorgängen beurteilt werden sollten. Enno Becker, der maßgebliche Schöpfer der Reichsabgabenordnung, hatte 1919 in § 4 der Abgabenordnung formuliert: „Bei der Auslegung der Steuergesetze sind ihr Zweck, ihre wirtschaftliche Bedeutung und die Entwicklung der Verhältnisse zu berücksichtigen."[11] Für Becker schloss die nationalsozialistische Auslegung der Steuergesetze nahtlos an diese so genannte teleologische Auslegung an. Er sah es als Fortsetzung seiner eigenen Bestrebungen an, dass nach 1933 die nationalsozialistische Weltanschauung und die „Volksanschauung" zum Ausgangspunkt für die Interpretation der Steuergesetze erhoben wurden. In den Augen des Weimarer Steuerexperten war damit ein fester Anhaltspunkt dafür etabliert, dass Steuerregelungen nicht abgehoben und realitätsfern, sondern nach ihrem „wirtschaftlichen Gehalt" interpretiert werden konnten. So resümierte er 1934 in einem Kommentar: „Das ist in meinen Augen die Krönung des Ganzen, die Sicherstellung der Entwicklung des Steuerrechts zu einem selbständigen Rechtsgebiete. Der Wirklichkeitssinn, der das gesamte Steuerrecht so stark durchströmt, hat hier einen greifbaren, bestimmten Ausdruck gefunden. Wer die Steuergesetze anwendet, soll nicht von den Begriffen, zugespitzten Formeln, noch so gelehrten abstrakten Vorstellungen, sondern von den Dingen, den Vorgängen selbst ausgehen."[12] Becker begrüßte es ausdrücklich, dass das Steuerrecht nun als Förderung der nationalsozialistischen Bewegung gesetzlich festgelegt worden war.

Als vierter Punkt kann die schwache Rechtsposition der Steuerpflichtigen genannt werden. Seit die Reichsabgabenordnung in Kraft getreten war, hatte es Kritik am defizitären Rechtsschutzsystem gegeben.[13] Zeitweise, während der Steuernotverordnungen in der Inflationszeit, war der Rechtsschutz sogar noch weiter eingeschränkt worden, was aber durch die Reform von Schlieben und Popitz 1925 zumindest teilweise wieder aufgehoben wurde. Zeitgenossen kritisierten vor allem, dass Verwaltung und Rechtsprechung in Steuerfragen in einer Hand, nämlich der der Verwaltung, lagen. Finanzgerichte waren Teil der Finanzämter und wurden zunächst teilweise später ganz von Finanzbeamten besetzt. Die Finanzbehörden widersetzten sich aber der Kritik an ihren

[10] Becker, Rechtsprechung, Sp. 475. Folgende Zitate ebd.

[11] Reichsabgabenordnung vom 13.12.1919, RGBl. (1919), S. 1993–2107, S. 1994. Die Wurzeln dieser Formulierung dürften in der Interessenjurisprudenz zu suchen sein. Beckers Stellungnahme gegen die ältere Begriffsjurisprudenz lässt sich in dieser Hinsicht in die steuerrechtliche Debatte der 1920er und 1930er Jahre einordnen, in der Steuerjuristen an der Entwicklung zur Interessenjurisprudenz arbeiteten. Vgl. dazu Schmöckel, Suche, S. 456; Schenke, Rechtsfindung, S. 95–98.

[12] Vgl. dazu auch ausführlich Voß, Steuern, S. 39–44.

[13] Vgl. dazu auch Giese, Abgabenordnung, S. 46 mit Hinweisen auf zeitgenössische Literatur.

Rechtsschutzverfahren. Auch Enno Becker hielt eine Änderung nicht für erforderlich.[14]

2.2 Erste Reformen und Ideologisierung des Steuersystems 1933–1935

Hitler kündigte in seiner Regierungserklärung am 23. März 1933 eine „nationalsozialistische Steuerreform“ an. Auch Staatssekretär Fritz Reinhardt sprach kurz nach der nationalsozialistischen Machtübernahme auf dem Deutschen Juristentag in Leipzig über eine geplante durchgreifende Veränderung des gesamten deutschen Steuersystems. Nach Reinhardts Vorstellungen sollte diese in drei Stufen vollzogen werden: Ein erster Abschnitt sollte im Oktober 1934 realisiert werden, im folgenden Jahr war dann eine zweite Stufe geplant, die unter anderem ein neues „Steuerverwaltungsgesetz“ bringen sollte, und als abschließenden Schritt sah Reinhardts Plan eine Vereinheitlichung vor, deren Elemente bis ins Jahr 1940 abgeschlossen werden sollten.[15]

Zu einer so umfassenden Umgestaltung des Steuersystems kam es während der NS-Zeit allerdings nie. Letztlich wurde nur die erste der drei angekündigten Etappen in Form des Steueranpassungsgesetzes vom Herbst 1934 vollständig realisiert, die zweite Stufe kam nur noch teilweise, die dritte gar nicht mehr zustande.

Stattdessen kann man aus heutiger Sicht andere Phasen identifizieren.[16] Bei einer ersten Welle von Einzelmaßnahmen des Jahres 1933 stand die Bekämpfung der Arbeitslosigkeit im Vordergrund. Mit dem Steueranpassungsgesetz vom Oktober 1934 setzte dann eine zweite Phase ein, in der ideologische Motive an Bedeutung gewannen und die nationalsozialistische Weltanschauung zur obersten Richtschnur der Gesetzesauslegung im Steuerbereich erhoben wurde. Die Realsteuerreform vom Dezember 1936 markiert dann den Anfang einer dritten Phase in der nationalsozialistischen Steuerpolitik, in der die Kriegsvorbereitung und -finanzierung in den Mittelpunkt traten. Nach Kriegsbeginn führten die NS-Machthaber schließlich eine Reihe von zusätzlichen Steuerbelastungen für die Bevölkerung ein, so dass die Zeit des Krieges in dieser Hinsicht noch einmal als eigene Phase charakterisiert werden kann.

[14] Vgl. Enno Becker in der Deutschen Juristen-Zeitung 1926, Sp. 23 f., zit. nach Giese, Abgabenordnung, S. 46.

[15] Rede Fritz Reinhardts auf dem Deutschen Juristentag in Leipzig 1933, abgedruckt in RStBl. (1933), S. 1025 f. Vgl. dazu auch Giese, Abgabenordnung, S. 69 f.

[16] Vgl. zu der Einteilung auch Schauer, Steuergesetzgebung.

Die Steuergesetze der ersten Monate 1933, die Fritz Reinhardt zum „Generalangriff gegen die Arbeitslosigkeit" stilisierte, umfassten ein Bündel von Einzelmaßnahmen, die Investitionen anregen und die Kaufkraft der Bevölkerung steigern sollten. Auch wenn Reinhardt die Auswirkungen der Steuersenkungen zwischen 1933 und 1935 insgesamt mit rund 1,6 Mrd. Reichsmark bezifferte,[17] brachten die Änderungen keine wesentlichen Steuersenkungen oder Entlastungen für die breite Masse der Steuerpflichtigen. Weit höher ist aber die symbolische Wirkung der Maßnahmen einzuschätzen. Es gelang dem NS-Regime den Eindruck zu vermitteln, dass die Arbeitslosigkeit durch steuerliche Maßnahmen erfolgreich bekämpft werde. Dieser Eindruck trug erheblich dazu bei, die Herrschaft der nationalsozialistischen Regierung auszuweiten und zu festigen.[18]

Von Anfang an trugen die steuerlichen Änderungen auch die Signatur der nationalsozialistischen Ideologie. Die Förderung von Haushaltsgehilfinnen beispielsweise diente dazu, Frauen aus anderen Berufsfeldern herauszunehmen. Dies bedeutete auf der einen Seite, dass Männer auf die frei werdenden Arbeitsplätze nachrücken konnten und die Arbeitslosigkeit sank. Gleichzeitig sollten die Frauen sich durch die Tätigkeit als Hausgehilfinnen auf ihre Rolle als Hausfrau und Mutter vorbereiten.[19]

Bereits im Herbst 1933 setzte im Reichsfinanzministerium auch eine rege Planungsaktivität ein, die auf eine umfassende Steuerreform zielte.[20] Auf Anweisung des Staatssekretärs Reinhardt begann das Referat 12 unter Leitung von Ministerialrat Trapp, das in der Steuerabteilung für staats-, verwaltungs- und strafrechtliche Fragen zuständig war,[21] mit den Vorarbeiten für eine grundlegende Reform der Reichsabgabenordnung. Nachdem zunächst über Monate hinweg eine Grundrevision aller Regelungen der Abgabenordnung diskutiert worden war,[22] zeigte sich im Juni 1934, dass bis zum anvisierten Termin im Herbst des Jahres wohl nur ein kleiner Teil des Reformvorhabens umsetzbar

[17] Aufstellung der Steuersenkungen 1933–1935 von Staatssekretär Fritz Reinhardt, Frankfurter Zeitung vom 17.3.1935, zit. nach Schauer, Steuergesetzgebung, S. 78.

[18] Ebd.

[19] In diesem Sinn deutete Staatssekretär Fritz Reinhardt 1933 die Steuerbegünstigung für Hausgehilfinnen in seiner Publikation Reinhardt, Generalplan, S. 35 f. Vgl. zu steuerlichen Anreizen im Sinne einer NS-Familienideologie auch Voegeli/Willenbacher, System.

[20] Zur Vorgeschichte des Steueranpassungsgesetzes und den Planungen für eine umfassendere Steuerreform 1933/34 vgl. die ausführliche Darstellung bei Giese, Abgabenordnung, S. 69–104.

[21] Ministerialrat Trapp war spätestens seit 1926 für diese Fragen im Reichsfinanzministerium zuständig und behielt seinen Aufgabenbereich während der gesamten NS-Zeit. Vgl. dazu die Geschäftsverteilungspläne in BAB, R 2, 10580 (1926, 1932) und deren Auswertung bei Giese, Abgabenordnung, S. 61.

[22] Vgl. dazu die Anlage zum Schreiben Trapps vom 30.1.1934, zit. nach Giese, Abgabenordnung, S. 92.

sein würde, den Trapp unter der Bezeichnung „Steueranpassungsgesetz" veröffentlichen wollte.

Bei der ideologischen Aufladung des Steuersystems vollzog sich zwischen Januar und Juni 1934 eine entscheidende Wende. Ein erster Entwurf des Referats Trapp im Januar 1934 hatte noch die Grundsätze zur Auslegung der Steuergesetze aus der bisher geltenden Reichsabgabenordnung übernommen, wo es in § 4 hieß: „Bei Auslegung der Steuergesetze sind ihr Zweck, ihre wirtschaftliche Bedeutung und die Entwicklung der Verhältnisse zu berücksichtigen."[23] In den Entwürfen vom Juni 1934 wurde hingegen die nationalsozialistische Weltanschauung verankert. Trapp schlug nun vor, als § 1 des neuen Steueranpassungsgesetzes die Formulierung einzufügen: „Die Steuergesetze sind aus dem Geist der nationalsozialistischen Weltanschauung auszulegen."[24] Dem folgte als Absatz 2 der zitierte Satz aus der alten Reichsabgabenordnung. Ein dritter Satz in Trapps Junifassung übertrug die Auslegungsrichtlinien auch auf die Beurteilung von Tatbeständen.[25] Mit dem Bezug auf die nationalsozialistische Weltanschauung wurde eine Auslegungsrichtlinie festgeschrieben, die künftig in allen Bereichen eine Diskriminierung von Juden ermöglichte und einforderte.

Am 16. Oktober 1934 traten das Steueranpassungsgesetz und zehn weitere neue oder veränderte Steuergesetze in Kraft. Im Mittelpunkt dieser Gruppe von steuerlichen Änderungen stand die Einkommensteuer, zudem wurden am selben Tag auch die Bürgersteuer, die Körperschaftsteuer, das Reichsbewertungsgesetz, das Gesetz zur Bodenschätzung, die Vermögensteuer, die Erbschaftsteuer, die Umsatzsteuer und die Kapitalverkehrsteuer geändert bzw. neu eingeführt.[26] In der Bevölkerung erregte die Reform großes Aufsehen, weil

[23] § 4 Reichsabgabenordnung vom 13.12.1919, RGBl. I (1919), S. 1994 f. Siehe zur vergleichenden Gegenüberstellung mit den späteren Entwürfen und der Endfassung im Steueranpassungsgesetz auch Giese, Abgabenordnung, S. 95, und Blaich, Grundsätze, S. 106–108.

[24] Schreiben Trapps vom 13.6.1934, zit. nach Giese, Abgabenordnung, S. 95.

[25] Im Reichsfinanzministerium stießen die Vorschläge Trapps für den § 1 des Steueranpassungsgesetzes zum Teil auf – vorwiegend formale – Kritik. Trapp weitete in einem Entwurf vom 28.8.1934 die nationalsozialistische Weltanschauung als Maßstab auch auf Ermessensentscheidungen aus; am 1.9.1934 schlug er vor, in §1 II auch einzufügen: „Dabei sind die gesunde Volksanschauung, der Zweck und die Entwicklung der Verhältnisse zu berücksichtigen." Andere Referenten in der Steuerabteilung hielten diesen Satz für unnötig, da mit dem Bezug auf nationalsozialistische Weltanschauung in §1 I schon alles Entscheidende gesagt sei. Kritisch zum §1 III, nach dem die nationalsozialistische Weltanschauung auch für die Beurteilung von Tatbeständen herangezogen werden sollte, äußerte sich der Zollreferent und Ministerialrat Dr. Siegert. Er wandte ein, dass Tatbestandsmerkmale nur festgestellt werden könnten, aber keiner Beurteilung „entsprechend den Steuergesetzen" unterliegen könnten. Nach der Veröffentlichung des Steueranpassungsgesetzes kritisierten Steuerjuristen ebenfalls diesen Punkt. Vgl. dazu Giese, Abgabenordnung, S. 96 f., 138 f.

[26] Bürgersteuergesetz vom 16.10.1934 mit Durchführungsverordnung vom 17.10.1934,

sie insbesondere bei der Einkommensteuer erhebliche Entlastungen einführte. Lohn- und Einkommensteuer sowie Umsatz-, Kraftfahrzeug- und Grundsteuer wurden gesenkt, um die Konjunktur zu beleben.

Liest man die Paragrafen des Steueranpassungsgesetzes und anderer Steuerreformgesetze vom Oktober 1934, dann fällt eine starke Anlehnung an Weimarer Steuergesetze bis hin zur wörtlichen Übernahme von Formulierungen auf. Viele der neu eingeführten Elemente der NS-Steuerpolitik waren eine Fortsetzung der Weimarer Steuerpolitik und sind insofern als Ausbau und nicht als revolutionäre Umgestaltung des bestehenden Systems zu deuten. De facto knüpften die Planungen im Reichsfinanzministerium unmittelbar an die Vorarbeiten an, die seit 1927 geleistet worden waren. Unterteilt man die steuerliche Gesetzgebung der NS-Zeit in gesetzessystematisch immanente Fortentwicklungen auf der einen und richtungsverändernde Interventionen auf der anderen Seite, dann gehören die Reformen von 1934 weitgehend in die erste Gruppe.[27]

Die Steuerreform von 1934 brachte allerdings eine Reihe von organisatorischen Veränderungen, welche die Rechtsposition von Steuerpflichtigen und in besonderem Maße die von jüdischen Steuerpflichtigen verschlechterte. Hierzu gehörte die Beschränkung der Befugnisse der Steuerausschüsse. Dass Juden wie oben erwähnt in Steuerausschüssen generell nicht mehr mitwirken durften, bedeutete, dass sie ein zentrales Mitwirkungsrecht bei der Steuererhebung verloren, während die übrige Bevölkerung zumindest eingeschränkt noch Einflussmöglichkeiten hatte.[28] Die Möglichkeiten für die Finanzbehörden, Verfahren vor den Finanzgerichten auszusetzen, wurden ausgebaut (§ 264 I). Der Reichsfinanzhof als oberstes Finanzgericht durfte Ermessensentscheidungen der Finanzverwaltung künftig nur mehr auf ihre Rechtmäßigkeit, nicht aber auf Billigkeit oder Zweckmäßigkeit prüfen (§ 297). Es sei nicht Aufgabe des Reichsfinanzhofs, den Ermessensspielraum der Verwaltung einzuschränken oder vorzuschreiben, an welchen Gesichtspunkten die Verwaltung Fragen der Billigkeit

RGBl. I (1934), S. 985–996; Einkommensteuergesetz vom 16.10.1934, RGBl. I (1934), S. 1005–1030; Körperschaftsteuergesetz vom 16.10.1934, RGBl. I (1934), S. 1031–1034; Reichsbewertungsgesetz vom 16.10.1934, RGBl. I (1934), S. 1035–1049; Bodenschätzungsgesetz vom 16.10.1934, RGBl. I (1934), S. 1050 f.; Vermögensteuergesetz vom 16.10.1934, RGBl. I (1934), S. 1052–1055; Erbschaftsteuergesetz vom 16.10.1934, RGBl. I (1934), S. 1056 f.; Kapitalverkehrsteuergesetz vom 16.10.1934, RGBl. I (1934), S. 1058–1064. Vgl. zu diesen Gesetzen die zusammenfassende Darstellung der Änderungen bei Voß, Steuern, S. 84–93.

[27] Ähnliches gilt für das zweite Argument der „nationalsozialistischen Steuerreform“, die Kritik am Kompromisscharakter des Erzbergerschen Steuersystems, das durch „parlamentarischen Kuhhandel“ zustande gekommen sei. Blaich führt dagegen überzeugend ins Feld, dass die Weimarer Steuergesetze zumindest seit dem Regierungsantritt Brünings am 30. März 1930 nicht mehr parlamentarisch, sondern diktatorisch erlassen worden waren. Vgl. dazu Blaich, Grundsätze, S. 100.

[28] Vgl. Kap. 1.4.

oder Zweckmäßigkeit zu orientieren habe. Diese sollten vielmehr allein nach dem Maßstab der nationalsozialistischen Weltanschauung entschieden werden, hieß es in der Begründung.[29] Die Änderungen der Reichsabgabenordnung bedeuteten eine weitere Verschlechterung der Rechtsposition der Steuerpflichtigen, während sich die Befugnisse der Finanzverwaltung erweiterten.[30]

Eine zusätzliche Rechtsunsicherheit der Steuerbürger trat dadurch ein, dass das Steueranpassungsgesetz den § 10 II der Reichsabgabenordnung abschaffte und durch § 6 des Steueranpassungsgesetzes ersetzte. Diese Änderung bewirkte, dass für die Entscheidung, was als Missbrauch von bürgerlich-rechtlichen Formen und Gestaltungsmöglichkeiten geahndet wurde, von nun an allein die „nationalsozialistische Weltanschauung" als Maßstab diente. Steuerunehrlichkeit wurde nun aus dem „Geist der Volksgemeinschaft" begründet und geahndet.[31] Auch die Steuernachschau wurde verschärft.

Die NS-Propaganda, die die Einführung der „nationalsozialistischen Steuerpolitik" im Oktober 1934 begleitete, verkündete einen grundlegenden Bruch mit der bisherigen Steuerpolitik. Die Nationalsozialisten begründeten die Neuheit ihres Besteuerungssystems insbesondere damit, dass die nationalsozialistische Steuerpolitik den außerfiskalischen Zielen erheblich mehr Bedeutung beimesse als den fiskalischen: Das Weimarer Steuersystem sei unter fiskalischen Aspekten entwickelt worden und habe auf einen möglichst hohen Ertrag für die Staatskasse gezielt, dabei aber keine einheitliche Steuersystematik entwickelt. Die nationalsozialistische Steuerpolitik wolle hingegen das „unorganisierte Nebeneinander von Steuern" zu einem einheitlichen wirtschaftspolitischen Instrument umformen.[32]

Entgegen dieser Behauptung hatten wirtschafts- und sozialpolitische Ziele aber, wie erwähnt, schon in der Weimarer Zeit eine zentrale Rolle für die Steuergestaltung gespielt.[33] Die NS-Propaganda behauptete hier einen Richtungswechsel, der sich in der historischen Rückschau nicht bestätigen lässt. Was sich in einigen Bereichen ganz grundlegend änderte, war allerdings der Inhalt der außerfiskalischen Ziele. Die nationalsozialistische Steuerpolitik war auf rassistische Grundsätze ausgerichtet.

Hinter der ersten Stufe der nationalsozialistischen Steuerreform stand vor allem ein ideologisches Motiv.[34] Dass dieses letztlich ausschlaggebend war, darauf deutet schon der Befund hin, dass die Reform von dem neu ins Ministerium berufenen überzeugten Nationalsozialisten und „alten Kämpfer", dem Staats-

29 Begründung zum Steueranpassungsgesetz, RStBl. (1934), S. 1398 f.
30 Giese, Abgabenordnung, S. 102.
31 Vgl. dazu ebd., S. 102 f., Zitat S. 103.
32 Blaich, Grundsätze, S. 101.
33 Misera, Organisationsveränderungen, S. 67 f.
34 Blaich, Grundsätze, S. 102.

sekretär Fritz Reinhardt, vorbereitet und durchgeführt und auch nach ihm benannt wurde („Reinhardt'sche Steuerreform“).

Die ideologische Motivation Reinhardts zeigte sich auch in den „Grundsätzen nationalsozialistischer Steuerpolitik“, die er am 26. Juni 1934 in der Aula der Münchner Universität anlässlich der Vollsitzung der Akademie für Deutsches Recht erstmals verkündete. Reinhardt erhob darin die nationalsozialistische Weltanschauung zum Leitprinzip der Steuerpolitik und betonte die Bekämpfung der Arbeitslosigkeit, die Familienförderung und den Wert der persönlichen Verantwortung als wesentliche Ziele der nationalsozialistischen Steuerpolitik, Ziele, die auf den ersten Blick nicht spezifisch nationalsozialistisch anmuten, die aber im „Dritten Reich“ auf die Förderung der „arischen“ Volks- und Leistungsgemeinschaft ausgerichtet waren.[35]

Explizite rassistische Aussagen sucht man in den „Grundsätzen“ vergeblich. Indirekt aber boten vor allem der Bezug auf die nationalsozialistische Weltanschauung und eine unter diesem Vorzeichen definierte Familienförderung Anknüpfungsmöglichkeiten für die Verfolgung der Juden. Steuerliche Familienförderung etwa konnte leicht in ein Instrument rassischer Diskriminierung verwandelt werden, beispielsweise wenn festgestellt wurde, dass eine Förderung jüdischer Familien nicht im Sinne des „volkspolitischen Gedankens“ war.[36]

Von übergreifender Bedeutung für alle Steuerbereiche war der Grundsatz, dass die „nationalsozialistische Weltanschauung“ die „oberste Richtschnur der Steuerpolitik“ sein sollte. Dieser Leitsatz wurde im Oktober 1934, wie im Juni-Entwurf schon vorgesehen und nur geringfügig sprachlich verändert, im „Steueranpassungsgesetz“, das als das „steuerliche Grundgesetz“ des „Dritten Reiches“ gilt, festgeschrieben:

„1. Die Steuergesetze sind nach nationalsozialistischer Weltanschauung auszulegen.
2. Dabei sind die Volksanschauung, der Zweck und die wirtschaftliche Bedeutung der Steuergesetze und die Entwicklung der Verhältnisse zu berücksichtigen.
3. Entsprechendes gilt für die Beurteilung von Tatbeständen.“[37]

Im zweiten Paragrafen konkretisierte das NS-Steueranpassungsgesetz diesen Auslegungsgrundsatz für Ermessensentscheidungen:

„1. Entscheidungen, die die Behörden nach ihrem Ermessen zu treffen haben (Ermessens-Entscheidungen), müssen sich in den Grenzen halten, die das Gesetz dem Ermessen zieht.
2. Innerhalb dieser Grenzen sind Ermessens-Entscheidungen nach Billigkeit und Zweckmäßigkeit zu treffen.

[35] Der Reinhardtsche Steuerreform-Plan, verkündet vom Parteigenossen Fritz Reinhardt in der Vollsitzung der Akademie für Deutsches Recht am 26.6.1934 in der Aula der Universität München, RStBl. (1934), S. 753.

[36] In diese Richtung zielten auch die Publikationen des Kölner Landesfinanzamtspräsidenten Heinz Müller; Müller, Steuer; ders., Führerauslese.

[37] Steueranpassungsgesetz vom 16.10.1934, RGBl. I (1934), S. 925 f. Folgendes Zitat ebd.

3. Fragen der Billigkeit und der Zweckmäßigkeit sind nach nationalsozialistischer Weltanschauung zu beurteilen."

Keine dieser Regelungen richtete sich ausdrücklich gegen Juden. Dennoch war mit diesen Leitsätzen eine rechtliche Basis für die systematische Diskriminierung und Verfolgung von Juden mit steuerlichen Maßnahmen formuliert. Ohne dass das Wort „Jude" darin erwähnt wäre, wurden hier auf eine für die frühe NS-Herrschaft charakteristische Weise durch ein Vorschaltgesetz der Sinn und der Auslegungsrahmen für das gesamte Steuerrecht antijüdisch ausgerichtet.[38] Selbstbewusst brüstete sich die Deutsche Steuer-Zeitung damit, dass die Steuerverwaltung die erste öffentliche Verwaltung sei, die die NS-Ideologie offiziell zur Auslegungsrichtlinie erhoben habe.[39]

Vor allem bei Steuererlassfragen und Billigkeitsentscheidungen, die im Ermessensspielraum der Finanzbeamten lagen, zeigte die Auslegungsrichtlinie ihre Auswirkungen. Als das für Erlassfragen zuständige Referat in der Steuerabteilung des Reichsfinanzministeriums im August 1935 Bilanz zog, führte der Referent Illgner aus, dass gegenüber jüdischen Steuerpflichtigen „große Zurückhaltung" geübt werde.[40] Nur in vereinzelten Fällen bei langwierigen Rechtsmittelverfahren, deren Ausgang ungewiss wäre, sei man den jüdischen Steuerpflichtigen entgegengekommen. Lediglich auf den Grundsatz, bei Verlust des „überwiegenden Teils" des Vermögens Steuerermäßigungen zu bekommen, der im März 1933 in einem verwaltungsinternen Runderlass festgeschrieben worden war, konnten sich auch Juden berufen. Eine prinzipiell mögliche Pauschalbesteuerung von aus dem Ausland zugewanderten Personen für bis zu zehn Jahre wurde Juden nach Auskunft des Referats 15 nicht gewährt, ebenso wenig wie man Gesuchen auf Straferlass und Gnadengesuchen nachgab. Auch der Umsatzsteuerreferent berichtete im Sommer 1935 von einer „ausnahmslose[n] Ablehnung von Billigkeitsanträgen", sogar wenn das zuständige Finanzamt bereits Steuerfreiheit in Aussicht gestellt hatte.[41] Der Referent empfahl auch in allen Buchführungsfragen, bei Juden keine Erleichterungen zuzulassen, und stellte fest: „Hier wird innerhalb des Referats schon jetzt gegenüber Juden ein strengerer Maßstab angelegt".

In einer allgemeinen Dienstanweisung fixiert wurden diese diskriminierenden Grundsätze erstmals mit den Richtlinien für Grundsteuerbilligkeitserlasse

[38] Vgl. zur Politisierung scheinbar unpolitischer Verfahren durch vorgeschaltete Leitsätze auch Stolleis, Recht, S. 29.

[39] Krokosius, § 1 des Steueranpassungsgesetzes und die hierzu ergangene Rechtsprechung des Reichsfinanzhofes, in: Deutsche Steuer-Zeitung und Wirtschaftlicher Beobachter 24 (1935), 3.8.1935, S. 909-911, S. 909.

[40] Vermerk Reichsfinanzministerium, Referat XV, Abteilung III, betrifft „Behandlung von Gesuchen jüdischer Steuerpflichtiger", BAB, R 2, 56014, Bl. 27 f. Folgende Zitate ebd.

[41] Vermerk Referat Herting vom 22.8.1935, BAB, R 2, 56014, Bl. 15–21.

vom 19. April 1938.[42] Hier ließ der Stellvertreter des Führers einfügen, dass für „Steuergegenstände, die Juden gehören“, grundsätzlich keine Billigkeitserlasse zu gewähren seien. Einmal niedergeschrieben entfaltete die Richtlinie eine eigenständige Dynamik. Die Grundsteuer floss nicht dem Reichsfiskus zu, sondern den Gemeinden. Die Referenten im Reichsfinanzministerium fragten sich nun, ob die Verweigerung von Billigkeitserlassen nicht konsequenter Weise auch auf die Hauszinssteuer, die den Ländern zufloss, oder gar auch auf alle Reichs-, Gemeinde- und Gemeindeverbandsteuern ausgedehnt werden müsse.[43] Im Juni 1938 forderte Schwerin von Krosigk den preußischen Finanzminister auf, die Hauszinssteuer einzubeziehen, und setzte sich damit gegen die ausdrücklichen Einwände von Popitz durch.[44] Im selben Monat weitete Fritz Reinhardt die Regelung auch auf alle Reichssteuern aus.[45] In der entsprechenden Anweisung stand nun ausdrücklich: „Erlassgesuche von Juden sind grundsätzlich abzulehnen“.

Auch Aussagen von regionalen Steuerbeamten bestätigen, dass diese Auslegungspraxis bald etabliert war. So erklärte beispielsweise ein Umsatzsteuerreferent bei einer Besprechung 1939 rückblickend, dass es „ungeschriebenes Recht“ und „Verwaltungsübung“ gewesen sei, Juden grundsätzlich keine Stundungen zu gewähren und Steueraufschübe nur in seltenen Ausnahmefällen zuzulassen seien.[46]

2.3 Planungszentrum Steuerabteilung: Radikalisierungsentwürfe im Sommer 1935

Im August 1935 ließ der Direktor der Abteilung Steuer im Reichsfinanzministerium, Ministerialdirektor Otto Hedding[47], von seinen Referenten Ausarbeitungen zur „Bekämpfung des Judentums“ zusammenstellen.[48] Hintergrund war eine interministerielle Besprechung am 20. August 1935, die sich

[42] Grundsteuerbilligkeitsrichtlinien vom 19.4.1938, RStBl. (1938), S. 409 f. Vgl. dazu auch Giese, Abgabenordnung, S. 73. Vorher sind solche verwaltungsinternen Anweisungen und Richtlinien im Hinblick auf eine besondere Behandlung von Juden nicht belegt.

[43] Schreiben der Referate Zülow und Kühne an Trapp vom 25.4.1938, BAB, R 2, 56014, Bl. 101 f.

[44] Vgl. Schnellbrief des Reichsfinanzministeriums vom 12.6.1938, BAB, R 2, 56014, Bl. 103; der Vorgang wird auch geschildert bei Giese, Abgabenordnung, S. 173.

[45] Erlass des Reichsfinanzministeriums vom 16.6.1938, BAB, R 2, 56014, Bl. 104.

[46] Umsatzsteuerbesprechung beim Oberfinanzpräsidium Würzburg 1939, zit. nach Drecoll, Fiskus, S. 176.

[47] Zu Dr. Otto Hedding (1881–1960) vgl. Kap. 1.

[48] Vermerk Reichsfinanzministerium, Referat Herting, für Dir. 3 vom 22.8.1935, BAB, R 2, 56014, Bl. 15. Zu den Referenten-Papieren vgl. auch Drecoll, Fiskus, S. 165 f.

mit den Möglichkeiten für gesetzliche Maßnahmen gegen Juden befasste.[49] Auf der Chefbesprechung vom 20. August 1935, an der auch Schwerin von Krosigk teilnahm, diskutierten zwanzig Personen der Reichs- und Parteileitung angesichts der pogromartigen Ausschreitungen im Sommer 1935 darüber, wie gesetzliche Regelungen der „Judenfrage" entwickelt werden könnten, um das „gesetzlose" und „gesetzwidrige" Treiben künftig zu verhindern. Es ist nicht ganz leicht, diese Sitzung im Hinblick auf die fiskalische Judenverfolgung zu verorten, nicht zuletzt, weil aus dem Reichsfinanzministerium nur wenige Unterlagen dazu erhalten sind. Die Tatsache, dass der Finanzstaatssekretär Fritz Reinhardt am Tag nach dieser Sitzung seine Referenten aufforderte, Stellungnahmen zu steuerlichen Fragen und Maßnahmen auf dem Gebiet der Judengesetzgebung zu formulieren, legt aber einen expliziten Zusammenhang nahe.

Die in diesem „antisemitischen Ideenwettbewerb"[50] im August 1935 entstandenen Vorlagen belegen, dass bereits zu diesem Zeitpunkt, lange bevor die erste explizit antijüdisch formulierte Reform eines Steuergesetzes in Kraft trat, erhebliche Handlungs- und Interpretationsspielräume für rassistisch motivierte Schlechterstellung von Juden im Steuerrecht bestanden und Finanzbeamte in der Praxis diese Freiräume zur antijüdischen Verfolgung nutzten. Über die bestehenden Handlungsspielräume hinaus machen die Dokumente auch deutlich, in welche Richtung eine fiskalische Judenverfolgung nach Ansicht der leitenden Beamten künftig ausgebaut werden sollte. Denn die Vermerke beschreiben nicht nur den Status quo, sondern enthalten zudem Vorschläge für Gesetzesänderungen, die zu einem erheblichen Teil später auch realisiert wurden.

In diesem Zusammenhang legte beispielsweise Walter Kühne ein Konzeptpapier vor, das sich mit Vermögensteuerfragen beschäftigte.[51] Kühne entwickelte darin unter anderem Möglichkeiten, wie die jüdischen Religionsgemeinschaften, die zu diesem Zeitpunkt Körperschaften des öffentlichen Rechts und daher nicht vermögensteuerpflichtig waren, künftig zur Vermögensteuer herangezogen werden könnten. Außerdem empfahl der Referent, die Begriffe „gemeinnützig", „mildtätig" und „kirchlich" neu zu definieren, so dass jüdische Einrichtungen von der mit diesem Status verbundenen Steuerbefreiung nicht mehr profitieren könnten – eine Idee, die bereits in der Steuerreform 1934 tendenziell angelegt war und 1938 umgesetzt wurde. Auch eine Reihe weiterer Einrichtungen – darunter Wohnungs- und Siedlungsunternehmen,

49 Vgl. Adam, Judenpolitik, S. 123; Essner, Nürnberger Gesetze, S. 111 f.; Friedenberger, Ausplünderung, S. 159, Fußnote 10.

50 Aly, Volksstaat, S. 22 f.

51 Vermerk Referat Kühne, betrifft Steuerliche Behandlung der Nichtarier, vom 22.8.1935, abgedruckt in Gruner, Verfolgung, S. 479–482. Zu Dr. Walter Kühne (1892–1968) vgl. Kap. 1. Das Original sowie das Papier des Verkehrsteuerreferenten in BAB, R 2, 56014.

Pensions- und Unterstützungskassen und Versicherungen – wollte Kühne von Vergünstigungen ausschließen, sofern diese auch oder ausschließlich Juden zugute kämen. In seiner Vorlage entwickelte Kühne schließlich noch eine Reihe von Vorschlägen, wie Juden bei der Erbschaftsteuer, der Grundsteuer und der Steuerpflicht für neuerrichtete Wohngebäude stärker herangezogen werden könnten.

Doch finden sich bei Kühne auch kritische Anmerkungen dazu, ob und wie diese Maßnahmen in der Praxis umgesetzt werden könnten. So schloss er seine Ausarbeitung mit einer Reflexion über die Probleme einer solchen antijüdischen Ausrichtung des gesamten Steuersystems. Kühne resümierte:

> „Es muss darauf aufmerksam gemacht werden, dass jede Massnahme, nach der für steuerliche Zwecke die Ariereigenschaft von Personen nachzuprüfen ist, eine Komplikation des Steuerrechts darstellt. Dieses ist umso bedenklicher, je zahlreicher die Fälle werden, in denen eine solche Nachprüfung anzustellen wäre. Im übrigen würde zu entscheiden sein, wie weit die Nachprüfung anzustellen ist, ob insbesondere von jeder in Betracht kommenden Person die Taufzeugnisse bis zu den Grosseltern verlangt werden sollen.“[52]

Man kann diese Äußerungen als Reflexion über die Möglichkeiten einer verwaltungstechnischen Umsetzung von antisemitischen Leitvorstellungen und damit als konkretisierenden Vorstoß deuten, der über bloße Gedankenspiele hinausweist. Diese Interpretation verweist auf die tragende Rolle, die Verwaltungsbeamte im Verfolgungsprozess hatten, indem sie ideologische Vorstellungen in Gesetzesreformvorschläge und Verwaltungsanweisungen umsetzten. Gleichzeitig schwingt aber in den Überlegungen auch ein kritisches Moment mit, das auf eine für einen Verwaltungsbeamten charakteristische Weise – unter Hinweis auf praktische Umsetzungshindernisse – vorgebracht wurde. Was sich hier zeigt, ist eine häufig zu findende Ambivalenz zwischen treibendem und widerständigem Potential, die in Argumenten verwaltungspraktischer Art liegen konnte.[53] Im Gegensatz etwa zur Vorlage des Referats Zülow, das sich mit der Reichsfluchtsteuerfrage befasste und wo die kritischen Aspekte ebenfalls erwähnt, aber bei den einzelnen inhaltlichen Punkten jeweils kurz in Frageform hinzugefügt waren,[54] bündelte Kühne den kritischen Aspekt zu einem eigenen Absatz seiner Ausarbeitung, was seinem Einwand noch einmal ein eigenes Gewicht verlieh.

Auch der Referent für Verkehrsteuern Schaefer legte im August 1935 ein Konzept für eine antisemitische Ausrichtung seines Arbeitsbereiches vor. Die Ausarbeitung Schaefers wies wiederum eine ganz andere Form auf. Gleich auf den ersten Blick nimmt sie sich mit ihren zwei Seiten vergleichsweise kurz aus. Schaefer bediente sich zudem des rhetorischen Mittels, die Möglichkeiten für

[52] Zitat ebd.
[53] Vgl. zur ambivalenten Rolle der Beamtenschaft auch Mommsen, Beamtentum, S. 15.
[54] Vgl. dazu Kap. 3.1.2.

antijüdische Maßnahmen, die er in seinem Arbeitsfeld sah, alle in suggestiver Frageform zu formulieren. So lauteten die Punkte seiner Zusammenstellung etwa „Sollen Nichtarier die Händlervergünstigung behalten, insbesondere sollen sie in der Händlerliste eingetragen bleiben (§ 24 KVG)?" oder „Sollen die Steuervergünstigungen bei Umwandlung von Kapitalgesellschaften auch nichtarischen Gesellschaftern gewährt werden?" usw. Diese Fragen, die gemäß der antisemitischen Ideologie stets mit „nein" zu beantworten waren, sind ebenfalls getragen von der bereits erwähnten Ambivalenz zwischen den neuen, konkretisierenden Vorschlägen und der suggestiven Sogkraft durch die stets gleich lautende ideologisch erwartete Antwort auf der einen Seite und ein gewisses Maß an Offenheit auf der anderen Seite, das in der Fragenform zum Ausdruck kommt.

Am Ende seiner Ausarbeitung gab Schaefer ähnlich wie Zülow und Kühne zu bedenken, dass die Nachprüfung, ob eine Person „Nichtarier" sei, nicht immer einfach sei: „Die Frage, ob nichtarische Personen durch einen Billigkeitserlass begünstigt werden, wird in vielen Fällen schwer zu beantworten sein, insbesondere dann, wenn der Antragsteller eine Gesellschaft, vor allem eine Kapitalgesellschaft ist, an der auch Nichtarier beteiligt sind. Ob an einer Gesellschaft Nichtarier beteiligt sind, wird sich nicht immer einwandfrei feststellen lassen, insbesondere bei Gesellschaften, deren Aktien an der Börse gehandelt werden."

Gegenüber den bisher erwähnten Ausarbeitungen zeigte das Papier des Referenten für Einkommensteuer einen etwas anderen Charakter. Der berichterstattende Beamte Walter Blümich wählte die Aussageform und listete eine ganze Reihe „Massnahmen gegen Nichtarier" auf, die nach seiner Ansicht schon zum gegenwärtigen Zeitpunkt ohne Gesetzesänderung möglich waren:[55] So sollten jüdische Steuerzahler ihre Kirchensteuer nicht mehr auf die Einkommensteuer anrechnen können.[56] Weitere Möglichkeiten für antijüdische Steuerpraxis boten sich nach Blümichs Ansicht bei der Festsetzung von Pauschalbeträgen, die möglichst negativ für die „nichtarischen" Personen festgelegt werden sollten.[57] Auch bei einer Steuerermäßigung wegen „besonderer wirtschaftlicher Verhältnisse" (§ 33 EStG) sei „ein besonders strenger Maßstab anzulegen und die Ermässigung möglichst niedrig zu halten", bei Rahmensteu-

[55] Vermerk Referat 7 für den Abteilungsdirektor vom 22.8.1935, BAB, R 2, 56014, Bl. 2 f. Folgende Zitate ebd. Verkürzter Abdruck in Friedenberger, Blümich, Dokument 104, S. 263.

[56] Voraussetzung hierfür war, dass jüdische Gemeinden nicht mehr Körperschaften des öffentlichen Rechts wären. Deren Status war 1935 in einzelnen Ländern unterschiedlich geregelt, daher bot sich hier auch 1935 regional in unterschiedlichem Maße ein Einfallstor für steuerliche Schlechterstellung, wie die Vorlage bemerkte.

[57] Die Vorschläge bezogen sich auf § 30 EStG (Besteuerung von Auslandsbeziehungen) und § 31 EStG (Pauschalbesteuerung bis zur Dauer von 10 Jahren bei zuziehenden Ausländern).

ersätzen für außerordentliche Einkünfte (§ 34 EStG) sei „möglichst der höchste Satz anzuwenden“.

Darüber hinaus schlug Blümich zwei Gesetzesänderungen vor: Zum einen erörterte er die Abschaffung von Kinderermäßigungen für „nichtarische“ Steuerpflichtige „aus bevölkerungspolitischen Gründen“. Allerdings befürchtete der Referent in seiner Vorlage vom Sommer 1935 „aussenpolitische Rückwirkungen“ bei einer entsprechenden Gesetzesänderung und befürwortete zu diesem Zeitpunkt eher eine alternative Lösung, wonach alle Steuerpflichtigen die gleichen Steuerfreibeträge für Kinder haben, aber „Nichtarier“ höhere Einkommensteuer-Tarife zahlen sollten. Realisiert wurden eine Streichung von Kinderfreibeträgen und die Aufhebung von Steuererleichterungen für Ehegatten erstmals in der Einkommensteuer 1937/38, ein neuer Steuerstatus für alle Juden auf rassistischer Grundlage trat mit der Einkommensteuerreform vom Dezember 1938 in Kraft.

Eine andere mögliche Maßnahme sah Blümich darin, die jüdische Kirchensteuer generell für nicht abzugsfähig zu erklären – unabhängig vom öffentlich-rechtlichen Status der jüdischen Gemeinden. Allerdings hielt er die Alternative, den Kultusgemeinden den Status als öffentlich-rechtliche Institutionen generell abzuerkennen, für die „bei weitem zweckmäßigere“ Lösung. Tatsächlich verloren die Kultusgemeinden am 28. März 1938 ihren Status als Einrichtungen des öffentlichen Rechts.[58]

Friedenberger gibt zu bedenken, dass die Ausarbeitung Blümichs im Vergleich zu den Darlegungen anderer Referate vergleichsweise knapp gehalten sei. Offensichtlich habe dieser „nicht sehr viel Energie in die Ausarbeitung gesteckt“.[59] Dennoch waren die Vorschläge Blümichs weitreichend und differenziert, und sie wurden in den folgenden Jahren auch in großem Umfang in die Realität umgesetzt. Vergleicht man Blümichs Papier mit den anderen Ausarbeitungen, dann fällt auch ins Auge, dass er vielfach mehrere alternative Lösungen für die Umsetzung der antijüdischen Schlechterstellung vorschlug. Im Gegensatz zu anderen Referenten, die vor allem das für und wider bei der Umsetzung eines einzigen Vorschlags erwogen, entwickelte Blümich jeweils mehrere Varianten. Zudem fehlen in seiner Vorlage jene organisationstechnischen Bedenken, wie sie sich beispielsweise bei seinen Kollegen Zülow, Kühne und Schäfer finden.

Der Leiter des Referats 9, Ministerialrat Detlef Herting, der für die Umsatzsteuer zuständig war, schlug in einer umfangreichen Ausarbeitung vom August 1935 vor, die Umsatzsteuerbefreiung für Agenten, Makler, Privatgelehrte, Künstler und Schriftsteller bei jüdischen Steuerpflichtigen nicht mehr anzu-

[58] Voß, Steuern, S. 145 f.
[59] Friedenberger, Blümich, S. 261.

wenden.[60] Herting, der erst seit Juli 1935 das Referat übernommen hatte,[61] ging in seinem Papier von allen Referenten am weitesten, indem er unverhüllt seine Überzeugung aussprach, dass bei steuerlicher Diskriminierung gegen Juden auch ein Handeln gegen den Gesetzestext legitim sei. „Die Frage der Einschränkung der Befreiung [von Steuern] ist eine politische", schrieb er. „Soweit es sich um kulturelle Berufe handelt, vertritt das Referat auch hier die Auffassung, daß eine Handhabung contra legem schon heute möglich wäre." Jenseits des kulturellen Sektors, etwa bei Agenten und Maklern, hatte das Referat allerdings Bedenken, so weit zu gehen.

Anschließend zählte Herting steuerliche Maßnahmen auf, die als „Kampfmaßnahmen" benutzt werden könnten: Der Referent empfahl für alle Bereiche, in denen eine erleichterte Handhabung der Buchführung möglich war, bei Juden keine Erleichterungen zuzulassen. Wie erwähnt riet er gegenüber Juden auch zu einer ausnahmslosen Ablehnung von Billigkeitserlaßanträgen. Jüdischen Viehhändlern sollte zudem keine Befreiung vom Umsatzsteuerheft gegeben werden. Diese Maßnahmen waren nicht nur diskriminierend, sondern bedeuteten für die betroffenen jüdischen Unternehmer auch eine erhebliche Schikane bis hin zur existenziellen Gefährdung.

Herting nannte auch einige konkrete Vorschläge für Gesetzesänderungen. Sie bezogen sich vor allem auf Bereiche, in denen die betroffenen Juden die Steuermehrbelastung nicht oder nur schwer auf ihre Kunden umlegen konnten, beispielsweise Ärzte und Apotheker. Auch Branchen, in denen ein hoher Verdrängungsdruck bereits bestand, galten für ihn als Bereiche, in denen Vergünstigungen für Juden gestrichen werden konnten. Genannt wird in dem Papier als Beispiel der landwirtschaftliche Handel. Für nicht empfehlenswert hielt Herting hingegen solche Gesetzesänderungen, welche die Finanzverwaltung mit zusätzlicher Arbeit belasten würden, wie beispielsweise die Aufhebung der Steuerbefreiung des Eigenbedarfs bei landwirtschaftlichen Betrieben. Strikt wandte er sich auch gegen alle Maßnahmen, die den Export und Import behindern würden.[62]

Betrachtet man die Referentenpapiere vom Sommer 1935 im Überblick, dann wird zunächst deutlich, dass sich in den Köpfen der Beamten der Begriff „nichtarisch" als steuerrelevante Auslegungskategorie bereits fest etabliert hatte. Auch wenn die Beamten teilweise bei der konkreten Feststellung, welche

60 Vermerk Referat Herting vom 22.8.1935, BAB, R 2, 56014, Bl. 15–21.

61 Nachrichten des Reichsfinanzministeriums Nr. 30 vom 28.6.1935, BAB, R 2, 12985, Bl. 180.

62 Als „weniger empfehlenswerte Maßnahmen" stufte Hertings Vorlage folgende Bereiche ein: Das Versagen von Weiterveräußerungsbescheinigungen für den Bezug von Edelmetallen (wegen der devisenwirtschaftlichen Bedeutung), die Zurücknahme von Vergünstigen für Ölmühlen und Ölraffineriebetriebe (wohl wegen der industriepolitischen Rolle dieser Betriebe), und die Rücknahme der Umsatzsteuerbefreiung für Kraftfahrzeuge und Wasserfahrzeuge für den Export.

Person als „Nichtarier“ bzw. welcher Betrieb als „nichtarisch“ gelten sollte, Probleme sahen, hatten doch alle Vorlagen aus jenen Augusttagen die Differenz zwischen „arisch“ und „nichtarisch“ verinnerlicht.

Zudem lassen sich in den Ausarbeitungen zwei Diskriminierungsstrategien unterscheiden. Zum einen entwickelten die Referenten Vorschläge, um Juden systematisch von Steuervorteilen, die das bestehende Steuerrecht vorsah, auszuschließen: Sie sollten nicht von den familienfreundlichen Förderinstrumenten profitieren, keine Unterstützung in wirtschaftlich schwierigen Situationen erhalten und stets den härtesten Auflagen unterworfen werden, die der gesetzliche Spielraum zuließ. Erwogen wurde dazu auch, den Gesetzestext dahingehend zu ändern, dass eine gesetzliche Grundlage für die Auslegungsdifferenzierung zwischen „arischen“ und „nichtarischen“ Steuerpflichtigen geschaffen würde. Es gab aber auch Stimmen, die eine Gesetzesänderung nicht für nötig hielten, sondern unter Berufung auf die Auslegung nach „nationalsozialistischer Weltanschauung“ ein Handeln „contra legem“ für legitim hielten. Gemeinsam war diesen Ansätzen, dass sie an die bestehende Steuersystematik anknüpften und die Binnenrationalität des Steuerrechts in antisemitischem Sinne ausrichteten. In allen überlieferten Papieren vom August 1935 aus den Referaten der Abteilung III finden sich Anknüpfungspunkte zu dieser Strategie.

Daneben zeigt sich noch eine zweite Tendenz. Insbesondere in Walter Blümichs Papier wird deutlich, dass es nicht nur um eine Diskriminierung im Rahmen bestehender Steuergesetze ging, sondern auch um die Suche nach neuen steuerlichen Instrumenten im Dienst einer rassistischen Fiskalpolitik. Dazu gehörten etwa die Idee, für Juden eine eigene Steuerklasse einzuführen, und die Pläne für eine spezielle Judensondersteuer. So war es auch zunächst das Referat des Einkommensteuerexperten Blümich, in dem ab 1936 Planungen begannen, wie Juden zu einer besonderen Sondersteuer herangezogen werden könnten.

Als die so genannte Judenvermögensabgabe dann aber im November 1938 realisiert wurde, zeichnete das Vermögensteuerreferat für das Konzept verantwortlich. Diese innerministerielle Schwerpunktverschiebung war Ausdruck einer allgemeinen Umorientierung der fiskalischen Judenverfolgung, die der Tatsache geschuldet war, dass Juden immer weiter aus dem deutschen Wirtschaftsleben verdrängt worden waren und nur mit vermögensteuerlichen Instrumenten noch in großem Ausmaß ausgepresst werden konnten.

2.4 Vermögensanmeldung und „Judenvermögensabgabe" 1938

Das Postulat einer Judensondersteuer war erstmals von Hitler in seiner Denkschrift zum Vierjahresplan im August 1936 formuliert worden. Der Diktator hatte darin ein Gesetz gefordert, „das das gesamte Judentum haftbar macht für alle Schäden, die durch einzelne Exemplare dieses Verbrechertums der deutschen Wirtschaft und damit dem deutschen Volke zugefügt werden"[63]. Trotz Bedenken von Reichsjustizminister Franz Gürtner ließ Hitler in Absprache mit Reichsinnenminister Frick mit Hochdruck an einem entsprechenden Gesetzesentwurf arbeiten. Der Gedanke, das Vorhaben mittels einer Sondersteuer im Finanzressort umzusetzen, stammte vom Reichsjustizminister Gürtner, der im Dezember 1936 in einem Rechtsgutachten feststellte, dass es „der Rechtsordnung allerdings fremd" sei, eine Personengruppe haftbar zu machen, die nur durch die Zugehörigkeit zu einer Rasse zusammengehalten werde.[64] Nach seiner Ansicht bestand die einzige Lösungsmöglichkeit in einer „Sondersteuer, etwa anknüpfend an die Vermögens- oder Einkommenssteuer". Nachdem sich auch das Innenministerium und Hitler dieser Ansicht angeschlossen hatten, leitete Staatssekretär Wilhelm Stuckart seinem Amtskollegen im Reichsfinanzministerium, Fritz Reinhardt, die bisherigen Vorarbeiten weiter.[65]

In der Abteilung III des Reichsfinanzministeriums wurde – maßgeblich unter Führung von Staatssekretär Reinhardt und mit Schwerpunkt im Einkommensteuerreferat von Walter Blümich – ein Entwurf ausgearbeitet, nach dem aus Steuern von Juden eine Art Sondervermögen gebildet werden sollte.[66] Ursprünglich war geplant gewesen, das entsprechende Gesetz nach Ende des Gustloff-Prozesses zu verkünden. Das Urteil wurde allerdings bereits am 14. Dezember 1936 gesprochen. Obwohl das Reichsfinanzministerium mit Hochdruck an der Frage arbeitete und Anfang Dezember einen ersten Entwurf vorlegte, in dem vorgesehen war, von Juden Zuschläge zu Einkommen-,

63 Treue, Denkschrift, S. 210.

64 Geheime Aufzeichnung Gürtners vom 12.12.1936, zit. nach Adam, Judenpolitik, S. 114.

65 Geheimes Schreiben des Staatsekretärs Stuckart an Staatssekretär Reinhardt vom 18.12.1936. Das Dokument ist abgedruckt in Gruner, Verfolgung, Dokument 257, S. 621–623.

66 Ministerialdirektor Hedding an das Auswärtige Amt am 16.6.1937, zit. nach Adam, Judenpolitik, S. 115. Eine Abschrift des genannten Schreibens von Stuckart an Reinhardt vom Dezember 1936 ging an Blümichs Referat. Zur Beteiligung Blümichs vgl. auch die Vorlage der Referate Zülow und Kühne an Referat Trapp betr. „Judenfragen; Wunsch des Herrn Min., ein Schreiben an den RdI zu entwerfen, in dem dieser gebeten werden soll, zu einer Chefbesprechung über diese Fragen einzuladen", vom 25.4.1938, BAB, R 2, 56014. Darin findet sich die Anmerkung „Vorgänge dazu in Referat Blümich", die im Dokument nachträglich ausgestrichen wurde.

Lohn- und Vermögensteuer zwischen 5 und 17 Prozent zu erheben und daraus ein Sondervermögen zu bilden,[67] war der zeitliche Vorlauf viel zu knapp.

Im Februar 1937 bekräftigte der Beschluss einer interministeriellen Besprechung noch einmal, dass ein „Gesetz über den Ausgleich von Schäden, die dem deutschen Reich von Juden zugefügt werde" geschaffen werden sollte. Das Konzept für eine „Leistungsausgleichssteuer", das Reichsfinanzministerium und Reichsinnenministerium im Juni 1937 vorlegten, sah schon für das laufende Jahr Sonderzuschläge für Juden in der Lohn- und Vermögensteuer vor. Über die Höhe sollten sich Reichsfinanz-, Reichsinnenministerium und der Stellvertreter des Führers einigen. Die Abgaben sollten in Form eines Sondervermögens getrennt vom übrigen Vermögen des Reiches verwaltet werden.[68] Der Entwurf scheiterte dann allerdings am Veto Hitlers, weil die Situation von Juden ausländischer Staatsangehörigkeit in dem Entwurf nicht seinen Vorstellungen entsprach. Auch Göring lehnte das Gesetz zu diesem Zeitpunkt ab, weil es in seinen Augen die außenwirtschaftlichen Beziehungen gefährdete. So verschwanden die Pläne vorerst wieder in den Schubladen.[69]

Neuen Antrieb erhielt das Vorhaben ein dreiviertel Jahr später nach dem „Anschluss" Österreichs. Dort hatte der Handels- und spätere Finanzminister Hans Fischböck unter anderem einen Gesetzesentwurf gemacht, der alle Juden in Österreich dazu zwingen sollte, ihr Vermögen anzumelden. Das Vorhaben zielte darauf, „das in jüdischem Besitz befindliche Vermögen zu erfassen und damit die Grundlage für Maßnahmen zu schaffen, durch die die in jüdischen Händen befindlichen Unternehmungen in arischen Besitz überzuleiten wären", wie es in einem Aktenvermerk aus dem österreichischen Handelsministerium hieß.[70]

In den folgenden Wochen arbeiteten die österreichischen Dienststellen unter maßgeblicher Führung des Wirtschaftsministeriums einen Gesetzentwurf aus. Umstritten war dabei insbesondere die Frage, welche Dienststelle die Vermögensanmeldungen bearbeiten sollte. Im Büro von Reichskommissar

[67] Entwurf eines Gesetzes über den Ausgleich von Schäden, die dem Deutschen Reich durch Juden zugefügt werden, BAB, R 2, 31097. Vgl. zum Ablauf auch Adam, Judenpolitik, S. 114 f.; Schauer, Steuergesetzgebung, S. 160.

[68] Die Unterlagen für diesen Vorgang befinden sich in BAB, R 2, 31097. Die interministerielle Besprechung vom 18.2.1937 ist auch erwähnt im Schreiben Heddings an das Auswärtige Amt vom 16.6.1937, vgl. dazu Adam, Judenpolitik, S. 115, und Mußgnug, Reichsfluchtsteuer, S. 42 f.

[69] Vgl. dazu den Schriftwechsel in BAB, R 2, 31097, sowie Mehl, Reichsfinanzministerium, S. 58 f., Adam, Judenpolitik, S. 115 f., und Genschel, Verdrängung, S. 150.

[70] Aktenvermerk betr. Gesetz über die Anmeldung des Vermögens der Juden vom 31.3.1938, zit. nach Safrian, Recht, S. 252. Vgl. zu den Ereignissen im Frühjahr 1938 auch Safrian, Beschleunigung, S. 72 f.

Bürckel war man der Ansicht, dass die Anmeldung von vornherein dezentral organisiert werden müsse. Nur so sei die Gewähr gegeben, dass die Anmeldungen und Anträge unverzüglich am Ort überprüft werden könnten. „Gerade auf dem Bereich, der durch die vorliegenden Gesetze geregelt werden soll, kann es auf Grund der Kenntnisse der beteiligten Personen und Verhältnisse erforderlich sein, durch Sofortmaßnahmen einzugreifen. All dies kann nur eine mit den örtlichen Verhältnissen nahest vertraute Dienststelle regeln“, hieß es in einer Stellungnahme von Bürckels Kommissariat. Konkret hatte der zuständige Sachbearbeiter die Landeshauptmänner als mögliche Abwicklungsinstanz im Blick.[71]

Mit diesem Ansinnen setzte sich Bürckel aber in Österreich nicht durch. Als Hermann Göring die Initiative aufgriff und sie zur „Verordnung über die Anmeldung des Vermögens von Juden“ mit reichsweiter Geltung ausweitete, wurden die Anmeldungen in Österreich durch die speziell für diesen Zweck eingerichtete Vermögensverkehrsstelle im österreichischen Handelsministerium zentral abgewickelt, die anschließend auch die „Arisierung“ organisierte. Im „Altreich“ hingegen übernahmen die regionalen Innenverwaltungen die Bearbeitung.

Die verwaltungstechnische Umsetzung bedeutete weit mehr als eine organisatorische Marginalie. Sie war vielmehr kennzeichnend für ein Strukturmerkmal, das die österreichische „Arisierung“ von der im „Altreich“ unterschied. Während in Österreich für die Durchführung der Enteignung jüdischen Eigentums zentrale Staatsstellen eingesetzt und großenteils auch neu geschaffen wurden, übernahmen im „Altreich“ bestehende dezentrale Verwaltungsorgane die Abwicklung. Im Falle der Vermögensanmeldung ging es dabei um Stellen der Innenverwaltung. Das Prinzip, Enteignungen dezentral durchzuführen, wurde wenig später auch auf die Finanzbehörden übertragen.

Im April 1938 wurden die deutschen Juden aufgefordert, bis zum Juni des Jahres ihr Vermögen, sofern es 5 000 Reichsmark überstieg, anzumelden.[72] Insgesamt meldeten die Juden im „Altreich“ und in Österreich ein Vermögen von 7,123 Milliarden Reichsmark an. Darunter befanden sich „finanzieller Besitz“ – vor allem Pensionen und Gehälter – im Wert von fast 4,5 Milliarden Reichsmark, Immobilien für über 2,3 Milliarden Reichsmark, Verbindlichkeiten in der Summe von insgesamt 1,4 Milliarden Reichsmark, Geschäftsvermögen von knapp 1,2 Milliarden Reichsmark, landwirtschaftliche Flächen im Wert von

[71] Schreiben des Reichskommissars Bürckel an den Reichsstatthalter z. Hd. Staatssekretär Wimmer vom 7.4.1938, ÖStA, AdR, 04, „Bürckel“ Materie, Karton 90, Mappe 2160/5, Bl. 35–37. Vgl. dazu auch die weitere Korrespondenz über die Gesetzesentwürfe in dem Bestand.

[72] Verordnung über die Anmeldung jüdischen Vermögens vom 26.4.1938, RGBl. I (1938), S. 414.

Tabelle 6: Umfang und Struktur der angemeldeten jüdischen Vermögen vom April 1938

	Reich gesamt (Mio. RM)	Österreich (Mio. RM)	Altreich (Mio. RM)	% Net Assets	% brutto Assets
Landwirtschaftliche Fläche	112	40	72	1,4	1,2
Immobilien	2,343	521	1,822	35,8	29,2
Geschäftsvermögen	1,195	321	874	17,2	14,0
„Angreifbares Vermögen“	400	57	343	6,8	5,5
Finanzieller Besitz (Pensionen, Gehälter)	4,481	1,356	3,125	61,5	50,1
Brutto Besitz	**8,531**	**2,295**	**6,236**	**122,7**	**100,00**
Verbindlichkeiten	1,408	253	1,155	22,7	18,5
Netto	**7,123**	**2,042**	**5,081**	**100,00**	**81,5**

Junz, Money, S. 78. Die Angabe für den durchschnittlichen Besitz ohne Pensionen und Einkommen im „Altreich“ ist geschätzt.

Tabelle 7: Durchschnitt der gemeldeten jüdischen Vermögen, April 1938

	Reich gesamt	Österreich	Altreich
Zahl der Meldenden	138 019	47 768	90 251
durchschn. Besitz netto (RM)	51 609	42 748	56 299
durchschn. Besitz ohne Pensionen/Einkommen (RM)	n.a.	28 393	42 220

rund 112 Millionen Reichsmark sowie rund 400 Millionen Reichsmark „angreifbares Vermögen“, worunter liquide Vermögensteile und Ersparnisse zählen.

Diese mit Zwang verbundene Vermögensanmeldung war – ganz im ursprünglichen Sinne Fischböcks – ein wichtiger Schritt bei der „Arisierung“ der Wirtschaft, und der im Reichswirtschaftsministerium verantwortliche Beamte Alf Krüger bezeichnete sie in einem Kommentar daher später auch als „Wegbereiter zu der völligen und endgültigen Entjudung der deutschen Wirtschaft.“[73]

Im Rückblick ist die Vermögensanmeldung aber auch als Vorbereitung zur Erhebung der „Judenvermögensabgabe“ gedeutet worden.[74] Auf den ersten

[73] Krüger, Lösung, S. 211; vgl. dazu auch Aly, Volksstaat, S. 56.

[74] So etwa bei Hilberg, Vernichtung, S. 143; Voß, Steuern, S. 149 f.; Schauer, Steuergesetzgebung, S. 161.

Blick scheint der Zusammenhang naheliegend, boten doch die Anmeldeunterlagen scheinbar genau die Informationen, welche die Finanzverwaltung für die Konzeption und Berechnung der „Judenvermögensabgabe“ im Herbst 1938 benötigte. Diese Interpretation übersieht jedoch, dass die antijüdische Sondersteuer bis in den April 1938 noch als Kombination zwischen Einkommen- und Vermögensteuer geplant war. Die Vermögenserklärungen boten somit nur für einen Teilbereich des Vorhabens Anknüpfungspunkte.

Zudem war die Reichsfinanzverwaltung in das Verfahren der Vermögensanmeldung im April 1938 organisatorisch nicht involviert. Zuständig für die Anmeldung waren wie erwähnt regionale Verwaltungsbehörden.[75] Ausgewertet wurden die Anmeldeformulare im Reichswirtschaftsministerium.[76] Das Reichsfinanzministerium wies erstmals im September 1938 die Finanzämter an, sich an einer stichprobenartigen Überprüfung der Anmeldungen zu beteiligen.[77] Man erwartete sich davon hilfreiche Hinweise für die eigene Steuererhebung. Daher kamen einzelne Unterlagen zu diesem Zeitpunkt in die Finanzämter. Vielfach mussten die Finanzämter die Unterlagen für die Berechnung der „Judenvermögensabgabe“ aber im November 1938 erst eigens anfordern, denn diese befanden sich bis zu diesem Zeitpunkt noch weitgehend bei den regionalen Verwaltungsbehörden.[78] Erst im November leiteten die obersten Verwaltungsbehörden alle Vermögensanmeldungen an die Oberfinanzpräsidien weiter, von wo sie an die zuständigen Finanzämter weitergegeben wurden. Dieser zeitliche Ablauf spricht dagegen, die Vermö-

[75] In Preußen und Bayern waren die Regierungspräsidenten, in Berlin der Polizeipräsident, in Thüringen, Hessen, Schaumburg-Lippe, Hamburg und Lippe die Reichsstatthalter, in Sachsen der Kreishauptmann, in Mecklenburg und Anhalt die Staatsminister und im Saarland und in Österreich die Reichskommissare zuständig. Vgl. Hilberg, Vernichtung, S. 128.

[76] Im Reichswirtschaftsministerium unterschied der zuständige Referent die angemeldeten Werte in „nichtantastbare“ Vermögen ausländischer Juden, „nichtangreifbare“ Vermögen nichtjüdischer Ehegatten und staatenloser Juden und einen „angreifbaren“ Teil, der sich in der Hand deutscher Juden befand. Dieser Teil umfasste 7,123 Milliarden RM. Vgl. Hilberg, Vernichtung, S. 143. Im Sommer 1938 gab Krüger – offenbar unter Einbeziehung der nicht meldepflichtigen Vermögen unter 5.000 RM – die Summe mit „rund acht Milliarden“ an. Aly, Volksstaat, S. 56.

[77] Erlass des Reichsfinanzministeriums zur Mitwirkung der Finanzämter bei der Nachprüfung der Anmeldungen der Vermögen von Juden und jüdisch Versippten vom 19.9.1938, BAB, R 2, 56014, vgl. dazu auch Meinl/Zwilling, Legalisierter Raub, S. 303.

[78] Teilweise gab es wohl eine Amtshilfe in dem Sinne, dass die Finanzämter die Richtigkeit der Angaben auf den Vermögensanmeldungen überprüfen sollten. Das fand beispielsweise in Berlin ab Ende September statt. Noch bevor aber die Finanzämter in nennenswertem Maße die Anmeldungen bearbeiteten, erging die Anordnung zur Abwicklung der Sühneleistung, und die Finanzämter mussten sich viele Vermögensanmeldungen nun erst von den Polizeibehörden (die in Berlin für die Anmeldungen zuständig gewesen waren) zuschicken lassen, um sie als Berechnungsgrundlage verwenden zu können. Vgl. Friedenberger, Ausplünderung, S. 208.

gensanmeldung als unmittelbar vorbereitende Maßnahme zur Einziehung der Judenvermögensabgabe anzusehen.

Auch wenn offenbar kein direkter Zusammenhang zwischen Vermögensanmeldung und Sondersteuerplanungen in dem Sinne bestand, dass die Anmeldeunterlagen unmittelbar für die Konzeption herangezogen wurden, griff das Reichsfinanzministerium etwa zeitgleich mit der Verordnung zur Vermögensanmeldung seine Pläne für eine Sondersteuer wieder auf. Um beim Innenministerium eine Chefbesprechung zu „Judenfragen“ anzuregen, ließ sich Reichsfinanzminister Schwerin von Krosigk kurz vor der Veröffentlichung der Anmeldeverordnung im April 1938 von seinen Referenten noch einmal deren aktuelle Vorschläge zusammenfassen.

Hierbei zeigte sich, dass innerhalb der Steuerabteilung inzwischen offenbar eine Schwerpunktverlagerung stattgefunden hatte, denn der Bericht vom 25. April 1938 stammte aus der Feder der Vermögensteuerexperten Zülow und Kühne. Blümichs konzeptionelle Vorarbeiten wurden darin zwar erwähnt, und er hatte (ebenso wie die Referenten Herting, Boruttau, Eiffler und Eylert) explizit sein Einverständnis zu der Ausarbeitung gegeben. Aber er zeichnete das Schreiben nicht mit.[79] Dass die Referate von Zülow und Kühne inzwischen die maßgebliche Koordinierungsstelle für antijüdische Fragen bildeten, wird zudem dadurch belegt, dass auch Detlef Herting sein Papier im April 1938 zunächst an Zülow leitete, wo die Unterlagen aus der Abteilung III wohl gesammelt wurden.[80] Zusammengefasst wurden die Referentenvorlagen dann beim Generalreferat der Steuerabteilung, das unter Leitung von Ministerialrat Trapp stand.

Noch im April 1938 bestanden über die Art der geplanten Sondersteuer nur unklare Vorstellungen. So hieß es in einer Besprechungsvorlage aus dem Reichsfinanzministerium: „Der Führer hat den Wunsch geäußert, ihm einen Gesetzentwurf vorzulegen, der einen solchen Sonderzuschlag [für Juden zur Einkommensteuer und Vermögensteuer] vorsieht. Seine Höhe soll beweglich sein, um bei gegebenem Anlaß (volksschädigendes Verhalten einzelner Juden) erhöht werden zu können. Das Aufkommen aus dem Zuschlag soll in ein vom RdI verwaltetes Sondervermögen fließen.“[81] Was hier beschrieben wird, hat

[79] Vorlage der Referate Zülow und Kühne an das Referat Trapp betrifft „Judenfragen; Wunsch des Herrn Min., ein Schreiben an den RdI zu entwerfen, in dem dieser gebeten werden soll, zu einer Chefbesprechung über diese Fragen einzuladen“ vom 25.4.1938, BAB, R 2, 56014, Bl. 86 f.

[80] Vermerk betr. „Judenfragen“ des Referats III/9, Herting, an das Referat Zülow vom 26.4.1938, BAB, R 2, 56014, Bl. 94.

[81] Vorlage der Referate Zülow und Kühne an Referat Trapp betr. „Judenfragen; Wunsch des Herrn Min., ein Schreiben an den RdI zu entwerfen, in dem dieser gebeten werden soll, zu einer Chefbesprechung über diese Fragen einzuladen“, vom 25.4.1938, BAB, R 2, 56014, Bl. 86 f.

mit traditioneller Steuerpolitik nicht viel gemein. Es ging vielmehr um ein flexibles und willkürlich einsetzbares, jeder normativen Kontrolle entzogenes Verfolgungsinstrument, das ausschließlich auf die Ausplünderung von Juden zielte. Dabei sollten einzelne Personen aufgrund ihres „volksschädigenden Verhaltens“ bestraft werden können. Zudem war die Bemessung der Strafhöhe in dieser Konstruktion willkürlich festsetzbar.

Die zitierte Bemerkung belegt noch zwei weitere Punkte: Erstens war es zu diesem Zeitpunkt offenbar noch unklar, welche Form die Judensondersteuer haben und in welchem Bereich sie genau verankert werden sollte. Zweitens war hier als Nutznießer der Abgabe das Reichsinnenministerium vorgesehen. Dies ist vor dem Hintergrund zu sehen, dass das Reichsinnen- und das Reichsfinanzministerium einen jahrelangen Konkurrenzkampf um die Bestimmungsmacht über das jüdische Vermögen führten.

Als am 29. April 1938 die von Schwerin von Krosigk anvisierte Ministerbesprechung unter Führung von Hermann Göring stattfand, bildete die Frage der organisatorischen Umsetzung der wirtschaftlichen Ausplünderung der Juden einen wichtigen Tagesordnungspunkt.[82] Die Mitarbeiter des Reichsfinanzministeriums sprachen sich dafür aus, Juden dazu zu zwingen, ihr Vermögen in Staatsanleihen umzutauschen. Das Verfahren entsprach der Tradition von staatlichen Enteignungen aus der Weimarer Zeit und konnte in diesem Sinne nach außen positiv dargestellt werden: Die Juden wurden nicht entschädigungslos enteignet, sondern erhielten einen Ausgleich in Form von Staatspapieren. Diese konnten sie sich zwar nicht ausbezahlen lassen, aber deren Zinsen für den Lebensunterhalt verwenden.[83] Eine solche Idee lag nahe an Hitlers Vorstellung eines staatlichen „Sondervermögens“ aus geraubtem jüdischem Eigentum. Offenbar teilte man im Reichsfinanzministerium zu diesem Zeitpunkt die juristischen Bedenken, die Reichsjustizminister Gürtner Ende 1936 geäußert hatte, nicht mehr. Damit zeichnete sich im April 1938, kurz nach der Vermögensanmeldung, die neue Entwicklungsrichtung ab: Nicht eine Sondersteuer, sondern eine Teilenteignung stand nun im Zentrum der Planungen.

Den entscheidenden Schritt zur Umsetzung des Vorhabens löste das Attentat des Juden Herschel Grünszpan auf den deutschen Botschaftsmitarbeiter Ernst vom Rath am 7. November 1938 und das daran anschließende Pogrom vom 9./10. November 1938 aus. Im zeitgenössischen Verwaltungsjargon hieß die Sondersteuer daher auch „vom-Rath-Abgabe“. Zwei Tage nach der Pogromnacht, am 12. November 1938, fand in Berlin eine Sitzung unter Vorsitz von

82 Schreiben (Abschrift) des Reichsinnenministeriums (gez. Frick) – geheim – an den BVP pp. vom 14.6.1938 mit einleitenden Ausführungen über die Ministerratssitzung vom 29.4.1938, zit. nach Adam, Judenpolitik, S. 124 f.

83 Aly, Volksstaat, S. 58 f.

Hermann Göring statt, in der die „Judenvermögensabgabe“ beschlossen wurde.

Goebbels hatte noch in einer persönlichen Besprechung mit Hitler am 11. November 1938 im Hinblick auf das Pogrom festegestellt: „Die Aktion selbst ist tadellos verlaufen. 17 Tote. Aber kein deutsches Eigentum beschädigt.“[84] In Wirklichkeit war der wirtschaftliche Schaden hoch, und er betraf in erheblichem Maße auch „Nicht-Juden“. In der erwähnten Sitzung vom 12. November 1938, zu der Göring Wirtschaftsminister Funk, Propagandaminister Goebbels, Finanzminister Schwerin von Krosigk, den Vertreter der deutschen Versicherungsgesellschaften Hilgard, Sicherheitspolizeichef Heydrich, Ordnungspolizeichef Daluege, den Vertreter des Auswärtigen Amtes Wörmann und einige andere einlud, standen daher Maßnahmen zur Behebung der entstandenen Schäden auf dem Programm.[85]

Wie Hilgard erklärte, waren im Zuge des Pogroms Fensterscheiben im Wert von sechs Millionen Reichsmark zu Bruch gegangen. Diese seien meist Eigentum des „arischen“ Hausbesitzers, nicht des jüdischen Geschäftsinhabers. Ähnlich sehe es bei anderen Schäden aus. Den gesamten Sachschaden schätzte er auf 25 Millionen Reichsmark. Heydrich ging noch einen Schritt weiter und vermutete, dass der Gesamtschaden inklusive der Steuerausfälle und anderer indirekter Verluste in die Hunderte von Millionen gehe. Es herrschte unter den Anwesenden Einigkeit darüber, dass die Juden die Lasten der Pogromnacht tragen müssten. Die Versicherungsleistungen, auf die die geschädigten Juden Anspruch gehabt hätten, wurden daher staatlich konfisziert.[86]

Nach Aussage von Hermann Göring beim Nürnberger Kriegsverbrecherprozess soll Goebbels erstmals am 10. November 1938 den Gedanken geäußert haben, von deutschen Juden eine „Buße“ durch die Gauverwaltungen eintreiben zu lassen und auf den Konten der NSDAP zu verbuchen. Göring nahm in seiner Aussage beim Nürnberger Prozess für sich in Anspruch, gegen dieses Vorhaben im Hinblick auf Goebbels’ Eigeninteressen protestiert zu haben. Hitler habe sich daraufhin Görings Meinung angeschlossen und dafür ausgesprochen, dass der Staat eine solche „Buße“ erheben und eintreiben sollte.[87]

Nach den Erinnerungen von Reichsfinanzminister Schwerin von Krosigk erfuhr der Reichsfinanzminister erstmals von Hermann Göring über die Planung der „Judensondersteuer“. Nach seinen Angaben hatte ihn Göring noch kurz vor der Sitzung am 12. November angesprochen. Der Beauftragte für den Vierjahresplan habe ihm dabei erklärt, dass das Reichsfinanzministerium „lediglich als

[84] Die Tagebücher von Joseph Goebbels, herausgegeben von Elke Fröhlich, Eintrag vom 11.11.1938, in: Teil I, Bd. 6 August 1938 – Juni 1939, S. 182 f.

[85] Hilberg, Vernichtung, S. 45–50.

[86] Juden konnten sie allerdings bei der „Judenvermögensabgabe“ anrechnen lassen.

[87] Darstellung nach Hilberg, Vernichtung, S. 45.

beteiligtes Ressort“ mitzeichnen und die technische Durchführung übernehmen solle. Göring habe mit einer Eskalation der Gewalt gedroht, falls Schwerin von Krosigk nicht zustimmen würde. Eine eigene Beteiligung an der Planung sah er im Nachhinein kaum. Er gab an, Göring habe zusammen mit Hitler die „volle Verantwortung“ für die Buße übernommen. Rückblickend stellte Schwerin von Krosigk jedoch selbstkritisch fest: „Ich deckte die Auferlegung der Buße auch mit meinem Namen.“[88]

Es waren aber nicht nur die Auswirkungen des Pogroms, die zur „Judenvermögensabgabe“ im Herbst 1938 führten. Der zeitliche Kontext lässt darauf schließen, dass für eine solche Aktion auch allgemeine fiskalische Motive ausschlaggebend waren: Die Sondersteuer der deutschen Juden sollte die Kriegspläne finanzieren helfen, denn das „Dritte Reich“ befand sich im Herbst 1938 in einer finanziellen Notlage. Es gibt zwar keine Quelle, die belegt, dass ein unmittelbarer Zusammenhang zwischen der akuten staatlichen Finanzkrise und Erhebung der „Judenvermögensabgabe“ bestand. Erst rückblickend betonte Hermann Göring, angesichts der „sehr kritischen Lage der Reichsfinanzen“ sei „Abhilfe […] zunächst durch die der Judenschaft auferlegte Milliarde und durch die Reichsgewinne bei Arisierung jüdischer Unternehmungen“ erfolgt.[89] Auch wenn wohl die eine Milliarde Reichsmark, die insgesamt durch die „Judenvermögensabgabe“ in die deutsche Staatskasse fließen sollte, einen Staatsbankrott nicht hätte verhindern können, war die „Judenvermögensabgabe“ ein wichtiger Faktor, als Ende 1938 nur unter höchster Anspannung die Krise der Staatsfinanzen abgewendet wurde.[90]

Neben dem Ausgleich der wirtschaftlichen Schäden und der Verhinderung eines Staatsbankrotts gab es aber auch allgemeine antisemitische Motive für die Erhebung der „Judenvermögensabgabe“. So sollten die Juden ganz gezielt pauperisiert werden. Das sollte dazu führen, dass sie unter schlechten Bedingungen emigrieren mussten und in den neuen Gastländern nur unter Schwierigkeiten aufgenommen wurden. Die meisten Länder hatten Auflagen für ein Mindestvermögen von Immigranten, welche die deutschen Juden immer seltener erfüllen konnten.[91] Zudem bestätigte sich in der deutschen Gesellschaft auch das ideologisch beförderte Vorurteil über Juden über deren vermeintliche Minderwertigkeit.

88 Schwerin von Krosigk, Staatsbankrott, S. 278 f.

89 Vermerk über die Sitzung des Reichsverteidigungsrates vom 18.11.1938, zit. nach Mehl, Reichsfinanzministerium, S. 69 f. Dieses Motiv wird hervorgehoben bei Aly, Volksstaat, S. 62–66, der auch die Rolle der Banken in diesem Zusammenhang betont.

90 Mehl, Reichsfinanzministerium, S. 66 f. Nach Aly erhöhten Judenvermögensabgabe, Reichsfluchtsteuer und sonstige Erlöse aus Diskriminierungen von Juden die laufenden Staatseinnahmen im Haushaltsjahr 1938/39 um mindestens neun Prozent. Vgl. Aly, Volksstaat, S. 62 f.

91 Vgl. Adam, Judenpolitik, S. 204.

Noch auf den Tag der Sitzung, den 12. November 1938, datiert die Veröffentlichung der Verordnung über die Erhebung der „Sühneleistung“ durch Göring als Beauftragtem für den Vierjahresplan im Reichsgesetzblatt.[92] „Die feindliche Haltung des Judentums gegenüber dem deutschen Volk und Reich, die auch vor feigen Mordtaten nicht zurückschreckt, erfordert entschiedene Abwehr und harte Sühne“, hieß es in der vom Vierjahresplanbeauftragten allein unterzeichneten Verordnung:

„Ich bestimme daher auf Grund der Verordnung zur Durchführung des Vierjahresplans vom 18. Oktober 1936 (Reichsgesetzbl. I S. 887) das Folgende:
§ 1
Den Juden deutscher Staatsangehörigkeit in ihrer Gesamtheit wird die Zahlung einer Kontribution von 1 000 000 000 Reichsmark an das Deutsche Reich auferlegt.
§ 2
Die Durchführungsbestimmungen erlässt der Reichsminister der Finanzen im Benehmen mit den beteiligten Reichsministern.“

Der Reichsfinanzminister hatte in der Sitzung am 12. November keine Einwände dagegen erhoben, dass die Durchführung seinem Ressort übertragen wurde. Das Reichsfinanzministerium hatte nun die schwierige Aufgabe, diese Rahmenvorgaben für die Steuerbehörden durchführbar zu machen. Das Problem bestand unter anderem darin, dass der Endbetrag festgelegt war und die Finanzbeamten eine Abgabenregelung finden mussten, die auf diese Summe hinauslief – ein Problem ohne Präzedenzfall in der Steuergesetzgebung seit 1918.[93] Eine Regelung im Rahmen der Einkommensteuer war aber für das Reich wenig attraktiv, weil das Einkommen der Juden immer weiter zurückging.[94] So blieb nur der Weg über eine Vermögensteuer. Juden sollten in vier Raten 20 Prozent ihres Vermögens an den Staat abführen, später wurde die Quote durch eine fünfte Rate auf 25 Prozent erhöht, weil die Endsumme von einer Milliarde Reichsmark anders nicht zu erreichen schien. Bei der Erhebung wurden die Vermögenserklärungen vom April 1938 zugrunde gelegt, die einen weiteren Vermögensbegriff hatten als die Vermögensteuer.[95]

Zuständig für die Konzeption und Abwicklung der Judenvermögensabgabe war im Reichsfinanzministerium in der zwischenzeitlich umstrukturierten

[92] Verordnung über die Sühneleistung der Juden deutscher Staatsangehörigkeit vom 12.11.1938, RGBl. I (1938), S. 1579.
[93] Hilberg, Vernichtung, S. 142 f.
[94] Ebd.
[95] Zum Vermögen gehörten sämtliche Werte außer persönlichen Gebrauchsgegenständen und Hausrat. Auch Kunst- und Schmuckgegenstände, Firmenwerte, Urheberrechte, Renten- und Versorgungsansprüche wurden dazugerechnet. Die organisatorischen Anweisungen des Reichsfinanzministeriums an seine nachgeordneten Behörden finden sich in der Durchführungsverordnung über die Sühneleistung der Juden vom 21.11.1938, RStBl. (1938), S. 1065, und im Runderlass des Reichsfinanzministeriums zur Judenvermögensabgabe vom 23.11.1938, RStBl. (1938), S. 1073.

Abteilung III[96] das Referat für Vermögensteuern (4) unter Leitung von Ministerialrat Martin Uhlich. Dieser hatte das Referat für Vermögensteuern erst kurz vorher von Walter Kühne übernommen, unter dessen Leitung die Planungen stattgefunden hatten und der im Juli 1938 an die Spitze des Kölner Oberfinanzpräsidiums gewechselt war.[97] Unter Uhlichs Mitarbeitern taucht eine Reihe von Namen auf, die im Zusammenhang mit späteren fiskalischen Verfolgungsmaßnahmen hervortraten, wie Walter Maedel, der später bei der Enteignung der Deportierten eine zentrale Rolle spielte, und Walter Donandt, der auch einen Kommentar zur „Judenvermögensabgabe" schrieb.[98]

Im Januar 1939 konstatierte der Berliner Regierungsrat Donandt in einem Artikel in der „Deutschen Steuer-Zeitung" mit Bezug auf die „Judenvermögensabgabe", die Finanzämter seien „im Kampf des nationalsozialistischen Reichs gegen das Judentum in vorderster Front eingesetzt".[99] Die Eintreibung der Milliarde Reichsmark, welche die deutschen Juden laut „Verordnung über die Sühneleistung der Juden" an den Staat abgeben mussten, war vom Reichsfinanzministerium an die rund 1 000 Finanzämter im Reichsgebiet übertragen worden. So konnte Walter Donandt, der im Reichsfinanzministerium an der Durchführung koordinierend beteiligt war, 1939 mit Recht erstmals pauschal alle Finanzämter in seine Aussage einbeziehen, denn überall im Deutschen Reich waren seit November 1938 örtliche Finanzbeamte damit beschäftigt, den Juden ihres Verwaltungsbezirks einen erheblichen Teil ihres Vermögens zu rauben.

Die „Judenvermögensabgabe" bildete eine tiefgreifende Zäsur in der Entwicklung der antisemitischen Maßnahmen der Finanzverwaltung. Das zeigt sich bereits darin, dass sie im Unterschied zu früheren Diskriminierungsverfahren öffentlich unverhüllt als antisemitische Strafaktion begründet war. Donandt bezeichnete sie in seinem Artikel als „die wirksamste Abwehrmaßnahme gegenüber der feindlichen Haltung des Judentums überhaupt". Die „Judenvermögensabgabe", fuhr er fort, zeige dem Judentum der Welt, „daß das Deutsche Reich seine Angriffe nicht hinzunehmen gewillt ist und Vergeltung an denjenigen Angehörigen der jüdischen Rasse nehmen wird, die seinem Zugriff unterliegen." Diese Formulierung ist nicht nur Beleg einer vollständigen Adaption der kruden ideologischen Begründung, die auch im Gesetzestext

[96] Die Umstrukturierung betraf vor allem die Ausgliederung von Organisations- und Personalfragen, vgl. dazu Kap. 1.

[97] Vgl. Geschäftsverteilungsplan 1937, BAB, R 2, 30976.

[98] Donandt war erst seit 1937 im Reichsfinanzministerium tätig. 1939 wurde er zur Wehrmacht einberufen und kam 1943 nach schwerer Verwundung zurück. 1943–1945 war er persönlicher Referent des Reichsfinanzministers Lutz Graf Schwerin von Krosigk, nach 1945 Ministerialrat im Bundesministerium für Verkehr. Vgl. dazu Friedenberger, Ausplünderung, S. 202–204.

[99] Donandt, Judenvermögensabgabe, S. 78–84, Zitat S. 79, folgende Zitate ebd.

zur „Judenvermögensabgabe“ zu lesen ist. Sie macht auch deutlich, dass sich die „Judenvermögensabgabe“ grundlegend von herkömmlichen Steuern unterschied. Losgelöst von jeder fiskalpolitischen Rationalität ging es hier nicht mehr um irgendwelche verhaltenslenkenden Impulse. Die Abgabe war allein zur „Vergeltung“ vermeintlicher Angriffe durch die „jüdische Rasse“ bestimmt. Antisemitische Motive hatte es auch früher schon in der nationalsozialistischen Steuerpolitik gegeben. Vor der „Judenvermögensabgabe“ hatte man sie jedoch in eine steuersystematische Binnenlogik eingebunden.

Zugleich zeigt der Artikel, worin die Besonderheit dieses Auftrags in organisatorischer Hinsicht lag. So übernahm die Finanzverwaltung hier erstmals eine Aufgabe der Judenverfolgung, die nicht auf ihrem sonstigen Verwaltungsprogramm basierte und für die neue Verfahren entwickelt werden mussten, denn bei der Eintreibung der „Judenvermögensabgabe“ handelte es sich nicht um eine Form der steuerlichen Diskriminierung, sondern um eine Teilenteignung von Juden zugunsten des NS-Staates. So betonte auch Donandt in seinem Artikel ausdrücklich, dass die „Judenvermögensabgabe“ keine Steuer, sondern eine „Kontribution“ sei und unabhängig von den üblichen Verfahren bei der Steuereintreibung verwaltet werden solle. Nur äußerlich, „um den Finanzämtern die Arbeit der Einziehung zu erleichtern“, werde das Verfahren an den Verwaltungsapparat der Finanzämter angepasst, die wegen ihrer Vorinformationen in Form von Steuerunterlagen und ihres flächendeckend etablierten Apparates für die Durchführung gut geeignet schienen.

Damit flossen bei der Eintreibung der „Judenvermögensabgabe“ im Herbst 1938 zwei zuvor getrennte Entwicklungslinien zusammen: Auf der einen Seite die Praxis, jüdische Steuerzahler im Rahmen der traditionellen Steuerverfahren zu diskriminieren, wie es Finanzbeamte im ganzen Reich schon seit Jahren taten, auf der anderen Seite spezielle neue Verfahren, die sich vornehmlich bzw. ausschließlich gegen jüdische Emigranten richteten und die bislang zentral vom Finanzamt Moabit-West als Sonderbehörde durchgeführt worden waren.

Bei der „Judenvermögensabgabe“ wurde erstmals ein nur gegen Juden gerichtetes, als Sondermaßnahme deklariertes Teilenteignungsverfahren durch die Finanzverwaltung flächendeckend durchgeführt. Damit begann im November 1938 eine Übergangsphase, während der das Finanzamt Moabit-West als reichsweit zuständige Sonderbehörde für antijüdische Maßnahmen an Bedeutung verlor, während gleichzeitig regionale und lokale Finanzbehörden immer mehr Aufgaben der Verfolgung übernahmen. Im Herbst 1941, mit Beginn der systematischen Deportation und der damit verbundenen vollständigen Ausplünderung der deutschen Juden, wurde das Moabiter Finanzamt schließlich im Bereich der Judenverfolgung endgültig wieder auf seine Lokalzuständigkeit herabgestuft.[100]

100 Vgl. dazu auch Kap. 1.5.

Schließlich steht die „Judenvermögensabgabe" auch im Hinblick auf die Verfolgungsmethoden an einem Übergangspunkt von der steuerlichen Diskriminierung und der Ausplünderung der Emigranten hin zu einem gezielten Vermögenszugriff auf alle deutschen Juden. Dies schlug sich wie oben erwähnt auch in einer organisatorischen Schwerpunktverlagerung nieder: Die Verwaltungsabteilungen für Vermögensteuern und für Konfiskation entwickelten sich zu den dominierenden Schaltzentralen der fiskalischen Judenverfolgung, während frühere antisemitische Impulsgeber aus dem Bereich der Einkommen- und Umsatzsteuer in den Hintergrund traten. Eine Rechtsbeschwerde vor dem Reichsfinanzhof war im Fall der „Judenvermögensabgabe" prinzipiell ausgeschlossen.[101] Dies kennzeichnet den minderen Rechtsstatus, den die Abgabepflichtigen in der Verwaltung hatten.

Die Einziehung der „Judenvermögensabgabe" sollte für die Finanzämter eine nachrangige Aufgabe sein. Insbesondere sollten aufwändige Bearbeitungen der Steuerunterlagen zu Gunsten der zahlungspflichtigen Juden vermieden werden. Am 28. November 1938 ermahnte das Reichsfinanzministerium seine regionalen Mittelbehörden: „Die Finanzämter müssen sich vor Augen halten, daß ihre sonstige Tätigkeit zur Erhöhung des Reichsteueraufkommens wichtiger und für das Reich nutzbringender ist als die Beanstandung der Vermögensanmeldung eines Juden. Ich ersuche die Finanzamtsvorsteher, die ihnen unterstellten Beamten und Angestellten auf diese Gesichtspunkte nachdrücklich hinzuweisen."[102]

Für die Finanzämter bedeutete die Abwicklung der „Judenvermögensabgabe" tatsächlich oft eine erhebliche Mehrbelastung. In Hamburg beispielsweise blieb die übrige Arbeit weit zurück, und das Finanzamt Hamburg/Rechtes Alsterufer, in dem 60 Prozent der abgabepflichtigen Hamburger Juden veranlagt waren, konnte die Belastung nur durch die Bildung einer Zentralstelle mit fünf Beamten bewältigen.[103] Für Berlin stellte das Reichsfinanzministerium einen dringenden Personalbedarf an Steuerinspektoren fest, weil die „Judenvermögensabgabe" mit dem vorhandenen Personal nicht ordnungsgemäß erledigt werden könne. Der Steuerreferent forderte daher zumindest eine befristete Verstärkung für Finanzämter, „weil sie gerade in der nächsten Zeit dauernd mit der Bearbeitung der Judenfälle (Judenvermögensabgabe, bei Auswanderung

101 Vgl. Donandt, Judenvermögensabgabe, S. 82.

102 Schreiben des Reichsfinanzministeriums an die Mittelbehörden vom 28.11.1938, StAW, Finanzamt Zeil, Sachakten (1985), 145.

103 Niederschrift einer Besprechung der Vorsteher der Hamburger Finanzämter beim Oberfinanzpräsidium Hamburg am 10.3.1939, BAB, R 2, 20785. Abdruck bei Friedenberger, Rolle, Dokument 27, S. 68 f.

Reichsfluchtsteuer)“ belastet seien.[104] In der Regel wurde die „Judenvermögensabgabe“ aber nicht von einer besonderen Stelle, sondern vom zuständigen Bezirksbearbeiter in der Veranlagungsstelle bearbeitet.[105]

Entgegen den Vorgaben, die Fritz Reinhardt für die Durchführung der „Sühneabgabe“ angeordnet hatte, waren die Finanzämter in erheblichem Maße damit beschäftigt, die Berechnungsgrundlagen zu überprüfen und gegebenenfalls zu korrigieren. Vielfach stellten Juden Anträge darauf, die Bemessungsgrundlage für die Höhe der „Judenvermögensabgabe“ zu aktualisieren. Zwischen April 1938, als die Vermögenserklärungen abgegeben worden waren, und dem November des Jahres lagen Monate massiver Diskriminierung und erheblichen Preisverfalls etwa beim Verkauf von Immobilien und Geschäften aus jüdischer Hand. Grundsätzlich war es möglich, dass die Finanzbeamten solche Anpassungen vornahmen, sie waren aber dazu nicht verpflichtet. So erklärte beispielsweise ein Würzburger Umsatzsteuerbeamter: „Ein Wert kann nicht durch den persönlichen Umstand gemildert werden, dass der Betroffene Jude ist. Insofern kann auch der tatsächliche Kaufpreis, der nach dem 12.11.1938 erzielt wurde, kein Maßstab für die Schätzung sein, da er durch persönliche und außergewöhnliche Umstände beeinflusst war (etwa Zwangsverkäufe).“[106] Der Anteil der Abgabepflichtigen, die eine Korrektur forderten, war jedoch erheblich. In München beispielsweise beantragten fast 60 Prozent der Betroffenen eine Ermäßigung.[107]

Laut Anweisung aus dem Reichsfinanzministerium mussten diese Veränderungen aber nur anerkannt werden, wenn sie vor der Pogromnacht gemeldet worden waren. Man kann davon ausgehen, dass den Beamten im Reichsfinanzministerium die Wertminderung bewusst war. Berechnungen der Reichsbank deuten darauf hin, dass die Finanzexperten in der deutschen Regierung davon ausgingen, dass sich das Vermögen in der Hand von Juden in den sieben Monaten zwischen April und November 1938 aufgrund von Ausgaben und Wertverlusten um rund 2 Milliarden Reichsmark verringert hatte.[108]

Man kann sich der Frage, wie mit dieser Wertminderung umgegangen wurde, von zwei Seiten nähern: aus der Perspektive der aggregierten Zahlen und mit Blick auf Einzelfälle. Nimmt man die statistischen Entwicklungen in den

104 Vermerk des Reichsfinanzministeriums über die Erfahrungen der Finanzämter im Bezirk des Oberfinanzpräsidiums Berlin bei der JUVA vom 16.1.1939, BAB, R 2, 14695.

105 Friedenberger, Rolle, S. 20.

106 Zitat aus einer Umsatzsteuerbesprechung im Oberfinanzpräsidium Würzburg 1939, zit. nach Drecoll, Fiskus, S. 221.

107 Drecoll, Fiskus, S. 221, Fußnote 394.

108 Junz, Money, S. 79. Sie bezieht sich dabei auf Berechnungen des Reichsbankdirektors Hjalmar Schacht für dessen Pläne zur Zwangsaussiedlung der deutschen Juden. Ähnlich argumentiert auch schon Hilberg unter Berufung auf eine Rede des Reichswirtschaftsministers Funk vom 15.11.1938. Hilberg, Vernichtung, S. 143.

Blick, dann zeigt sich, dass die Finanzbehörden Vermögensveränderungen vielfach nicht anerkannten. In München beispielsweise gingen im April 1938 gut 2 700 Vermögensanmeldungen ein. Insgesamt meldeten Münchner Juden ein Vermögen im Wert von rund 210,4 Millionen Reichsmark an, Schulden bestanden in Höhe von rund 33 Millionen Reichsmark. Rund 37,6 Millionen Reichsmark waren Betriebsvermögen, knapp 60 Millionen Reichsmark Immobilien und rund 1,2 Millionen Reichsmark land- und forstwirtschaftliches Vermögen. Der größte Teil, knapp 144,7 Millionen Reichsmark und damit rund 60 Prozent der angemeldeten Vermögenswerte, bestand aus „sonstigem Vermögen“.[109] Unter diesem Sammelbegriff verbargen sich vor allem Bankguthaben und Wertpapiere, die im Reichswirtschaftsministerium als „angreifbares Vermögen“ galten.[110]

In München nahm der Fiskus etwa einen Betrag von 50 Millionen Reichsmark durch die „Judenvermögensabgabe“ ein. Hätten die Münchner Finanzbeamten die Vermögensangaben vom April überprüft, wäre das Ergebnis gewesen, dass sich die individuelle Bemessungsgrundlage in der Regel verringert hatte, die Abgabesumme also hätte niedriger angesetzt werden müssen. Das Gesamtvermögen der Münchner Juden beispielsweise hatte sich zwischen Mai und Oktober 1938 um rund 5 Prozent verringert.[111]

Dass es aber verfehlt wäre, von der Finanzverwaltung pauschal zu sprechen, zeigen die Untersuchungen von Axel Drecoll. Zwar hatte das Reichsfinanzministerium in einem Rundschreiben vom 3. Dezember 1938 die Finanzbehörden angewiesen, dass Billigkeitsmaßnahmen bei der „Judenvermögensabgabe“ abzulehnen seien.[112] Nach Drecolls Ergebnissen leitete das Münchner Oberfinanzpräsidium Anträge auf Stundung oder teilweisen Erlass der Zahlungspflicht aber in allen untersuchten Fällen im Rahmen der gesetzlichen Ermessensfreiheit unterstützend an das Reichsfinanzministerium weiter. Die Berliner Zentrale folgte hingegen dem positiven Votum der Lokal- und Regionalbehörden nicht in allen Fällen.[113] Teilweise lehnten sie die Anträge auch ab.

Das ließe sich durch unterschiedliche Handlungsmaximen erklären. Demnach hätten sich die Münchner Beamten eher an dem traditionellen Prinzip

109 Rappl, Arisierungen, S. 143, mit Bezug auf das Statistische Handbuch der Hauptstadt der Bewegung für die Jahre 1927–1937, München 1938. Die jeweiligen Anteile an den Vermögensarten in München entsprachen in etwa der Situation im Reichsdurchschnitt, vgl. Barkai, Boykott, S. 125.

110 Rundschreiben des Reichswirtschaftsministeriums vom 28.11.1938, zit. nach Barkai, Boykott, S. 125.

111 Ophir/Wiesemann, Gemeinden, S. 51.

112 Schreiben des Reichfinanzministeriums an die Oberfinanzpräsidien vom 3.12.1938, StAM, FinA 19846.

113 Vgl. die Fallbeispiele und die Interpretation bei Drecoll, Fiskus, S. 216–219.

der Leistungsfähigkeit der Steuerpflichtigen orientiert, während ihre Berliner Kollegen die rassistischen Leitlinien in den Vordergrund gestellt hätten. Für wahrscheinlicher hält Drecoll allerdings eine andere Deutung. Denn die Vorgaben aus dem Reichsfinanzministerium waren widersprüchlich und enthielten immanente Spannungen. Insbesondere dass die jüdische Bevölkerung auf der einen Seite pauperisiert werden sollte und auf der anderen Seite genügend Mittel behalten musste, um die Auswanderung zu organisieren, bedeutete einen unaufgelösten Zielkonflikt, den die Finanzbeamten vor Ort ausgleichen mussten.

Ein weiterer Punkt, der in den Anträgen der Betroffenen häufig angesprochen wurde, war die Verrechnungsmöglichkeit von „Judenvermögensabgabe" mit anderen Steuerpflichten und Abgaben. So war es beispielsweise prinzipiell möglich, die Versicherungssumme, die den Juden aus den Schäden der Reichspogromnacht zustand und die staatlich konfisziert worden war, mit der Abgabenhöhe zu verrechnen. Schwerin von Krosigk berief sich zu seiner Verteidigung nach 1945 immer wieder auf diesen Punkt, dass er „an versteckter Stelle" der Verordnung eine Anrechungsmöglichkeit für die Versicherungsbeträge eingebaut hatte.[114] Laut Barkai bestand diese Möglichkeit aber nur auf dem Papier. De facto wurden die Schäden nie angerechnet, und die Versicherungsgelder in Höhe von insgesamt 225 Millionen Reichsmark flossen zusätzlich zur „Judenvermögensabgabe" an das Reich.[115]

Häufig konnten die Steuerpflichtigen ihre Schulden nicht in Bargeld begleichen. Der Fiskus bevorzugte zwar „ordentliche Zahlungsmittel", sah sich aber gezwungen, auch andere Vermögensgegenstände, insbesondere Wertpapiere und Grundstücke, in Zahlung zu nehmen.

Schwerin von Krosigk hatte im September 1939, als eine zusätzliche fünfte Rate eingeführt wurde, da die vier bisherigen Raten nicht für 1 Milliarde Reichsmark Gesamtsumme ausreichten, bestimmt, dass die „Sühneleistung" so lange erhoben werden sollte, bis die eine Milliarde erreicht sei.[116] Am 12. Mai 1940 wurde die „Judenvermögensabgabe" offiziell abgeschafft.[117] 1938-1939 waren gut eine Milliarde Reichsmark eingezogen worden, bis zum Mai 1940 kamen noch einmal rund 95 Millionen Reichsmark hinzu, so dass sich insgesamt eine Summe von 1,12 Milliarden Reichsmark ergab. Angesichts der zahlreichen Vermögensgegenstände, die in Zahlung genommen worden waren, dürfte der tatsächliche Wert wesentlich höher gelegen haben.

114 Schwerin von Krosigk, Memoiren, S. 191.
115 Barkai, Boykott, S. 151.
116 Schauer, Steuergesetzgebung, S. 163.
117 RGBl. I (1940), S. 566.

Tabelle 8: Einnahmen „Judenvermögensabgabe"

Jahr	Einnahmen
1938/39	498 514 808,27 RM
1939/40	533 126 504,06 RM
1940/41	94 971 184,15 RM
Summe	1 126 612 495,48 RM

Nach Mehl, Reichsfinanzministerium, S. 78.

2.5 Von der steuerlichen Diskriminierung zur gesonderten Steuerklasse für Juden

Walter Blümichs Einkommensteuerreferat war mit der Schwerpunktverlagerung in Richtung Vermögensteuer aus dem Kernbereich der fiskalischen Judenverfolgung ein Stück weit hinausgedrängt worden. Blümich selbst verließ im Juni 1938 das Reichsfinanzministerium und wechselte in die Leitung des Oberfinanzpräsidiums Düsseldorf. Kurz zuvor trat jedoch noch die erste explizit gegen Juden gerichtete Reform eines traditionellen Steuergesetzes in Kraft. Das Einkommensteuergesetz wurde dahingehend geändert, dass Einkommensteuerzahler keine Kinderfreibeträge für „Kinder die Juden sind" geltend machen konnten.[118] Für Heirats- und Geburtshilfen mussten jüdische Paare von nun an im Gegensatz zu „arischen" Empfängern Steuern zahlen.[119] Damit wurde einer der Vorschläge Blümichs zur antijüdischen Sonderbehandlung im konventionellen Steuerrecht – losgelöst von der „Judenvermögensabgabe" aber in zeitlicher Nähe – nach langem Vorlauf in die Tat umgesetzt.

Schon in den ersten Monaten der nationalsozialistischen Herrschaft hatte es erste Ansätze dazu gegeben, die Religionszugehörigkeit von Steuerpflichtigen zu erfassen. Bereits in einer Chefbesprechung am 9. August 1933 hatte Staatssekretär Fritz Reinhardt eine „Einteilung der Steuerpflichtigen nach bevölkerungspolitischen Grundsätzen" gefordert, damit man eine „differenziert angelegte Steuergesetzgebung" einführen könne.[120] Als die Finanzbeamten im Dezember 1933 damit begannen, in den Lohnsteuerkarten die Religionszugehörigkeit zu erfassen, wurde diese Maßnahmen zwar offiziell damit begründet,

[118] Gesetz zur Änderung des Einkommensteuergesetzes vom 1.2.1938, RGBl. I (1938), S. 99–102; Die Zweite Lohnsteuerdurchführungsverordnung vom 6.2.1938, RGBl. I (1938), S. 149–170, und die Richtlinien für die Veranlagung zur Einkommen- und Körperschaftsteuer vom 15.2.1938 weiteten die Regelungen auf die Lohn- und Körperschaftsteuer aus. Vgl. dazu Meinl/Zwilling, Legalisierter Raub, S. 127.

[119] Zweite Lohnsteuerdurchführungsverordnung vom 6.2.1938, RGBl. I (1938), S. 149–170.

[120] Protokoll der Chefbesprechung vom 9.8.1933, zit. nach Schauer, Steuergesetzgebung, S. 151 f.

dass die Kirchenbehörden diese Lohnsteuerkarten auch für die Erhebung der Kirchensteuer benutzen würden.[121] Aber schon im November 1933 hatte das Reichsfinanzministerium geplant, mit dem Reformgesetz 1934 Sonderregelungen in der Einkommensteuer für bestimmte Bevölkerungsgruppen einzuführen. Dieser Vorstoß, der am Veto Hitlers scheiterte, ist ein Beleg dafür, dass schon zu diesem frühen Zeitpunkt eine bevölkerungspolitische Intention für die Erfassung der Religionszugehörigkeit leitend gewesen war. Blümichs Mitarbeiter Oberregierungsrat Ernst Kaemmel hatte sich gemeinsam mit dem Berliner Einkommensteuerexperten Bacciocco 1936 in einem Kommentar erneut dafür ausgesprochen, „Nichtariern“ bestimmte Teile der staatlichen Familienförderung zu verweigern und deshalb beispielsweise Juden keine Geburtsbeihilfen mehr zu gewähren.[122]

Das Einkommensteuergesetz vom Dezember 1938 schuf hierfür eine neue gesetzliche Basis, indem es für Juden spezielle steuerliche Kategorien einführte.[123] Auch wenn die fiskalische Bedeutung dieser Gesetzesänderung deswegen eher gering blieb, weil nach dem Novemberpogrom und der anschließenden „Zwangsarisierung“ kaum mehr Juden in Deutschland in nennenswertem Umfang einkommensteuerpflichtig waren, bildete diese Gesetzesänderung steuersystematisch und verwaltungstechnisch eine entscheidende Zäsur.

Denn den herkömmlichen Steuerakten war nicht ohne weiteres zu entnehmen, ob Kinder nach der Definition der Nürnberger Gesetze als „jüdisch“ einzugruppieren waren. Die besondere Behandlung von Juden im Einkommensteuerrecht führte daher in der Praxis dazu, dass Finanzbeamte systematisch feststellen mussten, welche Kinder „Juden im Sinne des Gesetzes“ waren und welche nicht. Mit der Einkommensteuererklärung musste eine Art „Ariernachweis“ erbracht werden. Die Einführung der rassistischen Regelungen in der Einkommensteuer war damit der verwaltungstechnische Startschuss dafür, dass die Finanzämter alle Einkommensteuerzahler auf ihre „Rassezugehörigkeit“ prüfen mussten.

In Berlin riet der Einkommensteuerreferent im Oberfinanzpräsidium den Finanzamtsleitern, aus Gründen praktischer Verwaltungsvereinfachung anzunehmen, dass „Judenkinder nur die Kinder von Judeneltern“ seien. Dabei war das Kriterium die religiöse Zugehörigkeit der Eltern.[124]

Im April 1938 wies die Zentrale Steuerfahndungsstelle beim Berliner Oberfinanzpräsidium dann alle Finanzämter im Reichsgebiet an: Da die Rassenzuge-

[121] Runderlass des Reichsfinanzministeriums vom 18.12.1933, RStBl. (1933), S. 899.

[122] Kaemmel/Bacciocco, Einkommensteuergesetz, § 3, Anm. 19.

[123] Vgl. dazu Voß, Steuern, S. 152.

[124] Niederschrift über die Besprechung mit den Vorstehern der Finanzämter des Oberfinanzpräsidiums Berlin vom 5.4.1938, BAB, R 2, 20776, vgl. dazu ausführlicher Friedenberger, Ausplünderung, S. 165 f.

hörigkeit aus den Steuerakten häufig nicht zu ersehen sei – die Juden gäben dort die Kirchengemeinschaft an, bei der sie Kirchensteuer zahlen –, sollten die lokalen Finanzbeamten mit Hilfe der Kultusgemeinden alle Personen ermitteln, die seit dem 1. Januar 1933 aus der jüdischen Religionsgemeinschaft ausgeschieden seien. Diese galten nach rassischen Kriterien als „Juden", waren aber nicht über eine laufende Mitgliedschaft in der jüdischen Gemeinde zu erfassen. Auch für die Frage der Reichsfluchtsteuer könne eine so erstellte Liste wertvoll sein.[125] In Berlin schlossen sich die Finanzbeamten auch mit Bezirksämtern kurz, um möglichst viele Informationen über den Rassestatus ihrer Steuerpflichtigen zu erhalten. In den Bezirksämtern wurden Unterlagen von Polizei und Ortsgruppen der NSDAP zusammengeführt.

Die lokalen Initiativen der Finanzämter, die sich in Folge der Einkommensteuerregelung entwickelten, versuchte das Reichsfinanzministerium bald wieder einzudämmen. Wie Friedenberger festhält, wollte die Berliner Zentrale die zusätzliche Dynamik eingrenzen, die durch eine eigenständige Rechtsauslegung seitens der örtlichen Finanzämter zustande gekommen wäre. Unter Hinweis auf bevorstehende weitere Regelungen sollte ein Aktionismus einzelner Ämter verhindert werden. Friedenberger führt dies auch auf Walter Blümich zurück, der zu diesem Zeitpunkt das Einkommensteuerreferat im Ministerium leitete. Erst nach dessen Ernennung zum Oberfinanzpräsidenten von Düsseldorf sei das Einkommensteuerreferat allmählich auf die konforme Linie der anderen Abteilungen des Reichsfinanzministeriums eingeschwenkt.[126]

In den folgenden Jahren wurden die Einkommensteuerregelungen weiter mit rassistischer Ausrichtung verschärft und weitere Vorhaben, die zu Blümichs Zeiten vorgeschlagen worden waren, in die Realität umgesetzt. So legte die Einkommensteuerreform vom Februar 1939 fest, dass Juden grundsätzlich in die Steuergruppe I mit den höchsten Abgaben einzureihen seien, unabhängig von ihrem Familienstand und ihrer Kinderzahl. Nur wenn sie eheliche Kinder hatten, „die nicht Juden" waren, erhielten sie eine Kinderermäßigung, die der von ledigen Elternteilen entsprach.[127] Damit führte das NS-Regime endgültig eine eigene Steuerklasse für Juden ein.

Ab 1940 wurde zudem eine „Sozialausgleichsabgabe" von Juden erhoben. Der dafür zuständige Oberregierungsrat Josef Oermann verfasste hierzu den einschlägigen Kommentar, in dem er auf äußerst zynische Weise begründete, warum die Sozialausgleichsabgabe, die im August 1940 zunächst für polnische Arbeitskräfte erhoben worden war, im Dezember des Jahres auf Juden

125 Schreiben der Zentralen Steuerfahndungsstelle beim OFP Berlin an die Finanzämter vom 23.4.1938, zit. nach Friedenberger, Ausplünderung, S. 166 f.

126 Friedenberger, Ausplünderung, S. 170 f.

127 Einkommensteuer-Änderungsgesetz vom 17.2.1939, RGBl. I (1939), S. 283–296; Einkommensteuergesetz vom 27.2.1939, RGBl. I (1939), S. 297–320.

ausgeweitet wurde: Die Sozialausgleichsabgabe solle bei Personen, die nicht wie „deutsche Volkszugehörige" durch Beiträge und Spenden belastet seien und nicht zum Wehrdienst herangezogen würden, einen „angemessenen Ausgleich" schaffen.[128] Man muss sich vor Augen halten, dass zu dem Zeitpunkt, als die Sozialausgleichsabgabe in Kraft trat, Juden keine freie Erwerbstätigkeit mehr ausüben konnten. Wenn Juden zu diesem Zeitpunkt gegen Lohn „arbeiteten", dann handelte es sich in der Regel um Zwangsarbeit.[129]

2.6 Steuerpolitik gegen jüdische Einrichtungen

Nicht nur Einzelpersonen waren von den antijüdischen Maßnahmen und Verfahren der Finanzbehörden betroffen. Auch Einrichtungen der jüdischen Gemeinden bekamen sie zu spüren. Die Ausgrenzung von jüdischen Einrichtungen aus steuerlichen Vergünstigungen war dabei eine frühzeitig diskutierte Maßnahme, die in gewissem Maße als Schrittmacher für weitere Diskriminierungen auch gegen Personen diente.

Bereits das Steueranpassungsgesetz vom Oktober 1934 brachte für jüdische Gemeinde- und Sozialeinrichtungen erhebliche Verschlechterungen. Hier waren in §§ 17–19 die Begriffe „gemeinnützig" und „kirchlich" neu gefasst und auf das „Wohl der deutschen Volksgemeinschaft" bezogen worden. Dies bot eine Grundlage dafür, Einrichtungen der jüdischen Gemeinde und jüdische Wohlfahrtseinrichtungen von den steuerlichen Vorteilen, die ihnen bisher zugestanden hatten, auszuschließen,[130] was für die jüdischen Sozialeinrichtungen nicht selten existenziell gefährdend war.

Da die Eigenschaften „mildtätig", „gemeinnützig" und „kirchlich", welche die Steuerbefreiung begründeten, jüdischen Einrichtungen grundsätzlich nicht mehr zugestanden werden sollten, entwickelte das zuständige Referat im Reichsfinanzministerium im August 1935 wie erwähnt Verfahrensvorschläge hierzu.[131] Die Steuerbefreiung von Unternehmen, „die ausschliesslich der jüdi-

[128] Oermann, Sozialausgleichsabgabe, S. 40. Zu Oermann vgl. auch die knappe Skizze von Schilde, Oermann.

[129] Oermanns Kommentar erschien in der „Bücherei des Steuerrechts", die Staatssekretär Fritz Reinhardt herausgab und deren Bände als ideologische Leitpublikationen der NS-Diktatur galten. Oermann war in dieser Reihe schon zuvor als Autor hervorgetreten, insgesamt veröffentlichte er dort sechs Abhandlungen. Einkommensteuer (Bd. 12 zusammen mit Meuschel); Die Bürgersteuer (Bd. 20); Die Kriegssteuern (Bd. 22 zusammen mit Meuschel); Bürgersteuer in der Rechtsprechung (Bd. 31); Oststeuerhilfeverordnung. (Bd. 40, zusammen mit Reinhardt und Meuschel); Sozial-Lohnausgleichsabgabe, Ostarbeiter (Bd. 47).

[130] Voß, Steuern, S. 145.

[131] Vermerk Reichsfinanzministerium vom 22.8.1935, BAB, R 2, 56014.

schen Rasse zugute kommen", sollten nicht mehr unter die Begriffe „kirchlich" oder „gemeinnützig" fallen (§§ 17 und 19 Steueranpassungsgesetz). Hierzu gehörten beispielsweise Jugend- und Sportvereine und Kultureinrichtungen.[132] Als Grenzfälle wurden Wohnungs- und Siedlungsunternehmen angesehen, die zwar auf jüdischen Stiftungen basierten, in deren Wohnungen und Häusern aber keine Juden wohnten. Steuer- und Pensionskassen jüdischer Unternehmen, von denen Juden profitierten, sollten ebenfalls von der sonst in diesem Bereich üblichen Steuerbefreiung ausgenommen werden.

Schwieriger war es mit dem Begriff „mildtätig", der ebenfalls im Steueranpassungsgesetz als Begründung für Steuerbefreiung genannt wurde (§ 18). Dem Wortlaut des Gesetzes nach mussten jüdische Einrichtungen – beispielsweise jüdische Sozialstiftungen – darunter fallen. Auch hier sahen die Beamten im Reichsfinanzministerium aber eine Möglichkeit zur Umdeutung: „Man könnte dies", hieß es in dem Vermerk, „im Hinblick auf § 1 StAnpG, wonach Steuergesetze nach nationalsozialistischer Weltanschauung auszulegen sind, bestreiten." Der erste Paragraf des Steueranpassungsgesetzes bildete offenbar auch in diesem Fall ein mächtiges und äußerst flexibles Instrument zur steuerpolitischen Verfolgung jüdischer Gemeindeeinrichtungen. Hier ordnete er ansonsten steuerrechtlich unangreifbare Ansprüche dem weltanschaulichen Ziel der Judendiskriminierung unter. Erst im Dezember 1936 wurde die Rechtslage, die in diesem Punkt eine Lücke zugunsten von jüdischen Einrichtungen aufwies, durch eine Nachbesserung des § 18 des Steueranpassungsgesetzes eindeutig geregelt. Als „mildtätig" galten fortan definitionsgemäß nur noch Zuwendungen an „bedürftige deutsche Volksgenossen".[133] Damit waren jüdische Sozialeinrichtungen endgültig von steuerlichen Vergünstigungen ausgeschlossen. Der Reichsfinanzhof ging in seiner Rechtsprechung noch einen Schritt weiter, indem er die Regelung rückwirkend anwandte.[134]

Die Steuerreferenten des Reichsfinanzministeriums monierten im August 1935 zudem die in einigen Regionen des Deutschen Reiches bestehende Anerkennung der jüdischen Religionsgemeinschaft als Körperschaft des öffentlichen Rechts, weil „das gegenwärtige Recht nach Auffassung des Referats mit der gesunden Volksanschauung in Widerspruch steht".[135] Kritisch hieß es dazu in einer Referentenvorlage: „Mit der heutigen Staatsauffassung ist es nicht mehr vereinbar, daß eine rein jüdische Organisation Träger der öffentlichen Gewalt

[132] Voß, Steuern, S. 219.
[133] Einführungsgesetz zum Realsteuergesetz vom 1.12.1936, RGBl I (1936), S. 961. Vgl. Voß, Steuern, S. 145.
[134] Voß, Steuern, S. 219.
[135] Vermerk Reichsfinanzministerium, Umsetzsteuerreferent Herting, vom 22.8.1935, BAB, R 2, 56014. Folgende Zitate ebd.

ist.“ Unter Verweis auf das Steueranpassungsgesetz § 1 fuhr der Verfasser fort: „Nach Auffassung des Referats wird sich diese Stellungnahme auch gemäß § 1 StAnpG contra legem vertreten lassen.“

Sein Nachbarreferent plädierte ebenfalls dafür, den jüdischen Religionsgemeinschaften ihren öffentlich-rechtlichen Status zu entziehen, um sie zur Vermögensteuer heranziehen zu können.[136] Als Religionsgesellschaften und damit als Gesellschaften des öffentlichen Rechts mussten sie bisher weder Körperschaftsteuer noch Vermögen-, Grund-, Erbschaft- oder Schenkungsteuer zahlen. In diesem Zusammenhang empfahl die Vorlage, nicht einen steuerpflichtigen Sonderstatus für die jüdischen Kultusgemeinden zu schaffen, sondern ihnen allgemein den Status der öffentlich-rechtlichen Körperschaft zu entziehen. „Eine derartige Massnahme würde wohl ohnehin zeitgemäss sein“, betonte der Vermerk, und hätte die Vermögensteuerpflicht „ohne weiteres zur Folge“.

In diese Richtung hatte es schon mehrere Anläufe gegeben. Einen Anknüpfungspunkt dazu bot vor allem die uneinheitliche Regelung im Landesrecht. Insbesondere die Befreiung jüdischer Gotteshäuser und Friedhöfe von der Grundsteuer stand im Fokus der Finanzbeamten. Hier verwies man auf ein Gesetz in Hessen, das bereits einen Vorstoß in diese Richtung unternommen hatte. Auch in Hamburg änderte sich die Finanzverwaltungspraxis – gestützt auf die Rechtsprechung des Reichsfinanzhofes – schon 1936/37.[137]

Reichsweit verloren die jüdischen Kultusgemeinden erst mit dem 31. März 1938 den Status als Körperschaft des öffentlichen Rechts und wurden Vereine des bürgerlichen Rechts.[138] Dies bedeutete vor allem, dass sie ab jetzt die erwähnten Steuern zahlen mussten. Hierzu zählte unter anderem die Grundsteuer, und eine besondere Härte ergab sich dadurch, dass die Gemeinden diese rückwirkend ab 1. Januar 1938 zahlen mussten.[139]

Die Statusveränderung führte auch dazu, dass die Einrichtungen Schenkungsteuern abführen mussten.[140] Häufig finanzierten sich die Gemeinden und Verbände zu diesem Zeitpunkt bereits hauptsächlich durch Spenden. Sie verwendeten die Gelder nicht zuletzt dazu, Menschen die Flucht aus Deutschland zu ermöglichen. Der drohende Zugriff des Staates auf die Spenden stellte daher auch viele Auswanderungsvorhaben infrage. Mit dem Argument, dass die Besteuerung dem innenpolitischen Ziel der NS-Machthaber, der Emigrati-

[136] Vermerk Reichsfinanzministerium vom 22.8.1935, BAB, R 2, 56014.
[137] Voß, Steuern, S. 145.
[138] Gesetz über die Rechtsverhältnisse der jüdischen Kultusgemeinden vom 28.3.1938, RGBl. I (1938), S. 338.
[139] 2. Verordnung zur Durchführung des Grundsteuergesetzes für den ersten Hauptveranlagungszeitraum vom 29.3.1938, RGBl. I (1938), S. 358; Voß, Steuern, S. 146.
[140] Vgl. zum Folgenden Friedenberger, Rolle, S. 18 f.

on möglichst vieler Juden aus Deutschland, widerspreche, intervenierte Kurt Ball, einer der Begründer des Weimarer Steuerrechts, ehemaliger Mitarbeiter im Reichsfinanzministerium und inzwischen Steuerreferent bei der Reichsvereinigung der Juden in Deutschland, beim Berliner Ministerium gegen die Pläne.[141] Er erreichte am Ende immerhin, dass Spenden erst ab dem 1. Januar 1937 steuerlich erfasst werden sollten. Für Spenden vor dem 1. Januar 1935 sollte keine Veranlagung vorgenommen werden, in dem zweijährigen Zwischenraum je nach Vermögenslage ein Erlass der Steuer in Betracht gezogen werden.

In Bayern führten die jüdischen Kultusgemeinden eine jahrelange Auseinandersetzung mit dem Landesfinanzamt München über die Haussteuer, die eine der letzten verbliebenen Landessteuern im „Dritten Reich" war. Nach einer Novelle des Haussteuergesetzes vom 8. April 1935 hatten die bayerischen Landesfinanzämter die Israelitische Kultusgemeinde aufgefordert, für ihre Synagogen und Bethäuser Haussteuer zu bezahlen.[142] Hiervon waren sie seit 1827 in Bayern befreit gewesen. Der Verband der Bayerischen Israelitischen Gemeinden leitete daraufhin einen Musterrechtsstreit am Beispiel der Gemeinde Bimswangen ein. Nach fast zweijähriger Prozessdauer entschied der Bayerische Verwaltungsgerichtshof am 10. März 1937 gegen das Landesfinanzamt München, dass die Haussteuerfreiheit der Synagogen auch unter der neuen Fassung des Haussteuergesetzes vom April 1935 fortdauere.

Dieser kurzfristige Erfolg wurde jedoch schon bald wieder hinfällig, als im März 1938 durch die „Richtlinien für Billigkeitsmaßnahmen auf dem Gebiet der Grundsteuer" die jüdischen Kultusvereinigungen den Status als Körperschaften des öffentlichen Rechts verloren. Damit waren sie endgültig nicht mehr von der Steuer befreit. Zumindest für die Zeit vom 1. Januar 1935 bis 31. Dezember 1937 beantragten die bayerischen Kultusgemeinden jedoch eine Rückerstattung der Haussteuer und ihrer Zuschläge. Dies gestand das bayerische

[141] Kurt Ball (1891–1976), 1920 Eintritt in die Reichsfinanzverwaltung, Mitarbeiter verschiedener Finanzämter, Steuerabteilung des Reichsfinanzministeriums, 1926 Austritt aus der Reichsfinanzverwaltung, Tätigkeit als Rechtsanwalt, Habilitation, 1933 Entzug der Lehrbefugnis wegen „nichtarischer Abstammung", Konsulent, ab 1936 Steuerreferent der Reichsvertretung der Deutschen Juden, 1938 Konzentrationslager Sachsenhausen, Ende 1938 Emigration nach Palästina, Veröffentlichungen zum Steuerrecht sowie zur Geschichte des deutschen Judentums und zum Holocaust. Vgl. Erinnerungen des ehemaligen Steuerreferenten der Reichsvertretung der deutschen Juden, Kurt Ball, Finanzgeschichtliche Sammlung Brühl, Auszug abgedruckt bei Friedenberger, Rolle, Dokument 23, S. 56–58.

[142] Nach dem Bayerischen Haussteuergesetz vom 8.4.1935. Vgl. Abdruck eines Schreibens des Verbands Bayerischer Israelitischer Gemeinden an das Bayerische Staatsministerium der Finanzen vom 8.4.1937 wegen der Rückerstattung von Haussteuern und deren Zuschlägen. Dort auch Darstellung des weiteren Verlaufs. StAM, FinA 13001. Vgl. dazu auch Kuller, Finanzverwaltung und Judenverfolgung, S. 166 f.

Finanzministerium als oberste zuständige Instanz für die Haussteuer schließlich zu, allerdings nur unter der Bedingung, dass keine Rückzahlung erfolgte, sondern die Erstattungsbeträge auf andere Steuerschulden angerechnet würden.[143]

2.7 Antisemitische Steuerpolitik in der „Ostmark"

Als am 28. März 1938 im Deutschen Reich das Gesetz über die Rechtsverhältnisse der jüdischen Kultusvereinigungen beschlossen wurde, durch das die Gemeindeeinrichtungen den Status als Körperschaften des öffentlichen Rechts verloren, lag der „Anschluss" Österreichs gerade zwei Wochen zurück. Die Gesetze des „Altreichs" wurden erst schrittweise in der „Ostmark" eingeführt, und das Gesetz gegen die Kultusgemeinden galt in Österreich zunächst noch nicht. Im Juni 1938 fragte das Reichsministerium für kirchliche Angelegenheiten bei Reichskommissar Bürckel nach, ob und gegebenenfalls wann eine Einführung dieses Gesetzes in Österreich „zweckmäßig" sei.[144]

Einer raschen Einführung in Österreich standen allerdings gewichtige Probleme im Wege. Auf geradezu paradigmatische Weise kumulierten hier die Hindernisse auf verschiedenen Ebenen. Erstens erfüllten die Kultusgemeinden im Sommer 1938 noch staatliche Aufgaben, indem sie Matriken[145] führten und Eheschließungen, Scheidungen und Trennungen dokumentierten. Da in Österreich zu diesem Zeitpunkt noch kein deutsches Personenstandsgesetz galt, waren diese Aufzeichnungen von zentraler Bedeutung. Schon aus diesem Grund konnte ein Gesetz, das den jüdischen Gemeinden den öffentlichrechtlichen Status aberkannte, frühestens dann in Kraft treten, wenn das neue Personenstandsgesetz griff, das diese Aufgaben auf staatliche Institutionen übertrug und dessen Einführung für den Januar 1939 geplant war. Dieses Argument war auch für das Büro des Stellvertreters des Führers ausschlaggebend. „Der Umstand, dass die jüdischen Kultusvereinigungen auf diese Weise noch etwa 3 Monate länger öffentlich rechtlichen Charakter behalten, kann eher in Kauf genommen werden, als dass man den jüdischen Kultusvereinigungen als privatrechtlichen Vereinen vorübergehend öffentlich rechtliche Befugnisse

143 Schreiben des Bayerischen Finanzministeriums an die Oberfinanzpräsidenten vom 17.5.1938, StAM, FinA 13001.

144 Schreiben des Reichsministeriums für kirchliche Angelegenheiten an den Reichskommissar für die Wiedervereinigung Österreichs vom 25.6.1938, ÖStA, AdR, 04, „Bürckel" Materie, Karton 31, Mappe 1762/1, Bl. 116.

145 Österreichische Bezeichnung für Matrikeln (Kirchenaufzeichnungen insb. über Taufen und Trauungen).

übertragen müsste“, hieß es in einer telegrafischen Stellungnahme aus dem Braunen Haus.[146]

In diesen Sätzen klingt schon ein zweites Hindernis an. Verloren die Kultusgemeinden ihren Status als öffentlich-rechtliche Einrichtungen, dann wurden sie zu privaten Vereinen. Das war auch im „Altreich“ im Frühjahr 1938 geschehen. Allerdings unterschied sich das österreichische Vereinsrecht wesentlich vom deutschen. Während im „Altreich“ alle Vereine in einem Register des Amtsgerichts gemeldet werden mussten und die Gerichte gegen die Eintragung auch Einspruch erheben konnten, kannte das österreichische Vereinsrecht, das noch aus der Mitte des 19. Jahrhunderts stammte, eine solche amtliche Registrierung nicht. Auch gab es in Österreich keine staatliche Aufsicht über Vereine. Die Kultusgemeinden wären daher jedem staatlichen Zugriff und jeder Beobachtung entzogen gewesen.[147]

Hinzu kam ein dritter, steuertaktischer Einwand: Sobald das Gesetz in Kraft trat, mussten die Kultusgemeinden Körperschaftsteuer zahlen, von der sie zuvor als öffentlich-rechtliche Institutionen befreit gewesen waren, eine Steuer, die 1938 noch einmal generell stark erhöht wurde. Im Braunen Haus befürchtete man in der Folge, dass hierdurch größere Mengen Devisen in Anspruch genommen werden würden, die sonst für die Förderung der jüdischen Auswanderung zur Verfügung stünden. „D. h. also, dass die Einführung des Gesetzes eine Verzögerung in der jüdischen Auswanderung mit sich bringt, wenn nicht dafür Vorsorge getroffen wird, dass zur Förderung der Auswanderung Devisen im gleichen Rahmen wie bisher zur Verfügung stehe“, hieß es resümierend in einem Telegramm.[148]

Im „Altreich“ sei „der Rückgang der jüdischen Auswanderung auf Grund dieser Tatsache sehr erheblich“, wollte Bürckel aus dem Braunen Haus und vom SD erfahren haben. Auch erfüllte die Kultusgemeinde fürsorgerische Funktionen, die bei einer höheren Steuerpflicht gefährdet wären. Die Lösung konnte nach Bürckels Ansicht nur darin bestehen, dass der Reichsfinanzminister auf die Zahlung der Körperschaftsteuer verzichtete. Ohne das neue Gesetz würden die Steuern ja auch nicht eingehen, argumentierte der Reichskommissar.[149]

Damit war der Reichsfinanzminister angesprochen. Schon Anfang November 1938 hatte er erklärt, dass mit der Einführung des deutschen

146 NSDAP, Stellvertreter des Führers, an den Reichskommissar, Dr. v. Brocke, vom 21.9.1938, ÖStA, AdR, 04, „Bürckel“ Materie, Karton 31, Mappe 1762/1, Bl. 102.

147 Schreiben des Ministeriums für innere und kulturelle Angelegenheiten an den Reichskommissar Bürckel vom 24.8.1938 (Abschrift), ÖStA, AdR, 04, „Bürckel“ Materie, Karton 31, Mappe 1762/1, Bl. 105 f.

148 Telegramm Stellvertreter des Führers, Bormann, an Reichskommissar Bürckel vom 14.2.1939, ÖStA, AdR, 04, „Bürckel“ Materie, Karton 31, Mappe 1762/1, Bl. 73.

149 Schreiben des Reichskommissars Bürckel an das Reichsinnenministerium vom 1.3.1939, ÖStA, AdR, 04, „Bürckel“ Materie, Karton 31, Mappe 1762/1, Bl. 65.

Einkommensteuerrechts in Österreich auch der Status der Kultusgemeinden klargestellt sein müsse. Es war nach Ansicht des Leiters der Steuerabteilung Hedding „unerwünscht“, wenn österreichische Juden dann ihre Abgaben an die Kultusgemeinde steuerlich geltend machen könnten, weil diese noch öffentlich-rechtliche Einrichtungen seien.[150] Hedding drang daher darauf, „daß auch den jüdischen Kultusgemeinden im Land Österreich die Stellung von Körperschaften des öff. Rechtes möglichst bald - womöglich rückwirkend - entzogen wird." Insofern unterstützte das Reichsfinanzministerium die Ausweitung des Gesetzes auf Österreich. Gleichzeitig war Schwerin von Krosigk nicht bereit, auf die neuen Quellen der Körperschaftsteuer (und anderer kleinerer Vermögensteuern) zu verzichten. Auch Verhandlungen mit der Zentralstelle für jüdische Auswanderung führten offenbar zu unüberwindlichen Einwänden gegen das geplante Kultusgemeindengesetz.[151] „Im Interesse der jüdischen Auswanderung“ stellte das Reichsinnenministerium sein Vorhaben daher im Mai 1939 für ein Jahr zurück.[152]

Schon Ende September 1939 machte das österreichische Innenministerium aber einen erneuten Vorstoß. Der Vorschlag lautete nun, alle Kultusgemeinden außerhalb Wiens aufzulösen, in den Sprengel der Wiener Gemeinde einzugliedern und ihr Vermögen auf die dortige Kultusgemeinde zu übertragen. Dies war mit der geltenden Rechtslage ohne ein neues Gesetz machbar.[153] Auch die NSDAP unterstützte den Plan, zumal der Aspekt der „Auswanderungsförderung“ in ihren Augen inzwischen weitgehend bedeutungslos geworden war.[154]

Die Zentralstelle für jüdische Auswanderung und mit ihr Bürckel waren nicht der Ansicht, dass die Hindernisse, die einem Statuswechsel der Kultusgemeinden im Weg standen, wesentlich geringer geworden seien. Auch im Krieg flössen noch monatlich rund 100 000 Reichsmark in Devisen aus dem Ausland an die Kultusgemeinde, ein Zustrom, der wohl weitgehend versiegen würde, wenn die Kultusgemeinden keine Einrichtungen des öffentlichen Rechts mehr seien, argumentierte der Reichskommissar. Auch Umschulungen könnte die

[150] Schreiben des Reichsfinanzministeriums, Abteilung Steuer, Hedding, an das Ministerium für kirchliche Angelegenheiten vom 1.11.1938, ÖStA, AdR, 04, „Bürckel“ Materie, Karton 31, Mappe 1762/1, Bl. 95.

[151] Seitens der Zentralstelle für jüdische Auswanderung wurde offenbar der Antrag gestellt, das Gesetzesvorhaben bis Januar 1940 zurückzustellen. Schreiben des Ministeriums für innere und kulturelle Angelegenheiten an das Reichskirchenministerium vom 14.6.1939, ÖStA, AdR, 04, „Bürckel“ Materie, Karton 31, Mappe 1762/1, Bl. 41 f.

[152] Schreiben des Reichsinnenministeriums, Hering, an den Reichskommissar Bürckel vom 25.5.1939, ÖStA, AdR, 04, „Bürckel“ Materie, Karton 31, Mappe 1762/1, Bl. 53.

[153] Schreiben des Ministeriums für innere und kulturelle Angelegenheiten an das Reichskirchenministerium vom 27.9.1939, ÖStA, AdR, 04, „Bürckel“ Materie, Karton 31, Mappe 1762/1, Bl. 36.

[154] Schreiben NSDAP an Reichskommissar Bürckel vom 11.11.1939, ÖStA, AdR, 04, „Bürckel“ Materie, Karton 31, Mappe 1762/1, Bl. 35.

Kultusgemeinde als privater Verein nicht mehr durchführen. Schließlich sei der Betrieb der jüdischen Krankenhäuser und Heime akut gefährdet. Nach Bürckels Ansicht genügte es aber, der Wiener Kultusgemeinde noch bis Ende 1940 ihren Status zu lassen, „um eine möglichst rasche und durchgreifende Abwanderung der Juden sicherzustellen“.[155] Gegen eine Auflösung der übrigen österreichischen Gemeinden hatte er keine Einwände.

Am 7. Dezember 1939 setzte Bürckel dann Adolf Eichmann von der Zentralstelle für jüdische Auswanderung und damit einen Vertreter einer SS-Behörde als ehrenamtlichen Verwalter für das Vermögen der Kultusgemeinden in der „Ostmark“ ein.[156] Unter Eichmanns Leitung übernahm die Kultusgemeinde Wien dann im Februar 1940 die Aufgabe, alle Vermögen der Kultusgemeinden außerhalb Wiens zu veräußern.[157] Alle Kaufverträge mussten von Eichmann genehmigt werden. Ende März ließ Reichskommissar Bürckel dann die österreichischen Kultusgemeinden, die „nicht mehr in der Lage sind, sich gesetz- und statutenmässig zu verwalten“ auflösen. Es blieb damit wie geplant nur noch die Wiener Kultusgemeinde übrig.[158]

Die Wiener Kultusgemeinde erfüllte in der Folgezeit vor allem Aufgaben bei der Organisation der Deportationen als untergeordnetes Organ der Gestapo. Den Status als öffentlich-rechtliche Körperschaft verlor sie am 31. Oktober 1942, gleichzeitig fiel ihr Vermögen an den „Auswanderungsfonds Böhmen und Mähren“.[159]

Aus dem geschilderten Ablauf wird deutlich, dass die Kultusgemeinden zunehmend Spielball im Interessengeflecht staatlicher Institutionen und verbrecherischer Vorhaben waren. Vermögensveränderungen wie beispielsweise Verkäufe von Immobilien wurden weitgehend ohne Beteiligung von Vertretern der Kultusgemeinde von der Zentralstelle für jüdische Auswanderung und der Vermögensverkehrsstelle durchgeführt.[160]

155 Schreiben des Reichskommissars Bürckel an das Reichsfinanzministerium vom 12.12.1939; vertrauliches Schreiben des Reichskommissars Bürckel an den Stellvertreter des Führers vom 14.12.1939, beide ÖStA, AdR, 04, „Bürckel“ Materie, Karton 31, Mappe 1762/1, Bl. 20 f. und Bl. 19.

156 Ermächtigungsschreiben Bürckels an Eichmann vom 7.12.1939, ÖStA, AdR, 04, „Bürckel“ Materie, Karton 31, Mappe 1762/1, Bl. 15.

157 Anordnung Eichmanns vom 23.2.1940, ÖStA, AdR, 04, „Bürckel“ Materie, Karton 31, Mappe 1762/1, Bl. 12.

158 Schreiben Krügers an die staatliche Verwaltung des Reichsgaues Wien und an Eichmann vom 30.3.1940, ÖStA, AdR, 04, „Bürckel“ Materie, Karton 31, Mappe 1762/1, Bl. 8.

159 Anordnung des Reichsführers SS Heinrich Himmler, vgl. Brief der Gestapo Leitstelle Wien, Huber, an den Reichsstatthalter in Wien vom 9.11.1942, zit. nach Duizend-Jensen, Gemeinden, S. 92.

160 Zur Verwaltung des Vermögens der Kultusgemeinden durch die staatlichen Finanzbehörden ab 1943 vgl. Kuller, Finanzverwaltung und Judenverfolgung, S. 163–185.

2.8 Kontinuitäten und Brüche in der Verwaltungspraxis der Finanzbehörden während der NS-Zeit

Die Arbeitsverfahren der Finanzämter lassen eine typische Ambivalenz erkennen: Kontinuitäten in der Rationalisierung der Verwaltungsverfahren gingen einher mit ideologisch bedingtem Bruch, z. B. mit der rechtsstaatlichen Tradition. Zeigen lässt sich dies beispielsweise im Bereich der Dienstanweisungen. Seit 1927 gab es etwa für Einkommensteuerfragen Zusammenfassungen der Erlasse, die jedoch zunächst nicht veröffentlicht wurden. Ab 1933 wurden die Verwaltungsanweisungen zur Einkommensteuer auch jährlich veröffentlicht (Ausnahmen 1938, 1942 und 1944).[161] Daneben gab es Geschäftsanweisungen zur Vollstreckung für die Vollziehungsbeamten (31.10.1932). Für Betriebsprüfer erschienen in der Folgezeit ebenfalls Sammlungen und ein Handbuch.[162]

Diese Veröffentlichungen waren eine wichtige Richtschnur für die Praxis. Die darin publizierten Grundsätze waren bindend. Nicht zuletzt dadurch, dass es dichte Anweisungen gab und diese auch veröffentlicht wurden, setzten sich in der NS-Zeit die „typisierende“ Betrachtungsweise und die Ausrichtung auf Aufwand-Ertrags-Verhältnismäßigkeit praktisch durch.[163] Das spiegelte sich z. B. in der Steuervereinfachungs-Verordnung vom 14.9.1944.[164] Die Kriegsereignisse und die Personalknappheit machten Vereinfachungen notwendig, insbesondere bei der Einheitsbewertung. Diese Tendenz zur „Programmierung“ war aber kein alleiniger Kriegseffekt, sondern stand in der Kontinuität seit der Weimarer Zeit.

Die Verfolgung politischer und rassischer Gegner fällt aus diesem Muster auffällig heraus.[165] § 1 des Steueranpassungsgesetzes vom Oktober 1934 ermöglichte, bei Rechtsanwendung gegenüber Steuerpflichtigen, die keine „Volksgenossen“ waren, willkürlich vorzugehen. Dabei waren auch Entscheidungen gegen den Gesetzeswortlaut möglich.[166] Bei der Gegnerverfolgung bestand also keine Tendenz zur „Programmierung“. Die Breite der Willkürmöglichkeiten in diesem Bereich fällt umso deutlicher ins Auge, als die „Programmierung“ durch eine Einschränkung von Entscheidungsspielräumen in den Bereichen, in denen sie griff, auch für ein gewisses Maß an Rechtssicherheit sorgte.

161 Die Sammlungen erschienen bis 1963 jährlich, dann bis 1969 alle zwei Jahre, ab 1996 alle drei Jahre. Misera, Organisationsveränderungen, S. 292 f.

162 Reinhardt/Gebhardt, Handbuch.

163 Tipke /Kruse, Abgabenordnung, Nr. 135.

164 Steuervereinfachungs-Verordnung vom 14.9.1944, RGBl. I (1944), S. 202.

165 Vgl. zum Folgenden Misera, Organisationsveränderungen, S. 300.

166 RFH IV/41 vom 20.11.1941, RStBl. (1941), S. 881; Abschn. 58 der Einkommensteuer-Richtlinien 1943, RStBl. (1944), S. 65, 102.

Veränderungen in der Verwaltungspraxis zeigten sich nach 1933 auch bei der Kontrolldichte: Seit 1939 bestand der gerichtliche Rechtschutz im Steuerbereich praktisch nicht mehr. Am 28. September 1939 wurden die Finanzgerichte als erste Instanz abgeschafft. Es wurden stattdessen Anfechtungsabteilungen in der Verwaltung eingesetzt. Hier hatte der betroffene Oberfinanzpräsident Zustimmungsrecht bei der Zulassung von Rechtsbeschwerden. Damit war die dritte Gewalt im Steuerrecht weitgehend ausgeschaltet. Die Zahl der entschiedenen Rechtsbeschwerden sank zwischen 1938 und 1944 von 3 168 auf 778.[167] Einen weiteren Rückschritt in dieser Hinsicht bedeutete die Steuervereinfachungsverordnung vom 14. September 1944. Steuerbehörden konnten nun Fehler auch in rechtskräftig gewordenen Steuerbescheiden nachträglich korrigieren. Etwa ab 1940 kontrollierte auch der Reichsrechnungshof die Finanzämter nicht mehr. Fritz Reinhardt hatte dies im Gegenzug für Stellenbewilligungen mit dem Reichsfinanzhof ausgehandelt.[168] Auch die Oberfinanzpräsidien als vorgesetzte Instanz der Finanzämter konnten Entscheidungen der Finanzämter nur aufheben, aber nicht an sich ziehen. Von außen waren die Finanzämter also relativ wenig kontrolliert.

Innerhalb der Finanzämter stieg die Kontrolle aber an. Messbar ist dies etwa beim Zeichnungsrecht und bei der Erfassung des Posteingangs. Dies hatte jedoch weniger ideologische als allgemein verwaltungstechnische Gründe. Es setzte sich eine Entwicklung fort, die in der Weimarer Zeit begonnen hatte.

Insgesamt betont Hans-Ulrich Misera die hohe Kontinuität in der Verwaltungsorganisation. In weiten Teilen hätten die Reformen der 1930er und 1940er Jahre die Organisationsprinzipien der 1920er Jahre fortgeführt. Aus diesem Befund sticht lediglich die Degradierung der Steuerausschüsse zu personell stark kontrollierten Beraterstäben hervor.[169] Mit der Entmachtung der Steuerausschüsse wuchs die macht der Finanzämter. Gleichzeitig erweiterte sich der Entscheidungsspielraum der Finanzamtsvorsteher gegenüber ihren Vorgesetzten im Oberfinanzpräsidium. Die Grenze für eine Ermessensentscheidung auf unterer Ebene wurde von 3 000 Reichsmark auf 10 000 Reichsmark angehoben, und die Finanzämter durften selbst Strafen bis zu 1 000 Reichsmark erheben.

Weitere Indizien weisen auf eine zunehmende Dezentralisierung hin. So wurde es beispielsweise durch die Dienstordnung für Finanzämter (FDO) möglich, dass Bezirkssachbearbeiter „einfache Sachen, insbesondere bürומäßig zu erledigende Sachen" selbst zeichnen konnten. In der Praxis wurden

[167] Metzger/Weingarten, Einkommensteuer, S. 194. Zahlen zum Rückgang der Entscheidungen nach Henkelmann, Umgestaltung, S. 141.
[168] Heinig, Budget, S. 128.
[169] Vgl. dazu den Abschnitt über die Organisation der Finanzämter in Kap. 1.

daraufhin viele „Sachen“ zu den „büromäßig“ zu erledigenden Sachen gezählt, wie Groth schildert.[170] Dies verstärkte die Tendenz zur Dezentralisierung.

Misera konstatiert bei der Kompetenzentwicklung eine Verbesserung der Verwaltungsabläufe und eine Rationalisierung der Verwaltungsarbeit in technischem Sinne.[171] Teilweise war dies erreicht durch einen Abbau von Rechtstaatlichkeit. Im Hintergrund wird ein spezifisches Personalführungskonzept der Reichsfinanzverwaltung im „Dritten Reich“ sichtbar, das auch der FDO zugrunde lag.

Im Bereich des Informationsaustausches beobachtet Misera die größten Veränderungen. Zwar wurde die vertikale Ausrichtung nicht grundlegend in Frage gestellt. Die Zunahme der Genauigkeit der Regelungen führte aber zu einer Perfektionierung des „fließenden Betriebs“ und bewirkte eine Steigerung der Regelungsintensität im Informationssystem.[172]

In der FDO zeichnete sich eine Akzentverschiebung in Richtung einer verstärkten Steuerung zwischenmenschlicher Beziehungen ab. Das zeigt sich nicht nur in der genauen Regelung technischer Rahmenbedingungen für einen „fließenden Betrieb“, sondern auch in Erläuterungen zur Personalführung (z. B. einmal im Monat Amtsbesprechungen, Sonderbesprechungen zu Einzelfällen bei Bedarf). Viel Wert wurde auf die Zusammenarbeit innerhalb der Behörde und mit anderen Dienststellen gelegt. Diese Entwicklung schloss an die Tendenzen der 1920er Jahre an.

Auch bei der Strafverfolgung knüpften die Finanzbehörden an die Weimarer Tradition an. Schon in der Weimarer Zeit gab es im Steuerrecht Regelungen, wonach die Finanzbehörden Vermögen zwangsweise sicherstellen und beschlagnahmen konnten.[173] So legte die Abgabenordnung von 1919 in § 202 fest: „Die Finanzämter können Anordnungen, die sie bei Ermittlung von Steueransprüchen oder Durchführung der Steueraufsicht innerhalb ihrer gesetzlichen Befugnisse treffen, durch Geldstrafen, Ausführung auf Kosten der Pflichtigen und unmittelbar erzwingen.“[174] Der Kommentar des maßgeblichen Verfassers der neuen Abgabenordnung, Enno Becker, fügte erklärend hinzu, der Finanzbefehl sei nach dem Vorbild der polizeilichen Verfügung konstruiert, die ebenso wie auch die Vorschriften des preußischen Landesverwaltungsgesetzes und der entsprechenden anderen Landesgesetze als Anhaltspunkt für die Ausgestaltung der Steuerordnung gedient habe. Zur Anlehnung an bestehende polizeiliche Verfahren erklärte Becker: „Wenn auch die Finanzgewalt fiskalisch ist und es sich bei ihr nicht wie bei der Polizei um die Wahrung der guten

[170] Groth, Reichsfinanzverwaltung (4. Aufl. 1939), S. 85.
[171] Misera, Organisationsveränderungen, S. 272.
[172] Ebd., S. 273–291.
[173] Becker, Reichsabgabenverordnung, S. 434–478.
[174] Misera, Organisationsveränderungen, S. 263–273.

Ordnung des Gemeinwesens handelt, so dient der Finanzbefehl im Grunde genommen doch gleichfalls dazu, notwendige Lebensbedingungen des Reichs zu wahren."[175]

Die so genannte Beitreibung der Steuern bestand aus drei Verfahrensstufen: Am Anfang stand das Sicherungsverfahren, um Ansprüche, die möglicherweise beigetrieben werden mussten, durch „dinglichen Arrest" oder Beschlagnahme frühzeitig sicher zu stellen (§§ 351–353).[176] In einem Vorverfahren konnte das Finanzamt dann ausloten, ob eine Zwangsvollstreckung erfolgreich sein würde (§ 298 II). Dabei wurden die Vermögens- und Einkommensverhältnisse des Schuldners ermittelt. Stellte sich heraus, dass der Steuerschuldner voraussichtlich seine Schulden nicht begleichen können würde, konnte das Finanzamt die Leistung eines Offenbarungseides verlangen. Schließlich folgte als dritter Schritt das Befriedigungsverfahren, das darauf zielte, die geschuldeten Leistungen zwangsweise einzutreiben (§ 316–347).

Zur Anwendung kamen solche Verfahren, wenn Steuerpflichtige ihre Abgaben nicht leisteten. Nicht selten trat dies im Zusammenhang mit einer Ausreise aus Deutschland auf. Seit dem Ersten Weltkrieg waren Steuereintreiber mit dem Problem konfrontiert gewesen, dass nicht wenige Deutsche versuchten, sich ihrer Steuerpflicht durch Ausreise ins Ausland zu entziehen und dabei ihr Vermögen mit sich nahmen. Im Krieg war dies schwierig, da es strenge Grenzkontrollen gab. 1918 befürchtete man jedoch eine Verschärfung des Problems, und die Reichsregierung versuchte, dem mit einer Reihe von Steuerfluchtgesetzen zu begegnen.[177] Darin wurde unter anderem festgelegt, dass Steuerschulden bei Emigranten auch nach ihrer Auswanderung noch eingetrieben werden konnten. Außerdem mussten die vermeintlichen „Steuerflüchtlinge" unter bestimmten Bedingungen Sicherheiten hinterlegen.[178] In diesen Regelungen fand sich auch schon die Bestimmung, dass der Pass versagt werden konnte, wenn „Tatsachen vorliegen, welche die Annahme rechtfertigen, dass der Bewerber den Paß benutzen will, sich seinen Steuerpflichten zu entziehen". Zudem konnten die Landesfinanzämter Grenzsperren gegen Einzelpersonen verhängen.[179]

Sicherungsverfügungen kannte die Reichsabgabenordnung von 1919 aber auch unabhängig von einer möglichen Steuerflucht. „Wenn das Gesetz die Gewährung von Steuervergünstigungen oder Erleichterungen bei der Entrichtung oder Berechnung von Steuern zulässt, können dem Steuerpflichtigen,

175 Ball, Einführung, S. 263 f.

176 Hensel, Steuerrecht, S. 178. Vgl. dazu auch Ball, Einführung, S. 160, der darauf hinwies, dass „Arrest" und „Beschlagnahme" in diesem Fall kaum zu unterscheiden waren.

177 Vgl. dazu auch das Kap. 3 über Devisenpolitik und die Entwicklung der Reichsfluchtsteuer.

178 Ball, Einführung, S. 109.

179 Ebd.

insbesondere auch zur Überwachung, besondere Bedingungen auferlegt und es kann bestimmt werden, dass bei Nichteinhaltung dieser Bedingungen Geldbußen als Ungehorsamsfolgen verwirkt sein sollen (Sicherungsgelder)", hieß es in § 203 der Reichsabgabenordnung. Die Sicherungsgelder konnten bis zu 10 000 Reichsmark betragen. Allerdings enthielt der Paragraf eine entscheidende Einschränkung: Das Sicherungsgeld durfte nicht auferlegt werden, wenn der Steuerpflichtige nachweisen konnte, dass ihm bei einer Nichteinhaltung der Bedingungen kein Verschulden traf.

Das Beitreibungsverfahren orientierte sich am Zwangsvollstreckungsverfahren der Zivilprozessordnung. So legte die Abgabenordnung fest, dass Leistungen, die nach den Steuergesetzen geschuldet werden, im Verwaltungsweg erzwungen werden konnten (§ 299). Der Schuldner musste eine Woche vor der Vollstreckung schriftlich gemahnt werden (§ 314). Danach konnten die Vollziehungsbeamten erzwingen, dass Wohnung, verschlossene Türen und Behältnisse geöffnet wurden. Leistete der Steuerpflichtige Widerstand, durften die Finanzbeamten auch Gewalt anwenden und die Unterstützung von Polizeibeamten heranziehen (§ 308).

Bei beweglichen Gegenständen erfolgte die Zwangsvollstreckung durch Pfändung (§ 316). Dabei durfte nur bis zur Höhe der beizutreibenden Beträge gepfändet werden (unter Hinzurechnung der Kosten der Zwangsvollstreckung, die ebenfalls vom Schuldner zu tragen waren). Die gepfändeten Sachen sollten dann nach einer Woche öffentlich versteigert werden (§§ 324, 325). Durchgeführt werden sollte dies in der Regel durch den Vollziehungsbeamten. Wertvolle „Kostbarkeiten" waren durch einen Sachverständigen zu schätzen. Der Erlös aus der Versteigerung galt als Zahlung der Steuerschuld (§ 326), das bedeutete im Umkehrschluss, dass die Versteigerung beendet werden musste, wenn der Erlös hoch genug war, um die Schulden und die Kosten des Verfahrens zu decken. Auch Schulden und Hypotheken konnten gepfändet werden.

Gegen einen Zwangsbescheid des Finanzamts konnten die Steuerzahler beim Reichsfinanzhof Rechtsbeschwerde einlegen. „Wenn der Reichsfinanzhof nach der Natur der Rechtsbeschwerde auch nur zu einer beschränkten Prüfung berufen ist und sich oft auf die Bemerkung wird beschränken müssen, daß das Finanzamt die Grenzen vernünftigen Ermessens nicht überschritten hat, so ist diese Erweiterung des Rechtsschutzes der Steuerpflichtigen und Dritter dennoch als Gegengewicht gegen die außerordentliche Ausdehnung der Befugnisse der Finanzbehörden von höchster Bedeutung", führte Becker in seinem Kommentar aus. „Sie schien um so unerlässlicher, als das ganze Gebiet rechtlich noch wenig geklärt ist und die Grundlagen, durch die den Befugnissen der

Finanzverwaltungsbehörden sichere Grenzen gezogen werden, erst durch die Rechtsprechung des Reichsfinanzhofs geschaffen werden müssen."[180]

Betrachtet man diese Regelungen zusammenfassend, dann wird deutlich, dass die Steuerbehörden bereits in der Weimarer Zeit weitgehende Zugriffsmöglichkeiten besaßen. Der Rechtsschutz der Steuerpflichtigen war hingegen im Steuerrecht vergleichsweise gering ausgeprägt. Das fiel auch kritischen zeitgenössischen Beobachtern bereits auf. Der mangelnde Rechtsschutz wurde von zeitgenössischen Kommentaren beklagt, die betonten, dass die Nachprüfbarkeit von Verwaltungsakten eigentlich ein oberstes Prinzip von Rechtsstaaten sein sollte.[181] Im Steuerbereich gelte das besonders, weil hier der Staat in die Privatvermögenssphäre nahezu aller seiner Bürger eingreife. Prinzipiell erschien das Steuerrecht zeitgenössischen Beobachtern auch besonders geeignet für einen „weitausgedehnten Steuerschuldnerschutz", denn im Steuerrecht waren die Ermessensräume, die sich die Verwaltungsbehörden sonst nur ungern scharf kontrollieren ließen, gesetzlich vergleichsweise genau geregelt. „Damit ist das bedenklichste Hindernis für die Gewährung einer ausgedehnten Verwaltungsgerichtskontrolle im Steuerrecht von vornherein fast bedeutungslos."[182]

Bereits die Frage, welche Behörde für den Rechtsschutz im Steuerbereich zuständig sein sollte, war allerdings umstritten. Das Reichsteuerrecht sah nur „sachkundige Verwaltungsbehörden" vor, der Rechtsweg vor ordentlichen Gerichten war ausgeschlossen (§ 227).[183] In erster Linie sollten die Finanzämter selbst die als fehlerhaft erkannten Verwaltungsakte auf Ansuchen des Schuldners berichtigen. Danach wurde zwischen verschiedenen Steuerverwaltungsakten unterschieden. Steuerbescheide hatten eine höhere Rechtsschutzgarantie als sonstige Verfügungen, Tatsachenstreitigkeiten rangierten höher als Verbrauchsteuersachen, die rechtlich meist „weniger zweifelhaft" erschienen.

Grundsätzlich sollte ein Steuerstreit den Staat nicht schädigen. Daher sollte der Schuldner nicht durch Rechtsmittelverfahren seine Zahlung verzögern können. Er musste in jedem Fall zunächst zahlen und konnte erst im Nachhinein seine Pflicht eventuell verringern und Rückzahlungen von den Steuerbehörden eintreiben. Im Einzelfall konnte die eintreibende Behörde immerhin aber die angefochtene Verfügung aussetzen. Das Ungleichgewicht trat auch den Kommentatoren deutlich vor Augen: „Soll diese rigorose Regelung nicht außerordentlich ungerecht wirken, so wird die Verfügungsbehörde bei Entscheidungen

180 Becker, Reichsabgabenverordnung, S. 264 f.

181 Vgl. zum Folgenden Hensel, Steuerrecht, S. 179–181.

182 Ebd.

183 Möglich war eine Klage nur für andere Personen als den Schuldner, die durch die Zwangsvollstreckung „in unzulässiger Weise" betroffen waren. Sie konnten vor Gericht dagegen klagen. Ebd.

der ihrem Ermessen anheimgegebenen Aussetzungsfrage besonders sorgfältig vorgehen müssen“.[184]

Ordnet man die fiskalischen Verfolgungsmaßnahmen in die allgemeine Steuerpolitik im „Dritten Reich“ ein, dann ist zunächst festzuhalten, dass das Steueranpassungsgesetz nicht nur die Grundlage für ein Vorgehen der Finanzbehörden gegen Juden war. Es bedeutete eine Ideologisierung, die das gesamte Steuerrecht und die Steuerpraxis durchdrang. So spiegelte sich die weltanschauliche Ausrichtung auch in familienpolitischen Maßnahmen (z. B. Ehestandsdarlehen, Kinderfreibeträge), in der Sondersteuer für Warenhäuser sowie in einer Reihe von landwirtschaftspolitischen Regelungen, die die Interessen der Bauern unterstützten.

Insbesondere die Professionalisierung der Finanzbeamten und eine allgemeine Hebung der Steuermoral waren zwei zentrale Faktoren der allgemeinen Entwicklung, die sich auch im Kontext der fiskalischen Verfolgung gegenüber Juden verstärkend niederschlugen. In enger Korrelation zur Entwicklung der fiskalischen Verfolgung stand der Trend zur Professionalisierung in der Finanzverwaltung. Dabei bildeten Ideologisierung und Professionalisierung eine Einheit, die sich für die Opfer fatal auswirkte. Dass die Finanzbeamten ihre gesteigerte Effizienz im Sinne der nationalsozialistischen Weltanschauung insbesondere auch gegen die Personen einsetzten, die aus der „Volksgemeinschaft“ ausgeschlossen werden sollten, sorgte dafür, dass sich die Wirkung der antijüdischen Maßnahmen noch einmal steigerte.

Die Steuer- und Zolleinnahmen des Reiches stiegen kontinuierlich an. 1933/34 kamen 6,9 Mrd. Reichsmark in die Staatskasse, 1938/39 waren es bereits 18,2 Mrd. Reichsmark. Dieser Anstieg war jedoch primär ein Ergebnis des konjunkturellen Aufschwungs und der Rüstungspolitik. Der Kampf der nationalsozialistischen Finanzpolitiker für eine bessere Steuermoral lief im Bezug auf die nationalsozialistische Volksgemeinschaft letztlich ins Leere.[185] Gegenüber Steuerzahlern, die an den Rand bzw. aus der Volksgemeinschaft herausgedrängt wurden, gilt diese Aussage aber nur begrenzt. Im Umgang mit ihnen nahmen die Finanzbeamten keine politischen Rücksichten. Deutlich wird dies nicht zuletzt im Bereich der Auswanderungsfragen, die im nächsten Kapitel ausführlicher betrachtet werden sollen. Hier waren zwei unterschiedliche politische Ziele – das der Vertreibung und das der Vermögenskonfiskation – zu harmonisieren. Dabei beharrte die Finanzverwaltung in der Regel auf ihren Ansprüchen und zeigte wenig Bereitschaft zu Kompromissen zu Gunsten der Auswanderer.

[184] Ebd.

[185] Hans-Peter Ullmann führt das unter anderem auf die sich ausbreitende politische Korruption zurück. Vgl. Ullmann, Steuerstaat, S. 155.

3. Die Ausplünderung jüdischer Emigranten

3.1 Reichsfluchtsteuer

3.1.1 Die Entwicklung und Bedeutung der Reichsfluchtsteuer in der Weimarer Zeit

Die Reichsfluchtsteuer war keine Neuerfindung des NS-Regimes. Das erste Mal tauchte der Gedanke einer Strafabgabe zur Verhinderung von Steuerflucht 1918 auf, als Kaiser Wilhelm II. ein „Gesetz gegen die Steuerflucht" erließ, das die Nationalversammlung 1919 ergänzte.[1] Infolge der Inflation wurde das Gesetz allerdings im August 1925 wieder aufgehoben. Erst im Rahmen der „Vierten Verordnung des Reichspräsidenten zur Sicherung von Wirtschaft und Finanzen und zum Schutze des inneren Friedens" vom 8. Dezember 1931 griff Reichskanzler Brüning den Ansatz wieder auf. Die Notverordnung bürdete Wirtschaft und Lohnempfängern hohe Belastungen auf, und viele ihrer Maßnahmen standen daher in scharfer Kritik. Die Reichsfluchtsteuer fand allerdings kaum negative Resonanz. Dass Kapitalflucht aus Deutschland unterbunden werden sollte, traf vielmehr auf breite Zustimmung, sowohl in der Bevölkerung als auch unter Finanzexperten. Auch das Reichsfinanzministerium unterstützte die Regelung.

Die Reichsfluchtsteuer sah in der Form, in der sie am 8. Dezember 1931 wieder eingeführt wurde, eine einmalige Zahlung von 25 Prozent des Vermögens an den deutschen Fiskus bei Verlassen Deutschlands vor. Das Gesetz sollte vorerst nur eine klar begrenzte Zeit gelten, nämlich bis 31.12.1932. Die finanziellen Grenzwerte für die Reichsfluchtsteuerpflicht waren so gewählt, dass nur Hoch- und Spitzenverdiener sowie Besitzer großer Vermögen herangezogen wurden. Erst ab einem Vermögen von mehr als 200 000 Reichsmark oder einem jährlichen Einkommen von über 20 000 Reichsmark waren die Emigranten reichsfluchtsteuerpflichtig. Die Reichsfluchtsteuer hatte dabei eine doppelte symbolische Intention: Sie sollte zum einen abschreckend auf vermögende Personen wirken, die ihr Geld ins Ausland bringen und damit dem deutschen Fiskus dauerhaft entziehen wollten – und dabei womöglich auch Devisenbestimmungen umgingen –, zum anderen sollte dem Ausland

[1] Gesetz gegen die Steuerflucht vom 26.7.1918, RGBl. I (1918), S. 951; Ausführungsbestimmungen vom 31.7.1918 im Zentralblatt für das Deutsche Reich 1918, S. 403 f.; Gesetz der Nationalversammlung vom 24.6.1919, RGBl. I (1919), S. 583 f. Vgl. zur Vorgeschichte der Reichsfluchtsteuer am Ende des Kaiserreichs und in der Weimarer Zeit Mußgnug, Reichsfluchtsteuer, S. 11–29.

demonstriert werden, dass Deutschland sein „Äußerstes“ tue, um den Haushalt zu konsolidieren.[2]

Nicht alle Deutschen im Ausland, deren Vermögen über den Grenzwerten lagen, mussten die Reichsfluchtsteuer entrichten. Wie das Gesetz ausführte, waren von der Reichsfluchtsteuerpflicht laut § 2 ausgenommen:

1. Auslandsbeamte,
2. Personen, die erst nach dem 31.12.1927 ihren Wohnsitz in Deutschland begründet hatten,
3. Personen, deren ausländischer Wohnsitz im deutschen oder volkswirtschaftlichen Interesse lag,
4. Personen, die weder am 1.1.1928 noch am 1.1.1931 ein steuerpflichtiges Vermögen von 200 000 Reichsmark oder ein jährliches Einkommen von mehr als 20 000 Reichsmark hatten.

Die zunächst noch umstrittene Frage, ob die Reichsfluchtsteuer dem verfassungsmäßig verbrieften Auswanderungsrecht aller Deutschen (Weimarer Reichsverfassung § 112, Abs. 1) widerspreche, verneinte der Reichsfinanzhof in einem Urteil am 1. Dezember 1932. Durch die Reichsfluchtsteuer sei nicht das Auswanderungsrecht genommen. Nicht das Abwandern, sondern die Aufgabe des inländischen Wohnsitzes werde vom Reichsfluchtsteuergesetz mit einer Strafe belegt.[3]

Einig war man sich im Kabinett auch darüber, dass die Steuer rückwirkend – mithin auch für Emigrationen vor der Bankenkrise – erhoben werden sollte. Zunächst war geplant gewesen, die Höhe der Reichsfluchtsteuer am vorherigen Vermögens- oder Einkommensteuerbetrag zu orientieren. Dafür hätte gesprochen, dass die Steuer dann leichter berechenbar, eintreibbar und durchsetzbar gewesen wäre. Letztlich entschied man sich aber dafür, primär die abschreckende Wirkung hervorzuheben, und setzte einen Pauschalanteil des Vermögens als Strafe fest. Auch als Name wählte man am Ende nicht die sachliche Bezeichnung „Auswanderersteuer“ oder „Emigrantensteuer“, die ebenfalls zeitweise diskutiert wurde, sondern den dramatischeren Begriff „Reichsfluchtsteuer“.

Eine scharfe Bestrafung für Steuer- und Devisenhinterziehungen war von Anfang an diskutiert und zum Teil auch eingeführt worden. So musste, wer die Reichsfluchtsteuer nicht zahlte, mit Gefängnisstrafe nicht unter drei Monaten, Vermögensbeschlagnahme und Geldstrafe in unbegrenzter Höhe rechnen (§§ 9–10). Die Notverordnung gegen Kapital- und Steuerflucht vom 18. Juli 1931 sah in besonders schweren Fällen sogar eine Zuchthausstrafe bis zu zehn Jahren vor. Neu waren auch die 1931 eingeführten Steuersteckbriefe, die im

[2] Reichsbankpräsident Luther gegenüber Brüning in einer Besprechung am 14.11.1931, Tagesbericht vom 14.11.1931, zit. nach Mußgnug, Reichsfluchtsteuer, S. 35.

[3] Urteil des Reichsfinanzhofs vom 15.12.1932, RStBl. (1933), S. 92 f. Vgl. Mußgnug, Reichsfluchtsteuer, S. 25.

Reichsanzeiger und im Reichssteuerblatt veröffentlich werden sollten, wenn ein Emigrant seine Reichsfluchtsteuer nicht gezahlt hatte. Damit verbunden war, dass die steckbrieflich Gesuchten, wenn man sie im Reichsgebiet aufgriff, vorläufig festgenommen und einem Amtsrichter vorgeführt werden sollten. Der Reichspräsident plante zeitweise sogar die Einrichtung von speziellen Sondergerichten, die neben Terrorakten, Eisenbahnattentaten und Straßenkrawallen auch Reichsfluchtsteuerhinterziehungen und die Devisenvergehen ahnden sollten.[4] Dazu kam es aber letztlich nicht.

Schon bei Einführung der Reichsfluchtsteuer standen die Finanzämter vor dem Problem, dass sie oft erst zu spät von Auswanderungen erfuhren. Befanden sich die Steuerpflichtigen erst einmal im Ausland, dann war es schwer und oft unmöglich, die Abgabe noch einzutreiben. Im Reichsfinanzministerium sprachen sich die meisten Abteilungsleiter daher dafür aus, dass der Steueraußendienst als Kontrollinstanz wirken und potentielle Auswanderer sowie Deutsche, die sich angeblich nur vorübergehend im Ausland aufhielten, überwachen sollte.[5] Es wurde erwogen, Finanzämter frühzeitig in Passverfahren zu involvieren, Emigrationswillige sollten zudem eine „steuerliche Unbedenklichkeitserklärung" vorlegen. Allerdings war der Verwaltungsaufwand für diese Maßnahmen groß und drohte am Ende auch den wirtschaftlich erwünschten Verkehr mit dem Ausland zu behindern.

Auch die Ausnahmeregelungen im Reichsfluchtsteuergesetz erwiesen sich in der Praxis als Problem. Zahlreiche Anfragen erreichten das Reichsfinanzministerium, wann eine Auswanderung „in deutschem Interesse" bzw. wann die Aufgabe eines inländischen Wohnsitzes „volkswirtschaftlich gerechtfertigt" sei. Das Ministerium wies die Landesfinanzämter, die hier im Einzelfall entscheiden mussten, an, dazu möglichst klare Kriterien zu entwickeln. Ausschlaggebend sei dabei, ob die Verlegung des Wohnsitzes „objektiv" in deutschem oder volkswirtschaftlichem Interesse geboten scheine. Dabei wünsche die Reichsregierung eine strenge Durchführung der Vorschriften.[6] Deutlich wird hier das geringe zeitgenössische Problembewusstsein für Härten in der Steuereintreibung und die schwache Position der Steuerzahler im Steuerrecht.

Auch die Idee, die Reichsfluchtsteuer als gezielte Strafsteuer gegen jüdische Vermögen zu benutzen, war 1933 nicht neu. Schon während der Weimarer Zeit hatte es in völkischen Kreisen die polemische Forderung gegeben, jüdische Auswanderer mit einer besonders hohen Abgabe zu belasten, da die Juden auf Grund ihrer „merkantilen Begabtheit" dem „Wirtsvolk" überlegen seien und es

[4] Die Darstellung nach Mußgnug, Reichsfluchtsteuer, S. 22 f.

[5] Vorschläge Ministerialdirektor Zarden vom 14.11.1931 und Referent Groth vom 21.11.1931, beide in BAB, R 2, 20383.

[6] Schreiben des Reichsfinanzministeriums an das Landesfinanzamt Hamburg und andere vom 31.12.1931, BAB, R 2, 20384.

ungerecht sei, dass das „Wirtsvolk“ durch den Wegzug der „Gäste“ dauernd geschädigt werde. Den Anteil des Vermögens, der im Reich bleiben sollte, wollten diese Stimmen bei 80 bis 90 Prozent sehen.[7]

Betrachtet man diese Entwicklung in der Weimarer Zeit, dann waren viele Ansätze und Verfahren bereits in der Weimarer Republik angelegt, die nach der nationalsozialistischen Machtübernahme gegenüber jüdischen Auswanderern für Verfolgungszwecke instrumentalisiert und radikalisiert wurden. Allerdings kam es während der NS-Zeit auch zu einer gezielten Verschärfung der Reichsfluchtsteuerverfahren, welche die ursprünglichen Ziele und Intentionen der Steuer geradezu pervertierte.

3.1.2 Antijüdische Ausrichtung und Radikalisierung der Reichsfluchtsteuer nach 1933

1932 war die Laufzeit der Reichsfluchtsteuer vom damaligen Reichskanzler Kurt von Schleicher um weitere zwei Jahre bis 31. Dezember 1934 verlängert worden. Als Hitler die Regierung übernahm, war die Regelung also noch in Kraft, aber die neuen Machthaber mussten sich relativ bald mit der Frage auseinandersetzen, ob das Verfahren beibehalten oder geändert werden sollte. Da das Reichfluchtsteuergesetz eine begrenzte Laufzeit hatte, musste es immer wieder verlängert werden, was dieses Gesetz von anderen Steuerregelungen unterschied und die spezifische Radikalisierungsdynamik der Reichsfluchtsteuer entscheidend mit prägte.

1934 und 1937 wurde die Reichfluchtsteuer jeweils durch Gesetze verlängert, die vom Reichsfinanzministerium eingebracht wurden.[8] Der zuständige Referent Kurt Zülow und seine Mitarbeiter lieferten dafür die Vorlagen. 1937 wurde das Gesetz noch einmal bis zum 31. Dezember 1938 verlängert.

1938 konnte das Reichsfinanzministerium seinen Verlängerungsantrag erstmals nicht fristgerecht durchbringen, obwohl alle Vorbereitungen frühzeitig eingeleitet worden waren. Erst am 1. Februar 1939 wurde das Gesetz rückwirkend zum 1. Januar 1939 für ein weiteres Jahr in Kraft gesetzt. Ende 1939 ordneten Hermann Göring und Hans Lammers die nächste Verlängerung mit Gesetzeskraft einfach an. Im Dezember 1940 versuchte das Reichsfinanzministerium dann nach Vorklärung mit dem Stellvertreter des Führers, dem Auswärtigen Amt, dem Reichsinnenministerium und dem Reichswirtschaftsministerium, eine Verabschiedung des Verlängerungsgesetzes durch den Ministerrat für Verteidigung herbeizuführen. Lammers legte den Entwurf

[7] Vgl. dazu Meinl/Zwilling, Legalisierter Raub, S. 41, dort auch das ausführliche Zitat aus einem Schreiben von Konstantin von Gebsattel an Heinrich Class vom 27.5.1913.

[8] Vgl. zum Folgenden Mußgnug, Reichsfluchtsteuer, S. 33–35.

aber nur Göring vor und erklärte, das Gesetz sei in Umlauf gesetzt worden und habe keinen Widerspruch hervorgerufen. 1941 leitete das Reichsfinanzministerium schließlich selbst ein solches Umlaufverfahren ein. Diesmal bat der Reichsfinanzminister darum, dass ihm eine Ermächtigung erteilt würde, das Reichsfluchtsteuergesetz für die Dauer des Krieges zu verlängern. Dies war die Grundlage dafür, dass ab Dezember 1942 das Reichsfluchtsteuergesetz „bis auf weiteres" galt, d. h. die frühere zeitliche Begrenzung wegfiel. Die Reichsfluchtsteuer blieb bis 1953 in Kraft.

In den Verlängerungen spiegelte sich der Wandel des Gesetzgebungsverfahrens im NS-System. Verbunden war dies mit einer Veränderung der Position des Reichsfinanzministeriums im Gesetzgebungsprozess. So war der zuständige Referent anfänglich als Verfasser der Verlängerungsvorlagen in einer inhaltlich einflussreichen Rolle, später verschwammen aber die Konturen des Verfahrens zunehmend, was allerdings nicht unbedingt dazu führte, dass die Finanzexperten an Einfluss verloren. Vielmehr konnte das Reichsfinanzministerium gerade angesichts der Unbestimmtheit der legislativen Verfahren am Ende die Kompetenzen in der eigenen Hand konzentrieren.

Mit der Ausdehnung des Reichsgebietes erweiterte sich auch das Geltungsgebiet der Reichsfluchtsteuer, und diese räumliche Ausweitung galt dem Reichfinanzministerium ebenfalls als ein Argument für die Verlängerung und Verschärfung der Reichsfluchtsteuerregelungen. In den neuen Gebieten habe die Abwanderung der Juden viel später eingesetzt, als im „Altreich" und daher könne man schon aus Gründen der Gleichmäßigkeit der Besteuerung auf eine Fortsetzung der Reichsfluchtsteuer nicht verzichten, begründete das Reichsfinanzministerium die Ausweitung der Regelungen auf die „angeschlossenen" Gebiete.[9]

Am 14. April 1938 wurde die Reichsfluchtsteuer in Österreich eingeführt,[10] am 30. November 1938 in den Sudetendeutschen Gebieten,[11] am 22. Mai 1939 im Memelland,[12] am 25. Oktober 1939 in Danzig[13] und am 6. Juli 1940 in Eupen, Malmedy und Moresnet.[14]

Die regelmäßigen Verlängerungen boten auch die Gelegenheit, explizit oder implizit antijüdische Verschärfungen zu realisieren. Dass sich die Bedingungen für die Zahlung der Reichsfluchtsteuer während der nationalsozialistischen Diktatur zunehmend verschlechterten, ist zum einen im Kontext der allge-

9 Begründung für die Verlängerung der Reichsfluchtsteuer im Dezember 1939, zit. nach Mußgnug, Reichsfluchtsteuer, S. 35.
10 RGBl. I (1938), S. 389.
11 RGBl. I (1938), S. 1132.
12 RGBl. I (1939), S. 948.
13 RGBl. I (1939), S. 2106.
14 RGBl. I (1940), S. 977.

meinen Devisen- und Auswanderungspolitik zu sehen. Nach wie vor galt der Grundsatz als offizielle Begründung, dass Emigranten mit größeren Vermögen steuerlich noch einmal herangezogen und die Summen, welche die Auswanderer ins Ausland brachten, geschmälert werden sollten. Zu diesem Zweck versuchte das Reichsfinanzministerium, mögliche Schlupflöcher zu schließen. Gleichzeitig spielte aber ab 1933 auch die Vertreibungspolitik gegenüber Juden eine wichtige Rolle. Und hier veränderte sich der Kontext der Reichsfluchtsteuer geradezu in sein Gegenteil, denn es lag nicht in der Absicht der nationalsozialistischen Machthaber, Juden durch die Abgabe von einer Emigration abzuschrecken. Vielmehr war es Ziel der nationalsozialistischen Politik, Juden möglichst schnell aus Deutschland zu vertreiben. So musste die Steuer in diesen Fällen neu legitimiert werden.

Schon kurz nach der nationalsozialistischen Machtübernahme nahm das Referat für Reichsfluchtsteuer im Reichsfinanzministerium unter Leitung von Kurt Zülow[15] jüdische Emigranten als Sondergruppe der Reichsfluchtsteuerpflichtigen gezielt in den Blick. Zülow und seine Mitarbeiter forderten, dass für diese Auswanderer besondere Regelungen getroffen werden müssten. „Die Änderungen der politischen Verhältnisse in Deutschland seit dem 30.1.1933 haben eine grosse Zahl von Nichtariern veranlasst, sich in das Ausland zu begeben", schrieb Zülow in einer Begründung zur Verschärfung der Reichsfluchtsteuerregelungen gegenüber jüdischen Emigranten im Januar 1934 und fuhr fort: „Diese Personen wenden sich dagegen, als steuerflüchtig bezeichnet zu werden, da sie im allgemeinen den Wohnsitz in Deutschland nicht aufgeben, um sich der steuerlichen Belastung zu entziehen, sondern nur, weil sie glauben, unter den gänzlich veränderten politischen Verhältnissen ihren bisherigen Beruf nicht mehr mit Erfolg ausüben zu können."[16] Der Steuerreferent teilte diese Sichtweise und gab zu, es sei nicht zu verkennen, „dass der Beweggrund für die Abwanderung nicht immer als Steuerflucht bezeichnet werden kann." Daraus folgerte Zülow jedoch nicht, dass die jüdischen Flüchtlinge nicht reichsfluchtsteuerpflichtig seien. Vielmehr sprach er sich dafür aus, die Reichsfluchtsteuer so zu modifizieren, dass auch jeder jüdische Emigrant „zum Ausgleich dafür, dass er sein Vermögen unter dem Schutze des deutschen Reiches erwerben und sichern konnte, zu einer letzten grossen Abgabe herangezogen werden" könne.

Um das weiter zu gewährleisten, war nach Zülows Ansicht eine Reform der Reichsfluchtsteuer notwendig, die deren Ziele und Begründung an die neue Si-

[15] Vgl. zu Zülow auch die Passagen im organisationsgeschichtlichen Kap. 1, zur zeitgenössischen Sicht auf die rechtliche Entwicklung Peters, Reichsfluchtsteuer.

[16] Referat Zülow an die Referate Trapp, Kühne, Blümich und Groth, Anschreiben und Begründung zur Änderung der Reichsfluchtsteuerregelungen, vom 17.1.1934, BAB, R 2, 57129.

tuation anpasste und auch vertriebene Juden einbezog. Konsequenter Weise forderte er auch eine Umbenennung der Reichsfluchtsteuer. Sie sollte künftig ganz unbestimmt „Abwanderungsabgabe" heißen, was den Auswanderungshintergrund und damit die Frage offen ließ, ob es um Flucht oder Vertreibung, um freiwillige oder erzwungene Auswanderung ging.[17]

Die Umbenennung setzte sich nicht durch, aber Zülow entwickelte eine tragfähige Argumentation, die es erlaubte, jüdische Flüchtlinge weiterhin systematisch zur Reichsfluchtsteuer heranzuziehen. Laut Gesetzestext war ein Erlass der „Reichsfluchtsteuer" prinzipiell möglich, wenn die Emigration „im deutschen Interesse" lag, und das Problem, das Zülow - wie übrigens auch der Reichsfinanzhof - sah, bestand darin, dass die Auswanderung der Juden aus Deutschland zweifellos im Interesse des neuen Regimes lag. Allerdings gab es massive Vorbehalte dagegen, dass die Emigranten dabei ihr Vermögen ins Ausland mitnahmen. Hier setzten Zülows Überlegungen an: Selbst wenn ein „Inlandsinteresse" an der Auswanderung der Juden bestehen sollte, so Zülow, könne doch ihre Tätigkeit im Ausland, insbesondere wenn sie gegen Deutschland gerichtet sei, nicht im deutschen Interesse liegen.[18] Die zynische Differenzierung zwischen „Inlandsinteresse" und der Tätigkeit der Emigranten im Ausland machten den Weg dafür frei, alle jüdischen Auswanderer zur Abgabe heranzuziehen, und entwickelte sich bald zur allgemeinen antisemitischen Auslegungsleitlinie der Reichsfluchtsteuer.

Ähnlich wie in diesem Fall waren antijüdische Verschärfungen der Reichsfluchtsteuerregelungen auch in den folgenden Jahren maßgeblich auf Zülows Vorschläge zurückzuführen. Er und sein Mitarbeiter Mußfeld äußerten sich verwaltungsintern und öffentlich in der deutschen Steuerzeitung auch in späteren Jahren immer wieder rechtfertigend zu einer harten Durchführung der Reichsfluchtsteuer.[19] Dabei setzten sie sich insbesondere gegenüber Wünschen aus dem Wirtschaftsministerium durch, wo man zur Erleichterung der Auswanderung von Juden auf eine Entschärfung der Reichsfluchtsteuerregelungen drängte.[20]

So war Zülows Argumentation von der Jahreswende 1933/34, die zwischen „Inlandsinteresse" und Tätigkeit im Ausland differenzierte, auch eine Reaktion auf einen Erlass des Reichswirtschaftsministeriums vom 28. August 1933. Darin hatten die Wirtschaftsbeamten erklärt, dass die Abwanderung

17 Ebd., Zitate S. 1 f.

18 Vermerk Referat Zülow, betrifft: Mögliche Auswirkungen der Arierfrage auf Steuergesetze, vom 21.8.1935, BAB, R 2, 56014, Bl. 4–8.

19 Zülow, Verlängerung, S. 27; Mußfeld: Zur Reichsfluchtsteuer, in: Deutsche Steuerzeitung (1940) Nr. 6 vom 27.1.1940, S. 42. Vgl. dazu auch Mehl, Reichsfinanzministerium, S. 47–49.

20 Vgl. beispielsweise Stellungnahme Referat 8, Zülow, an Referate Trapp, Kühne, Groth, Eylert, Blümich vom 15.7.1937, BAB, R 2, 57129.

von „Nichtariern“ grundsätzlich im „deutschen Interesse“ liege. Mit Bezug auf diese Bestimmung hatten jüdische Emigranten beispielsweise in Berlin in erheblicher Zahl eine Freistellung von der Reichsfluchtsteuer beantragt und in der Sache auch vor dem Reichsfinanzhof geklagt.[21] In einer Stellungnahme zu einem solchen Fall, der Ende 1933 am Reichsfinanzhof anhängig war, machte das Reichsfinanzministerium seinen Standpunkt noch einmal deutlich: Die „erforderlich gewordene Umstellung in der Berufsausübung von Nichtariern“ wegen der staatlichen Maßnahmen zur beruflichen Verdrängung von Juden könnte kein Grund sein für eine allgemeinen Freistellung von der Reichsfluchtsteuer. Das Reichswirtschaftsministerium habe sich in seinem Erlass auf kultur- und rassenpolitische Argumente bezogen, nicht auf ein „deutsches Interesse“ im Sinne der Reichsfluchtsteuer. Der Reichsfinanzhof schloss sich in seinem für spätere Fälle paradigmatischen Urteil dieser Interpretation an und argumentierte damit, dass die „Rassezugehörigkeit“ bei einer Steuerschuld keine Rolle spielen dürfe.[22] Dass die „Rasse“ der ausschlaggebende Faktor für die Vertreibungspolitik war, blendeten die Richter in ihrer Argumentation gezielt aus.

Am 18. Mai 1934 wurden die Reichsfluchtsteuerregelungen erstmals während der NS-Zeit verlängert und gleichzeitig verschärft:[23] Unter anderem senkten die NS-Machthaber die Freigrenze von zuvor 200 000 Reichsmark auf 50 000 Reichsmark bei Vermögen. Zudem mussten bei der Grenze für das Einkommen in Höhe von 20 000 Reichsmark nun alle Familienmitglieder (Ehegatten und minderjährige Kinder) gemeinsam veranlagt werden. Schließlich war die Reichsfluchtsteuer nun auch dann zu entrichten, wenn der Emigrant nach Deutschland zurückkehrte. Formal begründete das Reichsfinanzministerium die Reform mit ähnlichen Formulierungen wie schon die Einführung der Regelung 1931. Man wolle die Abwanderung leistungsfähiger Steuerzahler verhindern bzw. von diesen eine letzte große Abgabe fordern. Daneben findet sich aber in der Begründung auch die spezifische, gegen jüdische Emigranten gerichtete Argumentation Zülows, die oben geschildert wurde.

Bereits ein knappes halbes Jahr später, am 16. Oktober 1934, folgte die nächste Verschärfung durch das Steueranpassungsgesetz.[24] Nun wurden auch

[21] Vgl. zu dem Vorgang mit Hinweis auf die Haltung der IHK Berlin Mußgnug, Reichsfluchtsteuer, S. 46, mit Bezug auf den Reichsfinanzhof Friedenberger, Ausplünderung, S. 73 f. Dort auch die folgenden zitierten Passagen aus einer Stellungnahme des Reichsfinanzministeriums vom 7.12.1933.

[22] Urteil des Reichsfinanzhofs vom 20.12.1933, veröffentlicht im RStBl. (1934), S. 90 f. Vgl. dazu auch Friedenberger, Ausplünderung, S. 74.

[23] Gesetz über die Änderungen der Vorschriften der Reichsfluchtsteuer vom 18.5.1934, RGBl. I (1934), S. 392 f.

[24] Steueranpassungsgesetz vom 16.10.1934, RGBl. I (1934), S. 938 (mit Bezug auf § 14, Abs. 3).

leitende Angestellte im Ausland in die Reichsfluchtsteuerpflicht einbezogen. Durch eine Änderung der Steuerstrafverfahren sollten solche Verfahren gegen Beschuldigte in Abwesenheit nur dann stattfinden, „wenn das Rechtsempfinden des Volkes die alsbaldige Aburteilung der Tat verlangt".[25] Dies bedeutete eine „Kann"-Regelung, und damit mussten solche Verfahren nicht in jedem Fall durchgeführt werden. Das Landesfinanzamt Berlin hatte sich für eine obligatorische Durchführung einer Hauptverhandlung eingesetzt, war aber mit seiner Initiative am Reichsjustizministerium - vor allem wegen Kostenargumenten - gescheitert.[26]

Im August 1935 legte Kurt Zülow dann noch einmal eine grundsätzliche Stellungnahme zur Frage der Reichsfluchtsteuer bei Juden seinem Abteilungsleiter vor.[27] In diesem Papier, das im Kontext der bereits oben erwähnten, breit angelegten Zusammenstellung antijüdischer Maßnahmen in der gesamten ministerialen Steuerabteilung steht, wiederholte er seine schon zuvor immer wieder erhobene Forderung, dass „nichtarische" Auswanderer auf alle Fälle Reichsfluchtsteuer zahlen müssten. Zülow betonte gleichzeitig, dass die - politisch erwünschte - Emigration von Juden ja dadurch begünstigt werde, dass man den Auswanderern bei Vermögensminderung auf dem Billigkeitsweg entgegenkomme.

Billigkeitsmaßnahmen, auf die sich Zülow in seiner Rechtfertigung 1935 berufen hatte, wurden gegenüber Juden aber keineswegs so großzügig gehandhabt, wie der Reichsfluchtsteuerreferent behauptet hatte. Hatte ein Erlass des Reichsfinanzministeriums im Juli 1933 noch erlaubt, dass die Finanzbehörden bei der Berechnung der Reichsfluchtsteuer den aktuellen Vermögensstand zugrunde legten, wenn dieser sich verringert hatte, zeigen Anweisungen aus den folgenden Jahren, dass die Praxis anders verlaufen sollte: Nur in Ausnahmefällen und mit besonderer Genehmigung durch das Reichsfinanzministerium kam es zu solchen Entgegenkommen; in der Regel wurden die Finanzbeamten angewiesen, den für die Auswanderer ungünstigsten Fall zugrunde zu legen. Diese Entwicklung wie auch der Befund, dass die gesetzlichen Regelungen beispielsweise in der Definition des Wohnsitzes zu Ungunsten der Steuer-

[25] Gesetz zur Änderung von Vorschriften des Strafverfahrens und des Gerichtsverfassungsgesetzes vom 28.6.1935, RGBl. I (1935), S. 850.

[26] Vgl. Mußgnug, Reichsfluchtsteuer, S. 32.

[27] Vermerk Referat Zülow, betrifft: Mögliche Auswirkungen der Arierfrage auf Steuergesetze, vom 21.8.1935, BAB, R 2, 56014, Bl. 4–8. Neben der Reichsfluchsteuerfrage griff das Papier aus dem Referat Zülow auch andere Punkte auf. So sollten Juden u. a. von der Steuerfreiheit für neu gegründete Unternehmungen, einem neuen NS-Gesetz, ausgeschlossen werden, ebenso von Vergünstigungen im Bereich der Körperschaftsteuer. Schließlich erwog man im Referat auch eine generelle Erhöhung der Körperschaftsteuer für alle jüdischen Unternehmen. Gedacht war an eine Verdopplung auf 40 Prozent.

pflichtigen geändert wurde, ist in der Literatur vielfach beschrieben und belegt worden.[28]

Zülows Papier vom August 1935 ist noch in weiterer Hinsicht interessant. Der Reichsfluchtsteuerreferent war sich im Klaren, dass erhebliche Definitionsprobleme bestanden, welche Personen als „Juden" bzw. welche Unternehmen als „jüdisch" bezeichnet werden sollten und wie diese Eigenschaft von den Finanzbehörden festgestellt werden sollte. Die kritischen Äußerungen befanden sich am Ende seiner Vorschläge und bezogen sich vor allem auf die Körperschaftsteuer. Dennoch sind sie aufschlussreich für die allgemeine Haltung Zülows in der Frage antijüdischer Steuerverfahren, denn sie verweisen darauf, dass auch die konzeptionellen Vorschläge des Reichsfluchtsteuerreferenten die charakteristische Ambivalenz aufwiesen zwischen treibendem und widerständigem Potential, die in verwaltungspraktischen Argumenten liegen konnte:[29] Man kann seine Anmerkungen als Reflexion über die Möglichkeiten einer verwaltungstechnischen Umsetzung von antisemitischen Leitvorstellungen und damit als konkretisierenden Vorstoß deuten, der über bloße Gedankenspiele hinausreicht. Diese Interpretation verweist auf die tragende Rolle, die Verwaltungsbeamte im Verfolgungsprozess hatten, indem sie ideologische Vorstellungen in Gesetze und Verwaltungsanweisungen umsetzten und deren Durchführbarkeit und Effektivität dadurch erst möglich machten. Gleichzeitig klingt aber in den Überlegungen auch ein ideologiekritisches Moment mit, das auf eine für einen Verwaltungsbeamten charakteristische Weise – unter Hinweis auf praktische Umsetzungshindernisse – vorgebracht wurde.

Im Dezember 1936 wurden die Regelungen dahingehend verschärft, dass das Vermögen, das die Emigranten zur Sicherung der Reichsfluchtsteuerschuld benannt hatten, rascher und vollständiger zur Zwangsvollstreckung gebracht werden konnte.[30] Eine weitere Verschärfung brachte das Gesetz zur Verlängerung der Vorschriften über die Reichsfluchtsteuer vom 19. Dezember 1937.[31] Demnach mussten nun auch alle Schenkungen, die ein Emigrant nach dem 1. Januar 1933 empfangen hatte, in die Berechnung der Reichsfluchtsteuer einfließen, sofern diese insgesamt über 10 000 Reichsmark ausmachten. Wie es in der amtlichen Begründung hieß, habe man beobachtet, dass Steuerpflichtige zunächst ihre vermögenslosen Kinder auswandern ließen und sie dann im Ausland mit Schenkungen versahen. Wenn ihr eigenes Vermögen entsprechend

[28] Ausführlich und mit vielen Belegen dazu Friedenberger, Ausplünderung, S. 75 f.

[29] Vgl. zur ambivalenten Rolle der Beamtenschaft bereits Mommsen, Beamtentum, S. 15, sowie die Darstellung in Kap. 2.

[30] Einführungsgesetz zu den Realsteuergesetzen vom 1.12.1936, § 28, Ziff. 70a, RGBl. I (1936), S. 975.

[31] Gesetz zur Verlängerung der Vorschriften über die Reichsfluchtsteuer vom 19.12.1937, RGBl. I (1937), S. 1385.

verringert sei, wanderten auch sie aus. Diesem Vorgehen wollte man entgegen treten.

3.1.3 Präventiver Zugriff der Finanzbehörden zur „Sicherung" der Reichsfluchtsteuer

Ein Grundproblem der Reichsfluchtsteuer war, dass die Finanzbeamten häufig erst spät von den Ausreiseplänen der Emigranten erfuhren. Bereits seit der Weimarer Zeit gab es daher Überlegungen, wie die Gruppe der „Auswanderungswilligen" systematisch erfasst werden könnte. Einige Verfahren, die vor 1933 wegen des zu hohen bürokratischen Aufwandes nicht realisiert worden waren, standen nach der nationalsozialistischen Machtübernahme erneut zur Diskussion.

So führte das Reichsinnenministerium im April 1933 kurzzeitig den „Ausreisesichtvermerk" wieder ein, der schon unter Reichskanzler Brüning praktiziert, dann wieder abgeschafft worden war. Dieser Vermerk im Pass, der Voraussetzung zur Ausreise war, sollte nur dann gegeben werden, wenn der Antragsteller sich verpflichtete, nicht gegen Devisenvorschriften zu verstoßen oder sich der Steuerpflicht nicht zu entziehen. Hinzu kam ein staatspolitischer Aspekt: Auch wenn Tatsachen bekannt waren, welche die Annahme rechtfertigten, dass der Reisende sich im Ausland „staatsfeindlich" betätigen, Regierungsinstanzen beschimpfen oder im Ausland unrichtige Nachrichten verbreiten werde, die geeignet seien, lebenswichtige Belange des Reichs oder eines deutschen Landes zu gefährden, sollte der Sichtvermerk nicht gegeben werden. Zum Jahresbeginn 1934 wurde die Sichtvermerkregelung aber wieder aufgehoben.[32] Das Auswärtige Amt, wo man Friktionen im sensiblen Gebiet des Außenhandels befürchtete, hatte sich damit gegen das Reichsinnenministerium durchgesetzt. So war dieser Weg, Auswanderer vor ihrer Emigration systematisch zu erfassen, für die Finanzbeamten wieder verschlossen.

Die Aufhebung des verpflichtenden „Ausreisesichtvermerks" veranlasste die Finanzverwaltung zu verstärkter „präventiver" Aktivität bei der Reichsfluchtsteuer. Das Reichsfinanzministerium wies seine nachgeordneten Dienststellen darauf hin, dass eine „unerwünschte Ausreise" nun durch einen expliziten Antrag der Finanzbehörde bei der Passbehörde verhindert werden müsse.[33] In der nächsten Zeit verdichtete sich das Beobachtungs- und Kontrollnetz gegen die emigrationswilligen Juden.

Die Maßnahmen der Reichsfluchtsteuer wurden durch den Steueraußen-

[32] Bekanntmachung des Reichsinnenministeriums vom 19.12.1933, RGBl. I (1933), S. 1088.
[33] Schreiben des Reichsfinanzministeriums an die Landesfinanzämter vom 18.12.1933, BAB, R 2, 5976.

dienst überwacht, der 1934 in Steuerfahndungsdienst umbenannt wurde. Mit der Einführung von speziellen Reichsfluchtsteuerstellen beim Steuerfahndungsdienst nach dem Vorbild des „Mannheimer Systems"[34] steigerten die Finanzämter die Möglichkeiten des präventiven Zugriffs erheblich. So begründete das Mannheimer Finanzamt, das am 1. Oktober 1935 als erstes Finanzamt eine solche Reichsfluchtstelle einführte, die Entscheidung mit den Worten:[35] „Dies ist deshalb notwendig, weil bei irregulären Auswanderungen die Tätigkeit der Reichsfluchtsteuerstelle nicht erst dann einsetzen darf, wenn der Auswanderer seinen inländischen Wohnsitz oder seinen gewöhnlichen Aufenthalt im Inland aufgibt, sondern schon dann einsetzen muss, wenn Verdachtsgründe vorliegen, die auf eine künftige Auswanderung schließen lassen." Ziel des „Mannheimer Systems" war es, ein möglichst lückenloses Überwachungssystem zu schaffen.[36]

Von Anfang an konzentrierten sich die Reichsfluchtsteuerstellen in den Finanzämtern auf Juden. Damit entstanden reichsweit Verwaltungseinheiten, die ihr Vorgehen gezielt auf Juden ausrichteten. Hierbei zeigt sich auch, dass die Finanzbeamten deutlich über die gesetzlichen Grenzen hinausgriffen. Zum einen erfassten sie auch solche Juden in Listen, von denen sie ohne konkreten Anhaltspunkt annahmen, dass sie künftig auswandern würden. Dabei gingen die Beamten davon aus, dass alle Juden, die über größere Kapitalbeträge verfügten, in der nächsten Zeit auswandern würden. In der Praxis zeigen sich auch antijüdische Klischees. So wurde der Kreis der „Verdächtigen" nicht nach den gesetzlichen Grenzen bestimmt, wie sie das Reichsfluchtsteuergesetz seit 1934 formulierte und die ein Vermögen von 50 000 Reichsmark voraussetzen. Man gehe vielmehr davon aus, erklärte der Leiter der Mannheimer Reichsfluchtsteuerstelle, dass Juden in den letzten Jahren verschiedentlich unrichtige Steuererklärungen abgegeben hätten. Daher wurden alle steuerpflichtigen Juden in die Liste aufgenommen, die 1931 mehr als 20 000 Reichsmark Vermögen oder mehr als 10 000 Reichsmark Einkommen gehabt hatten.

Die Mannheimer Reichsfluchtsteuerstelle etablierte ein dichtes Überwachungsnetz. Sie kooperierte mit der Devisenstelle in Karlsruhe, die Transferanträge an das Finanzamt meldete. Dadurch hofften die Finanzbeamten auf Vermögensteile zu stoßen, die bislang vor dem Finanzamt verborgen gehalten worden waren. Enge Beziehungen unterhielt man auch zur Zollverwaltung. Damit hatten die Finanzbeamten Zugriff auf das Umzugsgut

[34] Vgl. Kap. 1, Abschnitt über Finanzämter.

[35] Bericht Reichsfinanzministerium Berlin über die Besprechung am 12.3.1936 bei den Finanzämtern Mannheim und Frankfurt a. M. vom 19.3.1936 (Abschrift), BAB, R 2, 5973, Bl. 58–65. Folgende Zitate ebd.

[36] Bericht des Finanzamts Mannheim-Stadt über die Einrichtung einer Reichsfluchtsteuerstelle vom 30.11.1935 (Abschrift), BAB, R 2, 5973, Bl. 67–72. Die folgenden Zitate ebd.

von Auswanderern und konnten anhand der Grenzübertritte „reichsfluchtsteuerverdächtige" Personen identifizieren. Darüber hinaus waren die Polizeipräsidien wichtige Kooperationspartner. Das Passbüro bezeichnete die Mannheimer Reichsfluchtsteuerstelle sogar als „wichtigste Stelle" des Überwachungsnetzwerkes, denn der Antrag auf einen neuen Pass oder ein Leumundszeugnis für das Ausland galt als wichtigstes Indiz für eine geplante Auswanderung. Kriminal- und Gewerbepolizei waren ebenfalls an der Überwachung beteiligt. Schließlich kamen die Finanzbeamten mit der Gestapo überein, dass die Personen auf einer von der Mannheimer Reichsfluchtsteuerstelle zusammengestellten Liste mit den Namen jüdischer „Verdächtiger" stichprobenweise und auf Hinweis seitens der Finanzbeamten gezielt überwacht werden sollten. „Die bisherige Zusammenarbeit mit der Gestapo hat finanziell sehr gute Erfolge gebracht", bilanzierte die Mannheimer Reichsfluchtsteuerstelle nach zwei Monaten Tätigkeit.[37]

Jenseits staatlicher Behörden band die Mannheimer Stelle Post (Umzug, Telefon- und Briefüberwachung), Notariate und Grundbuchämter, die Handelskammer, die Kreisleitung der NSDAP und „private Quellen" in ihre Arbeit ein. Die Mannheimer Finanzbeamten regten zudem die Einbeziehung von Versicherungsgesellschaften und Banken in das Überwachungsnetz an.[38]

Auf Widerstand trafen die Steuerfahnder dabei nur selten: „Trotz der umfangreichen Tätigkeit der Zentralen Steuerfahndungsstelle auf allen Gebieten des öffentlichen Lebens", hieß es in einem Bericht 1938, „sind nur von wenigen Stellen Einwendungen erhoben worden. In solchen Fällen haben meine Sachbearbeiter durch persönliche Besprechungen auf die Notwendigkeit einer gleichmäßigen Besteuerung aller Volksgenossen hingewiesen. Durch geschickte Erörterung der Rechtsprechung des Reichsfinanzhofs zu den §§ 175 und 201 der Reichsabgabenordnung ist es stets gelungen, die Auskunftspersonen von der Notwendigkeit des stichprobenhaften Ausschreibens der Beschaffungs- oder Kontrollmitteilungen zu überzeugen." Spitzel und Agenten, hieß es in dem Bericht weiter, müssten dank der Arbeit der Steuerfahndungsstelle nicht mehr beschäftigt werden.

Die Mannheimer Stelle erklärte zunächst von den rund 6 000 Juden aus Mannheim 600 für „reichsfluchtsteuerverdächtig" und legte eine entsprechende Namensliste an, die an eine Reihe weiterer Dienststellen weitergegeben wurde. Bereits in den ersten beiden Monaten nach der Einrichtung der Stelle registrierten die Finanzbeamten rund 200 Auswanderungsfälle, bei denen über zwei Millionen Reichsmark Reichsfluchtsteuer festgesetzt wurden. Die Effizienz

[37] Bericht des Finanzamts Mannheim-Stadt über die Einrichtung einer Reichsfluchtsteuerstelle vom 30.11.1935 (Abschrift), S. 8, BAB, R 2, 5973, Bl. 67–72.

[38] Reisevermerk vom 18.3.1936, BAB, R 2, 5973, Bl. 95 f.

zeigte sich nicht zuletzt darin, dass seit Bestehen der Reichsfluchtsteuerstelle in Mannheim kein Steuersteckbrief mehr erlassen wurde.[39]

Insbesondere erreichte die Mannheimer Reichsfluchtsteuerstelle, dass die Juden fast 2,7 Millionen Reichsmark an Sicherheiten leisteten. Die Sicherungsbescheide bildeten den Beginn präventiver Steuerverfahren. Die Einführung der Sicherungsbescheide durch die Reichsfluchtsteuerreform vom Mai 1934 war eine Folge davon, dass man kurz davor die oben erwähnten Ausreisesichtvermerke abgeschafft hatte. Das Verfahren bot die Möglichkeit, dass die Finanzbeamten Teile des Vermögens amtlich blockieren konnten, um auf diese Weise die Zahlung der Reichsfluchtsteuer im Falle einer Emigration sicher zu stellen. Das Finanzamt konnte gegenüber Juden nun selbst die Initiative ergreifen und in Fällen, in denen es eine Auswanderung für wahrscheinlich hielt, eine Sicherheitsleistung verlangen. Der Begriff der „Wahrscheinlichkeit" war dabei unbestimmt und wurde in immer umfassenderem Sinn gebraucht.[40]

Das Ausstellen von Sicherheitsbescheiden stand in umgekehrtem Verhältnis zur Zahl der Steuersteckbriefe. Je besser es gelang, Vermögensteile durch Sicherheitsbescheide zu blockieren, umso seltener mussten Emigranten im Nachhinein steckbrieflich gesucht werden. Von 1935 bis Februar 1938 zählten beispielsweise die Beamten der Berliner Reichsfluchtsteuerstellen 2 935 Fälle von Reichsfluchtsteuer-Sicherheiten in Höhe von insgesamt rund 151 Millionen Reichsmark.[41] Stolz verkündeten die Beamten, dass kaum noch ein Jude ausreisen könne, ohne dass für die Reichsfluchtsteuer Sicherheit geleistet sei. „Es braucht also kein Steuersteckbrief erlassen zu werden". In der zentralen Berliner Steuerfahndungsstelle, dem Steuerfahndungsdienst, der Stelle für Bearbeitung von Steuerstrafsachen und der Nachrichtenstelle arbeiteten unter der Leitung eines Oberregierungsrats insgesamt 19 weitere Mitarbeiter.

Die Zahl der Personen, die mit Steuersteckbrief „gesucht" wurden und infolge dieser Sanktion nicht mehr über ihr deutsches Vermögen verfügen durften, nahm allerdings während der NS-Zeit insbesondere ab 1936 noch einmal stark zu und erste während des Krieges wieder ab.[42]

Auch zeigt ein Blick in die Statistik, dass dennoch fast jeder zweite der zwischen 1932 und 1943 erlassenen Steuersteckbriefe aus Berlin kam. Das war nicht auf besonders eifrige Umsetzung durch Berliner Finanzbeamte zurückzuführen.[43] Im Gegenteil: Wie geschildert war die Ausstellung eines

[39] Bericht des Finanzamts Mannheim-Stadt über die Einrichtung einer Reichsfluchtsteuerstelle vom 30.11.1935 (Abschrift), S. 9, BAB, R 2, 5973, Bl. 67–72.

[40] Friedenberger, Ausplünderung, S. 84–94.

[41] Bericht über die Tätigkeit der Arbeitsgruppe Zentrale Steuerfahndungsstelle, Steuerfahndungsdienst einschl. Steuerstrafsachen, Nachrichtenstelle vom 26.9.1938, BAB, R 2, 5973, Bl. 342–346.

[42] Vgl. dazu Wolf/Wolf, Reichsfluchtsteuer.

[43] So noch ebd., S. 12.

Tabelle 9: Zahl der Steuersteckbriefe 1932–1944

Jahr	Zahl der Steuersteckbriefe
1932	14
1933	56
1934	151
1935	154
1936	185
1937	195
1938	188
1939	195
1940	150
1941	69
1942	17
1943	2
1944	2

Angaben nach Mußgnug, Reichsfluchtsteuer, S. 38.

Steuersteckbriefs gerade ein Zeichen dafür, dass das präventive Steuerverfahren versagt hatte und die Steuer nicht frühzeitig eingezogen bzw. durch Sicherungsverfügung sichergestellt worden war. Eine hohe Steuersteckbriefquote ist daher eher als Hinweis auf Ineffizienz in den Finanzbehörden zu deuten. Die effizientere Handhabung in späteren Jahren ließ auch trotz gestiegenen Auswandererzahlen die Fälle, in denen Steuersteckbrieflich gefahndet wurde, zurückgehen.[44]

3.1.4 Reichsfluchtsteuer als Instrument der Teilenteignung

Bis 1938 standen die Reichsfluchtsteuerfragen vor allem in engem Zusammenhang mit der Vertreibung der Juden aus Deutschland. Durch die Reichsfluchtsteuer im Falle einer Emigration von einer Zwangsabgabe bedroht, waren jüdische Auswanderer abgeschreckt. Schnell konnte sich die Reichsfluchtsteuer auch zu einem ganz praktischen Hinderungsgrund auswachsen, wenn nämlich die übrig gebliebenen finanziellen Mittel nach Zahlung der Reichsfluchtsteuer für eine Auswanderung nicht mehr ausreichten. Auf eine Milderung der Reichsfluchtsteuerpflicht wollte man sich aber im Reichsfinanzministerium zu keinem Zeitpunkt einlassen. Mehrfach blockierten die Finanzexperten Vorstöße aus dem Reichswirtschaftsministerium auf eine

44 Friedenberger führt das Ergebnis der ersten Jahre auf die viel höhere Zahl jüdischer Steuerpflichtiger in Berlin zurück. Friedenberger, Ausplünderung, S. 83.

Tabelle 10: Einnahmen Reichsfluchtsteuer 1931–1944

Jahr	Aufkommen in Mio. RM
1931	1,937
1932	0,917
1933	17,602
1934	38,120
1935	45,337
1936	69,911
1937	81,354
1938	342,621
1939	216,189
1940	47,787
1941	36,503
1942	31,460
1943	8,802
1944	6,000
SUMME	**944,54**

Mußgnug, Reichsfluchtsteuer, S. 84 f.; Die Maßnahmen gegen die jüdische Bevölkerung und ihre Einrichtungen seit 1933. Zusammenstellung des Archivs des ehemaligen Reichsfinanzministeriums vom 2.2.1949, BAB, R 2, Anh./78; Friedenberger, Ausplünderung, S. 71.

mildere Regelung oder Abschaffung der Steuer, um die Auswanderung zu befördern.[45]

Bereits in den ersten Jahren der NS-Herrschaft war die Reichsfluchtsteuer ein Instrument, um den Juden nach ihrer Flucht ins Ausland ein Viertel ihres Vermögens zu rauben. Wie erwähnt war die ursprüngliche Intention, durch die Steuer eine Ausreise von kapitalkräftigen Personen zu verhindern, im „Dritten Reich" gegenüber Juden nicht mehr vorhanden. Angesichts der Veränderung der Rahmenbedingungen, durch welche die Vertreibung der Juden zum politischen Ziel erklärt wurde, gewann die Reichsfluchtsteuer de facto einen Enteignungscharakter.

Während des Krieges diente die Eintreibung der Reichsfluchtsteuer den Finanzbehörden dann zunehmend als Hebel, um Teile der enteigneten Vermögen von Juden in die Staatskasse zu leiten. Dabei ging es immer weniger um ein Vorgehen gegenüber den jüdischen Eigentümern. Diese hatten ab 1938 in der Regel gar keinen Zugriff mehr auf ihr Vermögen. Vielmehr versuchten die Fi-

[45] Vgl. die devisen- und auswanderungspolitische Besprechung vom 11.12.1935, Stellungnahme Zülows in BAB, R 2, 6014, Bl. 54; Vermerk über ein Telefonat zwischen Ministerialrat Josten (RWM) und Ministerialrat Zülow (RFM) vom 26.11.1937, BAB, R 2, 56269, Bl. 238. Vgl. auch Friedenberger, Ausplünderung, S. 75.

nanzbehörden, gegenüber dem Reichssicherheitshauptamt und der Gestapo, die auf verschiedenen Wegen das Eigentum von jüdischen Emigranten und Deportierten unter ihrer Kontrolle bringen wollten, mittels der Reichsfluchtsteuer Ansprüche auf mindestens ein Viertel des jeweiligen Vermögens durchzusetzen.

Selbst bei den Deportationen berechneten die Finanzbehörden Reichsfluchtsteuer.[46] Als die deutschen Truppen westeuropäische Gebiete besetzten, sahen die Oberfinanzpräsidien das als Möglichkeit, noch ausstehende Steuerrückstände mit Hilfe der Militärbefehlshaber einzutreiben, auch wenn die Schuldner nur Auslandsvermögen besaßen.[47]

3.2 Devisenrecht

„Man könnte vielleicht sagen, dass die Auswanderungsfrage in Mitteleuropa längst gelöst und vergessen wäre, wenn kein Devisenproblem dabei zu lösen gewesen wäre. [...] Die Fäden der Devisenwirtschaft sind oft so fein, dass der harmlose Auswanderer häufig gar nicht merkt, wenn er über einen von ihnen zu straucheln droht, und ganz erstaunt ist, wenn sein Devisenberater ihn im Verlaufe der Beratungen darauf hinweist, dass für diese ihm so ganz unverdächtig erscheinende Handlung Devisengenehmigung erforderlich ist."[48] Diese Worte aus einem Artikel im jüdischen Nachrichtenblatt aus dem Jahr 1940 verweisen auf den engen Bezug zwischen Auswanderung und Devisenkontrolle im „Dritten Reich". Deutlich wird in dem zitierten Ausschnitt, dass die Devisenwirtschaft ein kaum bekanntes Rechtsgebiet war, mit dem viele Emigranten erstmals im Vorfeld ihrer Auswanderung konfrontiert waren. Was Albert Narewczewitz, ein jüdischer Arzt aus Berlin, in dem Artikel vorsichtig als „feine Fäden" der Devisenwirtschaft beschrieb, war allerdings zum Zeitpunkt des Erscheinens des Beitrags bereits ein engmaschiges Netz, das die Auswanderung für Juden wirtschaftlich zur Existenzfrage werden ließ. 1940 mussten jüdische Emigranten einen Spießrutenlauf durch eine Unzahl von Behörden absolvieren, um am Ende maximal vier Prozent ihres Vermögens in Devisen transferieren zu können.[49]

46 Runderlass des Reichsfinanzministeriums vom 14.4.1942 und 25.9.1942, zit. nach Schmidt, Entziehung, S. 311 f. Ausgenommen von der Reichsfluchtsteuererhebung waren die Verschleppungen in das im Inland gelegene Theresienstadt.

47 Vgl. dazu das Schreiben des Oberfinanzpräsidiums Köln vom 6.1.1943, zit. nach Mußgnug, Reichsfluchtsteuer, S. 36.

48 Albert Narewczewitz, Das Devisen-Depot. Eine Grundlage der Auswanderung, in: Jüdisches Nachrichtenblatt vom 3.12.1940, Artikel in BAB, R 2501, 3089/1, Bl. 80 f.

49 Longerich, Politik, S. 126.

Viele der gegen jüdisches Vermögen wirkenden Vorschriften stammten aus einem Zusammenhang, der ursprünglich handelspolitisch motiviert war. Seit Anfang der 1930er-Jahre stand das Deutsche Reich vor einem schwerwiegenden Devisenproblem, dessen Anfänge bereits in die Weimarer Zeit zurückreichten. Der internationale Kapitalverkehr lag in den 1930er Jahren insgesamt darnieder.[50] In der Forschung ist die wichtige Rolle des Devisenmangels für weitreichende politische Entscheidungen des NS-Regimes vielfach hervorgehoben worden.[51]

Die deutsche Devisenpolitik richtete sich anfangs nicht spezifisch gegen Juden. Das Verfolgungspotential der deutschen Devisengesetze entstand zunächst vor allem dadurch, dass im „Dritten Reich" der Verfolgungsdruck gegen Juden wuchs. Auf der einen Seite zur Auswanderung gedrängt, auf der anderen Seite im Falle einer Emigration von der Ausplünderung bedroht, befanden sich die deutschen Juden wirtschaftlich in einem Zangengriff, wie er oben schon bei der Reichsfluchtsteuer deutlich wurde.

Die Vertreibung der Juden aus Deutschland im „Dritten Reich" musste das Devisenproblem verstärken, denn die Emigranten brauchten für ihre Auswanderung Geld in fremder Währung. In Hitlers ersten beiden Regierungsjahren befand sich das Reich in einer Devisenkrise, welche die Wirtschaft an den Rand einer Katastrophe brachte,[52] und es gelang trotz erheblicher Anstrengungen bis zu Kriegsbeginn nicht, die Devisenbilanz in ein Gleichgewicht zu bringen. Je restriktiver die NS-Regierung die Devisenfreigabe handhabte, umso mehr wurde die Frage, wie ein jüdischer Emigrant sein Vermögen ins Ausland transferieren konnte, zur existenziellen Herausforderung bei der Flucht aus Deutschland.

Aus der Perspektive von Albert Narewczewitz bildete die Devisenfrage ein zentrales Problem bei der Auswanderung der Juden. Diese Interpretation aus der Sicht der Verfolgten ist in der Forschung auch auf die Täterseite projiziert worden. Folgt man diesem Ansatz, dann standen mit der Vertreibung der Juden und der restriktiven Devisenpolitik zwei einander widersprechende politische Ziele auf der Agenda des NS-Regimes. Die Vertreibung der Juden aus Deutschland, die von Anfang an ein wichtiges Ziel der neuen Machthaber bildete, kollidierte demnach mit den Bemühungen, das Devisendefizit

[50] Vgl. dazu Eichengreen, Research.

[51] So z. B. Mason, Krise. Als Motiv für die Annexion Österreichs und die Zerschlagung der Tschechoslowakei sieht auch Karl-Heinz Roth eine wichtige Determinierung durch den Devisenmangel. Roth, Krieg; ders., Kriegsursachen. Auf der Grundlage einer tragfähigen Zahlenbasis argumentierte erstmals Ritschl, Zahlungsbilanz; ders., NS-Devisenbewirtschaftung. Kritisch dazu insbesondere der Aufsatz von Banken, Goldreserven- und Devisenpolitik. Auch die neueste Untersuchung von Adam Tooze bezieht die Devisenfragen bei der Diskussion der Kriegsmotive an zentraler Stelle mit ein. Tooze, Ökonomie, S. 364–379.

[52] Tooze, Ökonomie, S. 95.

zu bekämpfen.[53] Die gegenseitige Durchdringung der beiden Bereiche Devisenpolitik und Judenpolitik lässt jedoch auch andere Deutungen zu. Die Spannweite der Interpretationen reicht von der Annahme eines schwer vereinbaren Antagonismus[54] bis hin zu der Hypothese, dass sich das NS-Regime der Juden bediente, um seine devisenpolitischen Probleme zu lösen oder doch zumindest zu mindern.[55]

Wenn im Folgenden die Auswirkungen der Devisenpolitik auf die Vertreibung der Juden untersucht werden, dann sollen vor allem drei Aspekte im Mittelpunkt stehen: Erstens lag eine Wurzel des nationalsozialistischen Devisenrechts, die im Ansatz keine antijüdischen Hintergründe hatte, in der Weimarer Zeit. Bereits seit Mitte 1931 litt die deutsche Wirtschaft unter Devisenmangel, den die Politik durch Kontrollmaßnahmen zu bekämpfen suchte. Die Devisenbewirtschaftung war eine Maßnahme, um den Abfluss der wenigen vorhandenen ausländischen Zahlungsmittel aus Deutschland zu kanalisieren und auf für wichtig erachtete Wirtschaftsfelder zu konzentrieren. Im Sommer 1931 begann man mit der Einrichtung eines Systems der Devisenkontrolle, an das die neue Regierung 1933 zunächst nahtlos anknüpfte. Die organisatorischen und rechtstechnischen Grundentscheidungen aus der Zeit vor 1933 prägten die Dynamik der Devisenpolitik im „Dritten Reich“ entscheidend mit.

Zweitens wurde nach der Machtübernahme Hitlers die Auswanderung von Juden in den Augen der Währungshüter zu einem zentralen Faktor für die Devisenpolitik. „Solange der bestehende Auswanderungsdrang anhält,“ hieß es beispielsweise in einem Vermerk der Reichsbank vom Januar 1936, „ist an eine Aufhebung oder Lockerung der Devisenbewirtschaftung im Zusammenhang mit etwaigen internationalen Währungsvereinbarungen nicht zu denken; denn bei Wiederherstellung eines freien Zahlungsverkehrs mit dem Auslande würden die Juden sofort versuchen, ihr Vermögen vollständig zu liquidieren und zu transferieren.“[56] Der Vermerk verweist auf einen funktionalen Bezug zwischen Devisenpolitik und Vertreibungspolitik. Da Emigranten, die ihr Vermögen in ausländische Zahlungsmittel umtauschen wollten, den Druck auf die wenigen Devisenreserven der Reichsbank erhöhten, musste eine Massenauswanderung von Juden auf das empfindliche System der Devisenbewirtschaftung erhebliche Auswirkungen haben. Angesichts des jüdischen „Auswanderungsdranges“ sahen sich die Reichsbankbeamten in ihrer restriktiven Haltung bestärkt, denn

[53] Zu der These, dass mit der Radikalisierung der Judenverfolgung ab Ende des Jahres 1938 beide Ziele unter dem Vorzeichen einer systematischen Ausplünderung der Juden zusammengeführt worden sind: Füllberg-Stolberg, Rolle.

[54] Dean, Development.

[55] Heim, Vertreibung, S. 111.

[56] Volkswirtschaftliche und Statistische Abteilung der Reichsbank: Wie wirken sich die bis jetzt getroffenen Maßnahmen zur Regelung der Judenfrage auf die Wirtschaft aus? Ausarbeitung vom 22.1.1936, S. 9, BAB, R 2501, 6789, Bl. 181–190.

eine Freigabe des Währungsumtausches unter diesen Umständen hätte die geringen Devisenvorräte des Reiches aller Vermutung nach sofort zusammenbrechen lassen.

Es war jedoch weit mehr als nur ein funktionaler Zusammenhang, der Vertreibungspolitik und Devisenpolitik miteinander verband. Das Devisenrecht wurde gezielt zur Ausplünderung jüdischer Emigranten genutzt, und damit ist eine dritte Perspektive auf das Thema angesprochen. Da aufgrund der bestehenden Devisenkontrolle die Vertreibung von Juden aus Deutschland gleichzeitig deren Ausplünderung an den Grenzen bedeutete, gab die Devisenpolitik den nationalsozialistischen Machthabern bei der Vertreibung der Juden ein geeignetes Instrument zur wirtschaftlichen Beraubung an die Hand. Dass Vertreibung und Raub Hand in Hand gingen, lag ohne Zweifel in der Absicht des NS-Regimes. Mit antisemitischer Stoßrichtung wurden Lücken im normativen Netz geschlossen, Ausnahmeregelungen abgeschafft und Bedingungen verschärft, um die jüdischen Auswanderer möglichst effizient zu erfassen und auszurauben. Die Bedeutung von Verfolgungsmotiven bei der Radikalisierung der Devisenpolitik ist ein Indikator für die dritte Perspektive, die verfolgungspolitische Aufladung der Devisenkontrolle jenseits der geldtechnischen Fragen.

Diesen drei Perspektiven – Entwicklungsprozesse, die auf die Weimarer Jahre zurückzuführen sind, funktionale Zusammenhänge zwischen Juden- und Devisenpolitik sowie intentional antisemitische Ansätze – soll auf zwei unterschiedlichen Ebenen nachgegangen werden. Erstens sind Gesetze und Verordnungen auf normativer Ebene auf ihren antijüdischen Gehalt hin zu prüfen. Die Verfolgungsaspekte sollen dabei in die Gesamtentwicklung eingeordnet werden. Dabei muss nicht zuletzt die Frage diskutiert werden, inwiefern sich das NS-Regime unter devisentechnischem Handlungsdruck befand und ob es politische Alternativen zu den Entscheidungen der nationalsozialistischen Machthaber gab. Eine Reihe von Radikalisierungsschritten war mit einem Wechsel in der Entscheidungsposition von Hjalmar Schacht zu Hermann Göring verbunden, auf den deshalb ein besonderes Augemerk zu richten ist.

Darüber hinaus ist zweitens die praktische Umsetzung der devisenrechtlichen Gesetze, Verordnungen und Richtlinien auf mittlerer und unterer Ebene der Verwaltung in die Untersuchung einzubeziehen. Nicht selten waren es auch die lokalen Beamten, welche die bestehenden Regelungen im Rahmen ihrer Handlungsspielräume auslegten, normative Grauzonen nach eigenem Ermessen ausfüllten und in Einzelfällen auch den gesetzlichen Rahmen durchbrachen, um im Sinne der nationalsozialistischen Weltanschauung zu agieren. Die Umsetzung der Devisenpolitik an der Basis gehorchte dabei zum Teil einer eigenen Dynamik, die sich über die normative und organisatorische Entwicklung nur zum Teil greifen lässt. Das Handeln der „Verwaltung in Aktion“[57] bildet daher einen eigenen Untersuchungsbereich.

3.2.1 Die Anfänge der Devisenbewirtschaftung seit dem Ersten Weltkrieg

Eine staatliche Devisenbewirtschaftung war im Deutschen Reich erstmals während des Ersten Weltkriegs eingeführt worden, der damit für die Außenhandels- und Währungspolitik eine Zäsur darstellt. Die zunehmend passive Zahlungsbilanz und die steigenden Auslandsschulden führten 1916 zu einer staatlichen Intervention im Devisenbereich. Im Januar dieses Jahres begann die Reichsregierung erstmals mit der Kontrolle und Zentralisierung des Devisentransfers. Nur noch 26 von der Reichsbank festgelegte Banken durften von nun an ausländische Währungen ausgeben. Wenige Tage später wurde die Abgabe von ausländischen Geldsorten und -noten auf 1 000 Reichsmark pro Person beschränkt. Dies sollte zur Stabilisierung der Währung beitragen und die Einfuhr von Waren aus dem Ausland, die mit Devisen bezahlt werden mussten, einschränken. Bei diesen frühen Maßnahmen gab es jedoch zunächst kaum Kontrollen oder Strafen bei Verstößen. Erst als am 8. Februar 1917 eine „Bundesratsverordnung über den Zahlungsverkehr mit dem Ausland“ erging, wurde jeder Transfer bei der Reichsbank genehmigungspflichtig. Nach Kriegsende hob die Reichsregierung die Restriktionen wieder auf.[58] Zwischen 1922 und 1927 folgte erneut eine Welle von Devisenverkehrsbeschränkungen, die jedoch ebenso bald wieder abgeschafft wurden.[59]

Inhaltlich und organisatorisch kann man die Regelungen aus der Zeit des Ersten Weltkriegs und der frühen Jahre der Weimarer Republik nicht als unmittelbare Vorläufer der späteren Maßnahmen deuten. Sie schufen aber einige wichtige Voraussetzungen für die spätere Entwicklung: Einmal war die Öffentlichkeit dadurch an staatliche Intervention in diesem Politikfeld gewöhnt. Zudem waren die Maßnahmen jedes Mal nach kurzer Zeit wieder abgeschafft worden. Es war mithin glaubwürdig, sie als vorübergehende, zeitlich befristete Lösung darzustellen. Schließlich konnte man organisatorisch, rechtsbegrifflich und institutionell auf einschlägige Erfahrungen zurückgreifen.[60]

Als die Bankenkrise im Juli 1931 ihren Höhepunkt erreichte, reagierte

57 Ruck, Beharrung, S. 201.

58 Vgl. dazu Banken, Devisenrecht, S. 122 f. 1918 erließ Kaiser Wilhelm II. ein „Gesetz gegen die Steuerflucht“, das Ähnlichkeit mit dem späteren Reichsfluchtsteuergesetz hatte und bis 1925 in Kraft blieb. Gesetz gegen die Steuerflucht vom 26.7.1918, RGBl. I (1918), S. 951. Vgl. dazu Mußgnug, Reichsfluchtsteuer, S. 12.

59 Zum wirtschaftlichen Hintergrund vgl. James, Deutschland, S. 138–144.

60 Banken, Devisenrecht, S. 124.

die deutsche Regierung erneut mit devisenrechtlichen Maßnahmen. In einer Notverordnung am 15. Juli 1931 wurde festgelegt, dass ausländische Zahlungsmittel nur noch über die Reichsbank und von ihr autorisierte Institutionen vergeben werden durften.[61] Es wurde ein amtlicher Einheitskurs bestimmt, und Devisentransfers mussten dem Reichswirtschaftsministerium gemeldet werden. Gleichzeitig wurden harte Sanktionen eingeführt. Bei Übertreten der Vorschriften drohten Geld- und Gefängnisstrafen. Die Kündigung und Rückführung ausländischer Kredite war damit zunächst blockiert, nur Zinsdienst blieb möglich. Drei Tage später, am 18. Juli 1931, verschärfte der Reichspräsident durch eine „Verordnung gegen die Kapital- und Steuerflucht" die Strafen bei Zuwiderhandeln. Nun drohten bei Verstoß gegen die Regelungen strafrechtliche Sanktionen mit bis zu zehn Jahren Zuchthaus. Der Kapitalabfluss konnte jedoch durch diese Maßnahmen zunächst nicht wirksam gestoppt werden.

Am 1. August 1931 erging daher die „Verordnung des Reichspräsidenten über die Devisenbewirtschaftung".[62] Zweck dieser Verordnung war, den Devisenabfluss, der nach dem Rückruf der Auslandskredite erhebliche Ausmaße angenommen hatte, zu stoppen, unerwünschte Zahlungen und Umgehungsversuche der Transferverbote zu verhindern und die rechtliche Grundlage dafür zu schaffen, dass Eigentümer auch bereits ins Ausland verbrachte Vermögenswerte bei der Reichsbank gegen Reichsmark umtauschen mussten. Die Bedeutung dieser Verordnung liegt jedoch weniger im inhaltlichen Bereich als vielmehr darin, dass hier erstmals ein mittelfristiger Zeithorizont eröffnet wurde. Die Regelung gilt als wichtige Zäsur für die devisenpolitische Entwicklung im Deutschen Reich, weil die Reichsregierung einen neuen Politikstil einführte, der sich auf die planvolle, mittelfristig ausgerichtete staatliche Bewirtschaftung von Devisen richtete. Die Verordnung enthielt zudem auch in organisatorischer Hinsicht zukunftsweisende Grundgedanken. Von nun an wurden alle Devisenaufkommen von einer Stelle kontrolliert.

Die Notverordnung vom 1. August 1931 war ein Rahmengesetz, das weiter ausgeführt werden musste. Noch im August 1931 erschienen drei Durchführungsverordnungen, bis Oktober 1931 drei weitere. Wegen anhaltender Devisenprobleme wurden in den folgenden Monaten die Richtlinien weiter modifiziert, Verbote erweitert und Freigrenzen herabgesetzt.[63]

Infolge der August-Verordnung entstand eine straffe institutionelle Organisation der Devisenbewirtschaftung. Bei den Landesfinanzämtern wurden

[61] RGBl. I (1931), S. 366.
[62] RGBl. I (1931), S. 421–425.
[63] Die Freigrenze für Auslandsguthaben lag beispielsweise nach der 6. Durchführungsverordnung vom 2. Oktober 1931 bei 200 RM. Dies kam einer absoluten Kontrolle der deutschen Wirtschaft und Bevölkerung gleich.

Devisenstellen geschaffen, die fachlich dem Reichswirtschaftsministerium unterstellt waren. Die Devisenstellen ressortierten nicht bei der Reichsbank, weil diese dadurch in einen Widerspruch geraten wäre, auf der einen Seite Noten verpflichtend einlösen zu müssen (§ 31 Bankgesetz) und auf der anderen Seite als Devisenkontrollinstanz die Einlösung zu verweigern. Daher wurde eine neutrale Stelle außerhalb der Reichsbank gesucht, die Entscheidungen über die Genehmigung fällen konnte. Die Landesfinanzämter boten den geeigneten staatlichen Verwaltungsapparat hierfür.[64]

Zusammenfassend ist festzuhalten, dass infolge der Verordnung vom 1. August 1931 in nur wenigen Monaten in Deutschland ein umfassendes, effizientes Devisenbewirtschaftungssystem eingeführt wurde. Ab Mai 1932 waren Organisation und Rechtsinstrumente für ein dauerhaftes Devisenrecht vorhanden. In dieser wirtschaftspolitischen Umbruchphase der frühen 1930er Jahre fand ein Wechsel vom Devisennotrecht zu einem mittelfristig beständigen Devisenrecht statt. In kurzer Zeit kam es zu einem vollständigen ordnungspolitischen Umschwung vom freien Außenhandel und Kapitalverkehr zur staatlichen Devisenbewirtschaftung mit Genehmigungs- und Abgabezwang.

Allerdings folgte diese Umstrukturierung keiner gezielten Planung. Die vielen Einzelverordnungen lassen kaum eine klare Linie erkennen, weshalb Ralf Banken von einer Phase des „pragmatischen Devisenrechts" spricht.[65] Diese Entwicklung mag einmal mit dem Erwartungshorizont der Politiker zusammengehangen haben, die davon ausgingen, dass die devisenpolitischen Maßnahmen nur eine vorübergehende Notlösung seien, und weiterhin grundsätzlich am Ideal des freien Außenhandels und Kapitalverkehrs festhielten. Hinzu kam das fehlende Verständnis für Verflechtungen des wirtschaftlichen Systems.

Politik, Wirtschaft, Wissenschaft und Öffentlichkeit befürworteten die Einführung der Devisenbewirtschaftung, die auch kurzfristig einige Erfolge aufweisen konnte. Es gelang, die starren Devisenregelungen zu flexibilisieren und an die Erfordernisse anzupassen. Sowohl staatliche als auch nichtstaatliche Institutionen waren eingebunden. Die Maßnahmen zielten darauf, die

64 Grundzüge der deutschen Devisengesetzgebung und Devisenbewirtschaftung. Musteraufsatz gemäß Rundverfügung des Reichsbankdirektoriums vom 17.12.1937, Neufassung vom März 1939, S. 14, BAB, R 2501, 6446, Bl. 30.

65 Die in den nächsten Monaten durchgeführten Modifikationen bedeuteten lediglich graduelle Veränderungen. Dass sich das System im November 1931 als unzureichend erwies, lag vor allem daran, dass es zu starr war. Daher wurde es am 19. November 1931 per Rundverfügung mit der Festlegung einer „Ausnutzungsquote" der allgemeinen Wareneinführgenehmigung etwas flexibilisiert. Die „Ausnutzungsquote" bot ein flexibles Instrument um die Devisenabgabe an die vorhandenen Aufkommen anzupassen. Dadurch konnten auch bestimmte Güter bevorzugt werden. Vgl. dazu auch Banken, Devisenrecht, S. 136.

deutsche Währung zu stabilisieren und dadurch innen- und außenpolitische Handlungsfähigkeit zu erreichen. Die Devisenbewirtschaftung sollte lediglich Kapitalströme kontrollieren. Diese Begrenzung wurde anfangs eingehalten, auch wenn die Gefahr einer Ausweitung auf den gesamten Außenhandel bereits im Ansatz bestand.[66] Dies deutet auf die Gefahrenpotentiale hin, die diese devisenpolitische Entwicklung barg. Wirtschaftshistoriker kritisieren schon in den ersten Maßnahmen 1916 die Anfänge einer Entwicklung zum Interventionsstaat. Auf dem Gebiet der Devisenpolitik wurden direkte Staatskontrollen früher und drastischer eingesetzt als auf anderen Wirtschaftsgebieten.[67] Darüber hinaus waren auch weitere Nachteile der Devisenbewirtschaftung schon früh sichtbar: Der Außenhandel unterlag nun einer zunehmenden Bürokratisierung, die Kontrolle war mit enormem Verwaltungsaufwand verbunden. Hinzu kam die Intransparenz der wenig koordinierten Regelungen.

3.2.2 Antijüdische Diskriminierungsmechanismen im Devisenrecht in einer Phase des Pragmatismus 1933–1935

Die NS-Regierung knüpfte in den ersten Jahren ihrer Herrschaft an die bestehenden Regelungen an und entwickelte diese weiter. So bildete das „Gesetz über die Zahlungsverbindlichkeit gegenüber dem Ausland" vom 9. Juni 1933, mit der ein teilweises Zahlungsmoratorium für langfristige Zinszahlungen an das Ausland verordnet wurde, eine Fortsetzung der politischen Linie aus der Weimarer Zeit.[68] Mithilfe dieses Gesetzes gelang es, private Wirtschaftsaktivitäten auf allgemeine politische Ziele auszurichten. Das Gesetz richtete eine Konversionskasse unter Aufsicht der Reichsbank ein, in welche die deutschen Schuldner ihre Verpflichtungen in Reichsmark einzahlten. Die Kasse leitete eine Hälfte davon in Devisen weiter, die andere Hälfte wurde in sogenannte Scrips umgewandelt, die als zinslose Schuldscheine mit einer nicht festgelegten Fälligkeit in das Eigentum der Gläubiger übergingen. Individuelle Verpflichtungen und außenhandelspolitische Interessen des Deutschen Reiches ließen sich dadurch verknüpfen, dass die Scrips nur bedient werden sollten, wenn die Empfängerländer Auflagen, wie beispielsweise Steigerung der Importe aus Deutschland, erfüllten. Sanktionen bei Zuwiderhandlung wurden in dem „Gesetz gegen den Verrat der Volkswirtschaft vom 12. Juni 1933" festgelegt.[69] Nach Einführung

[66] Ebd., S. 144.
[67] Barkai, Wirtschaftssystem, S. 164.
[68] Gesetz über die Zahlungsverbindlichkeit gegenüber dem Ausland vom 9.6.1933, RGBl. I (1933), S. 349. Kurzfristige Verpflichtungen waren schon seit Juli 1931 nicht mehr zu bedienen.
[69] Gesetz gegen den Verrat der Volkswirtschaft vom 12.6.1933, RGBl. I (1933), S. 360.

der neuen Regelungen nahm der Staat kurzfristig erhebliche Devisen ein. Der Devisenbestand der Reichsbank stieg im zweiten Halbjahr 1933 von 127 auf 480 Millionen Reichsmark.[70]

In das Jahr 1933 fällt auch die Errichtung einer Reichsstelle für Devisenbewirtschaftung. Dies bedeutete eine organisatorische Neuerung, denn mit ihr wurden alle devisenrechtlichen Befugnisse in einer Institution zentralisiert. In der neuen Stelle wurden vor allem Einzelfälle verwaltungstechnisch abgewickelt, zuständig für grundlegende Entscheidungen blieb das Reichswirtschaftsministerium. Dennoch zeigte sich in der Folgezeit, dass Einzelentscheidungen der Reichsstelle auch inhaltlich Rückwirkungen auf die Grundsatzentscheidungen des Reichswirtschaftsministeriums hatten. Außerdem ist die Etablierung der Reichsstelle ein Indiz dafür, dass die Grundsätze des Devisenrechts mittlerweile so etabliert waren, dass Details der Rechtsentwicklung auf Verwaltungsebene behandelt werden konnten. Nicht zuletzt kann man aus der Schaffung der Reichsstelle schließen, dass man im Reichswirtschaftsministerium die Devisenpolitik als länger andauerndes Element der Wirtschaft interpretierte, das mittelfristig nicht abgeschafft werden sollte.[71]

Schon Ende 1933 zeigte sich, dass die Konsolidierung der Devisenvorräte nur ein vorübergehendes Phänomen gewesen war. Vor allem weil die Unternehmen ihre Auslandsexporte nicht steigerten, gingen die Devisenvorräte bald wieder zurück. Während der allgemeinen Erholung der Wirtschaft entstanden für die deutsche Wirtschaft neue Devisenprobleme, denn die deutschen Unternehmen exportierten immer weniger, je besser sich die Binnennachfrage entwickelte. Mit dem Rückgang der Arbeitslosigkeit stieg gleichzeitig die Ausgabebereitschaft bei den Verbrauchern, was die Nachfrage nach importierten Gütern ankurbelte. Steigende Importe bei gleichzeitig rückläufigen Exporten führten im Ergebnis dazu, dass die Gold- und Devisenreserven der Reichsbank rasch zusammenschmolzen und sich ein neuer Devisenmangel entwickelte. Der seit Februar 1934 zu beobachtende starke Rückgang der Devisenbestände erreichte Mitte 1934 seinen Höhepunkt. Die Vorräte waren auf 71 Millionen Reichsmark zurückgegangen.[72]

[70] Banken, Devisenrecht, S. 149.

[71] Ebd.

[72] Statistisches Jahrbuch für das Deutsche Reich, 1935, S. 348. Während der steigende Import durchaus erwünscht war, lag das Problem im geringen Exportvolumen. Die Ursachen für den starken Rückgang im Exporthandel sind bis heute umstritten. Ein Punkt war der von Schacht und der NS-Presse propagierte global zunehmende Protektionismus. Ein weiterer Faktor bestand in der aggressiven Schuldendiplomatie gegenüber Deutschland. Problematisch erwiesen sich auch die bilateralen Verrechnungskonten mit einzelnen Ländern: Für deutsche Kaufleute bildeten sie eine bürokratische Barriere, für ausländische Händler ein offenes Einfallstor zum deutschen Markt. Auf diese Weise bestärkte die Verrechnungs-

Die Interventionsspirale drehte sich daher bald weiter. Um den Importüberschüssen entgegen zu wirken, entstand eine staatlich kontrollierte Warenbewirtschaftung, die mit dem „Neuen Plan" des im Juli 1934 zum Reichswirtschaftsminister ernannten Reichsbankpräsidenten Hjalmar Schacht verbunden ist.[73] Seit März 1934 gab es im Deutschen Reich ein Netz an Überwachungsstellen für den Warenimport, deren Befugnisse auch die Verhängung von Strafen umfassten.[74] Als sich im Juni und Juli des Jahres die Devisenkrise weiter verschärfte, wurde am 13. Juli 1934 das „Gesetz über den Verkehr mit industriellen Rohstoffen und Halbfabrikaten" noch einmal geändert und das Importverbot ausgeweitet.[75] Schacht erließ schließlich am 4. September 1934 eine Verordnung über den Warenverkehr, die als Grundstock des „Neuen Plans" gilt.[76] Durch die Verordnung wurde die Bewirtschaftung auf den gesamten Warenverkehr ausgeweitet. Auch diese Verordnung sah Überwachungsstellen vor. Zu den elf bestehenden Reichs- und Überwachungsstellen kamen 14 weitere hinzu.[77]

Die restriktive Kontrollpolitik zeigte bald Erfolge. Die Importstatistik weist nach 1933 erhebliche Strukturverschiebungen auf. Rohstoffe und Halbwaren wurden verstärkt eingeführt, der Anteil von Fertigwaren sank. Aus der Sicht des Regimes war dies ein Zeichen für den Erfolg der staatlichen Wirtschaftslenkung.[78] Das Ziel des „Neuen Plans", das darin bestand, die Rüstungsindustrie mit Rohstoffen zu versorgen, schien damit erreicht, auch wenn die Devisenvorräte sich nach wie vor nicht auffüllten.[79]

methode das Ungleichgewicht zwischen Export und Import. Ein Grund der mangelnden Wettbewerbsfähigkeit Deutschlands lag aber auch im starren Festhalten am Währungswechselkurs. Vgl. Tooze, Ökonomie, S. 98–102.

73 Banken, Goldreserven- und Devisenpolitik, S. 50. Obwohl die Maßnahmen schon früher einsetzten, kann man eine zielgerichtete Entwicklung in den Maßnahmen im Grunde erst seit der Einsetzung des vorherigen Reichsbankpräsidenten zum Reichswirtschaftsminister erkennen. Schachts Amtsantritt bildete den Startschuss für den „Neuen Plan", der ein vollständiges Bewirtschaftungssystem etablieren sollte. Vgl. dazu auch Dengg, Austritt, S. 389–409.

74 Gesetz über den Verkehr mit industriellen Rohstoffen und Halbfabrikaten vom 22.3.1934, RGBl. I (1934), S. 212; Durchführungsverordnung zu dem Gesetz über den Verkehr mit industriellen Rohstoffen und Halbfabrikaten vom 30.5.1934, RGBl. I (1934), S. 469.

75 Verordnung zur Änderung des Gesetzes über den Verkehr mit industriellen Rohstoffen und Halbfabrikaten vom 13.7.1934, RGBl. I (1934), S. 709.

76 Verordnung über den Warenverkehr vom 4.9.1934, RGBl. I (1934), S. 816.

77 Bis 1939 wurden drei weitere Stellen eingerichtet. Ab 1939 wurden die Überwachungsstellen, die Rechtsetzungskompetenz besaßen und Anordnungen erlassen konnten, in Reichsstellen umbenannt.

78 Banken, Devisenrecht, S. 161. Kritisch dazu Ebi, Devisenrecht, S. 195.

79 Nicht beabsichtigte Folgen waren insbesondere die Bürokratisierung des Außenhandels, die Zunahme von Verrechnungs- und Clearingabkommen, der sinkende Anteil von Barde-

Die Einführung der Warenbewirtschaftung, die bis zum Ende der NS-Herrschaft in Kraft blieb, war einerseits eine Notmaßnahme, gleichzeitig zeigt sie aber auch Züge eines politisch gezielt geschaffenen Steuerungsinstrumentes. In der Ausrichtung auf die Rüstungswirtschaft wurde beim „Neuen Plan" erstmals die Handschrift des neuen Regimes in der Devisen- und Außenhandelspolitik sichtbar. Mit der Rüstungsförderung setzte Schacht ein politisches Ziel jenseits und übergeordnet der Devisenkonsolidierung fest, für das die Devisenpolitik lediglich Mittel zum Zweck sein sollte. Das Primat des Politischen, das hier zutage tritt, ist ein Indiz für einen neuen Politikstil.

Auch im Devisenrecht kam es im ersten Halbjahr 1934 zu weiteren Einschränkungen. Die Freigrenzen beim Umtausch in Bardevisen wurden von 200 auf 50 Reichsmark, wenig später auf 10 Reichsmark abgesenkt.[80] Die Höchstbeträge für freien Vermögenstransfer wurden im Juni 1934 von 10 000 auf 2 000 Reichsmark herabgesetzt.[81] Darüber hinausgehendes Vermögen musste über Sperrmarkkonten mittelbar transferiert werden. Gleichzeitig spezialisierte sich die Arbeit der Devisenstellen. Nach der Einführung der Überwachungsstellen waren sie nur noch für die Regelung des Kapital- und privaten Devisenverkehrs zuständig. Im Juni 1934 wurde auch ein neues Devisenverfahren eingeführt, das nach dem Grundprinzip funktionieren sollte, dass die Reichsbank täglich nicht mehr Devisen zur Verfügung stellte, als sie einnahm.[82]

Die Maßnahmen zeigten jedoch nicht die erhoffte Wirkung. In einer Prognose für die Zeit bis Januar 1935 rechnete das Reichswirtschaftsministerium mit einem drohenden Negativsaldo von über 500 Millionen Reichsmark.[83] Am 1. Juli 1934 stellte die Reichsbank daher alle Transferzahlungen vollständig – einschließlich Dawes- und Younganleihen – ein. Die zahlreichen ausländischen Proteste gegen diese Entscheidung führten dazu, dass Deutschland in der Folge eine Reihe von bilateralen Sonderabkommen vereinbarte. So wurden Transferabkommen mit Frankreich und Schweden geschlossen, und mit England kam es zu einem Zahlungsabkommen.[84] Diese aus der akuten Notlage entstandenen Transferabkommen spielten später für die Judenverfolgung noch eine wichtige Rolle. Über Stichtagsregelungen gelang es dem NS-Regime, Juden, die zu einem späteren Zeitpunkt aus Deutschland flohen, nahezu vollständig von den

visen sowie die Einführung einer vollständigen Rohstoff- und Halbwarenbewirtschaftung in den meisten deutschen Wirtschaftssektoren.

80 8. Durchführungsverordnung über die Devisenbewirtschaftung vom 17.4.1934, RGBl. I (1934), S. 313.

81 Runderlass vom 23.6.1934, RStBl. (1934), S. 783.

82 Dengg, Austritt. Vgl. dazu auch Tooze, Ökonomie, S. 96; Ebi, Devisenrecht, S. 193.

83 Gutachten zur Finanzierung der Exportförderung, zit. nach Ebi, Devisenrecht, S. 194.

84 Vgl. dazu zeitgenössisch: Elsler, Währung. Die USA, deren Handelsbilanz mit Deutschland aktiv war, konnte keine vergleichbare Kritik aussprechen und hatte daher kein Drohpotential, um Deutschland zu einem solchen Abkommen zu drängen.

Transferabkommen auszuschließen. Das Reichswirtschaftsministerium erklärte im November 1938, soweit infolge der früher getroffenen Vereinbarungen auch jüdische Auswanderer unter Transferabkommen fielen, müsse dies in Kauf genommen werden, da die deutsche Regierung an die Transferabkommen gebunden sei. Man sei aber „seit Jahren bestrebt, die Stichtage so festzusetzen, dass die Abkommen Auswanderern nicht zugute kommen können".[85]

Letztendlich brachte auch die verschärfte Devisenkontrolle nicht die erwarteten Effekte. Die Zahl von 72 Runderlassen, die das Reichswirtschaftsministerium zwischen 29. September 1934 und 2. Februar 1935 an die Devisenstellen herausgab, ist Ausdruck eines hilflosen und wenig zielgerichteten Aktionismus, der schon zeitgenössisch kritisiert wurde.[86] Ähnlich wie bei der Warenbewirtschaftung plante das Reichswirtschaftsministerium daher auch im unübersichtlich gewordenen Devisenrecht seit der Jahresmitte 1934 eine grundlegende Reform. Wegen der Einführung der Warenbewirtschaftung wurden die Pläne aber zunächst zurückgestellt. Erst am 4. Februar 1935 wurden das neue Devisengesetz und erste Richtlinien dazu verkündet.[87]

In der Bilanz weist die Entwicklung des Devisenrechts zwischen 1933 und Anfang 1935 zwei Merkmale auf. Einerseits gab es eine Weiterentwicklung vorheriger Bestimmungen aus der Weimarer Zeit. Es wurden Lücken geschlossen und Verschärfungen etabliert. Andererseits wurde mit der umfassenden Devisenbewirtschaftung und Warenkontrolle ein neuer Politikstil eingeführt. Devisen- und Außenhandelspolitik waren nun nicht mehr nur geldpolitische Instrumente, sondern dienten der Rüstungsförderung.

„Neuer Plan" und die devisenpolitischen Entscheidungen bis Ende 1934 bedeuteten gleichzeitig auch eine Abwendung von der Weltwirtschaft.[88] Mit dem „Neuen Plan" entschied sich der Reichswirtschaftsminister Schacht gegen eine Exportförderung. Der Weg der deutschen Wirtschaft führte von nun an nicht in Richtung einer Eingliederung in die Weltwirtschaft, sondern hin zu einer nationalsozialistischen Autarkiepolitik, die bereits stark auf einen Eroberungskrieg ausgerichtet war. Diese Grundsatzentscheidung war keine notgedrungene Folge der zeitgenössischen Gegebenheiten. Vielmehr bestanden durchaus Alternativen, das akute Problem der Devisenknappheit und der notwendigen Einfuhrfinanzierung zu lösen. Die Entscheidungen des Jahres 1934 waren hauptsächlich von politischen, nicht von wirtschaftlichen Argu-

[85] Schreiben des Reichswirtschaftsministeriums an die Devisenstellen vom 3.11.1938, BAB, R 2501, 10062.

[86] Elsler, Währung, S. 40. Vgl. dazu Ebi, Devisenrecht, S. 196.

[87] Bekanntmachung des Gesetzes über die Devisenbewirtschaftung und der Durchführungsverordnung zum Gesetz über die Devisenbewirtschaftung vom 4.2.1935, RGBl. I (1935), S. 105.

[88] Banken, Devisenrecht, S. 176.

menten bestimmt. Hjalmar Schacht schuf damit bereits in den Anfangsjahren der nationalsozialistischen Herrschaft das finanztechnische Instrumentarium für eine staatlich gesteuerte Außenhandelspolitik, die sich nach den ideologischen Zielsetzungen einsetzen ließ.[89]

Blickt man auf die Formulierungen der devisenrechtlichen Gesetze und Verordnungen dieser ersten Phase der NS-Devisenpolitik, dann finden sich kaum Hinweise auf eine speziell antijüdische Ausrichtung. Dass der Transfer von Vermögen ins Ausland bis auf genau festgelegte Ausnahmen[90] verboten bzw. genehmigungspflichtig war, traf jüdische ebenso wie nichtjüdische Emigranten. Auch die Reduzierung der Devisenfreibeträge und eine Reihe von Kontrollmaßnahmen, die 1934 eingeführt wurden, richteten sich prinzipiell gegen alle Auswanderer aus Deutschland.[91] Der Blick auf Sondergenehmigungen zeigt, dass auch eine Ausnahme von der Devisenlimitierung für Juden zu diesem frühen Zeitpunkt noch möglich war, wenn ein gerechtfertigtes Interesse an der Leistung von Zahlungen bestand. Ein Beispiel hierfür waren Studienaufenthalte im Ausland. Explizit wies die Reichsstelle für Devisenbewirtschaftung darauf hin, dass auch „nichtarische" Studenten und Schüler diese Ausnahmeregelung in Anspruch nehmen und Devisen erhalten könnten, da „der Schulbesuch oder das Studium im Ausland in der Regel eine erwünschte Vorbereitung einer künftigen Abwanderung sein wird."[92] Auch wenn hier die charakteristische Verknüpfung mit dem Ziel der Vertreibung aus Deutschland festzuhalten ist, unterscheidet sich diese Regelung doch von anderen Praktiken in ähnlich gelagerten Fällen wie etwa bei der Reichsfluchtsteuer. Auch von der Reichsfluchtsteuer in Höhe von 25 Prozent des Vermögens war eine Freistellung im Prinzip möglich, wenn die Auswanderung „im deutschen Interesse"

89 Barkai, Wirtschaftssystem, S. 170 f.

90 Dazu gehörte insbesondere das Haavara-Abkommen. Vgl. dazu das Teilkapitel 3.2.4.

91 Vor 1934 war nur eine eidesstattliche Erklärung notwendig, in der die Emigranten versicherten, dass sie keine Zahlungsmittel, Wertpapiere, Gold oder andere Edelmetalle im Umzugsgut mitführten (Anweisung zur Durchführung des Art. III des § 14 der 4. Durchführungsverordnung zur Devisenordnung vom 12.6.1933, Deutscher Reichs-Anzeiger Nr. 137 vom 15.6.1933). Im Februar 1934 wurden erstmals Beschränkungen für den Export von Wertpapieren und Devisenwerten aus dem Reich beschlossen, RStBl. (1934), S. 158–160. Ab August 1934 wurde die Regelung dahingehend verschärft, dass die Genehmigung für eine Überweisung erst gegeben werden durfte, wenn alle für eine Auswanderung erforderlichen Papiere vorgelegt wurden, RStBl. (1934), S. 948. Einen Monat später bestimmte ein Erlass der Devisen- und Überwachungsstellen, dass jenseits eines Grundbetrages grundsätzlich gar keine ausländischen Devisen mehr für Auswanderungszwecke gewährt werden sollten, RStBl. (1934), S. 1064. Vgl. dazu auch Fauck, Mitnahme, S. 23 f.; Meinl/Zwilling, Legalisierter Raub, S. 405, 443.

92 Begründung und Erläuterung zur 8. Durchführungsverordnung vom 17.4.1934, RStBl. (1934), S. 470 f.

lag. Schnell etablierte sich jedoch in diesem Bereich eine steuerrechtliche Lesart, die Juden grundsätzlich eine Freistellung verweigerte.[93]

In der Praxis wurde das Devisenrecht in dieser frühen Phase vorwiegend indirekt als Diskriminierungsinstrument gegen Juden eingesetzt. Zum einen konnte der Vorwurf von Devisenvergehen einen Vorwand für die Einleitung einer Unternehmens-„Arisierung" bilden. Staatliche Behörden förderten diesen Ansatz, indem sie durch verschärfte Betriebs- und Devisenprüfungen vermeintlichen Vorwürfen nachgingen. Dies war in den Anfangsjahren jedoch eher selten der Fall.[94] Außerdem legten einzelne Devisen- und Zollstellen die geltenden Regelungen vielfach zu Ungunsten der jüdischen Auswanderer aus. Dies war ihnen unter anderem durch die Erweiterung ihrer Befugnisse seit Februar 1934 möglich.[95]

Das spezifische Verfolgungspotential der Devisenregelungen gegen Juden ergab sich in dieser frühen Phase nicht durch explizit antisemitische Formulierungen oder eine verschärft antisemitische Auslegungspraxis, sondern vor allem dadurch, dass Juden in besonders großem Ausmaß von Vertreibung bedroht waren. Juden waren in besonderem Maße von den Regelungen betroffen, weil sie eine große – und sichtbare – Gruppe unter den Auswanderern und Flüchtlingen bildeten.

Die deutsche Reichsbank beobachtete mit Sorge die devisentechnischen Probleme, die sich angesichts der Vertreibung der Juden abzuzeichnen begannen. Reaktionen der jüdischen Bevölkerung auf die veränderte politische Lage nahm die Reichsbank bereits in den ersten Wochen nach der nationalsozialistischen Machtübernahme wahr. So erreichte die Reichsbank beispielsweise ein Bericht aus Leipzig, dass in den letzten Märztagen 1933 „größere Angstabhebungen jüdischer Kunden" bei den örtlichen Banken stattgefunden hätten. Die regionalen Stellen baten in einem Telegramm an die Reichsbank, gegen die Rückziehung von Geldeinlagen durch Juden „einschreiten" zu dürfen.[96] Auch das Landesfinanzamt München hatte die Vermögensangelegenheiten jüdischer Emigranten schon früh in den Blick genommen. So wiesen die Münchner Richtlinien für den Steuerfahndungsdienst beispielsweise im Juli

93 Vgl. insbesondere zur Rolle des Reichsfinanzhofes in diesem Zusammenhang Voß, Steuern, S. 212–214.

94 Meinl/Zwilling, Legalisierter Raub, S. 44–45, 54.

95 Gesetz zur Änderung über die Devisenbewirtschaftung vom 16.2.1934. Weisungen des Reichsfinanzministeriums vom 21.2.1934, die auch eine „Devisennachschau" im Postverkehr zuließen. Zollstellen durften bei Devisenvergehen das Unterwerfungsverfahren anwenden, die Wertgegenstände und Valuta sicherstellen und vorläufige Sicherungsanordnungen verhängen. Hierfür scheint jedoch schon die 4. Durchführungsverordnung vom 9.5.1933 (RGBl. I (1933), S. 278) einen Ansatzpunkt geboten zu haben. Berger, Einfluß.

96 Vermerk der Volkswirtschaftlichen und Statistischen Abteilung der Reichsbank vom 27.5.1933, S. 1 f., BAB, R 2501, 6001, Bl. 102 f.

1934 darauf hin, dass in Antwerpen die Hilfsorganisation „Aide et Secours" gegründet worden sei, die sich damit befasse, die Vermögens- und Finanzangelegenheiten von ausgewanderten deutschen Juden in Deutschland zu ordnen. Der Geschäftsführer, ein ehemaliger deutscher Rechtsanwalt, beschäftige sich auch mit Farben für unsichtbaren Druck, hieß es weiter. „Es besteht der Verdacht, dass er sich dieser Druckfarben bedienen will, um seinen Klienten in Deutschland heimliche Richtlinien und Weisungen zukommen zu lassen".[97]

Dass die Vertreibung der Juden Auswirkungen auf die Devisenbilanz des Reiches hatte, dessen war man sich in der Reichsbank schon früh bewusst. „In den Jahren 1933 und 1934 ist die Auswanderungslast ins Ungemessene gestiegen", hieß es in einer Zusammenstellung für eine Rede, die Schacht 1935 auf dem Reichsparteitag vor der DAF halten sollte. „Trotz der Verschärfung der Devisenlage mussten in diesen beiden Jahren von den Devisenstellen 118 Millionen RM für insgesamt 13 000 Familien zur Verfügung gestellt werden; davon etwa 2/3 in effektiven Devisen, etwa 1/3 im Wege der Verrechnung, durch Warenmitnahme und in anderen Formen eines Ersatztransfers. Davon entfielen erfahrungsgemäss mehr als 90 % auf Nichtarier. Es ist bekannt, dass erheblich mehr als 13 000 jüdische Familien ausgewandert sind. Man schätzt die Kopfzahl der jüdischen Auswanderer auf etwa 75 000. Diese Vielen werden auch nicht mittellos ins Ausland gegangen sein. Es müssen beträchtliche Teile jüdischer Vermögen illegal ins Ausland verschoben sein."[98]

Schacht, Reichswirtschaftsminister und Reichsbankpräsident in Personalunion, war über die Devisenverluste durch Auswanderung von Juden bemerkenswert gut informiert. Er stützte sich dabei auf Informationen aus der Reichsbank. Die Mitarbeiter der Volkswirtschaftlichen und Statistischen Abteilung der Reichsbank erfassten seit 1935 durch Auswanderung bedingte Devisenverluste von „Ariern" und „Nichtariern" getrennt. Die Tabellen führten auch rückwirkend seit 1933 die Devisenausfuhr getrennt nach „arisch" und „nicht-arisch" auf.[99] Offenbar hatte man diese Unterscheidung schon vor der Verabschiedung der „Nürnberger Gesetze" im Blick gehabt. Schacht selbst hatte

[97] Landesfinanzamt München, Richtlinien für den Steuerfahndungsdienst, Sammelverfügung Nr. 11 vom 24.7.1934, StAM, FinA 19864.

[98] Material für die Ansprache Hjalmar Schachts auf dem Reichsparteitag vor der DAF, 7.9.1935, BAB, R 2501, 6992, Bl. 300–302.

[99] Statistiken über Devisenverluste durch Auswanderung Oktober 1935 – Juni 1939, BAB, R 2501, 6442. Das Datum der ersten Tabelle deutet darauf hin, dass die statistische Auswertung mit der Verkündung der „Nürnberger Gesetze" zusammenhing. Schacht hat sich jedoch schon früher zur Devisenausfuhr von Juden geäußert. Nachweislich gab es auch eine Initiative in der Reichsbank vom Juni 1935 zur systematischen Erfassung der Devisenverluste, allerdings ist unklar, ob dabei schon offiziell zwischen „arisch" und „nichtarisch" differenziert wurde. Mitteilung der Volkswirtschaftlichen und Statistischen Abteilung der Reichsbank vom 28.2.1938, BAB, R 2501, 6442. Aufgrund welcher Daten die Statistik für die Jahre 1933 und 1934 zwischen „arischen" und „nichtarischen" Aus-

beispielsweise auch schon in einer Rede 1933 auf die Verluste hingewiesen, die durch die Kapitalflucht von Juden entstünden.[100]

Von den neuen Machthabern systematisch aus dem Land getrieben, entwickelten jüdische Auswanderer eine Reihe von Strategien, um ihr Vermögen trotz der restriktiven Devisenpolitik ins Ausland zu retten. Raul Hilberg führt in seiner Untersuchung über die Vernichtung der europäischen Juden insgesamt zwölf legale, halblegale und illegale Verfahren an, die Juden anwandten, um ihr Vermögen ins Ausland zu retten:[101]

1. Das Ausschöpfen der Freigrenze in Höhe von 10 Reichsmark pro Person. Bei Auswanderung in ein Land, das keine gemeinsame Grenze mit Deutschland hatte, verdoppelte sich der Betrag.
2. Das Ausschöpfen der Warenfreigrenze in Höhe von 1 000 Reichsmark.
3. Die Mitnahme von Hausrat. Taktgeber für die Möglichkeiten und Grenzen dieses Transferweges waren die Verschärfungen der Regelungen für Umzugsgut.
4. Die Finanzierung der Reisekosten in Reichsmark, soweit die Reiseunternehmer dies zuließen.
5. Ein Umtausch über die Allgemeine Treuhandstelle für die Jüdische Auswanderung (Alltreu). Bei dieser 1937 eingerichteten Umtauschstelle konnten Juden mit einem Verlust von „nur" 50 Prozent Reichsmark gegen ausländische Zahlungsmittel umtauschen. Bis Oktober 1937 betrug die Obergrenze für dieses Verfahren 8 000 Reichsmark, später wurde sie bis auf 50 000 Reichsmark erhöht.
6. Bei Auswanderung nach Palästina gab es die Möglichkeit eines Transfers des Vermögens über das Haavara-Abkommen[102], das 1933 bis 1939 in Kraft war.
7. Die „Arisierung" eines Unternehmens gegen Devisen. Dies war insbesondere dann möglich, wenn ein Jude Beteiligungen an einem ausländischen Unternehmen hatte, die er veräußern konnte, oder selbst bereits eine ausländische Staatsbürgerschaft hatte.
8. Der Verkauf von Sperrmark gegen Devisen. Sperrmarkkonten durften von den Devisenstellen eigentlich nur für nichtjüdische ausländische Investoren freigegeben werden. Allerdings kam es zu einigen Ausnahmen.
9. Eine illegale Ausfuhr von Zahlungsmitteln.
10. Private Vereinbarungen, an denen ein auswanderungswilliger Jude mit einem Barvermögen, eine mittellose jüdische Familie in Deutschland und

wanderern unterschied, geht aus den Unterlagen nicht hervor. Vgl. auch die Übersicht über die statistischen Angaben.

100 Akten der Reichskanzlei, Regierung Hitler 1933–1945, Teil 1, Bd. 1, Nr. 263, S. 1006–1009.

101 Hilberg, Vernichtung, S. 147–151.

102 Haavara ist das hebräische Wort für Transfer.

ein im Ausland lebender Verwandter der Familie beteiligt waren. Der Emigrant stellte dabei sein Vermögen der Familie zu Verfügung und erhielt nach seiner Auswanderung den Gegenwert in Devisen von dem ausländischen Verwandten zurückerstattet.

11. Die Nichtmeldung ausländischer Beteiligungen. Da ausländische Beteiligungen gesetzlich meldepflichtig waren, kam dies selten vor.
12. Eine Finanzierung der Auswanderung armer Juden durch erpresste Zahlungen vermögender Emigranten.

Die Versuche jüdischer Emigranten, die Lücken im Devisenrecht zu nutzen, führten wiederum zu Verschärfungen der Regelungen, ein Mechanismus, der schon zeitgenössisch wahrgenommen und auch als Vorwand für Radikalisierungsschritte verwandt wurde. So spitzte beispielsweise eine Darstellung aus der Reichsbank 1939 zu: „Nach der nationalsozialistischen Machtergreifung suchten jüdische und politische Emigranten immer neue Schleichwege, um ihre in Deutschland befindlichen Vermögenswerte, darunter natürlich auch Wertpapiere, ins Ausland zu verbringen. Das musste eine ständige Verschärfung der einschlägigen Gesetze und einen weiteren Ausbau der Kontrollmaßnahmen der Reichsbank mit sich bringen.“[103]

Der Wirkungszusammenhang lässt sich empirisch belegen. Statt des Goldes, dessen Mitnahme verboten war, führten die Emigranten beispielsweise Schmuck oder andere Edelmetall-Gegenstände mit sich, was zunächst noch erlaubt war. So kauften jüdische Bürger zunehmend Schmuck in Leihhäusern. Auch bei Händlern dürften Juden verstärkt gekauft haben.[104] Dies führte bei den Edelmetallhändlern zu Anfragen, Juden aus dem Geschäft zu verdrängen.

3.2.3 Antisemitische Radikalisierung in der devisenpolitischen Dauerkrise 1935–1939

Mit dem „Neuen Plan“ vom Herbst 1934 und dem neuen Devisengesetz vom Februar 1935[105] trat die Devisenpolitik des „Dritten Reiches“ um die Jahreswende 1934/35 in eine Phase der Mobilisierung. Hjalmar Schacht stellte die Devisenwirtschaft ganz in den Dienst der Aufrüstung und gilt daher als einer

[103] Grundzüge der deutschen Devisengesetzgebung und Devisenbewirtschaftung. Musteraufsatz gemäß Rundverfügung des Reichsbankdirektoriums vom 17.12.1937, Neufassung vom März 1939, S. 26, BAB, R 2501, 6446, Bl. 36.

[104] Banken belegt dies durch die restriktiven Regelungen zur Herstellung von Goldwaren mit geringem Fassonwert. Banken, Devisenrecht, S. 204 f.

[105] Bekanntmachung des Gesetzes über die Devisenbewirtschaftung und der Durchführungsverordnung zum Gesetz über die Devisenbewirtschaftung vom 4.2.1935, RGBl. I (1935), S. 105.

der wichtigsten frühen Architekten der Wehrmachtsfinanzierung.[106] In kurzer Zeit waren jedoch seine relativ moderaten Pläne durch eine Kostenexplosion im Rüstungssektor überholt. Schacht, der 1934 seinen Rivalen Schmitt durch bedingungslose Zusagen an die Wehrmacht aus dem Amt des Reichswirtschaftsministers gedrängt hatte, musste nun die Konsequenzen seines Handelns tragen. Die Devisenbilanz verbesserte sich durch alle devisenrechtlichen Reformen letztlich nicht.

Für die jüdischen Emigranten führte das neu gefasste Devisengesetz vom Februar 1935 eine Reihe neuer Schikanen ein. Auswanderer mussten nun mit ihrem Transferantrag ein Vermögensverzeichnis sowie eine Unbedenklichkeitsbescheinigung des Finanzamtes vorlegen, dass alle Steuern bezahlt seien und keine Rückstände bestünden.[107] Eine enge Abstimmung zwischen Steuer- und Devisenrecht hatte es schon seit der Einführung der Devisenbewirtschaftung 1931 gegeben. Die bislang informelle Kooperation wurde durch das Devisengesetz 1935 aber auf eine neue institutionelle Basis gestellt. Ab Februar 1935 wurden zudem nicht transferierbare Guthaben von Auswanderern in Sperrguthaben umgewandelt, die nur unter hohen Verlusten veräußert werden konnten. Der Kreis der Betroffenen weitete sich damit stark aus, da auch das Vermögen von Flüchtlingen gesperrt wurde, die sich schon lange im Ausland befanden.

Nach dem Reichsparteitag im September 1935 geriet das Devisensystem erneut in große Schwankungen. Die Erklärung der „Nürnberger Gesetze" bedeutete dabei eine weitaus tiefere Zäsur als die Neufassung des Devisengesetzes vom Februar des Jahres. Zum einen kam es zu einer neuen Emigrationswelle. So verwundert es nicht, dass die Reichsbank seit Mitte September eine verstärkte Tendenz, „nichtarische Kapitalien" ins Ausland zu bringen, beobachtete.[108] Quantitative Anhaltspunkte für diese Vermutung lieferten zum einen Zahlen aus dem Saargebiet, in dem Juden Devisen anfordern durften. Dort lagen im Herbst 1935 für 25 Millionen Reichsmark Anmeldungen vor. Ein weiteres Indiz bestand in der Exportvalutakontrolle. Die Außenstände auf Kommissionssendungen waren seit Dezember 1934 von 164 Millionen Reichsmark auf 305 Millionen Reichsmark Ende September 1935 gestiegen. Da die Transferierung über Sperrkonten inzwischen mit 80 Prozent Verlust verbunden war, werde offenbar auch Vermögen durch Banknotenschmuggel ins Ausland gebracht, hieß es in einem Vermerk der Reichsbank. Hierbei betrug das Disagio trotz des großen Angebotes von deutschen Banknoten im Ausland nur 38 Prozent. Die Schweizer Nationalbank beobachtete eine weitere Transfermethode: Dort war ein größerer Handel mit deutschen Silbermünzen aufgeblüht („beutelweise

[106] Tooze, Ökonomie, S. 248.
[107] Vgl. Meinl/Zwilling, Legalisierter Raub, S. 409–411.
[108] Zusammenstellung ohne Datum (ca. Oktober 1935), BAB, R 2501, 6444, Bl. 271–274.

in großen Beträgen vom nichtdeutschen Ausland nach der Schweiz"[109]). Das Angebot stammte nach Ansicht der Reichsbank aus Kapitalflucht. Das Disagio lag in diesem Fall sogar nur bei 32 Prozent.

Im Ausland gab es eine Reihe von Verwendungsmöglichkeiten für geschmuggeltes deutsches Geld. In Ländern, mit denen kein Verrechnungsabkommen bestand, konnten die Emigranten Waren mit deutschem Geld bezahlen, was in den Augen der Reichsbank als ein „direkter Devisenentgang" bewertet wurde. Bei Ländern mit Verrechnungsabkommen (Schweiz, Holland, Frankreich) bestand die Gefahr, dass die Einzahlungen auf deutscher Seite zu hoch, auf ausländischer Seite zu gering würden. Die dadurch steigende Verschuldung Deutschlands konnte zu einem Lieferboykott des Auslands führen. In Ländern mit freien Zahlungsabkommen (England, Belgien) störten die Marknoten den Zahlungsverkehr. Die Belgier mahnten an, dass bei der Reichsbank nur ein Teil des Gegenwertes des Exportes in Devisen aufkomme, der Rest würde in geschmuggelten Marknoten bezahlt. Belgien drohte mit einer Kündigung des Abkommens. Mit England war sogar fest vereinbart, dass für die deutsche Ausfuhr Devisen bezahlt werden mussten. Auch für den Teil der deutschen Ausfuhr, der in Marknoten bezahlt wurde, mussten Devisen zur Verfügung gestellt werden.

Konnte die Bezahlung des Warenexports mit Reichsmarknoten noch notdürftig überwacht werden, war dies bei Dienstleistungen unmöglich. Patente, Lizenzen und ähnliches bezahlten Emigranten zunehmend mit Reichsmark. Der monatliche Gesamtumsatz dieses Bereiches betrug rund 110 Millionen Reichsmark. Verluste schmälerten die finanzielle Basis, um im Gegenzug ähnliche Leistungen des Auslandes durch Devisen zu finanzieren. Ein Vorschlag für ein Gesetz zur Verhinderung der Marknoteneinfuhr, das in der praktischen Wirkung umstritten und problematisch war, wurde nicht realisiert. Die Kontrolle einer Wiedereinfuhr von Reichsmark schätzten die Währungsexperten generell als „schwierig", bei Reisenden als „untunlich", bei der bevorstehenden Olympiade im darauffolgenden Jahr als „unmöglich" ein.

Die „Nürnberger Gesetze" vom September 1935 bildeten auch deshalb eine Zäsur, weil sich Zeitgenossen eine unmittelbar nachfolgende Klärung der antijüdischen Gesetzgebung im Wirtschaftssektor erwarteten. In einem Schreiben vom 1. November 1935 wird die Haltung des Reichsbankdirektoriums deutlich: „Mit ernster Sorge verfolgt das Reichsbankdirektorium die jüngste Entwicklung des Kurses der Reichsmarknoten im Auslande. Ihre vorher meist nur geringfügige Unterbewertung hat, wie wir als bekannt voraussetzen dürfen, in der letzten Zeit in besorgniserregender Weise zugenommen. [...] Diese Erscheinung dürfte ihre Erklärung hauptsächlich darin finden, dass

109 Dieses und die folgenden Zitate ebd.

infolge der gegenwärtigen Ungewissheit über die Auswirkungen der in Vorbereitung befindlichen Judengesetzgebung auf wirtschaftlichem Gebiet von jüdischer Seite in starkem Umfange Vermögen in Form von Reichsbanknoten verschoben wird."[110] Die Reichsbank hielt es „für unbedingt notwendig, die Ursachen dieses unbefriedigenden Zustandes baldmöglichst auszuräumen". Sie wies in dem Schreiben auch darauf hin, dass durch die bestehende Unsicherheit geschäftliche Abschlüsse und Aufträge zurückgezogen oder zurückgestellt würden, was „arische" Lieferanten und Arbeitnehmer betreffe und zu Gefahren im Kredit- und Wechselverkehr führe. Auch stünde eine Reihe von Börsenpapieren „durch die fortschreitende Realisierung jüdischer Vermögensanlagen" unter erheblichem Kursdruck.

Eine Lösung der Probleme konnte in den Augen der Reichsbankmitglieder nur in einer Klärung der Rechtslage bestehen. „Wir möchten daher den Wunsch aussprechen, die geplanten Ausführungsbestimmungen zur Judengesetzgebung mit tunlichster Beschleunigung der Öffentlichkeit bekanntzugeben. [...] Die endgültige Klarstellung der Rechte der Juden auf wirtschaftlichem Gebiet, die endgültige und klare Abgrenzung des von den neuen Gesetzen betroffenen Personenkreises und die unbedingte Sicherung dieser Rechte ist eine unentbehrliche Voraussetzung für das Abstoppen der gegenwärtigen Kapitalflucht", hieß es daher in dem Schreiben.

Im Reichswirtschaftsministerium wurde im November 1935 ein Modell für eine mögliche Transferierung von Auswandererguthaben diskutiert. Demnach sollten Juden ihr Vermögen einer Treuhandstelle übereignen, die das Vermögen bis zur Überführung in „arische Hände" verwaltete. Der Erlös aus der Liquidation sollte zunächst auf ein Sperrkonto fließen. Wenn der Emigrant Waren im doppelten Wert seines Vermögens im Ausland abgesetzt hatte, sollte er die Hälfte des Devisenerlöses nach Deutschland transferieren, die andere Hälfte sollte zur Auflösung des Sperrguthabens dienen. Die Reichsbank kalkulierte, dass selbst bei niedrig angesetztem Gesamtumfang des jüdischen Gesamtvermögens in Deutschland in Höhe von 10 Milliarden Reichsmark das doppelte, also 20 Milliarden Reichsmark, an Ausfuhr realisiert würde. Das war etwa das Fünffache des bestehenden Jahresexports. Dieser Wert war geradezu utopisch, und die Reichsbank schloss ihren Kommentar daher mit den Worten: „Wo ist der Markt für diese Ausfuhr?"[111] Dieses Verfahren wurde zu diesem Zeitpunkt und in dem geplanten Umfang eines Massentransfers nicht verwirklicht. Die späteren Transferverfahren aus den Jahren 1937–1942 zeigen jedoch ähnliche Konstruktionen.

110 Schreiben der Reichsbank an den Reichsinnenminister vom 1.11.1935 (Abschrift), BAB, R 2501, 6789, Bl. 82–85.

111 Material zur Frage der Judenauswanderung für eine Pressebesprechung vom 19.12.1935, BAB, R 2501, 6789, Bl. 139–140.

In der Folge der „Nürnberger Gesetze“ kam es zunächst zu einer Kaskade von Verschärfungen und Kontrollmaßnahmen im Devisenbereich. In der 3. Durchführungsverordnung zum Devisengesetz vom 1. Dezember 1935 wurde der Erlös von hochwertigen Waren, die Emigranten als Geldanlage im Rahmen ihres Umzugsgutes mitnahmen, in die Verbote einbezogen.[112] Bis dahin konnten Auswanderer ihr inländisches Vermögen verkaufen, dafür Waren erwerben, diese ins Ausland überführen, dort veräußern und den Gegenwert in Devisen auf einem ausländischen Konto behalten. Nach der neuen Durchführungsverordnung musste der Erlös aus solchen Geschäften nun bei den Devisenbehörden abgeliefert werden.[113] Dieselbe Durchführungsverordnung beschränkte auch die Mitnahme von Schmuck und anderen Wertgegenständen, die im Rahmen des Umzugsgutes ausgeführt werden durften. Eine weitere Schikane bedeutete im Juni 1936 die offizielle Einführung des Berufs des Devisenberaters, von dem Juden explizit ausgeschlossen waren.[114]

Die 1935 anlaufende antisemitische Instrumentalisierung des Devisenrechts bis zum Frühjahr 1936 ist vor dem Hintergrund der „Nürnberger Gesetze“ im September dieses Jahres zu interpretieren. Bei allen einsetzenden Ad-hoc-Maßnahmen stand das Interesse der Währungsstabilität im Vordergrund. Der Zugriff auf jüdisches Vermögen spielte zu diesem Zeitpunkt noch eine untergeordnete Rolle.[115] Dieses Interesse stand hingegen beim Reichsfinanzministerium und seiner Verwaltung im Vordergrund. Ab Ende 1935 wandte sich auch die Gestapo dem vermeintlichen Devisenschmuggel der jüdischen Emigranten verstärkt zu. Sie sollte laut Erlass vom 11. November 1935 Verdachtsfälle auf Kapitalschmuggel, die bei der Postüberwachung auffielen, an das Finanzamt Moabit-West weitermelden.[116] Am Ende des Jahres 1935 wurden auch die Kommunalbehörden in die Überwachung einbezogen, die Emigranten ebenfalls an die Finanzbehörden (Zentral-Landesfinanzamt Berlin) melden sollten. Das Netzwerk der Verfolger zog sich immer enger um die jüdischen Emigranten.

Ende 1936 beschleunigte sich die Normenproduktion erneut, was sich an den verschiedenen Durchführungsverordnungen ablesen lässt. Am 26.

112 Dritte Durchführungsverordnung zum Devisengesetz vom 1.12.1935, RGBl. I (1935), S. 1408.

113 Allerdings konnten die deutschen Devisenbehörden nur zugreifen, solange sich die Person noch im Inland befand. Vgl. Auswirkungen der Maßnahmen zur Regelung der Judenfrage auf die Wirtschaft, Ausarbeitung der Volkswirtschaftlichen und Statistischen Abteilung der Reichsbank vom 22.1.1936, BAB, R 2501, 6789, Bl. 181–190.

114 Verordnung über die geschäftsmäßige Hilfeleistung in Devisensachen vom 29.6.1936, RGBl. I (1936), S. 515.

115 Banken, Devisenrecht, S. 194.

116 Erlass Heydrichs an alle Staatspolizeistellen und die Politische Polizei der Länder vom 11.11.1935, zit. nach Banken, Devisenrecht, S. 195.

Oktober verfügte die Reichsstelle für Devisenbewirtschaftung beispielsweise, dass der Verkauf von Wertpapieren durch Ausländer, die Freigabe von Lebensversicherungen und Grundstücksgeschäfte von Auswanderern genehmigt werden mussten.[117] Die 6. Durchführungsverordnung vom 28. Oktober 1936 führte eine Anbietungspflicht von Gold und fremden Zahlungsmitteln ein.[118] In einer 7. Durchführungsverordnung wurde festgelegt, dass alle Bürger ihre ausländischen Wertpapiere in ein Depot einer Devisenbank oder der Reichsbank hinterlegen müssten.[119] Dies war Teil eines umfassenden Zugriffs auf sämtliche Devisenreserven in privater und unternehmerischer Hand ab Mitte 1936. Alle deutschen Firmen mussten ihre im Ausland vorhandenen Warenbestände prüfen lassen, überfällige Exportaußenstände und Kreditforderungen sollten angemahnt und eingetrieben werden, Auslandsbeteiligungen in Devisen möglichst hereingeholt werden.[120] Das Gesetz gegen Wirtschaftssabotage verschärfte die Strafandrohungen bis zur Todesstrafe.[121]

Die Verordnung zur Devisenbewirtschaftung vom 19. Dezember 1936 regelte die Devisenzuteilung für eine Auswanderung neu.[122] Ab dem 17. Dezember war die Ausführung von wertvollem Umzugsgut beschränkt, soweit es nach dem 1. Januar 1933 erworben worden war. Emigranten mussten nun minutiöse Listen über ihr Umzugsgut anfertigen, in denen das Kaufdatum der Gegenstände ausgewiesen war. Für Gegenstände, die nach dem 1. Januar 1933 erworben worden waren, musste bald eine Abgabe an die Deutsche Golddiskontbank bezahlt werden, die in der Regel 100 Prozent des Kaufpreises, nicht selten aber auch weitaus mehr betrug.

Am gravierendsten für die Situation der Juden in Deutschland war jedoch das „Gesetz zur Änderung des Gesetzes über die Devisenbewirtschaftung" vom 1. Dezember 1936. Mit dem darin enthaltenen § 37a wurden die Devisenstellen ermächtigt, Sicherungsanordnungen auszusprechen.[123] In der Debatte über die Sicherungsverfahren, die zwischen Juli und Dezember 1936 stattgefunden hatte, musste das Reichswirtschaftsministerium seine weiter reichenden Vorstellungen, die auch einen „Sicherheitsarrest" vorgesehen hatten, teilweise aufgeben, weil es am Widerspruch des Reichsjustizministeriums scheiterte.[124] Die

[117] Runderlass 153/36 der Reichsstelle für Devisenbewirtschaftung vom 26.10.1936, zit. nach Banken, Devisenrecht, S. 197.
[118] 6. Durchführungsverordnung zum Gesetz über die Devisenbewirtschaftung vom 28.10.1936, RGBl. I (1936), S. 930.
[119] RGBl. I (1936), S. 946.
[120] Ebi, Devisenrecht, S. 197 f.
[121] Gesetz gegen Wirtschaftssabotage vom 1.12.1936, RGBl. I (1936), S. 999.
[122] Verordnung zur Devisenbewirtschaftung vom 19.12.1936, RGBl. I (1936), S. 1021–1068.
[123] Gesetz zur Änderung des Gesetzes über die Devisenbewirtschaftung vom 1.12.1936, RGBl. I (1936), S. 1000.
[124] Banken, Devisenrecht, S. 197 f., Fußnote 275.

Tabelle 11: Disagio bei Kapitaltransfer

Datum	Disagio
Dez. 1933	23
Jan.–März 1934	22
Apr.–Dez. 1934	56
Jan.–Dez. 1935	65
Jan.–Dez. 1936	70
Jan.–Dez. 1937	78
Jan.–Dez. 1938	90
Jan.–Aug. 1939	95

Nach Feilchenfeld u. a., Haavara-Transfer, S. 81.

Regelung, die am 1. Dezember in Kraft trat, umfasste lediglich eine Kontokontrolle. Nach einer Sicherungsanordnung benötigten die Kontoinhaber für jede Kontobewegung eine Genehmigung der Devisenstelle. Die Devisenstelle Hamburg erließ beispielsweise zwischen Dezember 1936 und Oktober 1939 1 314 solche Sicherungsanordnungen gegen Juden nach dem § 37a.[125]

Anstelle des Reichswirtschaftsministeriums, dessen Vorstellungen auf eine schärfere Kontrolle von jüdischen Emigranten zielten, hatte sich mit dem § 37a der Ansatz des Reichsfinanzministeriums durchgesetzt, das eine Ausweitung des staatlichen Zugriffs auf das Vermögen inländischer Juden anstrebte. Die Einführung der Sicherungsanordnungen ist daher auch in dieser Hinsicht zu bewerten und bildet eine der wichtigsten Zäsuren in der antijüdischen Devisenpolitik des „Dritten Reiches". Mit ihr begann der Übergang von einer auswanderungsbezogenen Konfiskationspolitik zu einem Zugriff auf alle jüdischen Vermögen in Deutschland. Sicherungsanordnungen konnten lange vor der tatsächlichen Auswanderung bereits bei Verdacht erlassen werden. Der damit potentiell mögliche Zugriff auf das inländische Vermögen der Juden wurde nach dem Novemberpogrom 1938 zur Realität. Das NS-Regime unterstellte nun allen Juden einen Auswanderungswillen, und es wurden Sicherungsanordnungen gegen alle Konten von deutschen Juden unabhängig von deren möglichen Auswanderungsplänen erlassen.[126]

Schließlich setzte mit dem Jahr 1936 eine rasante Verschlechterung der Transferquoten ein. 1936 betrug der offizielle Transferverlust 25 Prozent, 1938 lag er bereits bei 82 Prozent, seit September 1939 bei 96 Prozent. Gleichzeitig fielen ab Juni 1936 die Freigrenzen für Bardevisen weg.

125 Bajohr, „Arisierung" in Hamburg, S. 342.

126 Runderlass des Reichswirtschaftsministeriums vom 16.8.1939, Meinl/Zwilling, Legalisierter Raub, S. 44.

Hintergrund für diese Verschärfungen war nicht mehr nur die Devisennot. Die Entwicklung war vor allem Ausdruck der wachsenden Macht Hermann Görings und seiner wirtschafts- und judenpolitischen Vorstellungen. In seiner Doppelfunktion als Reichswirtschaftsminister und Reichsbankpräsident hatte Hjalmar Schacht maßgeblich die Devisen- und Goldpolitik des „Dritten Reiches" bis 1936 bestimmt. Nachdem im Frühjahr 1936 eine erneute Devisenkrise aufgetreten war, beauftragte Hitler den preußischen Ministerpräsidenten Göring am 4. April 1936 mit Maßnahmen zur Besserung der Rohstoff- und Devisenlage, der daraufhin im Mai einen Rohstoff- und Devisenstab einrichtete.[127] Schacht verlor damit seine bisherige Einflussmöglichkeit auf die Wirtschaftspolitik über die Devisenkontrolle. Wendepunkt war in diesem Zusammenhang nicht wie oft vermutet die Einsetzung Görings als Beauftragter für den Vierjahresplan, sondern vielmehr seine Ernennung zum Rohstoff- und Devisenkommissar.

Dies zeigt sich darin, dass die Devisenpolitik bereits ab dem Frühjahr dessen Handschrift trug. Beispielsweise setzte Göring die Erfassung und Zwangsveräußerung deutschen Auslandsvermögens bereits im Sommer 1936 im Konflikt gegen Schacht und noch vor der Abfassung der Denkschrift über den Vierjahresplan durch.[128] Nach seiner Ermächtigung zum Rohstoff- und Devisenkommissar ließ er zudem im Juni 1936 das Devisenfahndungsamt errichten und ernannte den Chef des SD Reinhard Heydrich zu dessen Leiter. Das Devisenfahndungsamt koordinierte die verschiedenen, bei der Devisenverfolgung beteiligten Behörden. Seine Aufgaben standen dabei in engem Zusammenhang damit, die Devisenbestimmungen besonders durchgreifend gegenüber Juden zum Einsatz zu bringen. Ein Ziel des Devisenfahndungsamtes bestand darin, hierfür die Zollfahndungsstellen und die Devisenprüfungsstellen in Dienst zu nehmen, um Vorwände für die Sicherung jüdischen Vermögens zu schaffen.[129] Zoll- und Devisenstellen wurden bald zu zentralen Institutionen beim Zugriff auf das Vermögen jüdischer Emigranten. Die Gestapo benachrichtigte ab Dezember 1936 eine ganze Reihe von Behörden, sobald sie Kenntnis über Auswanderungsabsichten hatte.[130] Das örtliche Finanzamt, Zollfahndung, Staatspolizeistelle und das Landesfinanzamt Berlin wurden bereits seit 1935 regelmäßig informiert.[131] Neu hinzu kamen nun Devisenstelle, Reichs-

[127] Banken, Goldreserven- und Devisenpolitik, S. 52 f.

[128] Petzina, Autarkiepolitik, S. 46 f.

[129] Longerich, Politik, S. 118.

[130] Anordnung Gestapa an die Staatspolizeileitstellen und Staatspolizeistellen im Reich vom 17.12.1936 (Abschrift), Bundesamt für zentrale Dienste und offene Vermögensfragen Berlin, WGM 68.

[131] Runderlass Gestapa vom 26.10.1935, Hinweis darauf in Anordnung Gestapa an die Staatspolizeileitstellen und Staatspolizeistellen im Reich vom 17.12.1936 (Abschrift), ebd., WGM 68.

bankanstalt und der Gemeindevorstand. Mit dem Devisenfahndungsamt entstand eine Institution, welche die Arbeit der Zollfahndungsstellen, die dem Reichsfinanzministerium unterstanden, und den Devisenprüfstellen, die dem Reichswirtschaftsministerium fachlich zugeordnet waren, koordinieren und im Sinne der Verfolgung der Juden radikalisieren sollte.[132] Sicherheitspolizei, Vierjahresplanbehörde und Finanzverwaltung waren dadurch enger verbunden. Bereits zu diesem frühen Zeitpunkt ist die Einflussnahme Görings auf die Judenpolitik – nicht zuletzt im Zuge der Kriegsvorbereitungen – sichtbar.

Mit Unterstützung Görings ging Heydrich unter dem Vorwand des „Devisenmangels" gegen jüdische Emigranten vor. Er bediente sich dabei zum einen der Erlasse an Devisen- und Zollbehörden, zum anderen nahm er Einfluss auf den Gesetzgebungsprozess. Unter Berufung auf seine Erfahrungen aus der praktischen Arbeit des Devisenfahndungsamtes versuchte Heydrich Verschärfungen im Devisenrecht durchzusetzen. Indizien für den zunehmenden Einfluss von Gestapo und SS finden sich in den Formulierungen der Erlasse selbst sowie in ergänzenden internen Anweisungen, die sich gezielt gegen jüdische Auswanderer richteten. Die präventive Verhängung von Sicherungsanordnungen passte zum Stil der Gestapo, welche die Praxis „vorsorgender Sicherung" nun auch auf das Devisenrecht übertrug.[133]

Der Machtkampf zwischen Göring und Schacht tobte aber nicht nur in der Judenpolitik. Noch vor der Vierjahresplan-Denkschrift ließ Göring gegen den Widerstand von Schacht im August 1936 alle Auslandsvermögen erfassen, womit der An- und Verkauf von ausländischen Wertpapieren, privatem Gold, deutschen Kapitalanlagen im Ausland und „außergewöhnlichen Außenständen" Deutscher im Ausland durch das Reich einsetzte. Dieser verstärkte Zugriff auf private Vermögen stellte keinen Bruch mit der bisherigen Devisenpolitik dar, sondern eher eine Fortsetzung. Der Konflikt zwischen den beiden speiste sich weniger aus grundlegenden Meinungsverschiedenheiten, sondern vor allem aus einem Macht- und Kompetenzkampf.[134] Diese Interpretation hat nicht zuletzt Auswirkungen auf die Bewertung der Quellen aus dem devisenpolitischen Umbruchsjahr 1936. Die zahlreichen zeitgenössischen Äußerungen über den zunehmenden Devisenmangel waren vor allem Ausdruck eines Machtkampfes zwischen Schacht und Göring über die Richtlinienkompetenz in der Wirtschaftspolitik. Die in den Quellen vielfach beschworene Gefahr einer Liquiditätskrise gab es im Sommer 1936 nicht. [135]

Als im September 1936 Göring Beauftragter für den Vierjahresplan wurde, stieg seine Macht weiter. Gold- und Wertpapierverkauf sowie die Verschärfung

[132] Longerich, Politik, S. 119; Bajohr, „Arisierung" in Hamburg, S. 189 f.
[133] Vgl. Werner, Wirtschaftsordnung, S. 149–163.
[134] Banken, Goldreserven- und Devisenpolitik, S. 65 f.
[135] Ebd., S. 72.

der Bestrafung bei Verstößen gegen das Devisenrecht sind auf den Machtwechsel und seine Initiative zurückzuführen. Göring war rücksichtsloser als Schacht bei den Maßnahmen, um das Ziel, mehr Devisen für den Aufrüstungskurs zu erhalten, zu erreichen.

Spätestens seit der Einführung der Vierjahresplanbehörde fielen die devisenrechtlichen Entscheidungen nicht mehr im Reichswirtschaftsministerium, sondern in Görings Stab.[136] Lediglich die Umsetzung der Beschlüsse in rechtliche Normen lag weiterhin beim Reichswirtschaftsministerium. Die Reichsstelle für Devisenbewirtschaftung beim Reichswirtschaftsministerium wurde nach Schachts Entlassung als Wirtschaftsminister und der Einsetzung seines Nachfolgers Walther Funk 1937/1938 aufgelöst. Ihre Geschäfte übernahm die Abteilung 5 „Devisen" im Reichswirtschaftsministerium.

Hier ist ein Blick auf die Tätigkeit der Devisenstellen aufschlussreich. Sie bildeten einen Knotenpunkt, bei dem die Interessen verschiedener staatlicher Institutionen zusammentrafen: Die Devisenstellen waren haushaltstechnisch den Landesfinanzämtern zugeordnet und damit Teil der Mittelinstanzen der Reichsfinanzverwaltung. Die fachliche Aufsicht führte das Reichswirtschaftsministerium. Das Personal der Devisenstellen bestand zu einem Großteil aus Reichsbankbeamten. Nach der Errichtung des Devisenfahndungsamtes 1936 bestand auch mit diesem eine enge Kooperation. Die multiple Anbindung ließ die Devisenstellen zu Schlüsselinstitutionen der Devisenverwaltung werden.[137]

Frank Bajohr hat den Devisenstellen eine Schrittmacherrolle bei der wirtschaftlichen Judenverfolgung zugeschrieben. Er bezog sich dabei auf die spezifische Form der rassistisch-ideologischen Überwölbung normenstaatlicher Verfahren, welche die Devisenstellen bei der Judenverfolgung an den Tag legten.[138] Das Tätigkeitsprofil der Devisenstellen weist insbesondere ab 1936 das spezifische Spektrum von Genehmigung, Überwachung und Verfolgung auf, das für die devisenrechtliche Diskriminierung und Verfolgung der Juden charakteristisch war.

Ein wesentliches Aufgabengebiet der Devisenstellen war seit Oktober 1931 die Devisenprüfung. Dabei kooperierten die Devisenstellen eng mit anderen Institutionen der fiskalischen Verwaltungsbehörden wie den Finanzämtern. Aber auch Banken, Postämter und später die Gestapo lieferten Hinweise auf Auswanderungspläne, welche die Devisenstellen tätig werden ließen. Die Zollfahndungsstellen fungierten als eine Art Vollzugsorgan. Sie unterstützten die Devisenstellen bei den Buch- und Betriebsprüfungen, sicherten Beweis-

[136] Banken, Devisenrecht, S. 180.
[137] Vgl. Schaubild über die Organisation der Devisenstellen.
[138] Bajohr, „Arisierung" in Hamburg, S. 342 f. Vgl. dazu auch Franke, Rolle; ders., Unrecht; Drecoll, Fiskus.

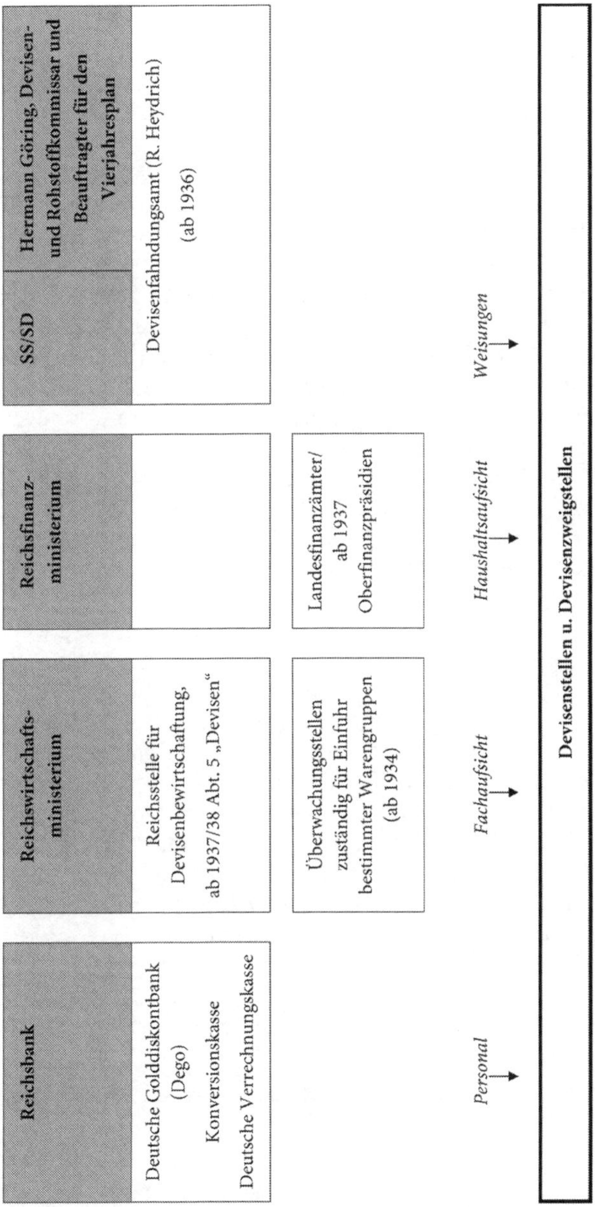

Abbildung 1: Organisation der Devisenbewirtschaftung

mittel, unterhielten enge Verbindungen zu Polizei und Staatsanwaltschaft und beteiligten sich an Befragungen und Festnahmen.[139]

Seit 1935 besaßen die Devisenstellen eigene Abteilungen für die Ermittlung und Bearbeitung von Strafverfahren. Sie konnten Ausfuhr- und Lieferverbote verhängen sowie Ordnungsgelder bis zu 300 000 Reichsmark.[140] Da lediglich in Fällen von entscheidender exportwirtschaftlicher Bedeutung Weisungen der Reichsstelle für die Devisenbewirtschaftung eingeholt werden mussten und auch nur dann, wenn keine Gefahr im Verzuge bestand, waren die Ermessensspielräume der leitenden Angestellten bei den Devisenstellen relativ groß.[141]

Besonders das Devisenstrafrecht verdeutlicht das Bedrohungspotential, das in den Ermittlungen der Devisenstellen lag. Devisenvergehen galten als Landesverrat. Daher drohte in schweren Fällen sogar eine gerichtliche Verurteilung zur Todesstrafe. Nicht mehr Grundsätze der Verhältnismäßigkeit und des Individualschutzes waren damit ausschlaggebend für die Schwere der Strafe, sondern der politische Zweck der Maßnahme.[142]

In den Jahren 1937 und 1938 gab es nur wenige neue Regelungen und Verordnungen.[143] Hervorzuheben ist für das Frühjahr 1938 die Verordnung über die Anmeldung des Vermögens von Juden vom 26. April 1938,[144] durch die sich das NS-Regime erstmals zuverlässige Daten über das Gesamtvermögen der Juden in Deutschland verschaffte.

Mit der Verordnung über Reisepässe von Juden vom 5. Oktober 1938 wurden alle Reisepässe von Juden für ungültig erklärt. Neue Reisepässe wurden an Juden nur noch in Ausnahmefällen, insbesondere zur Auswanderung ausgestellt. Damit verbunden war eine empfindliche Einschränkung der finanziellen Verfügungsmacht. Die Reisepässe berechtigten nämlich auch dazu, eine Devisen-Freigrenze in Anspruch zu nehmen. Viele Juden nutzten dies offenbar, um Überweisungen an bereits ausgewanderte Angehörige im Ausland zu tätigen. Mit der Einziehung der Pässe wurde die Inanspruchnahme der Freigrenze durch Juden praktisch unterbunden. „Diese Wirkung ist u. a. mit der Ungültigkeitserklärung aller deutschen Reisepässe von Juden bewusst angestrebt worden", hieß es dazu in einem Schreiben des Reichswirtschaftsministers an die

139 Vgl. Schreiben des Präsidenten des Landesfinanzamtes Berlin an die Landesfinanzämter vom 1.3.1942, StAM, OFD, 309.

140 Vgl. Schreiben der Reichsstelle für die Devisenbewirtschaftung an die Devisenstellen vom 23.12.1936, StAM, OFD, 377. Die Grenze von 300 000 RM war geregelt im Gesetz über die Devisenbewirtschaftung vom 4.2.1935, RGBl. I (1935), S. 112.

141 Drecoll, Fiskus.

142 Vgl. hierzu Banken, Devisenrecht, S. 218.

143 Die 9. Durchführungsverordnung vom 20.2.1937 verschärfte die Vorschriften zur Sicherungsanordnung.

144 Verordnung über die Anmeldung des Vermögens von Juden vom 26.4.1938, RGBl. I (1938), S. 415.

Devisenstellen.[145] Auf mittelbarem Weg sollte so der Zugang zum Devisentransfer weiter eingeschränkt werden.

Eine wichtige Zäsur bildete erst wieder die Neufassung der gesamten Devisenregelungen im Gesetz über die Devisenbewirtschaftung vom 12. Dezember 1938.[146] Trotz der zeitlichen Nähe stand diese Reform nicht in ursächlichem Zusammenhang mit dem Novemberpogrom. Das Gesetz war vielmehr schon seit 1937 geplant gewesen, die Verkündung hatte sich dann aber durch den „Anschluss" Österreichs verzögert. Die Judenverfolgung war nicht der alleinige Hintergrund der weiteren Devisenkontrollregelungen. Wichtig war auch die Einverleibung des Memellands und der Einmarsch in die „Resttschechei" sowie allgemein der Zugriff auf die letzten Devisenreserven der deutschen Bevölkerung.

Angesichts der aktuellen Entwicklungen vom November 1938 flossen jedoch einige explizite Bezüge auf jüdische Emigranten ein und führten zu materiellen Verschlechterungen für Juden, die in der ursprünglichen Planung nicht vorhanden gewesen waren. Dies betraf vor allem das Umzugsgut von Auswanderern und die Devisenerklärungspflicht.[147] „Diese Maßnahmen haben sich als notwendig erwiesen, da vornehmlich jüdische Auswanderer bestrebt sind, ihr inländisches Vermögen auf allen möglichen Umwegen ins Ausland zu verbringen", hieß es dazu in einer Darstellung der Reichsbank.[148] In der ersten Durchführungsverordnung zum neuen Devisengesetz finden sich erstmals Änderungen des Devisengesetzes, die speziell jüdische Kapitalflucht verhindern sollten. Göring suchte ab Oktober 1938 nach Möglichkeiten für den gezielten Zugriff auf jüdische Vermögen. Die Beschlagnahmung von Vermögen jüdischer Auswanderer bildete dabei einen wichtigen Teilbereich.[149] Auch die Gestapo hatte Ende Oktober Pläne für einen devisenrechtlichen Zugriff durch Sicherungsanordnung.[150] Auslöser für eine Radikalisierung des allgemeinen Zugriffs des Regimes auf jüdische Vermögen war schließlich die Pogromnacht im November 1938. Das Devisenrecht bildete allerdings nur noch ein „zusätzliches Instrument", um die deutschen Juden auszurauben, nicht mehr das wichtigste wie zuvor.[151]

145 Schreiben des Reichswirtschaftsministeriums an die Devisenstellen vom 27.10.1938, BAB, R 2501, 10062.

146 Bekanntmachung des Gesetzes über die Devisenbewirtschaftung vom 12.12.1938, RGBl. I (1938), S. 1733.

147 Durchführungsverordnung zum Gesetz über die Devisenbewirtschaftung vom 23.12.1938, RGBl. I (1938), S. 1966.

148 Grundzüge der deutschen Devisenbewirtschaftung, März 1939, BAB, R. 2501, 6446, Bl. 23–40, Zitat S. 11, Bl. 29.

149 Barkai, Schicksalsjahr 1938, S. 45–68.

150 Meinl/Zwilling, Legalisierter Raub, S. 120.

151 Banken, Devisenrecht, S. 213.

Nach dem Novemberpogrom fand im Reichswirtschaftsministerium am 22. November 1938 eine Besprechung mit den Leitern der Devisenstellen und der Prüfungsstellen statt.[152] Darin wurde festgehalten, dass bisher 170 000 Juden mit einem Transferverfahren ausgewandert seien und dabei ein Vermögen in Höhe von rund 340 Millionen Reichsmark mitgenommen hätten. Die Zahl der im großdeutschen Reichsgebiet verbliebenen Juden schätzte man auf 600 000 bis 700 000, ihr Vermögen auf rund acht Milliarden Reichsmark. Da die „Entfernung der Juden aus Wirtschaft und Reichsgebiet" zum Grundsatz erklärt wurde, sollte die Auswanderung „stärkste Förderung" erfahren. Bürokratische Entscheidungen sollten die Auswanderung nicht hemmen. Vor allem sollten infolge der „verschärften Situation in der Judenfrage" Auswanderungsanträge nicht anders behandelt werden als zuvor.

Da Bardevisen nicht zur Verfügung stünden, war das Ziel, andere Transfermöglichkeiten im Interesse einer Auswanderungsförderung „beschleunigt und großzügig" auszunutzen. Der Vermerk gibt daraufhin einen Überblick über die bestehenden Möglichkeiten wie beispielsweise den Verkauf von Auswanderer-Sperrmark an die Deutsche Golddiskontbank ohne Nachprüfung. Dieser Prozess war offenbar ins Stocken geraten, da kontrolliert wurde, ob das Vermögen der Emigranten ausreichte, um die nach dem Novemberpogrom erhobene „Judenvermögensabgabe" zu bezahlen. Der Vermerk hielt hierzu fest, dass eine solche Prüfung nicht notwendig sei, da erforderlichenfalls das illiquide Vermögen der Juden ausreiche, um die „1 Milliarde Buße" zu begleichen.

Im Bezug auf Umzugsgut hielt der Vermerk fest, dass „lediglich Kapitalverschiebungen verhindert" werden sollten, „nicht durch kleinliche Handhabung die Auswanderung erschwert oder gar gehemmt werden" sollte. Erwogen werde auch die Kennzeichnung jüdischen Umzugsgutes, zu der es dann aber nicht gekommen ist.

Um der befürchteten umfangreichen Kapitalflucht nach dem Novemberpogrom vorzubeugen, wies das Reichswirtschaftsministerium am 5. Dezember 1938 die Devisenbehörden an, jüdisches Vermögen planmäßig zu sichern. Die Folge waren pauschale Sicherungsanordnungen, die unabhängig von einer konkreten Auswanderungsabsicht verhängt wurden.[153] Ab August 1939 wurde das Verfahren schließlich standardmäßig eingesetzt.[154] Mit dieser Blockierung sämtlicher Geldvermögen der deutschen Juden kam ein Prozess, der 1936 begonnen hatte, zum Abschluss.

Die nationalsozialistischen Behörden hatten nun eine nahezu vollständige

[152] Besprechung mit den Leitern der Devisenstellen und der Prüfungsstellen im Reichswirtschaftsministerium am 22.11.1938, BAB, R 3101/33153, Bl. 1–32. Folgende Zitate ebd.

[153] Allgemeine Anordnung des Reichswirtschaftsministeriums an die Devisenbehörden vom 5.12.1938, zit. nach Banken, Devisenrecht, S. 213.

[154] Meinl/Zwilling, Legalisierter Raub, S. 106.

Handlungsautonomie, um über die Vermögen der Juden zu verfügen. Ob und in welchem Umfang ein jüdischer Emigrant Geld transferieren konnte, bestimmten allein die Devisenbehörden. Die jüdischen Eigentümer hatten keine Verfügungsgewalt mehr über ihr Vermögen. Von den sichergestellten Konten durften sie nur ein monatliches Taschengeld und Beträge, die nachweislich für die Emigrationsvorbereitung verwendet wurden, abheben. Den Endpunkt der wirtschaftlichen Ausplünderung der deutschen Juden bildete schließlich die 11. Verordnung zum Reichsbürgergesetz vom 25. November 1941.[155] Mit dieser Verordnung verfiel das gesamte Vermögen von Juden, die die Reichsgrenze überschritten, automatisch dem Reich.[156]

3.2.4 Transferabkommen für jüdische Emigranten

Wollten jüdische Emigranten die bisher beschriebene wirtschaftliche Beraubung umgehen oder zumindest abmildern, dann blieb ihnen auf legalem Weg nur die Abwicklung der Vermögensübertragung über eines der offiziell eingerichteten Transferabkommen. Das bekannteste von ihnen betraf Auswanderer nach Palästina.

Um die Auswanderung von Juden in das britische Mandatsgebiet trotz der Devisenengpässe zu beschleunigen, schlossen Reichswirtschaftsministerium und die Jewish Agency for Palestine, eine Organisation, die in London die Interessen der jüdischen Einwohner des unter britischem Mandat stehenden Palästinas vertrat, im August 1933 das sogenannte Haavara-Abkommen.[157] Dieses Abkommen wirft ein Schlaglicht auf die Einbindung der Judenpolitik in die damalige Devisenpolitik, und die Verhandlungen im Vorfeld geben Auskunft über die Motive der verschiedenen Beteiligten. Deutlich wird bei der Analyse des Haavara-Abkommens aber auch, dass sich die politische Situation für einen Vermögenstransfer jüdischer Emigranten schon bald nach der nationalsozialistischen Machtübernahme grundlegend verändert hatte. Sowohl außenhandelspolitische Veränderungen durch den vor allem auf der Steigerung der Binnennachfrage basierenden Wirtschaftsaufschwung als auch die Verschärfung der Judenpolitik durch die „Nürnberger Gesetze" verschoben die Rahmenbedingungen grundlegend.

Das Prinzip des Haavara-Abkommens bestand darin, dass auswanderungswillige deutsche Juden bei einem deutschen Exporteur Güter wie z. B. Bewässerungsrohre, Zementmischer und andere Investitionsgüter kaufen sollten. Die

155 11. Verordnung zum Reichsbürgergesetz vom 25.11.1941, RGBl. I (1941), S. 722 f.

156 Für die vollständige Enteignung, die der Ermordung vorausging, prägte H. G. Adler 1974 den Begriff „Finanztod". Vgl. dazu Adler, Mensch, S. 166.

157 Runderlass des Reichswirtschaftsministeriums Nr. 54/33. Zum Haavara-Abkommen vgl. Feilchenfeld u. a., Haavara-Transfer; Bauer, Freikauf, S. 15–52.

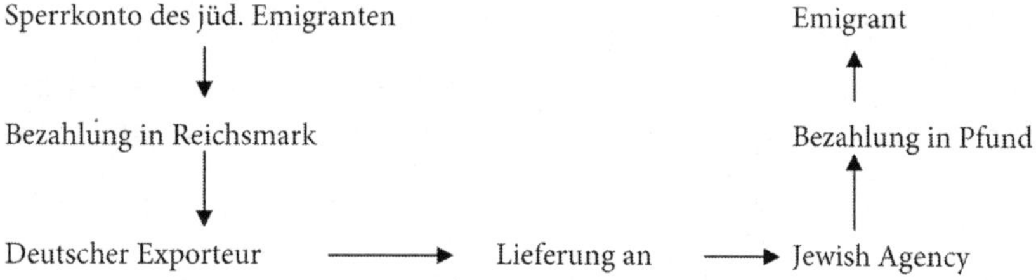

Abbildung 2: Schema Haavara-Abkommen

Anglo-Palestine-Bank, das Finanzinstitut der Jewish Agency in Palästina, vermittelte die Güter an Käufer in Palästina. Die Emigranten bezahlten die Güter in Reichsmark bei der extra für diesen Zweck eingerichteten Palästina-Treuhandstelle zur Beratung deutscher Juden GmbH (Paltreu). Es wurden von dem Betrag Steuern abgeführt, dann beauftragte die Paltreu deutsche Hersteller mit der Produktion und bezahlte diese mit Reichsmark. Die Endabnehmer in Palästina zahlten den Kaufpreis in englischen Pfund vor Ort bei der Anglo-Palestine-Bank ein. Die jüdischen Emigranten erhielten den Preis nach ihrer Ankunft in Palästina – abzüglich der Steuern – in englischen Pfund von der Anglo-Palestine-Bank zurück.

Das Transferverfahren lag zum Zeitpunkt seiner Einführung im Interesse aller Beteiligten. Durch dieses Abkommen gelang es der deutschen Regierung, sowohl eine „geplante[n] und geordnete[n] Überführung von Juden aus Deutschland" zu ermöglichen als auch die eigenen Devisenreserven zu schonen. Durch das Abkommen kamen zwar keine Devisen nach Deutschland, aber zumindest der Abfluss durch Devisen für Auswanderer wurde in eng kontrollierten Grenzen gehalten. Das Abkommen entsprach zudem dem Interesse der Emigranten, da die Transferbedingungen deutlich besser waren als bei regulären Verfahren der Vermögensmitnahme. Schließlich zog auch Palästina seinen Vorteil aus dem Abkommen, da auf diese Weise Investitionsgüter in das britische Mandatsgebiet kamen.

Die britische Regierung war zu Beginn der 1930er Jahre bereit, jüdische Emigranten in größerer Zahl ins Land zu lassen, falls Arbeitsplätze für sie vorhanden wären. Dazu brauchte Palästina Investitionen und war daher an Importen aus Deutschland interessiert. Im Auswärtigen Amt setzte sich der deutsche Konsul in Jerusalem, Heinrich Wolff, für ein Transferabkommen ein. Hintergrund für das Engagement der deutschen Regierung war anfangs die Abwehr eines befürchteten jüdischen Boykotts deutscher Waren im Ausland, den der Botschafter in Palästina als wichtigstes Argument vorbrachte. Zwar sah Wolff, dass der Anteil Palästinas am deutschen Außenhandel nicht bedeutend war, er wies aber darauf hin, dass die Juden in Palästina international einflussreich seien. Mit Sam Cohen, dem Leiter der Citrus-Handelsgesellschaft

Hanotea, interessierte sich ein Privatunternehmer in Palästina für ein solches Abkommen. Für einen Privatunternehmer wie Cohen war das Vorhaben aber finanziell nicht zu bewältigen. So schalteten sich die Jewish Agency for Palestine und ihr Leiter der politischen Abteilung, Chaim Arlosoroff, in die Verhandlungen ein und griffen die Idee eines staatlich geregelten Transfers auf. Im August 1933 kam es zwischen dem deutschen Reichswirtschaftsministerium und der Jewish Agency zur Unterzeichnung des Haavara-Abkommens.[158]

Deutsche Juden konnten durch das Transferabkommen das Land verlassen und ihr Vermögen zu erheblich besseren Konditionen in Devisen umtauschen als im regulären Verfahren. Wenn vermögende Juden einwanderten, führte das zu Investitionen, die neue Einwanderung ärmerer Juden ermöglichten. Jüdische Verfechter von Haavara sahen den Vorteil, dadurch die Besiedelung Palästinas voranzutreiben.[159]

Positiv für das nationalsozialistische Deutschland war daran, dass mehr Juden zur Emigration motiviert und gleichzeitig mehr deutsche Waren ins Ausland verkauft werden konnten. Zwar brachte das Abkommen im ersten Schritt keine Devisen nach Deutschland. In der Folgezeit waren aber Nachkäufe für Ersatzteile und Ausbau zu erwarten. Argument für Haavara aus NS-Sicht war zudem die Bekämpfung der Arbeitslosigkeit durch einen Wirtschaftsaufschwung, während die Devisenreserven nicht unter der Wirtschaftskrise litten.

War das Abkommen zunächst für alle Beteiligten vorteilhaft gewesen, so änderten sich in den folgenden Jahren die Rahmenbedingungen grundlegend. Vor allem aus der Sicht des NS-Regimes verlor Haavara seine Attraktivität, nachdem der wirtschaftliche Aufschwung und die erfolgreiche Bekämpfung der Arbeitslosigkeit weitgehend ohne eine Außenhandelserweiterung erreicht worden waren. Wirtschaftspolitisch war damit ein Außenhandels- und Transferabkommen wie Haavara nicht mehr von zentraler Bedeutung, ganz abgesehen davon, dass der Außenhandel mit Palästina im Volumen zu unbedeutend war. Auch die Angst vor ausländischem Boykott hatte in Kreisen der deutschen Regierung mit den Jahren deutlich nachgelassen.

Wenn aber weder das Ziel eines exportgestützten Wirtschaftsaufschwungs noch die Boykottabwehr ausschlaggebende Argumente sein konnten, dann stellt sich die Frage, warum die deutsche Regierung dann überhaupt Haavara bis 1939 weiter laufen ließ. Verwunderlich ist auch, dass die Reichsbank bis 1936 die notwendige Aufnahmegebühr für die Emigration nach Palästina in

[158] Bauer, Freikauf, S. 20–23. Vgl. dazu auch Michaelis, Entwicklung, S. 26 f.

[159] In zionistischen Kreisen war das Haavara-Abkommen heftig umstritten, da es als ein Bruch des Boykotts gegenüber Waren aus Deutschland angesehen wurde. Zur Kritik an der angeblichen Bevorzugung zionistischer Immigranten nach Palästina vgl. Dawidowicz, War, S. 189 f.

Bardevisen ausbezahlte. Eine solche Barfinanzierung war zwar 1931 festgelegt worden. Dass sich die Reichsbank an diese Vereinbarung aber trotz zunehmender Devisenknappheit gebunden fühlte und die Regelung nicht änderte, spricht nach Bauer dafür, dass sie darin eine wirksame Möglichkeit sah, Juden zur Auswanderung zu bewegen.[160] Überhaupt scheint das einzige langfristig wirksame Argument für Haavara das politische Ziel der Vertreibung der Juden. Im Auswärtigen Amt, das hinsichtlich Haavara zunächst gespalten war, setzte sich ab 1934 offenbar dieses Motiv durch.[161] Im Reichswirtschaftsministerium hatte man zunächst noch auf einen Anstieg der Exporte gehofft, der sich aber nicht einstellte. Die Reichsbank, die die Bardevisen ausgeben musste, war von Anfang an gegen Haavara gewesen. Die Reichsstelle für Devisenbewirtschaftung beim Reichswirtschaftsministerium war vor allem seit der Einführung des „Neuen Plans" an Haavara nicht mehr interessiert, denn das wichtigste Importgut, das über Haavara ins Land kam, waren – rüstungswirtschaftlich irrelevante – Zitrusfrüchte.[162] Auch im Wirtschaftsministerium dominierte aber das Ziel, Juden aus Deutschland zu vertreiben, wofür Haavara trotz des Devisenabflusses als wirkungsvolles Instrument angesehen wurde.

Ein Ausbau des Transferverfahrens war unter diesen Umständen nicht mehr realisierbar. Das zeigt eine Initiative des jüdischen Bankunternehmers Max Warburg, der nach dem Erlass der „Nürnberger Gesetze" Ende 1935 eine Liquidationsbank einrichten wollte, die 25 000 Juden eine Auswanderung mit einem Vermögenstransfer von insgesamt 250 Millionen Reichsmark ermöglichen sollte. Diese hoch angesetzten Zahlen stießen auf deutscher Seite auf Widerstand, und im März 1936 scheiterte diese Initiative endgültig. Das Grundgerüst des Haavara-Abkommens aus dem Jahr 1933 blieb jedoch weiter in Kraft.

Im Jahr 1937 mehrten sich die kritischen Stellungnahmen zu Haavara. Der neue Konsul von Jerusalem, Walter Döhle, die Auslandsorganisation der NSDAP und das Auswärtige Amt äußerten sich kritisch über Haavara. Nach einer Palästina-Reise von Herbert Hagen und Adolf Eichmann im September 1937 wendete sich die SS gegen das Abkommen. Tenor der Kritik war, dass man Juden auch ohne ein Transfer-Angebot ausweisen könne. Der Transfer fördere hingegen die Staatsbildung der Juden in Palästina, was nicht im Interesse des NS-Staates sein könne. Zu Beginn des Jahres 1938 fand sich auf deutscher Seite eine nahezu geschlossene Front gegen das Haavara-Abkommen.

Die Frage, warum das Abkommen dennoch bis 1939 aufrechterhalten wurde, beantwortet Yehuda Bauer letztlich mit dem Hinweis auf das persönliche Interesse Hitlers. Obwohl es von ihm kein unterzeichnetes Dokument in dieser

[160] Zu den Motiven der deutschen Regierung vgl. Barkai, Interests.
[161] Browning, Referat, S. 43 f.
[162] Das Folgende nach Bauer, Freikauf, S. 38–50.

Sache gibt, deuten Indizien darauf hin, dass der nationalsozialistische Diktator sich auch 1938 noch einmal für das Transferverfahren ausgesprochen hat. Hitler stellte offenbar die Auswanderung von Juden über wirtschaftliche Erwägungen und sah in Haavara ein Mittel zu diesem Zweck. Trotz des einhelligen Widerspruchs der Wirtschaftsexperten in der Regierung wurde Haavara bis 1939 weitergeführt.

In der Praxis boykottierten die Beamten des Wirtschaftsministeriums Haavara allerdings zunehmend, indem sie immer mehr Waren auf die Liste der für den Export verbotenen Güter stellten. Obwohl die Hindernisse für einen Vermögenstransfer auch im Rahmen von Haavara immer schwieriger wurden, gelang es, 1937 mehr Kapital zu transferieren als je zuvor (31,4 Millionen Reichsmark). 1938 waren es immerhin noch 19 Millionen Reichsmark.[163] Im Laufe des Jahres 1938 scheint allerdings auch Hitler seine Einstellung verändert zu haben. Mehrfach äußerte er sich dahingehend, dass jüdisches Kapital in Deutschland bleiben müsse und die deutschen Juden als mittellose Flüchtlinge im Ausland ankommen sollten. 1939 endete das Haavara-Abkommen.

Bis 1939 emigrierten ca. 20 000 wohlhabende Juden aus Deutschland nach Palästina, die mit dem Haavara-Abkommen rund 140 Millionen Reichsmark transferierten.[164] Indirekt kam der Transfer auch den übrigen rund 32 000 Emigranten aus Deutschland zugute, die in dieser Zeit nach Palästina auswanderten, ohne ihre Vermögen über Haavara umzutauschen, denn die Investitionen der wohlhabenden Emigranten ermöglichten es Palästina, eine größere Zahl von Flüchtlingen aufzunehmen. Damit konnten rund 20 Prozent der deutschen Juden sich direkt oder indirekt ihre Zukunft mit Haavara sichern.[165]

Das Haavara-Abkommen war das erste und umfangreichste Transfer-Abkommen für jüdische Emigranten während der NS-Zeit. Daneben gab es aber eine Reihe weiterer Möglichkeiten, das Vermögen bei einer Auswanderung zumindest in einem gewissen Anteil mitzunehmen. Diese Verfahren fanden mit Genehmigung und unter der Überwachung des Reichswirtschaftsministeriums statt, das die Bedingungen für die Abkommen, die zwischen den jüdischen Geldgebern und deutschen Unternehmen direkt geschlossen wurden, maßgeblich mitformulierte.

Im Mai 1937 wurde nach dem Vorbild der Palästina Treuhandstelle eine ähnliche Institution zur Förderung der Auswanderung von Juden aus Deutschland

163 Ebd., S. 50.

164 Das entsprach rund 37 Prozent der deutschen Juden, die in diesem Zeitraum nach Palästina emigrierten. Damit war die deutsche Quote mehr als doppelt so hoch wie unter den Emigranten aus anderen Ländern, von wo durchschnittlich nur 15 % als „Kapitalisten" einwandern konnten. Das spricht für den Erfolg des Programms. Bauer, Freikauf, S. 24.

165 Zahlenangaben nach Wetzel, Haavara-Abkommen, S. 500.

in andere Länder eingerichtet.[166] Diese „Allgemeine Treuhandstelle für jüdische Auswanderung" (Alltreu) scheint nach bisherigem Forschungsstand nur einen Bruchteil der Summe transferiert zu haben, die im Rahmen des Haavara-Abkommens umgetauscht wurde. Da das Archiv der Alltreu im Krieg zerstört wurde, ist bislang allerdings wenig über die konkrete Arbeit dieser Transferstelle bekannt.[167]

Aus den Fallakten der Wiedergutmachungsbehörden lassen sich einige Charakteristika der Transferverfahren erschließen. Für die Frage der Wiedergutmachung nationalsozialistischen Unrechts nach 1945 spielte die Ausplünderung der deutschen Juden bei dem Versuch, ihre Vermögen ins Ausland zu transferieren, von Anfang an eine wichtige Rolle.[168]

Die Alltreu wurde im Mai 1937 als eine Ausgliederung aus der Deutschen Golddiskontbank gegründet, um diese zu entlasten.[169] Die Einzelheiten des Transferverfahrens wurden im allgemeinen Erlass 131/37 vom 26. Oktober 1937 geregelt. Hier wurde auch eine Transfer-Tabelle festgelegt, nach welcher der Aufschlag, den jüdische Interessenten zahlen mussten, zu errechnen war. Die Alltreu verwaltete dabei nicht nur die Transfervermögen wohlhabender Emigranten. Sie war auch ermächtigt, über die von der Golddiskontbank zur Förderung der Auswanderung „jüdischer Minderbemittelter" erworbenen Devisen zu verfügen. Die Überschüsse aus der Differenz zwischen Ankaufkosten und Verkaufserlös musste die Alltreu an die Reichsvertretung der Juden in Deutschland abführen, welche die Gelder ihrerseits für die Auswanderung ärmerer Juden verwendete. Bei der Reichsvereinigung wurde aus diesen Mitteln ein eigener Fonds, der „Alltreu-Fonds" gebildet.[170] Die Alltreu bestand bis 1942, als sie durch Verfügung des Reichsinnenministeriums in die Reichsvereinigung der Juden eingegliedert und damit Teil dieser Tarnorganisation des Reiches zur Beraubung der Juden wurde.

Auswanderungswillige Juden konnten direkt mit der „Allgemeinen Treuhandstelle für die jüdische Auswanderung GmbH Berlin" ein Abkommen schließen, der sie ihr Geld überwiesen. Die Transfersumme wurde von einer

[166] Runderlass 73/37 vom 24.5.1937, RStBl. (1937), S. 631.
[167] Vgl. Mehl, Reichsfinanzministerium, S. 52.
[168] Die Transferfrage taucht auf bei Schwarz, Rückerstattung und Entschädigung, S. 89 f. Auch die Fachzeitschrift „Rechtsprechung zum Wiedergutmachungsrecht" (RzW) griff diesen Punkt wiederholt auf. Vgl. beispielsweise Kommentar zum Allgemeinen Vertraulichen Erlass Nr. 64 vom 14.5.1938, in: RzW 1 (1949/50), S. 162 f.
[169] Vgl. zu den folgenden Ausführungen sowie zu den Hinweisen auf Erlasse und Verfügungen die Informationen im Beschluss der Wiedergutmachungskammer beim Landgericht Würzburg vom 23.7.1954 (Abschrift), Bundesamt für zentrale Dienste und offene Vermögensfragen Berlin, WGM 61. Vgl. dazu auch die Entscheidung des Oberlandesgerichts München vom 4.1.1954, veröffentlicht in: Informationsbroschüre des BLVW Nr. 173 vom 25.3.1954, Kopie ebenfalls in WGM 61.
[170] Anlage B des Erlasses vom 24.5.1937, RStBl. (1937), S. 631.

Partnerbank ausgezahlt. Belegt ist beispielsweise der Fall eines Mainstockheimer Juden, der für seine Einzahlung in Höhe von 35 000 Reichsmark im Februar 1938 vom Bankhaus M. Warburg & Co. einen Scheck in Höhe von 3 925,02 Dollar auf der Union National Bank in Pittsburgh erhielt.[171] Dies entsprach einer Transferquote von 28 Prozent. Die Alltreu kaufte Auswandererguthaben mit einem nicht unter 25 Prozent liegenden Abschlag gegen Devisen an.

Ein Beispiel für ein Transfer-Abkommen mit einem Industrieunternehmen war der sogenannte Rheinmetall-Borsig-Transfer. Bereits im Jahr 1938 wurde deutschen Juden, die auswandern wollten, offenbar von den NS-Behörden nahegelegt, sich an einem Kredit der Rheinmetall-Borsig AG zu beteiligen.[172] Am 10. Februar 1939 erteilte das Reichswirtschaftsministerium der Firma Rheinmetall-Borsig AG die Rahmengenehmigung, ein Darlehen bei der Holländischen Koopmansbank-Amsterdam aus Auswanderer-Guthaben aufzunehmen, die bei der Berliner Handelsgesellschaft anzusammeln waren.[173] Die Firma wurde von der obligatorischen Anbietungspflicht der Devisen bei der Devisenstelle durch einen vertraulichen Schnellbrief vom 10. Februar 1939 freigestellt. Auch konnten ohne vorherige Einschaltung der „Wirtschaftsgruppe privates Bankgewerbe“ Wertpapiere verkauft und deren Erlös zum Transfer eingesetzt werden.

Die Wiedergutmachungsbehörden waren nach Kriegsende der Meinung, dass sich das Deutsche Reich über den Borsig-Transfer auf Veranlassung Hermann Görings gegen den Willen der Rheinmetall-Borsig-Werke Devisen verschafft hatte, und zwar mit Hilfe der mit den Werken in Verbindung stehenden Holländischen Koopmansbank.[174]

Ein weiteres Verfahren zum Devisentransfer war der so genannte „Kämpfer-

171 Beschluss der Wiedergutmachungskammer beim Landgericht Würzburg vom 23.7.1954 (Abschrift), Bundesamt für zentrale Dienste und offene Vermögensfragen Berlin, WGM 61. Vgl. dazu auch die Entscheidung des Oberlandesgerichts München vom 4.1.1954, veröffentlicht in: Informationsbroschüre des BLVW Nr. 173 vom 25.3.1954. Der jüdische Bankier Max Warburg war einer der Initiatoren des Alltreu-Verfahrens gewesen. Vgl. Bauer, Freikauf, S. 43.

172 Informationen nach den Angaben im Urteil der 51. Kammer für Handelssachen des Landgerichts Berlin im Rechtsstreit Koopmansbank gegen Rheinmetall-Borsig, Urteil vom 12.7.1951, zit. in: Erster Entwurf eines Schreibens der OFD Nürnberg an die Wiedergutmachungskammer Nürnberg-Fürth vom 22.2.1973 zum Rheinmetall-Borsig-Transfer, Bundesamt für zentrale Dienste und offene Vermögensfragen Berlin, WGM 61.

173 Erster Entwurf eines Schreibens der OFD Nürnberg an die Wiedergutmachungskammer Nürnberg-Fürth vom 22.2.1973 zum Rheinmetall-Borsig-Transfer, Bundesamt für zentrale Dienste und offene Vermögensfragen Berlin, WGM 61.

174 Aktenvermerk über ein Rückerstattungsverfahren zum sog. Rhein-Metall-Borsig-Wertpapiertransfer vom 30.11.1960, Bundesamt für zentrale Dienste und offene Vermögensfragen Berlin, WGM 61.

Transfer".[175] Er wurde benannt nach dem Ingenieur Adolf H. Kämpfer, einem Berliner Hersteller von Sicherheitsglas, der durch öffentlich vermittelte Investitionen eine Fabrik zur Herstellung dieses Glases in Wien errichten und das Glas dann exportieren wollte. Das Reichswirtschaftsministerium genehmigte im August 1938 die Aufnahme eines zinslosen Darlehens in Höhe von 1,8 Millionen Reichsmark, im endgültigen Bescheid vom November 1939 wurde die Darlehenssumme auf drei Millionen Reichsmark erhöht.

Die Darlehenssumme wurde aus Einzelbeiträgen aus Auswanderersperrguthaben und Vermögen von auswanderungswilligen Juden finanziert. Kämpfer schloss zu diesem Zweck Verträge mit den jüdischen Geldgebern. Zunächst sah der Vertrag vor, dass sich Kämpfer zu 40 Prozent, später zu 35 Prozent der aus den Sperrguthaben gewährten Summe verschuldete. Die Herabsetzung der Quote ging auf eine Initiative des Reichswirtschaftsministeriums zurück, das seine Genehmigung im Januar 1939 an diese Modifikation der Konditionen band. Kämpfer verpflichtete sich, die Rückzahlung an die jüdischen Geldgeber in Form von Exportdevisen aus clearing- und verrechnungsfreien Ländern zu organisieren und ratenweise innerhalb von neun Jahren ab 1941 zu zahlen. Abgewickelt wurde der Eingang der Devisen über die Deutsche Treuhand AG in Berlin (Treuverkehr).

An dem Verfahren verdiente der NS-Staat kräftig mit. Die Differenz zwischen dem Darlehensbetrag und den Geldern aus den Sperrmarkkonten floss als „Disagio" an die Deutsche Golddiskontbank. Wie das Landgericht München I in einer Vergleichsempfehlung zu einem Wiedergutmachungsantrag im Jahr 1968 festhielt, standen beim Kämpfer-Transfer die Deviseninteressen des Reiches sogar im Vordergrund: „Durch die Einschaltung der Sperrguthaben der jüdischen Kreditgeber wurde nämlich nicht nur erreicht, dass Kämpfer private Kredite erhielt, sondern auch vermieden, dass die jüdischen Geldgeber, die auswandern wollten, mit Transferanträgen auf dem üblichen Transferweg über die Golddiskontbank die Devisenbestände des Deutschen Reiches belasteten. Aus dem Inhalt des Darlehensvertrages ergibt sich aber weiter, dass die Behörden des Reiches darüber hinaus auch bestrebt waren, Devisen von den Geldgebern weg in die eigenen Kassen fließen zu lassen."[176] In diesem Zusammenhang war auch der Vorbescheid des Reichswirtschaftsministeriums von Bedeutung, der forderte, dass nur Devisen aus Ländern ohne Clearing- und Verrechnungsabkommen zur Rückzahlung verwendet werden durften. Dieser Absatz war auch Teil des Vertrages zwischen Kämpfer und den

[175] Vgl. zum Kämpfer-Transfer das Urteil des Oberlandesgerichts München vom 21.6.1963 und den Kommentar dazu in: RzW 14 (1963), S. 444–447.

[176] Zitat und die folgende Darstellung nach der Vergleichsempfehlung zum Verfahren I WKV 56/66 des Landgerichts München I, Wiedergutmachungskammer vom 14.10.1968, Bundesamt für zentrale Dienste und offene Vermögensfragen Berlin, WGM 61.

Emigranten. Damit sollte verhindert werden, dass die Exporterlöse dem Reich verloren gingen. Die „Treuverkehr" war letztlich eine vom Reichswirtschaftsministerium beauftragte Institution zur Abwicklung und Überwachung des Transferverfahrens.

Dieses Transferverfahren gehört zur Mehrzahl der bislang bekannten Fälle, deren Durchführung durch den Krieg beeinträchtigt wurde. Es kam zu keinem Export Kämpfers. Die Verfolgten erhielten von diesem keine Rückzahlungen. Nach Kriegsende spaltete sich die Wiedergutmachung in zwei Teilbereiche auf. Einerseits mussten Unternehmer wie Kämpfer eine Wiedergutmachung für die erhaltenen Gelder leisten. Auf der anderen Seite musste auch der Staat die von ihm konfiszierte Summe rückerstatten.

Als letztes Beispiel für ein Transfer-Abkommen dieser Phase, das ebenfalls aufgrund der Kriegsentwicklung nicht wie geplant durchgeführt werden konnte, soll schließlich noch der sogenannte Hauer-Transfer geschildert werden. Das Verfahren fand unter Leitung der Devisenstelle Münster statt, die ab 1939 eine Aktion durchführte, bei der auswanderungswilligen Juden ein Verfahren zur Erleichterung des Transfers angeboten wurde. Die Juden sollten ihr Sperrmark-Vermögen oder sonstiges Vermögen als Kreditgeber einem Konsortium von Firmen zur Verfügung stellen, die sich hauptsächlich mit der Erzeugung und dem Export von Hack- und Schankgeräten befassten. Das Verfahren erhielt daher den Namen „Industrie-Sperrmark-Hauerfabriken" oder kurz „Hauer-Kredit" bzw. „Hauer-Transfer".[177] Über zehn Firmen aus Gevelsberg und Umgebung beteiligten sich an dem Verfahren. Zwei Kölner Rechtsanwälte wurden von den Firmen ermächtigt, die Kreditverträge mit den jüdischen Auswanderern zu schließen. Insgesamt kam ein Kreditbetrag in Höhe von 1,42 Millionen Reichsmark zusammen. Abgewickelt werden sollte die Transaktion über die Sparkasse Gevelsberg.

Vermittelnd traten Exportberatungsstellen auf. Diese bemühten sich um „Empfehlungen" des Reichswirtschaftsministeriums an die Golddiskontbank zum Verkauf von Wertpapieren bei der Devisenstelle Münster. Die jüdischen Emigranten mussten zuvor Unbedenklichkeitsbescheinigungen der Finanz- und Gemeindeämter sowie der Devisenstellen vorlegen, um nachzuweisen, dass sie keine Steuer- und Abgabeschulden mehr hatten. Die Wertpapiere lagen aufgrund des gesetzlichen Depotzwanges zu diesem Zeitpunkt bei Banken. Von dort wurden sie an die Sparkasse Gevelsberg überwiesen. Die Sparkasse verkaufte die Wertpapiere und schrieb den Gegenwert den Auswanderersperrkonten der auswanderungswilligen Juden gut. Von dort sollte das Geld auf Sonderkonten der Hauerfabriken weiter überwie-

[177] Vgl. dazu das Wiedergutmachungsverfahren III WKV 14/54, 101/54 vor der Wiedergutmachungskammer beim Landgericht Nürnberg-Fürth, Beschluss vom 24.2.1955, Bundesamt für zentrale Dienste und offene Vermögensfragen Berlin, WGM 61.

sen werden. Diese Überweisung mussten die Devisenstelle Münster und das Reichswirtschaftsministerium genehmigen. Vertragsgemäß waren die Beträge mit drei Prozent in Devisen zu verzinsen. Ein Jahr, nachdem das Geld bei den Hauerfabriken eingegangen war, sollte die Rückzahlung beginnen. Vorgesehen waren mehrere Jahresraten in Devisen. Bei einer Rückzahlung in Reichsmark sollten 65 Prozent erstattet werden. Eingegangene Ausfuhrerlöse sollten bei dem Amsterdamer Bankhaus Ryken & Co. auf einem Treuhandkonto gesammelt werden. Die Freigabe der dort eingegangenen Gelder musste durch die Devisenstelle Münster genehmigt werden.

Die Konditionen waren in einem Vertrag zwischen Emigranten und der beteiligten Firma schriftlich festgehalten, wobei die Zustimmung der Devisenstelle Münster Vertragsbestandteil war. In § 18 hieß es: „Den Kreditgebern ist bekannt, dass bei Zustandekommen des Darlehensvertrages die Deutsche Golddiskontbank auf Grund einer Empfehlung des Reichswirtschaftsministeriums von ihm einen weiteren Betrag des von ihm für das Darlehen zur Verfügung gestellten Betrages zu den jeweils geltenden Kursen für Auswanderersperrguthaben bevorzugt ankaufen wird." Sollten nicht genügend Devisen zur Tilgung des Kredites eingehen, sah der Vertrag vor, dass der Restbetrag gestundet oder teilweise in Reichsmark ausbezahlt werden sollte. In letzterem Fall floss auch ein Teilbetrag an die Deutsche Golddiskontbank ab.

An dem Transferverfahren beteiligten sich nicht nur Emigranten aus der Region der Devisenstelle Münster, sondern beispielsweise auch bayerische Juden. De facto kamen bis kurz vor Kriegsbeginn insgesamt 879 683,06 Reichsmark zusammen. Durch den Krieg kam es jedoch bald zu einer Exportstagnation, der auch die Hauerindustrie betraf. Die Kredite wurden dennoch an die Firmen gegeben, die dadurch „wirtschaftlich gefestigt" wurden. In einem Bericht der Industrie- und Handelskammer wurde in Aussicht gestellt, dass die Firmen „nach Kriegsende mit ihrer vollen Exportkraft zur Stelle sein" würden. Da keine Exporte zustande kamen, musste schließlich jedoch die Rückzahlung in Reichsmark mit den vereinbarten 65 Prozent erfolgen. 35 Prozent flossen an die Deutsche Golddiskontbank in Berlin.

Den zuletzt genannten drei Transferverfahren war gemeinsam, dass sie unter Einschaltung deutscher Firmen agierten. Diese zogen in der Regel große finanzielle Vorteile aus dem Arrangement. Die jüdischen Geldgeber waren hingegen in einer schwachen Verhandlungsposition. Ein großer Teil der Transferverfahren dürfte während des Krieges nicht mehr zur Durchführung gekommen sein. Das Geld war damit für die jüdischen Auswanderer weitgehend verloren. Dennoch scheint die vage Hoffnung, das Vermögen zu etwas besseren Konditionen als den regulären transferieren zu können, eine Reihe von jüdischen Auswanderern zu einer Beteiligung bewogen zu haben.[178] Bei einer Abwicklung über die

[178] Weitere, hier nicht näher ausgeführte Transferverfahren waren der „Türken-Trans-

Golddiskontbank mussten die Juden einen Abschlag in Höhe von 94 Prozent hinnehmen, was de facto einer Enteignung gleichkam. Den konfiskatorischen Charakter der devisenrechtlichen Abschläge betonte bereits Walter Schwarz, und die Wiedergutmachungsentscheidungen beriefen sich wiederholt darauf, wenn sie Rückerstattungsansprüche jüdischer Verfolgter gegen den deutschen Staat festlegten.[179]

3.2.5 Devisenpolitik in der „Ostmark"

Bereits am 23. März 1938 trat in Österreich das deutsche Devisenrecht in Kraft.[180] Mitte Dezember wurden die Regelungen durch ein neues Devisengesetz ersetzt. Zuständig für die Überwachung der devisenrechtlichen Bestimmungen war die zentrale Devisenstelle in Wien, die dem Reichswirtschaftsministerium unterstand.

Transferverfahren wie das Haavara-Abkommen und „Altreu", die es jüdischen Emigranten aus dem Reichsgebiet ermöglicht hatten, ihr Vermögen zumindest teilweise ins Ausland zu transferieren, galten in der „Ostmark" nicht. Stattdessen etablierten sich u. a. Verfahren der Zentralstelle für jüdische Auswanderung und die „Aktion Gildemeester", die vor allem für „nichtmosaische" rassisch Verfolgte, also nach den „Nürnberger Gesetzen" als „Rassejuden" bezeichneten Personen jüdischer Herkunft, die nicht der israelitischen Glaubensgemeinschaft angehörten, eine Möglichkeit zum begrenzten Vermögenstransfer bot.[181]

Vorbild für die „Aktion Gildemeester" war das „Altreu"-Verfahren. Die Einrichtung fand zu einem Zeitpunkt statt, als andere Fonds- und Transferverfahren wie das „Haavara-Verfahren" in der NS-Regierung bereits stark umstritten waren. Das Reichswirtschaftsministerium sprach sich dennoch zunächst noch für eine modifizierte Ausweitung von „Haavara" auch auf Österreich aus, der Sicherheitsdienst der SS und das Reichssicherheitshauptamt waren hingegen gegen eine solche Erweiterung und Fortsetzung. Die „Aktion Gildemeester" war in manchem an die früheren Verfahren angelehnt, wies aber auch einige bemerkenswerte Eigenheiten auf. Da sie speziell die Auswanderung „nichtmosaischer Juden", d. h. konfessionsloser oder christlich getaufter

fer" über die Nederlandsche Standaard-Bank Amsterdam, vgl. Beschluss des Obersten Rückerstattungsgerichtes für Berlin ORG/A/2095, Türken-Transfer, vom 24.7.1961, Bundesamt für zentrale Dienste und offene Vermögensfragen Berlin, WGM 61.

179 Vgl. beispielsweise: Transferschäden begründen keinen Anspruch nach dem Entschädigungsgesetz [sondern nach dem Rückerstattungsgesetz], in RzW 4 (1953), S. 172.

180 Gesetz über die Abänderung und Ergänzung der Devisenordnung (Devisengesetz für das Land Österreich), GBlÖ 13 (1938), S. 29–36.

181 Venus/Wenck, Entziehung, S. 521–540.

Personen, die nach den „Nürnberger Gesetzen“ als „Rassejuden“ galten, förderte, trat das ideologische Motiv der rassischen Verfolgung gegenüber den ökonomischen Überlegungen, die für die frühen Transferabkommen noch eine wichtige Rolle gespielt hatten, stärker in den Vordergrund.

Auf das eingezahlte Vermögen der Flüchtlinge, das auf Sperrkonten lagerte, griffen private und staatliche Stellen in großem Maße zu. Theodor Venus und Alexandra-Eileen Wenck haben errechnet, dass rund 13 Prozent des Treuhandvermögens als Fondsbeiträge für Hilfszahlungen an bedürftige Juden „freiwillig“ zur Verfügung gestellt oder abgezwungen wurden. Banken und Anwälte zogen weitere 5,3 Prozent des Treuhandvermögens ab. Steuern und Abgaben, Devisenstrafen, Ausfuhrabgaben, Passabgaben und Auswanderungskosten lagen in Höhe von weiteren 7,8 Prozent. Rechnet man noch die Abzüge für „Judenvermögensabgabe“ und Reichsfluchtsteuer hinzu, dann zeigt sich, dass rund 70 Prozent des eingezahlten Treuhandvermögens der jüdischen Emigranten abfloss. Teilnehmer der „Aktion Gildemeester“, die gehofft hatten, das Treuhandvermögen vor dem Zugriff von NSDAP, Gestapo, zivilen Nutznießern und NS-Behörden zu schützen, sahen sich also in ihrer Hoffnung getäuscht. Auch das verbliebene Restvermögen konnte vielfach nicht ins Ausland transferiert werden. Zunächst wurde das Vermögen dem Reichskommissar für die Behandlung feindlichen Vermögens zur Verwaltung unterstellt, wenn die Auswanderer in Länder emigriert waren, die Deutschland im Krieg als „Feindstaaten“ gegenüberstanden. Mit der 11. Verordnung zum Reichsbürgergesetz wurde diese Verwaltung in den meisten Fällen aufgehoben und das bisher nur „verwaltete“ Vermögen verfiel zugunsten des Reiches.

4. „Arisierung" – Die Rolle der Finanzverwaltung im Konflikt zwischen staatlichen Interessen, Gauleitungen und Privatwirtschaft

4.1 Fiskalische Verfolgung und „Arisierung"

Hermann Göring beschrieb den Vorgang der „Arisierung“ kurz nach dem Novemberpogrom 1938 mit den Worten: „Bei der Arisierung der Wirtschaft ist der Grundgedanke folgender: Der Jude wird aus der Wirtschaft ausgeschieden und tritt seine Wirtschaftsgüter an den Staat ab.“[1] Diese plakative Grundformel des Beauftragten für den Vierjahresplan ist in zweifacher Hinsicht charakteristisch für die zeitgenössische Sicht auf den Vorgang: Zum einen war die Definition unscharf. Der Begriff der „Arisierung“ hatte bereits während der Zeit der nationalsozialistischen Herrschaft nur unklar umrissene Grenzen und diente als Sammelbegriff für eine Vielzahl antijüdischer Maßnahmen.[2] Das Zitat vom Herbst 1938 ist zudem eine Stellungnahme aus der entscheidenden Phase des Konfliktes über die Gewinne aus der „Arisierung“. Wer konkret profitieren und wer über die Verteilung von „Arisierungsgewinnen“ entscheiden sollte, darüber gab es heftige Auseinandersetzungen, die sich in den Jahren zwischen 1936 und 1938 zuspitzten. Im Laufe des Jahres 1938 kam es zu einer Reihe von staatlichen Regulierungen der „Arisierung“, die in eine gesetzlich angeordnete „Zwangsarisierung“ mündeten.

Wenn sich der Beauftragte für den Vierjahresplan dafür einsetzte, die Gewinne in die Staatskasse zu lenken, richtete sich sein Anspruch gegen konkurrierende private und gesellschaftliche Interessenten, vor allem aber gegen die Gaudienststellen der NSDAP, die nicht ohne Erfolg seit Längerem versuchten, den Prozess unter die eigene Kontrolle zu bringen, und dabei enorme Gewinne für die Parteikassen abschöpften. Ausführende Organe der Neuorientierung

[1] Stenografische Niederschrift von einem Teil der Besprechung über die Judenfrage unter Vorsitz von Feldmarschall Göring im Reichsluftfahrtministerium am 12.11.1938, 11 Uhr, abgedruckt in: Der Prozeß gegen die Hauptkriegsverbrecher vor dem Internationalen Militärgerichtshof, Nürnberg, 14.11.1945–1.10.1946, Bd. 28, Nürnberg 1948, Dokument 1816 PS, S. 499–540, Zitat S. 501. Göring ging zu diesen Zeitpunkt allerdings noch davon aus, dass die Juden für ihr Eigentum entschädigt werden würden.

[2] Im Duden taucht der Begriff „Arisierung“ erstmals 1941 auf. Vgl. zur Begriffsgeschichte Laak, Die Mitwirkenden, S. 231–257; Schmitz-Berning, Vokabular, S. 62 f.; Rappl, Flagge, S. 18–21; Nietzel, Vernichtung, S. 562–565.

in der „Arisierungspolitik“ zugunsten des Fiskus waren die Finanzbehörden. Die Beamten im Reichsfinanzministerium und der Reichsfinanzminister waren aber nicht nur Befehlsempfänger des Beauftragten für den Vierjahresplan, sondern verfolgten auch eigene Interessen und entwickelten eigene Initiativen.

Damit ist ein Akteursfeld umrissen, das deutlich breiter war als etwa bei steuerlichen Diskriminierungen oder bei Devisenfragen, die in den vorangehenden Kapiteln untersucht wurden. Im Bereich der „Arisierung“ jüdischen Eigentums war die Finanzverwaltung mit zahlreichen anderen politischen, gesellschaftlichen und parteilichen Akteuren und Konkurrenten konfrontiert, und ihre Rolle in diesem Prozess war bei Weitem nicht so klar definiert wie in den zuvor angesprochenen Bereichen. Das Kapitel geht der Frage nach, auf welche Weise die Reichsfinanzverwaltung in einem Kernbereich der wirtschaftlichen Judenverfolgung, in dem sie nicht federführend war, zwischen Kooperation und Konflikt agierte.[3]

Die Bezeichnung „Arisierung“ als Sammelbegriff für die Verdrängung von Juden aus dem Wirtschaftsleben griff schon seit den 1920er Jahren in völkischen Kreisen um sich. Weitere Verbreitung fand er jedoch erst mit dem sprunghaften Anstieg von Übertragungen von Wirtschaftsbetrieben aus jüdischem in nichtjüdischen Besitz ab der zweiten Hälfte der 1930er Jahre im „Dritten Reich“. Schon seit 1933 gab es die Verdrängung von Juden aus einzelnen beruflichen Tätigkeitsfeldern wie dem öffentlichen Dienst oder aus der Berufsgruppe der Rechtsanwälte und Ärzte. Dieser Vorgang wurde zunächst aber in der Regel mit „Entjudung“[4] bezeichnet. Auch die Übereignung von Unternehmen und Gewerbebetrieben von Juden an „Arier“ fand schon seit Beginn der nationalsozialistischen Machtübernahme statt. Etwa seit 1936 findet sich der Begriff „Arisierung“ häufiger in NS-Dokumenten und bezog sich vor allem auf Übereignungen von Wirtschaftsunternehmen. Auch für diesen Vorgang existierte allerdings – vor allem in der juristischen Fachsprache – parallel weiterhin der Begriff der „Entjudung“.[5] Während „Entjudung“ vor allem auf die Verdrängung von Juden aus der Wirtschaft (und anderen gesellschaftlichen Bereichen wie z. B. Schulen) bezogen war, erfasst „Arisierung“ auch die ideologische Vision, auf die der Prozess abzielte: Das jüdische Eigentum sollte der „arischen Volksgemeinschaft“ zugutekommen.

Im Kern meinte „Arisierung“ während der NS-Zeit zunächst die Überführung von Vermögen aus „nichtarischer“ in „arische“ Hand und bezog

[3] Zur Perspektive der jüdischen Gewerbetreibenden vgl. Nietzel, Handeln.

[4] Zur Begriffsgeschichte dieses umfassenderen Begriffs vgl. Schleusener, Eigentumspolitik, S. 206 f.

[5] Zeitgenössisch dazu Krüger, Lösung (1940); Deeg, Judengesetze (1939); Markmann/Enterlein, Entjudung (1938).

sich primär auf den Bereich des gewerblichen Eigentums.[6] Die gewerbliche „Arisierung“ der NS-Zeit erschöpfte sich jedoch nicht in der Übereignung von Unternehmen. Schätzungen zufolge wurden in Deutschland mehr als die Hälfte der jüdischen Betriebe und Geschäfte liquidiert, so dass nur knapp die Hälfte der jüdischen Unternehmen im Wortsinn in die Hände von „Ariern“ überging, der Großteil hingegen aufgelöst wurde. Auch diesen im Ansatz wirtschaftspolitischen Aspekt, der zur Entlastung „übersetzter“ Branchen führen sollte, hatten die zeitgenössischen Politiker bei ihrer „Arisierungspolitik“ im Blick. Insbesondere in Österreich spielte er eine wichtige Rolle. Die Liquidierung war ebenfalls mit umfangreichen ökonomischen Transfers verbunden: Zum einen gingen Warenlager und Inventar auf andere Unternehmen über, zum anderen verbesserte sich dadurch die Marktposition der Konkurrenten.

Über diese Einzelaktionen hinaus konnte sich der Begriff „Arisierung“ aber auch auf ganze Branchen oder auch auf die Wirtschaft insgesamt beziehen und meinte dann die Ausschaltung bzw. Verdrängung der Juden aus dem Wirtschaftsleben. Aufgrund seiner Unschärfe, die nicht untypisch für ideologische Leitbegriffe des NS-Regimes war, ist der Begriff „Arisierung“ bereits in seiner zeitgenössischen Verwendung schwer zu definieren. Er trug letztlich den universellen Charakter der ideologischen Kategorie „arisch“ in sich und hatte daher schon im „Dritten Reich“ die Tendenz, sich über die Grenzen der gewerblichen Wirtschaft hinaus auszudehnen.

Die historische Forschung hat den Begriff der „Arisierung“ nach 1945 als analytischen Begriff übernommen. Dabei wurde er mehr und mehr erweitert, um den wirtschaftlichen Verdrängungsprozess möglichst umfassend beschreiben zu können. Neben der Übereignung und Liquidation gewerblichen Vermögens nahm die Forschung auch den Zugriff auf das Privatvermögen der deutschen Juden in den Blick. Zur wirtschaftlichen Verfolgung gehörten nach dieser Definition auch der Raub des liquiden Privatvermögen sowie die Wohnraumarisierung, die Grundstücks- und Immobilienarisierung, der Raub von Kunst- und Kulturgütern und die Beschlagnahmung von Radios, Fahrrädern, Winterkleidung und dergleichen in großen Sammelaktionen. Zudem kann die Beschlagnahmung von Hausrat zur „Arisierung“ gerechnet werden.[7] Darüber hinaus ist der Raub geistigen Eigentums in diesem Zusammenhang zu nennen. Legt man einen noch weiter gefassten Eigentumsbegriff zugrunde, dann gehören auch die geraubten Pensions- und Sozialversicherungsansprüche zum „arisierten“ jüdischen Vermögen. Versteht man die „Arisierung“ schließlich als einen umfassenden materiellen und sozialen Ent- und Aneignungspro-

[6] Vgl. zum Folgenden Hockerts/Kuller, Verdrängung, S. 21–38.

[7] In diesem Sinne Barkai, Boykott, der die „Arisierung“ erstmals vor allem aus der Perspektive der Verfolgten beschrieb und daher deren gesamtes Vermögen in den Blick nahm.

zess, dann kann auch die Zwangsarbeit und die Verwertung der sterblichen Überreste der ermordeten Juden als Teil der „Arisierung“ angesehen werden.[8]

An einer solchen begrifflichen Ausweitung, die dazu tendiert, alle antijüdischen Verfolgungsmaßnahmen unter die „Arisierung“ zu subsumieren, gibt es auch Kritik.[9] Diese nimmt einen Ausgangspunkt bereits daran, dass hier ein NS-Begriff übernommen werde, dem ein „inhumanes Potential“ innewohne.[10] Letztlich wirkt der Begriff nach Ansicht der Kritiker heute beschönigend, indem er die Maßnahmen scheinbar zu einem sachlichen, unpersönlichen Prozess stilisiert. Dadurch würden Täterstrukturen verschleiert und die Opfer entpersonalisiert. Ein weiteres Argument bezieht sich darauf, dass der Begriff bereits in der NS-Zeit unscharf verwendet wurde und sein Bedeutungsfeld sich im Laufe der Zeit veränderte. Die Definition von „Arisierung“, so meinen diese Kritiker, sei zu keiner Zeit trennscharf gewesen, mithin „Arisierung“ als analytischer Begriff ungeeignet. Je umfassender der Begriff verwendet werde, umso mehr werde er auch zu einem Universalbegriff für Judenverfolgungsmaßnahmen, denn in nahezu allen Verfolgungsaktionen ließe sich ein wirtschaftlicher Teilaspekt identifizieren.[11]

Trotz der Kritik an dem Begriff „Arisierung“ soll er in dieser Arbeit verwendet werden, denn er erfasst die Bewegungsrichtung der wirtschaftlichen Verfolgungsmaßnahmen nicht nur aus der Perspektive der Verfolgten, wie der

[8] So beispielsweise Irmtrud Wojak und Peter Hayes in der Einleitung des von ihnen herausgegebenen Sammelbandes Wojak/Hayes, Arisierung, S. 7 f.

[9] Vgl. zur Kritik bereits Constantin Goschler und Jürgen Lillteicher in der Einleitung zu ihrem Band Goschler/Lillteicher, Arisierung, S. 10.

[10] Laak, Die Mitwirkenden, S. 253.

[11] Alternativ wurde eine Reihe von Begriffen entwickelt, die an seine Stelle treten sollen. So lassen sich im Bereich dessen, was unter einen weit gefassten Arisierungsbegriff fällt, wissenschaftlich-analytisch mehrere Teilbereiche unterscheiden. Man kann zum einen die personalen und personalpolitischen Aspekte mit dem Begriff der Verdrängung fassen. Gemeint sind damit vor allem Kündigungen, Entlassungen und Pensionierungen von Mitarbeitern in Unternehmen oder staatlichen Institutionen. Im Hinblick auf die Auslöschung jüdischer Gewerbebetriebe kann man von Besitztransfer bzw. im Falle, dass das Unternehmen nicht weiterbestand, von Liquidation sprechen. Wurde der Transfer ohne legalistischen Deckmantel durchgeführt, d. h. konkret: wenn es keinen formalen Kaufvertrag gab, dann fiele dieser Vorgang unter den Begriff der „Enteignung“ bzw. des Raubs. Der Zugriff auf das Vermögen durch die Finanzämter kann mit dem Begriff der Vermögenseinziehung oder Konfiskation gefasst werden. Vgl. dazu Herbst, Einleitung, S. 10–13, wo die Autoren den Begriff „Arisierung“ als diffus und unscharf kritisieren, für ihre Studie ablehnen und eine alternative Begrifflichkeit entfalten. Herbst und seine Mitautoren sprechen in diesem Zusammenhang bewusst von Besitz- und nicht von Eigentumstransfer, um damit den Rechtsvorbehalt aus der Perspektive der späteren Wiedergutmachung einzubeziehen, wonach während der NS-Zeit zwar ein Besitzwechsel, aber kein Eigentumstransfer stattgefunden hat. Sie weisen zudem darauf hin, dass diese Begriffsreihe nicht vollständig ist, weil u. a. die Vernichtung der Existenz der freien Berufe, der Landwirtschaft, der fliegenden Händler und Gewerbeinhaber nicht erfasst sei.

Begriff „Entjudung“, sondern auch im Hinblick auf die Nutznießer, die Mitglieder der „arischen Volksgemeinschaft“, und zielt mithin auf die Profiteuere und Akteure der Gewinnverteilung, zu denen auch die Finanzbeamten zu zählen sind. Dieser Arbeit liegt dabei ein eingeschränkter Arisierungsbegriff zugrunde, in dessen Mittelpunkt gewerbliche Verdrängungsprozesse und die Übereignung von privatem Vermögen stehen.

Die Finanzverwaltung war sowohl bei politischen Entscheidungen in der Reichsspitze als auch bei der Praxis der „Arisierung“ ein wichtiger Akteur. Unterschiedliche Beteiligte, Phasen der Dynamik und der Stagnation, Möglichkeiten und Grenzen der freien Entscheidung bei Verkäufern und Erwerbern führten dazu, dass sich die Bedingungen, unter denen eine „Arisierung“ durchgeführt wurde, und auch die Rolle, welche die Finanzbeamten dabei übernahmen, mit der Zeit veränderten. Um Art und Umfang der Beteiligung der Finanzverwaltung an der „Arisierung“ zu erfassen und deren spezifische Wirkung in dem Prozess zu profilieren, muss man die fiskalischen Verfahren in den Gesamtvorgang einordnen.[12]

Für den gewerblichen Vermögenstransfer sollen hier drei Phasen unterschieden werden: Die Jahre 1933–1935 gelten nach einem lautstarken Auftakt durch den reichsweiten Boykott jüdischer Geschäfte am 1. April 1933 als Zeit, in der Verträge zwischen Juden und Nicht-Juden noch relativ „frei“ geschlossen werden konnten. Es gab keine „Arisierungsgesetze“ und keine offizielle Genehmigungsinstanz für „Arisierungen“. Die Verhandlungen und die Preisgestaltung waren Sache der Vertragspartner, und die Forschungsliteratur stimmt darin überein, dass in diesen Jahren „halbwegs faire Unternehmensverkäufe durchaus noch möglich“ waren und insbesondere für den „Goodwill“, also die nichtmateriellen Werte eines wirtschaftlichen Betriebes wie etwa Kundenstamm und Renommee, ein Ausgleich erzielt werden konnte.[13] Aber angesichts des Boykottterrors und der raudau-antisemitischen Ausschreitungen des ersten NS-Regierungsjahres hatten die jüdischen Eigentümer auch zu dieser Zeit oft nur eine schwache Verhandlungsposition. Sie waren vor Druck und Erpressung seit 1933 nicht mehr geschützt, insbesondere, wenn der „Kaufinteressent“ über gute Beziehungen zu den neuen Machthabern verfügte. Auch zwischen 1933 und 1935 kann man daher Fälle beobachten, in denen klar rechtswidrige Praktiken vorherrschten und von staatlichen Stellen toleriert wurden.

Die Nürnberger Rassegesetze 1935 markieren für die „Arisierung“ den Beginn einer zweiten Phase, weil nun erstmals allgemeine Kategorien festgelegt wurden, die bestimmten, wer nach der rassistischen Definition der nationalsozialistischen Machthaber als Jude galt und von der Bedrohung und Beraubung

[12] Vgl. als Überblick zur „Arisierung“, ihrer gesellschaftlichen Dimension und der Rückerstattung des geraubten Besitzes Bajohr, „Arisierung“ und Rückerstattung, S. 39–59.

[13] Bajohr, „Arisierung“ in Hamburg, S. 41.

betroffen war. Auch wenn die Debatte über mögliche wirtschaftliche „Arisierungsverordnungen“, die an die „Nürnberger Gesetze“ anknüpften, bald wieder abflaute und zu diesem Zeitpunkt keine Regelungen speziell für wirtschaftliche Fragen getroffen wurden, bedeuteten die nun einsetzenden Verfolgungsmaßnahmen doch eine schwerwiegende Veränderung der Rahmenbedingungen. Wie viele Beispiele zeigen, konnten die Verfolgten nicht zuletzt mittels zahlreicher neu geschaffener Straftatbestände, insbesondere der „Rassenschande“, massiv unter Druck gesetzt werden, so dass sie eher bereit waren, ihr Eigentum schnellstmöglich zu veräußern.

Zunehmend schalteten sich nun auch die Gauwirtschaftsberater der NSDAP in die „Arisierung“ ein. In manchen Gauen konnten diese Parteifunktionäre sich als inoffizielle Genehmigungsinstanz etablieren, so dass die Kaufverträge von ihrem Einverständnis abhängig waren. In anderen Gauen setzten sie nur ein Mitwirkungsrecht durch. In jedem Fall bedeutete dies jedoch das Ende der Vertragsfreiheit, denn die Gauwirtschaftsberater forderten nun Gesichtspunkte ein, die sie als „Rassenkampf der Wirtschaft“ definierten.[14]

Eine weitere Radikalisierung erfuhr die antijüdische Wirtschaftspolitik nach der Entlassung Hjalmar Schachts als Wirtschaftsminister im Herbst 1937,[15] die den Beginn der dritten Phase einläutete und in der sich der Übergang zur „Zwangsarisierung“ vollzog. In die Interimszeit, in der Hermann Göring das Wirtschaftsministerium verwaltete, fielen wichtige Weichenstellungen für die künftige Radikalisierung der „Arisierung“. So wurde beispielsweise ein „Judenreferat“ im Wirtschaftsministerium geschaffen, und Göring definierte in einem Erlass, was unter einem „jüdischen Unternehmen“ zu verstehen sei. Ab Anfang 1938 erließ die NS-Regierung dann zahlreiche Verordnungen, mit denen der Staat den Arisierungsprozess regulierte.[16] War die „Arisierung“ bis dahin in weiten Bereichen ein gesellschaftlicher Prozess gewesen, lokal und regional vielgestaltig, zunächst überwiegend von privaten Interessenten und Verbänden, später zunehmend von Parteiaktivisten vorangetrieben, kam jetzt eine staatliche Regulierung zum Zug, und zwar mit doppelter Stoßrichtung: Zum einen deklarierte der Staat das Ziel der vollständigen Ausschaltung der Juden aus dem deutschen Wirtschaftsleben, womit der Übergang zur „Zwangsarisierung“ bzw. „Zwangsliquidation“ verbunden war; zum anderen setzte der Staat sich nun selbst an die Spitze des Bereicherungswettlaufs,

[14] Zur Rolle der Gauwirtschaftsberater vgl. Kratzsch, Gauwirtschaftsapparat.

[15] Die These, dass Hjalmar Schacht seine „schützende Hand“ über die jüdischen Gewerbetreibenden gehalten habe (Adam, Judenpolitik, S. 121 f.), wurde inzwischen mit guten Argumenten in Zweifel gezogen, denn Schachts „judenfreundliche“ Haltung war weniger durch Überlegungen zum Schutz der Juden als von seinem Interesse an einer legalistischen Vorgehensweise motiviert. Vgl. dazu Fischer, Schacht.

[16] Barkai, Schicksalsjahr 1938, S. 94–117.

und die Finanzverwaltung übernahm als ausführender Arm der fiskalischen Reichsinteressen auch offiziell eine wichtige Rolle.

Sucht man nach Gründen für den Radikalisierungsschub 1938, muss man auch den „Anschluss“ Österreichs und den damit verbundenen Zugriff auf jüdisches Eigentum in der „Ostmark“ in den Blick nehmen. Wesentliche Impulse dafür, die „Arisierung“ staatlich zu steuern und die Gewinne in die Staatskasse zu leiten, gingen von den massenweisen „wilden“ Plünderungsaktionen aus, die sich in den ersten Monaten in diesem Gebiet ereigneten und an denen gesellschaftliche Gruppen und NSDAP sowie regionale und zentrale staatliche Kräfte beteiligt waren. Gleichzeitig bildete die „Ostmark“ ein Experimentierfeld, in dem radikale „Arisierungspolitiker“ ihre schon länger entwickelten Planungen für eine stärker staatlich regulierte wirtschaftliche Verdrängung und Verfolgung von Juden in die Tat umsetzen konnten.

Als nach der Pogromnacht im November 1938 die „Zwangsarisierung“ aller noch existierenden wirtschaftlichen Betriebe von Juden beschlossen und gesetzlich geregelt wurde, erlebten die Finanzbehörden formal einen erheblichen Machtzuwachs, denn ihre Stellungnahme musste nun bei jeder „Arisierung“ offiziell eingeholt werden. Zudem erklärte Göring in einer Verordnung vom 3. Dezember 1938: „Der Nutzen aus der Ausschaltung der Juden aus dem deutschen Wirtschaftsleben kommt allein dem Reiche zu.“[17] Die Verordnung Hermann Görings kann als ein Schlüsseldokument für den Wandel im Verhältnis zwischen privatwirtschaftlichen, NSDAP- und staatlichen Interessen angesehen werden, durch den die Finanzverwaltung als „Buchhalter des Reiches“ offiziell in eine Schlüsselposition gerückt wurde. Die Verordnung bestimmte, dass „Arisierungsgewinne“ zumindest teilweise an den Staat abgeführt werden sollten. Ob allerdings der Staat im Herbst 1938 wirklich den Führungsanspruch der NSDAP bei der „Arisierung“ erfolgreich zurückgedrängt hat, wie Helmut Genschel in seiner frühen Pionierstudie zur „Arisierung“ meinte,[18] ist in der Forschung heute umstritten. Neuere Studien weisen eher auf eine ambivalente Bilanz im Machtdreieck zwischen Partei-, Staats- und Privatinteressen hin, wie im Folgenden noch näher zu untersuchen sein wird.

Die Haltung des Reichsfinanzministeriums und die Rolle der Reichsfinanzverwaltung in der Frage der „Arisierungspolitik“ werden in den neueren Studien zur fiskalischen Judenverfolgung meist nur kurz gestreift. Die Finanzbehörden waren formal auch nur kurzzeitig während der letzten Phase der „Zwangsarisierung“ in die „Arisierungsgenehmigungen“ eingebunden. Indirekt aber entfalteten sie auch vor und nach dieser vergleichsweise kur-

[17] Verordnung über den Einsatz jüdischen Vermögens vom 3.12.1938, RGBl. I (1938), S. 1709 f.

[18] Genschel, Verdrängung, S. 195.

zen Zeitspanne der „Zwangsarisierungen“ einen erheblichen Einfluss. So nutzten sie beispielsweise schon frühzeitig die Instrumente der steuerlichen Privilegierung (gegenüber „Ariseuren“) und steuerlichen Diskriminierung (gegenüber jüdischen Eigentümern) und beeinflussen damit den Ablauf von „Arisierungen“. Nach der offiziellen Ausschaltung der Juden aus der Wirtschaft konnten die Finanzbehörden durch die rückwirkende Überprüfung bereits abgeschlossener Vorgänge und die damit verbundene Erhebung der sogenannten Ausgleichsabgabe ebenfalls Einfluss auf die Ergebnisse von „Arisierungen“ nehmen.

4.2 Die Reichsfinanzpolitik und die „Arisierung“ bis 1937

4.2.1 Aprilboykott, „Nürnberger Gesetze“ und „Arisierungspolitik“

Seit Beginn der nationalsozialistischen Herrschaft äußerte sich der Reichsfinanzminister immer wieder zur Frage der „Arisierung“ jüdischen Eigentums. In seinen Stellungnahmen bezog er sich dabei vor allem auf Ressortinteressen. Gegen den antijüdischen Boykott vom 1. April 1933 etwa intervenierte Schwerin von Krosigk am Tag vor der geplanten Aktion in einer Ministerbesprechung mit dem Argument, dass die Maßnahme zu Umsatzsteuerausfällen führen würde. Seine Kritik richtete sich also nicht gegen den rassistischen Ansatz der Aktion, sondern gegen deren kontraproduktive Folgen für die Steuereinnahmen. Hitler entkräftete den Einwand des Reichsfinanzministers damit, dass es lediglich zu einer Verlagerung der Umsatzsteuereinnahmen kommen werde, anstatt in jüdischen werde in „christlichen“ Geschäften gekauft werden.[19]

Neben dem Reichsfinanzminister äußerte in jener Sitzung auch Reichswirtschaftsminister Hjalmar Schacht Bedenken und machte darauf aufmerksam, dass schon durch die Ankündigung des Boykotts wirtschaftliche Nachteile entstanden seien, etwa Passagen auf Schiffen abbestellt worden seien. Hier zeigt sich, dass Wirtschaftsminister Schacht und Finanzminister Schwerin von Krosigk ähnliche Positionen vertraten, was auch in den folgenden Jahren immer wieder zutage trat. Im Falle des Aprilboykotts erreichten die Minister durch

[19] Ministerbesprechung vom 31.3.1933, 12 Uhr, Dokument 80, in: Akten der Reichskanzlei. Regierung Hitler 1933–1945, Teil I 1933/34, Bd. 1, S. 276–279, S. 276 f. Vgl. auch Mehl, Reichsfinanzministerium, S. 24. Besprechung in der Reichskanzlei, zit. nach Pätzold, Faschismus, S. 70. Schwerin von Krosigk schildert den Vorgang kurz in: Staatsbankrott, S. 186.

ihre Intervention letztlich nur, dass Hitler sich bereit erklärte, ein Ultimatum auszusprechen und die Aktion zu stoppen, falls die britische und amerikanische Regierung ihren Widerstand gegen die dortigen antideutschen Boykotte erklärten. Als die ausländischen Regierungen am Abend des 31. März 1933 ein Signal zum Einlenken gaben, entschied Außenminister von Neurath jedoch, dass es schon zu spät für einen Kurswechsel sei.[20]

So fand am 1. April 1933 eine reichsweite Boykott-Aktion gegen jüdische Geschäfte und freie Berufe statt. Organisiert wurde der April-Boykott durch ein von der Reichsleitung der NSDAP einberufenes „Zentralkomitee zur Abwehr der jüdischen Greuel- und Boykotthetze“, dessen Vorsitzender der radikale Antisemit und fränkische Gauleiter Julius Streicher war, und das regionale Untergruppen bildete, welche die Aktion lokal koordinierten.

Bereits wenig später erklärte die Reichsregierung den Boykott allerdings wieder für beendet. Während die Vorbereitung und Durchführung formal in der Hand der NSDAP lag, wurde der Abbruch des Boykotts nach vier Tagen von der Reichsregierung verfügt. Auf den ersten Blick mag es erscheinen, als ob hier eine Art Arbeitsteilung zwischen den Parteistellen, die den Boykott organisierten, und der Reichsregierung, deren Mitglieder ihn kritisierten und schließlich beendeten, praktiziert worden sei. Ausgehend vom Konzept einer dualistischen Herrschaftsstruktur könnte der Ablauf des Aprilboykotts als Ausdruck einer charakteristischen Spannung zwischen dem „Maßnahmestaat“ der NSDAP-Institutionen und dem „Normenstaat“, den die Reichsregierung repräsentierte, gesehen werden.

Dagegen betonte Adam, dass das Vorgehen der NSDAP beim Boykott nicht im Widerspruch, sondern im Einklang mit den Interessen der Reichsregierung stand, da es zum einen den „Druck der Straße“ kontrolliert ableiten sollte, zum anderen als Mittel zum Zweck diente, um die politischen Entscheidungen vorzubereiten und voranzutreiben.[21] Ähnlich sieht auch Barkai in den Vorgängen eine „Synthese von ideologisch begründeter Zielgerichtetheit und taktischer Flexibilität in der Durchführung“.[22] Der Druck der Straße und die Durchführungsbestrebungen der Regierung seien nicht gegeneinander gerichtet gewesen, sondern hätten sich ergänzt und seien taktisch aufeinander abgestimmt gewesen. Mit ihrer Billigung und Unterstützung der Aktion sandte die Reichsregierung das Signal aus, dass wirtschaftliche Diskriminierung und Verfolgung von Juden im „Dritten Reich“ legitim sei. Die Verletzung der Handlungs- und Verfügungsrechte von Juden im wirtschaftlichen Raum sei im Sinne der NS-

[20] Friedländer, Das Dritte Reich, Bd. 1, S. 32. Anders die Darstellung in Akten der Reichskanzlei. Regierung Hitler 1933–1938, Teil I 1933/34, Bd. 1, S. 276–279, S. 277, Fußnote 6, die entsprechende Schritte der ausländischen Regierungen nicht nennt.

[21] Adam, Judenpolitik, S. 37, 39.

[22] Barkai, Boykott, S. 33.

Führung, auch wenn sie Formen annehme, die zu diesem Zeitpunk gesetzeswidrig waren. Den jüdischen Gewerbetreibenden zeigte die April-Aktion, dass sie außerhalb der NS-Volksgemeinschaft standen und ihre Rechte vom Staat nicht geschützt waren.[23]

Aus den Tagen des April-Boykotts sind Stellungnahmen Schwerin von Krosigks nicht bekannt. Erst danach hatte der Reichsfinanzminister Kontakt mit Hans Schäffer, dem ehemaligen Staatssekretär im Reichsfinanzministerium, der 1932 bei der Einsetzung Schwerin von Krosigks aus dem Amt ausgeschieden war.[24] Schäffer, der Jude war, sprach den Reichsfinanzminister offenbar gezielt an und leitete die Sorgen jüdischer Prominenter an ihn weiter. Folgt man Schwerin von Krosigks eigener Darstellung, dann zeigte er in schriftlichen und mündlichen Äußerungen gegenüber den jüdischen Gesprächspartnern Verständnis für deren bedrängte Situation. In der politischen Debatte nahm er aber im Nachfeld der April-Aktion kaum Stellung gegen antijüdische Maßnahmen. Der Reichsfinanzminister äußerte sich in den Wochen nach dem Aprilboykott im Kabinett nur an einzelnen Punkten zu „Judenfragen“, beispielsweise zu einem Gesetzesentwurf für Ghettoschulen für „volljüdische“ Kinder, gegen den er Einspruch erhob, weil bei einer solchen Regelung Kinder aus „halbarischen“ Ehen „ins Nichts fallen würden.“[25] Schwerin von Krosigk kritisierte in diesem Zusammenhang auch, dass Papen und Hugenberg „in Judenfragen die Opposition den Fachministern überließen“ und sich selbst kaum beteiligten.

In der Folge der „Nürnberger Gesetze“ vom September 1935 erwartete man allgemein einen Schub an diskriminierenden Gesetzen und Verordnungen, die Juden im Deutschen Reich in vielen Lebensbereichen einen gesonderten Status zuweisen würden, darunter Regelungen im Wirtschaftsbereich, die auch die „Arisierung“ betreffen mussten. In Bezug auf die „Nürnberger Gesetze“ selbst schwieg Schwerin von Krosigk. Nach eigener Darstellung wurde er vom „Gesetz zum Schutz des deutschen Blutes und der deutschen Ehre“ sowie vom Reichsbürgergesetz überrascht. In seinen Memoiren geht er davon aus, dass Hitler die Minister absichtlich übergangen habe, weil er „spürte, daß es nicht leicht sein würde, für Judengesetze, die seinen Vorstellungen entsprachen, die Zustimmung des Kabinetts zu bekommen [...]“,[26] und interpretierte sein eigenes Schweigen als Nichtbeteiligung an der Formulierung. Sein Verhalten kann aber gleichzeitig als ein Indiz für aktives „Stillschweigen“ während der Planung und

[23] Schleusener, Eigentumspolitik, S. 212 f.

[24] Zu Schäffer vgl. Wandel, Schäffer.

[25] Nach eigener Aussage wurde Schwerin von Krosigk in diesem Punkt von Popitz unterstützt, Schwerin von Krosigk, Staatsbankrott, S. 186 f.

[26] Schwerin von Krosigk, Memoiren, S. 177. Vgl. dazu auch die Darstellung bei Goehrke, Fesseln der Pflicht, S. 44, der allerdings nur sehr knapp auf diese Frage eingeht.

Durchführung der Verfolgungsmaßnahmen der ersten Jahre der NS-Herrschaft gedeutet werden.[27]

Kurz nach dem Nürnberger Parteitag 1935, in einer Rede am 12. Oktober, kündigte Innenminister Frick in Saarbrücken an, dass mit Einschränkungen bei der wirtschaftlichen Betätigung von Juden zu rechnen sei. Auch der Stellvertreter des Führers unterrichtete in einem Parteirundschreiben im Herbst 1935 die NSDAP-Dienststellen über bevorstehende Maßnahmen wie die gesetzliche Kennzeichnung jüdischer Geschäfte.[28] Zu solchen Maßnahmen kam es dann aber nicht im erwarteten Umfang. Zwar erging zwischen Dezember 1935 und Sommer 1936 eine Reihe von Detail-Vorschriften, welche die Zulassung von Juden zu verschiedenen staatlich kontrollierten Berufen beschränkten.[29] Umfassende Verbote blieben aber aus.

Das vorübergehende Moratorium in der Frage der systematischen wirtschaftlichen Judenverfolgung wurde höchstwahrscheinlich während einer Chefbesprechung im Reichsinnenministerium am 12. Dezember 1935[30] beschlossen. Welche Position der Reichsfinanzminister bei dieser Besprechung vertrat, ist in der Forschung umstritten, nicht zuletzt, weil das Protokoll der Besprechung als verschollen gilt.[31]

Helmut Genschel charakterisierte Schwerin von Krosigks Rolle mit den Worten, der Reichsfinanzminister habe sich „offenbar möglichst auf seine fachlichen Belange“ beschränkt.[32] Genschel stützte sich dabei vor allem auf die Äußerungen des ehemaligen Referenten im Reichsinnenministerium Bernhard Lösener, der nach 1945 in einem Erinnerungsbericht über die Entstehung der „Nürnberger Gesetze“ erklärte, seine eigene, „mildere“ Haltung bei der Judenbehandlung sei vor allem von einzelnen Personen im Reichsinnenministerium, im Reichsjustizministerium und im Reichswirtschaftsministerium unterstützt worden. Den Reichsfinanzminister erwähnte Lösener hingegen nicht.[33] Aus

[27] Mehl, Reichsfinanzministerium, S. 24, unter Berufung auf einen Brief Schwerin von Krosigks an Hans Mommsen über seine Rolle bei den „Nürnberger Gesetzen“ vom 2.2.1968.

[28] Longerich, Politik, S. 112.

[29] Ebd., S. 115.

[30] Vgl. dazu Adam, Judenpolitik, S. 107 f.

[31] Erhalten ist lediglich eine kurze Aufzeichnung über die Chefbesprechung von einem leitenden Beamten des Reichserziehungsministeriums, der allerdings nur auf die bildungspolitischen Aspekte der besprochenen antijüdischen Maßnahmen eingeht. Abgedruckt in Gruner, Verfolgung, Dokument 215, S. 536.

[32] Genschel, Verdrängung, S. 107, Fußnote 11. Vgl. für die Haltung des Reichsfinanzministers gegenüber den Folgen der „Nürnberger Gesetze“ jenseits der wirtschaftlichen Aspekte auch die Debatte über die Kosten erbgesundheitlicher Regelungen im Anschluss an das „Blutschutzgesetz“ im Oktober 1935, in der das Reichsfinanzministerium seine anfänglichen Bedenken angesichts der politischen Bedeutung zurückstellte. Im Bestand BAB, R 2, 12042, bereits erwähnt bei Neliba, Legalist, S. 217, Fußnote 193.

[33] Lösener, Rassereferent, S. 272.

dieser Quelle allein kann man allerdings kaum auf Schwerin von Krosigks Verhalten schließen. Abgesehen davon, dass aus dem Fehlen von Schwerin von Krosigks Namen in Löseners Bericht noch kein Rückschluss auf dessen Haltung möglich ist, ist seit Mitte der 1980er Jahre bekannt, dass Lösener seine Darstellung vor allem zur gezielten Entlastung bestimmter Personen der ehemaligen NS-Verwaltung geschrieben hat und eine Art Mythos über die Entstehung der „Nürnberger Gesetze“ zu etablieren versuchte.[34] Löseners Aussagen sind daher keine tragfähige Quelle für eine Analyse von Schwerin von Krosigks Verhalten.

Die ältere Forschung führte den Beschluss, nach den „Nürnberger Gesetzen“ zunächst keine wirtschaftlichen Maßnahmen gegen Juden zu ergreifen, vor allem auf die Intervention von Reichswirtschaftsminister Hjalmar Schacht zurück, der sich gegenüber Wirtschaftsvertretern, dem Reichsbankdirektorium sowie gegenüber Innenminister Frick kritisch über einen Eingriff in die wirtschaftliche Betätigung von Juden geäußert habe.[35] Seit Albert Fischer hat die Forschung allerdings ein ambivalenteres Bild von der Rolle Hjalmar Schachts in jener Zeit herausgearbeitet. Demnach war dieser keineswegs prinzipiell gegen diskriminierende antijüdische Maßnahmen. Vielmehr sieht Fischer unter Verweis auf eine Besprechung zwischen Schacht und Frick vom September 1935 eine breite Übereinstimmung beider Minister auf diesem Gebiet.[36] Schacht wandte sich lediglich gegen ungeregelte, wilde Aktionen und bestand stattdessen auf gesetzeskonformen Verfahren, die er auch in einem Schreiben an Reichskanzleichef Lammers explizit einforderte. Dass keine weiterreichenden antijüdischen Wirtschaftsgesetze erlassen worden seien, müsse man demnach nicht als Sieg, sondern vielmehr als Niederlage für Schachts politischen Kurs bewerten, so Fischer.[37] Dessen Aktivitäten im Herbst 1935 können damit zwar als wichtiger Faktor bei der Eindämmung „wilder“ Aktionen gegen jüdische Gewerbetreibende gesehen werden. Das Ausbleiben gesetzlicher antijüdischer Regelungen zur „Arisierung“ erklärt sich daraus hingegen kaum.

Schwerin von Krosigk selbst brachte seine Haltung in den letzten Monaten des Jahres 1935 rückblickend in enge Verbindung zu Hjalmar Schacht, dessen Haltung er als oppositionell einstufte. Über die erste Zeit nach der Verabschiedung der „Nürnberger Gesetze“ schrieb Schwerin von Krosigk 1974 rückblickend: „Schacht und ich arbeiteten an einem Plan, der es den deutschen

[34] Vgl. zur Kritik an der Darstellung von Bernhard Lösener, die dieser 1950 verfasst hat, zusammenfassend und mit Blick auf die zeitgenössischen Hintergründe der Abfassungs- und Veröffentlichungszeit: Essner, Nürnberger Gesetze, S. 113–117, 126–134.

[35] Genschel, Verdrängung, S. 116–118.

[36] Besprechung zwischen Schacht und Frick am 23.9.1938, vgl. dazu Longerich, Politik, S. 112.

[37] Schreiben Schachts an Lammers vom 16.11.1938, zit. nach Longerich, Politik, S. 115. Zu dieser Interpretation vgl. bereits Barkai, Boykott, S. 69–73, und Fischer, Schacht, S. 187.

Juden ermöglichen sollte, unter Mitnahme ihres Vermögens auszuwandern. Das Reich sollte einen von den Juden in aller Welt aufzubringenden Kredit in Höhe dieses Vermögens erhalten, der durch Erlöse aus zusätzlichem Export abzudecken war.“[38] Abgesehen davon, dass die Selbstverortung Schwerin von Krosigks an der Seite Schachts angesichts der Deutung der neueren Forschung einen kritischen Akzent enthält, sind für eine enge Kooperation zwischen den beiden zu diesem Zeitpunkt bislang keine weiteren Belege gefunden worden. Was Schwerin von Krosigk hier beschrieb, trifft eher auf eine spätere Phase ab 1937 zu. Für die Sitzung am 12. Dezember 1935 deuten die Quellen hingegen eher darauf hin, dass er eine etwas andere Haltung vertrat, als er nach 1945 erinnerte.

Dafür spricht zumindest die Aufzeichnung über eine Besprechung, die am Vortag der Sitzung, am 11. Dezember 1935, im Reichswirtschaftsministerium stattfand. Im Mittelpunkt des Treffens, zu dem das Reichswirtschaftsministerium auf Anregung Rudolf Heß’ eingeladen hatte, stand die Frage, wie die Auswanderung von Juden forciert werden könne, ohne die finanz- und devisenpolitisch höchst fragile Lage Deutschlands zu gefährden.[39] Die Position des Reichsfinanzministeriums vertrat auf dieser Vorbesprechung der Reichsfluchtsteuerexperte Zülow, der sich gegen die vom Reichsinnenministerium vorgeschlagenen Erleichterungen für jüdische Auswanderer aussprach. So erklärte dieser unter anderem, nicht jeder Warenexport sei im deutschen Interesse. Unter Bezug auf einen konkreten Fall, in dem ein jüdischer Emigrant vorgebracht hatte, für das Deutsche Reich 600 000 Reichsmark Devisen durch Exporte beschafft zu haben, schloss sich Zülow der Argumentation eines Vertreters der Reichsstelle für Devisenbewirtschaftung an, der das Problem mit einem Rechenbeispiel verdeutlichte: „Ein Jude führt für 100 000 RM Motorräder aus. Durch Schleuderpreise wird der Markt im Ausland völlig

38 Schwerin von Krosigk, Staatsbankrott, S. 277. Schwerin von Krosigk stützt sich in seiner Argumentation vor allem auf das Beispiel des Generaldirektors der Aluminium-Werke, Max von der Porten. „Ich hatte für ihn erwirkt, daß bei seiner Auswanderung nach Vorderasien sein Vermögen dorthin transferiert wurde. Er schrieb mir noch Jahre hindurch Briefe, in denen er die Zusatzexporte aufführte, die Deutschland ihm verdanke“, schrieb er in seiner rückblickenden Darstellung. Max von der Porten war 1934 in die Türkei ausgewandert.

39 Vermerk Reichsfinanzministerium, Ref. VII, für die Besprechung im Reichswirtschaftsministerium über die Förderung jüdischer Auswanderung vom 11.12.1935, BAB, R 2, 56014, Bl. 55–57; Sitzungsvermerk Reichsfinanzministerium, MR Prause, vom 17.12.1935 (Abschrift), ebd., Bl. 60–64. Der Sitzungsvermerk ist abgedruckt in: Akten der Reichskanzlei, Regierung Hitler 1933–1945, Bd. II/2, Juni–Dezember 1935, Dokument 278, S. 980–983. An der Sitzung nahmen teil: MinDir Wohlthat (RWM), ORR Hartenstein (RWM), Reichsbankdir. Bernhuber (RWM), MinDir Spitta (RWM), MinRat Hoppe (RWM), Referenten der Reichsstelle für Devisenbewirtschaftung, Reg. Ass. Dr. Wemmer (Stellv. d. F.), ORR Globke (RIM), MinRat Zülow (RFM), MinRat Prause (RFM).

verdorben. Zwar kommen für 100 000 RM Devisen herein. Gleichzeitig aber wird anderen deutschen Firmen das ausländische Geschäft derart beschnitten, dass ihnen für 500 000 RM Devisen entgehen, die hereingekommen wären, wenn nicht der Jude dieses Schleudergeschäft gemacht hätte.“[40] Zülow argumentierte hier gegen Ausfuhrerleichterungen für jüdische Emigranten und nahm damit eine ganz andere Position ein, als Schwerin von Krosigk dies in seiner Nachkriegsdarstellung für sich in Anspruch nahm.[41]

Das Ergebnis der Chefbesprechung vom 12. Dezember 1935 war eine Reihe wichtiger Entscheidungen für die künftige „Arisierungspolitik“.[42] Zum einen hatte Hitler offenbar die wirtschaftliche Ausschaltung der Juden zurückgestellt. Zum anderen ließ der Reichsinnenminister in der Folge die zuvor bereits angeordnete Ermittlung „halbjüdischer“ und „jüdisch-versippter“ Beamter wieder einstellen.

4.2.2 Steuern als Druckmittel in der Praxis der „Arisierung“

Der Haltung des Reichsfinanzministers und leitender Beamter im Berliner Ministerium in den strategischen Verhandlungen über die Organisation der „Arisierung“ steht die Frage gegenüber, wie die Finanzbehörden in der Praxis agierten, wenn sie mit „Arisierungsfällen“ konfrontiert waren. Hier gab es in vielen Punkten Wechselwirkungen zwischen den „Arisierungen“ und Steuerfragen.

Durch die diskriminierende Auslegung allgemeiner Steuergesetze konnten die Finanzbehörden beispielsweise bei „Arisierungen“ Druck ausüben. Bereits in den ersten Jahren der nationalsozialistischen Herrschaft waren Finanzämter vielfach an der Verfolgung und Stigmatisierung jüdischer Gewerbetreibender beteiligt, die zur „Arisierung“ führten und den Prozess beschleunigten. Ein Beispiel hierfür ist der Münchner Viehhändler Emanuel L., der durch SA-Leute massiv bedroht, und von Kunden, die Schulden bei ihm hatten, einer Verleumdungskampagne ausgesetzt wurde.[43] Er erhielt Morddrohungen und wurde in der Lokalpresse diffamiert. Noch im Jahr 1933 entschloss sich L. deshalb zu einer überstürzten Flucht in die Schweiz und ließ seinen gesamten Besitz in Deutschland zurück. Daraufhin traten die Finanzbehörden auf den

[40] Vermerk Reichsfinanzministerium, Ref. VII, für die Besprechung im Reichswirtschaftsministerium über die Förderung jüdischer Auswanderung vom 11.12.1935, BAB, R 2, 56014, Bl. 55–57.

[41] Ebd. Zülow argumentierte in der Aufzeichnung auch vehement gegen die Idee aus dem Büro des Stellvertreters des Führers, die Reichsfluchtsteuer gegenüber jüdischen Auswanderern zu erlassen.

[42] Vgl. dazu Adam, Judenpolitik, S. 107 f.

[43] Fallbeispiel bei Drecoll, Fiskus, S. 262–264.

Plan. Das Finanzamt München-Süd leitete sofort ein Steuerstrafverfahren wegen Einkommensteuer- und Reichsfluchtsteuerrückständen ein und ordnete wenig später Arrest über den Besitz des Viehhändlers ein. Nachdem der Geflüchtete auf diese Weise kriminalisiert worden war, verfügte die Bayerische Politische Polizei die Beschlagnahmung seines Vermögens, deren Abwicklung das Finanzamt übernahm. Auch in anderen Fällen sorgten die Finanzbehörden dafür, dass jüdische Gewerbetreibende aufgrund von steuerlichen Auflagen ihrer Tätigkeit nicht mehr nachgehen konnten und zur Geschäftsaufgabe gezwungen waren.

In Köln forcierten die Finanzbehörden die „Arisierung“ jüdischen Haus- und Grundbesitzes, indem sie Stundung und Nachlass bei der Grundsteuer gegenüber jüdischen Immobilieneigentümern grundsätzlich verwehrten, schon lange bevor diese Auslegung im April 1938 durch eine reichsweite Verwaltungsanweisung zur offiziellen, reichweiten Richtlinie wurde.[44]

Solche und ähnliche Fälle sind in den regionalen Studien zur „Arisierung“ im Deutschen Reich vielfach rekonstruiert worden. Sie belegen die häufig gravierende Wirkung, welche die Praxis der diskriminierenden Steuererhebung und die damit verbundenen Möglichkeit, die Verfolgten zu kriminalisieren, auf den Ablauf der „Arisierung“ haben konnten.

Die Devisengesetze vom Dezember 1936 verbesserten für die Finanzbehörden die Möglichkeit, auch auf „Arisierungen“ Einfluss zu nehmen. Systematisch schalteten sich nun insbesondere Zollfahndungs- und Devisenstellen ein und provozierten jüdische Unternehmer zur „Arisierung“ oder Liquidation ihres Unternehmens. So wurden beispielsweise in Hamburg jüdische Firmen durch devisenrechtliche „Sicherungsanordnungen“ zur „Arisierung“ gezwungen. Die Zollfahndungsstelle entzog ohne jeden devisenrechtlichen Anhaltspunkt Pässe und behinderte damit von einem Tag auf den anderen wichtige Geschäftsreisen jüdischer Unternehmer, die Devisenstelle unternahm schikanöse Geschäftsprüfungen und machte kostenintensive Auflagen für den Zahlungsverkehr. Die beiden Dienststellen kriminalisierten damit die Unternehmer und provozierten ihre Flucht ins Ausland, was wiederum die Konfiskation ihres Vermögens in Deutschland nach sich zog.[45] „Herr Weißenstein ist Jude und als Angehöriger der jüdischen Rasse ist zu befürchten, daß er unter Hintenansetzung der Devisengesetze versuchen wird, seine inländischen Werte nach dem Ausland zu verschieben“, hieß es beispielsweise in einer Begründung der Hamburger Devisenstelle zur Beschlagnahmung des Firmenvermögens eines jüdischen Unternehmers. Dass Weißenstein trotz Vorladung und intensivem Verhör kein Devisenvergehen nachgewiesen werden konnte, änderte nichts daran, dass

[44] Bopf, Diskriminierung, S. 190, Fußnote 35.

[45] Vgl. dazu die Fälle der Firma Walter Jacoby, Zucker-Export, und J. Jacobi & Co. bei Bajohr, „Arisierung“ in Hamburg, S. 195–200. Das folgende Zitat S. 198.

sein Unternehmen beschlagnahmt blieb und von einem von der Devisenstelle eingesetzten Treuhänder in kürzester Zeit liquidiert wurde.

Auch aus einem anderen Grund hatten die Finanzbehörden Interesse daran, das Ergebnis der „Arisierungen“ in ihrem Sinne zu beeinflussen, denn der Erlös durch den Verkauf eines Geschäfts oder einer Immobilie sollte es ermöglichen, dass der ehemalige jüdische Eigentümer seine Abgaben und Steuern an den Staat leisten konnte. Darauf bedacht, die Steuerschulden einzutreiben, bestimmten die Finanzämter mehr oder weniger direkt die Mindesthöhe des „Arisierungs-Erlöses“.

Ein Beispiel dafür war die „Arisierung“ des Münchner Kunsthandelshauses Bernheimer. Es war aufgrund der Unwägbarkeiten des Kunstmarktes kaum möglich, einen „Arisierungswert“ für dieses international renommierte Kunstgeschäft zu bestimmen. Im Fall Bernheimer setzte sich in den Verhandlungen der Vertreter der Oberfinanzdirektion München mit seiner Forderung durch, als Kaufpreis die Höhe der Steuerschulden anzusetzen. Am Ende zeigte sich jedoch, dass die Vertreter der Reichsfinanzverwaltung ihre Interessen nur so lange aufrechterhalten konnten, wie diese mit denen der NSDAP-Vertreter parallel liefen. Als die Finanzbeamten versuchten, die Steuern auch einzutreiben, weigerten sich die „Ariseure“[46] aus noch darzustellenden Gründen erfolgreich, die Forderungen zu erfüllen.[47]

Die „Arisierung“ des Münchner Kunsthandelshauses Bernheimer war in mehrfacher Hinsicht ein Sonderfall. Es handelte sich um eines der größten, weltweit agierenden Kunsthandelshäuser, das auch zu hohen Parteimitgliedern lange Zeit Geschäftskontakte unterhielt. Schon kurz nach dem Novemberpogrom machte das Reichswirtschaftsministerium deutlich, dass hier überregionale Interessen eine wichtige Rolle spielten. Die Pläne des Reichswirtschaftsministeriums wurden aber weder im Hinblick auf den „Ariseur“ noch auf die devisenpolitischen Vorschläge umgesetzt, was vor allem auf eine persönlich Intervention Hitlers zugunsten der lokalen NSDAP zurückzuführen war.

Die Reichsfinanzverwaltung spielte in dem Verfahren zur „Arisierung“ der Firma zunächst eine wichtige Rolle. Im Juli 1939 fand in München eine erste Konferenz zur „Arisierung“ der Kunsthandelsfirma Bernheimer statt,

[46] Der Begriff „Ariseur“ meint hier Personen und Institutionen, in deren Hände das jüdische Eigentum überging.

[47] Vernehmung Hans Wegner vom 29.4.1949 in der Spruchkammerakte von Hans Rauch, StAM, 3405. Vgl. zum Fallbeispiel Bernheimer: Schleusener, Kunsthändler; Kuller, Finanzverwaltung und „Arisierung“, S. 178 f.; Schleusener, Arisierung; Selig, Arisierung, S. 613–620. Zur Rolle des Rechtsanwaltes der Familie Bernheimer Adolf Freiherr von Harnier vgl. Förster, Harnier-Kreis; zudem gibt es veröffentlichte Memoiren von zwei Familienmitgliedern, die ebenfalls über die „Arisierung“ berichten: Ernst Bernheimer, Familien- und Geschäftschronik (1950), sowie Otto Bernheimer, Erinnerungen (1957).

an der neben Vertretern des Reichswirtschaftsministeriums (Regierungsrat Marwede), der Devisenstelle (Diplom-Volkswirt Jakob) und der Dienststelle des Beauftragten des Gauleiters (Gotthold Dziewas) auch zwei Mitarbeiter des Oberfinanzpräsidiums München (Regierungsassessor Schalper und Finanzpräsident Hans Rauch) teilnahmen.[48] Dziewas, der in dieser wie in einer Reihe von folgenden Konferenzen als Vertreter der Gauleitung die dominierende Rolle spielte, ging in den Verhandlungen von der Prämisse aus, dass aus dem Geschäftsvermögen die Schulden für „Judenvermögensabgabe" und Reichsfluchtsteuer, die sich für die Familie Bernheimer auf rund 2,2 Millionen Reichsmark beliefen, aufgebracht werden mussten.[49] Die deutlich zu erkennende Absicht, die Steuerschulden aus dem Firmenvermögen zu begleichen und nicht auf das Privatvermögen der jüdischen Eigentümer zurückzugreifen, dürfte damit begründet sein, dass die NS-Machthaber das Privatvermögen für eine andere Transaktion vorgesehen hatten.[50] Die Verrechnung des „Arisierungs"-Erlöses mit den Steuerschulden, die in wesentlichen Teilen aus antijüdischen Diskriminierungs- und Sondersteuern bestanden, bedeutete de facto, dass die jüdischen Firmeninhaber den Erlös aus dem Verkauf der Kunsthandlung vollständig an die Finanzbehörden abgeben mussten.

Aus der Sicht des Reichsfiskus entwickelte sich die „Arisierung" hingegen vielversprechend. Im „Übernahmevertrag" für die Firma Bernheimer wurde festgelegt, dass die neuen Inhaber die Schulden der bisherigen Gesellschafter einschließlich der „Judenvermögensabgabe", der Reichsfluchtsteuer und der Auswandererabgabe an den Reichsverband der israelitischen Gemeinden übernehmen sollten. Schon im Vorfeld der Unterzeichnung des Vertrags im Oktober 1939 versuchte allerdings Robert Scherer, der geschäftsführende Präsident der „Kameradschaft der Künstler" und als solcher einer der neuen Leiter der ehemaligen Firma Bernheimer, beim Reichsfinanzministerium durchzusetzen, dass die Steuerschulden vollständig erlassen werden sollten.[51] Gleichzeitig war in den „Übernahmevertrag" ein Passus eingebaut worden, der verhinderte, dass irgendwelche Zahlungen aus der „Arisierung" an die

48 Vgl. dazu die Unterlagen in StadtAM, Gewerbeamt 7/12, Akte Bernheimer, Bl. 77.

49 Vermögensübersicht Bernheimer, erstellt durch die Vermögensverwertungs GmbH München, Bayerisches Wirtschaftsarchiv (BWA), K 1, XXI, 16b, 25. Akt, Fall 6, Bl. 37–42.

50 Es ging dabei um die „Transaktion Rode", in deren Folge die Familie Bernheimer ein Anwesen in Venezuela erwerben und dorthin auswandern sollte. Die „Transaktion Rode" ist eng mit persönlichen Interessen Hermann Görings verbunden. Göring, der die „Transaktion" auch koordinierte, sorgte auf diese Weise dafür, dass die Familie Bernheimer in Venezuela das Anwesen eines Verwandten von ihm zu völlig überzogenem Preis erwarb und gleichzeitig ein mit ihm verwandtes Ehepaar, bei dem der Ehemann Jude war, mit nach Venezuela nahm und von dort deren Übersiedlung in die USA ermöglichte.

51 Kaufvertrag vom 16.11.1939, StAM, OFD 415; Antrag auf Steuererlass BWA, K 1, XXI, 16b, 25. Akt, Fall 6, Bl. 98.

ehemaligen Eigentümer flossen. Der Reichsfinanzverwaltung war damit ein Zugriff über die Mitglieder der Familie Bernheimer verschlossen. Sie war allein darauf angewiesen, sich mit den „Ariseuren“ der Firma auseinanderzusetzen, um die Steuerschulden einzutreiben. Letztlich gelang es dem Reichsfinanzministerium nicht, seine Ansprüche aufrechtzuerhalten. Mit einem Erlass vom 17. Januar 1940 erließ das Reichsfinanzministerium die noch ausstehenden Teile der Reichsfluchtsteuer und der „Judenvermögensabgabe“.[52] Der Reichsfiskus kann daher nach Einschätzung Jan Schleuseners als „eindeutiger Verlierer“ der „Arisierung“ des Kunsthandelshauses Bernheimer angesehen werden.[53] War die Reichsfinanzverwaltung zunächst durch die Definition des Kaufpreises als Äquivalent zu den Steuerschulden noch in einer starken Position gewesen, die auch durch die Gauleitung und die NSDAP-Institution „Kameradschaft der Künstler“, die die Kunsthandlung übernahm, unterstützt wurde, zeigt sich ihre Ohnmacht beim Versuch, die ausstehenden Steuern bei den neuen Eigentümern einzutreiben.

Deutlich wird an diesem Beispiel ein weiterer Aspekt, der für viele „Arisierungen“ von Bedeutung war. Es ging den Finanzbehörden nicht nur um innerdeutsche Steuern, sondern auch um Abgaben, die im Falle einer Emigration fällig wurden, wie die Reichsfluchtsteuer. Denn verkaufte ein Jude Teile seiner Vermögensgegenstände, dann galt das als ein zentrales Indiz für Ausreisepläne und brachte den Verkäufer ins Fadenkreuz der Finanzbehörden. Das Ergebnis war, dass Finanzämter versuchten, die Erlöse aus „Arisierungen“ auf „Sicherungskonten“ zu blockieren, mit der Begründung, dass daraus die Emigrationsabgaben beglichen werden sollten. Seit 1934 war die Einrichtung solcher Sicherungskonten möglich, durch die Verschärfung der Devisenregelungen im Dezember 1936 erweiterten sich die Zugriffsmöglichkeiten der Finanzbehörden noch einmal. Nicht mehr nur der Betrag der prognostizierten Steuerschulden, sondern das gesamte Vermögen konnte nun „gesichert“ werden. Durch dieses Verfahren war den jüdischen Eigentümern bei „Arisierungen“ endgültig das Heft aus der Hand genommen. Sie konnten über die Erlöse aus den Veräußerungen ihres Eigentums nicht mehr frei verfügen, waren nur noch in der Rolle von Zuschauern im Prozess der Vermögensübertragung zwischen Treuhänder, „arischen“ Privatpersonen und dem Staat.

Nachdem immer mehr „Arisierungen“ durchgeführt wurden, stellte sich das

[52] Eine erste Rate der beiden Abgaben, die jeweils etwa zehn Prozent der Steuerschulden umfasste, wurde offenbar von den Mitgliedern der Familie Bernheimer vor der „Arisierung“ noch privat bezahlt. Vgl. dazu Mitteilung des Finanzamts München-Nord an die Oberfinanzdirektion München vom 4.6.1954 zum Rückerstattungsverfahren Karoline Bernheimer gegen Deutsches Reich, StAM, OFD München, Fallakte BA 832/BA 1995. Selig geht irrtümlich noch davon aus, dass die Steuerschulden vollständig beglichen worden seien. Selig, Arisierung, S. 619 f.

[53] Schleusener, Arisierung, S. 69.

Problem, dass antijüdische Steuerregelungen im Zuge einer „Arisierung“ aufgehoben werden mussten, wie sich am Beispiel der Grundsteuer zeigen lässt. Am 19. März 1938 hatte das Reichsfinanzministerium beschlossen, dass Juden keine Grundsteuervergünstigungen mehr gewährt werden sollten.[54] Ziel dieser Maßnahme war es, den Druck auf jüdische Grundeigentümer zu erhöhen und diese zu einer „freiwilligen Arisierung“ zu treiben.[55] Kam es zu einer „Arisierung“, dann musste die steuerliche Schlechterstellung allerdings möglichst schnell wieder aufgehoben werden. In diesem Zusammenhang stellte sich die Frage, ab welchem Zeitpunkt nach dem Eigentumswechsel der Billigkeitserlass wieder gewährt werden sollte.[56] Normalerweise erfolgte die Umstellung ab dem 1. April des folgenden Kalenderjahres. „Darin würde jedoch in den Fällen, in denen die Nutzungen und Lasten schon vor diesem Zeitpunkt auf den Erwerber übergehen, was die Regel ist, für diesen eine Härte liegen“, hieß es in einem juristischen Kommentar. Ein Runderlass des Reichsfinanzministeriums vom 17. August 1938 bestimmte daher, dass eine solche Billigkeitsbestimmung schon von dem Monat an gelten solle, von dem ab die Nutzungen und Lasten auf den Erwerber übergingen.

Eine weitere Zweifelsfrage, über die sich die Behörden selbst nicht klar waren, betraf die Erhebung der Umsatzsteuer bei „Arisierungen“ von Gewerbebetrieben und wurde vor allem bei der „Arisierung“ im Sudetengau diskutiert. Hier standen die Finanzbehörden vor dem Problem, dass die „Arisierungen“ zum großen Teil rückwirkend zustande kamen und daher die „Ariseure“ für gewisse Zeit antisemitische definierte Steuern zahlten, wenn diese nicht auch rückwirkend aufgehoben werden konnten.[57] Zudem konnte die Rückdatierung für die „Ariseure“ erhebliche Steuervorteile bringen. So erklärte beispielsweise eine Firma, die im Februar 1940 einen jüdischen Betrieb übernahm, dass die beiden Betriebe ab dem 10. Oktober 1938 als Einheit angesehen werden sollten. Transaktionen, die 1939 zwischen dem Ursprungsbetrieb und dem damals kommissarisch verwalteten jüdischen Betrieb stattgefunden hatten, wollten die neuen Inhaber daher nicht versteuern, da sie diese als „nicht steuerbare Vorgänge innerhalb eines einheitlichen Unternehmens“ ansahen. Sie forderten die Finanzbehörden auf, die dafür bereits entrichtete Umsatzsteuer in Höhe von 2 000 Reichsmark zurückzuerstatten. Denkbar war aber auch der umgekehrte Fall, dass die Rückdatierung sich zum Nachteil des „arischen“ Erwerbers aus-

[54] Ausschluss der Juden vom „Grundsteuerbilligkeitserlaß“, Erlass des RFM und RIM vom 19.3.1938, RStBl. (1938), S. 409 f. Vgl. dazu Genschel, Verdrängung, S. 151.
[55] Genschel, Verdrängung, S. 151.
[56] Vgl. zum Folgenden den juristischen Kommentar von Deeg, Judengesetze, S. 162 f.
[57] Schreiben des Oberfinanzpräsidenten Troppau an das Reichsfinanzministerium vom 28.6.1940, BAB, R 2, 57443.

wirkte, etwa wenn durch die Zusammenlegung das Umsatzvolumen der Firma anstieg und damit auch eine höhere Umsatzsteuer anfiel.

Für die Einkommensteuer entschied das Reichsfinanzministerium am 23. Mai 1940, dass „rückwirkende Veräußerungsverträge anläßlich der Entjudung gewerblicher Unternehmen“ in den sudetendeutschen Gebieten steuerlich anerkannt würden, wenn das jüdische Unternehmen durch den späteren Erwerber bereits kommissarisch verwaltet worden war und die rückwirkende Übernahme nicht vor dem Beginn der Treuhandverwaltung lag.[58]

Zwar hatte der Oberfinanzpräsident Troppau Bedenken, die Umsatzsteuer den rückwirkenden Übereignungsverträgen anzupassen. „Mit dem Wesen der Umsatzsteuer scheint mir die Anerkennung einer Rückwirkungsabrede an sich nicht vereinbar zu sein“, schrieb er in seiner Darstellung an das Reichsfinanzministerium. Trotz dieser „grundsätzlichen Bedenken“ sprach er sich am Ende aber doch „aus Zweckmäßigkeitsgründen“ für eine Anpassung an die rückwirkenden Übereignungsverträge aus, denn es sei „nicht wünschenswert“, die Frage der Rückwirkung umsatzsteuerlich anders zu behandeln als die anderer Steuerarten, insbesondere der Einkommensteuer. Sein Vorschlag lautete daher, die mit Erlass vom 23. Mai 1940 getroffenen Regelungen zur Einkommensteuer auf die Umsatzsteuer auszudehnen, also auf Fälle, in denen zuvor bereits eine kommissarische Verwaltung durch den späteren „Ariseur“ stattgefunden hatte. Dabei sollte die Rückwirkung „sowohl zum Vorteil wie zum Nachteil des Erwerbers“ berücksichtigt werden.

Wie aus einem Vermerk im Reichsfinanzministerium hervorgeht, war die Frage auch im Oberfinanzbezirk Aussig bereits aufgeworfen worden.[59] Hier war ein weiteres Problem deutlich geworden, das für eine Rückdatierung der Umsatzsteuer sprach: Für den Tag der kommissarischen Übernahme eines Betriebes wurde eine Bilanz aufgestellt, aus welcher der Kaufpreis berechnet wurde. Diese Bilanz bot auch eine Grundlage für die Berechnung der Umsatzsteuer. Für den Tag der wirklichen Übernahme stellte man hingegen keine solche Bilanz auf. Ausgehend von diesen Überlegungen empfahl schließlich auch das Reichsfinanzministerium eine rückwirkende Anerkennung der umsatzsteuerlichen Situation.

Schon wenig später wurden die Bedingungen für eine rückwirkende Steuerberechnung noch weiter aufgeweicht. War anfangs bestimmt worden, dass die späteren Erwerber den jüdischen Betrieb schon zuvor kommissarisch verwaltet haben mussten, um eine rückwirkende Steuerberechnung zu realisieren, stand bald in der Diskussion, die Regelung auch auf solche „Arisierungen“

[58] Vgl. Schreiben des Oberfinanzpräsidenten Troppau an das Reichsfinanzministerium vom 28.6.1940, BAB, R 2, 57443. Darin wird Bezug genommen auf einen Erlass des Reichsfinanzministeriums vom 23.5.1940.

[59] Vermerk Reichsfinanzministerium vom 29.7.1940, BAB, R 2, 57443.

auszuweiten, in denen zuvor keine kommissarische Verwaltung durch den „Ariseur“ stattgefunden hatte. Zunächst sollte diese Ausweitung für die einkommenssteuerliche Behandlung gelten. Daran schloss sich allerdings die Umsatzsteuerfrage unmittelbar an.[60] Der Troppauer Oberfinanzpräsident wand sich in seiner Darstellung: Rechtlich sei eine zwingende Notwendigkeit, die Frage für beide Steuerarten gleichmäßig zu beurteilen, zweifellos nicht gegeben. Auch das Argument der verwaltungstechnischen Zweckmäßigkeit sei hier nicht gegeben. Der früher leitende Gedanke, dass der „Ariseur“ bereits während der treuhänderischen Verwaltung eine ähnliche Position wie nach der Übernahme des Betriebes gehabt habe, traf nun nicht mehr zu. So kam er zu dem Schluss, dass es „nicht angängig“ sei, für die Umsatzsteuer in jedem Fall eine rückwirkende Geltung zu erlauben. Er empfahl daher, die alte Regelung beizubehalten.

Der Erlass des Reichsfinanzministers vom 29. Oktober 1940 folgte diesem Vorschlag nicht. Er weitete vielmehr den Erlass vom 23. Mai 1940 für alle steuerlichen Fragen auch auf solche „Arisierungen“ aus, in denen der neue Erwerber zuvor nicht schon kommissarischer Verwalter gewesen war.

4.3 Übergang zur „Zwangsarisierung“ 1938

4.3.1 Erste staatliche Regulierung der „Arisierung“ 1938 und Widerspruch Schwerin von Krosigks gegen eine „Zwangsarisierung“ im Sommer 1938

Während sich in der Praxis der „Arisierungen“ schon im Laufe des Jahres 1937 mit der Umsetzung der verschärften Devisengesetze und der Einschaltung der Gauwirtschaftsberater[61] gravierende Veränderungen ergaben, gilt für die Rolle der staatlichen Behörden im Allgemeinen das Jahresende 1937 als Wendepunkt der „Arisierung“. Insbesondere nach der Entlassung Hjalmar Schachts als Wirtschaftsminister organisierten staatliche Stellen die Ausschaltung aller Juden aus der deutschen Wirtschaft.[62]

Um den Jahreswechsel 1937/38 gingen die Stellen der Wirtschaftsgruppen, die für Rohstoffzuteilungen zuständig waren, dazu über, die Kontingente

[60] Vgl. dazu das Schreiben des Oberfinanzpräsidenten Troppau an das Reichsfinanzministerium vom 29.10.1940, BAB, R 2, 57443. Folgende Zitate ebd.

[61] Vgl. dazu Kratzsch, Gauwirtschaftsapparat.

[62] Dies ist jedoch wie oben erwähnt nicht auf Schachts „schützende Hand“ zurückzuführen, sondern vor allem auf eine Veränderung der innen- und außenpolitischen Rahmensituation. Vgl. zur Entwicklung 1938 Adam, Judenpolitik, S. 124–129; Longerich, Politik, S. 165–169.

für jüdische Unternehmen weiter zu kürzen. Im November 1937 hatte das Reichswirtschaftsministerium die Industrie- und Handelskammern außerdem angewiesen, „nichtarische“ Betriebe in Listen zu erfassen. Am 4. Januar 1938 gab das Reichswirtschaftsministerium der Reichswirtschaftskammer und der Arbeitsgemeinschaft der Industrie- und Handelskammern bekannt, nach welchen Kriterien Firmen als „jüdisch“ einzustufen seien. Zum Abschluss kam dieser Kennzeichnungsprozess im Juni 1938 mit der dritten Verordnung zum Reichsbürgergesetz, die bestimmte, dass alle jüdischen Betriebe in ein öffentlich zugängliches Gewerbeverzeichnis aufzunehmen seien.[63]

Gleichzeitig verstärkte die Vierjahresplanbehörde systematisch die Kontrolle über „Arisierungen“. Im April 1938 regelten drei Verordnungen bzw. Anordnungen Görings Erfassung und Durchführung von „Arisierungen“. Am 22. April 1938 verbot die Verordnung gegen die Unterstützung der Tarnung jüdischer Gewerbebetriebe deutschen Staatsangehörigen, dabei mitzuwirken, den „jüdische Charakter“ eines Gewerbebetriebes zu verschleiern und verdeckte Rechtsgeschäfte durchzuführen.[64] Dadurch sollte verhindert werden, dass es zwischen jüdischen Geschäftsinhabern und den „Ariseuren“ zu Absprachen zugunsten der Juden kam. Am 26. April 1938 veröffentlichte Hermann Göring die Verordnung über die Anmeldung jüdischen Vermögens, auf die bereits im Zusammenhang mit der „Judenvermögensabgabe“ kurz eingegangen wurde.[65] Indem alle Juden ihr Vermögen, soweit es die Grenze von 5 000 Reichsmark überschritt, bis 30. Juni 1938 bei der höheren Regierungsbehörden anmelden mussten, gewann das NS-Regime einen Überblick über die Vermögensreste, die sich noch in Hand von Juden befanden. Am selben Tag wie die Anmeldeverordnung erging auch eine erste Anordnung auf Grund dieser Verordnung, welche die wirtschaftlichen Tätigkeiten der Juden in Deutschland ganz der Vierjahresplanbehörde unterwarf.[66] Mit dieser Anordnung wurden Verkäufe jüdischer Gewerbebetriebe offiziell genehmigungspflichtig. Zuständig für diese Genehmigungen waren – wie schon für die Vermögensanmeldungen – die staatlichen höheren Verwaltungsbehörden.

In einer Ministerratssitzung am 29. April 1938 gab Göring seine Pläne für das weitere Vorgehen bekannt. Ziel des Prozesses, der mit der Anmeldeverordnung eingeleitet worden war, sei es, erklärte er, die Juden aus dem deutschen Wirtschaftsleben auszuschalten und die jüdischen Vermögen in Werte umzu-

[63] Dritte Verordnung zum Reichsbürgergesetz vom 14.6.1938, RGBl. I (1938), S. 627.

[64] Verordnung gegen die Unterstützung der Tarnung jüdischer Gewerbebetriebe vom 22.4.1938, RGBl. I (1938), S. 404.

[65] Verordnung über die Anmeldung des Vermögens von Juden vom 26.4.1938, RGBl. I (1938), S. 414.

[66] Anordnung auf Grund der Verordnung über die Anmeldung des Vermögens von Juden vom 26.4.1938, RGBl. I (1938), S. 415.

wandeln, die ihnen keinen wirtschaftlichen Einfluss mehr gestatteten.[67] Dass dies mit dem Mittel der „Zwangsarisierung" erreicht werden sollte, war dabei allerdings keineswegs klar.

In den folgenden Monaten setzten die Ministerien vielmehr eine Reihe von Gesetzen und Verordnungen um, die kaum ein koordiniertes Vorgehen in Richtung zwangsweiser „Arisierung" erkennen lassen. Man arbeitete „für den Augenblick"[68] und entwarf punktuelle Teillösungen. Das Reichsinnenministerium arbeitete an einem Entwurf zur Ausschaltung jüdischer „Betriebsführer", durch das jüdische Unternehmer von „arischen" unterschieden werden sollten – die Frage erwies sich jedoch als komplex, so dass diese Regelung erst im Dezember 1938 in eine Verordnung umgesetzt wurde.[69] Im Juli 1938 wurde die Gewerbeordnung dahingehend geändert, dass Juden aus einer Reihe von Berufen ausgeschlossen wurden.[70] Auch die Einführung einer Kennzeichnungspflicht für jüdische Betriebe im Juni 1938 gehört in diesen Kontext.

Am 14. Juni 1938 stellte das Reichsinnenministerium einen systematischen Maßnahmenkatalog zur Ausschaltung der Juden aus dem Wirtschaftsleben zusammen, der die erforderlichen Schritte zusammenhängend aufzählte und davon ausging, dass die Ausschaltung unter Zwang stattfinden würde.[71] Damit war erstmals das Vorhaben ausgesprochen, die Juden durch staatliche Maßnahmen vollständig und unter Zwang aus der deutschen Wirtschaft auszuschließen. Gegen diese Pläne des Reichsinnenministeriums zur „Zwangsarisierung" erhob das Reichsfinanzministerium starken Widerspruch. Diese Intervention ist eine der wenigen bekannten, explizit kritischen Stellungnahmen Schwerin von Krosigks in der Frage der „Arisierung".

In einer behördeninternen Besprechung Anfang Juli 1938 fasste er den Beschluss, einer zwangsweisen „Arisierung" erst zuzustimmen, wenn feststehe, dass die freiwillige „Arisierung" nicht zum Erfolg führe.[72] Bedenken äußerte Schwerin von Krosigk vor allem deshalb, weil das vom Innenministerium geplante Verfahren, Juden für ihr entzogenes Eigentum Staatsanleihen aus-

67 Schreiben des RIM an den Beauftragten für den Vierjahresplan vom 14.6.1938 mit Ausführungen über die Ministerratssitzung vom 29.4.1938, GStA Rep. 335/11/481, nach Adam, Judenpolitik, S. 124.

68 Adam, Judenpolitik, S. 126.

69 Zweite Verordnung zur Ausschaltung der Juden aus dem Wirtschaftsleben vom 14.12.1938, RGBl. I (1938), S. 1902.

70 Gesetz zur Änderung der Gewerbeordnung für das Deutsche Reich vom 7.7.1938, RGBl. I (1928), S. 823.

71 Schreiben des RIM an den Beauftragten für den Vierjahresplan vom 14.6.1938, zit. nach Adam, Judenpolitik, S. 127; der Plan wird ausführlich untersucht in Schleusener, Eigentumspolitik, S. 265–270; vgl. hierzu und zur Haltung des Reichsfinanzministers gegenüber diesem Plan auch Genschel, Verdrängung, S. 168–171.

72 Aktennotiz des MinRats Schwandt/RFM über eine Besprechung bei Schwerin von Krosigk am 1.7.1938, zit. nach Adam, Judenpolitik, S. 127.

zugeben, zu einer „Verproletarisierung“ der Juden führen würde, da dieses Vermögen innerhalb einer Generation oder sogar noch schneller ausgegeben werden würde. Er fürchtete bei „Zwangsarisierungen“ den Verlust der Steuerkraft und wegen der Rückfinanzierung über Reichsanleihen massive Einbußen für den Kredit des Reiches. Hinzu kam die Angst vor einer eventuellen Schädigung nichtjüdischer Gläubiger. Schwerin von Krosigk sprach sich zwar nicht grundsätzlich gegen die Vertreibung der Juden aus, setzte sich aber aus finanzpolitischen Gründen für eine „ökonomisch rationale“ Form der „Arisierungen“ ein.

Am 23. August 1938 erklärte er dann in einem Schreiben gegenüber dem Reichsinnenministerium seinen Widerspruch gegen eine „Zwangsarisierung“, vertrat dabei allerdings bereits eine etwas gemäßigtere Position als in der internen Besprechung vom Juli des Jahres, indem er lediglich forderte, manche Betriebe sollten grundsätzlich Juden belassen werden. Im Gegenentwurf zu den Plänen des Reichsinnenministeriums, den das Referat Schwandt im Reichsfinanzministerium im Juli des Jahres ausgearbeitet hatte, hatte es noch geheißen, dass die Tätigkeit jüdischer Firmen aus steuerlichen Gründen prinzipiell garantiert und nicht gefährdet werden solle.[73]

Gegen eine „Zwangsarisierung“ sprach sich auch der nunmehrige Reichsbankpräsident Schacht aus, der eine Gefährdung des Kapitalmarktes befürchtete und davor warnte, dass die Maßnahmen von der übrigen Welt „als der Rechtsbasis entbehrende Willkür und als Vermögenskonfiskation“ angesehen und kritisiert würden.[74] Schwerin von Krosigks und Schachts Intervention sorgte dafür, dass das Reichsinnenministerium seine Pläne vorerst noch einmal zurückstellte.

Wenn hier deutlich wird, dass Schwerin von Krosigk im Sommer 1938 als entschiedener Gegner der „Zwangsarisierung“ auftrat, muss man jedoch gleichzeitig bedenken, dass das Finanzministerium zum selben Zeitpunkt den kontinuierlichen Zugriff auf jüdisches Vermögen über Steuern aktiv betrieb. Im Februar 1938 erging die erste einer ganzen Reihe von expliziten steuerlichen Sonderregelungen gegen Juden, welche die Einkommensteuer betraf, und die Vorbereitungen für eine Judensondersteuer, die den Charakter einer Teilenteignung haben sollte, liefen zu diesem Zeitpunkt auf Hochtouren. Es wäre daher nicht zutreffend, die Haltung der Finanzverwaltung durchgehend als

[73] Schreiben des Reichsfinanzministers an den Reichsinnenminister vom 23.8.1938, IMT-Dokument NG 3937. Der Vorgang wird auch dargestellt im Vermerk Ref. V/4 zur Erhebung einer Ausgleichsabgabe und Finanzierungshilfe des Reiches bei „Arisierungen“ vom 1.11.1938, BAB, R 2, 56885. Vgl. dazu auch Genschel, Verdrängung, S. 171; Mehl, Reichsfinanzministerium, S. 60 f.

[74] Schreiben Schachts an Frick vom 7.7.1938, zit. nach Genschel, Verdrängung, S. 169. Auch jede Inanspruchnahme des Reiches bei der Finanzierung von „Arisierungen“ lehnte das Reichsfinanzministerium kategorisch ab.

widerständig gegenüber der Konfiskation jüdischen Eigentums zu bezeichnen. Vielmehr befürwortete man dort durchaus Regelungen, die man fiskalpolitisch für unbedenklich hielt und die die dringend benötigte Erhöhung der staatlichen Einnahmen in Aussicht stellten.[75] Mit Blick auf die Steuern erhält auch die Haltung der Finanzverwaltung in der Frage der „Zwangsarisierungen" einen anderen Akzent, als es Schwerin von Krosigks Intervention vom Sommer 1938 zunächst nahelegt. Während sich der Finanzminister offiziell gegen eine gesetzlich geregelte „Zwangsarisierung" aussprach, entwickelten Finanzbeamte gleichzeitig eine Strategie, wie durch extrem hohe Steuerforderungen komplizierte Arisierungsverfahren schnell und quasi zwangsweise zum Abschluss gebracht werden konnten. Dies zeigt beispielhaft der Fall der „Arisierung" eines der größten Kohle-Konzerne jener Zeit, des Petschek-Konzerns, in dem das Finanzamt Moabit-West die steuerliche Diskriminierung systematisch als Druckmittel einsetzte und dadurch de facto eine der ersten großen „Zwangsarisierungen" der NS-Zeit initiierte.

4.3.2 Durch Steuerschulden zur „Zwangsarisierung": der Ignaz-Petschek-Konzern

Der Petschek-Konzern beherrschte die Kohleförderung in den Revieren Nordwestböhmens und hatte damit den zentralen Rohstoff der Region unter seiner Kontrolle. Der Konzern war dabei in den 1930er Jahren auf zwei Zweige der Familie Petschek verteilt, die beide nach der nationalsozialistischen Rassenideologie als „jüdisch" galten.[76] Beide Familienzweige, die Söhne von Julius Petschek und von Ignaz Petschek, besaßen sowohl Kohlebergwerke in Deutschland als auch in der Tschechoslowakei. Die „Arisierung" der beiden untereinander wirtschaftlich konkurrierenden Konzerne wurde von zwei Unterhändlern, den Mittelstahlwerken Friedrich Flicks und der Dresdner Bank, durchgeführt, die sich das Vorgehen territorial aufteilten. Das Unternehmen von Flick war für die deutschen Besitzungen zuständig, die Dresdner Bank für die tschechischen Bergwerke.

Bereits im Sommer 1938 waren die mitteldeutschen Bergwerke des Julius-Petschek-Konzerns, die auf 180 Millionen Reichsmark taxiert worden waren, für 6,35 Millionen Dollar an ein Konsortium übergegangen, zu dem u. a. die Mitteldeutschen Stahlwerke, die I.G. Farben und die Wintershall-AG gehörten. Vom Ergebnis der „Arisierung" des Julius-Petschek-Konzerns war Präsident

[75] Vgl. dazu auch Mehl, Reichsfinanzministerium, S. 61 f.

[76] Zur „Arisierung" der Konzerne von Ignaz und Julius Petschek vgl. Osterloh, Judenverfolgung, S. 347–351; Wixforth, Dresdner Bank, S. 118–141; Hilberg, Vernichtung, S. 120–127.

Kehrl vom Reichswirtschaftsministerium begeistert. Lediglich die Tatsache, dass die Dresdner Bank für ihre Tätigkeit einen doppelten Provisionssatz (4 Prozent) und hohe Zinsen für vorgeschossenes Kapital (6,5 Prozent) verlangte, sorgte für Kritik staatlicherseits. Künftig, so setzte das Finanzministerium durch, dürfe nur eine Provision von 2 Prozent und ein Zinssatz von 5,5 Prozent verlangt werden.[77]

Die Inhaber des Ignaz-Petschek-Konzerns wollten zu diesem Zeitpunk noch an ihren mitteldeutschen Kohlebergwerken festhalten. Als die Ignaz-Petschek-Gruppe – ähnlich wie zuvor die Julius-Petschek-Gruppe es getan hatte und damit erfolgreich eine „Arisierung“ zu vergleichsweise günstigen Bedingungen mit einer Zahlung des Erlöses in Devisen erwirkt hatte – begann, Firmen im Ausland zu gründen, um sich dem Zugriff des deutschen Interessenten zu entziehen, suchte man im Deutschen Reich nach Möglichkeiten, die Söhne von Ignaz Petschek zum Verkauf zu zwingen.

Am 22. Juli 1938 fand eine interministerielle Besprechung zur Frage der „Arisierung“ des Ignaz-Petschek-Konzerns statt, die aus mehreren Gründen bemerkenswert war. Zum einen ist es die einzige bekannte Sitzung zu einer Einzelfall-Arisierung, zum anderen waren neben Mitarbeitern der Vierjahresplanbehörde, des Auswärtigen Amtes, des Wirtschaftsministeriums, des Reichskommissariats für Kohle und des Justizministeriums auch ein Vertreter des Reichsfinanzministeriums und zwei Beamte des Oberfinanzpräsidiums Berlin daran beteiligt.[78] Auf dieser Sitzung legte der Vertreter des Justizministeriums dar, dass rechtlich keine Möglichkeiten für eine „Zwangsarisierung“ bestünden. Gleichzeitig war klar, dass eine „Arisierung“ zum Wert des Konzerns, der auf 200 Millionen Reichsmark geschätzt wurde, die finanziellen Kapazitäten des Reiches weit überschritt. Die Finanzbeamten stellten schließlich eine Teillösung in Aussicht. Nachforschungen hätten ergeben, dass die Petscheks dem Reich noch Steuern in Höhe von 30 Millionen Reichsmark schuldeten. Diese vermeintlichen Steuerrückstände sollten den entscheidenden Anknüpfungspunkt für die spätere „Arisierung“ bilden.

Diese hohen Summen begründete das für die Steuererhebung zuständige Fi-

[77] Hilberg, Vernichtung, S. 122.

[78] Teilnehmer der Sitzung waren Ministerialdirektor Helmuth Wohlthat, Vorsitzender sowie Währungs- und Devisenexperte aus dem Amt für den Vierjahresplan, Gerichtsassessor Dr. Hahn vom Amt für den Vierjahresplan, Ministerialrat Gebhardt vom Reichsfinanzministerium, Oberregierungsrat Dr. Müller und Steuerinspektor Krause, beide vom Oberfinanzpräsidium Berlin, Legationsrat Altenburg und Konsul Dr. Kalisch vom Auswärtigen Amt, Oberregierungsrat Dr. Gotthardt und Bergrat Ebert vom Reichswirtschaftsministerium, Reichskohlenkommissar Dr. Lintl und Amtsgerichtsrat Herbig aus dem Reichsjustizministerium. Der Teilnehmerkreis variierte bei späteren Sitzungen. Zusammenfassung der Petschek-Konferenz durch Ministerialdirektor Wohlthat vom Amt für den Vierjahresplan vom 2.8.1938, IMT-Dokument NG 2398.

nanzamt Moabit-West, das für ausländische Personen mit Steuerpflichten in Deutschland zuständig war, damit, dass sich bei der Familie Petschek bereits seit den 1920er Jahren Steuerschulden angesammelt hätten. Tatsächlich war Ignaz Petschek als beschränkt Steuerpflichtiger bis zu seinem Tod 1934 im Finanzamt Moabit-West geführt worden, und seine Söhne hatten die Geschäfte bis 1938 in Deutschland weitergeführt. Nach einer Betriebsprüfung im Jahr 1938 stellte das Finanzamt für die Jahre 1925–1937 Nachzahlungsbescheide aus.[79]

Die Finanzbehörden pfändeten zunächst Bankeinlagen der Petscheks. Als die Deutschen im Oktober 1938 in das Sudetenland einmarschierten, besetzten sie sofort den Hauptsitz des Ignaz-Petschek-Konzerns in Aussig, um belastendes Material für eventuelle weitere Steuerforderungen zu suchen. Bis Juni 1939 rechneten die Berliner Finanzbehörden den Betrag, den man von den Petscheks forderte, auf 300 Millionen Reichsmark hoch, ein Betrag, der über dem geschätzten Vermögenswert des Petschek-Konzerns lag. Mit dem Argument der Steuerschulden konnte man die Ignaz-Petschek-Gruppe vollständig enteignen.

Im Sommer 1939 wurde der mitteldeutsche Teil des Ignaz-Petschek-Konzerns vom Deutschen Reich an den Flick-Konzern und die Hermann-Göring-Werke verkauft. Die tschechischen Bergwerke bekam die Egerländer Bergbau AG als Auffanggesellschaft übertragen, die sich zunächst in Reichsbesitz befand, später aber an Privatunternehmer weiterverkauft wurde.

Die „Arisierung“ der beiden Petschek-Konzerne fällt in die entscheidende Übergangsphase von der „freiwilligen Arisierung“ zur „Zwangsarisierung“ jüdischer Gewerbebetriebe, bei der die jüdischen Unternehmer nicht mehr aktiv beteiligt waren. Formal gab es zu Beginn der „Arisierung“ des Ignaz-Petschek-Konzerns noch keine rechtliche Handhabe, um die Inhaber zur Übereignung ihrer Unternehmensgruppe zu zwingen. De facto aber schufen staatliche Behörden eine finanzielle Situation, die den jüdischen Eigentümern keinerlei Handlungsspielraum ließ und der „Arisierung“ den Charakter einer staatlichen Enteignung gab. Das Schlüsselelement für diese Konstruktion war die Steuernachforderung, die das Finanzamt Moabit-West und das Oberfinanzpräsidium Berlin entwickelt hatten. Durch die Forderungen der Finanzbeamten gewann der Staat die Handhabe zur Enteignung. Dies ermöglichte nicht nur die im Volumen ansonsten kaum zu tragende „Arisierung“ des riesigen Ignaz-Petschek-Konzerns, sondern verschaffte auch dem Reich und seinen Behörden eine zentrale Lenkungsrolle. Besonders erfreulich aus der Sicht der Reichsbehörden war an diesem Vorgehen schließlich, dass der Anspruch des Reiches auf den Gewinn gestärkt wurde. Hatten bei früheren Enteignungsverfahren die regionalen Behörden bzw. die Länder immer wieder Anspruch auf die Profite aus der Verwertung des konfiszierten jüdischen

[79] Friedenberger, Finanzamt, S. 687.

Eigentums erhoben, so war es in diesem Fall geradezu zwingend, dass das Vermögen der Petscheks zugunsten der Begleichung von Reichsschulden genutzt und in die Kassen des Reichsfiskus geleitet wurde. Versuche des Regierungspräsidenten von Aussig, Einrichtungsgegenstände, Gemälde und die Bibliothek der Petscheks vor Ort zu belassen und „wenigstens einige gute Stücke im Lande“ zu behalten, stießen daher auch auf große Widerstände. Es gehe bei der Pfändung nicht um einen Vermögensverfall, erklärten die Berliner Finanzbeamten selbstbewusst, sondern um die Beitreibung der umfangreichen Steuerrückstände. Die Berliner Finanzbehörden würden dabei ganz im Sinne der Reichsabgabenordnung verfahren. Man empfahl dem Regierungspräsidenten lakonisch, er solle sich eben an den Versteigerungen beteiligen, wenn er Interesse an bestimmten Stücken habe. Am Ende landete der Konflikt auf dem Schreibtisch von Finanzstaatssekretär Fritz Reinhardt, der dann doch zu Gunsten des Regierungspräsidenten in Aussig entschied. Allerdings erstattete das Reichsinnenministerium den Finanzbehörden den Gegenwert der Teppiche, die der Aussiger Regierungspräsident einbehielt.[80]

4.3.3 „Zwangsarisierung“ nach dem Novemberpogrom

Dass die „Judenfrage in der Wirtschaft“ im November 1938 einer „endgültigen Lösung“ zugeführt wurde, hing maßgeblich mit dem reichsweiten Pogrom zusammen. Die Pogromnacht war nicht Ursache, noch nicht einmal einziger Auslöser dieser Entwicklung. Wie erwähnt spielten andere Faktoren ebenfalls eine wichtige Rolle, und die Planungen für die Ausschaltung der Juden aus dem deutschen Wirtschaftsleben waren bereits vor der Pogromnacht weit fortgeschritten. Aber das Novemberpogrom bot einen Anlass zu einem wesentlich beschleunigten Vorgehen gegen Juden in der Wirtschaft.

Als Josef Goebbels am Abend des 9. November 1938 das Startsignal zur Zerstörung jüdischer Geschäfte und Synagogen gab, öffnete er die Türen für von breiten gesellschaftlichen Schichten mitgetragene Ausschreitungen der unterschiedlichsten Art gegen Juden.[81] Der Reichsfinanzminister nahm nach eigener Aussage schon kurz nach dem Pogrom Kontakt zu Hermann Göring auf.[82] Klaus Goehrke sieht dieses Gespräch, über das außer den Erinnerungen Schwerin von Krosigks keine weiteren Quellen bekannt sind, in einer Linie mit den Ergebnissen der Konferenz vom 12. November 1938: Offenkundig sei das Ergebnis der Kontaktaufnahme gewesen, dass die „Judenangelegenheiten“ nun

80 Vgl. Briefwechsel zu der Frage im Bestand des Berliner Oberfinanzpräsidiums, zit. nach Friedenberger, Finanzamt, S. 687–689. Eine eigene, komplizierte Geschichte ist die „Arisierung“ des Kunstbesitzes der Petscheks.

81 Vgl. zu dieser Perspektive auf das Pogrom Steinweis, Kristallnacht.

82 Schwerin von Krosigk, Memoiren, S. 190.

auf dem Verwaltungsweg geregelt werden sollten, um weitere Exzesse zu verhindern.[83] Schwerin von Krosigk selbst berichtet über das Gespräch nur, dass Göring wütend über die Aktion „seines Feindes Goebbels“ gewesen sei und Hitler auf den „unabsehbaren Schaden für das Ansehen Deutschlands im Ausland“ hingewiesen habe.

Am 12. November 1938 fand im Reichsluftfahrtsministerium eine Sitzung statt mit über 100 Teilnehmern.[84] Diese Sitzung zieht seit Langem die Aufmerksamkeit der Forschung auf sich, weil dort in vieler Hinsicht Weichen für die spätere Entwicklung der Judenverfolgung neu gestellt wurden. Finanzpolitisch wichtig war insbesondere die „Judenvermögensabgabe“, die auf dieser Sitzung beschlossen wurde. Aber auch für die „Arisierung“ und die Rolle der Finanzbehörden dabei war die Sitzung von Bedeutung.

Hier präsentierte der österreichische Wirtschafts- und Finanzminister Fischböck konkrete Konzepte für die Durchführung der „Arisierung“ in Österreich, die Göring beeindruckten. In Wien, erklärte Fischböck, sollten von den rund 17 000 Handwerksbetrieben und Einzelhandelsgeschäften nur 3 000 bis 3 500 „arisiert“, die übrigen aufgelöst werden. Für die „Arisierungen“ seien schon 1 500 Käufer vorhanden.[85] Während der Sitzung legte auch der Reichswirtschaftsminister Funk eine Verordnung vor, die Juden jede Gewerbetätigkeit verbieten sollte. Schließlich regte Heydrich an, im Reichsgebiet nach dem Vorbild der Wiener Zentralstelle für jüdische Auswanderung eine ähnliche Einrichtung zu schaffen.

An Heydrichs Argumentation anknüpfend erklärte der Reichsfinanzminister während der Sitzung, dass die Auswanderung der Juden „im Wege eines zusätzlichen Exports“ das oberste Ziel bleiben müsse. Er sah „furchtbare Belastungen“, wenn „das ganze Gesellschaftsproletariat“ in Deutschland bliebe. „Infolgedessen muss das Ziel sein, was Heydrich gesagt hat: hinaus, was hinausgebracht werden kann“[86].

Im Anschluss an die Sitzung gab Göring noch am selben Tag drei Verordnungen heraus, welche die wirtschaftliche Verfolgung von Juden vorantrieben: Die Verordnung über die Sühneleistung der Juden deutscher Staatsangehörigkeit,[87] die Verordnung zur Wiederherstellung des Straßenbildes bei jüdischen

[83] Goehrke, Fesseln der Pflicht, S. 46.

[84] Protokoll einer Mitschrift der Sitzung (Kopie), in: Der Prozess gegen die Hauptkriegsverbrecher vor dem Internationalen Militärgerichtshof (IMT), Nürnberg 1948, Bd. XXVIII, Dokument 1816 PS, S. 499–540.

[85] Genschel, Verdrängung, S. 183.

[86] Zitat aus der Stenografischen Mitschrift der Besprechung vom 12.11.1938, Urteil, S. 569, zit. nach Goehrke, Fesseln der Pflicht, S. 47.

[87] Verordnung über die Sühneleistung der Juden deutscher Staatsangehörigkeit vom 12.11.1938, RGBl. I (1938), S. 1579.

Gewerbebetrieben[88] und die Verordnung zur Ausschaltung der Juden aus dem deutschen Wirtschaftsleben.[89] Die letztgenannte Verordnung entsprach dem Entwurf, den Wirtschaftsminister Funk auf der Sitzung vorgestellt hatte, und verbot ab 1. Januar 1939 Juden den Betrieb von Geschäften, Handwerksbetrieben, Handel und Dienstleistungen auf Märkten und Messen sowie die Mitgliedschaft in Genossenschaften. Am 23. November 1938 folgte die Verordnung zur Ausschaltung der Juden aus dem Einzelhandel und dem Handwerk. Mit der Verordnung zum Einsatz jüdischen Vermögens vom 3. Dezember 1938, welche die Grundlage für die vollständige „Zwangsarisierung“ bildete, kam die Welle der „Arisierungs“-Verordnungen zu einem vorläufigen Ende.

Die Ereignisse nach dem 9. November 1938 können als tiefe Zäsur in der rassistischen Eigentumspolitik gewertet werden, nicht so sehr wegen der massiven Übergriffe gegen jüdische Vermögen – die gab es auch schon zuvor –, sondern weil nun der Staat die Handlungsleitung an sich ziehen wollte.[90] Die staatliche Kontrolle der „Arisierungen“ bedeutete eine Bürokratisierung des Prozesses. Dies spiegelt sich nicht zuletzt in den vielen Anordnungen, die in der Folgezeit erlassen wurden.[91] Allerdings hatte der Versuch der staatlichen Institutionen, die Kontrolle an sich zu ziehen, nur zum Teil Erfolg, wie insbesondere die Entwicklung der Ausgleichsteuer für „Entjudungsgewinne“ zeigt.

4.4 Zwischen Partei-, Staats- und Privatinteressen: die Ausgleichsabgabe

4.4.1 Gegen regionale Parteiinteressen im „Altreich“: die Entscheidung für eine staatliche Ausgleichsabgabe

Ab Jahresende 1938 erhob die NS-Regierung auf „Entjudungsgewinne“ eine sogenannte Ausgleichsausgabe. Bislang wurde diese „Entjudungsgewinnabgabe“ in der historischen Forschung in der Regel nur beiläufig erwähnt. Dass sie so wenig Aufmerksamkeit gefunden hat, erstaunt, denn bereits in einer Zusammenstellung aus den Unterlagen des ehemaligen Reichsfinanzministeriums vom Februar 1949 über die wichtigsten fiskalischen Maßnahmen zur Verfolgung der Juden im „Dritten Reich“ wird die Ausgleichsabgabe als ein eigener

88 Verordnung zur Wiederherstellung des Straßenbildes bei jüdischen Gewerbebetrieben vom 12.11.1938, RGBl. I (1938), S. 1581.

89 Verordnung zur Ausschaltung der Juden aus dem deutschen Wirtschaftsleben vom 12.11.1938, RGBl. I (1938), S. 1580.

90 Schleusener, Eigentumspolitik, S. 273.

91 Erlass des Reichswirtschaftsministeriums vom 23.10.1939, Durchführungsverordnung zur Verordnung über die Nachprüfung von Entjudungsgeschäften vom 14.11.1940.

Gliederungspunkt aufgeführt. Dabei war es weniger das Volumen – mit gut 200 Millionen Reichsmark waren die Einnahmen im Vergleich zu den „arisierten" Werten gering – als vielmehr das Verfahren an sich und der damit verbundene Versuch einer rückwirkenden Einflussnahme des Staates auf die „Arisierungen", der ein bezeichnendes Licht auf die Machtkonstellationen bei der „Arisierung" wirft und insofern als eine Art Sonde für das Zusammenwirken und Ineinandergreifen von gesellschaftlichen und staatlichen Kräften im Umgang mit jüdischem Vermögen dienen kann.

Der Kreis der Beteiligten an den Arisierungsverfahren hatte sich bereits durch die offizielle Genehmigungspflicht, die seit der Anordnung vom 26. April 1938 bestand, erheblich erweitert. Höhere Verwaltungsbehörden wurden zur Entscheidungsinstanz, die Industrie- und Handelskammern bzw. die Handwerkskammern zu gutachterlichen Institutionen, die in dem Verfahren hinzugezogen werden sollten. Daneben waren auch Landräte, Stadtverwaltungen, Polizeiämter und -reviere, der Reichskommissar für das Kreditwesen, Stadt- und Kreisverwaltungsgerichte, Gauwirtschaftsberater, Deutsche Arbeitsfront, Reichsnährstand, Organisationen der gewerblichen Wirtschaft, Notare, Gerichtsbehörden, aber auch Rechtsanwälte, Wirtschaftsprüfer, Treuhänder, Banken, Abwesenheitspfleger und Versteigerer und auch die Finanzbehörden involviert.[92]

Als besonders einflussreich erwies sich zudem die Einbindung der Gauinstitutionen in die Arisierungsverfahren. Ein erster Erlass des Reichswirtschaftsministeriums zur Ausführung der Genehmigungsverfahren, datiert auf den 5. Juli 1938, schrieb vor, dass vor der Genehmigung einer „Arisierung" nicht nur die Industrie- und Handelskammern bzw. Handwerkskammern, sondern auch die Gauleiter zu hören seien.[93] Eine Anordnung des Leiters der Parteikanzlei Martin Bormann vom selben Tag erläuterte die Aufgaben der Partei genauer.[94] Die NSDAP-Funktionäre sollten im Rahmen der Arisierungsverfahren eine „gesunde Mittelstandspolitik" betreiben, indem sie Volksgenossen, „die politisch und fachlich geeignet sind, auch wenn sie finanziell nicht über die entsprechenden Mittel verfügen", zu einer eigenständigen Existenz verhelfen sollten. Besonders gelte es Parteigenossen zu fördern, „die wegen ihrer Zugehörigkeit zur Bewegung in der Vergangenheit wirtschaftliche Nachteile erlitten haben". Auch Auslandsdeutsche seien besonders zu berücksichtigen. Bormann forderte die Parteidienststellen auf, eine „aktive Arisierungspolitik"

92 Aufzählung nach dem Vorwort in Markmann/Enterlein, Entjudung, S. 6 (1938).

93 Das Reichswirtschaftsministerium kommentierte die Verordnung vom 26. April 1938 in zwei nicht veröffentlichten Ausführungsanweisungen vom 5. Juli und vom 5. August 1938. Markmann/Enterlein, Entjudung, S. 5. Vgl. zu dem ersten Erlass auch Longerich, Politik, S. 168.

94 Ebd., S. 168 f.

zu betreiben und von sich aus geeignete Bewerber für die „Arisierungen" zu benennen. Die Gauleitungen wurden auch angewiesen, dafür einzutreten, „dass der jüdische Verkäufer keinen unangemessen hohen Kaufpreis erhält". Diese Form der „Arisierung" verstand Bormann als eine „Wiedergutmachung" für Schäden, die das Judentum dem deutschen Volk zugefügt habe.

In der Praxis drückten die Gauleitungen nicht nur den Preis der jüdischen Unternehmen auf ein oft absurd niedriges Niveau, sondern erpressten in großem Stile auch zusätzliche Zahlungen in die eigenen Kassen. Vielerorts wurden die jüdischen Eigentümer oder die „arischen" Erwerber gezwungen, „Spenden" an die NSDAP oder in spezielle Fonds unter Parteikontrolle zu leisten. Im Gau Saarpfalz etwa gründete der Gauleiter Josef Bürckel die „Saarpfälzische Vermögensgesellschaft". Die jüdischen Eigentümer mussten vierzig Prozent des Verkaufserlöses auf ein Sonderkonto der Gauleitung abtreten.[95] Allein bei der „Entjudung" der Mannheimer Baufirma Gebr. Morse OHG wurde angeblich eine „Arisierungsabgabe" in Höhe von 150 000 Reichsmark erhoben, deren Verbleib über Monate unklar war.[96] Ähnlich setzte in München der Gauleiter Wagner im November 1938 nach dem Pogrom die „Vermögensverwertung GmbH München" als Auffanggesellschaft für jüdischen Besitz ein. Diese erwirtschaftete durch erzwungene Verkäufe von Grundstücken nicht nur hohen Gewinn, sondern zweigte dabei auch erhebliche „Verwaltungsgebühren" ab.[97] In Hamburg trieb die „Hamburger Grundstücks-Verwaltungsgesellschaft von 1938 mbH" sogenannte Arisierungsspenden in Höhe von insgesamt mindestens 854 000 Reichsmark ein und leitete diese an den Gauleiter Kaufmann weiter.[98] Der württembergische Gauleiter Murr erpresste rund eine halbe Million Reichsmark aus „Spenden" bei „Arisierungen", die er in seiner Stiftung „Wirtschaftsdank Württemberg" sammelte. In Thüringen zweigte der NSDAP-Gauwirtschaftsberater bei „Arisierungen" zehn Prozent der Kaufsumme für ein Sonderkonto der Gauleitung ab, das formal als zusätzliche Altersversorgungseinrichtung für „Alte Kämpfer" dienen sollte, aber überwiegend für „Darlehen" für Parteigenossen verwendet wurde, um diese beim Aufkauf jüdischer Firmen zu unterstützen.[99] Ein ähnliches Verfahren gab es auch in Ostpreußen: Eine württembergische und eine mainfränkische Stiftung dienten ebenfalls

[95] Vgl. dazu Bajohr, Parvenüs, S. 112 f.

[96] Schreiben des Reichsfinanzministeriums, Abt. V, an das Reichswirtschaftsministerium, Dr. Gotthardt, vom März 1940, BAB, R 2, 553, Bl. 11 f.

[97] Vgl. Abschlussbericht der Vermögensverwertung München GmbH vom 25.1.1939, StAM, NSDAP 37.

[98] Bajohr, „Arisierung" in Hamburg, S. 290 f., 380 f.

[99] Zu Württemberg und Thüringen vgl. Bajohr, Parvenüs, S. 113 f. Der Thüringische Fall wird auch geschildert im Schreiben des Reichsfinanzministeriums, Abt. V, an das Reichswirtschaftsministerium, Dr. Gotthardt, vom März 1940, BAB, R 2, 553, Bl. 11 f. Folgendes Zitat ebd.

unter anderem der Refinanzierung von „Arisierungen". Formal ähnlich wie in Thüringen richtete auch die sächsische Gauleitung eine „Stiftung Altershilfe" ein, auf deren Konto durchschnittlich zehn Prozent der „Arisierungssumme" eingezahlt werden mussten. Insbesondere in Dresden und vermutlich auch in der Provinz Sachsen waren die Kreiswirtschaftsberater angewiesen, solche Abgaben auf ein Sonderkonto der Stiftung zu überweisen. Die Nürnberger Gauleitung bildete 1938 in solchem Umfang schwarze Kassen, dass Hermann Göring dort sogar eine eigene Untersuchungskommission einsetzte, auf deren Tätigkeit unten noch genauer eingegangen wird.

Göring kritisierte die regionalen Bereicherungsmethoden von Partei und Gauleitungen scharf. In einer Rede am 6. Dezember 1938 erklärte er: „Die Partei soll keine Geschäfte machen. [...] es kann nicht eine Gauleitung hergehen und kann bei sich ein Arisierungsbüro machen. [...] Auch hier hat der Führer folgende Richtlinie gegeben: Selbstverständlich wird lokal, weil das Reich ja das gar nicht kann, arisiert. [...] Der Nutzen aus allen Arisierungen kommt ausschließlich und einzig und allein dem Reich zu, d. h. hier dem Verwalter, dem Reichsfinanzminister, sonst niemandem im ganzen Reich; denn nur dann ist es möglich, das Rüstungsprogramm des Führers durchzuführen."[100]

Allerdings konnten sich die Gauinstanzen in gewisser Weise auf die geltende Gesetzesregelung berufen. Die Anordnung auf Grund der Verordnung über die Anmeldung des Vermögens von Juden vom 26. April 1938[101] eröffnete den Genehmigungsbehörden die Möglichkeit, die Genehmigung der „Arisierung" mit Auflagen zu versehen, welche die Vertragspartner erfüllen mussten.[102] Solche Auflagen konnten beispielsweise die „Entjudung" der Belegschaft, die Löschung der jüdischen Firmenbezeichnung oder die Zahlungsmodalitäten betreffen. Finanzielle Ausgleichsabgaben waren laut Verordnungstext zumindest nicht ausgeschlossen.

Ein zeitgenössischer Verwaltungskommentar zur „Arisierung" wies zunächst darauf hin, dass solche Zusatzabgaben nicht vorgesehen seien.[103] Insbesondere war es staatlichen Stellen verboten, ihre Verwaltungsentscheidungen von Geldzahlungen abhängig zu machen – und genau das hätte die Auflage einer „Arisierungsabgabe" bedeutet. Dies galt jedoch nicht für die Gauverwaltungen, die solche „Arisierungsabgaben" wie erwähnt in großem Umfang erhoben. Die Situation, dass die NSDAP-Stellen Sonderabgaben eintrieben, die staatlichen Genehmigungsstellen diese aber nicht bestätigen und auch ihrerseits nicht erheben konnten, führte zu Spannungen.

100 Zit. nach Heim/Aly, Ordnung, S. 387.
101 Anordnung auf Grund der Verordnung über die Anmeldung des Vermögens von Juden vom 26.4.1938, RGBl. I (1938), S. 415.
102 Markmann/Enterlein, Entjudung, S. 90.
103 Ebd.

Der Konflikt entspann sich dabei nicht nur zwischen Staat und NSDAP. Vorangetrieben wurde er zudem durch die Machtrivalitäten innerhalb der NSDAP. So war es der Stellvertreter des Führers, der sich in dieser Sache an den Reichsschatzmeister Schwarz der NSDAP wandte, um den Parteidienststellen zu verbieten, solche Gebühren zu erheben. Stattdessen regte er an, einen allgemeinen Fonds anzulegen, in den „angemessene Beträge“ im Einvernehmen mit den Gauleitungen abgeführt werden sollten. Diese Mittel sollten nach Ansicht Heß' dafür verwendet werden, um finanziell schwächeren „arischen“ Interessenten an jüdischen Betrieben zinslose Darlehen oder Zuschüsse zu gewähren, damit auch sie jüdische Geschäfte erwerben könnten. In den anfänglichen Plänen war also eine enge Verbindung zwischen der Ausgleichsabgabe und einer finanziellen Förderung von „Arisierungen“ vorgesehen.

Dass sich der Reichsschatzmeister der NSDAP zugunsten einer staatlichen Regelung aussprach, überrascht auf den ersten Blick und war in der Tat höchst ambivalent. Auf der einen Seite empörte er sich darüber, dass die Gauleitungen Zahlungen im Zuge von „Arisierungen“ annahmen,[104] befürwortete aber auf der anderen Seite gerne Grundstückskäufe aus jüdischem Eigentum für die NSDAP zu Vorzugsbedingungen. Auch im Herbst 1938 argumentierte Schwarz gegenüber dem Reichsfinanzministerium ganz im Sinne des Reichsinteresses, dass alle Abgaben in die Staatskasse zu lenken seien, während er gleichzeitig gegen bei ihm beantragte „Spenden“ an die NSDAP im Zuge von „Arisierungen“ in konkreten Fällen keine Bedenken äußerte.[105] Letztlich war Schwarz offenbar vor allem gegen die inoffizielle Bildung schwarzer Kassen bei den Gauleitungen, die seiner Kontrolle entzogen waren. Anträge von NSDAP-Institutionen auf Einnahmen aus „Arisierungen“, die ihm vorgelegt und von seiner Zustimmung abhängig gemacht wurden, genehmigte er hingegen gerne. So stand wohl hinter Schwarz' Taktieren in der Frage der Ausgleichsabgabe vor allem die Sorge um seine eigene Machtstellung in der Partei, weniger die Durchsetzung eines staatlichen Monopols.[106]

Aufgefordert durch die Intervention des Reichsschatzmeisters erarbeitete das Reichswirtschaftsministerium im Herbst 1938 eine Vorlage für die Erhebung einer allgemeinen, staatlichen Ausgleichsabgabe bei „Arisierungsgewinnen“. In diesen Vorbereitungsprozess war das Reichsfinanzministerium einbezogen, das zu den Plänen des Wirtschaftsressorts kritisch Stellung nahm. Zwar war das Finanzressort nicht grundsätzlich gegen eine solche Arisie-

[104] Schreiben des Reichsschatzmeisters Schwarz an den Stabsleiter des Stellvertreters des Führers vom 2.12.1938, zit. nach Bajohr, Parvenüs, S. 106.

[105] Vgl. dazu beispielsweise den Vorgang in BAB, NS 1/430 über Spenden an den NSDAP-Gauschatzmeister Bayerische Ostmark vom September und Oktober 1938, den Bajohr, Parvenüs, S. 107 f. schildert.

[106] Ebd., S. 106–108.

rungsabgabe. Aber der große Ermessenspielraum bei der Berechnung der Abgabe und die Verwendung der Mittel für neue Arisierungskredite stießen auf heftigen Widerspruch.

Am 1. November 1938 fasste ein Vermerk des Referats V/4 im Reichsfinanzministerium die Pläne des Reichswirtschaftsministeriums für die Einführung einer „Ausgleichsabgabe im Altreich" zusammen und kommentierte sie.[107] Die Abgabe sollte dem Erwerber eines jüdischen Geschäfts „zum Zwecke der Allgemeinheit" auferlegt werden. Demnach sollten bis zu siebzig Prozent des Unterschiedes zwischen Kauf- und Verkehrspreis abgeführt werden. Die Pläne sahen vor, dass die IHK zu allen Fällen gehört werden sollte, die ihrerseits ab einem gewissen Finanzvolumen einen Gutachter oder Bücherrevisor einschalten sollte.[108] Über die Verwendung der Einnahmen sollte gemeinsam mit dem Reichsfinanzministerium entschieden werden.

Dort hielt man eine solche Abgabe für „in vielen Fällen gerechtfertigt". Es bestehe, hieß es weiter, kein Anlass, Einzelnen bedeutende Konjunkturgewinne zu überlassen, und es würde ferner die Wettbewerbsgrundlage im Vergleich zu anderen gleichartigen Geschäften verschieben, wenn der gesamte Erwerbspreis allzu niedrig sei.

Allerdings bedeutete eine solche Abgabe ein weiteres staatliches Regulierungselement in der „Arisierung". Das Reichsfinanzministerium, das sich im August des Jahres vehement gegen eine „Zwangsarisierung" ausgesprochen hatte, legte daher großen Wert darauf, dass die Abgabe eine Maßnahme im Rahmen der „sog. freiwilligen Arisierungen" sei. Nur so stünde sie nicht in Widerspruch zu der Haltung des Reichsfinanzministeriums, die es im Schreiben vom 23. August 1938 eingenommen hatte, wo sich der Reichsfinanzminister gegen „Zwangsarisierungen" ausgesprochen hatte.

Grundsätzlich hielt man im Reichsfinanzministerium auch die Einführung einer solchen Ausgleichszahlung allein durch einen Erlass im Finanzressort, wie das Wirtschaftsministerium vorgeschlagen hatte, für „rechtlich bedenklich", denn wie erwähnt durften Ermessensentscheidungen von Behörden – und um eine solche handelte es sich bei der „Arisierungsgenehmigung" – nicht von Geldzahlungen abhängig gemacht werden. Zwar sei bekannt, dass „die Verwaltung sich über diese Rechtsprechung mitunter hinwegsetzt". Bei der Bedeutung und dem Umfang der geplanten Abgabe empfahl der Referent dennoch, eine sichere Rechtsgrundlage herzustellen. Erforderlich sei dafür eine Ergänzungsvorschrift durch den Beauftragten für den Vierjahresplan mit dem Inhalt, dass Genehmigungen für eine „Arisierung" künftig mit Bedin-

[107] Vermerk Ref. V/4 zur Erhebung einer Ausgleichsabgabe und Finanzierungshilfe des Reiches bei Arisierungen vom 1.11.1938, BAB, R 2, 56885.

[108] Dies sollte der Fall sein, wenn der Reingewinn über 50 000 RM oder der Jahresumsatz über 300 000 RM betrug.

gungen und Auflagen, auch in Form von Geldleistungen, verbunden werden dürften.

Auch gegen die Bezeichnung „Ausgleichsabgabe“ hatte man Bedenken. Zwar sei die geplante Abgabe de facto eine Steuer. „Es empfiehlt sich aber vielleicht, diesen Charakter nicht besonders zu betonen“, hieß es in dem Vermerk aus dem Finanzressort, auch wenn das übliche Verwaltungsverfahren für die Steuereinziehung angewandt würde. Stattdessen solle man eher von „Ausgleichszahlungen“ sprechen.

Große Hindernisse sah der Referent bei der Frage der Gleichmäßigkeit der Besteuerung. Zum einen fehlten materielle Vorschriften für die Bewertung, zum anderen seien „zahlreiche Mittelbehörden entscheidend tätig“. So sei die Höhe der Abgabe voraussichtlich bis zu einem gewissen Grad Gegenstand von Verhandlungen zwischen den Beteiligten.[109] Schließlich wies die Referentenvorlage noch darauf hin, dass die Arisierungsabgabe das Aufkommen der laufenden Steuern vermindern würde, denn der Erwerber eines jüdischen Betriebs würde die Arisierungsabgabe in seiner Bilanz als Aufschlag des Kaufpreises ansetzen, wodurch sein zu versteuernder Gewinn verringert würde. Diesen Einwand relativierte er jedoch gleich wieder: „Wenn, wie beabsichtigt, die Ausgleichszahlungen dem Reich zufließen, werden aber die aus steuerlichen Erwägungen herzuleitenden Bedenken zurückgestellt werden können.“

So kam der Vermerk zu dem Ergebnis, dass das Reichsfinanzministerium keine „durchgreifenden Bedenken“ gegen die Erhebung einer solchen Ausgleichsabgabe habe, wenn drei Auflagen berücksichtigt würden:

1. sollte eine sichere Rechtsgrundlage geschaffen werden,
2. sollte die Ausgleichsabgabe als „Ausgleichszahlung“ bezeichnet werden und
3. sollte das Einziehungsverfahren durch ein Verwaltungsverfahren geregelt werden.

Am 10. November 1938 fand eine Besprechung mit dem Reichsfinanzminister statt, in der offenbar alle bisher genannten Punkte der Referentenvorlage bestätigt wurden.[110] Schwerin von Krosigk hielt in dieser Besprechung noch einmal fest, dass „objektive“ Merkmale für die Berechnung der Abgabe festgelegt werden müssten, um das „subjektive Ermessen“ auszuschalten. Nur so könne das Ziel einer „Gleichmässigkeit“ bei der Besteuerung realisiert werden. Diese Forderung vertrat Schwerin von Krosigk auch in einem Brief, den er am 17. November 1938 an den Reichswirtschaftsminister schickte.[111]

Einen starken Einwand formulierte der Referent des Reichsfinanzminis-

[109] Damit waren Genehmigungsbehörden und „Ariseur“ gemeint. Die jüdischen Eigentümer hatten keinerlei Einfluss oder gar Mitspracherecht.

[110] Vermerk Ref. Zülow vom 10.11.1938 über den Vortrag beim Minister, BAB, R 2, 56885.

[111] Schreiben des Reichsfinanzministers an das Reichswirtschaftsministerium, ORR Dr. Gotthardt, vom 17.11.1938 (Abschrift), BAB, R 2, 56885.

teriums jedoch gegen die geplante Verwendung der Einnahmen aus einer solchen Ausgleichsabgabe. Die Entwürfe des Reichswirtschaftsministeriums stellten eine Verbindung zwischen der geplanten Ausgleichsabgabe und einer Finanzierungshilfe bei „Arisierungen" in Form von Schuldverschreibungen her. Angeblich hatte der Reichsfinanzminister am 8. Oktober 1938 für Finanzierungshilfen zur „Arisierung" einen Betrag von 100 Millionen Reichsmark in Aussicht gestellt.[112] Das Reichsfinanzministerium stritt eine solche Zusage strikt ab. Die „konstruierte" Verbindung zwischen Ausgleichsabgabe und Arisierungsfinanzierung lehnte man im Reichsfinanzministerium ab. Obwohl die Verordnung, die am 3. Dezember 1938 in Kraft trat, keine Zweckbindung der Mittel vorsah, hatte das Reichsfinanzministerium – insbesondere gegenüber den österreichischen Behörden – große Schwierigkeiten durchzusetzen, dass die Einnahmen nicht zur Refinanzierung von „Arisierungen" vor Ort einbehalten, sondern an die Reichshauptkasse überwiesen wurden.

In der Verordnung über den Einsatz jüdischen Vermögens vom 3. Dezember 1938 flossen die Vorarbeiten aus den beiden Ministerien zusammen. Paragraf 15 verankerte die systematische Erhebung einer Ausgleichsabgabe bei „Entjudungsgewinnen".[113] Die Verordnung hielt in diesem Zusammenhang fest, dass Nutznießer einer „Arisierung" verpflichtet werden konnten, eine Abgabe auf die mutmaßliche Differenz zwischen dem Kaufpreis und dem tatsächlichen Verkehrswert an den Staat zu leisten. Damit war eine rechtliche Grundlage für eine staatliche Ausgleichsabgabe geschaffen. Zur Begründung hieß es:

„Bei gewerblichen Betrieben haben die Maßnahmen zur Zurückdrängung des Judentums in der deutschen Wirtschaft vielfach den Wert solcher Betriebe, die sich in jüdischer Hand befinden, wesentlich vermindert. Es besteht kein Anlaß, dem jüdischen Veräußerer einen Preis zu zahlen, der über diesem augenblicklichen Wert des Betriebes liegt. Anderseits steht in vielen Fällen fest, daß dieser Betrieb nach seiner Überführung in nichtjüdische Hand regelmäßig eine erhebliche Umsatzsteigerung erfahren und damit sein Wert bedeutend höher wird. Zwar soll für den Erwerber aus gesamtwirtschaftlichen Gründen ein gewisser Anreiz zum Ankauf jüdischer Unternehmen erhalten bleiben. Auch ist bei der Bewertung in vielen Fällen zu berücksichtigen, daß der Erwerber eines jüdischen Gewerbebetriebes anfangs mit gewissen Übergangsschwierigkeiten in geschäftlicher Hinsicht zu rechnen hat. Darüber hinaus soll jedoch ein sich ergebender Gewinn aus der Entjudung der Wirtschaft grundsätzlich dem Reich zufließen. Besteht daher zwischen dem an den jüdischen Vorbesitzer entsprechend dem augenblicklichen Wert des Betriebes gezahlten Kaufpreis und dem Verkehrswert des gleichen Betriebes in der Hand eines geeigneten nichtjüdischen Unternehmers ein erheblicher Unterschied, so ist die Genehmigung gemäß der Verordnung vom 3. Dezember 1938 nur unter der

[112] Vermerk Ref. V/4 zur Erhebung einer Ausgleichsabgabe und Finanzierungshilfe des Reiches bei Arisierungen vom 1.11.1938, BAB, R 2, 56885. Darin wird Bezug genommen auf eine Aussage von Kehrl, Reichswirtschaftsministerium, wonach der Reichsfinanzminister in einer Besprechung am 8.10.1938 eine solche Zusage gemacht habe.

[113] Verordnung über den Einsatz jüdischen Vermögens vom 3.12.1938, RGBl. I (1938), S. 1709.

Auflage zu erteilen, daß der Erwerber eine Ausgleichszahlung zugunsten des Reiches entrichtet.“[114]

Ein bisher in dieser Frage vage gehaltener Rechtskommentar zur „Arisierung“ ergänzte daraufhin seine Darstellung um den Satz: „Die Auflagen der Genehmigungsbehörde können auch in Geldleistungen des Erwerbers zugunsten des Reiches bestehen.“[115] In einem anderen Kommentar wurde dazu erklärt: „Die Erhebung der Ausgleichsabgabe soll ungerechtfertigte Bereicherungen bei der Entjudung verhindern, wie sie bei starken Abweichungen des vereinbarten Kaufpreises vom Verkehrswert eintreten würden, und die Entjudungsgewinne dem Reich zuführen.“[116]

Genau fixiert wurden die Modalitäten für die Ausgleichsabgabe dann durch einen Durchführungserlass des Reichswirtschaftsministeriums vom 6. Februar 1939 zur Überprüfung von „Entjudungsgeschäften“.[117] Darin wurde festgehalten, dass die Durchführung der gesamten „Entjudung“ Sache der höheren Verwaltungsbehörden sei. Die Entscheidung und Verantwortung liege ausschließlich bei den staatlichen Stellen.

Bei Gewerbebetrieben bestimmte allerdings in der Regel die Industrie- und Handelskammer, wie hoch die Abgabe sein sollte. Sie erstellte Gutachten, in denen sie die „Arisierungen“ wirtschaftlich prüfte und die Höhe der Ausgleichsabgabe berechnete. Der Durchführungserlass des Reichswirtschaftsministeriums vom 6. Februar 1939 hatte ihr in diesem Zusammenhang eine Schlüsselfunktion zugeordnet.[118] Die Gutachter der IHK bestimmten zunächst den „mäßigen Verkehrswert“[119] des Objektes. Von diesem zog man den Kaufpreis ab. Der Differenzbetrag war dann der „Entjudungsgewinn“, von dem bis zu siebzig Prozent als Ausgleichsabgabe abgeführt werden mussten. Handelte es sich um größere Betriebe mit einem Vermögen von mehr als 50 000 Reichsmark oder mit ei-

[114] Erster Durchführungserlass des Reichswirtschaftsministers zugleich im Namen des Stellvertreters des Führers, des Reichsministers des Innern, des Reichsministers der Justiz, des Reichsministers der Finanzen, des Reichsministers für Ernährung und Landwirtschaft, des Reichsforstmeisters und des Reichskommissars für die Preisbildung vom 6.2.1939 zur Durchführung der Verordnung über den Einsatz des jüdischen Vermögens vom 3.12.1938 (Abschrift), BAB, R 2, 21908.

[115] Markmann/Enterlein, Entjudung, S. 19.

[116] Krüger, Lösung, S. 397 (Kommentar zur Verordnung über den Einsatz des jüdischen Vermögens vom 3.12.1938).

[117] Erster Durchführungserlass des Reichswirtschaftsministers zugleich im Namen des Stellvertreters des Führers, des Reichsministers des Innern, des Reichsministers der Justiz, des Reichsministers der Finanzen, des Reichsministers für Ernährung und Landwirtschaft, des Reichsforstmeisters und des Reichskommissars für die Preisbildung vom 6.2.1939 zur Durchführung der Verordnung über den Einsatz des jüdischen Vermögens vom 3.12.1938 (Abschrift), BAB, R 2, 21908.

[118] Ebd.

[119] Der „mäßige Verkehrswert“ lag 10 % niedriger als der Verkehrswert.

nem Jahresumsatz von mehr als 300 000 Reichsmark, musste die Industrie- und Handelskammer ein Gutachten eines Wirtschaftsprüfers hinzuziehen. In Fällen einfacher Art und geringerer wirtschaftlicher Bedeutung konnte auch das Gutachten eines öffentlich vereidigten Bücherrevisors angefordert werden.

Bei der Bemessung der Ausgleichszahlungen sollten lediglich „sachliche Gesichtspunkte" eine Rolle spielen, „auf die Person des Erwerbers" sollte keine Rücksicht genommen werden. Allerdings war auch die Beteiligung der Parteistellen durch eine weitgehende gutachterliche Anhörung der Gauleiter der NSDAP sichergestellt. Eingetrieben wurde die Ausgleichsabgabe anfangs durch die Genehmigungsbehörden, ab 1940 durch die Finanzämter. In dem Verfahren zeigt sich also ein enges Zusammenspiel von gesellschaftlichen und staatlichen Institutionen.

Bei Grundstücksarisierungen war die Rolle der Finanzbehörden formal einflussreicher, weil die Finanzämter auch gutachterliche Instanz waren. Am 13. Dezember 1938 wies Göring in einem Schnellbrief die Genehmigungsbehörden für die „Arisierungen" an, bei der „Arisierung" jüdischer Grundstücke zur Bestimmung des „volkswirtschaftlichen Wertes" mit den Finanzämtern zusammenzuarbeiten.[120] Der Erlass des Reichswirtschaftsministeriums vom 6. Februar 1939 hielt fest, dass die Grundstückspreise zumindest so hoch sein sollten, dass die Juden gewisse Barmittel für die Finanzierung ihrer Auswanderung erhielten. Daher solle man sich am Verkehrswert orientieren, der „regelmäßig nicht unter dem Einheitswert" liegen solle. In Köln beispielsweise verfügte eine Anweisung der Regierung, dass sich der Kaufpreis am „mäßigen Verkehrswert" orientieren solle. Lag der Kaufpreis darunter, entstand ein „Entjudungsgewinn", der mit Ausgleichsabgabe belegt wurde. Lokalstudien zur „Arisierung" zeigen, dass der Kaufpreis in der Praxis meistens unter dem Verkehrswert, oft auch unter dem Einheitswert lag. Das bedeutete nicht nur einen schwerwiegenden Verlust für die jüdischen Eigentümer, sondern machte diese „Arisierungen" aus der Sicht der Finanzbehörden auch abgabepflichtig. Bei der Grundstücksarisierung sollten 100 Prozent des „Entjudungsgewinns" abgeführt werden.

Im Januar 1940 betonte das Reichswirtschaftsministerium, dass auch Kommunen und Körperschaften des öffentlichen Rechts bei „Arisierungen" eine Ausgleichsabgabe leisten müssten. Insbesondere im Bereich der Grundstücksarisierung waren die Städte und Kommunen in großem Maße involviert, und offenbar hatte es Widerstände gegen die Zahlung der Ausgleichsabgabe gegeben. Finanz- und Wirtschaftsressort waren in dieser Frage jedoch einig. Im Mai 1940 erklärte das Referat V des Finanzressorts, dass die Ausgleichsabgabe „oh-

120 Schreiben des Beauftragten für den Vierjahresplan Hermann Göring vom 13.12.1938, zit. nach Rummel/Rath, Dem Reich verfallen, S. 68.

ne Rücksicht auf die Person des Erwerbers“ einzutreiben sei.[121] Grundsätzlich komme es nicht in Betracht, von der Erhebung Abstand zu nehmen, auch dann nicht, wenn die Erwerber Staats- oder Parteistellen seien. Alle Anträge von Gemeinden oder NSV-Stellen auf Befreiung von der Ausgleichsabgabe habe man bisher abgelehnt, und auch wenn das Reich selbst Erwerber sei, dürfe man von dem Grundsatz nicht abweichen. Nach diesen Bestimmungen ging das Kaufinteresse der Kommunen vielfach zurück, wie sich etwa am Beispiel Leipzigs zeigen lässt.[122]

Bei Automobilen legte der Reichskommissar fest, dass der jüdische Verkäufer nur zwei Drittel des „Abschätzwertes“ bekommen sollte, den Rest sollte der Käufer an das Reich zahlen.[123]

Zunächst bezog sich die Ausgleichsabgabe nur auf die „Arisierungen“, die nach Inkrafttreten der Verordnung vom 3. Dezember 1938 offiziell genehmigt wurden. Später wurde die Regelung auf „Arisierungen“ seit der Einführung der staatlichen Genehmigungspflicht am 26. April 1938 ausgeweitet. Am 10. Juni 1940 bezog die „Verordnung über die Nachprüfung von Entjudungsgeschäften“ alle „Arisierungen“ seit 1933 in den Prüfungsbereich ein. Diese rückwirkende Überprüfung bezog sich vor allem auf „arisierte“ Grundstücke.[124] Nach dieser Verordnung war die Nachprüfung von „Entjudungsgeschäften“ Aufgabe der Länderbehörden.[125] Die Kosten sollten nach einer Bestimmung des Reichswirtschaftsministeriums von den Verwaltungsbehörden getragen werden.[126]

Mit einem Runderlass legte das Wirtschaftsministerium am 6. Februar 1941

[121] Reichsfinanzministerium Referat V/3, Bersch, an MinRat Gossel vom 9.5.1940, BAB, R 2, 553, Bl. 5.

[122] Held, Eigentum, S. 40, 46 (Fallbeispiel, in dem die Ausgleichsabgabe wegen öffentlicher Nutzung erlassen wurde).

[123] Erlass des Reichskommissars für die Preisbildung vom 13.12.1939, zit. nach Rummel/Rath, Dem Reich verfallen, S. 68.

[124] Verordnung über die Nachprüfung von Entjudungsgeschäften vom 10.6.1940, RGBl. I (1940), S. 891.

[125] Vgl. dazu die Durchführungsverordnung vom 14.11.1940, RGBl. I (1940), S. 1520.

[126] Der Regierungspräsident von Breslau beklagte sich daraufhin, dass erhebliche Kosten entstünden, weil das Personal nicht ausreiche und Kräfte aus der Wirtschaft – Wirtschaftsprüfer und Sachverständige – herangezogen werden müssten. Diese Kosten wollte er von dritter Seite ersetzt wissen. Das Reichswirtschafts- und das Reichsinnenministerium lehnten diesen Antrag aber ab. Die Kosten sollten vielmehr weiterhin aus dem Haushalt gedeckt werden, in den auch die Ausgleichszahlungen flossen. Vgl. Vermerk Reichsfinanzministerium über die Nachprüfung von Entjudungsgeschäften vom 9.3.1942 (Abschrift), der auf einen Bericht des Regierungspräsidenten in Breslau Bezug nimmt, BAB, R 2, 11848. Auch den Antrag des bayerischen Landwirtschaftsministeriums, das die Einnahmen aus der Ausgleichsabgabe für die Verwaltungskosten bei der „Arisierung“ verwenden wollte, lehnte das Reichsfinanzministerium ab. Schreiben des Reichsfinanzministeriums, Ref. V, an das Bayerische Staatsministerium für Wirtschaft, Abt. Landwirtschaft, vom Mai 1940, BAB, R 2, 553, Bl. 6. Auch die nachfolgende Anfrage des bayerischen Finanzministeriums beantwortete das Reichsfinanzministerium ablehnend. Schreiben

fest, dass die Ausgleichsabgabe von nun an auch für alle anderen „Arisierungen“ rückwirkend angewendet werden sollte. Ein Runderlass des Reichsjustizministeriums vom 6. März 1941 konkretisierte die Ausführung dieser Verordnung und erweiterte die Möglichkeiten zur Erhebung der Ausgleichsabgabe noch einmal erheblich.[127] Aus „staatspolitischen Gründen“ sollte nun in allen Fällen, in denen der Erwerber „unter Ausnutzung der politischen Verhältnisse“ einen Gewerbebetrieb, ein Grundstück oder einen sonstigen Vermögensteil erheblich „unter seinem wahren Verkehrswert“ aus jüdischem Besitz übernommen hatte, eine Ausgleichsleistung erhoben werden. Allerdings sollten nur schwerwiegende Fälle wieder aufgerollt werden, bei denen eine Ausgleichsabgabe über 3 000 Reichsmark zu erwarten war. Grundstücksarisierungen sollten auch bei voraussichtlich niedrigeren Einnahmen überprüft werden.

Nach einer Zusammenstellung aus den Unterlagen des ehemaligen Reichsfinanzministeriums vom Februar 1949 beliefen sich die Einnahmen des Reiches aus Ausgleichsabgaben auf insgesamt 54 169 988,70 Reichsmark. Allerdings sind die Daten in dem Bericht offensichtlich unvollständig. Angaben für die Jahre 1939-1941 wurden – ohne Erklärung der Hintergründe – nicht gemacht.[128] Die Gesamthöhe der Ausgleichszahlungen aus „Entjudungsverfahren“ ist schon aufgrund der zeitlichen Lücken deutlich zu niedrig angesetzt. Die nicht erfassten Jahre waren zudem solche mit vergleichsweise hohen Einnahmen. Die wichtigste Phase der Ausgleichsabgabe, die Jahre 1940 und 1941, war in der Nachkriegs-Übersicht nicht enthalten. Aus internen Zusammenstellungen des Reichsfinanzministeriums aus der NS-Zeit ergibt sich hingegen die deutlich höhere Gesamtsumme von über 200 Millionen Reichsmark.

Beim Blick auf die Bilanz fällt allerdings auch ins Auge, dass die Angaben für die Rechnungsjahre 1940 und 1941 gerundet sind. Angesichts der ansonsten so peinlich genauen Buchführung sind die unpräzisen Angaben erstaunlich, sie unterscheiden sich auffällig von den Daten für 1938 und 1939 sowie für die Jahre 1942 und 1943, die auf den Pfennig genau ausgewiesen sind.

Die Uneinheitlichkeit der Daten auf dieser hochaggregierten Ebene der

des Reichsfinanzministeriums an das Reichswirtschaftsministerium vom 17.1.1941 (Abschrift), BAB, R 2, 59888, Bl. 98.

127 Runderlass des Reichsjustizministeriums vom 6.3.1941, zit. nach Müller, Alltag, S. 261, Fußnote 1167.

128 Die Maßnahmen gegen die jüdische Bevölkerung und ihre Einrichtungen seit 1933, Zusammenstellung Archiv des ehem. Reichsfinanzministeriums vom 2.2.1949 (Abschrift), S. 14, BAB, R 2/Anh. 78, Bl. 230–239, Bl. 237. Raul Hilberg stützte sich in seiner Darstellung der Ausgleichsabgabe auf eine Meldung der Liquidationsverwaltung des ehemaligen Reichsfinanzministeriums vom November 1946, die sogar nur Angaben für die Jahre 1942–1944 enthielt, und kam auf eine noch niedrigere Summe. Vgl. Hilberg, Vernichtung, S. 136 f. mit Bezug auf ein Schreiben der Liquidationsverwaltung des Reichsfinanzministeriums, Dr. Siebert, an die Kontrollkommission der britischen Besatzungszone/Finanzabteilung vom 14.11.1946.

Tabelle 12: Einnahmen von Ausgleichszahlungen im „Entjudungsverfahren“

Jahr	Einnahmen
1938	5 483 343,66 RM
1939	20 613 716,17 RM
1940	49 000 000,00 RM
1941	82 000 000,00 RM
1942	34 530 483,87 RM
1943	9 156 161,17 RM
1944	5 000 000,00 RM (geschätzt nach Haushaltsvoranschlag)
SUMME	**200 783 706,87 RM**

Angaben für 1938, 1942, 1943 und 1944 nach: Die Maßnahmen gegen die jüdische Bevölkerung und ihre Einrichtungen seit 1933, Zusammenstellung Archiv des ehem. Reichsfinanzministeriums vom 2.2.1949 (Abschrift), S. 14, BAB, R 2/Anh. 78, Bl. 230–239. Grundlage der Berechnung waren für 1938, 1942 und 1943 Rechnungen des Einzelplanes XVII – Allg. Finanzverwaltung, für 1944 der Haushaltsvoranschlag dieser Einzelplanstelle. Angaben für 1939–1941 nach: Bilanz des Referats V Reichsfinanzministerium aus dem Jahr 1942, BAB, R 2, 553, Bl. 1.

Jahresbilanzen hängt wohl mit den Erhebungs- und Verbuchungsverfahren zusammen, die sich im Laufe der Zeit veränderten. Zunächst war in der Verordnung vorgesehen gewesen, dass die Ausgleichsabgabe auf ein Konto des Reichswirtschaftsministeriums überwiesen werden sollte.[129] Ende Januar 1939 wurde dann jedoch festgelegt, dass nicht das Reichswirtschaftsministerium, sondern die Reichshauptkasse die Ausgleichszahlungen verbuchen sollte.[130] Laut einer Ausführungsanordnung vom Februar 1939 sollten alle zugunsten des Reiches erhobenen Ausgleichszahlungen unverzüglich an die Reichhauptkasse in Berlin auf ein besonderes Verwahrkonto „Ausgleichzahlungen“ abgeführt werden.[131] Alle Einnahmen bis zum Februar 1939 wurden daher auf die Reichshauptkasse umgebucht.

Ab Februar 1940 wurden dann alle noch nicht erledigten Fälle der Ausgleichsabgabe an die zuständigen Finanzämter abgegeben.[132] Ab diesem Zeitpunkt weist die Bilanz neben den Zahlungseingängen auf einem „Verwaltungskonto“ der Reichshauptkasse auch „Ablieferungen der Oberfinanzkassen“

[129] Durchführungsverordnung für die Verordnung über den Einsatz des jüdischen Vermögens vom 3.12.1938, erster Runderlass des Reichswirtschaftsministers (Entwurf in BAB, R 2, 56885).

[130] Zweite Verordnung zur Durchführung der Verordnung über den Einsatz jüdischen Vermögens vom 18.1.1940, RGBl. I (1940), S. 188. Vgl. dazu auch Mitteilung des Ref. I an das Ref. Schwandt vom 28.1.1939, BAB, R 2, 21908.

[131] Deeg, Judengesetze, S. 153–155.

[132] Erlass vom 26.1.1940, erwähnt in dem Schreiben der Landeshauptkasse Stuttgart vom 2.3.1940 wegen der Rückzahlung einer Ausgleichabgabe (Abschrift), BAB, R 2, 21908.

Tabelle 13: Zusammensetzung der Einnahmen an Ausgleichsabgaben

Jahr	Reichshauptkasse	Oberfinanzkassen	Summe
1938	5 483 343,66 RM	-	5 483 343,66 RM
1939	18 737 622,31 RM	1 876 093,86 RM	20 613 716,17 RM
1940	~ 5 000 000,00 RM*	~ 44 000 000,00 RM**	49 000 000,00 RM
1941	42 342 815,49 RM	~ 39 657 184,51 RM***	~ 82 000 000,00 RM
1942	19 610 629,46 RM	14 919 854,41 RM	34 530 483,87 RM
1943	2 828 090,35 RM	6 328 070,82 RM	9 156 161,17 RM
Summe	94 002 501,27 RM	107 124 019,10 RM	201 126 520.37 RM****

Einnahmen der Oberfinanzkassen nach den handschriftlichen Bilanzen in BAB, R 2, 553, sowie eigene Berechnungen. Ohne die Zahlen für 1944, für die nicht genügend Quellen vorhanden sind.
*Einnahmen fast ausschließlich aus dem Protektorat Böhmen und Mähren.
** Bis einschließlich November nachweislich 32 276 445,57 RM, wobei eine Einnahme von 18 382 241,78 RM allein im November verbucht wurde.
*** Rechnerisch ermittelt.
**** Die Summe enthält noch einige Ausgleichszahlungen, die später wieder zurückerstattet wurden, und liegt daher über der Summe der Gesamtbilanz der voranstehenden Tabelle.

aus, die in den nächsten Monaten einen erheblichen Anteil der Gesamtsumme bildeten. Die pauschalen Angaben für 1940 und 1941 hängen vermutlich mit dieser Umstellung der Verbuchung und nicht koordinierten Eingangsverbuchungen zusammen.

Die genauen Einnahmesummen der Reichshauptkasse liegen bis auf eine kleine Lücke (Januar bis März 1941) vor. Schwieriger zu ermitteln und teilweise nur indirekt zu erschließen sind die Überweisungen durch die Oberfinanzkassen. In handschriftlichen Monatsbilanzen für das Jahr 1940 wurden zwar vom zuständigen Referenten im Reichsfinanzministerium genaue Zahlen dafür angegeben, diese sind aber vermutlich unvollständig und zudem mit vielen nachträglichen Korrekturen versehen, die sich insbesondere daraus ergeben, dass einzelne Ausgleichsabgaben im Nachhinein als zu hoch befunden und teilweise oder ganz wieder zurückgezahlt wurden.

Die Zusammensetzung der Einnahmen gibt erste Hinweise, in welchen Regionen die Ausgleichsabgabe zu welchem Zeitpunkt erhoben wurde. So stammten 1938 und 1939 vermutlich nahezu alle Einnahmen und ab 1940 die Teilsummen, welche die Oberfinanzkassen überwiesen, aus „Arisierungen" im Gebiet des „Altreichs". Die vergleichsweise hohen Beträge, die 1940 und 1941 von den Oberfinanzkassen überwiesen wurden, deuten darauf hin, dass auch bei „Arisierungen", die vor 1938 stattgefunden hatten und die ab 1940 ins Visier der Überprüfungen kamen, Ausgleichsabgaben erhoben wurden. Insgesamt stammte wahrscheinlich über die Hälfte der Ausgleichszahlungen, die bis 1945 eingingen, aus dem „Altreich". Die Zahlungseingänge bei der Reichshauptkasse ab 1940 bestanden hingegen vor allem aus Ausgleichsabgaben aus Österreich und dem Protektorat Böhmen und Mähren.

In der Praxis zeigen sich im „Altreich“ erhebliche regionale Unterschiede bei der Erhebung der Ausgleichsabgabe. In Hamburg beispielsweise wurde sie kaum erhoben.[133] Ähnlich sind die bisherigen Befunde für München und Göttingen.[134] In Bamberg stand der IHK-Geschäftsführer und Kreiswirtschaftsberater ebenfalls auf dem Standpunkt, „dass man mit der Auferlegung einer Entjudungsabgabe grosszügiger verfahren müsste, wenn der Betrieb nicht gerade mit Räubermethoden erworben wurde.“[135] Nur im Fall, dass eine raubartige Bereicherung der neuen Besitzer stattgefunden hätte, sollte also die „Entjudungsabgabe“ streng berechnet und erhoben werden. Wie der Duktus des Schreibens deutlich macht, ging der Verfasser offenbar davon aus, dass solche „Räubermethoden“ in seinem Wirkungsbereich nicht vorgekommen seien.

In Bamberg wurden letztlich nur sieben „Arisierungen“ überprüft, bei vier Fällen wurde kein „Entjudungsgewinn“ festgestellt, ein Gutachten blieb ergebnislos, da die „arischen“ Erwerber zum Kriegsdienst eingezogen waren, und zwei Betriebe mussten Ausgleichsabgabe zahlen. Diese wurde in einem Fall aus Sicht der historischen Forschung korrekt berechnet, im anderen Fall sehr niedrig angesetzt. Im Gau Westfalen-Süd hingegen gab es offenbar eine ganze Reihe von Fällen, in denen die Ausgleichsabgabe erhoben wurde.[136] Betroffen waren davon nicht nur Unternehmer, die einen jüdischen Gewerbebetrieb erworben hatten, sondern auch Gemeinden und öffentliche Einrichtungen, die mit Gewinn „arisiert“ hatten. Im Bereich von land- und forstwirtschaftlichem Besitz schätzt Angela Verse-Herrmann das „arisierte“ Vermögen auf knapp 52 Millionen Reichsmark. Für diese „Arisierungen“ fielen knapp 3,6 Millionen Reichsmark Ausgleichsabgabe an.

Einen Hinweis darauf, dass die Ausgleichsabgabe im „Altreich“ erhoben wurde, geben auch die Fälle von Einsprüchen. Im Haushaltsjahr 1939 wurden vom Reichsfinanzministerium insgesamt Rückzahlungen an Ausgleichsabgabe in Höhe von 228 058,40 Reichsmark geleistet.[137] Darunter befand sich auch eine Reihe von Fällen aus dem „Altreich“. Die Ausgleichsabgabe musste teilweise von Juden, teilweise von den „Ariseuren“ gezahlt werden. Bei Einsprüchen gegen die Ausgleichsabgabe erhielten Juden normalerweise keine Zustimmung. Ihre Anträge scheiterten in der Regel in der Ministerialbürokratie.[138] Ausnahmen wurden nur dann gewährt, wenn Interessen Dritter im Spiel waren,

[133] Bajohr, „Arisierung“ in Hamburg, S. 280.

[134] Rappl, Arisierungen, S. 123–184, S. 166; Bruns-Wüstefeld, Geschäfte, S. 104.

[135] Zitat aus einem Schreiben an die IHK Bayreuth vom 6.5.1939, zit. nach Schaible, Entjudung, S. 167.

[136] Vgl. dazu die Fallbeispiele bei Kratzsch, Gauwirtschaftsapparat, S. 249–251.

[137] Vgl. Jahresabschluss Ausgleichszahlungen für das Haushaltsjahr 1939 vom 31.5.1940, BAB, R 2, 21908.

[138] Vgl. dazu Verse-Herrmann, Arisierungen, S. 89 mit Bezug auf Fallbeispiele aus dem

beispielsweise wenn Hypothekenschulden beglichen werden mussten, oder wenn nicht genügend Mittel für eine Emigration blieben. Die allermeisten Fälle, in denen die Ausgleichsabgabe zurückerstattet wurde, betrafen „arische“ Erwerber.

4.4.2 Arisierungsskandal in Franken und die Einsetzung einer Prüfungskommission durch Hermann Göring

Ein besonders extremes Beispiel für die Exzesse der Gauleitungen bei der „Arisierung“ waren die Ereignisse im Gau Franken 1938.[139] Hier setzte Göring erstmals eine Untersuchungskommission zur Überprüfung der „Arisierungen“ ein. Die Kontrolle und rückwirkende staatliche Überprüfung der „Arisierungen“ erreichte ein außergewöhnliches Maß und schuf eine lokalspezifische Machtkonstellation für die weitere „Arisierung“, die nicht zuletzt ein bezeichnendes Licht auf die Bedeutung lokaler Machtverhältnisse für die „Arisierung“ werfen.

Im Gau Franken war die „Arisierung“ jüdischen Eigentums frühzeitig mit besonderem Nachdruck durchgeführt worden. Der fränkische Gauleiter Julius Streicher trat schon seit Langem als Verfechter besonders radikaler Boykottaktionen gegen Juden auf. Nach der nationalsozialistischen Machtübernahme hatte er das Boykottkomitee vom 1. April 1933 geleitet.[140] Wie im gesamten Reichsgebiet dauerte der Boykott zwar offiziell nur kurze Zeit, er bildete aber in Nürnberg den Auftakt für zahlreiche weitere Aktionen, die neben der Gauleitung vor allem von der NS-Handwerks-, Handels- und Gewerbeorganisation (NS-Hago) durchgeführt wurden.[141] Immer wieder kam es zu Demonstrationen der Gewalt und öffentlichen Diskriminierungen gegenüber Juden. Ein Höhepunkt der öffentlich inszenierten Kampagnen war der „Weihnachtsboykott“ Ende 1937, der mehrere Wochen andauerte und im sogenannten „Silbernen Sonntag“ gipfelte. Vor jüdischen Geschäften hingen mannshohe Plakate, Posten verwehrten Kunden den Zutritt zu den betroffenen Läden, die während der Aktionen geöffnet bleiben und dadurch erhebliche Umsatzeinbußen verkraften mussten. Belegschaftsmitglieder der jüdischen Kaufhäuser – etwa Angestellte

Bestand des Reichsministeriums für Ernährung und Landwirtschaft im Bundesarchiv Berlin, BAB, R 14.

139 Vgl. zum Arisierungsskandal 1938 in Nürnberg Kuller/Drecoll, Volkszorn.

140 Zu den Tätigkeiten des Komitees vgl. die verschiedenen Schriftstücke im StAN, NS-Mischbestand, Sammlung Streicher/140.

141 1934 war die NS-Hago etwa an der Organisation eines Boykotts beteiligt, vgl. NS-Hago an die Gauamtsleitungen, 11.6.1934, StAN, NS-Mischbestand, Sammlung Streicher/140. Zu Konflikten mit staatlichen Stellen kam es im Zuge einer von der NS-Hago organisierten Boykottaktion ebenfalls 1934, Reichsminister des Innern an die bayerische Staatskanzlei, 5.8.1934, BayHStA, StK 6410; vgl. auch Müller, Geschichte, S. 212–224.

der Nürnberger Filiale des Kaufhauses Schocken – wurden bedroht und mitunter körperlich misshandelt.[142]

Während die Boykottaktionen der NSDAP auf eine Verdrängung zielten und die jüdischen Geschäfte an den Rande des Ruins trieben oder ganz zur Aufgabe zwangen, verlief die Eigentumsübertragung jüdischen Vermögens in „arischen“ Besitz unauffälliger und unter anderen Vorzeichen. Im Herbst 1938, als der systematische und umfassende Zugriff der Gauleitung auf jüdisches Vermögen einsetzte, waren die gewerblichen „Arisierungen“ schon weit fortgeschritten.[143]

Das Jahr 1938 war in mehrfacher Hinsicht eine Zäsur für den Verlauf der wirtschaftlichen Verdrängung auch in Nürnberg. Die NSDAP schaltete sich nun massiv ein. Sie hatte im Frühjahr und Sommer 1938 mehrere Kommissionen gebildet, die die Veräußerung jüdischer Betriebe aus Handwerk und Handel im Sinne der Partei steuern sollten.[144] Zur gleichen Zeit initiierte Streicher die Ausschaltung der prominenten jüdischen Geschäftshäuser in guten Einkaufslagen, die entweder in Nebenstraßen umziehen oder ihren Betrieb einstellen mussten.[145]

Der Konflikt zwischen gesetzlich geregelten Verfahren auf der einen und regional initiierten „Arisierungsmaßnahmen“ auf der anderen Seite führte in Nürnberg zu einem Eklat zwischen Reichsregierung und regionalen Instanzen.[146] Der Pogrom vom November 1938, der in Nürnberg erhebliche Zerstörungen verursachte, war hier verbunden mit einer exzessiven „Arisierungsaktion“.[147]

[142] Die Gefolgschaftsmitglieder dieses Kaufhauses wurden mit den Worten begrüßt: „Kommt nur heraus, wir schlagen euch tot.“ Zitiert nach einem Brief des Kaufhauses Schocken an das Reichswirtschaftsministerium vom 6.1.1938, BayHStA, MWi 35; vgl. Sopade-Berichte, Bd. 5, 1938, S. 203–205, und die Aussagen des Kaufmannes Theodor Hartner vor einer Prüfungskommission vom 20.2.1939, StAN, Staatspolizeistelle Nürnberg-Fürth, Arisierungsakten/53; Erinnerungen des Rechtsanwaltes Bing, S. 37 f., StadtAN, F5/494.

[143] So der Bericht einer in Nürnberg von Herman Göring eingesetzten Prüfungskommission, in: Der Prozess gegen die Hauptkriegsverbrecher vor dem Internationalen Militärgerichtshof (IMT), Nürnberg 1948, Bd. XXVIII, Dokument 1757 PS, S. 133 (künftig Göring-Kommission, IMT Dokument 1757 PS); vgl. auch Wollenberg, Enteignung, S. 166.

[144] Im Mai 1938 wurden diese Kommissionen aus Mitarbeitern der IHK, des Gauwirtschaftsapparates und der DAF gebildet, die dann den gesamten Veräußerungsvorgang überprüften und ggf. genehmigten; vgl. den Bericht der Göring-Kommission, IMT Dokument 1757 PS, S. 94–105; Brief der DAF-Nürnberg an die Gestapo, 23.3.1939, StAN, Staatspolizeistelle Nürnberg-Fürth, Arisierungsakten/48.

[145] Vgl. Sopade-Berichte, Bd. 5, 1938, S. 196 f.

[146] Die „Arisierung“ in Nürnberg Ende 1938 wurde in der Literatur bisher schon mehrfach aufgegriffen, vgl. beispielsweise Bajohr, Parvenüs, S. 108 f. und S. 115; Klenner, Verhältnis, S. 327–332; Müller, Geschichte, S. 245–251; Grieser, Himmlers Mann, S. 144–161; Wollenberg, Enteignung, S. 164–181; Genschel, Verdrängung, S. 240–248.

[147] Nach einem Bericht des Regierungspräsidenten von Ober- und Mittelfranken wurden im Bezirk 772 Juden festgenommen, 115 jüdische Geschäfte zerstört und die Inneneinrich-

Streicher glaubte offenbar, dass er im Zuge des Novemberpogroms alle rechtlichen Fesseln bei der „Arisierung" abstreifen könne. Gleichzeitig fürchtete er eine bevorstehende staatliche Regulierung. Um dieser zuvorzukommen und andere potentielle Konkurrenten um den Gewinn vor vollendete Tatsachen stellen zu können, begann er gemeinsam mit seinem Stellvertreter Karl Holz und der Deutschen Arbeitsfront (DAF) im Herbst 1938 einen außerordentlichen Raubzug gegen jüdisches Vermögen. Die Nürnberger Juden wurden quasi über Nacht gezwungen, ihren Besitz für einen Bruchteil – durchschnittlich zehn Prozent – des Einheitswertes zu verkaufen.[148] Die Opfer der nach dem stellvertretenden Gauleiter Holz benannten Aktion („Holz-Aktion") verloren neben Grundstücken und Geschäften auch Kraftfahrzeuge und Möbelstücke.[149]

In wenigen Wochen entzog die Gauleitung den Nürnberger Juden auf diese Art und Weise etwa 570 Grundstücke und 60 PKWs und „arisierte" oder liquidierte weit über 70 jüdische Betriebe.[150] Die Betroffenen waren von den Vertrags- und Veräußerungsverhandlungen ausgeschlossen und wurden mit Gewalt zur Unterschrift und damit zum Verkauf gezwungen.[151] Jüdische Gewerbebetriebe etwa wurden durch Treuhänder endgültig zwangsveräußert oder aufgelöst, wobei die Erwerber generell nur den Warenbestand und die Immobilie zu bezahlen hatten – und auch das meist weit unter Wert; Einrichtungsgegenstände, Kundenkarteien oder Außenstände der Firma wurden nicht bezahlt.

tung von 594 jüdischen Wohnungen demoliert; Bericht an den Ministerpräsidenten vom 8.12.1938, BayHStA, MA 106678; vgl. auch Kershaw, Antisemitismus, S. 327; zum Pogrom in Nürnberg vgl. auch Hamburger, Pogromnacht, S. 21–25.

148 Durch diese Vorgehensweise überging man beispielsweise den Reichsschatzmeister Schwarz, dessen Genehmigung bei Transaktionen dieser Größenordnung vorgeschrieben war. Übergangen wurde aber auch der Stellvertreter Hitlers, Heß, der den Erwerb jüdischen Eigentums durch Parteigliederungen genehmigen musste; zu den zahlreichen Gesetzesübertretungen im Rahmen der „Holz-Aktion" gibt der Bericht der Gestapo-Prüfungskommission detailliert Auskunft, Bericht der Göring-Kommission, IMT Dokument 1757 PS, S. 60–67, S. 106 f.

149 Vgl. etwa die Vernehmung eines Grundstückmaklers am 1.4.1939 im Rahmen der Überprüfung der „Arisierungsaktion", StAN, Staatspolizeistelle Nürnberg-Fürth, Arisierungsakten/40.

150 Die Zahl der „arisierten" Betriebe ist im Bericht der Prüfungskommission nicht genau erfasst. Es wurden allerdings alleine 72 Betriebe auf dem Gebiet der Industrie und des Großhandels entzogen. Rechnet man die Einzelhandelsgeschäfte hinzu, so dürfte die Anzahl sogar weit über 100 betragen haben, Göring-Kommission IMT Dokument 1757 PS, S. 94, S. 133, S. 214; vgl. auch den Bericht des Gewerbepolizeiamtes vom 7.3.1939, StAN, Staatspolizeistelle Nürnberg-Fürth, Arisierungsakten/48; vgl. auch die Liste der eingezogenen PKW, StAN, Staatspolizeistelle Nürnberg-Fürth, Arisierungsakten/31.

151 Vgl. die zahlreichen schriftlichen Aussagen der Betroffenen in einem vom Nürnberger Polizeipräsidenten Martin verfassten Bericht vom 16.1.1939, Institut für Zeitgeschichte (IfZ), MA/60251, und die Aussage eines Betroffenen vor der Prüfungskommission, StAN, Staatspolizeistelle Nürnberg-Fürth, Arisierungsakten/39.

Als Legitimation für die Aktion nannte die Gauleitung neben den angeblichen Schleuderpreisen, welche die Juden selber für die Grundstücke in der Inflationszeit bezahlt hätten, vor allem die großen Verdienste des Gaues Franken und seiner NSDAP-Mitglieder in der „Judenfrage“.[152]

Die Beraubungskampagne war begleitet von drastischer Korruption und Vetternwirtschaft. Der Verkaufserlös aus den Enteignungen ging nicht an die ehemaligen Inhaber, sondern wurde in den meisten Fällen auf Sperrkonten überwiesen.[153] Erhoben wurde darüber hinaus eine „Spende“ von 1–3 Prozent des Kaufpreises, die bei der Weiterveräußerung vom Erwerber ebenfalls an die Gauleitung bzw. auf ein Sonderkonto des *Stürmer* überwiesen werden musste.[154] 25 Prozent der Einnahmen wurden auf ein Sperrkonto „Arisierung“ bei der Stadtsparkasse München überwiesen. Angeblich erfolgte dies, um noch ausstehende Abgaben an das Reich wie Steuerschulden und Kontributionsabgaben sicherzustellen. Da aber die Überweisung auf Anweisung des Gauwirtschaftsberaters Strobl erfolgte, der auch über das Konto verfügungsberechtigt war, während gleichzeitig die Finanzbehörden offenbar über die Existenz des Kontos überhaupt nicht informiert waren, erscheint diese Begründung recht zweifelhaft.[155]

Auf diese Art und Weise wurden Millionengewinne erzielt, die nicht nur in die Kassen der Nürnberger Partei, sondern auch auf die privaten Konten einzelner NSDAP-Mitglieder flossen. Der Gauleiter selber sanierte im Rahmen der „Holz-Aktion“ seine privaten Finanzen.[156] Zahlreiche seiner Mitarbeiter erwarben darüber hinaus Grundstücke, Kraftwagen und Unternehmen aus jüdischem Besitz zu Spottpreisen.[157]

Alarmiert durch den Nürnberger Polizeichef Benno Martin, der ein erbitterter Gegner Streichers war, setzte der Chef der Vierjahresplanbehörde Göring eine Untersuchungskommission ein, die im Hinblick auf die fränkische „Arisierung“ ermitteln sollte. Die Kommission stand unter Leitung von Josef Meisinger, Leiter der Reichszentrale zur Bekämpfung der Homosexualität und Abtreibung im Gestapa Berlin und als solcher im Verfahren gegen Werner von Fritsch als Untersuchungsführer hervorgetreten.[158] Der Prüfungskommission

[152] Vgl. Göring-Kommission, IMT Dokument 1757 PS, S. 67–71.
[153] Genschel, Verdrängung, S. 242–247.
[154] Vgl. Göring-Kommission IMT Dokument 1757 PS, S. 129 f.
[155] Vgl. Bericht der Prüfungskommission vom 29.3.1939, StAN, Staatspolizeistelle Nürnberg-Fürth, Arisierungsakten/34.
[156] Bericht der Göring-Kommission, IMT Dokument 1757 PS, S. 140 f.; vgl. auch die Aussage eines Verlegers vor der Prüfungskommission vom 19.3.1939, BAB, R 3001, 3381.
[157] Vgl. etwa die Aussagen des Maklers Nagel am 10.2.1939 vor der Gestapo, StAN, Staatspolizeistelle Nürnberg-Fürth, Arisierungsakten/41; vgl. auch die minuziöse Aufzählung von Gesetzesbrüchen und Korruptionsfällen der Prüfungskommission, Bericht der Göring-Kommission, IMT Dokument 1757 PS, S. 139–231.
[158] Grieser, Himmlers Mann, S. 157–159.

gehörten neben Meisinger auch Oberstaatsanwalt Joel, ein Beamter des Reichsfinanzministeriums und ein Beamter des Reichswirtschaftsministeriums an.[159]

Die Kommission trat am 6. Februar 1939 zum ersten Mal in Aktion, als in Berlin der stellvertretende Gauleiter, Karl Holz, vernommen wurde. Nach dieser Anhörung beschloss Göring, der bei dieser Sitzung den Vorsitz führte, dass im Gau Franken alle „Arisierungen" sowie Umschreibungen und Löschungen in den Grundbüchern, die seit dem 9. November 1938 durchgeführt worden waren, nachgeprüft werden sollten.[160]

Die von Göring eingesetzte Sonderkommission begann am 10. Februar 1939 mit ihrer Arbeit und war befugt, mit den „schärfsten Mitteln" durchzugreifen.[161] Zahlreiche Nürnberger Parteigenossen wurden verhaftet. Das durch die „Arisierungen" eingenommene Geld wurde eingezogen, die Verantwortung für die Abwicklung der weiteren Entziehung in die Hände der Gestapo gelegt.[162] Der Gauleiter selbst wurde am Ende durch ein Ehrengerichtsverfahren seiner Ämter enthoben.[163] Sein Stellvertreter Holz wurde schließlich an die Front geschickt, und Kreisleiter Zimmermann übernahm vorübergehend die Amtsgeschäfte des Gauleiters.[164]

Am 4. November 1939 erteilte Hermann Göring einen „Sonderauftrag Göring", durch den Georg Kießel als Sachbearbeiter eingesetzt wurde. Erlöse aus der „Entjudung" des Grundbesitzes im Gau Franken sollten nun auf ein Sonderkonto eingezahlt werden.[165] Bis zu fünfzig Prozent des Erlöses durften für die Tilgung von Schulden und sonstigen Verbindlichkeiten entnommen werden, später wurde dieser Betrag auf siebzig Prozent erhöht. Die übrigen zunächst fünfzig, später dreißig Prozent verblieben auf dem Konto, und noch im Januar 1945 war über die weitere Verwendung dieser Gelder offiziell nichts entschieden.[166]

159 Bericht der Göring-Kommission, IMT Dokument 1757 PS, S. 231.

160 Ebd., S. 55; vgl. Grieser, Himmlers Mann, S. 160.

161 Tagesmeldung eines SS-Hauptsturmführers im RSHA, BAB, R 58, 985.

162 Bericht des Oberlandesgerichtspräsidenten vom 11.1.1940, BAB, R 3001, 3381; vgl. auch die zahlreichen Vernehmungen der Akteure der „Holz-Aktion" vor der Prüfungskommission, StAN, Staatspolizeistelle Nürnberg-Fürth, Arisierungsakten/40.

163 Im Februar 1940 gab es ein Parteigerichtsverfahren gegen Streicher, durch das er beurlaubt wurde. Vgl. BAB (ehemals BDC), OPG, Holz, Karl, *27.12.1895; Lebenslauf von Karl Holz, 9.8.1943, IfZ, Fa 223/39; Grieser, Himmlers Mann, S. 162–168; Hüttenberger, Gauleiter, S. 219.

164 Bericht des Oberlandesgerichtspräsidenten vom 8.5.1940, BAB, R 3001, 3381.

165 Erlass des Reichswirtschaftsministeriums zum „Sonderauftrag Göring" vom 4.11.1939.

166 Schreiben des Reichsfinanzministers an die Gestapo, Stapoleitstelle Nürnberg und den Oberfinanzpräsidenten Nürnberg vom 6.1.1945, Bundesamt für zentrale Dienste und offene Vermögensfragen Berlin, WGM 66.

Die Nürnberger „Holz-Aktion“ war eine der ersten Arisierungskampagnen im Reichsgebiet, die systematisch überprüft wurde. Im Hinblick auf „Arisierungsgewinne“ untersuchte die von Göring eingesetzte Kommission alle 72 gewerblichen „Arisierungen“, die im Gau Franken zwischen dem 9. November 1938 und dem 8. Februar 1939, also dem Arbeitsbeginn der Kommission, vorgenommen worden waren. Darunter befanden sich nur vier größere Betriebe, von denen drei von der Kommission einer umfassenden Prüfung unterzogen wurden, weil hier Anhaltspunkte für einen Korruptionsverdacht vorlagen.[167] 33 weitere Betriebe wurden vom Oberfinanzpräsidium Nürnberg auf „Arisierungsgewinne“ überprüft. Die übrigen 39 Betriebe sowie die arisierten Einzelhandelsgeschäfte blieben unkontrolliert, da eine Überprüfung wegen der geringen wirtschaftlichen Bedeutung „keinen Erfolg versprach“.

Zur Ermittlung des „Arisierungsgewinns“ wurden die erwähnten 33 Betriebe durch die Betriebsprüfer des Oberfinanzpräsidiums auf folgende Punkte geprüft:[168]

1. Lag eine genehmigungspflichtige Betriebsarisierung oder ein genehmigungsfreier Kauf eines Warenlagers vor?
2. Höhe des Verkehrswertes des Unternehmens in dem tatsächlich übernommenen Umfang?
3. Höhe des Kaufpreises und dessen Belegung?
4. Höhe des Arisierungsgewinns?
5. Finanzielle Leistungsfähigkeit des Erwerbers? Stundung der Abgabe?

Der „Arisierungsgewinn“ errechnete sich aus der Differenz zwischen dem Verkehrswert (der Preis, den ein „arischer“ Erwerber einem „arischen“ Verkäufer hätte zahlen müssen) und dem tatsächlich an die jüdischen Eigentümer gezahlten Kaufpreis. Bei den 33 geprüften Betrieben ergab sich insgesamt ein Arisierungsgewinn in Höhe von 14 399 077 Reichsmark. Von diesem Gewinn sollte ein „zumutbarerer“ Prozentsatz – im Einzelfall zwischen 25 und 70 Prozent – an den Staat abgeführt werden. „Im günstigsten Fall“ rechnete die Göring-Kommission mit „Arisierungsabgaben“ in Höhe von 10 Millionen Reichsmark.

Ob die „Arisierungsabgabe“ nachträglich de facto erhoben werden sollte, dafür, so hieß es in dem Abschlussbericht der Kommission, seien rechtliche, wirtschaftliche und politische Gesichtspunkte zu berücksichtigen. Die Rechtsgrundlage sei durch den Erlass des Beauftragten für den Vierjahresplan vom 10. Dezember 1938 gegeben.

Aus einzelwirtschaftlicher Perspektive müsse man jedoch die tatsächliche finanzielle Leistungsfähigkeit des Erwerbers berücksichtigen. „Es wird nicht von

[167] Bericht der Göring-Kommission, IMT Dokument 1757 PS, S. 133 f. Es handelte sich um die Transformatoren- und Apparatebau-Fabrik Magnus, die Lederfabrik Cromwell A. G. und die Dampfwattefabrik Stern.

[168] Bericht der Göring-Kommission, IMT Dokument 1757 PS, S. 135–137.

der Hand zu weisen sein, daß einzelne Erwerber nur mit Rücksicht auf den geringen Kaufpreis überhaupt erworben haben, die also infolge beschränkter finanzieller Leistungsfähigkeit von dem Ankauf hätten Abstand nehmen müssen, wenn sie mit der Zahlung einer Arisierungsabgabe gerechnet hätten", führte der Kommissionsbericht aus. Hier müsse die Abgabe unter die 70 %-Grenze herabgesetzt und Ratenzahlung ermöglicht werden. Es müsse klargestellt werden, dass die Arisierungsabgabe eine Steuer sei, „für die der Erwerber zwar Stundung beantragen kann, die er jedoch unter allen Umständen bezahlen muß". In den Fällen, in denen die Arisierungsabgabe hingegen gleichzeitig mit der Kaufgenehmigung zur Auflage gemacht würde, müsse der Erwerber diese akzeptieren.

Die Kommission ging in ihren Überlegungen noch weiter. Aus allgemeinwirtschaftlichen Gründen, so hieß es, habe man grundsätzliche Bedenken, die Abgabe nur bei solchen „Arisierungen" zu erheben, die nach dem 9. November 1938 durchgeführt worden seien. Zwar seien nach diesem Termin die „Arisierungskaufpreise" noch einmal weiter gedrückt worden. Aber auch bei den „Arisierungen" vor dem 9. November hätten die Erwerber im Allgemeinen nur Kaufpreise unter dem tatsächlichen Wert der Unternehmen gezahlt. So kam die Kommission zu dem Schluss: „Es erscheint deshalb eine nachträgliche Erhebung des Arisierungsgewinnes nur dann als gerechtfertigt, wenn sie einheitlich für das ganze Reich angeordnet wird, und zwar würde als Anfangstermin der 26.4.1938, d. h. der Tag der Einführung der staatlichen Genehmigungspflicht für Arisierungen von Betrieben zu bestimmen sein."[169] Dabei sollten sich die Behörden auf die „Arisierung" von industriellen und Großhandelsbetrieben beschränken, die die höchsten Gewinne erzielt hätten und auch aktenmäßig leicht erfasst werden könnten, weil sie von der Regierung zu genehmigen waren. Die Kommission brachte auch ein einkommensteuerrechtliches Argument für ihren Vorschlag vor: Nur wenn der Arisierungsgewinn gleich zu Beginn von den Behörden erfasst werde, könne er später auch bei der Berechnung der Einkommensteuer berücksichtigt werden. Die Kommission machte daher am Ende ihres Untersuchungsberichts folgenden Vorschlag:

> „Dem Herrn Reichswirtschaftsminister wird nahegelegt, auf Grund der von der Kommission im Gau Franken errechneten Ergebnisse die nachträgliche Überprüfung aller ab 26.4.1938 genehmigten Arisierungen, mit Ausnahme des Einzelhandels und des Handwerks, auf Erhebung einer Arisierungsabgabe zu Gunsten des Reiches im Einvernehmen mit dem Reichsminister der Finanzen anzuordnen."[170]

[169] Bericht der Göring-Kommission, IMT Dokument 1757 PS, S. 137 f.

[170] Bericht der Göring-Kommission, IMT Dokument 1757 PS, S. 139 und wortgleich auf S. 231.

4.4.3 „Arisierung“ und Ausgleichsabgabe in Österreich: der Staat gerät ins Hintertreffen

In Österreich ist der Blick auf die „Arisierung“ und Ausgleichsabgabe besonders aufschlussreich, weil dort die Prozesse schneller und radikaler verliefen als im „Altreich“. Was im Reichsgebiet fünf Jahre gedauert hatte, vollzog sich im „angeschlossenen“ Österreich innerhalb weniger Wochen und Monate. Es kam bereits in den ersten Wochen nach dem „Anschluss“ zu einer großen Welle „wilder Arisierungen“. Betroffen waren vor allem kleine Geschäfte und Gewerbebetriebe. In der Literatur geht man auf der Grundlage von regimeinternen Schätzungen davon aus, dass in kürzester Zeit rund 7 000 Geschäfte geplündert, zerstört und geschlossen wurden.[171] Über 20 000 Verwalter und Kommissare sollen jüdisches Eigentum übernommen haben. Besonders beteiligten sich NSDAP und ihre Gliederungen und Verbände an dem Raubzug gegen die Juden.[172] Die erste Phase der „Arisierung“ in Österreich war anarchisch, gewaltsam und oft gelenkt von Personen, die sich vor allem individuell bereicherten.[173] Der Prozess drohte den staatlichen Behörden vollständig zu entgleiten.

Angesichts dieser Phase der „wilden Arisierungen“ bestand eine erste staatliche Regulierung darin, die Ernennung von kommissarischen Verwaltern einem geregelten Verfahren zu unterwerfen.[174] Letztlich wurde durch diese Regelung der bestehende Zustand unter der Aufsicht des Staatskommissars für die Privatwirtschaft Walter Rafelsberger nachträglich legalisiert. Gleichzeitig wurde beim österreichischen Wirtschaftsministerium eine Vermögensverkehrsstelle eingerichtet, die zunächst unter der Leitung von Rafelsberger stand und die alle „Arisierungen“ zentral kontrollieren und koordinieren sollte.[175] Bei der Vermögensverkehrsstelle legten Juden ihre Vermögensmeldungen vor, die aufgrund der Anmeldeverordnung vom April 1938 erstellt werden mussten. Die Vermögensverkehrsstelle kontrollierte die „Überführung“ des jüdischen Vermögens in „arische“ Hände, leitete Liquidationen in die Wege, verwaltete die „Arisierungserlöse“ und genehmigte Ausnahmeregelungen

[171] Kritisch zu den Zahlen, die teilweise auf Schätzungen aus der NS-Zeit zurückgehen: Weber, Arisierung, S. 58–65.

[172] Vgl. Stellungnahme des österreichischen Wirtschafts- und Finanzministers Hans Fischböck vom Januar 1939, zit. nach Weber, Arisierung, S. 70 f.

[173] Unfried, Liquidierung, S. 173.

[174] Gesetz über die Bestellung von kommissarischen Verwaltern und kommissarischen Überwachungspersonen vom 13.4.1938, GBlÖ Nr. 10/1938, zit. nach Weber, Arisierung, S. 68.

[175] Offiziell wurde die Vermögensverkehrsstelle am 18.5.1938 eingerichtet und mit den Befugnissen der Anmeldeverordnung vom 26.4.1938 betraut. De facto begann sie aber schon früher mit ihrer Arbeit. Vgl. Genschel, Verdrängung, S. 162 f., sowie Weber, Arisierung, S. 81 f.

für deutsche „Ariseure".[176] Damit kontrollierte in Österreich eine einzige Institution alle „Arisierungen", anders als im „Altreich", wo Vermögensanmeldungen und Arisierungsgenehmigungen dezentral von den regionalen höheren Verwaltungsbehörden bearbeitet wurden.

Bereits in den ersten Wochen zeigten sich zwei charakteristische Tendenzen, welche die „Arisierung" in Österreich von der im übrigen Reichsgebiet unterschieden: Zum einen stand die „Arisierung" in engem Zusammenhang mit der „Wiedergutmachung" für „verdiente Parteigenossen", die angaben, dass sie während der „Systemzeit" aufgrund ihrer politische Einstellung wirtschaftliche Schäden erlitten hätten. Schon unmittelbar nach dem „Anschluss" beriefen sich die „wilden Ariseure" auf vermeintliche frühere Schädigungen als Legitimation für ihr Handeln. Rafelsberger als Leiter der Vermögensverkehrsstelle und der österreichische Wirtschafts- und Finanzminister Fischböck unterstützten diese Ansicht.[177] Gegenspieler dieser Richtung war Josef Bürckel, seit 23. März 1938 Reichskommissar für die Wiedervereinigung Österreichs mit dem Deutschen Reich, der sich auf die Unterstützung durch Göring berufen konnte, aber anfangs große Schwierigkeiten hatte, seine Interessen durchzusetzen.

Rafelsbergers Vermögensverkehrsstelle schickte regelmäßig Listen von Betrieben, die „arisiert" werden sollten, an die „NS-Vermittlungsstelle" beim Reichsstatthalter, deren Aufgabe es unter anderem war, sogenannte verdiente Parteigenossen mit jüdischen Geschäften und Betrieben zu versorgen.[178] Dabei mangelte es den Bewerbern häufig an Qualifikation und vor allem an Kapital für eine „Arisierung". Die Vermögensverkehrsstelle setzte die Kaufpreise daher unter Berufung auf die Wiedergutmachungsansprüche der „Ariseure" extrem niedrig an und erließ oder stundete Auflagen. Zudem wurde aus „freiwilligen" Beiträgen, die in der Regel von den jüdischen Besitzern geleistet werden mussten, ein „Arisierungsfonds" gebildet, der zur Finanzierung von Geschäftsübernahmen durch nicht liquide Bewerber mit Parteiverdiensten und auch zur Selbstfinanzierung der Vermögensverkehrsstelle genutzt werden sollte. Diese Verfahren wurden praktiziert, bis Göring im November und Dezember 1938 eine allgemeine Regelung für die „Arisierung" und die dabei zu leistende „Ausgleichsabgabe" einführte, die von nun an im gesamten Reichsgebiet gelten und deren Erlös ausschließlich dem Reich zufließen sollte.

Das Ausmaß der Verbindung von „Arisierung" und „Wiedergutmachung" wurde deutlich, als die Behörden 1939 begannen, bereits durchgeführte „Ari-

[176] Die Ausnahmegenehmigungen waren erforderlich, weil – nach dem am 14.4.1938 erlassenen Gesetz zum Schutz der österreichischen Wirtschaft – der Kauf österreichischer Unternehmen durch deutsche Firmen an gewisse Genehmigungen gebunden war. Das Gesetz galt bis 1.10.1938. Vgl. dazu Weber, Arisierung, S. 81.

[177] Weber, Arisierung, S. 73.

[178] Vgl. hierzu und zum Folgenden Unfried, Liquidierung, S. 174–181.

sierungen“ zu überprüfen. So schrieb etwa der Reichswirtschaftsminister im Juli 1940 an das Reichsfinanzministerium und an den Stellvertreter des Führers: „In zwei mir vorliegenden Beschwerdefällen aus Wien und Kärnten berufen sich die Erwerber als Beschwerdeführer darauf, daß sie auf die Wiedergutmachungsansprüche für Vermögensverluste, die ihnen als illegalen Parteigenossen während ihrer Tätigkeit für die Bewegung in der Ostmark durch die Maßnahmen der damaligen System-Regierungen entstanden sind, unter der Voraussetzung verzichten würden, daß sie bei der Übernahme jüdischer Gewerbebetriebe bevorzugt berücksichtigt würden und keine Ausgleichsabgaben zu zahlen brauchten. Die örtlich zuständigen Entjudungsbehörden haben bisher die Ansicht vertreten, daß Wiedergutmachungsansprüche bei der Festsetzung von Ausgleichsabgaben nach den Richtlinien meines Runderlasses nicht berücksichtigt werden können.“[179] Konkret ging es um den Fall der „Arisierung“ der Arkaden-Kinos in Wien. Der „Ariseur“ hatte einen Wiedergutmachungsanspruch von 25 000 Reichsmark gemeldet, der ihm auch von den Behörden anerkannt worden war. Die Wiedergutmachungsstelle bat daraufhin, diese Wiedergutmachungssumme mit der auferlegten Ausgleichsabgabe in Höhe von knapp 7 200 Reichsmark zu verrechnen, da ihr die Mittel für eine vollständige Wiedergutmachungsleistung fehlten. Ein weiterer Fall in Klagenfurt war ähnlich gelagert. Im Reichswirtschaftsministerium monierte man diese Praxis. Die Entschädigung für die „im Kampf für die Bewegung“ vor 1938 Geschädigten sei über die offiziellen Wiedergutmachungsverfahren abzuwickeln. Die „Entjudungsbehörden“ seien damit nicht zu befassen.

Tatsächlich sahen die Richtlinien zur „Wiedergutmachung“ allerdings explizit vor, dass die „Wiedergutmachung“ auch durch „anderweitige Förderung“ wie die Vermittlung eines Kredits, von Aufträgen oder die Übernahme einer „arisierten“ Firma erfolgen könne. So hielt es der Reichsfinanzminister in seiner Stellungnahme auch im Nachhinein für vertretbar und angezeigt, den Wert eines „arisierten“ Unternehmens und die Ausgleichszahlung „mit besonderem Wohlwollen festzusetzen“.[180] Ganz auf die Ausgleichszahlung verzichten wollte der Reichsfinanzminister allerdings aus „grundsätzlichen Erwägungen“ nicht, nicht zuletzt, weil auf die „Wiedergutmachung“ kein Rechtsanspruch bestand, die Ausgleichsabgabe hingegen eine gesetzliche Grundlage hatte.

Der zweite besondere Aspekt, der die „Arisierung“ in Österreich von der reichsdeutschen Entwicklung der Vorjahre unterschied und der mit der zuvor beschriebenen Strömung in Widerspruch stand, war eine wirtschafts-

[179] Schreiben des Reichswirtschaftsministeriums, Dr. Coelln, an den Stab des Stellv. des Führers, Dr. Lampe, und an das Reichsfinanzministerium, ORR Bersch, vom 10.7.1940, BAB, R 2, 5871, Bl. 125 f.

[180] Schreiben des Reichsfinanzministeriums an das Reichswirtschaftsministerium vom 14.8.1940, BAB, R 2, 5871, Bl. 128.

planerische Ausrichtung.[181] Deren Ziel, das vor allem von Reichsstatthalter Bürckel vertreten wurden, bestand vor allem darin, den „Arisierungen“ wirtschaftspolitische Planungen zugrunde zu legen. Rafelsbergers Einfluss in der Vermögensverkehrsstelle musste dafür zurückgedrängt werden, da dessen Auffassung, der politisch bestbewährte Parteigenosse habe auch Anspruch auf den wirtschaftlich besten Betrieb, den wirtschaftsplanerischen Ansätzen entgegenstehen musste.[182] Wenn nach dem Novemberpogrom 1938 reichsweit einheitliche Verfahren für die „Arisierung“ eingeführt wurden, so wurden dadurch in Österreich auch die einer wirtschaftsplanerischen Linie entgegenstehenden Interessen der regionalen Parteiinstanzen weitgehend ausgeschaltet. Im Konflikt zwischen Staat und Partei setzte sich der Staat durch. Im Sommer 1939 war Rafelsberger in seiner eigenen Dienststelle nahezu vollständig entmachtet. Die Ausrichtung auf Bürckels Linie ließ sich in Österreich nicht zuletzt deshalb verwirklichen, weil dort eine einzige staatliche Instanz für die „Arisierung“ zuständig war.

Die Bedeutung der österreichischen Entwicklung für die Radikalisierungswellen bei der „Arisierung“ im Jahr 1938 wird in der Forschung kontrovers diskutiert. Waren die Auswüchse der „Arisierung“ in Österreich und die enormen Profite von NSDAP und Parteimitgliedern ein Auslöser für die Radikalisierung der Judenpolitik? In den Quellen, insbesondere bei der Mitschrift der Sitzung im Reichsluftfahrtministerium am 12. November 1938, bei der die entscheidenden Schritte für eine „Zwangsarisierung“ beschlossen wurden, schimmern vielfach Bezüge zur österreichischen Entwicklung durch. Auf der anderen Seite gab es bereits weit entwickelte Planungen für eine Forcierung der „Arisierung“, bevor die Missstände in Österreich deutlich wurden. Das belegt insbesondere das Planungspapier aus dem Reichsinnenministerium vom Juni 1938. Aus dieser Perspektive erscheint Österreich eher als ein Experimentierfeld für bereits zuvor konzipierte Maßnahmen. Allerdings modifizierten die Ereignisse in Österreich den geplanten Prozess, und neue, bisher noch nicht so stark artikulierfähige Interessen, insbesondere seitens der „verdienten Parteigenossen“ und der wirtschaftsplanerischen Elemente kamen mit ins Spiel. So lässt sich festhalten, dass die Entwicklung in Österreich wohl nicht alleiniger Auslöser zur staatlichen Kontrolle der „Arisierung“ und zur „Zwangsarisierung“ war, aber sicherlich einen starken und spezifischen Impuls dafür gab.

In dem bisher Geschilderten tauchten wiederholt „Auflagen“ im Zusammenhang mit den „Arisierungen“ auf. Solche Auflagen gab es in Österreich schon lange vor der gesetzlichen Regelung für die Ausgleichsabgabe vom Dezember 1938. Die Vermögensverkehrsstelle unter Rafelsberger im Wirtschaftsministerium erhob bereits in den ersten Wochen ihres Bestehens ab Juli

[181] Vgl. dazu Unfried, Liquidierung, S. 201–207.
[182] Bürckel über Rafelsberger, ohne Datum. Zitat nach Unfried, Liquidierung, S. 205.

1938 bei „Ariseuren“ eine Auflage in „angemessener“ Höhe. Staatskommissar Rafelsberger sah dafür einen realwirtschaftlichen Hintergrund: Der Wert der jüdischen Unternehmen sei sofort nach dem „Anschluss“ für die jüdischen Inhaber geringer geworden als für die „arischen“ Käufer, weil durch Boykottmaßnahmen die jüdischen Geschäfte stark entwertet worden seien. Den Juden sei dann der verminderte Wert bezahlt worden, den die Unternehmen für sie noch gehabt hätten – sie waren also nach Ansicht Rafelsbergers nicht übervorteilt worden. Die staatlichen Stellen hätten das als „billig“ angesehen. „Es musste aber darauf Bedacht genommen werden“, schrieb er in einem Bericht im Dezember 1938 rückblickend, „dass die Differenz zwischen dem wahren Wert und den an die Juden ausbezahlen Beträgen nicht den einzelnen arischen Unternehmern dieser Unternehmungen, sondern der Allgemeinheit zugute komme“.[183] Für eine solche Auflage fehlte allerdings anfangs jede gesetzliche Grundlage, so dass ihre Höhe in jedem Fall einzeln ausgehandelt werden musste.

Bis Ende September 1938 waren in Rafelsbergers Behörde nach Angaben der Mitarbeiter rund 2,7 Millionen Reichsmark an solchen Arisierungsabgaben zusammengekommen.[184] Die eingenommenen Beträge wurden auf einem Konto der Vermögensverkehrsstelle im Ministerium für Wirtschaft und Arbeit gesammelt. Sie dienten zunächst dazu, „verdienten Parteigenossen“ und Exportbetrieben Kleinkredite zu gewähren. Bis 6. Oktober 1938 vergab die Vermögensverkehrsstelle aus den eingenommenen Geldern 71 200 Reichsmark in Form von solchen Krediten. Eine nahezu gleich hohe Summe – 71 100 Reichsmark – wurde „Ariseuren“ im Gast- und Schankgewerbe zur Verfügung gestellt.

Aus dem Abgabentopf deckte die Vermögensverkehrsstelle außerdem ihre eigenen Kosten, nachdem die Dienststelle, die erst kurzfristig eingerichtet worden war, im Landeshaushalt nicht vorgesehen war. Über 2,2 Millionen Reichsmark wurden für diesen Zweck von dem Konto entnommen.[185] Bei einer Besprechung Ende September 1938 erklärte sich Rafelsberger bereit, alle staatlichen Mittel, die seine Vermögensverkehrsstelle bislang bekommen hatte, wieder zurückzuerstatten und sich ganz aus den Einnahmen der Arisierungsauflagen zu finanzieren.[186]

[183] Bericht der Vermögensverkehrsstelle über die Richtlinien zur Auflagenbemessung vom 21.12.1938, ÖStA, AdR, 04, „Bürckel“ Materie, Karton 89, Mappe 2160/0 Bd. I, Bl. 46–51, das Folgende ebd. Nach Aussage von Rafelsberger erhoben sowohl er selbst als auch das Büro des Staatssekretärs Keppler von Anfang an solche Auflagen.

[184] Angaben nach dem Schreiben an das Reichsfinanzministerium vom 29.9.1938 (Abschrift), ÖStA, AdR, 04 „Bürckel“ Materie, Karton 91, Mappe 2160/11, Bl. 84.

[185] Vgl. Zusammenstellung im nicht abgeschickten Entwurf eines Schreibens des Reichskommissars Bürckel an das Reichswirtschaftsministerium vom 7.3.1939, ÖStA, AdR, 04, „Bürckel“ Materie, Karton 89, Mappe 2160/0 Bd. I, Bl. 42–45.

[186] Gedächtnisniederschrift über die Beschlüsse des Beirates der Vermögensverkehrsstelle

Anfang Oktober verfügte Reichskommissar Bürckel allerdings, dass die Gelder aus den „Entjudungsauflagen" künftig auf ein eigenes Konto bei der Zentralsparkasse Wien einzuzahlen seien, das der „NS-Wiedergutmachungsstelle" zur Verfügung stand. Zum 1. Oktober 1938 wurde daher das Verfahren umgestellt. Der Leiter der „Wiedergutmachungsstelle", Miltschinsky, sollte daraus einen Fonds bilden, aus dem Darlehen oder Zuschüsse an „würdige", aber finanzschwache „Kaufwerber" finanziert werden sollten. „Arisierung" und „Wiedergutmachung" für verdiente Nationalsozialisten wurden dadurch noch enger verknüpft, denn die „Auflage"-Gelder sollten nun als Kredite direkt Interessenten zugute kommen, die den vorgeschriebenen Kaufpreis nicht aufbringen konnten. Zwischen Oktober und Dezember 1938 gingen weitere 696 785,33 Reichsmark an Arisierungsauflagen ein. Die „Wiedergutmachungsstelle" vergab daraus in den folgenden drei Monaten bis Jahresende noch einmal etwa dasselbe Kreditvolumen wie zuvor die Vermögensverkehrsstelle, nämlich rund 70 000 Reichsmark.[187]

Wie die Gegenüberstellungen zeigen, waren die Einnahmen der Vermögensverkehrsstelle weitaus höher als deren Ausgaben. Rafelsberger berechnete im Dezember 1938 den Kontostand aus „Arisierungsauflagen" in Österreich mit 3 784 346,63 Reichsmark. Hinzuzurechnen waren nach seinen Angaben noch offene Beträge, die in Raten gezahlt werden sollten, in Höhe von 1,2 Millionen Reichsmark, und ein Saldo bei der Kontrollbank in Höhe von 1,7 Millionen Reichsmark. Insgesamt ergab sich daraus eine Summe von 6 684 346,63 Reichsmark. Bis Anfang März 1939 hatte sich der Betrag auf 8 229 939,42 Reichsmark erhöht, aber ein Teil war weiterhin gestundet bzw. sollte in Raten abbezahlt werden.[188]

Eine neuerliche Änderung brachte Görings Verfügung vom 9. Dezember 1938, dass alle Gelder, die im Zuge von „Entjudungsauflagen" eingegangen waren, zur Verfügung des Reiches zu halten seien. Wieder musste die Vermögensverkehrsstelle ihre Finanzen umorganisieren. Die „Wiedergutmachungsstelle" stellte ihre Kreditvergabe ein, die Mittel blieben nun bei der Vermögensverkehrsstelle.

Zum 1. Januar 1939 übernahm Ministerialrat Armand Desbalmes vom Finanzministerium die Abteilung für die Auflagenberechnung in der Vermögensverkehrsstelle. Damit sollten die „steuermässigen Grundsätze" in der Führung

vom 28. September 1938 betreffend das Budget der Vermögensverkehrsstelle. Anwesend: Minister Dr. Fischböck, Bürgermeister Dr. Neubacher, Vizepräsident Barth, Präsident Kehrl, Staatskommissar Rafelsberger, ÖStA, AdR, 04 „Bürckel" Materie, Karton 91, Mappe 2160/11, Bl. 81 f.

187 Zudem wurde von dem Konto ein Vorschuss für ein jüdisches Auswandererlager in Höhe von 47 000 RM vergeben, der aber im Dezember 1938 bereits wieder zurückgezahlt war.

188 Schreiben des Reichskommissars Bürckel an den Reichswirtschaftsminister vom 10.3.1939, ÖStA, AdR, 04, „Bürckel" Materie, Karton 89, Mappe 2160/0 Bd. I, Bl. 19–21.

dieser Abteilung stärker zur Geltung gebracht werden. Gleichzeitig war Desbalmes für die Überprüfung früherer „Arisierungen" in Österreich zuständig.[189] Er überprüfte bis August 1939 rund 1 800 Auflagenberechnungen, zu diesem Zeitpunkt waren noch weitere 600 Überprüfungen durchzuführen. Im August hatte die Vermögensverkehrsstelle für rund 23 Millionen Reichsmark Auflagen gemacht.[190]

Zwischenzeitlich hatte im Februar 1939 das österreichische Wirtschaftsministerium vorgeschlagen, dass die Berechnung und Erhebung der Ausgleichsabgabe ganz auf die Finanzbehörden übergehen sollte.[191] Die Abteilung der Vermögensverkehrsstelle, welche die Abgabe bislang bearbeitete, war bereits dem österreichischen Finanzministerium unterstellt; soweit die „Arisierungen" durch die Kontrollbank erfolgten, war dort ein eigener Beamter als Beauftragter des Wirtschaftsministeriums mit der Überwachung der entsprechenden Abgabe betraut. Beide Stellen sollten nach Meinung des Wirtschaftsministeriums künftig, wenn die österreichischen Behörden aufgelöst würden, dem Wiener Oberfinanzpräsidium zugeordnet werden. „Ich halte eine solche organisatorische Zusammenfassung auch deshalb für vorteilhaft, weil die Praxis jetzt sehr oft ergibt, dass widerstreitende Interessen anlässlich der den Finanzbehörden obliegenden Reichsfluchtsteuern und Sonderabgaben gegenüber den Interessen der Verwaltung der von der Kontrollbank für Rechnung des Reichs übernommenen Werte feststellbar sind, welche derzeit nicht nur zeitraubende und nicht immer erfolgreiche Verhandlungen zur Folge haben, sondern manchmal auch zu Situationen führen, welche der möglichst günstigen Verwertung der übernommenen Aktivitäten abträglich erscheinen", begründete der österreichische Wirtschaftsminister Fischböck seinen Vorschlag.

Bereits zu diesem Zeitpunkt, im Februar 1939, schlug er zudem vor, dass die Ausgleichszahlungen auch nachträglich und auch für „Übertragungen" seit dem „Anschluss" Österreichs, also ab März 1938, geleistet werden sollten.[192] Gerade für Österreich schien dem Reichskommissar diese zeitlich rückwirkende Anwendung notwendig: Die „Arisierung" war in der „Ostmark" im Dezember

[189] Schreiben des Reichskommissars Bürckel an Hermann Göring vom 15.2.1939, ÖStA, AdR, 04, „Bürckel" Materie, Karton 90, Mappe 2160/00 Bd. III, Bl. 110.

[190] Schreiben Rafelsbergers an den Präsidenten des Reichsfinanzhofes vom 14.8.1939, ÖStA, AdR, 04, „Bürckel" Materie, Karton 90, Mappe 2160/00 Bd. IV, Bl.77–78. In diesem Schreiben begründete Rafelsberger, dass er Desbalmes, der kurz zuvor zum Reichsrichter beim Reichsfinanzhof ernannt worden war, noch in seiner Dienststelle benötigte.

[191] Schreiben des österreichischen Ministeriums für Wirtschaft und Arbeit an den Reichsfinanzminister vom 1.2.1939, ÖStA, AdR, 04 „Bürckel" Materie, Karton 91, Mappe 2160/11, Bl. 66 f. Folgendes Zitat ebd.

[192] Schreiben des österreichischen Ministeriums für Wirtschaft und Arbeit an den Reichsfinanzminister vom 1.2.1939, ÖStA, AdR, 04 „Bürckel" Materie, Karton 91, Mappe 2160/11, Bl. 66 f.

1938 schon „weitgehend vorgeschritten". Um die Richtlinien zur „Zwangsarisierung" und die Auflagenpflicht, wie sie im „Altreich" galten, auch in Österreich umzusetzen, initiierte Bürckel am 23. Februar 1939 kurzerhand eine österreichische Landesverordnung, die es erlaubte, rückwirkend alle österreichischen „Arisierungen" noch einmal zu überprüfen. „Auf diese Weise soll auch bei den vor dem 3.12.1938 durchgeführten Entjudungsfällen dem bei der Arisierung des jüdischen Besitzes in der Ostmark von Anfang an bestehenden Grundsatz Rechnung getragen werden, dass an der Arisierung jüdischen Besitzes der einzelne nicht verdienen darf, sondern diese Gewinne der Allgemeinheit zufließen", erklärte Bürckel seinen Schritt gegenüber dem Reichwirtschaftsministerium.[193]

In Berlin war man von dem eigenmächtigen Vorgehen des Österreich-Kommissars nicht begeistert. Zwar stimmte Reichswirtschaftsminister Funk zu, dass „gerade auch in der Ostmark eine Nachprüfung sämtlicher Entjudungsvorgänge besonders erwünscht und notwendig ist". Er kritisierte aber, dass eine so einschneidende Verordnung ohne vorherige Fühlungnahme mit dem Reichswirtschaftsministerium herausgegangen war und damit nicht zuletzt uneinheitliche Regelungen im Reichsgebiet etabliert worden waren.[194]

Nachdem am 6. Februar 1939 der bereits mehrfach erwähnte Durchführungserlass für die Ausgleichsabgabe vom Reichswirtschaftsministerium herausgegeben worden war, forderte das Ministerium auch eine Abrechnung über die eingenommenen Gelder in Österreich. Zu diesem Zweck setzte Bürckel einen eigenen Beamten, Regierungsrat Wagner, ein, der mit einem Wirtschaftsprüfer und einem Rechnungsrevisor die Verwaltung der Gelder überprüfen sollte.[195]

Offenbar erwog Göring, in Österreich ähnlich wie in Franken eine Untersuchungskommission einzusetzen. „Ich habe unterdessen mehrere Kommissionen im Reiche herumsausen, die die Überprüfung dort vornehmen, wo ich berechtigte Zweifel an einer einwandfreien Erledigung habe, besonders dort, wo seitens des Gaues sehr stark im eigenen Interesse gearbeitet worden ist", schrieb er am 2. März 1939 an Bürckel.[196] Der österreichische Reichsstatthalter aber wollte die Überprüfung mit eigenem Personal vornehmen.

193 Schreiben Bürckels an den Reichswirtschaftsminister vom 23.3.1939 (Abschrift), ÖStA, AdR, 04 „Bürckel" Materie, Karton 91, Mappe 2160/11, Bl. 57 f.

194 Schreiben des Staatssekretärs im Reichswirtschaftsministerium an den Reichskommissar Bürckel vom 24.4.1939, ÖStA, AdR, 04 „Bürckel" Materie, Karton 91, Mappe 2160/11, Bl. 52.

195 Schreiben des Reichskommissars Bürckel an die Vermögensverkehrsstelle, Rafelsberger, vom 23.3.1939, ÖStA, AdR, 04, „Bürckel" Materie, Karton 89, Mappe 2160/00 Bd. I, Bl. 4 f.

196 Schreiben Hermann Görings an Reichskommissar Bürckel vom 2.3.1939, ÖStA, AdR, 04, „Bürckel" Materie, Karton 90, Mappe 2160/00 Bd. III, Bl. 95.

Am 3. Juni 1939 berichtete Bürckel an Göring, er habe inzwischen selbst drei Wirtschaftsprüfungsgesellschaften aus dem „Altreich" mit je drei Prüfern beauftragt.[197] Da es in Österreich den Beruf des Wirtschaftsprüfers nicht gab, mussten professionelle Wirtschaftsprüfer erst nach und nach aus dem „Altreich" geholt und verfügbar gemacht werden, und in vollem Ausmaß begann Bürckels Arbeitsstab erst ab Mitte April 1939 mit der Arbeit.

Bürckel ließ zunächst vorrangig „Entjudungsfälle" größerer Betriebe prüfen, bei denen es „gewisse Anhaltspunkte" gab, dass „dem Entjudungsverfahren Mängel anhafteten". Solche Mängel konnten nach Ansicht der Prüfer in der Gefährdung der Wirtschaftlichkeit der Betriebe wegen geringer Eignung der Erwerber, in der unzureichenden Finanzgrundlage oder in zu niedriger Sachwert- und Auflagenbemessung bestehen. Zeitraubende Ermittlungen waren notwendig, wie Bürckel hervorhob, vor allem, wenn viele Vermögensgegenstände für den Sachwert zu prüfen waren.

Er fasste das Ergebnis der Überprüfung in seinem Schreiben an Hermann Göring am 3. Juni 1939 folgendermaßen zusammen:

„a) Bei wirtschaftlich wenig erfahrenen und kapitalschwachen Erwerbern sind geeignete Finanzpläne zur Abwendung der Bestandsgefährdung der Betriebe aufgestellt worden. Ausserdem werden diese Betriebe fortgesetzt durch Wirtschaftstreuhänder auf Kosten der Unternehmungen überwacht.
b) Bei noch im Entjudungsverfahren liegenden Betrieben wurden höhere Sachwerte gegenüber den schon vorliegenden anderen Wirtschaftsgutachten festgestellt.
c) In einem Fall wurde ermittelt, dass ein kommissarischer Verwalter rund 10 000 RM veruntreut hatte. Der Betrag wurde ersetzt, Strafanzeige ist erstattet worden.
d) Bei sieben entjudeten Betrieben wurde nachgewiesen, dass insgesamt Sachwerte und Auflagen um 1 650 000 RM zu niedrig bemessen worden sind. Die Erwerber werden die Nachzahlungen nicht durchgängig leisten können. Darnach wird es zur Zurücklegung von Entjudungsgenehmigungen kommen. Es wird jedoch nach der Wirtschaftslage der in Betracht kommenden Betriebe schwierig sein, sie anderweitig zum richtigen Preise zu veräussern. Die Mehreinnahme fliesst auch insoweit in die Reichskasse, als sie aus der Erhöhung der Sachwerte herrührt."

Im Oktober 1939 berichtete der von Bürckel zur Überprüfung der österreichischen „Arisierungen" eingesetzte Regierungsrat Wagner, dass die Nachprüfungsaktion im Großen und Ganzen abgeschlossen sei. Nur einzelne Arisierungsnachprüfungen würden noch erfolgen. Daher müssten die beiden Mitarbeiter des Reichskommissariats noch weiter bei ihm tätig bleiben.[198]

Angesichts der schnellen und im Vergleich zum „Altreich" radikalen Entwicklung der „Arisierung" in Österreich wären hier durch die Auflage, die

[197] Schreiben des Reichskommissars Bürckel an Hermann Göring vom 3.6.1939, ÖStA, AdR, 04, „Bürckel" Materie, Karton 89, Mappe 2160/00 Bd. II, Bl. 58a–60. Folgendes Zitat ebd.

[198] Aktennotiz Reichskommissariat, Dr. Harder, vom 17.10.1939, ÖStA, AdR, 04, „Bürckel" Materie, Karton 90, Mappe 2160/00 Bd. IV, Bl. 43.

Hälfte der „Entjudungsgewinne" an den Staat abzugeben, besonders hohe Einnahmen zu erwarten gewesen.

Das spiegelt sich auch in der zeitgenössischen Darstellung: Nach zeitgenössischer Berechnung wurden bei „Arisierungen" von 3 645 Gewerbebetrieben und von 3 000 Liegenschaften finanzielle Auflagen gemacht, für 700 Betriebe wurden sie noch erwartet.[199] Ausgehend von diesen Angaben kam Genschel zu dem Ergebnis, dass bei praktisch allen gewerblichen Arisierungen in Österreich Ausgleichsabgaben verlangt worden seien. Die Gesamtsumme habe insgesamt 40,3 Millionen Reichsmark ausgemacht, die Kaufpreise „dazu" hätten insgesamt bei 184,2 Millionen Reichsmark gelegen.[200] Genschel schätzte auf der Grundlage offizieller zeitgenössischer Publikationen, dass österreichische Juden bei der „Arisierung" ihrer Betriebe weniger als fünfzig Prozent des angemeldeten Betriebsvermögens vergütet bekamen. Insgesamt seien davon rund zehn Prozent als Ausgleichsabgabe eingezogen worden.

Schon die erwähnten Ergebnisse von Bürckels Kommission deuten hingegen darauf hin, dass die Überprüfung der „Arisierungen" nur punktuell stattfand. Auch die Bilanz der aktuellen Forschung zeigt ein ernüchternderes Bild als das der Zeitgenossen. Nach den Ergebnissen der Österreichischen Historikerkommission wurden lediglich 61 Prozent der „Arisierungen" mit der Auflage belegt. So erklärt sich die vergleichsweise niedrige Summe von 40,3 Millionen Reichsmark, die Vermögensverwertungsstelle und Kontrollbank im November 1940 forderten, von denen zu diesem Zeitpunkt auch nur gut die Hälfte eingegangen war. Nach Einschätzung der Österreichischen Historikerkommission ist es naheliegend, dass es dem NS-Staat letztlich nicht gelang, die ursprünglich geforderten gut 40 Millionen Reichsmark wirklich einzutreiben.[201]

Aber selbst die eingetriebenen Summen kamen nur mit großer Verzögerung und in Teilbeträgen in Berlin an. Im Juli 1940 bilanzierte das Reichsfinanzministerium, dass in Österreich insgesamt Ausgleichszahlungen in Höhe von 34 162 755,38 Reichsmark festgesetzt worden seien.[202] Davon seien gut 5,2 Millionen Reichsmark „noch strittig", weitere gut 8,3 Millionen Reichsmark „noch nicht gezahlt". Hinzu kamen über 1,6 Millionen Reichsmark aus „Arisierungen" jüdischer Betriebe, die auf der Wiener Kontrollbank lagerten. Auch die 1,5 Millionen Reichsmark, welche als „Mietzinsrücklagen" erhoben worden waren, befanden sich noch in Wien auf einem Sonderkonto.

Von den de facto eingenommenen über 23 Millionen Reichsmark hatte die Vermögensverkehrsstelle Wien bis Mitte 1940 nur 2,6 Millionen Reichmark an die Berliner Reichshauptkasse überwiesen. Gauleiter Bürckel beanspruchte die

199 Schubert, Entjudung, S. 125.
200 Genschel, Verdrängung, S. 208 f., Fußnote 150.
201 Jabloner u. a., Schlussbericht, S. 129.
202 Vermerk Abt. V im Reichsfinanzministerium vom Juli 1940, BAB, R 2, 553, Bl. 7–8.

übrigen Mittel, die sich noch in der „Ostmark“ befanden, für eigene Zwecke. Er wollte u. a. eine „dringend notwendige Instandsetzungsaktion des Wiener Hausbesitzes“ im Umfang von schätzungsweise 7,5 Millionen Reichsmark finanzieren, ein Ansinnen, das der Reichsfinanzminister ablehnte. Unter Berufung auf einen Geheimerlass Görings vom 10. Oktober 1938 beanspruchte das Reichsfinanzministerium die Einnahmen aus der „Entjudung“ allein für sich. Bei der „Mietzinsrücklage“ fehlte es in den Augen des Ministeriums zudem an einer zuverlässigen Rechtsgrundlage.

Im Juni 1940 fand ein Gespräch zwischen Vertretern des Reichsgaus Wien, der Wiener Gemeindeverwaltung und Vertretern des Reichsfinanzministeriums statt.[203] Dort setzte sich das Reichsfinanzministerium mit seinem Ansatz durch, dass der Wiener Reichsstattalter für seine „Instandsetzungsaktion“ reguläre Haushaltsmittel beim Reichsarbeitsministerium beantragen müsse. Tatsächlich trat der Reichskommissar daraufhin mit dem Reichsarbeitsministerium in Kontakt.

Das Ergebnis dieser Fühlungnahme war jedoch nicht im Sinne der Reichsfinanzverwaltung. Als sich Bürckel an Staatssekretär Körner mit der Bitte wandte, die benötigten Mittel aus den Ausgleichsmitteln für ihn freizugeben, unterstützte das Reichswirtschaftministerium Bürckel vielmehr und wandte sich seinerseits an das Reichsfinanzministerium mit der Bitte, die Mittel „mit Rücksicht auf die besonderen wirtschaftlichen und politischen Verhältnisse im Reichsgau Wien“ freizugeben. Bei Göring wollte das Reichswirtschaftsministerium gemeinsam mit dem Reichsfinanzministerium einen Antrag für eine entsprechende Sonderregelung stellen.

Erneut lehnte der Referent im Reichsfinanzministerium diesen Plan ab. Allein das Reich sollte von der „Entjudung“ profitieren, hieß es in dem Referentenvermerk. „Der Sache nach handelt es sich bei der Ausgleichsabgabe um eine Steuer (Erfassung des Zwischengewinns zwischen Verkehrswert und niedrigerem Kaufpreis). Ebenso wenig wie bei Steuern eine Zurückbehaltung und Kürzung der Einnahmen zulässig ist, kann sie auch bei den Ausgleichszahlungen zugestanden werden.“ Wenn für die „Instandsetzungsaktion“ zusätzliche Mittel nötig seien, müssten diese regulär beim Reichsarbeitsministerium beantragt werden. Die Probleme in Wien könnten nicht auf dem Wege gelöst werden, „dass die Mittel hierfür durch Zurückbehaltung von Reichseinnahmen und Anlegung von Sonderfonds gewonnen werden“. Die Lösung sei „nur auf haushaltsmäßigem Weg“ durch den Einsatz von Mitteln des Reichs möglich.[204]

Was die Mietzinsrücklagen betraf, so äußerte sich der Referent nachdrück-

[203] Besprechung am 14.6.1940, erwähnt im Vermerk Abt. V im Reichsfinanzministerium vom Juli 1940, BAB, R 2, 553, Bl. 7 f.

[204] Schreiben des Reichsfinanzministeriums an das Reichswirtschaftsministerium vom Juli 1940, in BAB, R 2, 553, Bl. 8.

lich kritisch. Diese entsprächen nicht der strikten Anordnung des Beauftragten für den Vierjahresplan, dass die Übernahme jüdischer Betriebe und sonstiger Vermögenswerte aus jüdischem Besitz nur auf streng gesetzlicher Grundlage gemäß den dafür erlassenen Vorschriften zu erfolgen habe. Praktisch, fuhr er fort, verhindere die Erhebung der Mietzinsrücklage eine an sich notwendige Senkung des Kaufpreis und schmälere das Aufkommen an Ausgleichszahlungen. Die Beträge seien daher ein „Nutzen aus der Entjudung", der allein dem Reich zukomme. Man hielt daher an den Forderungen nach diesen Mietzinsrücklagen weiter fest.

Im Interesse der Reichsfinanzen und einer geordneten Haushaltsführung forderte daher der Reichsfinanzminister auch den Reichswirtschaftsminister auf, dafür einzutreten, dass die Mietzinsrücklagen an die Reichshauptkasse flössen. Gleichzeitig mahnte er gegenüber seinem Amtskollegen an, dass die Mietzinsrücklage seiner Ansicht nach einer gesetzlichen Grundlage entbehre. Künftig sollte das Verfahren daher unterbunden werden.

Größere Beträge überwies die Wiener Vermögensverkehrsstelle aber erst 1943, als im Juni 2,2 Millionen Reichsmark aus „Mietzinsrücklagen" (Ausgleichsabgaben aus der „Arisierung" von Grundbesitz) und im November über 5,6 Millionen Reichsmark eingingen.[205] Die Summen wurden nach einem langen Konflikt an die Reichshauptkasse überwiesen.

[205] Nachweisung der Reichshauptkasse über Einnahmen aus der Ausgleichsabgabe vom 10.6.1942 und vom 19.4.1943, BAB, R 2, 59888, Bl. 126 (handschr.196), 164.

5. Staatliche Enteignung jüdischen Vermögens

Als am 9. November 1923 der bayerische Oberlandesgerichtsrat Theodor von der Pfordten während des nationalsozialistischen Putschversuchs an der Feldherrnhalle erschossen wurde, fand sich in seiner Tasche der Entwurf einer Notverordnung, die nach dem gelungenen Putsch hätte in Kraft treten sollen.[1] Dieser Verfassungsentwurf, der in seiner ursprünglichen Fassung im Sommer des Jahres mit Hitler beraten und von ihm gebilligt worden war, nahm eine ganze Reihe von politischen und juristischen Weichenstellungen vorweg, die nach 1933 Wirklichkeit wurden. Neben der Auflösung der Parlamente, der Dienstenthebung der jüdischen Beamten und der Einrichtung von Konzentrationslagern enthielt der Entwurf in § 14 die Bestimmung: „Das gesamte bewegliche und unbewegliche Vermögen der Angehörigen des jüdischen Volkes kann beschlagnahmt werden."

Die Notverfassung ist nicht der einzige Beleg dafür, dass die staatliche Enteignung von jüdischem Vermögen schon in der Weimarer Zeit konkret im Planungshorizont der NSDAP lag. Ähnlich forderte eine Gesetzesvorlage zur „Enteignung des Vermögens der Bank- und Börsenfürsten und anderer Volksparasiten", die Wilhelm Frick im April 1926 formulierte, unter anderem die entschädigungslose Enteignung aller sogenannten Ostjuden, die nach 1914 ins Deutsche Reich zugezogen waren.[2] Auch wenn Fricks Vorlage so polemisch formuliert war, dass sie für eine konkrete Umsetzung kaum infrage kam, sondern provokativ vor allem antisemitische Ressentiments gegenüber sogenannten Ostjuden aufgriff, ist sie doch ein weiteres Indiz für eine rassistisch ausgerichtete Vermögenspolitik der Nationalsozialisten. Fricks Gesetzesinitiative, die als Gegenentwurf zu einem Referendum zur Beschlagnahme von adeligem Vermögen entstanden war, zeigt ebenso wie der Verfassungsentwurf von 1923, dass die Idee der Vermögensenteignung zum politischen Repertoire der Nationalsozialisten gehörte.

Die genannten Dokumente gingen mit ihren expliziten Enteignungsforderungen allerdings deutlich über andere Programmschriften der NSDAP jener Zeit hinaus. Die „25 Punkte", das erste Parteiprogramm der Nationalsozia-

1 Vgl. zu dem Verfassungsentwurf, der im Hitler-Prozess nicht erwähnt wurde, Gritschneder, Bewährungsfrist, S. 22, 48–54. Das Dokument wurde erstmals veröffentlicht in Anonym (= Wilhelm Hoegner), Hitler. Zum Aspekt der antijüdischen Eigentumspolitik in dem Dokument und den antisemitischen wirtschaftlichen Zielen der NSDAP in der Weimarer Zeit und deren Einordnung in die zeitgenössischen völkisch-konservativen Programme vgl. Meinl, Vermögen, Zitat S. 55.

2 Neliba, Legalist, S. 47. Der Antrag ist abgedruckt in Frick, Nationalsozialisten, S. 11.

listen aus dem Jahr 1920, hatten sich vor allem auf den staatsbürgerlichen Status von Juden konzentriert – mit der bekannten Forderung, dass kein Jude „Volksgenosse" sein könne.[3] Für das Vermögen von Juden implizierte das nach zeitgenössischem Rechtsverständnis eine eigentumsrechtliche Schlechterstellung, und der Ausschluss der Juden vom regulären Staatsbürgerstatus bedeutete eine Einschränkung bei den Möglichkeiten, seinen Lebensunterhalt zu verdienen, was ebenfalls existenzielle Auswirkungen auf die Vermögenssituation haben musste. Eine Enteignung stand jedoch anfangs nicht explizit im Parteiprogramm der NSDAP. Auch spätere, teilweise detaillierte Ausarbeitungen zur Judenpolitik blieben im Hinblick auf die Enteignungsfrage vage.[4]

Als die Nationalsozialisten 1933 die Macht übernahmen, führten sie – anders als gegenüber kommunistischen und sozialdemokratischen Organisationen[5] – nicht sofort eine pauschale staatliche Konfiskation der Vermögen von Juden durch. Zwar gab es schon in den ersten Monaten Polizeiaktionen und Beschlagnahmungen bei jüdischen Vereinen, und Juden sahen sich seitens der amtlichen Behörden der Innen- und Finanzverwaltung von Anfang an vermögenspolitischen Diskriminierungen ausgesetzt. Zur systematischen Enteignung aller Juden nach rassistischen Kategorien kam es aber erst im Kontext der Deportationen. Dabei erwies sich vor allem die Verknüpfung von Staatsbürgerschaft und Eigentumsrechten als tragfähiger Anknüpfungspunkt für konfiskatorische Maßnahmen.

Fragt man nach den federführenden Akteuren, dann zeigt sich, dass an den Verfahren zur staatlichen Enteignung die Finanzverwaltung zunächst nur partiell beteiligt war. Die Durchführung der Maßnahmen lag anfangs vor allem in der Hand der Innenverwaltung und der Polizei. Erst im Laufe der Jahre gelangten die Finanzbehörden zunehmend in die Schlüsselposition für die Beschlagnahmung und Verwertung jüdischen Vermögens, bis sie ab 1941 die vollständige Enteignung der Deportierten und Emigranten kontrollierten. So hat das folgende Kapitel eine doppelte Fragestellung: Zum einen untersucht es die Eigentumspolitik des NS-Regimes im Hinblick darauf, wie sich eine rassistische Enteignungspolitik entwickelte. Zum anderen nimmt es den parallel dazu stattfindenden Machtzuwachs der Finanzverwaltung in diesem Handlungsfeld näher in den Blick.

[3] Feder, Programm, S. 17. 1928 grenzte Hitler die Forderung nach einer Enteignung von Boden für gemeinnützige Zwecke auf die Enteignung „jüdischer Bodenspekulationsgesellschaften" ein und schuf damit einen expliziten Bezug auf Juden. 1931 wurde die Forderung nach einer systematischen Entfernung von Juden aus dem ökonomischen und kulturellen Leben hinzugefügt. Vgl. zur Bedeutung des 25-Punkte-Programms im Hinblick auf die jüdische Vermögen auch Dean, Robbing, S. 19 f.; Niewyk, Jews, S. 53; Schleusener, Eigentumspolitik, S. 42–45.

[4] Vgl. dazu Adam, Judenpolitik, S. 25–31.

[5] Vgl. Grahn, Enteignung.

Im ersten Abschnitt dieses Kapitels richtet sich der Blick auf die Grundzüge des deutschen Eigentumsrechts vor 1933. Dabei werden Charakteristika der Rechtsentwicklung seit dem 19. Jahrhundert deutlich, die für die späteren antijüdischen Enteignungen von Bedeutung waren und Anknüpfungspunkte für die NS-Politik boten, insbesondere die nationale Ausrichtung des Eigentumsrechtes in den Verfassungen sowie das Vordringen gemeinwohlorientierter Wertsetzungen seit dem Ersten Weltkrieg und in der Weimarer Zeit gegenüber dem zuvor primär liberal geprägten Eigentumsbegriff.

Im zweiten Abschnitt dieses Kapitels, der die Diskussion über Eigentumsrechte von Juden in der NS-Diktatur bis 1938 nachzeichnet, stehen die frühen Enteignungsverfahren des nationalsozialistischen Staates im Mittelpunkt, die sich zunächst vor allem gegen sogenannte Staatsfeinde und Emigranten richteten. Unter den so Beraubten befanden sich zunehmend Juden, die formal als „Staatsfeinde" deklariert wurden. Gleichzeitig gab es aber auch zu dieser Zeit, verstärkt nach der Verkündung der „Nürnberger Gesetze", Überlegungen für eine generelle Enteignung aller Juden ohne den legalistischen Deckmantel einer vermeintlich staatsfeindlichen Haltung und unabhängig davon, ob sie sich in Deutschland aufhielten oder im Ausland. Derartige Pläne wurden aber zu diesem Zeitpunkt noch nicht realisiert.

Ein dritter Anschnitt beleuchtet schließlich, wie sich seit dem „Anschluss" Österreichs und des Sudetengaus 1938 und mit der territorialen Expansion nach Beginn des Zweiten Weltkriegs die Diskussion über eine umfassende Enteignung von Juden radikalisierte und schließlich mit der 11. Verordnung zum Reichsbürgergesetz vom 25. November 1941 in der vollständigen staatlichen Konfiskation der Vermögen von emigrierten und deportierten Juden kumulierte. Hier flossen politische Weichenstellungen in den eingegliederten, angeschlossenen und besetzen Gebieten, grundlegende staatsbürgerrechtliche Diskriminierungsmaßnahmen gegen Juden und die Erfahrungen aus den ersten Deportationen zusammen.

5.1 Entwicklung des staatlichen Eigentumsschutzes und Möglichkeiten der Vermögenskonfiskation vor 1933

Seit dem 19. Jahrhundert hatte sich in Deutschland sowohl auf der Verfassungs- als auch mit einer gewissen zeitlichen Verzögerung auf der Zivilrechtsebene schrittweise ein nationalisiertes Eigentumsrecht herausgebildet. Im Hinblick auf die konstitutionelle Entwicklung lassen sich dabei zwei Tendenzen feststellen: Zum einen gewann das Nationalitätsprinzip an Bedeutung: Die

Verfassungen unterschieden bei den Eigentumsregelungen zwischen Staatsangehörigen und Fremden. Dieser Aspekt ist für die Judenpolitik im „Dritten Reich" deshalb von besonderer Relevanz, weil ein wichtiges Ziel der nationalsozialistischen Machthaber eine staatsbürgerrechtliche Sonderstellung der deutschen Juden war, die unter Fremdenrecht gestellt werden sollten.[6] Zum anderen kann man eine zunehmende Zentralisierung von Staatsbürgerschaftsfragen beobachten, nachdem anfangs die Länderverfassungen die dominierende Rolle gespielt hatten. Zu einem ersten formalen Abschluss kam dieser Prozess mit der Entmachtung der Länder während der NS-Diktatur im Jahr 1934, die politischen Ausläufer der Machtverschiebung wirkten aber auch lange nach 1934 noch fort und stellen auch eine wichtige Wurzel für konkurrierende Ansprüche verschiedener Institutionen bei der Enteignung der Juden dar. Noch nach dem „Anschluss" Österreichs und bis weit in die Zeit des Zweiten Weltkriegs hinein war die Frage, ob Enteignungen zugunsten einzelner Länder oder des Reichsfiskus durchgeführt werden sollten, hoch umstritten.

Im Gegensatz zur immer enger werdenden Verbindung von Staatsangehörigkeit und Eigentumsrechten in den Verfassungen waren die zivilrechtlichen Kodifikationen bis zum Bürgerlichen Gesetzbuch 1900 kosmopolitischer angelegt. Dort spiegelte sich der Gedanke territorial definierter Eigentumsrechte. So war die Entwicklung des Eigentumsrechts auch durch ein gewisses Spannungsverhältnis zwischen Zivilrecht und Verfassungsrecht geprägt, und in der Praxis spielte nicht zuletzt das Verhältnis beider Rechtsbereiche bzw. die zunehmende Bedeutung der verfassungsrechtlichen Regelungen gegenüber den Zivilrechtsartikeln eine wichtige Rolle.[7]

Sucht man nach den Anknüpfungspunkten für die antijüdischen fiskalischen NS-Enteignungsverfahren, dann ist der Blick vor allem auf die Frage zu richten, wie der Staat Eigentumsrechte definierte und schützte bzw. welche staatlichen Eingriffsmöglichkeiten es in der deutschen Rechtstradition gab – sowohl gegenüber Staatsbürgern als auch gegenüber Ausländern.

5.1.1 Nationalisierung und Zentralisierung des Eigentumsschutzes seit dem 19. Jahrhundert

Im 17. und 18. Jahrhundert war es zu einer grundlegenden Umgestaltung des Eigentumsbegriffs gekommen, bei der es im Kern darum ging, dass sich bürgerliche Freiheit mit der Idee des individuellen Eigentums verband.[8] Das „freie

[6] Vgl. bereits das 25-Punkte-Programm der NSDAP.
[7] Vgl. zur Entwicklung im 19. Jahrhundert den Überblick bei Gosewinkel, Eigentum, S. 96.
[8] Schwab, Eigentum, S. 74. Vgl. dazu auch Schleusener, Eigentumspolitik, S. 30 f.

Eigentum" wurde dabei zur Norm und zum Eigentumstyp, der zum Dasein berechtigte. Im Mittelpunkt stand dabei mehr der Eigentümer als das Eigentum selbst. Die amerikanische Unabhängigkeitserklärung definierte Eigentum als vorstaatliches Menschenrecht; die Französische Revolution schrieb in ihrer Deklaration der Menschenrechte in Artikel 17 die Garantie des Privateigentums erstmals in einem verfassungsähnlichen Text in Europa fest.

Die Herausbildung einer freiheitlichen Eigentumsdefinition darf allerdings nicht den Blick darauf verstellen, dass Eigentumsrechte für In- und Ausländer unterschiedlich behandelt wurden, dass sich mithin ein enger Zusammenhang zwischen nationaler Staatsangehörigkeit[9] und staatlichem Eigentumsschutz entwickelte. Bereits kurz nach der Französischen Revolution finden sich Anzeichen für diesen Trend, denn die Revolutionsverfassungen schlossen den Eigentumsschutz zunehmend gegen Fremde ab. Auch auf deutsche Staaten – insbesondere in Süddeutschland – übte diese Entwicklung Einfluss aus. Bis zur Mitte des 19. Jahrhunderts hatte sich in den deutschen Ländern das Nationalitätsprinzip für die Gewährung der Freiheitsrechte – und damit auch der Eigentumsrechte – weitgehend durchgesetzt. In der Paulskirchenverfassung, die das Nationalitätsprinzip auf Reichsebene festschrieb, wurden die Eigentumsrechte erstmals auf „Deutsche" als Staatsbürger bezogen.[10] Damit war der Aspekt der Unveräußerlichkeit von Eigentumsrechten als vorstaatlichen Menschenrechten, wie ihn noch die amerikanische Verfassung formuliert hatte, in den Hintergrund getreten gegenüber einem nationalstaatlich konzipierten Eigentumsschutz, den der Staat seinen Angehörigen gewährte. Umgekehrt gewann das Verhältnis von Staatsangehörigkeit und Eigentumsrecht damit auch eine zunehmende Bedeutung für die national-ökonomisch integrierende bzw. Fremde diskriminierende Grundlinie des deutschen Nationalstaats.

Mehrere Aspekte relativierten diesen Trend zur Nationalisierung allerdings anfangs. So blieben die Verfassungen der deutschen Länder begrifflich sowohl in der Definition ihrer Staatsangehörigen als auch was deren Eigentumsrechte betraf sehr vage und unscharf. Sie enthielten zwar die Möglichkeit zur diskriminierenden Behandlung Fremder im Eigentumsrecht, jedoch kann man in ihnen keine Ansätze zu einer systematischen eigentumsrechtlichen Schlechterstellung von Fremden erkennen.[11] Auch muss man bei der Betrachtung dieser verfassungsrechtlichen Entwicklung bedenken, dass zu dieser Zeit eine Ver-

[9] Von der Staatsangehörigkeit kann die Staatsbürgerschaft unterschieden werden, die die materiellen Rechte und Pflichten des Staatsangehörigen bezeichnet. Vgl. dazu Gosewinkel, Eigentum, S. 87.

[10] Gosewinkel, Eigentum, S. 92.

[11] Gosewinkel, Eigentum, S. 91–93, mit Verweisen auf die Verfassungen von Baden (1818), Württemberg (1819), Hessen (1820), Sachsen (1831) und Hannover (1840). Eine Ausnahme bildete Bayern, dessen Verfassung von 1818 allen Bewohnern des Landes, nicht nur den Bayern, den Schutz des Eigentums zusprach.

fassung noch kein übergeordnetes Recht darstellte. So waren etwa in Preußen Staatsangehörige und Ausländer trotz anderslautender verfassungsrechtlicher Formulierung zivilrechtlich – und damit auch in der behördlichen Praxis – vor willkürlichen staatlichen Eigentumsentziehungen stärker geschützt.[12] Auch zwischenstaatliche Verträge und internationale politische und wirtschaftliche Rücksichtnahmen trugen zum Schutz von Ausländereigentum bei. Diese Faktoren führten dazu, dass der Eigentumsschutz bis zur Mitte des 19. Jahrhunderts in der Praxis weitaus weniger auf die Staatsangehörigkeit bezogen war, als es der verfassungsrechtliche Rahmen jener Jahre vermuten ließe.

In der zweiten Hälfte des 19. Jahrhunderts trat allerdings ein grundlegender Wandel ein, als die Verfassungen zentralisiert wurden und an Gewicht gewannen.[13] Dazu trugen politische und wirtschaftliche Veränderungen maßgeblich bei. So führte der nationale Einigungsprozess des Deutschen Reiches vor allem im letzten Drittel des 19. Jahrhunderts dazu, dass die Binnengrenzen der deutschen Staaten immer mehr eingeebnet wurden, während sich gleichzeitig Verwaltung und Recht zunehmend vereinheitlichten. Als aufsteigende Industriemacht expandierte das Deutschen Reich auch wirtschaftlich, was nicht zuletzt Ausländer zur Ausbildung, Kapitalanlage und Arbeitssuche anzog. Dieser Prozess, durch den das Deutsche Reich zum zweitgrößten Arbeitsimportland der Welt wurde, fand in einer Zeit statt, in der sich gleichzeitig politisch der Nationalstaat mit seinen Ausgrenzungstendenzen formierte. So ist es nicht verwunderlich, dass nach der Reichsgründung 1871 die Prozesse der Zentralisierung und der Nationalisierung von eigentumsrechtlichen Regelungen Hand in Hand gingen. Allerdings enthielt die Reichsverfassung von 1871 keine Grundrechtsartikel und mithin auch keinen Abschnitt zum Eigentumsschutz, so dass diese Frage zunächst weiterhin auf der Ebene der Länderverfassungen geregelt blieb.

In Preußen begann um 1900 eine rechtstheoretische Debatte über den Zusammenhang von Grundrechten und Staatsangehörigkeit, in der sich insbesondere die Staatsrechtler Gerhard Anschütz, der sich für eine territoriale Interpretation der Grundrechte aussprach, und Philipp Zorn, der einen notwendigen Zusammenhang zwischen Nationalität und Grundrechtsanspruch als „Kern des Volkslebens“ festschreiben wollte, gegenüberstanden.[14] Auch wenn diese rechtstheoretische Kontroverse in der Praxis anfangs wenig Auswirkungen hatte, weil die neu entstehenden zivilrechtlichen Kodifikationen, die In- und Ausländer gleich behandelten, weiterhin die übergeordnete Rolle spielten, war sie ein wichtiger Vorläufer für die Diskussionen, die im Vorfeld der Weimarer Verfassung einsetzten, als die „Grundrechte der Deutschen“

[12] Anschütz, Verfassungsurkunde, S. 102 (1912); Isay, Fremdenrecht, S. 114 (1923).
[13] Gosewinkel, Eigentum, S. 93.
[14] Zur Debatte, vgl. Rönne, Staatsrecht; Anschütz, Verfassungsurkunde.

neu definiert werden sollten.[15] Wenn die Weimarer Verfassung speziell den deutschen Staatsangehörigen einen starken Eigentumsschutz zusprach, war dies in der Staatsrechtslehre also nicht unumstritten. Letztlich setzte sich aber Zorns Ansatz und mit ihm eine gemeinschaftsorientierte Deutung von Eigentumsrechten durch, die auch einen Rahmen für völkische Füllung bot. Die Weimarer Verfassung, mit der den Länderverfassungen erstmals eine Reichsverfassung vorgeordnet war, die spezifische, an der Staatsangehörigkeit orientierte Eigentumsschutzbestimmungen enthielt,[16] schloss mit ihrem individuellen Eigentumsbegriff an die Tradition der Paulskirchenverfassung an und führte die nationalen Impulse der preußischen Verfassung fort. Gleichzeitig gewannen die Grundrechte in der Staatsrechtslehre an Bedeutung als „Grundwerte der nationalen Volksgemeinschaft".[17]

Mit Dieter Gosewinkel lässt sich festhalten, dass in der Weimarer Zeit „juristische Effektivierung" und „nationale Intensivierung" ineinandergriffen und den Grundrechtsschutz ausländischer Eigentümer im Deutschen Reich zunehmend schwächten.[18] Diese langfristige Entwicklung bildete einen wichtigen Anknüpfungspunkt dafür, dass während der NS-Zeit Ausbürgerung und Enteignung eng verknüpft werden konnten. Bis zum Ende der Weimarer Republik blieb jedoch ein institutioneller Kern des Eigentumsrechts für In- und Ausländer erhalten, was sich als Fortwirken vornationaler rechtstaatlicher Traditionen deuten lässt. Erst mit der Machtübernahme der Nationalsozialisten und der Außerkraftsetzung der Verfassung wurde die willkürliche Entziehung privaten Eigentums bei politisch oder rassisch missliebigen Personen sowie im Krieg der Raub ausländischen Eigentums vollständig dem Primat der Politik unterstellt.[19]

5.1.2 Verfahren der staatlichen Enteignung und die zentrale Bedeutung der Entschädigung vor 1933

Parallel zu dieser zunehmenden Kodifizierung der Eigentumsrechte stieg bereits in der zweiten Hälfte des 19. Jahrhunderts das Bedürfnis des Staates, privates Eigentum für öffentliche Zwecke in Anspruch zu nehmen, so dass einzelne deutsche Länder staatliche Enteignungen kurz nach der Reichsgrün-

[15] Vgl. Gosewinkel, Eigentum, S. 93–95.

[16] Art. 153 der Weimarer Reichsverfassung garantierte ein Grundrecht auf Eigentum für alle Deutschen. Vgl. dazu auch Anschütz, Verfassung, Art. 153, der als einer der führenden Kommentatoren der Weimarer Zeit die Schutzrechte eher eng interpretierte.

[17] Gosewinkel, Eigentum, S. 95 f.

[18] Ebd.

[19] Das Grundgesetz der Bundesrepublik Deutschland von 1949 stellte erstmals in einer deutschen Bundesverfassung das Territorialprinzip für das Eigentumsrecht fest.

dung 1871 durch eigene Enteignungs- und Entschädigungsverfahren explizit regelten. Hintergrund dieser Entwicklung waren insbesondere der Ausbau des Verkehrsnetzes, die verstärkte Errichtung von Energieversorgungsanlagen, der Bau von Fabriken, Landstraßen und Eisenbahnen, die einen hohen Bedarf an Grundflächen hatten.[20]

Am wichtigsten war in diesem Zusammenhang das preußische Enteignungsgesetz von 1874, das siedlungspolitisch motiviert war.[21] Der Enteignungsbegriff, der sich auf diese Weise entwickelte, betraf den Entzug von Grund und Boden zum Zweck der Überführung in staatliche Verwendung oder für ein Privatunternehmen, das für das öffentliche Leben bedeutsam war, also zum Zweck des Gemeinwohls agierte wie beispielsweise für den Bau von Bahntrassen und Telefonmasten. Die Enteignung war dabei mit einer Entschädigung für den Enteigneten verbunden, deren Berechnung auf der Grundlage des Verkehrswertes den eigentlichen Kern der Regelung bildete.[22] Sie erfolgte durch einen Verwaltungsakt auf der Basis eines Enteignungsgesetzes in einem förmlichen Verfahren und gegen vollständige und vorherige Entschädigung. Entscheidend war, dass nur der Gegenstand, aber nicht dessen Wert entzogen wurde. Demnach wurde die Enteignung von Grundeigentum als eine Art erzwungenes Kaufgeschäft angesehen, das durch Verwaltungsbehörden geregelt werden sollte.[23] Der Vorgang sollte dem Erhalt der staatsbürgerlichen Ordnung dienen, wenn das Privateigentum nach Ansicht der Verwaltungsbehörden zum Hindernis für die Gemeinschaft wurde. Kennzeichnend war an dem preußischen Enteignungsgesetz zudem, dass es die Enteignungsvoraussetzungen materiell weitgehend offen ließ und damit der Exekutive einen weiten Ermessensspielraum einräumte.[24]

Nachdem der preußische Staat in seinem Enteignungsgesetz von 1874 die Eingriffsmöglichkeiten in das Privateigentum seiner Bürger stark erweitert hatte, bildete das Kriegsermächtigungsgesetz[25] aus dem Jahr 1914 einen weiteren wichtigen Schritt in der Enteignungspolitik. Der Erste Weltkrieg hatte eigentumspolitisch eine Art Scharnierfunktion,[26] indem er unter Berufung

[20] Niesler, Aufopferung, S. 139 f.

[21] Gesetz über die Enteignung von Grundeigentum vom 11.6.1874, Preußisches Gesetzblatt (1874), S. 221 f.

[22] Schubert, Entwicklung, S. 486. Die Entschädigung musste allerdings nicht dem Wert entsprechen.

[23] Niesler, Aufopferung, S. 141.

[24] Gegen diesen weiten Ermessensspielraum hatte das preußische Abgeordnetenhaus vergeblich Widerspruch eingelegt.

[25] Gesetz über die Ermächtigung des Bundesrats zu wirtschaftlichen Maßnahmen und über die Verlängerung der Fristen des Wechsel- und Schuldrechts im Falle kriegerischer Ereignisse vom 4.8.1914, RGBl. I (1914), S. 327.

[26] Vgl. dazu und zum Folgenden Schleusener, Eigentumspolitik, S. 38 f.

auf die kriegsbedingte Ausnahmesituation die Grenzen beim Zugriff auf privates Eigentum verschob. Durch das Kriegsermächtigungsgesetz trat das Parlament zentrale Befugnisse in Enteignungsfragen an den Bundesrat ab, der so autorisiert Enteignungen und Beschlagnahmungen durchführte oder durchführen ließ. Schleusener betont, dass der deutsche Staat danach nicht mehr zur liberalen Eigentumsauffassung des 19. Jahrhunderts zurückkehrte. Vielmehr dominierte seit dem Ersten Weltkrieg der Gedanke der Sozial- bzw. Gemeinschaftsbindung von Eigentum.

Die Weimarer Reichsverfassung wich dann von den Enteignungsregelungen aus dem 19. Jahrhundert vor allem im Punkte der Entschädigung ab. Der Artikel zum Schutz des Eigentums (§ 153 WRV) enthielt zwar auch eine Vorschrift für Enteignungen und gewährleistete prinzipiell eine Entschädigung, sah aber auch Möglichkeiten vor, wie diese Entschädigungspflicht ausgeschlossen werden konnte. Gleichzeitig formulierte die Weimarer Reichsverfassung eine entschädigungslose Sozialbindung von Eigentum.[27]

Ein weiterer neuer Aspekt bestand darin, dass neben die Enteignung durch Verwaltungsakt auf der Grundlage eines Gesetzes nun die Enteignung durch Gesetz (Legalenteignung) trat.[28] Dadurch konnte der Staat direkt, ohne Verwaltungsakt, in die privaten Eigentumsrechte eingreifen. Damit bewegte sich die Weimarer Politik und Rechtsprechung allerdings am Rande dessen, was die Weimarer Verfassung zuließ.

Hinzu kam drittens eine Erweiterung der Enteignungsobjekte. Neben Grundstücken und beweglichen Sachen wurden nun auch alle sonstigen vermögenswerten privaten Rechte wie Forderungsrechte, Gesellschaftsrechte und Urheberrechte „enteignungsfähig". Die Weimarer Zeit war dadurch gekennzeichnet, dass sich der Eigentumsbegriff zunehmend über dingliche Rechte hinaus ausweitete und subjektive und obligatorische Rechte einbezog. Diese Erweiterung des Eigentumsbegriffs hatte auch Rückwirkungen auf die Enteignungen. Mit dem Wandel der Sozialstruktur und der verstärkten Einflussnahme des Staates auf die privaten Vermögensverhältnisse wurden neben Grund und Boden auch andere Eigentumsformen wie beispielsweise Einkommen, Aktien und Ansprüche immer wichtiger. Der Art. 153 der Weimarer Verfassung sah keine Beschränkung auf Grundeigentum mehr vor und formulierte keinen Bezug auf bestimmte gemeinnützige Unternehmen. Dies wurde dahingehend gedeutet, dass der Verfassungsgeber bereits eine Ausweitung des Enteignungsbegriffs intendiert habe.

Eine weitere Neuerung der Weimarer Zeit war, dass Enteignungen nun nicht nur in einer Konfiskation, sondern auch in einer Beschränkung der Eigentums-

[27] Vgl. Niesler, Aufopferung, S. 144; Schleusener, Eigentumspolitik, S. 40.
[28] Niesler, Aufopferung, S. 145 f.

rechte bestehen konnten.[29] Damit veränderte sich die Intention der staatlichen Enteignung grundlegend. Denn nun ging es nicht mehr nur um Güterbeschaffung für den Staat. Die Enteignung konnte auch andere Funktionen haben, beispielsweise wenn bei der Wohnungswirtschaft nach dem Ende des Ersten Weltkriegs Wohnungseigentümer gezwungen wurden, Mieter aufzunehmen. Damit erweiterte das Reichsgericht gleichzeitig die Zwecke für eine Enteignung. Nicht mehr allein zugunsten eines bestimmten, dem öffentlichen Wohl dienenden Zweck durfte nun enteignet werden, sondern es genügte als Zweckangabe das „Allgemeinwohl".[30]

Am Ende der Weimarer Republik hatte sich im Enteignungsrecht damit eine erweiterte Rechtsregelung etabliert, nach der Enteignung bedeutete, dass durch rechtmäßigen Verwaltungsakt oder unmittelbar durch Gesetz ein als Eigentum geschütztes subjektives privates Recht zugunsten eines Dritten entzogen oder beschränkt werden konnte. Die Veränderungen der Weimarer Zeit waren ein Stück weit in der Weimarer Reichsverfassung angelegt. Getragen und materiell gefüllt wurden sie aber maßgeblich durch Entscheidungen des Reichsgerichts. Wenn nach 1933 politisch motivierte Enteignungen vorgenommen wurden, konnten sie daher nicht zuletzt auf der während der Weimarer Zeit erweiterten und im Hinblick auf Entschädigungsverpflichtung gelockerten Rechtsprechungspraxis aufbauen.

Die völkische Eigentumsauffassung stand in Widerspruch sowohl zum liberalen Eigentumsbegriff als auch zum Gegenmodell, dem sozialistischen Eigentumsbegriff, der die soziale Bindung von Eigentum höher bewertete.[31] Sie knüpfte damit an eine bereits länger in der Rechtswissenschaft vorhandene Liberalismuskritik an. Vor allem durch die kriegsbedingten Eingriffe zwischen 1914 und 1918 hatte das „individualistische" Privateigentum nach Ansicht dieser Juristen eine irreversible Deformation erfahren. Die erklärte Aufopferungsethik, welche die weit verbreiteten Beschlagnahmungen und Enteignungen während des Krieges propagandistisch begleitete, musste die Lehre von der Freiheit des Privateigentums in gewissem Maße konterkarieren. So zeigt sich insbesondere seit den ersten Jahren der Weimarer Republik in der juristischen Debatte das Bedürfnis, die Gemeinwohlinteressen im Eigen-

29 Ebd., S. 147. Niesler weist in diesem Zusammenhang darauf hin, dass die bis dahin noch bestehenden Restbereiche der „Aufopferung" damit weitgehend in der „Enteignung" aufgingen.

30 Problematisch wurde durch diese Ausweitung des Enteignungsbegriffs allerdings die Abgrenzung gegen sogenannte Inhalts- und Schrankenbestimmungen, durch die der Staat – ohne zu entschädigen – in private Eigentumsbefugnisse eingreifen konnte. Vgl. dazu Niesler, Aufopferung, S. 148–153.

31 Vgl. vergleichend aus juristischer Perspektive Keiser, Eigentumsrecht, dort findet sich auch ein ausführlicher Forschungsüberblick, S. 1–12. Zum nationalsozialistischen Eigentumsbegriff: Brünneck, Eigentumsordnung; Brandt, Eigentum.

tumsrecht zu verankern.[32] Gleichzeitig wurde deutlich, dass eine Reihe von wirtschaftspolitischen Interessen das Eigentumsrecht tangierte. Rohstoff- und Devisenknappheit schienen eine staatliche Regulierung dieser Eigentumsbereiche dringend zu erfordern.[33] Charakteristisch war dabei die Verquickung sozialer, gemeinwohlorientierter und wirtschaftlicher Interessen und die Erwartung, dass der Staat als Ordnungsfaktor regulierend eingreifen sollte.

Seit dem 19. Jahrhundert stand in der juristischen Eigentumstheorie dem am römischen Recht orientierten liberalen Eigentumsbegriff eine „germanische" Eigentumsauffassung gegenüber. Diese bildete später einen wichtigen Anknüpfungspunkt für die nationalsozialistische Rechtsauffassung.[34] Ein erstes Dokument aus diesem Zusammenhang, das im „Dritten Reich" immer wieder aufgegriffen wurde, bildete die Denkschrift von Carl Adolf Schmidt aus dem Jahr 1853, welche die „sittliche Bindung" von Eigentum betonte.[35] Die darin entwickelte Idee einer immanenten Schranke, die jedes Recht gleichzeitig limitierte, weil mit dem Recht Pflichten verbunden wären, wurde in völkischen Kreisen auch auf das Eigentumsrecht angewandt. Insbesondere Otto von Gierke entfaltete in seiner 1905 veröffentlichten Untersuchung zum „Deutschen Privatrecht" die Lehre von den „Innenschranken" des Eigentumsrechts und betonte, dass das Eigentumsrecht nur so weit reiche, „wie das von der Rechtsordnung gebilligte und mit Rücksicht auf Beschaffenheit und Zweckbestimmung einzelner Sachgüter abgegrenzte rechtliche Interesse erfordert."[36] Schon vor 1933 war also die Vorstellung einer inneren Bindung von Eigentum mit Berufung auf germanische Rechtstraditionen verbreitet. Da es sich dabei um eine „Konkretisierung der Eigentumsbindung" handelte, bildete ein solcher Eingriff keine Enteignung – und musste daher auch nicht entschädigt werden.[37]

Die Vermittlung dieses Ansatzes in die nationalsozialistische Ideologie ist mit den Namen Walter Merk und Franz Wieacker verbunden, die „die Germanen" mit einer Gemeinschaft von „Volksgenossen" parallelisierten und damit das Klischee der gemeinschaftsgebundenen germanischen Eigentumstradition in die nationalsozialistische Rechtsforschung vermittelten.[38] Dabei gingen diese Autoren deutlich über die Vorstellungen Gierkes hinaus, der seine Theorie der Innenschranken des deutschen Eigentums ganz im Rahmen des

[32] Vgl. dazu beispielsweise zeitgenössisch Goldschmidt, Eigentum.
[33] Vgl. dazu Mohnhaupt, Hedemann.
[34] Schleusener, Eigentumspolitik, S. 34.
[35] Schmidt, Unterschied.
[36] Gierke, Privatrecht, S. 358; Vgl. dazu auch Haferkamp, Rechtsmißbrauchslehre, S. 290 f.; Keiser, Eigentumsrecht, S. 141.
[37] Schleusener, Eigentumspolitik, S. 36.
[38] Merk, Eigentum.

Rechtsstaates gedacht hatte.[39] Auch nach 1933 gab es Juristen, die in Anknüpfung an Gierke die Eigentumspflichten innerhalb des liberalen Rechtsstaates betonten, ohne dessen Grenzen infrage zu stellen.[40] Andere, wie Wieacker und Huber, forderten hingegen unter Berufung auf Gierkes Ansätze die Auflösung rechtstaatlicher Formen der Eigentumsbeschränkung.[41] Geschützt war privates Eigentum demnach nur noch dann, wenn es höheren, gemeinschaftsbezogenen Zwecken diente. Dabei war sowohl die Relevanz der Eigentumsobjekte für die nationale Wirtschaft als auch die Rolle von Eigentumssubjekten in der nationalen Wirtschaft von Bedeutung.[42] Insbesondere die Ausweitung der Bewertung auf die Rechtssubjekte bedeutete einen Bruch mit der vorher geltenden bürgerlichen Rechtsordnung, wie sie das BGB festgeschrieben hatte. In diesem Zusammenhang lehnten die nationalsozialistischen Vordenker die Herleitung von Eigentumsbeschränkungen aus Gesetzen generell ab und beriefen sich stattdessen auf die „inneren Beschränkungen" des Rechts, die ohne Gesetzesvorbehalt Bestandteil des Eigentumsbegriffs werden sollten. Mit dem Ansatz, die Beschränkungen von Eigentumsrechten nicht in explizite Gesetze zu fassen, sondern auf „Innenschranken" des Eigentums Bezug zu nehmen, konnte nicht zuletzt die staatliche Machtausweitung gegenüber den individuellen Freiheitsrechten verschleiert werden.[43]

Damit verbunden war auch die generelle Infragestellung der Unterscheidung zwischen privatem und öffentlichem Recht.[44] Eine Aufhebung dieser Differenz hätte die Unterschiede in den Rechtstraditionen von Verfassungs- und Zivilrecht eingeebnet, die für die Entwicklung des Eigentumsrechts im 19. und frühen 20. Jahrhundert so wichtig gewesen war. Angewandt wurden diese rechtstheoretischen Überlegungen während der nationalsozialistischen Diktatur insbesondere in der Gesetzgebung im Bereich des Erbhofrechtes sowie gegenüber rassisch ausgegrenzten Personengruppen wie den Juden.[45]

Für die Frage, inwieweit der Staat Eigentum von Ausländern beschlagnahmen konnte, bildete der Erste Weltkrieg eine entscheidende Zäsur. Nun wurde erstmals der zuvor prinzipiell geltende Schutz des Eigentums – auch von Ausländern – durchbrochen.[46] Insbesondere die Zivilrechtskodifikationen

[39] Keiser, Eigentumsrecht, S. 143.

[40] So beispielsweise Würdiger, Wandlungen.

[41] Vgl. Wieacker, Wandlungen, und Huber, Rechtsstellung.

[42] Keiser, Eigentumsrecht, S. 212, der hier Parallelen zwischen der italienischen und der deutschen Entwicklung betont.

[43] Stolleis, Gemeinwohlformeln, S. 114.

[44] Vgl. zu dieser Debatte, an der u. a. Ernst Rudolf Huber maßgeblich beteiligt war, Keiser, Eigentumsrecht, S. 74 f.

[45] Beide Bereiche werden auch behandelt bei Schleusener, Eigentumspolitik.

[46] Gosewinkel, Eigentum, S. 98. Die Frage, inwieweit Ausländer Eigentum erwerben durften, gehört ebenfalls zu diesem Rechtskomplex, soll hier aber nicht näher betrachtet werden.

des 19. Jahrhunderts bis hin zum Bürgerlichen Gesetzbuch von 1900 waren wie erwähnt in Eigentumsfragen prinzipiell noch kosmopolitisch angelegt gewesen und hatten nicht zwischen in- und ausländischen Eigentümern unterschieden. Eingeschränkt war dieser Ansatz, der von einem vornationalen und daher in gewissem Maße transnationalen Sozialmodell der Aufklärung inspiriert war, allerdings durch den völkerrechtlichen Grundsatz der Gegenseitigkeit. So konnten auch rigide Bedingungen an die Gleichbehandlung von Ausländern geknüpft werden, und zwischenstaatliche Abkommen zum speziellen Eigentumsschutz der Staatsangehörigen der Unterzeichnerländer konnten auch Drittstaaten benachteiligen.[47] Auch hatte es – vor allem im Bereich des Grundeigentums und des geistigen Eigentums – schon ab dem letzten Drittel des 19. Jahrhunderts eine Tendenz zu nationalstaatlichen Interventionen gegenüber Ausländern gegeben, die aus nationalen Schutzinteressen der einheimischen Wirtschaft gegenüber Konkurrenz und „Überfremdung" sowie aus militärischen Interessen und kriegsvölkerrechtlichen Regelungen resultierte. Die Ausnahmen betrafen allerdings vorwiegend die genannten Teilbereiche und wurden durch ein System von Staatsverträgen abgemildert, so dass Gosewinkel in der Bilanz feststellt, dass diese zeitweiligen Nationalisierungstendenzen des privatrechtlichen Eigentumsschutzes letztlich nicht mit dem vornationalen System des liberalen bürgerlichen Eigentumsrechts brachen.[48]

Mit der Konzentration auf die deutschen Staatsangehörigen in der Weimarer Verfassung verschloss sich das Eigentumsrecht zunehmend gegenüber Nicht-Deutschen. Die Niederlage im Ersten Weltkrieg, die Inflation, Kriegsfolgebewältigung und die Konfiskations- und Reparationsrechte der Siegermächte trugen ebenfalls dazu bei, dass im Deutschen Reich Tendenzen gegen ausländisches Eigentum auf deutschem Territorium während der frühen Jahre der Weimarer Republik weiter an Gewicht gewannen.

5.1.3 Die Fürstenenteignung in der Weimarer Republik und die NSDAP als Gegner einer entschädigungslosen Enteignung

Die NSDAP war insgesamt in der Haltung zur Eigentumspolitik in den 1920er Jahren gespalten zwischen der Parteiführung in München und den nord- und westdeutschen Gauen. Das 25-Punkte-Programm von 1920 hob in seinem wirtschaftspolitischen Teil vor allem den Leitsatz „Gemeinnutz vor Eigennutz" hervor (10–17). Der Gedanke einer Enteignung findet sich nur im Zusammenhang

[47] Zielke, Stellung (1905); vgl. dazu auch Gosewinkel, Eigentum, S. 97 f.
[48] Ebd., S. 105.

mit der Einziehung von Kriegsgewinnen (12). In dem Punkt, der die Eigentumsordnung ansprach (17), blieb das 25-Punkte-Programm vage. Es forderte eine Bodenreform und die Schaffung eines Gesetzes zur unentgeltlichen Enteignung von Boden für gemeinnützige Zwecke, und das bedeutete immerhin einen Bruch mit der bisherigen Rechtstradition, eine staatliche Enteignung durch eine Entschädigung auszugleichen. Aber eine grundsätzliche Stellungnahme zur Frage des Privateigentums findet sich dort nicht. Allerdings berief sich das 25-Punkte-Programm in seinem 19. Punkt auf das „deutsche Gemeinrecht" als „Ersatz für das der materialistischen Weltordnung dienende römische Recht". Zwischen den Zeilen ließen sich damit die Ansätze für eine Auflösung des liberalen Eigentumsrechts herauslesen.

Im November 1925 verfassten die Brüder Gregor und Otto Strasser, Joseph Goebbels und Karl Kaufmann einen Gegenentwurf, mit dem die nord- und westdeutschen Gaue der NSDAP die Münchner Parteileitung offen herausforderten.[49] Dieses Konzept war eigentumspolitisch deutlich radikaler und konkreter als das 25-Punkte-Programm fünf Jahre zuvor. Es forderte, dass Grund und Boden grundsätzlich Eigentum der Nation sein sollten, Privateigentum sollte durch ein Erblehen-System ersetzt werden. Außerdem sollten Erwerbsgesellschaften mit mehr als zwanzig Mitarbeitern in Aktiengesellschaften umgewandelt werden. Industriebetriebe sollten mehrheitlich in Besitz der Allgemeinheit übergehen. Damit ließ das Strasser-Programm die Idee von Privateigentum zwar noch nicht vollständig fallen, unterstellte es aber zu großen Teilen starken staatlichen Beschränkungen. Dieser Ansatz war ganz vom oben beschriebenen Gedanken der sachlichen „Innenbeschränkung" von Eigentum getragen; den Ansatz einer Einschränkung der Rechtssubjekte, mithin einen Anknüpfungspunkt für eine rassistische Eigentumsordnung, findet man hier noch nicht.

Angesichts dieser eigentumsrechtlichen Debatte innerhalb der NSDAP hatten die Parteiflügel unterschiedliche Positionen in der Frage der Enteignung der deutschen Fürstenhäuser.[50] Nach der Novemberrevolution 1918 sahen sich die regierenden Fürstenhäuser in Deutschland gezwungen abzudanken, und ihr Vermögen wurde beschlagnahmt. Zuständig dafür waren die Länder. Um die beschlagnahmten Vermögen auch enteignen zu können, war nach der Weimarer Verfassung eine Legitimation durch Gemeinwohlzwecke, eine gesetzliche Basis und die Zahlung einer Entschädigung notwendig. Die Verhandlungen zwischen Länderregierungen und Fürstenhäusern zogen sich vor allem wegen Konflikten um die Entschädigungshöhe in die Länge.[51] Auch wenn die Höhe

[49] Vgl. zu dem Programm: Kühnl, Programmatik; Schleusener, Eigentumspolitik, S. 45–50.

[50] Vgl. zu den Fürstenenteignungen Jung, Volksgesetzgebung; Schüren, Volksentscheid.

[51] Bevor über die Höhe einer solchen Entschädigung entschieden werden konnte, war zunächst der hochumstrittene Punkt zu klären, welche Teile des Vermögens Privateigentum

der Entschädigungszahlungen nicht zuletzt durch die Inflation schwer ermittelbar war, ging es bei dem Konflikt um erhebliche Werte. Vor allem in kleineren Ländern befanden sich wesentliche Teile der Staatsfläche in der Hand von Fürsten.

Gerichtsurteile stärkten in den ersten Jahren der Weimarer Republik die Position der Fürsten, die für ihre Klagen gegen eine entschädigungslose Enteignung und für die Rückgabe ihrer Besitztümer meist von den Richtern Recht zugesprochen bekamen. Ein Urteil des Reichsgerichts vom 18. Juni 1925 beispielsweise erklärte ein sechs Jahre zuvor verabschiedetes Gesetz der Landesversammlung von Sachsen-Gotha, das die vollständige Einziehung des Domänenbesitzes der Herzöge von Sachsen-Coburg und Gotha vorgesehen hatte, für verfassungswidrig und sprach damit dem Fürstenhaus den gesamten Land- und Forstbesitz wieder zu. Auch in Preußen scheiterten die Einigungsversuche mit dem Haus Hohenzollern wiederholt an der Uneinigkeit zwischen den fürstenfreundlichen Vertragsentwürfen des Finanzministeriums und dem parlamentarischen Widerstand von SPD und DDP.

In dieser angespannten Atmosphäre legte die KPD am 25. November 1925 im Reichstag einen Gesetzesentwurf vor, der eine vollständig entschädigungslose Enteignung der Fürstenhäuser vorsah. Der Entwurf richtete sich weniger an den Reichstag, wo er absehbar keine Mehrheit finden würde, als vielmehr an die Bevölkerung, die für einen Volksentscheid gewonnen werden sollte. Erwartungsgemäß wurde der Antrag im Reichstag mehrheitlich abgelehnt. Im März 1926 einigten sich KPD, SPD und eine Reihe weiterer linker und pazifistischer Gruppierungen auf ein gemeinsam getragenes Volksbegehren in der Sache als Vorstufe zu einem Volksentscheid.[52] Das Vorhaben stieß in der Bevölkerung auf große Resonanz. Die Zahl der Stimmen in den Listen des Volksbegehrens übertraf die notwendige Quote von zehn Prozent mehr als dreifach und damit war der Weg für einen Volksentscheid frei. Als dann am 6. Mai 1926 erneut über einen Gesetzesentwurf zur entschädigungslosen Enteignung der Fürsten im Reichstag abgestimmt wurde und der Entwurf auch diesmal nicht durchkam, setzten KPD und SPD für den 20. Juni 1926 einen Volksentscheid an.

Am Ende scheiterte der Volksentscheid an der mit knapp vierzig Prozent zu geringen Beteiligung der Bevölkerung. Ein wenige Tage später im Reichstag vorgebrachter Gesetzesvorschlag, der eine für die Fürsten günstige Regelung zugrunde legte, scheiterte seinerseits bereits vor der Abstimmung am absehbaren Widerstand der SPD-Fraktion und wurde von den Regierungsparteien daraufhin wieder zurückgezogen. So waren alle Versuche, ein Reichsgesetz zur

waren und auf welche Teile die Fürsten lediglich als Landesherren Zugriff gehabt hatten, um zwischen privatem und öffentlichem Eigentum zu differenzieren.

52 Auf die verfassungsrechtlichen Aspekte dieser parteiübergreifenden Volksentscheidskampagne konzentriert sich Jung, Volksgesetzgebung.

Enteignung der Fürsten zu verabschieden, fehlgeschlagen; vielmehr kam es in den nächsten Monaten in Preußen und anderen Ländern auf Landesebene zu Einigungen über die Entschädigung.[53] So ist in der Bilanz festzuhalten, dass sich der Gedanke einer entschädigungslosen Enteignung der Fürsten – anders als etwa in Österreich – im Deutschen Reich während der Weimarer Republik nicht durchsetzen konnte. Die Beschlagnahmung fürstlicher Vermögen bildet einen Vorläufer für spätere Enteignungen von politischen Gegnern. Eine entschädigungslose Enteignung, wie sie die nationalsozialistischen Machthaber einführten, war jedoch ohne historisches Vorbild aus der Zeit der Demokratie.

Die NSDAP stellte sich in diesem Konflikt nach anfänglichem Zögern auf die Seite der Fürstenhäuser. Hitler selbst verteidigte auf einer „Führertagung" der NSDAP in Bamberg im Februar 1926 die Ansprüche und Eigentumsrechte der Fürsten und sprach sich damit für die Unantastbarkeit des Eigentums aus.[54] Die Bamberger „Führertagung" diente aber auch der Machtdemonstration Hitlers und der Münchner Parteiführung gegenüber dem Strasser-Flügel und seinen politischen Vorstellungen. So war die klare Positionierung Hitlers auf der Seite der Adeligen wohl auch ein Stück weit eine Stellungnahme gegen Strassers Papier vom Vorjahr. Wie weit die Frage der Fürstenenteignung in den innerparteilichen Konflikt um die Eigentumsfrage hineinragte, zeigt sich auch darin, dass Hitlers Parteiideologe Rosenberg die Debatte zu einem Generalangriff der Strasser-Fraktion auf das Privateigentum stilisierte.[55]

So war es wohl kaum Sympathie für die Adeligen, die die Nationalsozialisten auf die Seite der Volksentscheidsgegner brachte, im Gegenteil: „Wir Nationalsozialisten haben ganz gewiß keinen Anlaß, uns für die Fürsten besonders einzusetzen", erklärte Wilhelm Frick vor dem Reichstag. Ausschlaggebend für ihn war vielmehr, dass die SPD die Fürstenvermögen zur „Erfüllungspolitik" benutzen und „schließlich in die Hände der Juden spielen" würde. „Das ist ja der ganze Endzweck: Enteignet die Fürsten, der Jude brauchts Geld!", polemisierte Frick in seiner Rede und wies darauf hin, dass als erster Redner zu dem Gesetz ein „jüdischer Millionär", gemeint war der SPD-Abgeordnete Dr. Kurt Rosen-

[53] In einigen Ländern hatte es auch schon vorher einvernehmliche Regelungen gegeben. Zur Einigung in Bayern 1923 vgl. beispielsweise Aretin, Erbschaft.

[54] Umstritten ist, ob sich die Arbeitsgemeinschaft der nord- und westdeutschen Gaue zunächst explizit für eine Enteignung der Fürstenhäuser zugunsten der Allgemeinheit ausgesprochen hatte. Während die ältere Forschung eine entsprechende Resolution annahm, wandte sich Martin Döring gegen eine solche Vermutung, da sich die Arbeitsgemeinschaft in ihrer Resolution vom 24.1.1926 von der Frage generell distanzierte. Vgl. Döring, Arm, S. 148. Joseph Goebbels notierte zu Hitlers Rede in seinem Tagebuch: „Fürstenabfindung! Recht muß Recht bleiben. Auch den Fürsten. Frage des Privateigentums nicht erschüttern! Grauenvoll!" Die Tagebücher von Joseph Goebbels, herausgegeben von Elke Fröhlich, Eintrag vom 15.2.1926, in: Teil I, Bd. 1/II Dezember 1925 – Mai 1928, S. 55.

[55] Piper, Rosenberg, S . 133.

feld, gesprochen habe, was zeige, „in wessen Auftrag“ das Gesetz gemacht sei. Frick forderte anstelle einer Fürstenenteignung mit Verweis auf seinen eigenen, am Anfang dieses Kapitels bereits erwähnten Gesetzentwurf die Enteignung der „wahren Volksschädlinge“ und „Volksparasiten“, nämlich der „Bank- und Börsenfürsten“ und der Ostjuden.[56]

Zugleich präsentierte sich Frick hier als Legalist, indem er sich auf die geltenden gesetzlichen Regelungen bezog. „Was ist aber Konfiskation?“, fragte er rhetorisch und führte aus: „Das ist nichts anderes als eine Steuer, eine Wegsteuerung des gesamten Vermögens. Diese Auffassung, die auch in der Literatur schon vertreten worden ist, daß dieses Enteignungsgesetz ein Abgabengesetz ist, halte ich für durchaus berechtigt.“ Solche Steuerbeschlüsse dürften, so Frick, nicht durch Volksentscheid beschlossen werden, schon gar nicht, wenn damit früher gefasste parlamentarische Beschlüsse aufgehoben würden. „Wir lehnen diese Art der Enteignung der Fürsten vom Rechtsstandpunkte aus absolut ab, getreu unserem Standpunkte, den wir in allen anderen Fragen dieser Art bisher befolgt haben.“

Blickt man auf die eigentümliche Fraktionsbildung im Zusammenhang mit dem Volksentscheid von 1926, so protestierten auf der einen Seite Republikbefürworter gegen vordemokratische Besitzverhältnisse und die rückwärtsgewandten Loyalitätsbindungen bürgerlicher Führungsschichten. Auf der anderen Seite formierten sich mit den Gegnern der entschädigungslosen Enteignung Vertreter von antibolschewistischen und antisemitischen Haltungen, die später an der Zerschlagung des parlamentarischen Systems zusammenwirken sollten.[57] Wilhelm Fricks Stellungnahme und die – auf den ersten Blick erklärungsbedürftige und anfangs innerparteilich auch nicht unumstrittene – Positionierung auf der Seite der Fürstenhäuser kann so gesehen als eine Solidarisierung mit anderen Gegnern der Weimarer Demokratie gedeutet werden. Wenn Frick gegen die entschädigungslose Enteignung polemisierte, schloss er sich damit der republikfeindlichen Gruppierung an.

Für Hitler war mit der klaren Stellungnahme in der Frage der Fürstenenteignung der Konflikt über die Haltung der NSDAP in der Eigentumsfrage aber noch nicht beendet. Weiterhin schwelte der Konflikt zwischen den norddeutschen Gauen und der süddeutschen Parteileitung. Dabei scheint der spätere Diktator in der Frage vor allem machtstrategisch agiert zu haben, um Ängsten sowohl unter den Bauern als auch in der Industrie und Wirtschaft entgegenzutreten. 1928 gab er eine parteiamtliche Erklärung heraus, welche die Aussagen des Parteiprogramms von 1920 erläuterte und präzisierte. Die Erklärung ist die einzige öffentliche Kommentierung des Parteiprogramms und hat daher eine

56 Rede Wilhelm Fricks vom 28.4.1926 vor dem deutschen Reichstag, Verhandlungen des Deutschen Reichstags, 190. Sitzung vom 28.4.1926, S. 6921–6923. Folgende Zitate ebd.

57 Mommsen, Freiheit, S. 251.

einzigartige Bedeutung. Darin heißt es: „Da die NSDAP auf dem Boden des Privateigentums steht, ergibt sich von selbst, daß der Passus ‚unentgeltliche Enteignung' nur auf die Schaffung gesetzlicher Möglichkeiten Bezug hat, Boden, der auf unrechtmäßige Weise erworben wurde oder nicht nach den Gesichtspunkten des Volkswohls verwaltet wird, wenn nötig zu enteignen. Dies richtet sich demgemäß in erster Linie gegen die jüdischen Grundstücksspekulations-Gesellschaften."[58]

Jede anders lautende Deutung kritisierte Hitler als „verlogene Auslegung" von gegnerischer Seite. Der starke Bezug auf das „Volkswohl" ließ allerdings weiten Interpretationsspielraum.

Auch mit dieser öffentlichen Erklärung konnte er jedoch die Parteilinke letztlich nicht auf seinen Kurs zwingen. Am Ende spaltete sich Otto Strasser von Hitlers NSDAP ab. Erst damit war der Konflikt um die Eigentumspolitik mit einer Durchsetzung von Hitlers pragmatischem Bekenntnis zum Schutz des Privateigentums vorläufig beendet.

5.2 Von der politischen Gegnerbekämpfung zum Rassenrecht: Entzug der Staatsangehörigkeit und Enteignung von Juden 1933–1938

Wie oben gezeigt, gab es am Ende der Weimarer Republik zwei Typen von Enteignungsverfahren, die unterschiedlichen Regelungen unterlagen. Auf der einen Seite stand die Enteignung von Inländern zum Zwecke des „Allgemeinwohls". Hier war der Gedanke einer Entschädigung, der ursprünglich eine wichtige Rolle gespielt hatte, in der Weimarer Zeit zwar ein Stück weit verblasst, blieb aber noch immer von Bedeutung. Gleichzeitig hatte der Verwendungszweck „Allgemeinwohl" eine starke Ausweitung erfahren. Schließlich war auch die Art der Güter, die enteignet werden konnten, erweitert worden. Es ging nun nicht mehr nur – wie noch im 19. Jahrhundert – um Grund und Boden, sondern um alle Eigentumsformen.

Das zweite Verfahren betraf Ausländer, deren Eigentumsschutz in der verfassungsrechtlichen Tradition deutlich geringer ausgeprägt war und während des Ersten Weltkriegs noch einmal eine Schwächung erfahren hatte. Je einflussreicher die Verfassung gegenüber dem kosmopolitischer angelegten Zivilrecht wurde, umso mehr musste sich das kritisch auf den Eigentumsschutz gegenüber Ausländern auswirken.

An diese beiden Richtungen knüpften zwei frühe Enteignungsgesetze der

[58] Feder, Programm, S. 19.

NS-Zeit an, die am selben Tag, dem 14. Juli 1933, in Kraft traten: das „Gesetz über die Einziehung volks- und staatfeindlichen Vermögens“[59] und das „Gesetz über den Widerruf von Einbürgerungen und die Aberkennung der deutschen Staatszugehörigkeit“,[60] die im Folgenden näher betrachtet werden sollen.

5.2.1 Das „Gesetz über die Einziehung volks- und staatfeindlichen Vermögens“ vom 14. Juli 1933

Bereits kurz nach der Machtübernahme begann das nationalsozialistische Regime, seine politischen Gegner im linken Lager anzugreifen. Damit verbunden war auch ein Zugriff auf das wirtschaftliche Vermögen von KPD und SPD.[61] Vermögen kommunistischer Organisationen wurde bereits ab dem 27. Februar 1933 von der Polizei beschlagnahmt, ein Tag bevor die Reichstagsbrandverordnung eine rechtliche Legitimation bereitstellte. Die Konfiskation des Vermögens von SPD, sozialdemokratischen Zeitungen und Reichsbanner ordnete der Berliner Generalstaatsanwalt am 10. Mai 1933 an. Dabei stützte sich die Polizei teilweise auch auf kurz zuvor in Kraft getretene Landesgesetze.[62] Meist wurden die Aktionen in dieser Zeit aber nicht legislativ, sondern lediglich administrativ auf der Basis von Verwaltungserlassen legitimiert.[63]

Eine reichsweite gesetzliche Grundlage für das Vorgehen gegen politische Feinde auf der Linken schufen erst das „Gesetz über die Einziehung kommunistischen Vermögens“ vom 26. Mai 1933[64] und das „Gesetz über die Einziehung volks- und staatfeindlichen Vermögens“ vom 14. Juli 1933.[65] Mit dem Gesetz vom Juli 1933 kam ein Prozess zum Ende, der bereits durchgeführten Konfiskationen nachträglich eine gesetzliche Basis gab. Die Personengruppen, gegen die sich das Gesetz richtete, waren nun nicht mehr auf einzelne politische Rich-

59 Gesetz über die Einziehung volks- und staatsfeindlichen Vermögens vom 14.7.1933, RGBl. I (1933), S. 479 f.

60 Gesetz über den Widerruf von Einbürgerungen und die Aberkennung der deutschen Staatszugehörigkeit vom 14.7.1933, RGBl. I (1933), S. 480 f.; Durchführungsverordnung vom 26.7.1933, RGBl. I (1933), S. 538; Hering, Widerruf. Vgl. dazu auch Essner, Nürnberger Gesetze, S. 275–280; Gosewinkel, Einbürgern, S. 369–420.

61 Vgl. dazu allgemein: Grahn, Enteignung.

62 Die Bayerische Politische Polizei berief sich bei ihrer Durchsuchung der Geschäftsräume des Centralvereins am 12. Mai 1933 beispielsweise auf das bayerische Gesetz über die Enteignung von zu antinationalen Zwecken verwendetem Gut vom 4.4.1933. Vgl. Schreiben des Centralvereins deutsche Staatsbürger jüdischen Glaubens, Landesverband Bayern, an das Bayerische Innenministerium vom 21.8.1933, BayHStA, StK 6410, Bl. 235 f.

63 Tarrab-Maslaton, Strukturen, S. 151.

64 Gesetz über die Einziehung kommunistischen Vermögens vom 26.5.1933, RGBl. I (1933), S. 293.

65 Gesetz über die Einziehung volks- und staatsfeindlichen Vermögens vom 14.7.1933, RGBl. I (1933), S. 479 f.

tungen fixiert, sondern die Formulierung war weit geöffnet und umfasste alles „volks- und staatsfeindliche Vermögen"; das Gesetz bezog sich also nicht mehr nur auf Kommunisten, wie seine Vorläufer, sondern erweiterte den Zugriff des Staates ganz allgemein auf alle Sachen und Rechte, die „nach Feststellung des Reichsministers des Innern für volks- und staatsfeindliche Bestrebungen gebraucht oder bestimmt" waren.

Von Anfang an richteten sich die Beschlagnahmungsaktionen auch gegen Juden. Zum Teil überschnitten sich die antisemitischen mit anderen politischen Motiven, denn in den verfolgten kommunistischen und sozialdemokratischen Organisationen war eine Reihe von Juden engagiert. Darüber hinaus wandte die Polizei aber den Vorwurf der Gegnerschaft auch in rassistischem Sinn an und nahm jüdische Organisationen und deren Mitglieder ins Visier, die nicht dem linken politischen Spektrum zugeordnet werden konnten. So durchsuchte die Bayerische Politische Polizei etwa am 12. Mai 1933 jüdische Organisationen in München nach „staatsfeindlichem Material". Im Juli 1933 wurde die Aktion auf ganz Bayern ausgeweitet. Um die „grundsätzlich feindliche Einstellung des Judentums" im Sinne des Enteignungsgesetzes zu belegen, wurden Geschäftsstellen und Heime jüdischer Organisationen sowie die Wohnungen der Vorstände systematisch durchsucht und das gesamte Vermögen und Schriftenmaterial dieser Verbände beschlagnahmt. Teilweise wurde gegen die Vorstände „Schutzhaft" verhängt.[66] Dabei bezog die Politische Polizei auch karitative Organisationen mit ein, „da angenommen werden musste, daß jüdische Vereinigungen unter dem Vorwand charitativer und sozialer Tätigkeit ihren wirklichen Zweck verschleiern".

Dieser Verdacht, hieß es in einem Bericht der Bayerischen Politischen Polizei vom 30. Mai 1933, habe sich besonders beim Centralverein deutscher Staatsbürger jüdischen Glaubens als „Tatsache" herausgestellt. So hatte die Politische Polizei in der Münchner Vertretung des Centralvereins Fotografien einer früheren Durchsuchung der Büros in der Nacht vom 9. auf den 10. März 1933, bei der umfangreiches Inventar sowie Bargeld und Konten „sichergestellt" und Räume zerstört worden waren,[67] gefunden, „die zweifellos zu Propagandazwecken gegen die nationale Regierung verwendet werden sollten". In Schriftstücken würde mit den Worten „Lump, gewissenloser Speichellecker, Soldatenschinder usw. gegen die derzeitigen Führer der nationalen Bewegung, z. B. Minister Esser ge-

[66] In Nürnberg wurden beispielsweise 200 Personen mit Hilfe der örtlichen SA festgenommen. Das Folgende und die Zitate nach dem Bericht des Politischen Polizeikommandeurs, bayerisches Innenministerium, an die bayerische Staatskanzlei vom 30.5.1933 und dem Bericht der Bayerischen Politischen Polizei an die bayerische Staatskanzlei vom 25.8.1933, beide BayHStA, StK 6410, Bl. 271 f. und Bl. 228; Vgl. auch Gellately, Gestapo, S. 56.

[67] Vgl. die Darstellung der Ereignisse im Schreiben des Centralvereins deutsche Staatsbürger jüdischen Glaubens, Landesverband Bayern, an das Bayerische Innenministerium vom 21.8.1933, BayHStA, StK 6410, Bl. 235 f.

hetzt und geurteilt". Auch belegten die gefundenen Schriftstücke nach Ansicht der Polizei engste Verbindungen und Zusammenarbeit mit politischen Parteien und Organisationen, insbesondere mit der SPD, dem Reichsbannner und der BVP „zum Zwecke nachhaltigster Bekämpfung der NSDAP". Zudem prüfte die Politische Polizei ein Schweizer Auslandskonto des Centralvereins auf „Verschiebungen von Volksvermögen". Trotz der „loyalsten und korrektesten Durchführung des polizeilichen Vorgehens", hieß es in dem Bericht, hätten die Beamten eine „geradezu übereifrige Tätigkeit maßgebender jüdischer Persönlichkeiten" beobachtet, die versuchten, „die polizeilichen Maßnahmen mit allen Mitteln aufzuhalten bezw. zu verhindern". Auch diese vermeintlichen Vertuschungsversuche dienten der Polizei als Vorwand dafür, gegen die jüdischen Organisationen vorzugehen.

Eine Involvierung der Finanzbehörden in diese Aktion ist in den bayerischen Akten bislang nicht belegt. Andernorts aber beteiligten diese sich an der Ausweitung auf jüdische Organisationen, etwa wenn in Berlin das Finanzamt Alexanderplatz neben den angeforderten Steuerunterlagen der SPD-Einrichtungen auch jene des Reichsbundes jüdischer Frontsoldaten an die Gestapo ablieferte. Zuständig für die Verwaltung und Verwertung der eingezogenen Vermögensgegenstände waren formal die Länderverwaltungen. Das Moabiter Finanzamt war in Fällen einer Ausbürgerung zuständig. Bei Enteignungen von staatsfeindlichen Vermögen lag die Zuständigkeit bei der Gestapo, was in unklaren Fällen dazu führte, dass Finanzbehörde und Gestapo um den ersten Zugriff auf das Vermögen konkurrierten.[68]

Auch wenn die Behörden der Reichsfinanzverwaltung in die Vorgänge zunächst formal nicht eingebunden waren, leisteten sie im Sommer 1933 Amtshilfe, als der Reichsfinanzminister die Finanzämter am 21. Juli 1933 aufforderte, Steuerakten der SPD und der sozialdemokratischen Betriebe und Organisationen an die Polizei zu schicken.[69] In Berlin beispielsweise lieferten die Finanzämter sämtliche Akten zu den gewerblichen Betrieben der SPD an die Gestapo. Das Finanzamt Friedrichstadt folgte zudem der Aufforderung, mögliche Vermögensverschiebungen bei sozialdemokratischen Organisationen aufzuspüren und fasste seine Ergebnisse in 57 Aktenbänden zusammen, die es im August 1933 an die Gestapo weitergab. In vorauseilendem Eifer schickten einige Berliner Finanzämter Akten kommunistischer Betriebe. Auch die erwähnte Übergabe der Steuerunterlagen des Reichsbundes jüdischer Frontsoldaten durch das Berliner Finanzamt Alexanderplatz gehört in diesen

68 Grahn, Enteignung, S. 24.

69 Schreiben des Reichsfinanzministeriums an das Landesfinanzamt Berlin und andere Landesfinanzämter vom 21.7.1933, zit. nach Friedenberger, Ausplünderung, S. 55. Zur Berliner Entwicklung vgl. ebd., S. 54–56.

Kontext. Ähnlich gaben in Hessen die Wohnortfinanzämter Akten an die Gestapo weiter.[70]

Offenbar kam es im Zuge der Vermögenseinziehungen bei „Staatsfeinden" immer wieder zu Konflikten zwischen Finanzverwaltung und Polizeibehörden bzw. Behörden der Innenverwaltung, insbesondere wenn die Polizei die von den Finanzbehörden deklarierten Steuerschulden nicht aus den beschlagnahmten Vermögen bezahlen wollte. Darauf lässt jedenfalls ein Schreiben des Innenstaatssekretärs Pfundtner vom 21. April 1934 schließen, in dem er Landesregierungen und Landesfinanzämter darauf hinwies, dass steuerliche Ansprüche des Reichsfiskus gegenüber eingezogenen Vermögen aus diesen zu befriedigen seien.[71] Möglicherweise bildete dieser Konflikt einen Hintergrund für die geschilderte Bereitschaft zur Weitergabe von Steuerakten an die Gestapo.

Die große Mehrzahl der Konfiskationen „volks- und staatsfeindlichen Vermögens" datiert auf die ersten Regierungsmonate Hitlers. In den folgenden Jahren bis 1937 kamen kaum noch neue Fälle hinzu, so dass man im Reichsfinanzministerium der Regelung später nur noch wenig Relevanz zumaß. Das änderte sich erst mit der Angliederung bzw. Besetzung neuer Gebiete ab 1938, wodurch neue Fälle in den Zugriffsbereich des NS-Staates kamen und eine Diskussion über eine Modifizierung des Gesetzes zur effizienteren Ausbeutung der zu enteignenden Bevölkerungsgruppen – vor allem auch der Juden – einsetzte.

Die Abwicklung der in der ersten Phase beschlagnahmten Vermögen zog sich allerdings über Jahre hin. In Preußen forderte das Landesfinanzministerium im Juni 1934 noch einmal dazu auf, die bei den „staatsfeindlichen" Verbänden beschlagnahmten Handelsbücher, Kassenbücher und Korrespondenzen gründlicher auszuwerten und über die Unterlagen hinaus weiterzuforschen, um „Rechte und Außenstände" (gemeint waren Ansprüche aus Lieferungen, Mitgliedsbeiträge u. a.), die bislang offenbar nur in geringem Maße erfasst worden waren, zu recherchieren.[72] In Göttingen waren die Polizeibehörden noch 1936 damit beschäftigt, beschlagnahmte Gegenstände zu veräußern.[73] 1939 kritisierte das Gestapa Berlin, dass bei Sparkassen, Banken und anderen Geldinstituten noch immer Vermögensbestände „volks- und staatsfeindlicher" Organisationen in teilweise beträchtlicher Höhe

[70] Meinl/Zwilling, Legalisierter Raub, S. 305.

[71] Schreiben des Staatssekretärs im Reichsinnenministerium, Pfundtner, an die Landesregierungen und Landesfinanzämter vom 21.4.1934, StAM, FinA Pfaffenhofen, 12900.

[72] Schreiben des preußischen Finanzministers vom 7.6.1934, zit. nach Grahn, Enteignung, S. 22.

[73] Vgl. Cordula Tollmien: Nationalsozialismus in Göttingen, online-Publikation der SUB Göttingen, S. 111 f.

vorhanden seien, und wies die Stapo(leit)stellen an, Konten insbesondere von Reichsbanner, Gewerkschaftsverbänden, Gesangs- und Sportvereinen, Freidenkerverbänden, Freimaurerlogen u. ä. systematisch zu suchen und zu überprüfen.[74]

Bemerkenswert ist auch, dass es erst im Dezember 1937 zu einem Gesetz über Entschädigungen von Gläubigern bei der Einziehung „staatsfeindlicher" Vermögen kam, obwohl seit 1934 Bemühungen von Behörden und Wirtschaft, insbesondere seitens der Banken, um eine solche Regelung nachweisbar sind.[75] Anlass für eine solche Entschädigungsregelung waren vor allem die Interessen der Hypothekenbanken, die sich – am Ende erfolgreich – dagegen wehrten, dass die Hypotheken auf den eingezogenen Immobilien ersatzlos gelöscht wurden, wie es die Finanzpolitiker anstrebten. Das Gesetz schloss dabei die unmittelbar durch die Einziehung Betroffenen sowie Personen aus, die angeblich kommunistische, marxistische oder sonstige „volks- und staatsfeindliche" Bestrebungen geförderte hatten. Es steht damit für die mittlerweile etablierte politisierte und rassisch aufgeladene Deutung der Enteignung von „Staatsfeinden", denen gegenüber der zuvor geltende Grundsatz einer Entschädigung aufgehoben war. Das Entschädigungsgesetz von 1937 ist auch ein Beleg dafür, dass zu diesem Zeitpunkt das Gesetz zur Enteignung kommunistischen Vermögens und die beiden Juli-Gesetze als Einheit gesehen wurden, denn es galt für alle drei Gesetze.

Hatte das Gesetz zur Einziehung volks- und staatsfeindlichen Vermögens von 1933 formal noch keine Beteiligung des Reichsfinanzministers ausgewiesen, so war er 1937 offiziell involviert. Seine Unterschrift ist die vierte unter dem Entschädigungsgesetz, nach Hitler, Frick und Heß; es folgen Göring, Seldte und Gürtner.

Die Beschlagnahme von „volks- und staatsfeindlichem Vermögen" war ein vergleichsweise geringer finanzieller Posten. Eine Gesamtsumme ist schwer zu ermitteln, da die Einziehungen in der anfänglichen Hauptphase zugunsten der Länder verbucht wurden. Im August 1940 bilanzierte der preußische Finanzminister anlässlich einer geplanten Neuregelung des Verfahrens, die früheren Einziehungen hätten für die Länder zwar Beträge erbracht, die für sie „immerhin nicht unwesentlich" gewesen sein mochten, für die Finanzen des Reiches könnten sie allerdings „irgend eine ausschlaggebende Bedeutung zweifellos nicht haben".[76] Auch wenn diese Äußerung von der Absicht getra-

[74] Schreiben des Gestapa an alle Stapo(leit)stellen, Regierungspräsidenten und Inspekteure der Sicherheitspolizei vom 27.6.1939, zit. nach Grahn, Enteignung, S. 22 f.

[75] Gesetz über die Gewährung von Entschädigungen bei der Einziehung oder dem Übergang von Vermögen vom 9.12.1937, RGBl. I (1937), S. 1333–1338.

[76] Schreiben des Preußischen Finanzministers an den Reichsfinanzminister und andere vom 3.8.1940 (Abschrift), BAB, R 2, 11372, Bl. 122 f.

gen war, die Verwaltung und Verwertung eingezogenen Vermögens weiterhin bei der Innenverwaltung der Länder zu halten und nicht, wie im Rahmen der Reform geplant, an das Reich und die Reichsfinanzverwaltung abzugeben, gibt sie doch Hinweise auf die damalige Einschätzung des Volumens. Nach einer Zusammenstellung des Bundesfinanzministeriums aus dem Jahr 1949 beliefen sich die Einnahmen Preußens aus der Beschlagnahmung von „volks- und staatsfeindlichem Vermögen" von 1933 bis 1939 insgesamt auf 8 864 000 Reichsmark. Der „jüdische Anteil" daran wurde auf rund eine Million Reichsmark geschätzt.[77]

Aufschlussreich sind die Vorgänge im Zusammenhang der Enteignung von „Volks- und Staatsfeinden" in den ersten Jahren der NS-Herrschaft aber vor allem für die Art der Tätigkeit der Finanzbehörden, denn sie machen zweierlei deutlich: Zum einen waren die Finanzämter offenbar bereit, der Aufforderung nach Ablieferung von Akten Folge zu leisten und mit der Gestapo zu kooperieren. Welche Rolle dabei möglicherweise Angst vor Gestapo spielte, ist im Nachhinein schwer zu bestimmen. Es lässt sich aber festhalten, dass gleichzeitig auch eine Binnenmotivation der Finanzbeamten bestand, denn die Aktenübergabe trug auch zur Lösung ihrer Probleme bei, die vor allem darin bestanden, die Steuerschulden der beraubten Regimegegner einzutreiben. Hier zeigt sich die Tendenz, gegenüber „Volks- und Staatsfeinden" Grundsätze der Steuerverwaltung wie beispielsweise das Steuergeheimnis fallen zu lassen, um damit fiskalische Interessen gegenüber der Gestapo als neuem Akteur der Weltanschauungsdiktatur zu sichern und eine Kooperation zu fördern. Zum anderen deuteten die Finanzbeamten die Zielsetzung der Vermögensbeschlagnahme teilweise aus eigener Initiative weit, indem sie auch Betriebe und Vereinigungen einbezogen, die nicht zur engeren Gruppe der politischen Gegner, die die Gesetze benannten, gehörten. Sie eigneten sich damit die ideologische Deutungslinie des NS-Regimes an und fügten sie in ihre eigenen Handlungsmaximen ein.[78]

5.2.2 Steuerliche Förderung der Vermögenskonfiskation

Der Reichsfinanzminister und seine Länderkollegen zeigten bereits früh auch eine indirekte Bereitschaft, an Enteignungen zum Vorteil des Staates mitzuwirken, wie ein Blick auf die steuerliche Behandlung von Vermögenskonfiskationen deutlich macht. Im August 1933 wandte sich das preußische

[77] Die Maßnahmen gegen die jüdische Bevölkerung und ihre Einrichtungen seit 1933, Archiv des ehem. Reichsfinanzministeriums, 2.2.1949 (Abschrift), S. 10 f., BAB, R 2, Anh. 78, Bl. 235 f.

[78] Vgl. zu dieser Tendenz auch Gotto, Kommunalpolitik, der eine ideologische Grenzverschiebung in der administrativen Normalität konstatiert.

Innenministerium an das Reichsfinanzministerium mit der Bitte, dass bei den Übereignungen von Grundstücken bei solchen Einziehungen die Grunderwerbsteuer erlassen werden solle. Bei „rein formaler Betrachtung" müssten die Vorgänge zwar als steuerpflichtig erachtet werden, hieß es in dem Schreiben. „Es dürfte indessen dem Sinn und Zweck der eingangs genannten Gesetze nicht entsprechen, wenn die Länder aus den zu ihrer Durchführung getroffenen Maßnahmen mit zusätzlichen Steuerpflichten belastet werden. Diese würden zudem auf jeden Fall eine Beeinträchtigung der staatlichen und gemeinnützigen Zwecke darstellen, die durch Verwertung des eingezogenen Vermögens gefördert werden sollen.[79] Es seien ja nicht wirtschaftliche Motive der Hintergrund jener Transaktionen, hieß es in dem Schreiben, sondern „staatspolitische Notwendigkeiten". Auch sei dieser Steuererlass keine Benachteiligung für die Gemeindeverbände, denen die Grunderwerbsteuer normalerweise zufloss, „da es sich im vorliegenden Fall um Rechtsübertragungen handelt, die im normalen Verlauf der Dinge nicht eingetreten wären".

Im Reichsfinanzministerium stieß die Anregung des Grundsteuererlasses zunächst nicht auf ungeteilte Zustimmung. Zwar gab es keinen grundsätzlichen Einwand gegen die Idee, aber das Verfahren schien dem zuständigen Ministerialrat ungeeignet. Er regte vielmehr an, dass statt einer Steuerbefreiung durch das Finanzressort das Innenministerium selbst durch eine eigene „Ergänzungsverordnung" die Angelegenheit dahingehend regeln sollte, dass die Fälle von der Steuerpflicht ausgenommen seien.[80] Dagegen hatte das Innenministerium jedoch Bedenken, weil nach seiner Ansicht keine genügende Gewähr gegeben war, dass in einer solchen Ergänzungsanordnung alle Fälle, in denen „aus dem in Rede stehenden Anlass" eine Steuerbefreiung erforderlich war, kasuistisch erfasst werden konnten. Ein Erlass des Reichsfinanzministeriums sei im Falle, dass er sich als unvollständig erweisen sollte, leichter zu ergänzen als eine Rechtsverordnung. Auch müsse die Rechtsverordnung im Reichsgesetzblatt veröffentlicht werden, was zeitaufwändig sei.

So gab das Reichsfinanzministerium schließlich doch am 30. September 1933 einen Runderlass heraus, wonach die Übertragung von Grundstückseigentum anlässlich der Einziehung „volks- und staatsfeindlichen Vermögens" von der Umsatzsteuer befreit sei. Eine entsprechende Bestätigung, dass es sich um eine solche Grundstücksübertragung handelte, sollte das preußische

79 Schreiben des preußischen Innenministeriums an das Reichsfinanzministerium vom 11.8.1933, GehStA Berlin HA, Rep. 151, I A, 7941, Bl. 1–2. Folgende Zitate ebd.

80 Vermerk über ein Telefongespräch zwischen Ministerialrat Dr. Wahl, Reichsfinanzministerium, und Regierungsrat Kleikamp, Innenministerium, vom 16.8.1933, GehStA Berlin HA, Rep. 151, I A, 7941, Bl. 6.

Innenministerium erteilen.[81] 1937 verzichtete das Reichsfinanzministerium rückwirkend zum 1. Juli 1936 auch auf die Urkundensteuer.[82]

In einem zweiten Schreiben an seinen Amtskollegen im Justizministerium forderte der preußische Innenminister auch eine steuerliche Erleichterung für Enteignungen bei Stempel- und Gerichtsgebühren.[83] Die öffentlichen Körperschaften waren von diesen Abgaben ohnehin entlastet. Nun, so erklärte der Innenminister, stünde aber an, dass ein Teil der enteigneten Grundstücke in Besitz der DAF oder anderer „staatsnaher Organisationen" übergehen würde. Da man die Mittel dringend „für die Deckung der Unkosten benötigt, die dem Staat durch die polizeiliche Freiheitsbeschränkung gegen politische Häftlinge in erheblichem Umfang erwachsen", sei man auf eine „schleunige und möglichst ergiebige Nutzbarmachung" der Vermögenswerte angewiesen. In vielen Fällen plante das preußische Innenministerium, selbst organisatorisch und personell überfordert, die Verwaltung treuhänderisch an andere Organisationen abzugeben. Für die Druckerei-Grundstücke sollte beispielsweise die ursprünglich sozialdemokratische „Konzentration AG", die nach der Konfiszierung vollständig unter Kontrolle des Innenministeriums stand, eingesetzt werden. Sobald aber nicht mehr das Ministerium selbst verantwortlich zeichnete, drohten zahlreiche Gebühren und Abgaben für amtliche Dokumente und Bestätigungen anzufallen. Der Innenminister forderte nun, dass die von ihm eingesetzten Treuhänder und Verwalter von solchen Stempel- und Gerichtsgebühren befreit würden.

Das preußische Justizministerium reagierte prompt auf die Anregung. Am 30. August 1933 wurden der Finanz- und der Innenminister ermächtigt, bei solchen Vermögen, die aufgrund der Gesetze vom 26. Mai 1933 und vom 14. Juli 1933 eingezogen worden waren, die Verwaltung „an andere Personen zu übertragen". Auch ihnen gegenüber sollten Landesstempel- und Gerichtsgebühren nicht erhoben werden.[84]

[81] Schnellbrief des Innenministeriums an die Regierungspräsidenten und Geh. Staatspolizei Berlin vom 14.10.1933, GehStA Berlin HA, Rep. 151, I A, 7941, Bl. 10. Darin Hinweise auf den Runderlass des Reichsfinanzministeriums vom 30.9.1933. Die Landesfinanzämter waren durch den Runderlass des Reichsfinanzministeriums direkt informiert worden.

[82] Runderlass des Reichsfinanzministers über den Erlass der Urkundensteuer aus Anlass der Einziehung kommunistischen und sonstigen volks- und staatsfeindlichen Vermögens vom 11.1.1937, GehStA Berlin HA, Rep. 151, I A, 7941, Bl. 45.

[83] Schreiben des preuß. Innenministeriums an das preuß. Justizministerium vom 21.8.1933, GehStA Berlin HA, Rep. 151, I A, 7941, Bl. 24–26.

[84] Niederschlagung von Landesstempeln und Gerichtsgebühren aus Anlass der Einziehung kommunistischen und sonstigen volks- und staatsfeindlichen Vermögens, Erlass des preußischen Staatsministers, Finanzministers und Justizministers, Justizministerialblatt Nr. 40 (1933), S. 388.

5.2.3 Das „Gesetz über den Widerruf von Einbürgerungen und die Aberkennung der deutschen Staatszugehörigkeit" vom 14. Juli 1933 und die Frage der „Ostjuden"

Am 14. Juli 1933 trat ein zweites Gesetz mit Enteignungscharakter in Kraft, das deutlich gegen Juden gerichtet war: Das „Gesetz über den Widerruf von Einbürgerungen und die Aberkennung der deutschen Staatszugehörigkeit".[85] Dieses Gesetz zielte auf zwei Gruppen: Zum einen ermöglichte es den Widerruf der Einbürgerung eingewanderter Ostjuden, die zwischen 1918 und 1933 die deutsche Staatsangehörigkeit bekommen hatten. Zum anderen sollte vermeintlich regimefeindlichen Emigranten die deutsche Staatsangehörigkeit ebenfalls zwangsweise entzogen werden. Damit hatte dieses Gesetz Juden wesentlich expliziter im Visier als das zuvor betrachtete Gesetz zur Einziehung volks- und staatsfeindlichen Vermögens, stand mit jenem aber auch in enger Wechselwirkung.

Die Ausrichtung auf die Judenverfolgung zeigt sich bereits darin, dass das Ausbürgerungsgesetz vom 14. Juli 1933 in einer Reihe mit antijüdischen bürokratischen Maßnahmen stand, die Wilhelm Frick seit März 1933 vorantrieb.[86] Auf eine Anregung des deutschnationalen Staatssekretärs im Wirtschaftsministerium, der ein gesetzliches Vorgehen gegen die Zuwanderung von Ostjuden und die Aufhebung von vermeintlich zur Tarnung vorgenommenen Namensänderungen empfahl, und Hans Heinrich Lammers, der die Initiative um den Vorschlag erweiterte, eingewanderte und nicht eingebürgerte Ostjuden in gewisser Anzahl auszuweisen, hatte Frick am 15. März 1933 eine entsprechende Anweisungen an die Länderregierungen verschickt und angekündigt, dass er die Angelegenheit weiterverfolgen werde. Am 12. Mai 1933 legte er dann einen Gesetzesentwurf vor, der erstmals auch die Aberkennung von Einbürgerungen von im Ausland befindlichen Juden vorsah. Das Gesetz sollte gegen „Landesverräter" im Ausland vorgehen und die Ausbürgerung deutscher Staatsangehöriger ermöglichen, die angeblich die „deutschen Belange" geschädigt hatten. Nicht zuletzt im Sinne einer abschreckenden Wirkung sah der Gesetzentwurf auch die Möglichkeit einer Enteignung der Ausgebürgerten vor. Frick begründete das Gesetz damit, dass sich unter den nach 1918 Eingebürgerten „zahlreiche nach Abstammung und Gesinnung unerwünschte Elemente" befänden, die durch den Einbürgerungswiderruf „auszumerzen" seien.[87] Eine rückwirkende Expa-

[85] Gesetz über den Widerruf von Einbürgerungen und die Aberkennung der deutschen Staatszugehörigkeit vom 14.7.1933, RGBl. I (1933), S. 480 f.; Durchführungsverordnung vom 26.7.1933, RGBl. I (1933), S. 538; Hering, Widerruf. Vgl. dazu auch Essner, Nürnberger Gesetze, S. 275–280; Gosewinkel, Einbürgern, S. 369–420.

[86] Zur Vorgeschichte des Gesetzes vgl. Neliba, Legalist, S. 172 f.

[87] Begründung des Reichsinnenministeriums zum Gesetz über den Widerruf von Einbür-

triierung ab dem Zeitpunkt der Einbürgerung, die er ursprünglich ins Auge gefasst hatte, musste Frick wegen Einwänden des Justizministers wieder fallen lassen. Entgegen dem ursprünglichen Entwurf wurden die Regelungen außerdem in Kann-Bestimmungen umgewandelt. So modifiziert passierte das Gesetz im Juli 1933 das Kabinett ohne Widerspruch.

Im Hinblick auf die Ausbürgerung der sogenannten Ostjuden schloss die Regelung vom Juli 1933 an eine langjährige ethno-national aufgeladene Debatte an. Wenn sich das Gesetz vor allem gegen Ostjuden richtete, die zwischen 1918 und 1933 die deutsche Staatsangehörigkeit erworben hatten, hofften die Nationalsozialisten in diesem Zusammenhang breite Unterstützung zu finden. „Ihm werde stets gesagt", erklärte Hitler in der Kabinettssitzung zum Beschluss des Gesetzes, dass „nicht für ein Vorgehen gegen die Juden schlechthin, wohl aber für ein Vorgehen gegen die Ostjuden Verständnis allgemein vorhanden sei".[88]

Schon seit dem Ende des 19. Jahrhunderts hatten alldeutsch-nationalistische Kräfte eine stärkere Abschottung der deutschen Staatsangehörigkeit unter anderem gegenüber Ostjuden gefordert.[89] Vor allem wegen der deutlichen antisemitischen Züge hatte diese Idee um die Jahrhundertwende im Reichstag noch keine Mehrheit gefunden. Bis zum Beschluss des Staatsangehörigkeitsrechtes von 1913 setzte sie sich jedoch in weiten Kreisen durch, und das Reichs- und Staatangehörigkeitsgesetz von 1913 gilt in dieser Hinsicht als ein Wendepunkt. Ein breite Koalition von völkischen Verbänden, aber auch die Reichstagsmehrheit und die Reichsregierung traten nun für das Ziel einer ethnisch-kulturell homogenen Nation ein.

Alle Elemente einer ius soli-Tradition, die noch im 19. Jahrhundert Bestand gehabt hatten, waren 1913 aus dem deutschen Staatsangehörigkeitsrecht gestrichen. Das Gesetz begründete vielmehr die neue Ausrichtung ausschließlich auf das ius sanguinis.[90] So wurden die Staatsangehörigkeitsregelungen von 1913, die die Weimarer Republik übernahm, zu einer Art Abwehrinstrument, um die Einbürgerung von Ausländern aus Ost-, Ostmittel- und Südosteuropa zu verhindern und vor allem ausländische Juden weitgehend von einer Einbür-

gerungen und die Aberkennung der deutschen Staatsangehörigkeit, zit. nach Akten der Reichskanzlei, Regierung Hitler 1933–1945, Band I/1, S. 659 f., Fußnote 4.

88 Kabinettssitzung vom 14.7.1933, Akten der Reichskanzlei, Regierung Hitler 1933–1945, Band I/1, S. 660.

89 Die Forderung richtete sich auf ein Staatsangehörigkeitsgesetz, das für Deutsche im Ausland den Erhalt der deutschen Staatsangehörigkeit erleichterte (bis zur Staatsangehörigkeitsreform 1913 verloren Deutsche im Ausland nach zehn Jahren ihre deutsche Staatsangehörigkeit), während es gleichzeitig die Naturalisierung Fremder im Reich erschwerte. Vgl. zu der Debatte Oltmer, Migration, S. 42–52, der auch auf die besonders restriktive behördliche Praxis gegenüber Ostjuden und Polen hinweist, sowie Saß, Luftmenschen.

90 Brubaker, Citizenship; Mommsen, Nationalität; Turner, Staatsbürgerrecht; Franz, Prinzip; Wippermann, ius sanguinis; ders., Blutrecht.

gerung auszuschließen. Inwieweit damit bereits ein Vorläufer zum rassischen und biologistischen Staatsangehörigkeitsrecht des NS-Staates begründet war, ist in der Forschung umstritten.[91] Insbesondere die Umsetzung des Gesetzes in der Praxis nahm allerdings deutlich Bezug auf rassistische Vorstellungen. Denn schon seit der Jahrhundertwende zeigte sich in der Amtssprache der Einbürgerungsverfahren eine auffällige Verschiebung: Juden wurden nicht mehr nach Konfession, sondern nach ihrer Abstammung im Kontext des Rassenantisemitismus klassifiziert. Dies entsprach dem Vorrücken des Kriteriums der deutschen Abstammung als Einbürgerungsgrund.[92] Juden konnten seither durch einen Übertritt zum christlichen Glauben ihren Status nicht mehr verändern.

Der Gesetzestext von 1913 enthielt an sich keine direkten oder indirekten antijüdischen Formulierungen. Staatsangehöriger konnte man demnach werden durch Geburt (als Kind eines deutschen Vaters), Legitimation (durch einen deutschen Vater), Eheschließung (als ausländische Frau mit einem deutschen Mann), „Aufnahme" (als Deutscher) und „Einbürgerung" (als Ausländer). Allerdings konnten die Länder beim Reichsinnenminister gegen jede Einbürgerung im Deutschen Reich Einspruch erheben, wenn „die Einbürgerung des Antragstellers das Wohl des Reiches oder eines Bundesstaates gefährden würde".[93] Damit war ein Einfallstor für antisemitische Abwehrpolitik in der Durchführung des Gesetzes gegeben.

Die antisemitische Ausrichtung zeigte sich vor allem in der behördlichen Einbürgerungspraxis der deutschen Länder.[94] Eingebürgert werden sollte nur ein sozial, politisch und wirtschaftlich „erwünschter Bevölkerungszuwachs". Der Erste Weltkrieg brachte in dieser Hinsicht eine kurzzeitige Veränderung. 1915 wurden deutlich mehr jüdische Männer eingebürgert als im gesamten

91 Während Brubaker, Wolfgang Mommsen und Turner die Kontinuitäten zum NS-Rassestaat betonen, wendet sich Gosewinkel dagegen, das ius sanguinis als rassistisches Blutrecht zu deuten und verweist darauf, dass die Wehrbeteiligung ein entscheidendes Kriterium war und damit die Wehrgemeinschaft über der Blutgemeinschaft stand. Vgl. zu der Debatte die zusammenfassende Darstellung bei Trevisiol, Einbürgerungspraxis, S. 65.

92 Ebd., S. 185.

93 § 9 des Reichs- und Staatsangehörigkeitsgesetzes vom 22.7.1913. Von der Prüfung durch den Reichskanzler bzw. Reichsinnenminister waren solche Antragsteller ausgenommen, die im Deutschen Reich geboren waren, wenn sie sich in dem Bundesstaat bzw. Land, bei dem der Antrag gestellt wurde, bis zur Vollendung des einundzwanzigsten Lebensjahrs dauernd aufgehalten hatten und die Einbürgerung innerhalb zweier Jahre nach diesem Zeitpunkt beantragten.

94 Der Verband deutscher Juden stellte im Zuge der Gesetzesberatungen vor 1913 Material über die bisherige restriktive Praxis bei der Einbürgerung jüdischer Ausländer in der Wilhelminischen Zeit zusammen, um die Diskriminierung jüdischer Einbürgerungswilliger in den verschiedenen deutschen Bundesstaaten zu dokumentieren – eine Intervention, die nur sehr begrenzt eine Verbesserung der Situation brachte. Maurer, Ostjuden, S. 310 f. mit Bezug auf einen Bericht des Verbands der deutsche Juden aus dem Jahr 1922 in den Central Archives for the History of the Jewish People, Jerusalem.

Vorkriegsjahrzehnt.[95] Dieser Anstieg der Einbürgerungszahlen erklärt sich teilweise aus dem Bedarf an wehrfähigen Männern, zudem spielte aber auch eine Rolle, dass die neuen Staatsangehörigen die Mitglieder der jüdischen Minderheit in der Sowjetunion für das Deutsche Reich gewinnen sollten.

Den Juden bot der Erste Weltkrieg zwar zunächst die Chance, ihre Loyalität unter Beweis zu stellen. Sie konnten unter Berufung auf ihre Wehrbeteiligung als deutsche Staatsangehörige ihren Anspruch auf eine gleichberechtigte Mitgliedschaft in der deutschen Nation verstärkt einfordern.[96] Schon bald veränderte sich jedoch die Situation wieder zu ihren Ungunsten. Sichtbares Zeichen dieser Wende war beispielsweise die „Judenzählung" im deutschen Heer 1916, die deutlich machte, dass die Beteiligung von Juden an der „Wehrgemeinschaft" zunehmend infrage gestellt wurde. Mit der Niederlage des Deutschen Reiches 1918 gewann diese Haltung weiter an Boden.

Im antirepublikanisch regierten Bayern konstatierte die Regierung beispielsweise Anfang der 1920er Jahre eine wachsende Zahl von Einbürgerungsanträgen von österreichisch-galizischen und russisch-polnischen Juden und malte Schreckbilder einer drohenden „Überfremdung" und der Gefährdung wichtiger deutscher Interessen nationaler und wirtschaftlicher Art an die Wand. Als 1920 im Reichsinnenministerium eine Beratung zwischen Vertretern der Reichsregierung und der vier größten Länder stattfand, herrschte dort Einigkeit, dass angesichts der wirtschaftlichen und außenpolitischen Notlage des Reiches grundsätzlich eine restriktive Einbürgerungspolitik praktiziert werden sollte. Gegenüber „fremdstämmigen Ostausländern" einigte man sich darauf, dass diese frühestens in der zweiten Generation eingebürgert werden sollten, ein Kriterium, für das im Gesetzestext keinerlei Anhaltspunkte gegeben waren.

Angesichts der antisemitisch geprägten Restriktionen bei der Einbürgerungspraxis erweist sich die zeitgenössische Behauptung, dass Ostjuden schon bald nach ihrer Ankunft von den republikanischen Behörden in der Weimarer Zeit großzügig eingebürgert worden seien, als propagandistische Aussage ohne realen Hintergrund.[97] Nicht im hohen fünfstelligen Bereich lagen die jährlichen Einbürgerungszahlen, wie etwa ein Vertreter der deutschvölkischen Freiheitspartei 1924 im Wahlkampf behauptete, vielmehr wies der amtliche preußische Pressedienst für das vorangegangene Jahr 309 Einbürgerungen „fremdstämmiger Ostländer" aus – die Zahl, die sich zudem nicht nur auf Juden bezog, hatte sich gegenüber dem Vorjahr mehr als halbiert.[98] Insgesamt ging die offizielle Statistik für Preußen davon aus, dass inklusive der Angehörigen von 1919 bis 1931 rund 12 500 Ostjuden eingebürgert worden

[95] Gosewinkel, Elemente, S. 97.
[96] Hierzu und zum Folgenden Gosewinkel, Einbürgern, S. 330–356.
[97] Maurer, Ostjuden, S. 315.
[98] Angaben nach ebd., S. 316.

waren.[99] Die Zahl nimmt sich gegenüber den knapp 130 000 Einbürgerungen von Ausländern insgesamt gering aus, zumal wenn man bedenkt dass letztere Zahl nur die Familienoberhäupter erfasste, die Zahl der tatsächlich Eingebürgerten einschließlich der Angehörigen also wesentlich höher anzusetzen ist. Die Behauptung von der massenhaften Einbürgerung von Ostjuden in der Weimarer Zeit, die auch beim Ausbürgerungsgesetz vom Juli 1933 eine Rolle spielte, entbehrte also jeder Grundlage.[100]

Auch wenn die Regelung vom Juli 1933 an ältere Debatten anknüpfte, hatte sie doch in mehrfacher Hinsicht eine ganz neue Qualität. Erstmals schuf das Gesetz nun die Möglichkeit, Einbürgerungen aus der Weimarer Zeit nach „völkisch-nationalen Grundsätzen“ zu überprüfen und wieder rückgängig zu machen. Was hier eingeführt wurde, war eine Strafausbürgerung, deren Kriterium ein „objektives“ Rassemerkmal war, das von den Betroffenen nicht zu beseitigen und zu beeinflussen war.[101] Die Ausführungsbestimmungen der neuen Regelungen stellten „die rassischen, staatsbürgerlichen und kulturellen Gesichtspunkte für eine von Belangen von Reich und Volk zuträgliche Vermehrung der deutschen Bevölkerung durch Einbürgerung“ in den Vordergrund.[102] Dieser Aspekt bildete einen wesentlichen Unterschied zum früheren Ausbürgerungsrecht von 1913, das eine Ausbürgerung nur bei Verletzung fundamentaler Loyalitätsverpflichtungen gegenüber der staatlichen Gemeinschaft, wie Wehrpflichtverweigerung oder Fahnenflucht, zugelassen hatte.

Das Ausbürgerungsgesetz vom Juli 1933 brach auch mit der bisherigen rechtlichen Form, denn eine einseitige staatliche Aufkündigung eines Verwaltungsaktes wie der Einbürgerung, der eigentlich die Mitwirkung der ein- bzw. auszubürgernden Person voraussetzte, war mit der bürgerlichen Rechtstradition seit dem 19. Jahrhundert nicht vereinbar. So gesehen bedeutete das Ausbürgerungsgesetz vom Juli 1933 einen Vorgriff auf die systematische Zerstörung eines Berechenbarkeit garantierenden rechtsstaatlichen Kernbestandes im subjektiven öffentlichen Recht.[103]

Die Tatsache, dass mit dem Entzug der deutschen Staatsbürgerschaft explizit

[99] Ebd., S. 316 f.

[100] Auch die nationalsozialistische Propaganda wendete das Argument bald in sein Gegenteil, wenn sie die hohe Zahl ausländischer jüdischer Erwerbstätiger hervorhob, die „es nicht für nötig halten, sich im Lande ihres Erwerbs einzubürgern“. Das Zitat stammt aus der Veröffentlichung des Instituts zum Studium der Judenfrage (Hrsg.), Die Juden in Deutschland, München 1935, S. 38.

[101] Gosewinkel, Einbürgern, S. 371.

[102] Zweite Verordnung zur Durchführung des Gesetzes über den Widerruf von Einbürgerungen und die Aberkennung der deutschen Staatsangehörigkeit vom 26.7.1933, RGBl. I (1933), S. 538; vgl. dazu auch die Darstellung und Fallbeispiele bei Drecoll, Fiskus, S. 140–146; zur juristischen Interpretation Tarrab-Maslaton, Strukturen, S. 154 f.

[103] Gosewinkel, Einbürgern, S. 371.

die Möglichkeit verbunden war, das Vermögen staatlich zu beschlagnahmen, bedeutete schließlich ebenfalls eine Neuerung. Dieser Aspekt trat in der Verwaltungspraxis mit der Zeit immer deutlicher in den Vordergrund.

Beschlossen wurden die Widerrufe der Einbürgerungen anfangs durch die Landesinnenministerien. Mit der Verordnung über die deutsche Staatsangehörigkeit vom 5. Februar 1934 wurden die Staatsangehörigkeiten der Länder abgeschafft, und es gab von da an nur noch eine Reichsangehörigkeit im nationalsozialistischen Deutschland.[104] Letztlich wurden auf der Basis des Juli-Gesetzes 10 487 Einbürgerungen widerrufen, darunter 6 943 von „Juden" und 3 544 von „Nichtjuden". Rechnet man zu diesen Zahlen die Ehefrauen und Kinder hinzu, kann man von einer Gesamtzahl von 30 000 bis 40 000 auf diese Weise ausgebürgerten Personen ausgehen.[105]

Im Unterschied zum Gesetz über die Einziehung volks- und staatsfeindlichen Vermögens war das Reichsfinanzministerium an dem Gesetz über die Aberkennung der Staatsangehörigkeit von Anfang an beteiligt. Das Gesetz trägt daher auch Schwerin von Krosigks Unterschrift. Mit der Durchführung der Verwaltung der eingezogenen Vermögen ausgebürgerter Emigranten beauftragte der Minister das Berliner Finanzamt Moabit-West, und zwar zentral für das gesamte Reichsgebiet. Dieser Auftrag löste eine heftige Auseinandersetzung um die Zuständigkeit aus, die vor allem durch die unterschiedliche Rechtslage der beiden Enteignungsgesetze vom Juli 1933 begründet waren.

5.2.4 Die beiden Enteignungsgesetze in der Praxis: Unklare Rechtslage und Konflikte

Die beiden Enteignungsgesetze vom 14. Juli 1933 standen in engem Zusammenhang und wiesen Überschneidungsbereiche auf. Sie gehörten zu der Gruppe der 42 sogenannten Juligesetze, die im Rahmen der Etablierung der NS-Diktatur das Ende der revolutionären Phase markieren sollten. Beide Gesetze legitimierten die Einziehung von Vermögen. Dass sie in dieser Frage parallel konstruiert sein sollten, spiegelt sich nicht zuletzt auch darin, dass, wie oben bereits erwähnt, das Entschädigungsgesetz von 1937 die Entschädigung im Hinblick auf beide Gesetze (und die Enteignung von Arbeitgeber- und Arbeitnehmervereinigungen) regelte. Allerdings gab es auch einige Unterschiede zwischen den beiden Juligesetzen, die insbesondere in der praktischen Verwaltung zu erheblichen Konflikten führten. Während das Gesetz über die Einziehung volks- und staatsfeindlichen Vermögens die Werte zugunsten des

[104] Verordnung über die deutsche Staatsangehörigkeit vom 5.2.1934, RGBl. I (1934), S. 85.

[105] Zahlenangaben nach Lehmann, Acht und Ächtung, S. XIII, der sich dabei auf das vollständig überlieferte Verzeichnis im Bundesverwaltungsamt in Köln stützt.

Landes einzog, flossen die Vermögen der nach dem Gesetz zum Widerruf der deutschen Staatsbürgerschaft Ausgebürgerten in die Reichskassen. Auch richtete sich das Einziehungsgesetz vor allem gegen Organisationen, während das Ausbürgerungsgesetz Einzelpersonen enteignete. Schließlich wies das Ausbürgerungsgesetz, wie bereits erwähnt, eine viel explizitere antijüdische Ausrichtung auf als das Enteignungsgesetz.

In der Rechtsprechung wurden die gesetzlichen Vorgaben bald auch aufgeweicht. Sah der Gesetzestext eigentlich noch vor, dass Gegenstände nur dann beschlagnahmt werden könnten, wenn sie nachweislich der Förderung „volks- und staatsfeindlicher" Bestrebungen dienten, verfügten die Regierungspräsidenten de facto die Beschlagnahme der gesamten Vermögen von Personen, die vermeintlich „kommunistisch" oder „volks- und staatsfeindlich" tätig waren. Die entsprechende Tätigkeit an sich reichte aus, um die Vermutung zu festigen, dass die Vermögen staatsfeindlich genutzt würden.[106]

In der Praxis liefen die beiden Enteignungsaktionen auf der Basis der Juli-Gesetze nahezu parallel. Als das Finanzamt Moabit-West mit seiner Arbeit begann, hatte beispielsweise in Berlin das Geheime Staatspolizeiamt Berlin schon 33 Enteignungen eigenmächtig eingeleitet. Dort hatte der Leiter des Amtes Diels unter Berufung auf die antikommunistischen Konfiskationsgesetze vom Mai 1933 verfügt, dass seine Staatspolizeistellen Personen, die seit der nationalsozialistischen Erhebung des deutschen Volkes außer Landes gegangen waren und die Vermutung rechtfertigten, dass sie im Auslande „staatsfeindliche Bestrebungen" verfolgten, namentlich in Listen erfassen sollten. Auch in anderen Ländern wurden solche Emigrantenlisten von Polizeidienststellen zusammengestellt. Damit waren Gestapa und die Polizeidienststellen auf den Vermögensraub vorbereitet und hatten unter Berufung auf die Einziehungsgesetze vom Mai und Juli 1933 auch mit der Entziehung der Vermögen politisch verfolgter Emigranten begonnen. Als das Finanzamt Moabit-West auf den Plan trat, hatte das Berliner Gestapa bereits in einer Reihe von Fällen Vermögenseinziehungen vorgenommen.[107] Ähnlich hatte in Hessen die Gestapo begonnen, Vermögen ausgebürgerter Emigranten „sicherzustellen".[108] Die hessischen Wohnortfinanzämter gaben ihre Akten auch anfangs nicht an das Berliner Finanzamt Moabit-West, sondern an die Gestapo weiter, die daraufhin Vermögen ausgebürgerter Emigranten „sicherstellte". Gleichzeitig wurden die örtlichen Finanzämter selbst aktiv und versteigerten zurückgelassenes

[106] Vgl. dazu das Urteil des Preußischen Oberverwaltungsgerichts aus dem Jahr 1935, zit. bei Tarrab-Maslaton, Strukturen, S. 156 f.

[107] Vgl. zu dem Konflikt Friedenberger, Finanzamt, S. 679 f., und ders., Ausplünderung, S. 58–63.

[108] Meinl/Zwilling, Legalisierter Raub, S. 305.

Umzugsgut und sonstiges bewegliches Vermögen im Auftrag des Finanzamts Moabit-West.

Als besonders brisant erwies sich die Konkurrenz zwischen dem Finanzamt Moabit-West und den Polizeibehörden, weil das Berliner Gestapa ebenso wie die anderen regionalen Polizeibehörden das Vermögen unter Berufung auf die Einziehungsgesetze vom 26. Mai und 14. Juli 1933 zugunsten des Landes einzog, während das Finanzamt Moabit-West seine Beschlagnahmung ausgehend vom Ausbürgerungsgesetz vom 14. Juli 1933 zugunsten des Reiches durchführte.[109] Auch war die Einziehung durch das Gestapa eine endgültige Eigentumsübertragung, während das Finanzamt Moabit-West bis zum Abschluss eines Ausbürgerungsverfahrens, das sich über Jahre hinziehen konnte, nur unter Verfügungs- und Verwertungsverbot stellen, das Vermögen aber nicht in den Staatshaushalt überführen konnte.[110]

Der Konflikt eskalierte, als das Berliner Gestapa die Möbel des ausgebürgerten Schriftstellers Alfred Kerr von einer Spedition abholen ließ, die das Finanzamt Moabit-West schon einen Monat zuvor beschlagnahmt und bei jener Spedition deponiert hatte. Auch beim Vermögen des Dichters Lion Feuchtwanger prallten die Interessen der beiden Institutionen aufeinander. Hier brachte das Finanzamt Moabit-West ein weiteres Argument vor: Feuchtwanger hatte angeblich hohe Steuerschulden, die nach Ansicht der Finanzbeamten aus seinem beschlagnahmten Vermögen beglichen werden sollten. Als das Gestapa sich weigerte, eine entsprechende Summe aus Feuchtwangers Vermögen an das Finanzamt zu überweisen, beschwerte sich dieses beim Reichsfinanzministerium und rechnete vor, dass es bereits bei den ersten 33 ausgebürgerten Emigranten insgesamt um eine Steuerschuld von rund 600 000 Reichsmark gehe.

Bis zum Ende des Jahres 1933 blieb dieser Konflikt weiter bestehen. Gespräche zwischen Gestapa Berlin und Finanzamt Moabit-West scheiterten zunächst ebenso wie Vermittlungsversuche des Reichsinnenministeriums. Eine Lösung brachte erst die politische Gleichschaltung der Länder im Januar 1934, durch welche die Länderverwaltung und damit auch das für sie beschlagnahmende Berliner Gestapa eine vorläufige Schwächung erfuhr. Auch das Reichsin-

[109] Eine Bilanz vom 2.2.1949 schätzte die Einnahmen der Landesbehörden in diesem Zusammenhang als „verhältnismäßig gering“ ein. In Preußen kamen demnach 1933–1939 etwa 8,86 Millionen RM zusammen. Für die übrigen Länder wurden die Einnahmen geringer veranschlagt, es lag jedoch hierfür kein Zahlenmaterial vor. Die Einziehung richtete sich anfangs nicht vornehmlich gegen Juden, sondern vor allem gegen kommunistische und sozialdemokratische Gegner des Regimes. Der Anteil von Juden wurde auf rund 1 Million RM geschätzt. Archiv des ehem. Reichsfinanzministeriums: Die Maßnahmen gegen die jüdische Bevölkerung und ihre Einrichtungen seit 1933, Berlin 2.2.1949, S. 10 f., BAB, R 2, Anh. 78, Bl. 230–239.

[110] Friedenberger, Ausplünderung, S. 60. Folgende Beispiele ebd.

nenministerium unterstützte in der Folgezeit die Reichsfinanzverwaltung bei ihren Ansprüchen auf das Emigrantenvermögen. Im Ergebnis bedeutete die Klärung der Zuständigkeit zugunsten des Finanzressorts eine gewisse Verrechtlichung des Enteignungsprozesses. Für die Verfolgten war das wirtschaftlich jedoch eher ein Nachteil, denn die Finanzbehörden griffen mit ihrer unerbittlichen „professionellen Gründlichkeit und Systematik" auf das Vermögen der Emigrierten zu.[111]

Auch nachdem dieser Konflikt zwischen Gestapa und der Finanzverwaltung vorerst beigelegt war, blieb das Verhältnis zwischen den Behörden nicht ganz spannungsfrei und bedurfte immer wieder der Regulierung. So forderte Staatssekretär Fritz Reinhardt im Oktober 1934 erneut eine vertrauensvolle Zusammenarbeit zwischen Zoll- und Polizeibehörden. Insbesondere sollten beide Stellen sich gegenseitig über Ermittlungen informieren.[112] Im September 1935 führte Reinhard Heydrich ein Formular ein, das die Kooperation regeln sollte. Die Auswanderer mussten nun ein Formblatt über ihre Steuerpflichten vorlegen, Finanzämter und Devisenstellen sollten Fahndungen an die Gestapo melden, die ihrerseits die neu geschaffene zentrale Nachrichtenstelle beim Landesfinanzamt Berlin über die ihnen bekannt gewordenen jüdischen Auswanderungsvorbereitungen informierte.[113] Nicht zuletzt durch die enge Zusammenarbeit von Finanzbehörden und Gestapo gewannen Steuer- und Vermögensfragen für die Verfolgung von Emigranten eine immer größere Bedeutung. Zum einen gerieten zunehmend vermögende Juden in das Fadenkreuz der Verfolger, zum anderen entwickelten sich steuerliche Vergehen zu zentralen Anknüpfungspunkten für eine Kriminalisierung der Emigranten, die als Anlass für die Enteignung diente.

Parallel zur Ausweitung ihrer Kompetenzen bemühten sich die Moabiter Finanzbeamten auch darum, ihren Einfluss innerhalb des Prozesses der Ausbürgerungsverfahren zu steigern. Im Jahr 1933 verließen 37 000 jüdische Deutsche ihre Heimat.[114] Angesichts dieser Größenordnung nimmt sich die Zahl der Ausbürgerungsverfahren anfangs recht gering aus: Im Jahr 1933 wurden im Finanzamt Moabit-West nur 33 Vermögensentziehungen eingeleitet. Diese Zahl stimmt auch mit den im Reichsanzeiger veröffentlichten Ausbürgerungslisten nahezu überein. Bis 1936 bewegte sich die Zahl der Ausbürgerungsverfahren in niedrigem Bereich, insbesondere wenn man sie mit den Auswanderungszahlen vergleicht.

[111] Ebd., S. 65, folgendes Zitat S. 66.

[112] Vgl. Schreiben Fritz Reinhardts an das Reichsinnenministerium vom 23.10.1934, BAB, R 2, 6002.

[113] Vgl. dazu Drecoll, Fiskus, S. 141 f.

[114] Gruner, Reichshauptstadt, S. 233.

Tabelle 14: Ausbürgerungen 1933–1945

	Ausbürgerungsfälle im Finanzamt Moabit-West:*	Ausbürgerungsfälle nach dem Reichsanzeiger:**
1933	33	33
1934	63	65
1935	36	38
1936	93	155
1937	203	1 028
1938	566	4 242
1939	1 300	9 389
1940	1 268 (bis September)	10 105
1941		7 453
1942		1 306
1943		1 997
1944		3 015
1945		180
gesamt		39 006

* Nach dem Bericht über die Tätigkeit des Finanzamts Moabit-West vom September 1940, Zahlen abgedruckt bei Friedenberger, Rolle, Dokument 2, S. 29. Die Tabelle verzeichnet begonnene Ausbürgerungs- und Enteignungsverfahren. Abgeschlossen wurden von den insg. 3 562 Fällen bis September 1940 nur 847.
** Nach Hepp, Ausbürgerung.

Nach Ansicht von Lehmann spielen für die niedrigen Zahlen bis 1936 vor allem zwei Gründe eine Rolle: Zum einen ging man im Innenministerium zunächst vor allem gegen bekannte Persönlichkeiten vor. Die Verfahren zielten darauf, ausgewählte prominente Emigranten, die die Aufmerksamkeit der Öffentlichkeit auf sich zogen, zu diffamieren und zu schädigen. Die Reichsregierung entschloss sich 1933, vor allem „abschreckende Exempel" gegen SPD- und KPD-Mitglieder sowie gegen „jüdische und andere Persönlichkeiten" zu statuieren.[115] Die Namen von Personen, die von der zwangsweisen Ausbürgerung betroffen waren, wurden im Reichsanzeiger veröffentlicht. Als der Reichsanzeiger am 25. August 1933 die erste von insgesamt 359 Namenslisten, die bis zum April 1945 erschienen, publizierte, standen darauf vor allem prominente Namen.

Hinzu kamen außenpolitische Erwägungen und die Furcht vor Kritik und Diskussionen im Ausland. Solange die Fallzahlen niedrig blieben, glaubte man Vorwürfe abwehren zu können, wie ein Protokoll einer Besprechung im Reichsministerium des Innern über die erste Ausbürgerungsliste belegt: „Die verhältnismäßig geringe Zahl der aufgrund des Gesetzes mit dem Verlust der

[115] Vgl. dazu auch Lehmann, Acht und Ächtung, S. IX.

Staatsangehörigkeit Bestraften könne nicht zum Gegenstand einer politischen Problemstellung werden. Wenn in diesem Sinne verfahren würde, so würde die Deutsche Regierung in der Lage sein, die Notwendigkeit irgend einer Form von internationaler Behandlung dieser Fragen abzulehnen, falls doch bei internationalen Beratungen im Rahmen des Völkerbundes oder an anderen Orten derartige Anträge in irgend einer Form vorkämen."[116]

Insgesamt führte das Finanzamt Moabit-West zwischen 1933 und 1940 3 562 Vermögensbeschlagnahmungen von ausgebürgerten Auswanderern durch und zog dabei Vermögen im Wert von 23 794 371 Reichsmark ein. Hinzu kamen Wertpapiere und Grundstücke.[117] Bis Januar 1941 erhöhte sich die Zahl auf rund 5 000 Fälle.[118] Anfang 1942 wurde die Abwicklung der bis dahin noch nicht abgeschlossenen Vermögenskonfiskationen auf die regionalen Oberfinanzpräsidien übertragen.

5.2.5 Verschärfung der vermögensrechtlichen Regelungen gegenüber Juden

Einen ersten Anstoß zur Überarbeitung der Regelungen zur Vermögenseinziehung bei Emigranten gaben außenpolitische Argumente. Am 28. Dezember 1935 fand im Reichsinnenministerium eine Ressortbesprechung zur Frage der Ausbürgerung von Emigranten statt,[119] in welcher der Leiter der Sondergruppe Staatsangehörigkeit und Paßwesen in der Abteilung I des Reichsinnenministeriums, Hermann Gering, einleitend hervorhob, dass der „schleunige Erlass" eines umfassenden Ausbürgerungsgesetzes erwogen werde, „ehe etwa eine internationale Aktion zur Hilfe für die deutschen Emigranten eingeleitet würde". Aus dem Auswärtigen Amt hatte man nämlich erfahren, dass der Völkerbund für den Januar 1936 eine Beratung über die Hilfe für deutsche Emigranten plante. Gering befürchtete, dass Deutschland gezwungen werden würde, Emigranten, wenn sie im Ausland in Not geraten seien, wieder aufzunehmen. „Für ausgebürgerte und damit staatenlos gewordene ehemals reichsangehörige Emigranten besteht diese Verpflichtung nicht", erklärte der Vertreter des Auswärtigen Amtes. Ob allerdings eine formaljuristische „Ausbürgerung en bloc" den Druck aus dem Ausland wirklich verringern würde, schien den Anwesenden dann doch fraglich. Wenige Tage nach der Sitzung

116 Ebd.

117 Bericht des Finanzamts Moabit-West an den OFP Berlin vom 13.9.1940, zit. nach Friedenberger, Finanzamt, S. 681.

118 Meinl/Zwilling, Legalisierter Raub, S. 245. Spätere Zahlen sind bislang nicht bekannt.

119 Ressortbesprechung im Reichsinnenministerium vom 28.12.1935 über das Projekt eines Gesetzes über die Ausbürgerung der Emigranten, geheim, Dokument 285, Akten der Reichskanzlei, Regierung Hitler 1933–1945, Band II/2, S. 1002–1004.

empfahl das Auswärtige Amt, von einer Massenausbürgerung abzusehen, weil zum einen dadurch die Aufmerksamkeit des Auslandes erst auf das Problem gelenkt würde, zum anderen im Zusammenhang mit den bevorstehenden Olympischen Spielen unerwünschte Folgen zu befürchten seien. Am 3. Januar 1936 schloss sich Hitler der Haltung des Auswärtigen Amtes an und verbot die Verabschiedung eines neuen allgemeinen Ausbürgerungsgesetzes. Stattdessen sollte geprüft werden, ob nicht vom bestehenden Gesetz „ein weitgehenderer Gebrauch als bisher" gemacht werden könne.[120]

Nachdem die legislative Initiative gescheitert war und Hitler seine Haltung gegen eine Reform der Ausbürgerungsgesetze deutlich gemacht hatte, kann man in den folgenden Monaten eine Welle der Intensivierung der Einzelfallausbürgerungen nach altem Verfahren beobachten.[121] Verbunden war dies mit einer Verschiebung der Entscheidungskompetenz. Zunehmend bestimmten nun nämlich Himmler und seine SS-Behörden darüber, wer ausgebürgert wurde, und die Gestapo ging zu einer Politik der Massenausbürgerungen über.

Schon seit der Gleichschaltung der Länder hatte sich das Gestapa immer mehr Befugnisse gegenüber den bisher beteiligten Landesbehörden angemaßt.[122] In immer größerem Umfang leitete das Gestapa dem Reichsinnenministerium Vorschläge für die Ausbürgerung zu. Und in der Regel stimmte man dort den Vorschlägen zu. Lediglich das Auswärtige Amt, dessen Genehmigung ebenfalls erforderlich war, widersprach in Einzelfällen, etwa bei Thomas Mann oder Albert Einstein, wenn es negative Resonanz aus dem Ausland befürchtete.

Am 30. März 1937 leitete ein Geheimerlass Heydrichs eine weitere Radikalisierungsstufe ein, die für die Verfolgung der jüdischen Emigranten von entscheidender Bedeutung war. In diesem Geheimerlass verschärfte Heydrich die Ausbürgerungspraxis und gab dem Vorgehen eine explizit antisemitische Ausrichtung.[123] Während bei „deutschblütigen" Emigranten weiterhin „staatsfeindliches Verhalten" als Ausbürgerungsgrund nachgewiesen werden musste, sollten Juden bevorzugt auch dann ausgebürgert werden, wenn bei ihnen „rasseschänderisches" Verhalten sowie ein Verstoß gegen Steuer-, Devisen- und Strafgesetze oder eine „Schädigung der Volkswirtschaft" vorlag. Für Juden

[120] Mitteilung des Sachbearbeiters im Reichsinnenministerium Duckart an Ministerialrat Kriege vom Reichsjustizministerium vom 3.1.1936, zit. nach Akten der Reichskanzlei. Regierung Hitler 1933–1945, Bd. II/2, S. 1004 f. Fußnote 4; vgl. dazu auch Tutas, Nationalsozialismus, S. 153.

[121] Vgl. dazu auch ebd., S. 154–165.

[122] Lehmann, Acht und Ächtung, S. XIII.

[123] Geheimerlass des Reichsführers SS und Chefs der deutschen Polizei im Reichsministerium des Innern an das Geheime Staatspolizeiamt in Berlin vom 30.3.1937, BAB Lichterfelde, R 58, 62 Bl. 1 f.; Vgl. dazu Essner, Nürnberger Gesetze, S. 276; und Meinl/Zwilling, Legalisierter Raub, S. 90 f.

galten von nun an also nicht mehr nur politische, sondern auch und vor allem rassische, sexuelle, straf-, devisen- und steuerrechtliche Tatbestände als hinreichende Gründe für die Ausbürgerung. Diese Kriterien sollten auch Anwendung finden, wenn sie in Deutschland nicht zu einer Strafverfolgung geführt hatten. „Eine Aberkennung der Reichsangehörigkeit", hieß es in Heydrichs Anweisung, „wird sowohl dann am Platze sein, wenn bereits eine strafrechtliche Ahndung dieser Straftaten erfolgt ist als auch in den Fällen, in denen sich der Täter durch Auswanderung oder Flucht ins Ausland der Strafverfolgung entzogen hat." Mit seinem Erlass hatte Heydrich an die Stelle formalrechtlicher Regelungen eine materiell-rechtliche Basis für die Ausbürgerung gestellt.[124]

In Frankfurt am Main lässt sich beobachten, dass die Initiative zur Ausbürgerung nun auch nicht mehr nur vom Gestapa Berlin bzw. seiner Nachfolgebehörde, dem Reichssicherheitshauptamt, ausging, sondern auch die regionalen Gestapo-Stellen stärker initiativ wurden. Dass zwischen der Zunahme der regional initiierten Fälle und dem Geheimerlass ein Zusammenhang bestand, schließt Meinl daraus, dass sich in den Ausbürgerungsdossiers, die nach dem Erlass zusammengestellt wurden, die Kriterien von Heydrich explizit wiederfinden.[125]

Die Erhebung der „Judenvermögensabgabe" im Herbst 1938 löste eine Debatte aus, ob das Ausbürgerungsgesetz vom 14. Juli 1933 so erweitert werden sollte, dass die Nichtzahlung der Abgabe zu einer Ausbürgerung führen sollte. Wegen der Befürchtung, dass dies Abschiebungen aus ausländischen Staaten nach Deutschland auslösen würde, kam es nicht dazu.[126] Im Finanzamt Moabit-West wurde jedoch die Eintreibung der „Judenvermögensabgabe" ab November 1938 de facto mit der Einleitung von Ausbürgerungsverfahren verknüpft.[127] Das Moabiter Finanzamt war für die Eintreibung der „Judenvermögensabgabe" von ausgewanderten Juden zuständig, die noch die deutsche Staatsangehörigkeit besaßen. Damit war genau die Gruppe von Personen definiert, die auch für eine Zwangsausbürgerung infrage kam. In diesem Zusammenhang gab es eine enge Kooperation zwischen der SS und den Finanzämtern. Akten wurden an die SS geschickt, und diese prüfte die Möglichkeit zum Ausbürgerungsverfahren.

Als am 8. Mai 1940 neue Ausbürgerungsrichtlinien von Werner Best aus dem Reichssicherheitshauptamt erlassen wurden, bedeutete das noch einmal eine Ausweitung des Einflussbereiches der Moabiter Finanzbeamten.[128] Diese

124 Lehmann, Acht und Ächtung, S. XIV.

125 Meinl/Zwilling, Legalisierter Raub, S. 91.

126 Schreiben des RMdI vom 15.11.1939 an den Reichsfinanzminister, zit. nach Friedenberger, Finanzamt, S. 685.

127 Ebd.

128 Runderlass des RSHA vom 8.5.1940 betr. Aberkennung der Staatsangehörigkeit gemäß

neuen Richtlinien nannten nämlich auch das „Vorhandensein von Vermögenswerten“ als expliziten Grund für eine Ausbürgerung neben „deutschfeindlicher Betätigung im Ausland“, „Fahnenflucht“ und „Prominenz des Emigranten“. Damit wurde der Vermögensstand der Emigranten zu einem zentralen Faktor der Ausbürgerung. Hierfür besaßen die Finanzbeamten die entscheidenden Informationen.

In einem Erlass vom September 1940 wurde schließlich die generelle kollektive Ausbürgerung von Juden in den Blick genommen.[129] Zwar wies Heydrich darin auch darauf hin, dass die Verhandlungen mit anderen Ministerien in der Sache noch nicht abgeschlossen seien und die Grundsätze daher noch nicht angewendet werden könnten. Dennoch gerieten nun in der Kombination der Vorgaben verstärkt Personen jüdischer Herkunft mit Vermögen ins Visier der Enteignungsmaschinerie.

Während Heydrich den Bereich der Ausbürgerung von Emigranten ab 1937 an sich zog, blieb die Frage der staatsbürgerlichen Rechte von Juden im Inland weiterhin Sache der Abteilung I des Reichsinnenministeriums. Dort finden sich auch schon kurz nach der Einführung der „Nürnberger Gesetze“ Planungen, wie man den staatsbürgerlichen Sonderstatus von Juden und auch die vermögensrechtlichen Konsequenzen gesetzlich genauer fassen könnte. Mit der ersten Verordnung zum Reichsbürgergesetz vom 14. November 1935 war die Unterscheidung zwischen „Reichsbürgern“ und „Staatsangehörigen“ eingeführt worden. Juden waren damit nicht, wie ursprünglich vom NSDAP-Programm gefordert, unter Fremdenrecht gestellt und damit einer bereits bestehenden Rechtsform zugeordnet worden, sondern hatten eine neue Form der deutschen Staatsangehörigkeit erhalten. Damit können die „Nürnberger Gesetze“ als ein Startschuss für ein neu zu entwickelndes antijüdisches Sonderrechtssystem gesehen werden. Für die Staatsangehörigen mussten nun eigene Gesetze und Regelungen – ein Sonderrecht für Juden[130] – geschaffen werden.

Zunächst bezogen sich die weiteren Überlegungen im Reichsinnenministerium auf einen „Reichsbürgerbrief“, dessen Einführung am 14. November 1935 angekündigt worden war.[131] Gut ein Jahr später, am 10. Dezember 1936, legte der Reichsinnenminister einen entsprechenden Gesetzesentwurf vor, der mit dem Stellvertreter des Führers abgestimmt war.[132] Dieser Entwurf, nach dem Juden und „Mischlinge ersten Grades“ keinen Reichsbürgerbrief erhalten

Gesetz vom 14.7.1933, BAB, R 58, 62, Bl. 21 f. vgl. dazu Friedenberger, Ausplünderung, S. 256.

129 Runderlass des RSHA vom 24.9.1940 betr. Aberkennung der deutschen Staatsangehörigkeit bei jüdischen Emigranten, BAB, R 58, 62, Bl. 28 f.; Friedenberger, Ausplünderung, S. 256.

130 Walk, Sonderrecht.

131 Essner, Nürnberger Gesetze, S. 278.

132 Entwurf zit. nach Essner, Nürnberger Gesetze, S. 278.

sollten, sah vor, dass die künftigen „Reichsbürger" durch Fragebogen ermittelt werden sollten. Zuständig für die Klassifikation sollten die Ortspolizei und das Reichssippenamt sein. Gegen diesen Entwurf erhoben einige Reichsminister Einwände. Vor allem aus dem Finanzministerium kam Widerspruch, da man durch eine solche vollständige rassische Erfassung der Bevölkerung eine starke Mehrbelastung der Verwaltung befürchtete.[133] Auch das Kriegsministerium wandte sich gegen den Entwurf, da beispielsweise die Bedingung, Reichsarbeitsdienst geleistet zu haben, für erhebliche Teile der künftigen „Reichsbürger" nicht zu erfüllen war, weil bei den vorhandenen organisatorischen Strukturen nur rund zehn Prozent eines Jahrgangs überhaupt einen solchen Arbeitsdienst leisten hätten können.

Einen erneuten Anlauf zur Festschreibung des jüdischen Staatsbürgerstatus' nahm die Abteilung I im Reichsinnenministerium 1938. Am 14. Februar dieses Jahres legte sie einen Entwurf für ein „Gesetz über den Erwerb und Verlust der deutschen Staatsangehörigkeit" vor.[134] Dieser Entwurf setzte die international üblichen staatsbürgerrechtlichen Kriterien im Bezug auf Heirat und Geburt außer Kraft und sollte die deutsche Staatsangehörigkeit Kindern entziehen, die aus „volljüdischen" Ehen oder „Mischehen" hervorgegangen waren. Dabei waren auch „Mischlinge ersten Grades" einbezogen. Auch dieser Entwurf wurde nicht realisiert, obwohl diesmal keine Kritik der anderen Ministerien überliefert ist.

5.3 Die Verwaltung und Verwertung der während des Pogroms vom November 1938 „sichergestellten" Vermögenswerte

Nach dem Pogrom vom November 1938 waren die Finanzämter erste staatliche Anlaufstellen in der Frage, was mit Gütern, die während der Ausschreitungen vom 8./9. November geraubt oder beschlagnahmt worden waren, weiter geschehen solle. Ein Rundschreiben des Reichsfinanzministers sollte die Rechtslage hierbei klären:[135] „Bei der Unruhe, die infolge der Empörung des Deutschen

[133] Widerspruch wird erwähnt bei Essner, Nürnberger Gesetze, S. 279, allerdings ohne Beleg.

[134] Der Entwurf befindet sich beim Bundesbeauftragten für die Unterlagen des Staatssicherheitsdienstes der ehemaligen DDR (BStU) in den Unterlagen zum Prozess gegen Globke, der an der Erstellung des Entwurfes maßgeblich beteiligt war, zit. nach Essner, Nürnberger Gesetze, S. 279.

[135] Schreiben des Reichsfinanzministeriums an die Oberfinanzpräsidien, betr. Sicherstellung von Gegenständen aus jüdischem Besitz, vom 26.11.1938, StAM, FinA 12900. Folgende Zitate ebd.

Volkes über den jüdischen Mordanschlag in Paris in einigen Städten entstanden ist, sind vereinzelt Gegenstände aus jüdischem Besitz abhanden gekommen", erklärte der Reichsfinanzminister Schwerin von Krosigk in dem Schreiben an seine nachgeordneten Behörden. Ein großer Teil dieser Gegenstände sei den rechtmäßigen Eigentümern wieder zurückgegeben worden. „Vereinzelt ist jedoch der rechtmäßige Eigentümer nicht mehr festzustellen. Um den Verwahrern Gelegenheit zu geben, sich der Gegenstände, die sich noch in ihrem Besitz befinden, wieder zu entledigen, werden die Finanzämter (Finanzkassen) hierdurch angewiesen, diese Gegenstände in Verwahrung zu nehmen, sofern sie ihnen angeboten werden. Vor allem sind die von den Polizeidienststellen angebotenen Gegenstände anzunehmen."

Den Wert des eingelieferten Gegenstandes sollten die Finanzbeamten schätzen und zusammen mit dem Ort des Fundes notieren. Die Einlieferer erhielten eine Quittung über die Annahme. Die eingelieferten Gegenstände sollten dann „im Kassenbehälter oder in sonst sicherer Weise, z. B. in dem Schließfach bei einer Kreditanstalt" aufbewahrt werden. Es war zunächst nicht vorgesehen, sie an ihre rechtmäßigen Besitzer zurückzugeben. Vielmehr hieß es in dem Rundschreiben: „Über die weitere Behandlung der Gegenstände (Rückgabe, Verwertung) folgt weitere Verfügung." Ein halbes Jahr später, im Juli 1939, bestimmte das Reichsfinanzministerium dann: „Die nach dem vorgenannten Runderlaß vom 26.11.1938 [...] zur Verwahrung angenommenen Wert- und sonstigen Gegenstände sind nunmehr von den Dienststellen nach [...] im Einvernehmen mit dem Herrn Reichswirtschaftsminister getroffenen Richtlinien einheitlich zu verwerten."[136] Wertgegenstände aus Edelmetall, Edelsteine und Perlen mussten nun an die kommunalen Pfandleihanstalten, Wertpapiere an die Devisenstellen abgegeben werden. „Falls bekannt" sollten die Eigentümer benachrichtigt werden. Nur die nun noch verbleibenden Gegenstände, z. B. Sparkassenbücher, Versicherungsscheine usw., waren den Eigentümern durch die Dienststellen gegen Empfangsbescheinigung auszuhändigen. War der Eigentümer unbekannt, sollten die Finanzbehörden auch diese Dinge verwerten. Damit wurden Verwertungsregeln für konfisziertes jüdisches Vermögen, die später in größerem Stil angewandt wurden, erstmals formuliert und praktiziert.

Dabei konnte sich die Verwaltung und Verwertung der geraubten Gegenstände über Jahre hinziehen. In München beispielsweise waren während der Pogromnacht unter anderem zahlreiche Kunstgegenstände geraubt worden.[137] Der Gauleiter von München-Oberbayern, Adolf Wagner, hatte die „Sicherstellung" von Kunstgut in jüdischem Besitz selbst angeordnet. In einem Brief an

[136] Schreiben des Reichsfinanzministeriums an die Oberfinanzpräsidien vom 11.7.1939, StAM, FinA 12900.

[137] Zu den Vorgängen in München vgl. auch Kuller, Finanzverwaltung und Judenverfolgung, S. 104–111.

Martin Bormann erklärte er zwar wenige Tage später, bei der „Aktion gegen die Juden" habe sich in München alles „in tadelloser Disziplin" abgespielt. Es sei „nichts gestohlen und nichts geräubert" worden.[138] Weiter unten in seinem Schreiben räumte er allerdings ein: „Da nicht abzusehen war, wie weit die Aktion gegen die Juden sich überhaupt und insbesondere auf die Wohnungen der Juden fortsetzen würde, habe ich angeordnet, daß die in jüdischem Privatbesitz befindlichen deutschen Kultur- und Kunstgüter sichergestellt werden." Für eine solche Beschlagnahmung gab es keine gesetzliche Grundlage.

Tatsächlich war in großem Stil geraubt und geplündert worden. Unter den beschlagnahmten Gegenständen befanden sich zahlreiche Gemälde, Skulpturen und andere Kunstgegenstände im geschätzten Wert von über zwei Millionen Reichsmark. Nach einer Auflistung wurden insgesamt 59 Personen aus München und Umgebung beraubt.[139] In der Folgezeit wurden die Kunstwerke im „arisierten" Kunsthandelshaus Bernheimer gelagert.

Anfang der 1940er Jahre entbrannte ein heftiger Konflikt darüber, wer über die Weiterverwertung der wertvollen Kunstgegenstände verfügen dürfe. Auf der einen Seite erklärte die neue Besitzerin des Kunsthandelshauses, die „Kameradschaft der Künstler München", die Kunstwerke, die sich im Keller des Geschäftsgebäudes befanden, zum Teil der Vermögensmasse des Kunsthandelshauses.[140] Auf der anderen Seite erhob das Oberfinanzpräsidium Anspruch auf die Verwertung. Rechtlich gesehen waren die Gegenstände zu diesem Zeitpunkt noch Eigentum der Juden, aus deren Wohnungen sie entwendet worden waren. Als ein Geheimerlass des Reichsfinanzministeriums vom 4. November 1941 regelte, dass das Vermögen von Juden, die sich außerhalb des Deutschen Reiches befänden, dem Reich verfallen und für die Verwertung dieses Eigentums die Reichsfinanzverwaltung zuständig sein solle, wollte der Oberfinanzpräsident auch jene 1938 formal nur beschlagnahmten Kunstgegenstände aus den Kellern des Kunsthandelshauses Bernheimer konfiszieren.

Obwohl in einer Besprechung im November 1941 festgehalten wurde, dass die Finanzbehörde für die Verwertung des Kunstgutes zuständig sei, begannen Vertreter von Museen und Galerien damit, einzelne Bilder aus den Kellern

[138] Brief Adolf Wagners an Martin Bormann vom 21.11.1938, zit. nach Heusler/Weger, Kristallnacht, S. 80, Fußnote 71. Zu den Vorgängen in München insgesamt vgl. ebd., S. 78–83.

[139] Liste der Kunstwerke, die während der Pogromnacht im November 1938 geraubt wurden, soweit sie 1942 noch vorhanden waren, Anlage zum Schreiben des Oberfinanzpräsidiums München an den Staatssekretär im Reichsfinanzministerium Fritz Reinhardt vom 4.3.1942, BAB, R 2, 31098.

[140] Zur „Arisierung" des Kunsthandelshauses Bernheimer vgl. Schleusener, Kunsthändler; Selig, Arisierung, S. 613–620.

der Kunsthandlung auszusuchen und diese der Gestapo abzukaufen.[141] Der Leiter des Oberfinanzpräsidiums ordnete seinerseits nun zuallererst an, dass geprüft werden müsse, ob die Vermögen überhaupt schon verfallen waren. Dazu musste er den Aufenthaltsort der jüdischen Eigentümer ermitteln, denn nur wenn dieser im Ausland lag, war deren Vermögen aufgrund der inzwischen in Kraft getretenen 11. Verordnung zum Reichsbürgergesetz dem Reich verfallen und kam damit in den Zuständigkeitsbereich der Finanzbehörden. Die Überprüfung vom März 1942 ergab, dass von den Juden, denen Kunst gestohlen worden war, 22 noch „ihren gewöhnlichen Aufenthalt" in München hatten.[142] Ihnen gehörten 192 Stücke der rund 950 noch vorhandenen „sichergestellten" Kunstgegenstände. Bei 13 Personen, denen weitere 268 Stücke gehörten, waren die Ermittlungen erfolglos, und ihr Aufenthaltsort konnte vom Münchner Oberfinanzpräsidium nicht geklärt werden. Nur für 25 Personen, denen etwa die Hälfte der geraubten Gegenstände gehörten, konnte einwandfrei festgestellt werden, dass sie „ausgewandert, ausgebürgert oder abgeschoben" seien. Allerdings wollte sich Oberfinanzpräsident Weisensee auch für die restlichen Kunstgegenstände die künftige Verfügungsgewalt sichern. „Es ist damit zu rechnen", argumentierte er, „daß in absehbarer Zeit auch für die Mehrzahl der zweiundzwanzig Juden, die ihren gewöhnlichen Aufenthalt noch in Deutschland haben und die dreizehn Juden, deren Aufenthalt bisher noch nicht festgestellt werden konnte, der Vermögensverfall zugunsten des Reichs eintritt. Ich halte es deshalb für zweckmäßig, daß auch das noch nicht eingezogene, aber durch Verwahrung sichergestellte Kunstgut wegen des bevorstehenden Verfalls zugunsten des Reichs in meine Verfügungsgewalt und damit in meine Verwaltung kommt."

Bei einer weiteren Besprechung im Mai 1942 gab der Präsident der Münchner Kunsthandelsgesellschaft schließlich auf.[143] Die bei Bernheimer deponierten Kunstgegenstände, die aus den Beschlagnahmungen der Pogromnacht stammten, sollten in staatlichen Besitz übergehen: Als erstes sollte Hans Posse die Bilder für Hitler aussuchen. Dann kamen die staatlichen und städtischen Museen in München zum Zuge. Als drittes sollten die Reichs- und Landesbehörden in München sich ihren Anteil sichern. Der Rest sollte durch den Kunsthandel veräußert werden, der Erlös in die Staatskasse fließen. Der Vertreter des Münchner Oberfinanzpräsidiums, Hans Rauch, argumentierte in den Verhandlungen übrigens im ureigensten Interesse der

[141] Schreiben des Oberfinanzpräsidenten München, Weisensee, an die Kameradschaft der Künstler München e.V. vom 8.1.1942 (Abdruck), BAB, R 2, 31098.

[142] Schreiben des Oberfinanzpräsidenten München, Weisensee, an den persönlichen Referenten des Staatssekretärs im Reichsfinanzministerium vom 9.3.1942, BAB, R 2, 31098. Folgende Zitate ebd.

[143] Vermerk über die Besprechung zwischen Rauch, Scherer und Wagner vom 14.5.1942, BAB, R 2, 31098.

Reichsfinanzverwaltung.[144] Mit Zustimmung des Gauleiters fanden einige Stücke für die Einrichtung des neu gebauten Münchner Oberfinanzpräsidiums in der Sophienstraße Verwendung.

Auch in Nürnberg war es unmittelbar vor dem Novemberpogrom zu einem umfangreichen Raubzug gegenüber Juden gekommen.[145] Organisator der sogenannten „Holz-Aktion" waren hier die NSDAP und ihre Institutionen gewesen. Gauleiter Julius Streicher und seine Entourage hatten kurz vor der drohenden gesetzlichen Regelung der Enteignung der Juden im Gau Franken versucht, den jüdischen Grundbesitz, Möbel, Autos und Wertgegenstände in einer Nacht-und-Nebel-Aktion zu Spottpreisen in ihren Besitz zu bringen. Dieser Bereicherungszug, der im vorangehenden Kapitel bereits ausführlich geschildert wurde, wurde durch die Anzeige des örtlichen Polizeipräsidenten Benno Martin durchkreuzt, der schon länger nach einer Gelegenheit suchte, Streicher zu schaden.

Auf Martins Anzeige hin setzte Hermann Göring eine Untersuchungskommission ein und erteilte Martin im November 1939 einen „Sonderauftrag" zur weiteren Abwicklung der „Arisierungen". Dieser übernahm die „Arisierungsgrundstücke" in seine Verwaltung und übertrug die weitere Bearbeitung der Fälle der unter seiner Leitung stehenden „Arisierungsstelle für Grundbesitz".[146] Alle zuvor von der NSDAP-Gauleitung vorgenommenen Verkäufe wurden rückgängig gemacht und die „Arisierungsstelle" wickelte bis zum Kriegsende rund neunzig Prozent aller Verkäufe erneut ab. Unter Martins Leitung entwickelte sich aus dem Netz der Kooperationspartner und Profiteure eine relativ feste Struktur. Die Verwaltung für die Grundstücke wurde beispielsweise noch 1939 dem Haus- und Grundbesitzerverein übertragen, der damit ein Verwaltungsmonopol etablierte und für seine Tätigkeit erhebliche Gebühren geltend machen konnte.[147]

Aufgrund dieser Vorgeschichte war sowohl die Bevölkerung im Gau Franken als auch die Reichs- und Parteispitze bezüglich „Arisierungen" sensibilisiert. Nach dem „Sonderauftrag" Görings seien parteiamtliche Grundstücksarisierungen in Franken offiziell nicht mehr möglich gewesen, erklärte beispielsweise Erich S., der zwischen 1940 und 1943 leitender Sachbearbeiter in

[144] Schreiben des Oberfinanzpräsidenten München, Weisensee, an Staatssekretär Reinhardt vom 9.1.1942, BAB, R 2, 31098.

[145] Vgl. Kap. 4.4 und Kuller/Drecoll, Volkszorn.

[146] Zur Arbeit der „Arisierungsstelle für Grundbesitz" in Nürnberg vgl. Abschrift des abschließenden Berichts vom 3.7.1945, Bundesamt für zentrale Dienste und offene Vermögensfragen, WGM 66.

[147] Aussage Hans W., ehemaliger Mitarbeiter der „Arisierungsstelle", im Wiedergutmachungsverfahren III WKv 172/54, Niederschrift über die Sitzung der WGM-Kammer für Ober- und Mittelfranken beim Landgericht Nürnberg-Fürth am 16.2.1955, 2, Kopie in Bundesamt für zentrale Dienste und offene Vermögensfragen, WGM 66.

der „Arisierungsstelle“ war, in einem Wiedergutmachungsverfahren.[148] Dies wirkte sich auch zu Ungunsten der Finanzbehörden aus. Benno Martin konnte nicht zuletzt deshalb seine starke Position sichern, weil sein Konkurrent, der Nürnberger Oberfinanzpräsident, der anfangs ebenfalls als Abwicklungsinstanz für die Verwertung der „arisierten“ Grundstücke im Gespräch gewesen war, als parteihörig galt.[149]

Im Gegensatz zu anderen Regionen, in denen die „Verwertung“ von Immobilien und Grundbesitz eine große Rolle im Nachfeld der Deportationen spielte, war in Nürnberg ein großer Teil dieser Veräußerungen 1941 schon abgewickelt. Die Verkaufsverhandlungen befanden sich seit 1938/39 in Gang, was dazu führte, dass die „guten Teile“ des jüdischen Grundbesitzes im Gau Franken längst veräußert waren und es 1941 nur noch um Grundstücke ging, die in der ersten Zeit der „Entjudung“ keine Interessenten gefunden hatten. Die Abwicklung hatte sich zwar durch die Intervention der Göring'schen Untersuchungskommission verzögert, lief aber schon lange vor der staatlichen Entziehungskampagne „Aktion 3“ auf Hochtouren.

5.4 Radikalisierung der Enteignungspolitik nach 1938

5.4.1 Legalisierung der Raubaktionen in der „Ostmark“

Ab 1938 gab vor allem die Entwicklung in den angeschlossenen bzw. eingegliederten neuen Reichsgebieten Impulse für eine Radikalisierung der Enteignungspolitik. In Österreich gewannen Raub und Enteignung jüdischen Vermögens nach dem „Anschluss“ im März 1938 eine neue, rasante Dynamik, in deren Zuge auch die bisherigen rechtlichen Grundlagen für den Zugriff auf jüdisches Eigentum auf die angegliederten Gebiete ausgedehnt, inhaltlich erweitert und in antijüdischem Sinne modifiziert wurden.

Schon in den ersten Tagen und Wochen nach dem „Anschluss“ kam es in Österreich zu zahlreichen Beschlagnahmungen durch verschiedene Akteure.[150]

148 Aussage Erich S., ehemaliger Mitarbeiter der „Arisierungsstelle“, im Wiedergutmachungsverfahren III WKv 172/54, Niederschrift über die Sitzung der WGM-Kammer für Ober- und Mittelfranken beim Landgericht Nürnberg-Fürth am 23.3.1955, 4, Kopie in Bundesamt für zentrale Dienste und offene Vermögensfragen, WGM 66.

149 Aussage Josef K., ehemaliger Mitarbeiter der „Arisierungsstelle“, im Wiedergutmachungsverfahren III WKv 172/54, Niederschrift über die Sitzung der WGM-Kammer für Ober- und Mittelfranken beim Landgericht Nürnberg-Fürth am 11.5.1955, 5, Kopie in Bundesamt für zentrale Dienste und offene Vermögensfragen, WGM 66.

150 Anderl u. a., Arisierung, S. 35; vgl. dazu auch Botz, Arisierungen, S. 29–56.

Dabei traten vor allem NSDAP-Mitglieder besonders hervor, aber auch Mitarbeiter der Polizei beteiligten sich an den „Märzaktionen". Gezielte Beschlagnahmungen durch die Gestapo gab es ab April 1938.[151] Die SS richtete ihr Interesse vor allem auf Fahrzeuge, Gebäude und Grundstücke, die jüdischen Eigentümern, aber auch anderen politischen Gegnern abgenommen wurden.

Die ungeregelten Vorgänge in den ersten Wochen führten rasch zu Reaktionen der Regierung. Schon am 14. März 1938 untersagte die Parteileitung Beschlagnahmungen und Verhaftungen durch Parteigenossen oder SA-Männer.[152] Am 17. März 1938 warnte der Chef der Sicherheitspolizei vor weiteren „Exzessen", die er allerdings „kommunistischen Parteigängern unter Missbrauch der parteiamtlichen Uniformen" unterstellte.[153] Am 9. April mahnte der Beauftragte des Führers für die Volksabstimmung in Österreich und spätere Reichskommissar für die Wiedervereinigung Österreichs mit dem Deutschen Reich Josef Bürckel im *Völkischen Beobachter*, für Durchsuchungen und Beschlagnahmungen seien allein die gesetzlich zuständigen Sicherheitsorgane zuständig.[154] Der Erfolg blieb zunächst begrenzt. Nach internen Schätzungen vom Mai 1938 waren bis dahin dreimal so viele Werte von Parteidienststellen beschlagnahmt worden als von der Gestapo.[155] NSDAP- und SA-Mitglieder mussten Gegenstände, die sie beschlagnahmt hatten, an Parteilokale und Dienststellen der SA bzw. auch an die Polizeikasse in Wien weitergeben, teilweise gingen sie auch an NS-Wohlfahrtseinrichtungen oder wurden zur „Entschädigung" für „illegale Kämpfer" aus der Zeit vor dem „Anschluss" verwendet.[156]

Bald kristallisierte sich heraus, dass die Sicherheitspolizei eine Führungsrolle bei der Vermögensbeschlagnahmung in Österreich beanspruchte. Ab März erging eine Reihe von Anweisungen, die ihr eine Monopolstellung verschaffen sollten. Der Chef der Sicherheitspolizei legitimierte Hausdurchsuchungen und Beschlagnahmungen am 17. März 1938 „auch außerhalb der sonst hierfür bestimmten gesetzlichen Grenzen" und gab der Staatspolizei damit eine Art Freibrief. Staatspolizeistellen durften demnach beschlagnahmte Gebäude, Mobilien, technische Apparate und Fahrzeuge für den eigenen Bedarf nutzen, beschlagnahmte Gelder mussten allerdings an die Staatskasse abgeführt wer-

151 Vgl. Einziehungsverfügungen in ÖStA, AdR, BMF, beschlagnahmte Vermögen (JUVA) 1938–1939, Karton 4–8.
152 Neue Freie Presse vom 14.3.1938, S. 5, zit. nach Anderl u. a., Arisierung, S. 33.
153 Erlass des Chefs der Sicherheitspolizei vom 17.3.1938, zit. nach Anderl u. a., Arisierung, S. 33.
154 Zit. nach Klamper, Anschlusspogrom, S. 27.
155 Anderl u. a., Arisierung, S. 40.
156 Ebd., S. 39.

den.[157] Am 25. März 1938 übertrug Heydrich der Gestapo das alleinige Recht für Beschlagnahmungen zugunsten des Landes Österreich und forderte, dass alle Parteistellen ihre Vermögenszugriffe an die Gestapo melden müssten.[158] Ende Juli 1938 ermächtigte er seine Dienststellen dann auch zur Versteigerung beschlagnahmter Vermögensgegenstände.[159] Insgesamt kann die Phase zwischen Mai und Oktober 1938 als eine Zeit des Übergangs zu einer behördlich organisierten, unter Druck durchgeführten legalistischen „Arisierung" unter zunehmender Kontrolle der Gestapo bezeichnet werden.[160]

Gesetzlich gedeckt war zunächst nur das wenigste der pogromartigen Übergriffe der ersten Wochen nach dem „Anschluss". Anfangs bestand formal in der „Ostmark" mit der zweiten Verordnung zum Gesetz über die Wiedervereinigung Österreichs mit dem Deutschen Reich vom 18. März 1938 für staatliche Stellen lediglich eine Berechtigung zur Beschlagnahmung, nicht aber zur Enteignung bzw. Einziehung von „volks- und staatsfeindlichem Vermögen". Die ursprünglichen Eigentümer hatten nach einer solchen Beschlagnahme keinen Zugriff mehr auf ihr Vermögen, der Staat bzw. die beschlagnahmende Instanz konnten aber auf legale Weise auch nicht darüber verfügen. Für eine Konfiskation und weitere Verwertung hätte es zusätzlich einer Verordnung zur Einziehung von Vermögen bedurft, wie sie im „Altreich" seit Juli 1933 bestand.[161]

Ungeachtet dieser rechtlichen Lücken und der proklamierten Gestapo-Zuständigkeiten führten NSDAP-Stellen und staatliche Institutionen aber weiterhin Konfiskationen durch und verkauften bzw. verwerteten die Vermögenswerte auch in eigener Regie. Dabei war vielfach unklar, ob die Aktionen irgendwann im Nachhinein gesetzlich legitimiert würden. Der Bezug auf die im „Altreich" geltenden Regelungen blieb vage. So erklärte beispielsweise der Inspekteur der Sicherheitspolizei bei der Österreichischen Landesregierung zu den Vorgängen im Burgenland, wo die Raubaktionen im Vergleich zum übrigen Österreich noch einmal ein besonderes Maß erreichten: „Bekanntlich war die Verjudung im Burgenlande äusserst stark. Dieser Umstand und die Grenznähe veranlasste die Staatspolizeistelle Eisenstadt im März 1938 zu raschen Sicherstellungsmassnahmen um Vermögensverschiebungen weitgehend

157 Anordnung des Chefs der Sicherheitspolizei Wien vom 17.3.1938, zit. nach Anderl u. a., Arisierung, S. 55.

158 Erlass des Chefs der Sicherheitspolizei an das Geheime Staatspolizeiamt Berlin, Staatspolizeileitstelle Wien und die Staatspolizeileitstellen in Österreich vom 25.3.1938, DÖW 19400/177.

159 Die Ermächtigung wird erwähnt (und zurückgenommen) im Schreiben des Reichsführers SS und Chefs der Deutschen Polizei an die Staatpolizeileitstelle Wien vom 15.3.1939, ÖStA, AdR, Beschlagnahmte Vermögen (JUVA) 1938/39, Allg. Akten und Beschlagnahmeprotokolle, Teil 2, Karton 2.

160 So Anderl u. a., Arisierung, S. 38.

161 Ebd., S. 61.

zu verhindern. Das hat zur Folge, dass von der Einleitung von Erhebungen über das Vorhandensein von Voraussetzungen für eine künftige Einziehung Abstand genommen werden musste."[162]

Im Burgenland gab es zum Zeitpunkt des „Anschlusses" eine ausgeprägte religiöse und sprachliche Vielfalt, und schon vor 1938 hatte es Konflikte gegeben. Nach dem „Anschluss" setzte die Verfolgung von burgenländischen Juden sofort ein.[163] Zwei Wochen später, am 26. März 1938, wurde erstmals eine Gruppe jüdischer Familien aus dem Bezirk Neusiedl gewaltsam über die Grenze nach Ungarn vertrieben. Da die ungarischen Behörden die Vertriebenen nicht einwandern ließen, saßen diese wochenlang im Niemandsland fest. Verbunden mit diesen Vertreibungen war die vollständige Enteignung, die von lokalen SA-Einheiten, einfachen NSDAP-Mitgliedern, Beamten der Kriminalpolizei, der Gestapo, der SA, der SS und der Wehrmacht durchgeführt wurde. Lastwagenweise sollen Beamte der Garnison Wiener Neustadt 1938 Möbel, Teppiche, Bilder, Porzellan und Silber aus jüdischen Häusern weggebracht haben.[164] Soweit sie nicht vertrieben worden waren, flohen die burgenländischen Juden nun nach Wien, um von dort aus ihre Ausreise zu organisieren.

Auf ihr Vermögen hatten die burgenländischen Juden, die nach Ungarn getrieben worden waren, zwangsweise „verzichtet". Sie mussten es einem Fonds unter Kontrolle der Gestapo überweisen, mit dem angeblich die Auswanderung weniger vermögender Juden finanziert werden sollte. In Wien organisierte eine eigene Institution in Absprache mit der Vermögensverkehrsstelle die Emigration tausender burgenländischer Juden.

Die Raubvorgänge im Burgenland, die maßgeblich von Gestapo und NSDAP in Eigenregie durchgeführt worden waren, sorgten im September 1939 noch einmal für Unruhe. Zu diesem Zeitpunkt sollte die Sektion VI d-8 beim Reichsstatthalter Niederdonau das jüdische Vermögen als Reichsbesitz übernehmen. Die Mitarbeiter dieses Sonderdezernats stellten bald fest, dass kaum mehr rekonstruierbar war, was den burgenländischen Juden alles geraubt worden war. Auch eine daraufhin eingesetzte Untersuchungskommission konnte wenig Licht in die Sache bringen. Als das Dezernat VI d-8 die Kontrolle über die Vorgänge übernahm, konnte es lediglich die noch vorhandenen Mittel des „Auswanderungsfonds" konfiszieren, auf dessen Konten sich noch rund 383 000 Reichsmark befanden, wohl etwa die Hälfte der ursprünglich beschlagnahmten Summe.

162 Schreiben des Reichsstatthalters, Landesregierung, Staatssekretär für das Sicherheitswesen und höheren SS- und Polizeiführer, Der Inspekteur der Sicherheitspolizei, an das Ministerium für Finanzen, Sektion IV, vom 4.3.1939, ÖStA, AdR, BMF, JUVA, Karton 1.

163 Zur Entwicklung im Burgenland vgl. Baumgartner, Existenz; ders. u. a., Arisierungen; Dokumentationsarchiv des österreichischen Widerstands, Widerstand.

164 Baumgartner, Existenz, S. 34.

Schon Anfang Mai 1938 wies der Führer des SD-Oberabschnitts Donau, Walter Stahlecker, darauf hin, dass zwischen geltendem Recht und der Praxis der Konfiskation in Österreich eine Kluft bestehe, und mahnte neue Regelungen an.[165] Auch im Berliner Innenministerium hatte man das Problem im Blick. Am 12. Mai 1938 verschickte Staatssekretär Pfundtner einen ersten Entwurf für eine österreichische Enteignungs-Verordnung. „Der schleunige Erlass der Verordnung ist notwendig, um ungesetzliche Maßnahmen hintanzuhalten und für die erforderlichen Maßnahmen der Einziehung volks- und staatsfeindlichen Vermögens die Rechtsgrundlage zu schaffen", erklärte er in seinem Begleitbrief und unterstrich die „gebotene Eile" nicht zuletzt, indem er für Stellungnahmen zum Entwurf eine Frist von maximal fünf Tagen einräumte.[166]

Gegen diesen Entwurf, der weitgehend daraus bestand, die bestehenden Bestimmungen aus dem „Altreich" auf Österreich zu übertragen, erhoben die österreichischen Vertreter sofort Widerspruch. Bürckel wollte für den „Stillhaltekommissar", der die Vermögen von Vereinen, Organisationen und Verbänden in Österreich konfiszierte, eine Sonderregelung erwirken, damit dieser über alles, was er beschlagnahmte, auch weiter selbst verfügen konnte. Außerdem sprach er sich dafür aus, die Zielgruppen der Enteignung neu zu bestimmen. Nicht die „kommunistischen und marxistischen Bestrebungen", die das Gesetz im „Altreich" ansprach, standen im Mittelpunkt seines Interesses – mit diesen wollte Bürckel sich vielmehr „möglichst schnell versöhnen" –, sondern die „vaterländische Front", die Einheitspartei des österreichischen Ständestaats.[167]

Das Justizministerium, Abteilung Österreich, übermittelte ebenfalls eine umfangreiche Kritik an dem Verordnungsentwurf.[168] In einem fünfseitigen Schreiben wiesen die Juristen unter anderem darauf hin, dass die bisherige

[165] Schreiben des SD-Führers des SD-Oberabschnitts Donau, Dr. Stahlecker, vom 7.5.1938, zit. nach Anderl u. a., Arisierung, S. 57.

[166] Schnellbrief Reichsinnenministerium, Pfundtner, an den Stellvertreter des Führers, den Reichswirtschaftsminister, den Reichsjustizminister, der Reichsführer-SS und Chef der Deutschen Polizei und den Reichskommissar Bürckel vom 12.5.1938, ÖStA, AdR, 04 „Bürckel" Materie, Karton 37 (Zl 1771), Bl. 3.

[167] Stellungnahme des Reichskommissars für die Wiedervereinigung Österreichs mit dem Deutschen Reich gegenüber dem Reichsinnenministerium vom 18.5.1938, ÖStA, AdR, 04 „Bürckel" Materie, Karton 37 (Zl 1771), Bl. 10. Es ist nicht sicher, ob die Stellungnahme so abgeschickt wurde, vgl. den handschriftlichen Vermerk auf dem Schriftstück. Die Zielgruppenverschiebung sah man auch im Reichsfinanzministerium, vgl. Vermerk des Ref. V/4 Reichsfinanzministerium vom 9.8.1938 zu einer Besprechung über einen Entwurf für die Verordnung über die Einziehung volks- und staatsfeindlichen Vermögens im Lande Österreich im Reichsinnenministerium am 23.7.1938, BAB, R 2, 5870, Bl. 24–26, Zitat. Bl. 24.

[168] Schreiben des Reichsjustizministeriums, Abteilung Österreich, an das Amt des Reichs-

Fassung keine Bestimmungen für den Umgang mit bereits beschlagnahmten Vermögen enthielt. Tatsächlich war aber genau das ein Kernproblem der österreichischen Situation. Außerdem blieb der Verordnungstext bei den Rechtsbeziehungen während der Beschlagnahmungsphase vage, ein Manko, das besonders deutlich ins Auge fiel, weil das – formal ebenfalls noch geltende – österreichische Beschlagnahmungsgesetz vom 8. Juni 1934 diese Fragen genauer regelte.

Zudem erwartete man vor allem bei der Beschlagnahmung von jüdischen Vermögen im Justizministerium gravierende Probleme. Der Entwurf sah nämlich vor, dass alle bisherigen Beschlagnahmungen überprüft und nur dann in Kraft bleiben sollten, wenn sie nach der neuen Verordnung bestätigt würden. In vielen Fällen, so befürchtete das Justizressort, würde man keinen Bezug zu „volks- und staatsfeindlichen Bestrebungen" herstellen können. „Insbesondere", hob das Schreiben hervor, „dürfte das Vermögen von Juden eingezogen worden sein, ohne dass der Einziehungsbescheid die Feststellung einer verbotswidrigen Förderung der im § 1 des Entwurfes bezeichneten Bestrebungen enthält". Angesichts der vielen Kritikpunkte hielt der Verfasser des Schreibens aus dem Justizministerium eine Besprechung über den Verordnungsentwurf für unerlässlich. Das Reichsinnenministerium blieb jedoch zunächst noch bei dem engen Zeitplan. Ohne weitere Besprechung verschickte das Ministerium schon am 28. Mai 1938 einen zweiten, modifizierten Verordnungsentwurf.[169]

Zur Formulierung einer koordinierten Antwort auf diesen zweiten Entwurf fand am 27. Juni 1938 zumindest eine Besprechung der beteiligten österreichischen Stellen unter Vorsitz des Wiener Finanzministeriums statt.[170] Dabei war man sich einig, dass entgegen dem Berliner Entwurf nicht nur zugunsten des Landes Österreich, sondern auch zugunsten anderer Rechtsträger, insbesondere der NSDAP und des Stillhaltekommissars bei Bürckels Behörde, aber auch des Reiches, eingezogen werden sollte. Die größten Probleme sahen die österreichischen Instanzen auch weiterhin in den Fragen der konkreten Abwicklung der Konfiskation. Die bislang beschlagnahmten Werte befanden sich nun schon eine längere Zeit in einem rechtlichen Schwebezustand, bei dem beispielsweise die Frage der Grundbucheintragung ungeregelt war. Nachdem dieser Punkt

statthalters vom 26.5.1938 (Abschrift), ÖStA, AdR, 04 „Bürckel" Materie, Karton 37 (Zl 1771), Bl. 14–18.

169 Schnellbrief des Reichsinnenministeriums an den Reichskommissar für die Wiedervereinigung Österreichs mit dem Deutschen Reich vom 28.5.1938, ÖStA, AdR, 04 „Bürckel" Materie, Karton 37 (Zl 1771), Bl. 18.

170 Vgl. zu den Ergebnissen der Besprechung das Fernschreiben des Reichskommissars Bürckel an das Reichsinnenministerium, Ministerialrat Dr. Hoche, vom 28.6.1938, ÖStA, AdR, 04 „Bürckel" Materie, Karton 37 (Zl 1771), Bl. 25 f., sowie Schreiben von Wimmer, Reichsstatthalter, an Dr. Hoche, Reichsinnenministerium vom 15.7.1938, ebd., Bl. 32–40.

aber offenbar schwierig zu klären war, sprach man sich nun einvernehmlich dafür aus, gar nicht von Beschlagnahme zu sprechen, „um alle Möglichkeiten offen zu lassen".

Auch bei den Haftungsfragen strebte man eine andere Lösung an, als sie bislang im „Altreich" bestand. Hinter dieser Forderung stand ein großes Problem, denn die Formulierung des Verordnungsentwurfs vom 28. Mai 1938 hatte die Regelungen vom Juligesetz aus dem „Altreich" übernommen, wonach die Einziehung kein Vermögensübergang im Sinne des bürgerlichen Rechtes war. Vielmehr entstand nach dieser Definition in der Hand der neuen Vermögensträger ein neues, originäres Eigentum, was gravierende Folgen für die Haftung hatte. Denn bei einer solchen Regelung haftete der neue Eigentümer nicht für Forderungen, die gegenüber dem früheren Eigentümer bestanden hatten. Erst seit Inkrafttreten des Entschädigungsgesetzes vom Dezember 1937 gab es im „Altreich" eine rechtliche Grundlage für eine Haftungspflicht für eingezogene Vermögen. Diese hatte aber der österreichische Verordnungsentwurf nicht mit aufgegriffen. In Österreich befürchtete man nun nicht nur ein politisches Problem – es war schwer vermittelbar, warum Forderungen gegenüber Juden nach der Konfiskation von deren Vermögen erlöschen sollten –, sondern vor allem auch, dass in „Altreich" und in der „Ostmark" nicht dasselbe Recht gelten würde.

Für den 9. August 1938 setzte das Reichsinnenministerium daraufhin nun doch eine Besprechung an, zu der Mitarbeiter des Stellvertreters des Führers, des Chefs der Reichskanzlei, des Reichsfinanzministeriums sowie des Reichsjustiz- und -wirtschaftsministeriums, des Reichsführer-SS und Chef der Deutschen Polizei, des österreichischen Reichskommissars Bürckel und des dortigen Reichsstatthalters Seyss-Inquart eingeladen wurden.[171] Folgt man den Aufzeichnungen des Vertreters des österreichischen Wiedervereinigungskommissars, von Borcke,[172] dann wurde bei dieser Besprechung vor allem ein Aspekt diskutiert, der viele der bisher kontroversen Punkte verband: Die österreichischen Vertreter wollten den Zugriff auf das enteignete Vermögen in der eigenen Hand behalten, um damit „alten Kämpfern" eine Art „Wiedergutmachung" für ihre vor 1938 erlittenen Schäden zukommen zu lassen. Insbesondere wegen dieses Argumentes sollte zugunsten des Landes Österreich und nicht zugunsten des Reiches eingezogen werden. Reichsstatthalter Seyss-Inquart hatte diese Forderung schon im Juni 1938 beim Reichsfinanzministerium vorgebracht, weil „dem Reiche Vermögenswerte zufließen, die im Lande Ös-

[171] Einladung zu der Besprechung im Reichsinnenministerium für den 9.8.1938, ÖStA, AdR, 04 „Bürckel" Materie, Karton 37 (Zl 1771), Bl. 29.

[172] Vermerk Dr. v. Borcke für Pg. Barth vom 10.8.1938 über die Besprechung am 9.8.1938 im Reichsinnenministerium Berlin, ÖStA, AdR, 04 „Bürckel" Materie, Karton 37 (Zl 1771), Bl. 52–54, folgende Zitate soweit nicht anders ausgewiesen ebd.

terreich aufgebracht werden und daher der Gegenwert dieser Vermögenswerte in erster Linie zur Abdeckung der Schäden, die unseren nationalsozialistischen Kämpfern entstanden sind, verwendet werden sollte."[173]

Damit waren grundlegende Punkte angesprochen, die im Widerspruch zur sonstigen Entwicklungstendenz im „Altreich" standen: Zum einen sollte in Österreich primär zugunsten des Landes eingezogen werden, das dann auch die „Wiedergutmachungen" gewährte – das stand im Widerspruch zu den Interessen der Reichsfinanzverwaltung, die das Reich als Profiteur und Verwalter der konfiszierten Vermögen durchsetzen wollte. Zum anderen ging es um die Frage, ob das eingezogene Vermögen für die Entschädigung österreichischer Nationalsozialisten verwendet werden und damit ein konkreter Verwendungszweck in den Verordnungstext aufgenommen werden sollte.

Die Vertreter der Reichsbehörden waren strikt gegen eine solche Kopplung. Ministerialrat Erbe vom Reichsinnenministerium etwa äußerte während der Sitzung vom 9. August 1938 „schwere Bedenken" dagegen. Er erklärte sich zwar bereit, beim Reichsfinanzministerium einen Antrag auf finanzielle Zuwendungen für die ehemaligen „illegalen Kämpfer" wärmstens zu unterstützen – das oben erwähnte Schreiben Seyss-Inquarts war bislang, und das bedeutete seit sechs Wochen, ohne Antwort seitens des Finanzministers geblieben. Eine explizite Zweckbindung im Verordnungstext lehnte Erbe jedoch ab.

Die Diskussion über die Haftungsfrage verlief ebenfalls nicht nach den Vorstellungen von Borckes. Nachdem sich der Vertreter des Reichsstatthalters, Wimmer, und die Vertreter des Reichswirtschaftsministeriums, Riehle und Rust, dafür stark gemacht hatten, dass Forderungen und Schulden auch nach einer Konfiskation bedient werden müssten, weil sonst „eine außerordentliche Beunruhigung der Wirtschaft entstehen" würde, blieb von Borcke nur, für den Stillhaltekommissar eine Ausnahmeregelung zu erwirken, was ihm auch gelang.

Nachdem die Frage der „Wiedergutmachung" für „illegale Kämpfer" in der Augustsitzung gar nicht nach seinen Vorstellungen geklärt worden war, aktivierte Bürckel in den folgenden Tagen andere Kanäle, um seine Ziele doch noch zu erreichen. Drei Tage nach der Sitzung erreichte den Finanzstaatssekretär Fritz Reinhardt ein von Bürckel initiiertes Schreiben aus dem Braunen Haus von Martin Bormann, in dem der Finanzminister aufgefordert wurde, schriftlich zuzusichern, dass er „gegen eine Verwendung der eingezogenen Ge-

173 Schreiben des Reichsstatthalters für Österreich, Seyss-Inquart, an den Reichsfinanzminister Lutz Graf Schwerin von Krosigk vom 28.6.1938, BAB, R 2, 5870, Bl. 14. Vgl. zu den österreichischen Entwürfen auch die Vorgänge in ÖStA, AdR, 04 „Bürckel" Materie, Karton 196, Mappe 4340/1.

genstände und Vermögen ausschließlich für den genannten Zweck keine Bedenken" habe.[174]

Reinhardt ließ sich mit der Antwort erneut Zeit und erklärte zwei Wochen später auf dem Briefpapier des Stabes des Stellvertreters des Führers: „Ich halte es nicht für erforderlich, dass eine Bestimmung der vorgeschlagenen Art in das Gesetz aufgenommen wird."[175] Soweit nicht Hitler Anderweitiges verfügt habe[176] und die Vermögen nicht besser für öffentliche Zwecke in Anspruch genommen würden, könne man ja mündlich vereinbaren, dass die beschlagnahmten Gegenstände bei Bedarf für eine „Wiedergutmachung" verwendet werden könnten. Reinhardt sprach sich aber gegen eine explizite Bindung an einen bestimmten Zweck aus. Dies begründete er in seinem Schreiben an Bormann vor allem damit, dass weder der Umfang des beschlagnahmten Vermögens noch der Bedarf an „Wiedergutmachung" im Sommer 1938 absehbar schien. Dem Schreiben vorangegangen waren offenbar Verhandlungen mit dem österreichischen Finanzministerium, an deren Ende Schwerin von Krosigk sich bereit erklärte, Seyss-Inquarts Regierung für die „Wiedergutmachung" bis zu sechs Millionen Reichsmark aus dem Reichsetat zur Verfügung zu stellen. Diese Summe nimmt sich recht gering aus, wenn man bedenkt, dass die Wiener „NS-Vermittlungsstelle", die seit März 1938 als eine Art „Wiedergutmachungsstelle" für Schäden fungierte, die NSDAP-Parteigenossen durch das frühere Regime erwachsen waren, im September 1938 für die „Wiedergutmachung" rund dreißig bis vierzig Millionen Reichsmark forderte.[177]

Auf der Basis der Kritikpunkte, die am 9. August vorgebracht worden waren, überarbeitete das Reichsinnenministerium den Verordnungsentwurf erneut und lud für den 2. September 1938 zu einer abschließenden Beratung ein. Im nunmehrigen Entwurf war eine Einziehung zugunsten des Landes Österreich, in Ausnahmefällen nach Anhörung des Reichskommissars für die

[174] Schreiben Bormanns an Fritz Reinhardt vom 12.8.1938, Fotokopie in ÖStA, AdR, 04 „Bürckel" Materie, Karton 37 (Zl 1771), Bl. 89 f.

[175] Schreiben Fritz Reinhardts an Martin Bormann vom 27.8.1938, Fotokopie in ÖStA, AdR, 04 „Bürckel" Materie, Karton 37 (Zl 1771), Bl. 91 f.; Abschrift in BAB, R 2, 5870, Bl. 64.

[176] Ende März 1939 nahm Hitler seinen Vorbehalt in Bezug auf die Verfügung über die beschlagnahmten österreichischen Vermögen weitgehend zurück. Er beschränkte seine persönliche Entscheidung für die Zukunft auf die eingezogenen Kunstwerke und gab die übrigen Vermögenswerte in die Verfügungsgewalt der Institutionen, die die Novemberverordnung genannt hatte, was im Falle Österreichs nach dem Ostmarkgesetz vom 14. April 1939 bedeutete, dass der Reichskommissar für die Wiedervereinigung Österreichs, Bürckel, zuständig war. Schreiben des Reichsministers und Chefs der Reichskanzlei an den Reichsführer-SS vom 30.3.1939 (Abschrift), ÖStA, AdR, BMF, JUVA, Karton 2.

[177] Schreiben des Reichsstatthalters Seyss-Inquart an das Reichsinnenministerium, Ministerialrat Dr. Hoche, vom 26.9.1938, ÖStA, AdR 04, „Bürckel" Materie, Karton 196, Mappe 4340/1 Bd. I, o. Bl.

Wiedervereinigung und nach Zustimmung des Reichsinnenministeriums auch zugunsten anderer Stellen, festgeschrieben. Soweit hatten sich die österreichischen Interessenvertreter durchgesetzt. Von einem Verwendungszweck für „Wiedergutmachung" war hingegen an keiner Stelle die Rede. Um dies in den Verhandlungen „durchzubringen", war die Haltung des Reichsfinanzministeriums in der Frage der „Wiedergutmachung" von entscheidender Bedeutung. So appellierte Innenstaatssekretär Stuckart auch in einem Begleitbrief mit der Einladung zur Sitzung an den Finanzminister, in der österreichischen „Wiedergutmachung" großzügiger zu verfahren als bei den entsprechenden Regelungen im „Altreich": „Die Parallele zwischen Österreich und dem Altreich kann meiner Ansicht nach deswegen nicht gezogen werden, weil der Kampf der österreichischen Parteigenossen ihnen sehr viel schwerere materielle Verluste zugefügt hat, als dies im Altreich der Fall gewesen ist", erklärte Stuckart in einem Brief an Schwerin von Krosigk.[178] So hoffte er, auf anderem Wege Mittel für die österreichische „Wiedergutmachung" zu mobilisieren, ohne eine direkte Kopplung im Enteignungsgesetz festschreiben zu müssen.

Der Vertreter des Reichsfinanzministeriums, Ministerialrat Schwandt, äußerte in der Besprechung grundsätzliche Bedenken. Nach der Verordnung könne, so Schwandt, das Vermögen jeder Person eingezogen werden, die nach Feststellung einer Staatspolizeistelle einmal „volks- und staatsfeindliche" Bestrebungen gefördert, also z. B. Schuschnigg gewählt habe. Eine so weitgehende Fassung hielt er für bedenklich und forderte zumindest eine zeitliche Begrenzung der Regelung.

Die Befürworter der Verordnung, Staatskommissar Wimmer und Ministerialrat Erbe, gestanden zwar zu, dass die Regelung sachlich wesentlich weiter gefasst sei als im „Altreich". Einer Befristung wollten sie aber nicht zustimmen, schließlich sei das Gesetz auch im „Altreich" unbefristet. Der Vertreter des Wirtschaftsministeriums, Regierungsrat Rusch, schloss sich zwar der kritischen Meinung von Schwandt an, forderte aber vor allem „dass die Verordnung nun endlich herauskomme".

Ministerialrat Erbe hielt Schwandts Bedenken entgegen, dass man „schliesslich zu den Exekutivstellen das Vertrauen haben müsse, dass sie die Verordnung nicht missbrauchten", und nötigenfalls auf dem Wege von Richtlinien, die der Reichsminister des Innern herausgebe, zu einer sachlichen Begrenzung in der Anwendung der Verordnung gelangen könne. Nach längerer Beratung setzte Schwandt immerhin durch, dass am Ende der Verordnung ein Zusatz aufgenommen werden sollte, nach dem „der Reichsinnenminister im Einvernehmen mit den zuständigen Stellen den Zeitpunkt bestimmt, an dem die Verordnung ausser Kraft tritt".

178 Schreiben des Reichsinnenministeriums, Stuckart, an das Reichsfinanzministerium vom 29.8.1938, BAB, R 2, 5870, Bl. 73.

Wie zu erwarten war der Vertreter Bürckels, Richter, nicht bereit, einer Fassung zuzustimmen, welche die „Wiedergutmachung“ für „illegale Kämpfer“ nicht festschrieb. Der Vertreter der Reichskanzlei, Ministerialdirektor Kritzinger, ließ seinerseits festhalten, dass Hitler an den Bestimmungen der Verordnung „besonders interessiert“ sei und die Verordnung ihm daher auf alle Fälle noch einmal vorgelegt werden müsse. Bei der Sitzung am 2. September 1938 behielten sich der Reichskommissar für die Wiedervereinigung Österreichs mit dem Deutschen Reich und der Vertreter der Reichskanzlei ihre Stellungnahme vor. Am 22. Oktober stand nur mehr die Stellungnahme der Reichskanzlei aus.[179]

Kurz bevor er die Verordnung Hitler vorlegte, wandte sich der Chef der Reichskanzlei Lammers noch einmal persönlich an Bürckel mit einer Reihe von kritischen Nachfragen.[180] Nach diesem Entwurf könnten der Reichsstatthalter bzw. von ihm bestimmte Stellen Vermögen weit über die im „Altreich“ geltenden Regelungen hinaus einziehen. Beunruhigt war Lammers vor allem, weil es seinen Mitarbeitern bislang nicht gelungen war, eine klare Auskunft darüber zu erhalten, in welchem Ausmaß und bei welchen Personenkreisen in Zukunft die Regelung de facto angewandt werden sollte. Der Vertreter des Reichsstatthalters habe lediglich betont, dass eine weitere Fassung notwendig sei. „Ich habe Zweifel, ob Konfiskationen größeren Ausmaßes in Österreich politisch erwünscht sind“, schrieb Lammers.

Zudem hatte auch er Bedenken gegen eine Verbindung zwischen Konfiskation und „Wiedergutmachung“. Dies „kann zumindest den Anschein erwecken, als erfolgten die Konfiskationen nicht zu ihrem eigentlichen Zweck, Staatsfeinden ihre Waffe zu nehmen, sondern um möglichst reiche Mittel für

[179] Einladung zu der Besprechung in BAB, R 2, 5870, Ergebnis nach dem Schreiben des Österreichischen Ministeriums für innere und kulturelle Angelegenheiten, Abt. I, an das Österreichische Ministerium für Finanzen, z. Hd. MinRat Imhof, vom 22.10.1938, ÖStA, AdR, BMF, JUVA, (Karton 3), Zl. 243.419-I/1a/38, sowie der Aufzeichnung über die Beratung am 2.9.1938 im Reichsinnenministerium betreffend den Entwurf der Verordnung über die Einziehung volks- und staatsfeindlichen Vermögens im Lande Österreich (Abschrift), ÖStA, AdR, 04 „Bürckel“ Materie, Karton 37 (Zl 1771), Bl. 94–96. Folgende Zitate aus dem letztgenannten Akt. An der Sitzung nahmen teil: Ministerialrat Erbe (Reichsinnenministerium), Amtsrat Hübner (Reichsinnenministerium), Stellv. L.d.R.K. Dr. Richter (Stellv. d. Führers), Regierungsrat Dr. Bilfinger (RFSSuChdDPol.), Ministerialdirektor Kritzinger (Reichskanzlei), Ministerialrat Ruppert (Reichsjustizministerium), Staatsrat Dr. Hoyer (Reichsjustizministerium), Regierungsrat Dr. Rust (Reichswirtschaftsministerium), Regierungsrat Trende (Reichsinnenministerium), Staatskommissar Wimmer (Reichsstatth. Wien), Minist. Sekretär Kastner (Minist. f. inn. u. kult. Angelegenheiten), Ministerialrat Dr. Schwandt (Reichsfinanzministerium), vgl. Liste im Anhang an die Aufzeichnung.

[180] Schreiben Lammers an Bürckel vom 24.9.1938, ÖStA, AdR, 04 „Bürckel“ Materie, Karton 37 (Zl 1771), Bl. 99 f.

die alten Nationalsozialisten in Österreich zu erhalten." Lammers hielt es für besser, wenn für die „Wiedergutmachung" besondere Mittel zur Verfügung gestellt würden.

Bürckel antwortete darauf knapp und bestimmt:[181] Die weite Fassung erkläre sich zum Teil daraus, dass die Regelung „bereits stattgefundene Beschlagnahmungen und Einziehungen" möglichst weitgehend erfassen sollte. Auch er sprach sich dafür aus, dass Beschlagnahmungen größeren Ausmaßes in Zukunft politisch unerwünscht seien. Daraus zog er aber keine Schlussfolgerungen für die Verordnung. Im Hinblick auf die „Wiedergutmachungsfrage" erklärte Bürckel, dass man die eingezogenen Vermögen als „Grundstock" für die „Wiedergutmachung" benötige, weitere „besondere Mittel" aber natürlich herzlich begrüße.

Am 18. November 1938 verkündete das Reichsinnenministerium – für den Reichsfinanzminister unerwartet und ohne die vereinbarten Unterschriften des Reichsfinanzministers und des Reichswirtschaftsministers eingeholt zu haben – die Verordnung über die Einziehung volks- und staatsfeindlichen Vermögens im Lande Österreich.[182] Hitler hatte der Verordnung zugestimmt, und daraufhin hatte das Reichsinnenministerium, „um jeden weiteren Zeitverlust zu vermeiden", die Verordnung, die sich eigentlich noch im Abstimmungsverfahren befand, kurzerhand ohne Rücksprache mit den anderen Ressorts in Kraft gesetzt.[183]

Dass die Verordnung zur Einziehung volks- und staatsfeindlichen Vermögens in Österreich in unmittelbarer zeitlicher Nähe zum Novemberpogrom in Kraft gesetzt wurde, verweist auf den engen Zusammenhang zwischen den beiden Ereignissen.[184] Tatsächlich zielte die Verordnung wohl auch in erheblichem Ausmaß darauf, die „wilden" Beschlagnahmungen während des Pogroms in geregelte und staatlich kontrollierte Bahnen zu lenken und eine Entwicklung zu vermeiden, wie sie nach dem „Anschluss" während der Märzpogrome entstanden war.

[181] Schreiben Bürckels an Lammers vom 1.10.1938, ÖStA, AdR, 04 „Bürckel" Materie, Karton 37 (Zl 1771), Bl. 107 f.

[182] RGBl. I (1938) S. 1620 f.

[183] Vgl. Schreiben des Reichsinnenministeriums, Pfundtner, an das Reichsfinanzministerium und das Reichswirtschaftsministerium vom 25.11.1938, BAB, R 2, 5870, Bl. 77. Im Schreiben von Lammers, 24.9.1938, waren die geplanten Unterschriftszeilen für den Reichsfinanz- und den Reichswirtschaftsminister – offenbar im Amt des Reichskommissars – handschriftlich gestrichen worden und dafür der Reichskommissar ergänzt (es bleiben Reichsinnen- und -justizministerium und der Stellv. d. F.).

[184] Zum Novemberpogrom in Österreich vgl.: Rosenkranz, Reichskristallnacht; Schmid/Streibel, Pogrom; Dokumentationsarchiv des österreichischen Widerstands, Widerstand.

Die Verordnung wurde sofort rückwirkend angewandt.[185] So bot sie eine Möglichkeit, auch nachträglich Maßnahmen der Gestapo zu legitimieren. Die Gestapo konstruierte daraufhin absurdeste Vorwände, nach denen das Reichsinnenministerium feststellte, dass Bestrebungen der ursprünglichen Besitzer als „volks- und staatsfeindlich" anzusehen und damit die von der Gestapo verfügten Einziehungen rechtmäßig gewesen seien.[186]

Mit der Verordnung über die Einziehung volks- und staatsfeindlichen Vermögens vom 18. November 1938 war das Problem der Verwertung der geraubten Vermögen allerdings noch nicht vollständig behoben, denn dieses konnte nur dann eingezogen werden, wenn die Innenverwaltung die Eigentümer explizit zu Staatsfeinden erklärt hatte, ein Vorgang, der bislang in den wenigsten Fällen vollzogen war. Zuständig dafür, eine solche Erklärung abzugeben, zeichnete die Abteilung III im österreichischen Ministerium für innere und kulturelle Angelegenheiten.[187] Dort mussten nun entsprechende Anträge gestellt werden. Meist kamen solche Einziehungsanträge von der Gestapo.

Die formalen Erklärungen, nach denen die Vermögen endgültig eingezogen und weiterverwertet werden konnten, verzögerten sich in Österreich unter anderem deswegen, weil das im „Altreich" meist damit gekoppelte Verfahren der Ausbürgerung dort erst mit weit über einem Jahr Verzögerung in Kraft trat. Das Ausbürgerungsgesetz vom 14. Juli 1933 wurde in Österreich durch die Verordnung über die Aberkennung der Staatsangehörigkeit und den Widerruf des Staatsangehörigkeitserwerbs in der Ostmark vom 11. Juli 1939 übernommen.[188] Dass die Einführung so lange dauerte, hing unter anderem damit zusammen, dass, anders als im „Altreich", in der „Ostmark" mehrere Rechtssphären von der Staatsbürgerschaftsfrage betroffen waren, weil nicht nur die Rechtsnormen der Ersten Republik, sondern auch noch Gesetze aus der österreichisch-ungarischen Monarchie zu berücksichtigen waren, die nach dem Wiedervereinigungsgesetz zunächst auch in Kraft blieben. In Österreich hatte die Regierung Dollfuß am 24. November 1933 eine Verordnung „zum Schutz des heimischen Arbeitsmarktes" eingeführt, die es ermöglichte, aus rassischen und politischen Gründen unerwünschte Einbürgerungen zu verhindern. Eine zwangsweise Ausbürgerung war nach dieser bis zum Juli 1939 geltenden Regelung aber nicht möglich.

Die Verzögerung im Bereich der Aberkennung der Staatsangehörigkeit stell-

[185] Dies entsprach der Verordnung, sofern die Entziehungen durch die Gestapo erfolgt waren (§ 7).

[186] Anderl u. a., Arisierung, S. 63.

[187] Vgl. die Durchführungsverordnung vom 1.12.1938.

[188] Verordnung über die Aberkennung der Staatsangehörigkeit und den Widerruf des Staatsangehörigkeitserwerbs in der Ostmark vom 11. Juli 1939, RGBl. I (1939), S. 1235. Vgl. zur Einführung des nationalsozialistischen Staatsbürgerrechts in Österreich nach dem „Anschluss" auch Burger/Wendelin, Vertreibung, S. 267–282.

te die Verwaltung vor erhebliche Probleme. In zahlreichen Fällen, so berichtete im April 1939 die Staatspolizeidienststelle der Gestapo Wien an die „Abwicklungsstelle Österreich" des Reichsfinanzministeriums in Wien, sei mangels gesetzlicher Voraussetzungen die Einleitung eines Einziehungsverfahrens nicht möglich.[189] Man warte nun dringend auf ein Ausbürgerungsgesetz, mit dem die Einziehung der Vermögen durchgeführt werden könnte, denn es bestehe der „unerwünschte Zustand", dass vor allem die Wohnungseinrichtungen „geflüchteter Juden" entweder in den Wohnungen belassen werden müssten, wodurch der Wohnraum blockiert sei. Die Alternative, eine Einlagerung in Lagerhäusern, verursachte Kosten, die „vielfach in keinem Verhältnis zu dem Wert der Gegenstände stehen".

Die unübersichtliche Rechtslage, von der nicht zuletzt die vor den Nationalsozialisten nach Österreich geflüchteten deutschen Emigranten existenziell betroffen waren,[190] endete mit der Einführung der Möglichkeit einer Strafexpatriierung im Juli 1939. Die Regelung, die die Aberkennung der Staatsangehörigkeit und die Einziehung des Vermögens von Emigranten ermöglichte, wenn „ein der Treuepflicht widersprechendes Verhalten" vorlag, wurde in der „Ostmark" von Anfang an mit antisemitischen Zielsetzungen verbunden und richtete sich vor allem gegen sogenannte Ostjuden.[191] Von den insgesamt 39 006 Personen, die nach dem Gesetz zwangsweise ausgebürgert und deren Namen im Reichsanzeiger in Listen bekannt gegeben wurden, hatten 1 400 ihren letzten Wohnsitz in Wien gehabt.[192] Die Mehrzahl der Ausbürgerungen von Emigranten aus Österreich fand 1940 statt, die letzte Ausbürgerung erfolgte am 7. April 1945.

Da die Einziehungsverordnung im November 1938 ohne Bezug zur „Wiedergutmachung" veröffentlicht worden war, waren die beiden Regelungsbereiche der Vermögenseinziehung und der „Wiedergutmachung" formal entkoppelt. Dass die eingezogenen Vermögen für „Wiedergutmachung" verwendet würden, war damit jedoch noch nicht grundsätzlich ausgeschlossen. So argumentierte der Reichsstatthalter Seyss-Inquart weiterhin, die beiden Bereiche seien aufeinander zu beziehen: Da das eingezogene Vermögen im Haushalt ebenso wenig

[189] Schreiben der Gestapo, Staatspolizeileitstelle Wien, an das Reichsfinanzministerium, Abwicklungsstelle Österreich, vom 4.4.1939, ÖStA, AdR, BMF, JUVA, GZ 6888-Sekt. IV/39, Karton 2.

[190] Vgl. dazu Rathkolb, Asyl- und Transitland, der von 2 500 jüdischen Flüchtlingen allein im Jahr 1933 ausgeht.

[191] Anderl u. a., Arisierung, S. 71 mit Bezug auf Heinrich Gallhuber.

[192] Vgl. die Auswertung von Burger/Wendelin, Vertreibung, S. 280–282. Darunter befinden sich auch Personen mit deutscher Staatsangehörigkeit, die in Wien wohnten und teilweise schon vor 1938 ausgebürgert wurden. Vgl. auch die dort genannte Liste des Reichssicherheitshauptamtes mit den Namen von 79 prominenten österreichischen Emigranten, die „vordringlich" bearbeitet werden sollte.

vorgesehen gewesen sei wie die „Wiedergutmachung", hielt er es für „zweckmässig", mit dem einen das andere zu finanzieren.[193]

Der Kompromiss bestand schließlich in einer Limitierung der „Wiedergutmachung". Auf einer kommissarischen Besprechung am 6. Dezember 1938 setzte sich das Finanzministerium mit seiner Forderung durch, dass die Gesamtsumme von Anfang an festzulegen sei und Richtlinien für die „Wiedergutmachung" erlassen werden sollten.[194] Am Ende einigte man sich auf eine Endsumme von 26 Millionen Reichsmark.[195] Auf Vorschlag von Bürckel verzichtete die Reichsregierung auf den Erlass eines Wiedergutmachungsgesetzes. Stattdessen sollten im Einvernehmen mit den Gauleitern Richtlinien für die Vergabe der Gelder formuliert werden.[196] Schwerin von Krosigk stimmte diesem Vorschlag zu, und die Richtlinien wurden im Februar 1939 in Wien unter Anwesenheit von Vertretern des Reichsinnen- und des Reichsfinanzministeriums ausgehandelt.[197]

5.4.2 „Wiener Verhältnisse": Die Praxis der Vermögensverwertung in der „Ostmark"

Nach der Verordnung zur Einziehung volks- und staatsfeindlichen Vermögens in Österreich vom November 1938 übernahm das österreichische Finanzministerium die Verwaltung und Verwertung der konfiszierten Vermögen (Abteilung IV unter Leitung von Sektionschef Hans Rizzi).[198] Damit sollte die Verwaltung der beschlagnahmten Vermögen in einer Hand zusammengeführt und die staatliche Verwaltung gegenüber der NSDAP in die führende Rolle gebracht werden. Alle sonstigen Dienststellen der NSDAP und des Staates, die bisher ein-

193 Schreiben des Reichsstatthalters in Österreich Seyss-Inquart an den Reichsfinanzminister Schwerin von Kosigk vom 29.9.1938, BAB, R 2, 5870, Bl. 79 f.

194 Vermerk Reichsfinanzministerium, Ref. V/4 vom 7.12.1938, BAB, R 2, 5870, Bl. 177–186.

195 Sechs Millionen RM, die mit der Summe verrechnet werden sollten, waren bereits zuvor schon zur Verfügung gestellt worden. Vgl. Schnellbrief des Reichsinnenministeriums an das Reichsfinanzministerium, MinRat Schwandt, vom 24.12.1938, BAB, R 2, 5870, Bl. 187. Der Versuch des Reichsfinanzministeriums, diese Summe noch einmal zu reduzieren, blieb erfolglos.

196 Fernschreiben des Reichskommissars Bürckel an Staatssekretär Stuckart vom 12.12.1938, BAB, R 2, 5870, Bl. 201.

197 Vermerk Reichsfinanzministerium, Ref. V, vom 7.3.1939, BAB, R 2, 5870, Bl. 219–221.

198 Schreiben des österreichischen Ministers für innere und kulturelle Angelegenheiten, Seyss-Inquart, an den Minister für Finanzen und für Wirtschaft und Arbeit, Hans Fischböck, vom 16.2.1939, ÖStA, AdR, BMF, Beschlagnahmte Vermögen (JUVA) 1938/39, Teil 1, Karton 1.

gezogenes Vermögen verwaltet hatten, wurden angewiesen, unverzüglich ein Verzeichnis der bei ihnen befindlichen Vermögen vorzulegen.[199]

Mit dieser verwaltungstechnischen Anweisung, die auf den 16. Februar 1939 datiert, klärte sich der schwelende Konfliktherd in Österreich ein Stück weit zugunsten des Landesfinanzministeriums, aber auch zugunsten der teilweise schon lange zuvor mit der Vermögensverwaltung und -verwertung offiziell beauftragten regionalen Oberfinanzbehörden, die als Vertreter der Reichsfinanzverwaltung ihre Kompetenzen bislang kaum durchsetzen hatten können.

Im Oberfinanzbezirk Oberdonau beispielsweise hatte sich der Gauleiter und Landeshauptmann den Finanzbehörden zuvor erfolgreich widersetzt. Schon 1938 war der Linzer Oberfinanzpräsident vom österreichischen Ministerium für Wirtschaft und Arbeit, d. h. von Fischböcks Behörde, angewiesen worden, die Liegenschaften aus jüdischem Besitz im Oberfinanzbezirk Oberdonau zu verwalten. Der Gauleiter aber „war nicht damit einverstanden" gewesen, vor allem weil das Oberfinanzpräsidium eine Institution des Reiches war, während die Vermögen zugunsten des Landes eingezogen worden seien.[200]

Formal scheint die Klärung der Situation an den Gauinstanzen vorbei getroffen worden zu sein. Sie waren jedenfalls weder bei der Besprechung am 9. noch bei der am 11. Februar 1939 dabei, als die entscheidenden Beschlüsse zur Aufteilung der Kompetenzen getroffen wurden. In einem Schreiben vom 29. November 1938 beruhigte Karl Barth vom Reichsstatthalterstab aber die Vertreter des Braunen Hauses.[201] Die Frage, wann Vermögen zugunsten anderer Rechtsträger – etwa der NSDAP – eingezogen würden, werde im Einverständnis mit den Gauleitern entschieden. In einer Dienstbesprechung der Gauleiter der „Ostmark" sei darüber bereits gesprochen worden.[202]

Als die österreichischen Finanzbeamten die Kontrolle über die beschlagnahmten Vermögen zu übernehmen begannen, war die Situation noch unübersichtlich. Über Monate hinweg hatte sich die Beschlagnahme und Einziehung

199 Runderlass Verordnung über die Einziehung volks- und staatsfeindlichen Vermögens im Lande Österreich vom 16.2.1939; Durchführungsvorschriften über die Verwaltung und Verwertung von zugunsten des Landes Österreich eingezogenen Vermögenschaften, ÖStA, AdR, BMF, Beschlagnahmte Vermögen (JUVA) 1938/39, Teil 1, Karton 1.

200 Vgl. den Bericht des Oberfinanzpräsidiums Oberdonau an das Österreichische Finanzministerium, Sektion IV vom 25.2.1939, ÖStA, AdR, BMF, Beschlagnahmte Vermögen (JUVA) 1938/39, Teil 1, Karton 1.

201 Schreiben Regierungsvizepräsident Karl Barth an Reichsamtsleiter Braunes Haus, Heinrich Barth vom 29.11.1938, ÖStA, AdR, 04 „Bürckel" Materie, Karton 37 (Zl 1771), Bl. 118.

202 Barth bezog sich vermutlich auf diese Besprechung aller Gauleiter, die der österreichische Reichsstatthalter Arthur Seyss-Inquart am 2. August 1938 einberufen hatte, um die bis dahin eingezogenen „volks- und staatsfeindlichen Vermögen" schätzungsweise erfassen zu lassen. Vgl. Schreiben des Ministeriums für Wirtschaft und Arbeit, Fischböck, an den Bürgermeister der Stadt Wien vom 8.8.1938, ÖStA, AdR, Beschlagnahmte Vermögen (JUVA) 1938/39, Teil 1, Karton 1.

von Vermögen in Österreich auf rechtlich unsicherer Basis bewegt und war vielfach ohne jede formale Legitimation geblieben. Eine ganze Reihe von Akteuren hatte unkoordiniert und am Staat vorbei gehandelt; die Maßnahmen waren vor allem in der Frage, in wessen Kassen der Profit aus der „Arisierung“ fließen sollte, uneinheitlich gewesen.

Nach einer Bilanz des Wiener Gauleiters Odilo Globocnik wurde allein während des Pogroms und in den folgenden Tagen Eigentum im Wert von rund einer Million Reichsmark zerstört, den Wert der von NSDAP-Stellen „sichergestellten“ Gegenstände schätzte der Gauleiter auf rund 25 Millionen Reichsmark.[203]

Schon wenige Tage nach dem Pogrom hatte Bürckel angeordnet, wie mit dem „beschlagnahmten“ jüdischen Vermögen weiter zu verfahren sei. Die Parteistellen mussten das Vermögen aus der Novemberaktion der Polizei übergeben.[204] „Leichtverderbliche Ware“ sollte „politisch einwandfreien“ Geschäften, die unter Warenmangel litten, zukommen oder der NSV zur Verfügung gestellt werden. Sonstige „sichergestellte“ Gegenstände sollten zu üblichen Preisen an Gewerbeverbände verkauft werden – eine Regelung, die bald revidiert wurde, nachdem die Schätzer der Gewerbeverbände zu geringe Preise ansetzten. Danach sollte das Dorotheum die Versteigerung solcher Gegenstände übernehmen. Der größte Teil der jüdischen Vermögen wurde jedoch unter Berufung auf die Verordnung über den Einsatz jüdischen Vermögens vom 3. Dezember 1938 an die Vermögensverkehrsstelle übergeben. Wertgegenstände, Geld und Wertpapiere überwies Bürckel an die Kreisleiter der NSDAP, die diese Dinge in einem Banksafe deponieren sollten. Die Gestapo sollte die Wertgegenstände in den Parteistellen „sichern“ und Schmuck in die Depots der Länderbank bringen, wo Schätzer des Dorotheums den Wert bestimmen sollten.[205]

Formal eröffnete Gauleiter Globocnik den Juden, die während des Pogroms aus ihren Wohnungen vertrieben worden waren, die Möglichkeit, ihre Einrichtungen aus den alten Räumen herauszuholen. Im Ergebnis beließen die meisten Vertriebenen aber ihre Möbel, Kleider und sonstigen Gegenstände in der Wohnung, die dann teilweise von NSDAP-Ortsgruppenleitern bei NS-Hago-Stellen eingelagert wurden. Auch die Stadthauptmänner, bei denen die Wohnungsschlüssel abzugeben waren, und die Polizei ermächtigte der Gauleiter zur Beschlagnahmung und Weiterveräußerung des Wohnungsinventars. Im März

[203] Safrian/Witek, Und keiner war dabei, S. 160.

[204] Schreiben des Reichskommissars für die Wiedervereinigung Österreichs mit dem Deutschen Reich an Kreisleiter, Ortsgruppenleiter, Gauwirtschaftsamt vom 17.11.1938, zit. nach Anderl u. a., Arisierung, S. 48 f.

[205] Es ist unklar, ob der Schmuck am Ende vom Dorotheum versteigert wurde oder, wie österreichische Bankinstitute in den 1960er Jahren erklärten, an die Reichsbank nach Berlin geschickt wurde. Vgl. Anderl u. a., Arisierung, S. 50, Fußnote 104.

1939 wies Josef Bürckel an, dass die noch vorhandenen Gegenstände von der NSV verwertet werden sollten. Im November 1939 schließlich übergab die Gestapo alle nun noch vorhandenen Gegenstände aus dem November-Pogrom dem Dorotheum zur Versteigerung.[206]

Die offiziellen Erfassungsaktionen und Auflistungen konnten nur einen Bruchteil der im November 1938 geraubten Vermögen erfassen. Nach Darstellung eines Gestapomitarbeiters während einer Zeugenvernehmung 1947 blieb der Großteil des während des Pogroms beschlagnahmten Vermögens unauffindbar.[207]

Anders als bei den Raubaktionen unmittelbar nach dem „Anschluss" bestand für die Beschlagnahmungen nach dem Novemberpogrom allerdings ein gesetzlicher Rahmen. Zum einen trat kurz danach die Verordnung über die Einziehung volks- und staatsfeindlichen Vermögens in Kraft, zum anderen regelte ab 3. Dezember 1938 die Verordnung über den Einsatz jüdischen Vermögens die Enteignung von Juden, die beide rückwirkend angewandt werden sollten. Diese Regelungen stellten eine Reihe von Punkten eindeutig klar, die zuvor unterschiedlich gehandhabt worden waren.

Die Finanzbehörden forderten „dringendste Verwaltungsmaßnahmen", um die Verhältnisse zu klären.[208] Große Schwierigkeiten hatten die Finanzbeamten mit den Mitarbeitern der Gestapo, die – obwohl durch das Reichssicherheitshauptamt explizit dazu angewiesen[209] – nur zögernd Auskunft über die von ihnen beschlagnahmten Vermögensgegenstände gaben. Auch weigerten sich die Gestapo-Mitarbeiter zunächst, die laufenden Versteigerungen von Wohnungseinrichtungen einzustellen, und brachten dafür vor allem pragmatische Gründe vor: Die Möbel befänden sich in den Wohnungen, die dringend für neue Mieter benötigt würden. Dort könnten sie also nicht bleiben, und wenn sie eingelagert würden, entstünden neue Kosten.[210]

Aber nicht nur die Gestapo, sondern auch alle möglichen anderen Stellen, insbesondere der NSDAP, hatten Beschlagnahmungen durchgeführt. Es gab bei den unterschiedlichen Akteuren vielfach keine Belege, dass die Vermögen über-

206 Ebd., S. 51.

207 Zeugenvernehmung Dr. Karl Ebner vom 26.7.1947, Vg-Verfahren gegen Dr. Rudolf Lange vor dem Landgericht St Wien, zit. nach Anderl u. a., Arisierung, S. 51.

208 Schreiben des Ministeriums für Finanzen Österreich an den Reichsstatthalter in Österreich vom 17.1.1939 (Abschrift), ÖStA, AdR, BMF, JUVA, 1801-16/1939, Karton 1.

209 Am 15.3.1939 hob der Reichsführer-SS und Chef der deutschen Polizei seinen früheren Erlass vom 30.7.1938, der die Gestapo zum Verkauf oder zur Versteigerung beschlagnahmter Gegenstände aufgefordert hatte, explizit auf. Vgl. Schreiben des Reichführers SS, Heinrich Best, an die Staatspolizeileitstelle Wien vom 15.3.1939, ÖStA, AdR, BMF, JUVA, 1938/1939, Karton 2.

210 Schreiben der Gestapo, Stapoleitstelle Wien, an das Reichsfinanzministerium, Abwicklungsstelle Österreich, vom 4.4.1939, ÖStA, AdR, BMF, JUVA, 1938/1939, Karton 2.

haupt zugunsten des Landes Österreich beschlagnahmt worden seien – was eine zentrale Voraussetzung für die Einziehung war –, und die Landesstellen waren nicht in der Lage, diese Vermögen zu betreuen und zu verwalten. Meist habe das österreichische Finanzministerium erst aus Rückfragen von Gestapo und Parteistellen erfahren, dass überhaupt Beschlagnahmungen durchgeführt worden waren. Von den von anderen Stellen eingesetzten kommissarischen Verwaltern erführe man im Finanzministerium in der Regel nichts, die Verwalter wiederum hätten keine Vorstellung davon, wem sie eigentlich Rechenschaft schuldig seien, hieß es in einem Bericht der Sektion IV des Finanzministeriums. So würden die Vermögen in großem Stile verkauft, ohne dass die Finanzverwaltung irgendwie darin eingebunden sei.

Die Finanzbehörden mussten sich mit zahlreichen anderen Behörden auseinandersetzen, die vorher an der Verwaltung und Verwertung eingezogenen Vermögens beteiligt gewesen waren. Das Mobiliendepot des Ministeriums für Wirtschaft und Arbeit, das ebenfalls Fischböck unterstand, hatte zwischen April und Oktober 1938 zahlreiche beschlagnahmte Wohnungseinrichtungen inventarisiert und leihweise insbesondere an NS-Dienststellen, die Nationalbibliothek und Museen weitervermittelt.[211] Viele Mobilien lagerten auch bei Speditionen und wurden von dort aus von der Gestapo versteigert. Auch das Wohnungsamt der Stadt Wien übernahm Wohnungseinrichtungen und gab diese auf der Basis einer Vereinbarung mit der NS-Vermittlungsstelle an „verdiente Kämpfer" der NSDAP weiter.

Die Verfahren zur Verwertung von Mobilien wichen in Österreich deutlich von den entsprechenden Verfahren im „Altreich" und auch im späteren „Protektorat Böhmen und Mähren" ab.[212] Dafür waren insbesondere die Verwaltungsstelle für jüdisches Umzugsgut der Geheimen Staatspolizei (VUGESTA), aber auch die „Zentralstelle für jüdische Auswanderung" und die Vermögensverkehrsstelle verantwortlich, alles drei Einrichtungen, die es in dieser Form nur in Österreich gab. Zur Verwertung der Mobilien wurde in Österreich bei der VUGESTA eine eigene „Möbelverwertungsstelle" in der Krummbaumgasse in Wien geschaffen. Sie war bei VUGESTA assoziiert und unterstand damit formal der Gestapo, tatsächlich aber pflegte die „Möbelverwertungsstelle" engen Kontakt mit der Speditionsbranche und orientierte sich an deren privatwirtschaftlichen Interessen.

Am 10. August bilanzierte die Reichskanzlei, dass in der „Ostmark" 1 700 Fahrzeuge offiziell beschlagnahmt worden waren.[213] Die Autos befanden sich meist bei lokalen Parteiinstitutionen wie dem NSKK und wurden von verschie-

[211] Anderl u. a., Arisierung, S. 41; vgl. zur Rolle des Mobiliendepots auch Barta-Fliedl/Posch, Invent*arisiert*.
[212] Anderl u. a., Arisierung, S. 11.
[213] Vermerk der Reichskanzlei vom 13.10.1938, zit. nach Safrian, Beschleunigung, S. 76.

denen Parteidienststellen genutzt. Schmuck war zu einem gewissen Teil von deutschen Gestapobeamten nach Berlin gebracht worden, wo er vermutlich bei der Reichsbank abgeliefert wurde, ansonsten war er im Dorotheum versteigert worden.

Als die Sektion IV des österreichischen Finanzministeriums im Frühjahr 1939 versuchte, sich einen Überblick zu verschaffen, erhielt sie die Information, dass in Wien Liegenschaften grundsätzlich der Staatsgebäudeverwaltung beim Amt des Reichsstatthalters,[214] Möbel und Einrichtungsgegenstände dem Dorotheum übergeben worden seien, Kunstgegenstände hätte der Reichsstatthalter übernommen, und Gewerbebetriebe würden durch die Vermögensverkehrsstelle im Wirtschafts- und Arbeitsministerium bearbeitet und bis auf wenige Ausnahmen liquidiert.[215]

Wien war damit in mancher Hinsicht gegenüber dem restlichen Österreich ein Spezialfall. In den übrigen (ehemaligen) Bundesländern Österreichs lag die Immobilienverwaltung Anfang 1939 hauptsächlich in Händen der Oberfinanzpräsidien, die damit der Wiener Staatsgebäudeverwaltung zuarbeiteten. Bewegliches Vermögen verwaltete meist die Gestapo, soweit sie es nicht schon versteigert hatte. Die Erlöse wurden auf einem Gestapo-Sonderkonto in Wien gesammelt. Lediglich die Vermögensverkehrsstelle hatte ihren unmittelbaren Zugriff auch auf die ganze Ostmark ausgeweitet und führte die „Arisierung" der Gewerbebetriebe landesweit durch.

Angesichts dieser unterschiedlichen institutionellen Aufteilung plante das österreichische Finanzministerium für das weitere Vorgehen die Erfassung und Schätzung aller eingezogenen Liegenschaften, die Schätzung aller mobilen Vermögensgegenstände, die vorerst bei den Stellen bleiben sollten, die sie bislang verwalteten, sowie die Sammlung aller „zur bankmässigen Verwahrung geeigneten beweglichen Vermögenschaften", das bedeutete Bargeld, Wertpapiere, Bank- und Sparkassenguthaben und Versicherungspolicen, auf einem Sonderkonto des österreichischen Finanzministeriums.[216]

Mitte April 1939 bilanzierte das österreichische Finanzministerium den zu diesem Zeitpunkt ermittelten Erlös aus eingezogenen Vermögen in einer noch

214 Mit Erlass des österreichischen Ministers für Finanzen vom 10.3.1939 wurde die Staatsgebäudeverwaltung Wien mit der Fortführung der Verwaltung der beschlagnahmten Liegenschaften beauftragt und unterstand für diesen Zusammenhang unmittelbar dem Finanzministerium (Sektion IV). Vgl. Schreiben der Staatsgebäudeverwaltung an den Reichsstatthalter vom 17.3.1939, ÖStA, AdR, BMF, JUVA, 1938/1939, Karton 2.

215 Aktennotiz über die Besprechung des Hofrates Dr. Steinböck mit dem Leiter der Staatspolizei-Leitstelle Wien Ob-.St.Bf. Dr. Huber am 14.2.1939, ÖStA, AdR, BMF, JUVA, 1938/1939, Karton 1.

216 Bericht der Sektion IV des österreichischen Finanzministeriums, Vorläufiges Ergebnis der Erfassung eingezogenen volks- und staatsfeindlichen Vermögens in Österreich, Stand 1.3.1939, ÖStA, AdR, BMF, JUVA, 1801-16/1939, Karton 1.

unvollständigen Zusammenstellung auf zehn bis zwölf Millionen Reichsmark. Dem standen „Wiedergutmachungsforderungen" in Höhe von fünf Millionen Reichsmark gegenüber.[217]

Gleichzeitig fühlte sich die Abteilung IV im österreichischen Finanzministerium überfordert angesichts der vielfältigen Aufgaben, die auf sie zukamen. Auf die Verwaltung von Tafelsilber sei man in der Staatszentralkasse nicht eingerichtet, ebenso wenig auf die Betreuung und Verwaltung von Warenlagern, Verkaufsgeschäften oder Briefmarkensammlungen, erklärte der österreichische Minister Fischböck.[218] Er forderte daher zum einen eine vollständige Erfassung der beschlagnahmten Vermögen und regte zudem die Einrichtung einer „kaufmännisch und juristisch geeigneten Treuhandstelle" an, die die Verwaltung und Verwertung dieser Vermögen übernehmen sollte, ähnlich der zentralen Einrichtung, die im Wirtschafts- und Handelsministerium mit der Vermögensverkehrsstelle für die „Arisierung" gewerblicher Betriebe seit Mai 1938 bestand.[219]

Am 1. April 1940 ging das Vermögen der „Ostmark" auf das Reich über. Damit verlagerte sich auch die Vermögensverwaltung auf das Reich.[220] Das Wiener Landesfinanzministerium, das bisher für die Verwaltung eingezogenen Vermögens zuständig gewesen war, wurde nach dem April 1940 abgewickelt, und es musste eine neue Lösung gefunden werden. Mit dem Argument einer einheitlichen Regelung strebte das Reichsfinanzministerium an, dass die Zuständigkeit auf die Reichsfinanzverwaltung übergehen sollte.[221]

Im Juni 1940 stimmte der Reichsführer-SS dem Wunsch des Reichsfinanzministeriums zu, behielt sich aber die Verfügung über Grundstücke vor.[222] Dagegen erhob die Haushaltsabteilung des Reichsfinanzministeriums Einspruch: „Die [...] Regelung ermöglicht es dem Reichsführer-SS, sich Grundstücke zu beschaffen, ohne daß der RdF in der Lage ist, zu prüfen, ob für diese Grundstücke ein anzuerkennender Bedarf besteht, ob sie für den Verwendungszweck geeignet sind, wie sich ihre Unterhaltungs- und Bewirtschaftungskosten stellen. Eine solche Ausschaltung des RdF halte ich nicht für erträglich", schrieb

[217] Schreiben des österreichischen Finanzministeriums an das Reichsfinanzministerium vom 13.4.1939, ÖStA, AdR, BMF, JUVA, 1938/1939, Karton 2.

[218] Vielfach sahen sich die Finanzbehörden auch mit Interessenvertretern der speziellen Gütermärkte konfrontiert wie etwa der Gilde des Handels mit Briefmarken, die sich am 6. April 1939 mit der Bitte an den Reichsstatthalter in Wien wandten, Briefmarkensammlungen keinesfalls über das Dorotheum versteigern zu lassen, sondern nur durch die Gilde, ÖStA, AdR, BMF, JUVA, 1938/1939, Karton 2.

[219] Fuchs, Vermögensverkehrsstelle.

[220] Neunte Verordnung zur Durchführung des Ostmarkgesetzes.

[221] Schreiben Reichsfinanzministerium, Unterabteilung IU an Abteilung V vom 8.4.1940, BAB, R 2, 5871, Bl. 34.

[222] Schreiben Reichsführer-SS an das Reichsfinanzministerium vom 25.6.1940, BAB, R 2, 5871, Bl. 83 f.; Schreiben des Reichsführers SS an die Staatspolizei(leit)stellen vom Juli 1940, ebd. Bl. 85 f.

der Haushaltsreferent Mayer.[223] Wenig später lenkte Mayer jedoch ein, falls die Vereinbarung „im wesentlichen nur bereits vollzogene Tatsachen bestätigt".[224]

Nachdem am 19. Januar 1940 eine Besprechung zwischen Reichssicherheitshauptamt und Reichsfinanzministerium stattgefunden hatte,[225] einigte man sich darauf, dass für die Verwertung der eingezogenen Vermögenswerte die Oberfinanzpräsidenten zuständig sein sollten. „Ihrem Wunsche, daß die Oberfinanzpräsidenten in Zukunft bei der Einziehung volks- und staatsfeindlichen Vermögens in einem möglichst frühzeitigen Stadium beteiligt werden, soweit sich dies mit dem Charakter der vorläufigen Beschlagnahme vereinbaren läßt, wird entsprochen werden."[226] Allerdings behielt sich die Gestapo die Verfügung über solche Grundstücke vor, die von ihr selbst als Dienstgebäude genutzt werden sollten, und war auch nicht bereit, dafür einen „Wertersatz" zu leisten.

Am 5. Juli 1940 übertrug ein Erlass des Reichsfinanzministeriums die Verwaltung der beweglichen Gegenstände, die beschlagnahmt worden waren, dem Wiener Oberfinanzpräsidium.[227] De facto scheint die Finanzverwaltung in Österreich aber aus Kapazitätsgründen nicht in der Lage gewesen zu sein, die Verwertung eingezogener Vermögen alleine zu bewältigen. Darauf deutet zumindest ein Erlass des Reichssicherheitshauptamtes vom August 1940 hin, der neben den Reichsfinanzbehörden auch die Staatspolizeistellen berechtigte, Mobilien und Gegenstände des täglichen Gebrauches zu verwerten. In der Praxis führte die Gestapo weiterhin den Hauptteil der Verwertungsvorgänge durch und überwies lediglich die Erlöse an das Finanzministerium.[228]

Erst im Jahr 1942 regelte ein Erlass des Reichsinnenministeriums, dass die Staatspolizeistellen alles eingezogene Vermögen an die Oberfinanzpräsidien übermitteln sollten. Dort sollte dann eine Liste erstellt und an den Reichsstatthalter weitergeleitet werden, der prüfte, welche Gegenstände für die Selbstverwaltungskörperschaften infrage kämen. Das Reichsinnenministerium hatte dann noch einmal die Möglichkeit zur Stellungnahme, anschließend sollte das Oberfinanzpräsidium die entsprechenden Vermögenswerte an die Kommunen übergeben.[229]

223 Generalreferent der Abt. I an Ref. Dr. Schwandt über Ref. Kallenbach, 31.7.1940, BAB, R 2, 5871, Bl. 87.

224 Schreiben Generalreferent Mayer an Ref. Schalles und Ref. Schwandt, August 1940, BAB, R 2, 5871.

225 Schreiben des Reichsführers SS, Heydrich, an das Reichsfinanzministerium über beschlagnahmte und eingezogene Vermögenswerte im Sudetengau vom 4.3.1940 (Abschrift), BAB, R 2 5871, Bl. 100.

226 Ebd.

227 Erlass wird erwähnt im Schreiben des Oberfinanzpräsidiums Wien an den Reichsstatthalter Wien vom 7.9.1940, ÖStA, AdR, BMF, JUVA, 1938/1939, Karton 7, Mappe 395.

228 So die Bilanz von Anderl u. a., Arisierung, S. 54 unter Berufung auf eine Stellungnahme des ehemaligen Gestapo-Sachbearbeiters Karl Ebner in seinem Vg-Verfahren 1948.

229 Verwaltung und Verwertung des eingezogenen Vermögens von Reichsfeinden, Runder-

Auch gegenüber den Gauleitern konnte sich die Reichsfinanzverwaltung lange nicht durchsetzen. Noch im März 1941 wehrten sich die Gauleiter Schirach, Jury und Eigruber gegen den Anspruch des Reichsfinanzministeriums auf von den Gauen konfisziertes Eigentum von Juden.[230] Hitler ließ sich daraufhin die Beschwerden der Gauleiter zusammenstellen, die über die Frage der Eigentumsenteignung weit hinaus gingen und viele Aspekte des Verhältnisses zwischen Gauen und Reichsverwaltungen betrafen. Die Gauleiter hatten unterschiedliche Lösungsstrategien vor Augen. Während der Salzburger und der Wiener Gauleiter die Reichsfinanzbehörden enger an die Gauleiter binden wollten, sprachen sich die übrigen Gauleitungen dafür aus, die Agenden der Reichszentralbehörden auf die Gaue zu verteilen. Letztlich verhinderte der Krieg grundlegende Richtungsentscheidungen für eine Reform. Erst mit dem Führererlass vom 25. Januar 1942 erhielten die Reichsstatthalter die Oberaufsicht über die Reichsbehörden in ihrem Gebiet, und mit der Ernennung der Gauleiter zu „Reichsverteidigungskommissaren" erweiterten diese ihren Einfluss.

5.4.3 Sudetengau

Dass es im Juni 1940 zu einer Übertragung der Kompetenzen bei der Vermögensverwertung auf die Institutionen der Reichsfinanzverwaltung kam, war wesentlich auf die Entwicklung im Sudetengau zurückzuführen, wo die Finanzbehörden zu diesem Zeitpunkt bereits eine Schlüsselrolle in der Verwertung beschlagnahmter Vermögen hatten.

Im Sudetengau hatte man die Auswüchse der wilden „Arisierungen" der ersten Monate nach dem „Anschluss" in Österreich vor Augen, und ein wesentliches Ziel bestand darin, „Wiener Verhältnisse" zu vermeiden. Der Chef der Zivilverwaltung bei der Heeresgruppe 4 ordnete kurz nach dem Einmarsch der Wehrmacht im Sudetengebiet an, dass alle Juden ihr gesamtes Vermögen innerhalb von 24 Stunden bei einem Sonderkommando der Zollfahndungsstelle Dresden anmelden sollten, um von Anfang an den staatlichen Instanzen die Kontrolle und den Überblick über die „Arisierung" zu sichern.[231] Am 2. Dezember setzte Hermann Göring dann die Verordnung zur Anmeldung des Vermögens von Juden im Sudetengau in Kraft, die entsprechend dem Erlass aus dem Reichsgebiet vom April 1938 besagte, dass Juden ihr Vermögen bei den höheren Verwaltungsbehörden melden mussten.[232]

lass des Reichsinnenministeriums an das Reichsfinanzministerium vom 9.4.1942, BAB, R 43 II, 1269c.

230 Hagspiel, Ostmark, S. 132; Luza, Österreich, S. 160 f.

231 Zu den Vorgängen im Sudetengau Osterloh, Judenverfolgung.

232 Verordnung über die Anmeldung des Vermögens von Juden in den sudetendeutschen Gebieten vom 2.12.1938, RGBl. I (1938), S. 1703.

Ähnlich wie zuvor in Österreich waren auch im Sudetengau anfangs Beschlagnahmungen an der Tagesordnung gewesen, ohne dass eine gesetzliche Grundlage vorhanden gewesen wäre, meist durchgeführt durch die Gestapo. Erst über ein halbes Jahr nach dem Einmarsch, am 12. Mai 1939, erging auch hier eine Verordnung über die Einziehung volks- und staatsfeindlichen Vermögens, die im Verfahren weitgehend dem Vorbild in Österreich folgte.[233] Allerdings gab es eine entscheidende Neuerung: Eingezogen wurden die Vermögen nicht wie im „Altreich" und in Österreich zugunsten des Landes, sondern von Anfang an zugunsten des Reiches. Die von der Gestapo beschlagnahmten Vermögen gingen demnach an die neu eingerichteten Oberfinanzpräsidien Karlsbad und Troppau zur Verwaltung und Verwertung über.[234]

Im Falle der Grundstücke zeigten sich hier ähnlich wie in Österreich die Probleme dieser Regelung: Zwar war die Gestapo grundsätzlich bereit, den beschlagnahmten Grundbesitz an die Liegenschaftsabteilungen der Oberfinanzpräsidien zu überweisen, behielt sich aber gewisse Vorrechte bei solchen Immobilien vor, die durch die Gestapo und SS selbst bereits genutzt wurden. Insbesondere wollte sie sich nicht dem Vorgehen der Reichsfinanzverwaltung beugen, die die Immobilien primär den Reichsverwaltungen zur Nutzung anboten. Erst Anfang März 1940 einigten sich Heydrich und das Reichsfinanzministerium wie erwähnt darauf, dass die entsprechenden Anwesen, soweit sie als Dienstgebäude genutzt wurden, weiterhin bei der Gestapo als Dienstgebäude bleiben, die als Wohnraum genutzten Immobilien aber an die Reichsfinanzbehörden übergehen sollten.[235]

Am 6. April 1940 erhielten die sudetendeutschen Oberfinanzpräsidenten dann vom Berliner Reichsfinanzministerium den offiziellen Auftrag zur Übernahme der eingezogenen Vermögen. Für Fragen der praktischen Umsetzung nahmen die Karlsbader und Troppauer Finanzbeamten mit ihren Kollegen im Finanzamt Moabit-West Kontakt auf, wo man mit der Verwaltung und Verwertung eingezogener Vermögen bereits langjährige Erfahrungen hatte. Im Oberfinanzpräsidium Karlsbad wurde daraufhin eine Vermögensverwertungsstelle eingerichtet, wie sie später im Zuge der Deportationen im ganzen Reichsgebiet entstanden. Mit fünf Mitarbeitern wurden dort die inzwischen erfolgten 171 Vermögenseinziehungen bearbeitet. Die sudetendeutschen Ober-

233 Verordnung über die Einziehung volks- und staatsfeindlichen Vermögens in den sudetendeutschen Gebieten vom 12.5.1939, RGBl. I (1939), S. 911.

234 Vgl. dazu die Vorgänge in R 2, 25023.

235 Schreiben des Reichsführers SS, Heydrich, an das Reichsfinanzministerium über beschlagnahmte und eingezogene Vermögenswerte im Sudetengau vom 4.3.1940 (Abschrift), BAB, R 2, 5871, Bl. 100.

finanzpräsidien beschäftigten sich seither mit der Verwaltung und Verwertung von Immobilien und Grundstücken sowie landwirtschaftlichen Anwesen.[236]

Stärker noch als in Österreich zeigt sich im Sudetenland ein Unterschied zur Situation im „Altreich": Die jüdischen Eigentümer waren vielfach geflohen und befanden sich zum Zeitpunkt der Konfiskation meist im Ausland. Der genaue Aufenthaltsort war den staatlichen Behörden häufig nicht bekannt. Die Einziehung, Verwaltung und Verwertung ihrer Vermögen musste also in Abwesenheit und ohne irgendeine Beteiligung der ehemaligen Eigentümer vonstatten gehen.

Die Entwicklung im Sudetengau ermöglichte der Reichsfinanzverwaltung einen bemerkenswerten Machtzuwachs: Unter Berufung auf die dortige Regelung setzte sich das Reichsfinanzministerium mit seinem Behördenapparat bis zum Beginn der umfassenden Deportationen aus dem Reichsgebiet im Herbst 1941 schrittweise als zentrale Instanz der Verwaltung und Verwertung staatlich eingezogenen jüdischen Vermögens durch.

5.4.4 Wechselwirkungen zwischen Staatsbürgerschaftsfragen und Enteignung im Protektorat Böhmen und Mähren und in Polen

In der „Ostmark" und im Sudetengau war es dem NS-Regime vor allem darum gegangen, eine Rechtsform zu finden, die auf möglichst viele politisch und rassisch verfolgte Personen angewendet werden konnte. Die Frage der Staatsangehörigkeit stand hingegen nicht grundsätzlich zur Diskussion, denn im Hinblick auf den staatsbürgerlichen Status von Juden war der „Anschluss" Österreichs ebenso wie der des Sudetengaus vergleichsweise unumstritten. Nachdem in der „Ostmark" durch einen Führererlass vom März 1938 die Reichsgesetze eingeführt worden waren,[237] galt der Judenbegriff der ersten Verordnung zum Reichsbürgergesetz; die übrige Bevölkerung gehörte hingegen nach nationalsozialistischer Rassenlehre zu den Rassen „artverwandten Blutes".[238] Im Sudetengau war das Reichsbürgergesetz als Grundlage für die Definition von „Juden" mit der „Verordnung über die Einführung der Nürnberger Rassegesetze in den sudetendeutschen Gebieten" zum 1. Januar 1939 in Kraft gesetzt worden.[239] Damit folgten die Enteignungsgesetze dort dem formalen Rahmen, den die Vorläufer im Reichsgebiet vorgaben.

[236] Vgl. dazu Osterloh, Judenverfolgung, S. 475 f.

[237] Gesetz über die Wiedervereinigung Österreichs mit dem Deutschen Reich vom 13.3.1938, RGBl. I (1938), S. 594 f.

[238] Essner, Nürnberger Gesetze, S. 280.

[239] Verordnung über die Einführung der Nürnberger Rassegesetze in den sudetendeutschen Gebieten vom 27.12.1938, RGBl. I (1938), S. 1997. Vgl. dazu auch Osterloh, Judenverfolgung, S. 261 f.

Staatsbürgerrechtlich schwieriger war die Lage im Protektorat Böhmen und Mähren, da der Status der tschechischen Bevölkerung unklar und umstritten war. Hier zeichnete sich eine Neudefinition des staatsbürgerlichen Status' der Bewohner der eingegliederten Gebiete ab, die wiederum in Wechselwirkung zur Situation der Juden im „Altreich" stand, und die Radikalisierung der Enteignungspolitik im gesamten Reichsgebiet war grundlegend mit diesem Vorgang verbunden.

Ein Führererlass vom 16. März 1939 bezog die Vorschriften des Reichsbürgergesetzes zunächst nur auf die „Volksdeutschen" im Protektorat, und auch diese Anweisung setzte sich nur verzögert durch. Erst im Juli 1941 wurden durch die dritte Verordnung zum Blutschutzgesetz die rassistischen Regelungen endgültig auf die deutschen Staatsangehörigen des Protektorats übertragen.[240] Für die Bevölkerung des Protektorats, die nicht zur Gruppe der „Volksdeutschen" gehörte, und insbesondere für die Juden in dieser Bevölkerungsgruppe war die Lage zunächst unklar. Im April 1939 ordnete Hitler an, dass die Tschechen die „Judenfrage" selbst regeln sollten. Der Verordnungsentwurf, den die tschechische Regierung daraufhin im Mai 1939 vorlegte, war in den Augen des Reichsprotektors von Neurath jedoch zu mild.[241]

Die Verzögerung in diesen Definitionsfragen schränkte auch die geplante Arbeit der „Zentralstelle für jüdische Auswanderung" in Prag ein. De facto führte Adolf Eichmann daher im Juni 1939 die Judendefinition der ersten Verordnung zum Reichsbürgergesetz indirekt über die Verordnung über das jüdische Vermögen auch für tschechische Juden ein.[242]

Mit dem Juli 1941, als für die „Reichsdeutschen" des Protektorats die erwähnte umfassende Regelung in Kraft trat, verschärfte sich auch die Situation für die Juden in der übrigen Bevölkerung. Mit der Verordnung vom 5. Juli 1941 wurde auch der „protektoratsangehörige jüdische Mischling mit zwei volljüdischen Großeltern" – also der „Mischling ersten Grades" – dem „Volljuden" gleichgestellt. Diese Einbeziehung der „Halbjuden" entsprach dem Ansatz von Reinhard Heydrich, dessen Politik darauf zielte, den Judenbegriff in den besetzen Gebieten auszuweiten.[243]

[240] 3. Verordnung zur Ausführung des Gesetzes zum Schutz des deutschen Blutes und der deutschen Ehre vom 5.7.1941, RGBl. I (1941), S. 384 f.

[241] Die Definition bezog sich auf das Religionskriterium von vier jüdischen Großeltern und zog 1918 eine zeitliche Grenze. Vgl. Essner, Nürnberger Gesetze, S. 281.

[242] Verordnung des Reichsprotektors in Böhmen und Mähren über das jüdische Vermögen vom 21.6.1939, § 6, Verordnungsblatt des Reichsprotektorats 1939. Zur Zentralstelle für jüdische Auswanderung in Prag vgl. Anderl, Zentralstelle; Potthast, Zentralmuseum.

[243] Vgl. dazu Essner, Nürnberger Gesetze, S. 282, 335–341. Ungeregelt blieb zu diesem Zeitpunkt das Verhältnis zwischen „Protektoratsjuden" und nichtjüdischen Protektoratsangehörigen. Eheschließungen zwischen diesen beiden Gruppen wurden erst im März 1942 verboten.

Feste Konturen erhielt die dreistufige rassistische Bürgerrechtsklassifikation erstmals nach der Besetzung Polens. Dort verband sie sich auch unmittelbar mit Vermögensfragen. Der Prozess lag maßgeblich in der Hand von Heinrich Himmler, der als „Reichskommissar zur Festigung des deutschen Volkstums" (RKF), zu dem er durch Führererlass vom 7. Oktober 1939 ernannt worden war, eine rassische Selektion der Bevölkerung in den „eingegliederten Ostgebieten" einleitete. Im Generalgouvernement, das offiziell zum Reichsgebiet gehörte, sollte eigentlich das Reichsbürgergesetz von 1935 gelten. Es wurde jedoch erst mit der zweiten Verordnung zum „Blutschutzgesetz" vom 31. Mai 1941 in Kraft gesetzt.[244] In der Zwischenzeit gab es eine kontroverse Diskussion über die Kategorisierung der Bevölkerung in Generalgouvernement und in den besetzen Ostgebieten. Im September 1940 verfügte Himmler im Rahmen seiner „Eindeutschungspolitik" die Aufstellung einer „Deutschen Volksliste", die vier Kategorien vorsah:[245]

1. „Volksdeutsche, die sich im Volkstumskampf aktiv eingesetzt haben",
2. „Volksdeutsche", die sich nicht aktiv „für das Deutschtum" eingesetzt hatten, aber ihr „Deutschtum nachweislich bewahrt" hatten,
3. „Deutschstämmige", die „Bindungen zum Polentum" eingegangen waren, aber aufgrund ihres Verhaltens vollwertige Mitglieder der „deutschen Volksgemeinschaft" werden könnten,
4. „Deutschstämmige", die politisch „im Polentum aufgegangen" seien.

Die Personen in den Kategorien 1 und 2 sollten „deutsche Staatsangehörige und Reichsbürger" werden, die unter Kategorie 3 Eingeteilten „deutsche Staatsangehörige" und die Mitglieder der Kategorie 4 „Staatsangehörige auf Widerruf". Für die finanzpolitischen Aspekte besonders aufschlussreich ist, dass im Zusammenhang mit der „Deutschen Volksliste" erstmals eine Verbindung zwischen Klassifikation und Vermögensentzug hergestellt wurde. So bestimmten die Richtlinien des RKF, dass das Vermögen von Personen aus den Kategorien 3 und 4 zur Zwangsversteigerung freigegeben werden sollte.[246] Damit waren dem jeweiligen bürgerrechtlichen Status auch vermögensrechtlich unterschiedliche Ansprüche zugeordnet. Personen, die nicht zur „Deutschen Volksliste" zählten, galten als „Fremdvölkische" und sollten nach Himmler den Status von „Schutzangehörigen des Deutschen Reiches mit beschränkten Inländerrechten" erhalten, eine Kategorie, die an das kaiserliche Kolonialrecht anknüpfte.

[244] 2. Verordnung zur Ausführung des Gesetzes zum Schutz des deutschen Blutes und der deutschen Ehre vom 31.5.1941, RGBl. I (1941), S. 297 f.

[245] Erlass vom 12.9.1940 über die Überprüfung und Aussonderung der Bevölkerung in den eingegliederten Ostgebieten, zit. nach Longerich, Himmler, S. 468, Fußnote 86; zur Bedeutung des Erlasses vgl. ebd. S. 468–471; Heinemann, Rasse, S. 262 f.

[246] Auf diese Verbindung von Staatsbürgerrechten und Eigentumsrechten weist bereits Essner, Nürnberger Gesetze, S. 287 hin. Die Auflage zur Zwangsversteigerung wurde wenig später zu einem Verkaufszwang abgemildert.

Diese Klassifizierung, nach der nicht alle „Fremdvölkischen" die deutsche Staatsangehörigkeit bekommen sollten, setzte eine Kaskade von Folgewirkungen in Kraft, denn sie warf die Frage auf, wie man die bislang in den „Nürnberger Gesetzen" noch fixierte Staatsangehörigkeit von Juden künftig handhaben sollte.[247] Umso auffälliger ist, dass die Kategorisierung Himmlers die „Judenfrage" offenbar bewusst nicht berührte. Mündlich hatte er sich im August 1940, also schon vor der Verabschiedung der Richtlinien für die „Deutsche Volksliste", gegen eine „Rassenmischung" zwischen Polen und Juden geäußert.[248] Aber eine explizite Regelung gab es in den „eingegliederten Ostgebieten" nur für deutsche Staatsangehörige, und sie erfolgte auch erst durch die zweite Verordnung zum Blutschutzgesetz vom 31. Mai 1941. Im Bezug auf Juden entschied das Reichsinnenministerium im März 1941, dass diese nicht „Staatsangehörige auf Widerruf" auf der „Deutschen Volksliste" werden könnten.[249] Erst mit der 12. Verordnung zum Reichbürgergesetz vom 25. April 1943 wurde klargestellt, dass Juden auch nicht „Schutzangehörige" sein konnten.[250] Da die Vernichtungspolitik zu diesem Zeitpunkt ihren Höhepunkt überschritten hatte, betraf diese Regelung nur mögliche künftige Juden, die auf deutschem Staatsgebiet geboren würden – beispielsweise in Auschwitz geborene Kinder. Für sie existierte keine staatsrechtliche Kategorie.

5.4.5 Der Weg der Finanzbehörden in die Schlüsselposition der Vermögensverwaltung bei den frühen Deportationen

Neben den Erfahrungen in den angeschlossenen und eingegliederten Gebieten waren es vor allem die ersten Deportationen von Juden aus dem Reichsgebiet, welche die Debatte bis 1940 vorantrieben.[251] Vor dem Beginn der allgemeinen Verschleppung der deutschen Juden im Herbst 1941 hatte es seit 1938 Vorläuferaktionen gegeben, bei denen die Finanzbehörden als Akteur beim Vermögensraub allerdings zunächst nur eine untergeordnete Rolle gespielt hatten. Die Vorgeschichte der Deportationen von Juden aus dem Deutschen Reich ist daher zugleich eine Geschichte des Machtzuwachses der Finanzverwaltung. Kennzeichnend für diesen Vorgang war, dass am Anfang regionale Oberfinanzpräsidien im Handlungszwang standen und sich allgemeine Ver-

247 Einladung des Reichsinnenministeriums vom 13.3.1941 (Abschrift), BAB, R 2, 59888, Bl. 72–74.
248 Äußerung gegenüber dem Reichsinnenministerium am 21.8.1940, zit. nach Essner, Nürnberger Gesetze, S. 288.
249 Vgl. hierzu und zu den Schlussfolgerungen ebd., S. 289.
250 12. Verordnung zum Reichsbürgergesetz vom 25.4.1943, § 4, RGBl. I (1943), S. 268 f.
251 Vgl. zum Folgenden auch den Überblick bei Kuller, Normenstaat, S. 210–224.

fahrensregeln zumindest teilweise aus den improvisierten Lösungen am Ort entwickelten.

Schon bei den „Polentransporten" vom Oktober 1938, mit denen 12 000 bis 17 000 polnische Juden aus Deutschland vertrieben wurden, hatten die Finanzbehörden mit Polizei, Reichsbahn und Diplomatie zusammengearbeitet.[252] Aus Sachsen ist überliefert, das es dabei mit den Oberfinanzpräsidien Probleme gegeben habe, weil diese über die Aktion nicht informiert gewesen seien.[253] Zu einer Beschlagnahmung der zurückgelassenen Vermögen der über die Grenze nach Polen abgeschobenen Personen kam es zu diesem Zeitpunkt jedoch nicht. Da es sich bei den Verschleppten um polnische Staatsangehörige handelte, sollten sich vielmehr die polnischen Konsulate um die Vermögen der Deportierten kümmern. Lediglich die „Aktionskosten" sollten soweit wie möglich von den Opfern eingezogen werden.[254] Im Nachhinein stimmte auch der Reichsführer-SS zu, dass die Liquidierung des zurückgebliebenen Vermögens der vertriebenen Juden nicht Sache der Polizei sei.

Im Januar 1939 schlossen Deutschland und Polen eine provisorische Vereinbarung,[255] wonach den Vertriebenen eine vorübergehende Rückkehr in das Reichsgebiet gestattet wurde, während der sie u. a. die Ausfuhr ihrer Wohnungseinrichtungen, persönlichen Gebrauchsgegenstände und beruflich erforderlichen Sachen organisieren konnten. Die Ausgewiesenen sollten auch die Möglichkeit erhalten, ihr bewegliches und unbewegliches Vermögen zu verkaufen. Explizit wurde festgehalten, dass die Devisenstellen die Ausfuhr von persönlichem Eigentum unterstützen sollten und staatlicherseits bei einer Liquidierung des Vermögens keine Gebühren und Abgaben erhoben würden. Erlöse aus Verkäufen mussten die polnischen Juden allerdings auf spezielle Konten der deutschen Devisenbank einzahlen. Kapitalausfuhr und -transfer wurden vorerst nicht gestattet.

Ausschlaggebend für die vermögensrechtliche Abwicklung, nach der die abgeschobenen Juden zumindest formal sowohl über ihr bewegliches Vermögen als auch über ihre Konten verfügungsberechtigt blieben, war ihr Status als Aus-

[252] Milton, Menschen.

[253] Bericht des sächsischen Innenministeriums an den Reichsführer-SS vom 1.11.1938, zit. nach Gruner, Kollektivausweisung, S. 28.

[254] Vgl. dazu Gruner, Kollektivausweisung, S. 28.

[255] Ob diese Vereinbarung wirklich unterzeichnet wurde, ist unklar, aber Werner Best schickte sie in Abschrift mit seinem Runderlass vom 26.1.1939 an die Verwaltungsbehörden, vgl. Adler, Mensch, S. 98–100; Maurer, Abschiebung, S. 68. Am 12.4.1939 kündigte ein Rundschreiben des Reichswirtschaftsministeriums die vorübergehende Rückkehr der vertriebenen polnischen Juden an (mit Verweis auf die Vereinbarung zwischen der deutschen und der polnischen Regierung), Rundschreiben des Reichswirtschaftsministeriums, Krüger, vom 12.4.1939, ÖStA, AdR 04/2a, „Bürckel" Materie, Karton 89, Mappe 2160/0, Band 2, Bl. 92.

länder. Allerdings hatte sich im Vorfeld der Abschiebung bereits eine gewisse Aufweichung dieser an sich durch internationale Abkommen geschützten Situation angedeutet, als der polnische Botschafter in Berlin, Józef Lipski, im Juli 1938 dem stellvertretenden polnischen Außenminister ein Abkommen vorschlug, wonach Polen eine „passive Haltung zur Beschlagnahme polnisch-jüdischen Besitzes in Deutschland“ einnehmen sollte, falls Deutschland im Gegenzug auf eine Abschiebung nach Polen verzichtete. Außerdem forderte Polen als Gegenleistung die Übergabe von Aktien der polnischen Ölindustrie, die sich zu erheblichen Teilen in Händen österreichischer Juden befanden und von denen Polen befürchtete, dass sie nach dem „Anschluss“ Österreichs durch Beschlagnahme vom Deutschen Reich konfisziert werden würden. Nimmt man diesen Hintergrund mit in den Blick, dann hielt die Regelung vom Oktober 1938, die den Juden die polnische Staatsbürgerschaft nicht entzog und ihnen ihr Vermögen formal beließ, den Weg für ein solches Abkommen mit der deutschen Regierung über die Konfiskation polnisch-jüdischen Eigentums weiterhin offen.[256] So gesehen erscheint das Verhandeln um das Eigentum der polnischen Juden in Deutschland weniger als Interessenvertretung der betroffenen Eigentümer. Vielmehr wird deutlich, dass zu diesem Zeitpunkt auch Polen im polnisch-jüdischen Vermögen eine strategische Verhandlungsmasse zur Durchsetzung anderer Interessen sah.

Die Diskussion um das Eigentum der vertriebenen polnischen Juden hatte noch ein Nachspiel nach Kriegsbeginn. Mit dem deutschen Überfall auf Polen endete der Schutz der 1939 zurückgekehrten Juden polnischer Staatsangehörigkeit im Deutschen Reich. Die Männer wurden in Konzentrationslager eingeliefert, die Frauen namentlich erfasst und die Vermögen beschlagnahmt.

Kurz nach Beginn des Zweiten Weltkriegs kam es zur nächsten größeren Abschiebungsaktion im Rahmen der Pläne zur Errichtung eines „Judenreservats“ in den eroberten polnischen Gebieten östlich von Nisko. Hier war erstmals eine Vermögensenteignung der Deportierten systematisch eingeplant.[257] Insbesondere nach den Erfahrungen der „Arisierungen“ nach dem „Anschluss“ Österreichs bestand in der staatlichen Verwaltung Einigkeit, dass die zurückzulassenden Besitztümer der Deportierten nicht in die Hände beutegieriger „Ariseure“ aus der Bevölkerung fallen sollten.[258] Für die Enteignung der deportierten Juden aus Mährisch-Ostrau, Wien und Kattowitz waren allerdings

256 Maurer, Abschiebung, S. 72, mit Bezug auf Melzer, Relations, S. 217–219. Vgl. dazu auch Melzer, No Way Out.

257 Vermerk Adolf Eichmanns vom 6.10.1939, zit. nach Gruner, Kollektivausweisung, S. 32. Vgl. zu der Nisko-Aktion allgemein Goshen, Eichmann.

258 Vermerk vom 17.10.1939 über die Aussprache zwischen SS-Hauptsturmführer Eichmann, Dr. Ebner von der Geheimen Stapoleitstelle, Dr. Becker vom Stab des Reichskommissars, gez. Brunner, DÖW 17072/a. Vgl. dazu auch Safrian, Eichmann-Männer, S. 76.

nicht die Finanzbehörden, sondern die seit 20. August 1938 bestehende Wiener „Zentralstelle für jüdische Auswanderung" unter Leitung von Adolf Eichmann und die entsprechende Prager Dienststelle zuständig. Zwar wurden vor allem Juden ohne Vermögen in der „Nisko"-Aktion deportiert. Dennoch war die Aktion als Modell für die systematische Verbindung von Deportation und Eigentumsraub von erheblicher Bedeutung.[259] Die Aktion wurde schon bald auf höheren Befehl wieder abgebrochen.[260] Bei der Deportation von Juden aus Stettin und Schneidemühl nach Lublin im Februar 1940 beschlagnahmte die Gestapo die zurückgelassenen Werte; für deren Verwaltung und Verwertung war dann der Regierungspräsident zuständig.[261]

Im Jahr 1940 gab es im Auswärtigen Amt und im Reichssicherheitshauptamt auch Überlegungen, die auf eine umfassende, kolonialpolitisch orientierte „Lösung der Judenfrage" zielten. Ins Auge gefasst wurde dafür die Insel Madagaskar vor der Küste Ostafrikas.[262] Am 2. Juli 1940 legte Rademacher aus dem Auswärtigen Amt einen ersten Entwurf für die Deportation der Juden Europas auf die tropische Insel vor, der wenig später vom Reichssicherheitshauptamt überarbeitet wurde.[263] Demnach sollten die Juden in einem unter Kontrolle der SS stehenden „Großghetto" auf Madagaskar, das in der Erwartung des Auswärtigen Amtes bald ein deutsches Mandat sein sollte, ihre Staatsangehörigkeit verlieren. Gleichzeitig drängte das Reichssicherheitshauptamt darauf, dass „jeder Versuch jüdischer Eigenständigkeit" ausgeschaltet würde.[264] Im Madagaskar-Plan des Auswärtigen Amtes nahm damit zum ersten Mal der Gedanke konkrete Form an, der später in der 11. Verordnung zum Reichsbürgergesetz leitend wurde: Juden sollten bei ihrer „Umsiedlung" ihre Staatsangehörigkeit verlieren.[265] Sie

[259] Anderl u. a., Zentralstelle, S. 266.

[260] Die Gründe für den Abbruch sind umstritten. Longerich hält die Organisationsprobleme nicht für den ausschlaggebenden Punkt, denn nach seiner Ansicht hatten die „Unzulänglichkeiten" Methode. Vielmehr sieht er, ähnlich wie Götz Aly und Christopher Browning, einen entscheidenden Faktor in der Vorrangigkeit der Umsiedlung von „Volksdeutschen"; vgl. Longerich, Politik, S. 260; Aly, Endlösung, S. 67; Browning, Entfesselung, S. 73. Daneben gibt es auch das Argument, dass hier lokale Aktionen „von oben" gestoppt werden sollten; vgl. Goshen, Eichmann, S. 92. Gruner argumentiert hingegen, dass es sich bei diesen Deportationen um eine zentral gelenkte Aktion gehandelt habe; vgl. Gruner, Kollektivausweisung, S. 33 f.

[261] Adler, Mensch, S. 146. Zu den vermögensrechtlichen Problemen, die sich im Nachgang zu diesen Deportationen ergaben, insbesondere weil Angehörige der Ermordeten den Nachlass verlangten, vgl. auch Friedenberger, Ausplünderung, S. 275.

[262] Zum Madagaskar-Plan vgl. Brechtken, Madagaskar; Jansen, Madagaskar-Plan.

[263] Plan zur Lösung der Judenfrage, Rademacher 2.7.1940, abgedruckt in Vogel, Stempel, S. 314–316.

[264] Stellungnahme Reichssicherheitshauptamt, Dannecker, vom 15.8.1940, zit. nach Vogel, Stempel, S. 322 f.

[265] Essner, Nürnberger Gesetze, S. 291.

sollten stattdessen einen international anerkannten neuen Status als Mandatsangehörige erhalten.

Auch der Zugriff auf das jüdische Vermögen fand sich bereits im Madagaskar-Plan. In der Frage, was mit dem Vermögen der „Umgesiedelten" geschehen sollte, war man sich allerdings zu diesem Zeitpunkt nicht einig. Während Rademacher vom Auswärtigen Amt die Bildung einer europäischen Bank für die Verwertung des Vermögens der Juden Europas im Auge hatte, sprach sich Dannecker vom Reichssicherheitshauptamt für die Einrichtung einer Treuhandstelle aus, die nach dem Vorbild der Wiener und Prager Zentralstellen für jüdische Auswanderung arbeiten sollte.[266]

Im Herbst 1940, bei der Abschiebung von rund 6 500 Juden aus Baden und der Pfalz nach Frankreich, war die Finanzverwaltung zunächst nicht in die Vermögensfragen einbezogen.[267] Vielmehr versuchte anfangs der Gauleiter und Reichsstatthalter von Baden die Verfügungsgewalt über die „zurückgelassenen jüdischen Vermögenswerte" an sich zu ziehen und erließ am 23. Oktober 1940 entsprechende Anweisungen. Aber auch das Reichssicherheitshauptamt forderte eine federführende Rolle in der Frage ein und erließ am 9. November 1940 Richtlinien für die „Erfassung, Verwaltung und Verwertung der aus der Pfalz und Baden evakuierten Juden".[268]

Der Machtkampf zwischen Gauleitung und SS entschied sich formal zugunsten von Heydrichs Behörde. Im April 1941 teile das Reichssicherheitshauptamt mit, dass die Gauverwaltung ihre Anordnung inzwischen wieder zurückgenommen habe. Damit seien ausschließlich die Richtlinien des Reichssicherheitshauptamtes vom 9. November 1940 mit ihren Ergänzungsrichtlinien vom 25. März 1941 in Kraft, wodurch „die Angelegenheit im Interesse des Reiches" geregelt sei.[269] Der Gewinn aus der Vertreibung floss nun in die Staatskasse, und das Reichssicherheitshauptamt legte die Verfahrensrichtlinien für die Verwaltung und Verwertung fest. Ganz aus dem Spiel war die Gauverwaltung allerdings auch dann noch nicht, als das Reichssicherheitshauptamt die Generalkompetenz übernommen hatte, denn Treuhänder

266 Die Planungen finden sich jeweils in den Plänen Rademachers vom 2.7. und Danneckers vom 15.8.1940, vgl. dazu auch Essner, Nürnberger Gesetze, S. 291.

267 Düwell, Rheingebiete, S. 261, vgl. dazu auch Rummel/Rath, Dem Reich verfallen, S. 81–85.

268 Richtlinien für die Erfassung, Verwaltung und Verwertung der zurückgelassenen Vermögenswerte der aus der Pfalz und Baden evakuierten Juden vom 9.11.1940, BAB, R 2, 12222, Bl. 193, abgedruckt bei Düwell, Rheingebiete, S. 296–298.

269 Schreiben des Reichsführers SS und Chefs der Deutschen Polizei im Reichsministerium des Innern an den Reichsfinanzminister zur „Evakuierung" der Juden aus Baden und der Pfalz vom 1.4.1941 (Abschrift), BAB, R 2, 12222, Bl. 190. In dem Dokument findet sich der Hinweis auf die Anordnung der Gauleitung vom 23.10.1940.

für das „Judenvermögen" war der Gauwirtschaftsberater Wilhelm Bösing, der auch die Unkosten der Gestapo unmittelbar beglichen hatte.[270]

In diesen Richtlinien des Reichssicherheitshauptamtes wurde bestimmt, dass die „Sicherstellung" der zurückgelassenen jüdischen Vermögen durch die Gestapo einer „Beschlagnahme" gleichkomme. Durchgeführt werden sollten die Maßnahmen in der Pfalz vom Regierungspräsidenten beim Reichskommissar für die Saarpfalz und Saarbrücken, in Baden durch den Badischen Innenminister. Barerlöse aus der Vermögensverwaltung sollten auf einem Sperrkonto gesammelt, Bankguthaben für jeden „evakuierten" Juden auf ein einzelnes Anderkonto übernommen werden. Die Anweisungen des Reichssicherheitshauptamtes geben auch einen Eindruck der Vermögensgegenstände, die hier geraubt wurden: Neben dem Verkauf und der Versteigerung „beweglicher Habe" in den Wohnungen wurde auch die Verwertung von Kunstgegenständen, Musikinstrumenten, Sammlungen aller Art, Edelsteinen, Perlen und Edelmetallen geregelt. „Familienandenken und dergleichen" sollten auf Anforderung den „evakuierten" Juden ausgehändigt werden. Und auch bereits verpacktes Umzugsgut nahmen die Richtlinien ausdrücklich aus der Verwertung vorerst aus. Zehn Prozent des Erlöses beanspruchte die Gestapo für die „aus der Evakuierung entstandenen Unkosten". Dieser Anteil sollte auf ein „Generalkostenkonto" abgezweigt werden. Auch die Treuhänder wurden von diesen Geldern finanziert, und die mit der Verwaltung und Verwertung beauftragten staatlichen Behörden sollten am Ende davon eine Pauschale zum Ausgleich ihrer Auslagen gezahlt bekommen. Heydrich stützte seinen Anspruch auf die Verwaltung und Verwertung des Vermögens der badischen und pfälzischen Juden auf die Verordnung zum Schutz von Volk und Staat vom 28.2.1933. Die Juden mussten zudem unmittelbar vor ihrer „Evakuierung" eine Generalvollmacht zugunsten der Reichsvereinigung der Juden in Deutschland ausstellen.

Die Finanzverwaltung kam in den Regelungen nur insofern vor, als die Finanzämter für die vertriebenen Juden Steuerbescheide ausfertigen sollten. Der Saarbrücker Oberfinanzpräsident hielt im Oktober 1941 dementsprechend fest, dass das beschlagnahmte Vermögen weiterhin steuerpflichtig sei und daher auch für die Zeit nach der Deportation Steuern zu erheben seien. So wurde

[270] Schreiben des RSHA an das Reichsfinanzministerium vom 28.1.1942, BAB, R 2, 12222. Wilhelm Bösing (1902–1949), Hilfslehrer, seit den 1920er Jahren in der NSDAP tätig, seit 1933 hauptamtlich in der Gauleitung, 1934–1945 Mitglied des Reichstages, 1935 Leiter der Abteilung Wirtschaft im Reichskommissariat für die Rückgliederung des Saarlandes, 1936 Regierungsrat, 1938 Mitglied des Kreistages der Pfalz, war schon unmittelbar nach dem Novemberpogrom durch sein Engagement in Arisierungsfragen hervorgetreten. So gründete er am 10.11.1938 die „Saar-Pfälzische Vermögens-Verwertungs-GmbH" als Auffanggesellschaft für jüdische Vermögenswerte zur besseren Koordination der „Arisierung". Vgl. dazu James, Die Deutsche Bank und die „Arisierung", S. 63.

insbesondere die Reichsfluchtsteuer eingetrieben „ohne Rücksicht darauf, ob diese Aufgabe [des Wohnsitzes im Reichsgebiet] freiwillig oder zwangsweise geschehen ist."[271] Hier wird die Rolle der Finanzbehörden deutlich, die die fiskalischen Interessen des Reiches vertraten und sich dabei in Konfrontation insbesondere mit der regionalen Gauverwaltung befanden, die zunächst erster Nutznießer des Vermögens der Deportierten gewesen war.[272] Zu diesem Zeitpunkt konnten die Finanzbehörden allerdings nur über den Weg der Steuern Einfluss auf die Verwertung nehmen. Bis zur allgemeinen Verfügung vom 4. November 1941, mit der die regionalen Oberfinanzpräsidien die Verwaltung und Verwertung des Vermögens der deportierten Juden generell übernahmen, blieb die Verwaltung und Verwertung des Eigentums der verschleppten badischen und pfälzischen Juden in der Hand der Sicherheitspolizei.

Nach monatelangem Streit setzte sich in Baden und der Pfalz das Reichssicherheitshauptamt als federführende Instanz durch und konnte vorerst erreichen, dass seine am 9. November 1940 erlassenen Richtlinien für die „Erfassung, Verwaltung und Verwertung der zurückgelassenen Vermögenswerte der aus der Pfalz und Baden evakuierten Juden" maßgebliche Richtschnur für das weitere Vorgehen wurden.[273] Himmlers Behörde bestimmte – ähnlich wie bei der Deportation aus Stettin und Schneidemühl – als durchführende Instanzen den Regierungspräsidenten beim Reichskommissar für die Saarpfalz und Saarbrücken sowie den Badischen Innenminister. Die Finanzverwaltung sollte für die vertriebenen Juden nur Steuerbescheide ausfertigen und noch offene Steuerschulden einfordern.

Die Richtlinien des Reichssicherheitshauptamtes wurden allerdings bereits sechs Monate später abgelöst durch den „Erlass des Führers und Reichskanzlers über die Verwertung des eingezogenen Vermögens von Reichsfeinden" vom 29. Mai 1941.[274] Es scheint, als ob der Erlass letztlich eine Übertragung der Erfahrung aus dem pfälzisch-badischen Raum auf das gesamte Reichsgebiet war. Der Führerbefehl bedeutete aber vor allem für die Reichsfinanzverwaltung einen markanten Machtgewinn. In diesem Erlass erklärte Hitler nicht nur den Reichsfiskus zum Hauptprofiteur der Raubaktionen, sondern sprach auch dem Reichsfinanzminister erstmals explizit eine zentrale koordinierende Funktion bei der Verwaltung und Verwertung des Vermögens der Deportierten zu, der

271 Schreiben des Oberfinanzpräsidenten Westmark vom 19.10.1941, zit. nach Rummel/Rath, Dem Reich verfallen, S. 83.

272 Ebd., S. 84.

273 Richtlinien für die Erfassung, Verwaltung und Verwertung der zurückgelassenen Vermögenswerte der aus der Pfalz und Baden evakuierten Juden vom 9.11.1940, abgedruckt bei Düwell, Rheingebiete, S. 296–298. Nach den ersten Richtlinien vom 9. November 1940 erließ das Reichssicherheitshauptamt am 25. März 1941 weitere Regelungen.

274 Erlass des Führers und Reichskanzlers über die Verwertung des eingezogenen Vermögens von Reichsfeinden vom 29. Mai 1941, RGBl. I (1941), S. 303.

sich dazu der allgemeinen Mittelbehörden seines Verwaltungsapparates bedienen sollte:

„§ 1 (1) In den Fällen, in denen nach den geltenden Vorschriften zur Verhinderung volks- und staatsfeindlicher (reichsfeindlicher) Bestrebungen Vermögen oder Vermögensteile eingezogen werden können, erfolgt die Einziehung zugunsten des Deutschen Reiches.

(2) Derartige Vermögen oder Vermögensteile sind, soweit sie ihrer Natur nach der Erfüllung der Aufgaben der gebietlichen Selbstverwaltungskörperschaften dienlich sind, auf Vorschlag des Reichsministers des Innern diesen Selbstverwaltungskörperschaften unentgeltlich zu übertragen.

(3) Ich behalte mir vor, im Einzelfall andere Anordnungen zu treffen.

§ 2 Bei der Verwaltung und Verwertung des eingezogenen, dem Reich verbleibenden Vermögens bedient sich der Reichsminister der Finanzen der Behörden der allgemeinen Verwaltung in der Mittelstufe.

§ 3 Der Reichsminister des Innern erläßt im Einvernehmen mit dem Reichsminister der Finanzen die zur Durchführung und Ergänzung dieses Erlasses erforderlichen Rechts- und Verwaltungsvorschriften.“

Unterzeichnet war der Erlass von Hitler und Lammers, dem Chef der Reichskanzlei. Damit war ab Mai 1941 die Reichsfinanzverwaltung Schlüsselinstanz bei der Verwaltung und Verwertung des Eigentums abgeschobener Juden. Dieser Erlass bezog sich nicht explizit auf Juden, sondern richtete sich, anschließend an die bestehenden Regelungen, gegen „volks- und staatsfeindliche Bestrebungen“. Mit diesem Erlass stellte Hitler zunächst verbindlich fest, dass die Verwertung zugunsten des Reiches erfolgen sollte. Dazu sollte sich das Reichsfinanzministerium, das hier im Zusammenhang mit der Vermögensverwertung zum ersten Mal auftauchte, seiner Mittelbehörden bedienen. Allerdings hielt auch dieser Erlass noch fest, dass das Reichsfinanzministerium nicht alleine zuständig sein sollte. Es musste das beschlagnahmte Vermögen, soweit es den Selbstverwaltungskörperschaften „dienlich“ sei, an jene Selbstverwaltungskörperschaften übergeben, was auf einen Vorschlag des Reichsinnenministeriums zurückging. Nur das verbleibende Vermögen sollte die Reichsfinanzverwaltung übernehmen. Dennoch bedeutete der Führererlass vom 29. Mai 1941 einen wichtigen Schritt auf dem Weg der Reichsfinanzverwaltung zur führenden Rolle bei der Verwaltung und Verwertung des Vermögens von Juden in Deutschland.

Die uneinheitliche Kompetenzverteilung und die Konflikte um Kontrolle und Profit aus der Verwaltung und Verwertung der jüdischen Vermögen, wie sie bei diesen frühen Deportationen deutlich wurden, waren nicht zuletzt das Ergebnis einer unübersichtlichen Rechtslage. Zehn verschiedene Vorschriften gab es 1940 für die Einziehung „volks- und staatsfeindlichen Vermögens“ in den Regionen des Reiches.[275] Unterschiedlich geregelt war dabei zum einen, in wessen Kassen der Erlös aus der Verwertung der Vermögen fließen sollte: in die des Reichs, in die der Länder, in die der Gestapo, die vor allem einen Ausgleich für die Aufwendungen bei den Deportationen forderte, oder in die der NSDAP. Zum anderen gab es Unterschiede in der Frage, wer für die Durchführung der Verwertung zuständig sein sollte: Reichsfinanzbehörden oder regionale Instanzen der Innenverwaltung. Schließlich war bei den ersten Deportationen noch ein weiteres Problem deutlich geworden: Die Methode der individuellen Aberkennung der Staatsangehörigkeit war „außerordentlich umständlich und zeitraubend".[276]

5.5 Die 11. Verordnung zum Reichsbürgergesetz vom 25. November 1941

5.5.1 Die Verknüpfung von Staatsbürgerschaftsdiskussionen und Enteignungsfragen in der Debatte um die Einführung der 11. Verordnung zum Reichsbürgergesetz

Verschiedene Faktoren aus den geschilderten Vorgängen wirkten zusammen, als im Sommer 1940 die Diskussion um eine Neuregelung begann, um die Rechtslage zur Enteignung jüdischen Vermögens zu vereinheitlichen.[277] Seit

275 Gesetz über die Einziehung kommunistischen Vermögens vom 26.5.1933, RGBl. I (1933), S. 293; Gesetz über die Einziehung volks- und staatsfeindlichen Vermögens vom 14.7.1933, RGBl. I (1933), S. 479; Verordnung über die Einziehung volks- und staatsfeindlichen Vermögens vom 5.8.1933, RGBl. I (1933), S. 572; 2. Verordnung über die Einziehung volks- und staatsfeindlichen Vermögens vom 26.9.1933, RGBl. I (1933), S. 668; Verordnung des Preußischen Ministers des Innern vom 8.6.1933, Preuß. Gesetzessamml., S. 207; Verordnung über die Einziehung volks- und staatsfeindlichen Vermögens im Lande Österreich vom 18.11.1938, RGBl. I (1938), S. 1620; Verordnung zur Durchführung und Ergänzung der Verordnung über die Einziehung volks- und staatsfeindlichen Vermögens im Lande Österreich vom 31.3.1939, RGBl. I (1939), S. 657; Verordnung über die Einziehung volks- und staatsfeindlichen Vermögens im Saarland vom 31.1.1939, RGBl. I (1939), S. 126; Verordnung über die Einziehung volks- und staatsfeindlichen Vermögens in den sudetendeutschen Gebieten vom 12.5.1939, RGBl. I (1939), S. 911; Verordnung über die Einziehung von Vermögen im Protektorat Böhmen und Mähren am 4.10.1939, RGBl. I (1939), S. 1998.

276 Schreiben des Chefs der Sicherheitspolizei an das Reichsfinanzministerium vom 26.8.1940, zitiert im Aktenvermerk Reichsfinanzministerium, Referat Trapp, vom 17.3.1941 betr. Vermögensverfall (jüdisches Vermögen), Besprechung im Reichsinnenministerium am 15.3.1941, BAB, R 2, 59888, Bl. 67–71, Bl. 67.

277 Schreiben des Reichsinnenministeriums, Pfundtner, an Stellv. d. Führers, Reichskanzlei, Beauftragten für den Vierjahresplan, Reichsfinanzminister, Reichsjustizminister, Reichs-

Mai 1940 drängte der Reichsführer-SS gegenüber dem Reichsinnenministerium, die Beschlagnahme von Emigrantenvermögen effizienter zu gestalten. So ging eine Initiative für eine Reform des Enteignungsverfahrens gegenüber Juden, das sich bis dahin noch auf die beiden Ausbürgerungsgesetze vom Juli 1933 stützte, vom Chef der Sicherheitspolizei Reinhard Heydrich aus, der feststellte, dass das bisherige Ausbürgerungsverfahren „außerordentlich umständlich und zeitraubend" sei. „Um diesen, dem allgemeinen Volksempfinden und den Belangen des Reiches hohnsprechenden Zustand zu beendigen, beabsichtige ich, bei allen emigrierten Juden ohne weiteres die Voraussetzungen des Ausbürgerungsgesetzes als erfüllt anzunehmen und dadurch eine rasche und schematische Ausbürgerung zu erreichen."[278] Als Auslöser für eine Reform bezog sich Heydrich also auf emigrierte deutsche Juden.

Das Reichsinnenministerium hingegen deklarierte die Verordnung propagandistisch als Antwort auf das „Englandhilfegesetz" der Vereinigten Staaten und drängte daher auch auf eine rasche Verabschiedung der Verordnung, um zeitnah auf jenes Gesetz zu reagieren.[279] Im Innenministerium hatte man aber auch die staatsbürgerrechtliche Problematik in den neuen Reichsgebieten im Auge: „Vor Erlass der Nürnberger Gesetze kannte man in Deutschland eine Unterscheidung der deutschen Staatsangehörigen nach rassischen oder völkischen Gesichtspunkten nicht", hieß es in dem oben genannten Schreiben vom Juli 1940.

„Die Nürnberger Gesetze hoben aus den Staatsangehörigen die Reichsbürger als die Staatsangehörigen mit vollen Rechten heraus und bestimmten, dass nur Staatsangehörige deutschen oder artverwandten Blutes Reichsbürger werden können, nicht dagegen Juden und nichtjüdische Fremdblütige. Damit war innerhalb der Staatsangehörigen ein scharfer Trennungsstrich in rassischer Hinsicht gezogen. Nach Lage der Verhältnisse erschien bei der damaligen Zusammensetzung der Bevölkerung des Deutschen Reiches dagegen eine Unterscheidung in völkischer Hinsicht nicht erforderlich. Diese Lage hat sich seit der Errichtung des Grossdeutschen Reiches weitgehend geändert. Im Grossdeutschen Reich wohnen Millionen von Personen artverwandten Blutes aber fremder Volkszugehörigkeit. Diese können auf dem Gebiet der Staatsangehörigkeit nicht dieselben Rechte wie die Deutschen Volkszugehörigen erwerben oder behalten. In Zukunft muss vielmehr das Wesen der Staatsangehörigkeit mehr als bisher mit innerem Gehalt gefüllt werden. Grundsätzlich werden in Zukunft nur deutsche

führer und Chef der Deutschen Polizei, Reichsforstmeister, Reichsprotektor Böhmen und Mähren, preußischen Ministerpräsidenten, preußischen Finanzminister, Haupttreuhandstelle Ost, Reichsstatthalter im Sudetengau vom 22.7.1940, BAB, R 2, 11372, Bl. 118 f. Folgendes Zitat ebd.

[278] Schreiben des Chefs der Sicherheitspolizei an das Reichsfinanzministerium vom 26.8.1940, zitiert im Aktenvermerk Reichsfinanzministerium, Referat Trapp, vom 17.3.1941 betr. Vermögensverfall (jüdisches Vermögen), Besprechung im Reichsinnenministerium am 15.3.1941, BAB, R 2, 59888, Bl. 67–71, Bl. 67 f.

[279] Einladung des Reichsinnenministeriums vom 13.3.1941 (Abschrift), BAB, R 2, 59888, Bl. 72–74.

Volkszugehörige Staatsangehörige sein können. Zu ihnen können nur diejenigen Fremdvölkischen hinzutreten, die als umvolkbar anerkannt worden sind."

Auf diese Beschreibung folgt die entscheidende Forderung: „Wenn man hiernach die artverwandten Fremdvölkischen nur zu Schutzangehörigen macht, sie somit von dem Besitz der deutschen Staatsangehörigkeit ausschliesst, dann ist es nicht angängig, die artfremden Juden im Besitz der deutschen Staatsangehörigkeit zu belassen. Der Entwurf entzieht daher allen Juden deutscher Staatsangehörigkeit im Inlande wie im Auslande die deutsche Staatsangehörigkeit und macht sie zu Staatenlosen." Auch die Tatsache, dass das Vermögen bislang vorwiegend zugunsten der Länder eingezogen wurde, war nach Ansicht des Reichsinnenministeriums „mit den Bedürfnissen des Reiches nicht vereinbar", und dies war ein weiterer Impuls für eine Reform der bestehenden Gesetzeslage.

Das Reichsinnenministerium schickte im Juli 1940 einen Entwurf für eine neue, vereinheitlichende Verordnung herum, in dem allerdings die Frage der Zuständigkeit für die Verwaltung und Verwertung offengehalten wurde.[280] Der preußische Finanzminister Popitz richtete seine Kritik sofort auf diesen Punkt und forderte eine Lösung: „Es scheint mir von entscheidender Bedeutung zu sein, zu klären, wie diese Zuständigkeit sich in Zukunft gestalten soll", erklärte Popitz und machte gleichzeitig deutlich, dass er die Zuständigkeit der mittleren Innenverwaltung beibehalten wollte: „Die Durchführung der ganzen Verwaltungs- und Verwertungsaufgabe scheint mir typisch eine Frage zu sein, die auch fernerhin in der Hand der Regierungspräsidenten bleiben muß."[281]

Der Staatssekretär des Reichsfinanzministeriums Fritz Reinhardt sprach sich hingegen unter Berufung auf die Vermögensverwertung bei ausgebürgerten Emigranten sowie die Praxis im Sudetengau und in der „Ostmark", wo inzwischen die Oberfinanzpräsidien für die Abwicklung eingezogener Vermögen zuständig waren, vehement für die Übertragung dieser Aufgabe auf sein Ressort aus.[282] Die Haushaltsabteilung des Reichsfinanzministeriums erklärte dazu im August 1940, man halte die Übertragung der Verwaltung und Verwertung des zugunsten des Reichs eingezogenen Vermögens auf die Regierungspräsidenten sachlich nicht für gerechtfertigt. Das eingezogene Vermögen gehöre zum Finanzvermögen des Reichs. Seine wirtschaftliche Verwendung sei Aufgabe derjenigen Reichsbehörde, die die Finanzwirtschaft

280 Entwurf einer Verordnung über die Einziehung volks- und reichsfeindlichen Vermögens (Abschrift), Anlage zum Schreiben des Reichsinnenministeriums, Pfundtner, vom 22.7.1940, BAB, R 2, 11372, Bl. 120 f.

281 Schreiben des preußischen Finanzministers Popitz an das Reichsinnenministerium u. a. vom 3.8.1940, BAB, R 2, 11372, Bl. 122 f.

282 Schreiben Reinhardts an das Reichsinnenministerium vom 13.9.1940 (Abschrift), BAB, R 2, 11372, Bl. 125.

des Reichs zu leiten habe. Die Reichsfinanzverwaltung erfülle durch ihre Organisation und ihre Erfahrung auf dem Gebiet der Vermögensverwaltung alle Voraussetzungen, die für die Übernahme der Verwaltung und Verwertung des eingezogenen Vermögens gegeben sein müssten. Für die innere Verwaltung würde die Übernahme der Vermögensverwaltung lediglich eine Vermehrung ihrer Zuständigkeiten bedeuten, für die auch das Streben nach der Einheit der Verwaltung keine ausreichende innere Begründung darstelle. Die Übertragung der Vermögensverwaltung auf die Oberfinanzpräsidenten entspreche der zwischen den Reichsbehörden bestehenden Aufgabenteilung. Für eine Änderung des vorliegenden Verordnungsentwurfs gebe es keinen Anlass.

Konkret schlug das Haushaltsreferat im Finanzministerium folgende Punkte vor:

„1. Für die Verwaltung u. Verwertung ist der Oberfinanzpräsident zuständig, in dessen Bezirk sich das Vermögen befindet. Sollte dadurch die Zuständigkeit mehrerer Oberfinanzpräsidenten begründet werden, so ist derjenige zuständig, in dessen Bezirk sich der wertvollste Teil des Vermögens (oder der Wohnsitz des früheren Eigentümers) befindet.
2. Der Oberfinanzpräsident hat in einem besonderen Verfahren die Schulden des eingezogenen Vermögens festzustellen, die während einer bestimmten Ausschlußfrist bei ihm anzumelden sind.
3. Bei einer Einziehung zugunsten mehrerer Rechtspersonen, haften die Begünstigten solange als Gesamtschuldner, bis der Oberfinanzpräsident festgestellt hat, welche Verbindlichkeiten von den Begünstigten zu übernehmen sind.
4. Bei einer Einziehung zugunsten des RdF kann von einem Haushaltsausgleich abgesehen werden, wenn das Vermögen einer anderen obersten Reichsbehörde übertragen wird, die für die Verwaltung sachlich zuständig ist.“[283]

Am 11. Dezember 1940 übersandte Innenstaatssekretär Stuckart einen Verordnungsentwurf und lud zu einer ersten Besprechung am 18. Dezember 1940 ein.[284] Der Entwurf sah für inländische Juden den Status der „Schutzangehörigen“ vor, den diese – analog zu den „Schutzangehörigen“ in den „eingegliederten Ostgebieten“ – beim Verlassen des Landes verlieren sollten. Vermögensrechtliche Fragen sollten in einer separaten Verordnung geklärt werden.

Das Auswärtige Amt begrüßte den Plan zur Änderung der Verfahren. Dort hatte man ebenfalls schon länger über Möglichkeiten zur effizienteren Ausbürgerung aller Emigranten nachgedacht. Dass der Entwurf des Reichsinnenministeriums „eine ausgesprochene Spitze gegen die Juden“ enthielt, nahm man im Auswärtigen Amt positiv auf, weil dadurch der „unwürdige Zustand“ be-

[283] Mitteilung des Ref. Dr. Ewald Fiedler (I/17) an das Ref. V/8 betr. Beschlagnahme und Einziehung volks- und reichsfeindlichen Vermögens; Neuregelung, vom 24.8.1940, BAB, R 2, 11372, Bl. 124.

[284] Vgl. Liste der angesprochenen Behörden in den Unterlagen für den Nürnberger Prozess NG-2610. In den Unterlagen des Reichsfinanzministeriums setzt sich die Überlieferung erst wieder mit der Konferenz vom März 1941 fort, BAB, R 2, 59888.

endet werde, dass für die Ausbürgerung von Juden „Gründe an den Haaren herbeigezogen werden müssten."[285]

Der Vertreter der Reichskanzlei hatte hingegen Bedenken, Juden als „Schutzangehörige" des Reiches zu bezeichnen. Er stellte überhaupt infrage, ob man Juden im Deutschen Reich noch eine besondere Rechtsstellung zuweisen solle, da sie „in nicht ferner Zeit aus Deutschland verschwunden sein werden".[286]

Der Entwurf wurde schließlich auch Hitler vorgelegt, auf dessen Schreibtisch zu diesem Zeitpunkt auch die geplante Verordnung über die „Deutsche Volksliste" lag. Während der Diktator der „Deutschen Volksliste" im Februar 1941 zustimmte, wandte er sich gegen den Entwurf zur neuen staatsbürgerlichen Einordnung der Juden, wobei er insbesondere am Begriff der „Schutzangehörigkeit" Anstoß nahm. Die Reichskanzlei unterrichtete am 27. Dezember 1940 das Innenministerium, dass Hitler den Entwurf abgelehnt hatte, und schlug vor, die Aberkennung der Staatsangehörigkeit für emigrierte Juden über eine Novelle des Staatsangehörigkeitsrechts von 1913 umzusetzen.[287]

Stuckart beharrte jedoch weiter auf seinem Vorhaben und berief sich darauf, dass der geplante staatsbürgerliche Status für Juden als „Schutzangehörige" eine notwendige Konsequenz der bevorstehenden rassistischen Klassifizierung der Bevölkerung in den „eingegliederten Ostgebieten" sei, die Hitler befürwortete. „Wenn danach aber einer zwar rassisch nicht wertvollen, aber doch immerhin artverwandten Bevölkerung nur der Status von Schutzangehörigen zugebilligt wird, erscheint es nicht angängig, den Juden den höheren Rechtsstand der Staatsangehörigkeit zu lassen", erklärte er gegenüber der Reichskanzlei. „Ich hatte daher vorgesehen, sie den nicht umvolkbaren Fremdvölkischen gleichzustellen."[288]

Das Reichsfinanzministerium war zur ersten Besprechung am 18. Dezember 1940 nicht eingeladen gewesen, hatte aber über Heydrich von der geplanten Reform erfahren und äußerte sich im November 1940 zurückhaltend, aber nicht ablehnend zu der Initiative. Rechtsreferent Trapp erklärte, er stehe „nach wie vor auf dem Standpunkt, dass die restlose Auswanderung aller Juden aus dem Reich das wichtigste Ziel der allgemeinen Judenpolitik bleiben muss. Unter der Voraussetzung, dass dieses Ziel nicht beeinträchtigt wird, habe ich keine Bedenken gegen Ihre Absicht [...]."[289]

285 Rademacher an Luther am 14.12.1940, PAAA, Inland II A7B, 83–76, R. 99625 (Nr. 6211), zit. nach Essner, Nürnberger Gesetze, S. 293.

286 Zit. nach ebd., S. 293 f.

287 Zit. nach ebd., S. 294 f.

288 Zit. nach ebd., S. 295.

289 Schreiben des Reichsfinanzministeriums, Referat Trapp, an den Chef der Sicherheitspolizei vom 9.11.1940, zitiert im Aktenvermerk Reichsfinanzministerium, Referat Trapp, vom 17.3.1941 betr. Vermögensverfall (jüdisches Vermögen), Besprechung im Reichsinnenministerium am 15.3.1941, BAB, R 2, 59888, Bl. 67–71, Bl. 68.

Bei der zweiten Sitzung zu dem Thema am 15. Januar 1941 war dann auch ein Vertreter des Reichfinanzministeriums anwesend. Der für die Enteignungen von Emigranten zuständige Referent Trapp vertrat das Reichsfinanzministerium bei den Verhandlungen über ein schnelleres, effizienteres Enteignungsverfahren.[290] Er wandte sich in der Sitzung vom Januar 1941 gemeinsam mit seinem Kollegen aus dem Reichsjustizministerium vor allem gegen die Einbeziehung von Juden, die in „Mischehen" lebten, und forderte, in der Frage eine „Führerentscheidung" herbeizuführen.[291] Im zweiten Teil der Sitzung stand der Vermögensentzug im Zusammenhang mit dem Entzug der Staatsangehörigkeit im Mittelpunkt. Gemäß dem nun vorliegenden Entwurf sollte das Vermögen von Juden an den Staat fallen, wenn diese das deutsche Staatsgebiet verließen. Umgekehrt bedeutete das allerdings, dass Juden, die im Inland blieben, nicht enteignet werden sollten. Die Enteignung sollte auch bei den jüdischen Emigranten greifen, die bereits aufgrund des Gesetzes vom 14. Juli 1933 die deutsche Staatsangehörigkeit verloren hatten.

Umstritten war insbesondere der im Entwurf genannte Verwendungszweck der verfallenen Vermögen. Diese sollten „der Förderung aller mit der Lösung der Judenfrage in Zusammenhang stehenden Zwecke dienen".[292] Der Vertreter des Finanzministeriums forderte hingegen, dass der Einsatz der Vermögen „auch für andere Zwecke des Judentums" möglich sein solle. Trapps Einwand richtete sich damit gegen die Ansprüche des Reichssicherheitshauptamtes, da der Chef der Sicherheitspolizei sich durch eine Anweisung Görings allein zur „Lösung der Judenfrage" autorisiert fühlte und daraus bereits seine Verfügungsgewalt über das Vermögen der deportierten pfälzischen und badischen Juden abgeleitet hatte. Hiergegen hatte das Reichsfinanzministerium schon im Zusammenhang mit der Enteignung der badischen und pfälzischen Deportierten Einspruch erhoben. Nach seiner Ansicht versuchte das Reichssicherheitshauptamt, am regulären Haushalt vorbei und ohne jede haushaltsrechtliche Kontrolle enorme Geldsummen für sich zu sichern.

Als Ergebnis der Besprechung vom 15. Januar 1941 hielt Stuckart fest, dass alle beteiligten Reichsbehörden dem Gesetzesprojekt, allen Juden deutscher Staatsangehörigkeit im In- und Ausland die Staatsangehörigkeit zu entziehen, zugestimmt hätten. Lediglich das Auswärtige Amt habe Zweifel daran geäußert, ob der Zeitpunkt außenpolitisch günstig sei. Juden in „privilegierter Mischehe" sollten von dem Vorhaben zunächst ausgenommen werden.[293] Über den Ver-

[290] Vgl. Aktenvermerk Reichsfinanzministerium, Referat Trapp, vom 17.3.1941 betr. Vermögensverfall (jüdisches Vermögen), Besprechung im Reichsinnenministerium am 15.3.1941, BAB, R 2, 59888, Bl. 67–71.

[291] Zit. nach Essner, Nürnberger Gesetze, S. 296.

[292] Zit. nach ebd., S. 297.

[293] Ebd., S. 298.

mögensentzug behielten sich die beteiligten Stellen noch ihre Stellungnahme vor.

Als Stuckart am 13. März 1941 eine dritte Sitzung zur Besprechung eines erneut überarbeiteten Entwurfs der 11. Verordnung zum Reichsbürgergesetz ansetzte, waren nun die „Mischehen"-Partner wieder mit einbezogen.[294] An dieser Besprechung sollten das Büro des Stellvertreters des Führers, der Chef der Reichskanzlei, der Beauftragte für den Vierjahresplan, das Auswärtige Amt, der Reichsjustizminister, der Reichsführer-SS und Chef der Deutschen Polizei, der Reichskommissar für die Festigung des deutschen Volkstums, das Reichsfinanzministerium, das Reichswirtschaftsministerium und das Reichsarbeitsministerium teilnehmen.[295] Der nunmehr dritte Entwurf des Reichsinnenministeriums war kurz und schlicht:

„Auf Grund des § 3 des Reichsbürgergesetzes vom 15. September 1935 (Reichsgesetzblatt I S. 1146) wird folgendes verordnet:
§ 1 Ein Jude kann nicht die deutsche Staatsangehörigkeit besitzen.
§ 2 Der Reichsminister des Innern erlässt die zur Durchführung und Ergänzung erforderlichen Bestimmungen."[296]

An die Verordnung zum Entzug der Staatsangehörigkeit sollte sich eine Verordnung des Ministerrats für Reichsverteidigung anschließen, durch die das Vermögen der Juden dem Reich verfallen sollte, wenn sie ihren Wohnsitz ins Ausland verlegten.[297]

Aus der Sicht des Reichsfinanzministeriums waren für die Entwürfe vor allem zwei Grundgedanken leitend: Zum einen könne ein Jude nicht die deutsche Staatsangehörigkeit besitzen. Das bedeutete, dass Juden die deutsche Staatsangehörigkeit mit Inkrafttreten der geplanten Verordnung verlieren würden. Zum anderen sollte das Vermögen von Juden, die ihren gewöhnlichen Aufenthalt im Ausland hätten oder dorthin verlegten, dem Reich verfallen. Juden, die im Inland blieben, behielten demnach ihr Vermögen.

In der Besprechung am 15. März wurde deutlich zur Sprache gebracht, dass der Begriff „Ausland" in dem Entwurf der Verordnung nicht geeignet war, weil das Reichsinnenministerium auch das Generalgouvernement in die Regelung einbeziehen wollte. Im Reichsinnenministerium hatte man damit die ursprüngliche Position aufgegeben, insbesondere, nachdem Hitler selbst klargestellt hatte, dass er das Generalgouvernement als Teil des „Großdeutschen

294 Ebd., S. 299.
295 Einladung des Reichsinnenministeriums vom 13.3.1941 (Abschrift), BAB, R 2, 59888, Bl. 72–74.
296 Einladung des Reichsinnenministeriums vom 13.3.1941 (Abschrift), Anlage Entwurf 11. Verordnung zum Reichsbürgergesetz, BAB, R 2, 59888, Bl. 75.
297 Entwurf einer Verordnung über das Vermögen von Juden im Ausland, die die deutsche Staatsangehörigkeit verlieren (Abschrift), BAB, R 2, 59888, Bl. 77.

Reiches" betrachte.[298] Es sollte daher eine andere Formulierung gefunden werden.

Im Hinblick auf die Verwendung der verfallenen Vermögen vertraten inzwischen das Reichsinnenministerium und vor allem auch das Auswärtige Amt den Standpunkt zugunsten des Reichssicherheitshauptamtes. Sie beriefen sich dabei formal auf das Argument, dass der Eindruck zu vermeiden sei, das Geld diene der Finanzierung des Krieges. Das Reichsinnenministerium schlug deshalb die Formulierung vor: „Das verfallene Vermögen soll der Förderung der Judenauswanderung sowie aller mit der Lösung der Judenfrage im Zusammenhang stehenden Zwecke dienen." Auf Wunsch des Vertreters des Reichsmarschalls wurde dann während der Sitzung am 15. März vereinbart, den Passus „der Judenauswanderung sowie" zu streichen.[299]

In der Märzsitzung wurde auch beschlossen, die Vermögensverwertungsabteilung des Finanzamts Moabit-West, die bislang für die Verwaltung verfallener Vermögen zuständig gewesen war, dem Oberfinanzpräsidenten Berlin zuzuschlagen und mit der Verwertung der verfallenen Vermögen zu beauftragen. Diese Entscheidung bedeutete eine grundlegende Weichenstellung für das Reichsfinanzministerium gegenüber dem Reichssicherheitshauptamt im Machtkampf um die Verfügungsgewalt über das jüdische Eigentum im Deutschen Reich. Im Reichsfinanzministerium begrüßte man auch die Konzentration auf den Berliner Oberfinanzpräsidenten, weil das für die übrige Finanzverwaltung eine Entlastung bedeutete.[300] Schließlich einigten sich die Sitzungsteilnehmer am 15. März 1941 darauf, dass die Reichsfluchtsteuer nach Inkrafttreten der Verordnung nur noch in seltenen Fällen erhoben werden könne.

Die auf der Sitzung diskutierte, mittlerweile dritte Entwurfsfassung der 11. Verordnung schloss nun erstmals die Aberkennung der Staatsangehörigkeit und den Vermögensverfall unmittelbar zusammen. Alle deutschen Juden sollten demnach die Staatsangehörigkeit verlieren – unabhängig von ihrem Aufenthaltsort. Das Vermögen sollte verfallen, wenn sie sich „außerhalb des Reichsgebietes" aufhielten – eine vage Formulierung, die den Begriff „Ausland" vermied.[301] In „privilegierter Mischehe" lebende Juden sollten gemäß der Durchführungsverordnung zwar die Staatsangehörigkeit, nicht aber ihr Vermögen verlieren. Der Entwurf vom März 1941 hielt zudem fest, dass die

[298] Mitteilung Stuckart an Lammers vom 13.2.1941, zit. nach Essner, Nürnberger Gesetze, S. 298; vgl. dazu auch Majer, Fremdvölkische, S. 475.

[299] Aktenvermerk Reichsfinanzministerium, Referat Trapp, vom 17.3.1941 betr. Vermögensverfall (jüdisches Vermögen), Besprechung im Reichsinnenministerium am 15.3.1941, BAB, R 2, 59888, Bl. 67–71, Bl. 70 f. Das Folgende ebd.

[300] Schreiben des Reichsfinanzministeriums, zit. nach Mußgnug, Reichsfluchtsteuer, S. 46.

[301] Vgl. Essner, Nürnberger Gesetze, S. 300.

Entscheidung über den Vermögensverfall beim Chef der Sicherheitspolizei und des SD liege, die Verwaltung und Verwertung aber beim Oberfinanzpräsidium Berlin.

Nach der Besprechung vom 15. März 1941 sollte Heydrich bei Hitler vier Entscheidungen einholen: 1. ob die Ausbürgerung und der damit verbundene Vermögensverfall von Juden im Ausland überhaupt beschlossen werden solle, 2. ob die Regelung in einer Verordnung oder in einem Gesetz gefasst werden solle, 3. ob Juden, die in „privilegierter Mischehe" lebten, von den Regelungen ausgenommen werden sollten, wie es das Reichsinnenministerium anstrebte, sowie schließlich 4. ob es Härteklauseln geben solle, durch die manche Juden - etwa Frontkämpfer des Ersten Weltkrieges oder jüdische Beamte, die von Hitler ernannt oder befördert worden waren - von den Regelungen ausgenommen werden könnten. Hier wollte das Reichsinnenministerium sich ermächtigen lassen, im Einzelfall von den allgemeinen Regelungen abweichen zu können.[302]

Der Entwurf von Verordnung und Durchführungsverordnung wurde Hitler zur Entscheidung vorgelegt. Dieser bekräftigte zunächst aber noch einmal die Praxis der Gestapo bei der Einziehung jüdischer Vermögen nach dem alten Verfahren vom Juli 1933 per Führererlass.[303] Der entscheidende Punkt war dabei jedoch weniger die de facto schon lange etablierte Zuständigkeit Himmlers. Neu war, dass das Vermögen nun nur noch zugunsten des Reiches - und nicht der Länder - eingezogen werden sollte.

Nachdem das Gestapo-Verfahren zur Enteignung bestätigt worden war, lehnte Hitler den Entwurf zur 11. Verordnung ab. Offiziell lautete die Begründung, dass die vorgeschlagene Regelung dadurch, dass sie zwischen mehreren Gruppen der Staatsangehörigkeit differenziere, „ungemein kompliziert und schwer zu handhaben sein dürfte".[304] Vertraulich teilte der Chef der Reichskanzlei Lammers dem Stellvertreter des Führers, Bormann, jedoch mit, dass Hitler die Regelung vor allem abgelehnt habe, „weil er der Meinung ist, daß es nach dem Kriege in Deutschland ohnedies keine Juden mehr geben werde". Hitler halte es daher nicht für erforderlich, „jetzt eine Regelung zu treffen, die schwer zu handhaben sei, Arbeitskräfte binde und eine grundsätzliche Lösung doch nicht bringe".[305]

Trotz dieses Vetos des Führers legte das Reichsinnenministerium einen

302 Aktenvermerk Reichsfinanzministerium, Referat Trapp, vom 17.3.1941 betr. Vermögensverfall (jüdisches Vermögen), Besprechung im Reichsinnenministerium am 15.3.1941, BAB, R 2, 59888, Bl. 67–71, Bl. 69 f.

303 Führererlass vom 29.5.1941, RGBl. I (1941), S. 303.

304 Mitteilung Lammers an das Reichsinnenministerium vom 7.6.1941, zit. nach Essner, Nürnberger Gesetze, S. 302.

305 Lammers an Bormann am 7.6.1941, zit. nach Adam, Judenpolitik, S. 210.

vierten Entwurf für die 11. Verordnung vor, der am 14. Juli 1941 mit Ministeriumsvertretern besprochen werden sollte. Vom Reichsfinanzministerium war Schwandt anwesend.[306] Hitler hatte im Juni 1941 entschieden, dass die Regelung sich nur auf Juden beziehen sollte, die sich im Ausland aufhielten.[307] Das Generalgouvernement sollte dabei ausdrücklich als Ausland gelten. Die Begriffsbestimmung, dass die Regelung für alle Juden gelten sollte, die ihren „gewöhnlichen Aufenthalt im Ausland" hatten, entsprach dabei dem Wortlaut der Steuergesetze.[308] Das Reichsinnenministerium betonte, dass es nicht auf den Willen der Betroffenen ankomme, sondern „objektive Gesichtspunkte" maßgebend seien. „Es würde also auch der Jude, der ins Generalgouvernement abgeschoben wird, unter diese Regelung fallen", stellte es in seinem Einladungsschreiben zur Besprechung vom 14. Juli 1941 klar und ordnete damit deportierte deutsche Juden unter denselben Begriff der „Wohnsitzänderung" wie etwa in die USA emigrierte. Juden, die in „privilegierter Mischehe" lebten, sollten allerdings ausgenommen werden. Die Frage der „Mischehen" bildete den Kern der Diskussion über den vierten Verordnungsentwurf.[309]

Nach der Besprechung überarbeitete das Reichsinnenministerium die Verordnung noch einmal drei Monate lang. Am 22. Oktober 1941 übersandte Stuckart die neue Fassung, die mit den Weisungen Hitlers abgestimmt und den anderen Ressorts zur Unterzeichnung zugeschickt worden war, an die Reichskanzlei. Die Frage, ob das Generalgouvernement „Ausland im Sinne der Verordnung" sein sollte, hatte das Reichsinnenministerium offengelassen, da eine explizite Regelung in der Verordnung „nicht angebracht" erschien.[310] Der Punkt sollte in einer eigenen Ausführungsverordnung geregelt werden. Am 26. Oktober 1941 stimmte die Reichskanzlei dem Entwurf der 11. Verordnung zum Reichsbürgergesetz zu, sie trat am 25. November 1941 in Kraft.

Mit der 11. Verordnung zum Reichsbürgergesetz vom 25. November 1941 verloren alle Juden, die sich im Ausland aufhielten, automatisch ihre Staatsangehörigkeit, und ihr Vermögen verfiel dem Reich ohne weitere förmliche Erklärung.[311] Sie wurde sowohl im Hinblick auf Emigranten als auch auf die seit Mitte Oktober laufenden Deportationen aus dem Reichsgebiet sofort angewandt.

Die 11. Verordnung zum Reichsbürgergesetz bildete nicht einfach einen Höhepunkt einer kontinuierlichen Radikalisierung der fiskalischen Verfolgung,

[306] Essner, Nürnberger Gesetze, S. 302.
[307] Dies hatte Lammers dem Reichsinnenministerium in einem Schreiben vom Juni 1941 mitgeteilt, vgl. Essner, Nürnberger Gesetze, S. 302.
[308] Einladungsschreiben vom 7.7.1941 zur Besprechung am 14.7.1941, NG 2499.
[309] Essner, Nürnberger Gesetze, S. 304.
[310] Zit. nach ebd., S. 305.
[311] 11. Verordnung zum Reichsbürgergesetz vom 25.11.1941, RGBl. I (1941), S. 722.

denn diese war vor 1941 keineswegs ein geradliniger, zielgerichteter Prozess gewesen. Vielmehr zeigt sich eine Ungleichzeitigkeit der Entwicklungsdynamiken zwischen einzelnen Sektoren. Insbesondere bei den verschiedenen Maßnahmen zur steuerlichen Diskriminierung bei einer Emigration widersprachen sich wirtschaftspolitische, staatsrechtliche und rassistische Motive teilweise. Erst in der „Aktion 3" lösten sich Reibungspunkte und Brüche zwischen den Teilbereichen der fiskalischen Verfolgung angesichts der totalen wirtschaftlichen Existenzvernichtung der Juden weitgehend auf.

Noch aus einem weiteren Grund unterschied sich die gesetzliche Grundlage zur Enteignung der Deportationsopfer grundlegend von früheren gesetzlichen Regelungen. Im Gegensatz zu vorangehenden antijüdischen Gesetzen und Verordnungen war sie nicht nur eine Anweisung zur Verfolgung und Diskriminierung der Bevölkerungsgruppe, welche die „Nürnberger Gesetze" als „Juden" definiert hatten. Sie schuf vielmehr eine neue Basis für das jüdische Staatsbürgerrecht. Die 11. Verordnung war die erste grundlegende Veränderung der „antisemitischen Grundgesetze" im NS-Staat seit den „Nürnberger Gesetzen" von 1935.[312]

Die 11. Verordnung modifizierte die Tätigkeit der Finanzbehörden erheblich. Dass nicht mehr für jeden Enteignungsvorgang zuvor eigens der Entzug der Staatsangehörigkeit bei der Innenverwaltung beantragt werden musste, verschaffte den Finanzbehörden zeitliche und sachliche Autonomie. Abstimmungsschwierigkeiten zwischen den verschiedenen beteiligten Behörden fielen weg, und die verwaltungstechnisch komplizierte Interimsphase, wenn der jüdische Eigentümer das Land bereits verlassen hatte, die Entziehung der Staatsangehörigkeit aber noch nicht ausgesprochen war, gab es nun nicht mehr. Das betraf alle ins Ausland geflohenen jüdischen Deutschen, die noch keine fremde Staatsangehörigkeit angenommen hatten. Bei ihnen bewirkte die 11. Verordnung den sofortigen Vermögensverfall. Aber auch bei den Deportierten konnten die Finanzbehörden anhand der Deportationslisten, die sie von der Gestapo bekamen, umgehend mit der „Verwaltung und Verwertung" des zwangsweise zurückgelassenen Eigentums beginnen.

5.5.2 Grenzen der Regelbarkeit: Konflikte zwischen Reichssicherheitshauptamt und Reichsfinanzverwaltung im Kontext der Enteignung der Deportierten

Betrachtet man die Umsetzung der 11. Verordnung, wird jedoch auch sichtbar, dass die Finanzbeamten, insbesondere im Kontakt mit dem Reichssicherheits-

[312] Essner, Nürnberger Gesetze, S. 448.

hauptamt, das die Deportationen organisierte, an Grenzen der Regelbarkeit stießen.

So sah etwa der Text der 11. Verordnung vor, dass Juden ihr Eigentumsrecht in dem Moment verlieren sollten, in dem sie die deutsche Staatsgrenze überschritten. Die Frage, wann und ob überhaupt die Deportationszüge die Reichsgrenze überquerten, war daher für die Tätigkeit der Finanzbeamten von entscheidender Bedeutung, damit die Vermögenskonfiskationen rechtlich gedeckt waren. Nun teilte aber die Gestapo den Finanzbeamten häufig nicht mit, wann die Deportationszüge die Reichsgrenze passierten. Vor allem aber lagen nicht alle Deportationsziele im Ausland.[313]

Am 27. November 1941 – also zwei Tage nach Bekanntgabe der 11. Verordnung – teilte das Reichssicherheitshauptamt dem Reichsfinanzministerium mit, dass das Generalgouvernement „Ausland im Sinne der Verordnung" sei. Diese Frage war schon im Vorfeld der 11. Verordnung diskutiert worden, und die Erklärung stieß daher auf keine weiteren Hindernisse. Am 3. Dezember gab Innenstaatssekretär Stuckart die präzise Formulierung in einer Durchführungsverordnung vertraulich an alle betroffenen Reichsbehörden weiter: „Der Verlust der Staatsangehörigkeit und der Vermögensverfall trifft auch diejenigen unter die Verordnung fallenden Juden, die ihren gewöhnlichen Aufenthalt in den von den deutschen Truppen besetzten oder in deutscher Verwaltung genommenen Gebieten haben oder in Zukunft nehmen, insbesondere auch im Generalgouvernement und in den Reichskommissariaten Ostland und Ukraine."[314] Damit waren geflohene und deportierte Juden im Generalgouvernement sowie in Holland oder Frankreich eingeschlossen.

Nun lagen aber zwei wichtige Deportationsziele – Theresienstadt und Auschwitz – auch nach dieser Auslegung nicht im „Ausland im Sinne der Verordnung", sondern im Reichsprotektorat Böhmen und Mähren beziehungsweise im Gau Oberschlesien. Anfang Dezember 1941 war bei den zuständigen Instanzen bereits bekannt, dass in allen Fällen, in denen Juden innerhalb des Reichsgebietes abgeschoben würden, das Vermögen durch Einzelanordnung der Gestapo oder der sonstigen zuständigen Einziehungsbehörden zugunsten des Deutschen Reichs eingezogen werde.[315] Eine Sammelfeststellung des Reichsinnenministeriums vom 30. Juni 1942 erklärte dann pauschal, dass „die Bestrebungen der nach Theresienstadt abzuschiebenden Juden

[313] Vgl. zu Folgenden auch Kuller, Normenstaat, S. 224–230.

[314] Runderlass des Reichsinnenministeriums vom 3.12.1941 (Abschrift), der Erlass ist auch zitiert bei Adler, Mensch, S. 503 f. Zur Interpretation vgl. ebd., S. 577, und Schmid, Finanztod, S. 150.

[315] Manuskript der Wirtschaftsgruppe Privates Bankgewerbe für die Mitglieder, betr. Behandlung des jüdischen Vermögens abgeschobener Juden, vom 21.5.1942, BAB, R 2, 9172b, Bl. 105.

volks- und staatsfeindlich" gewesen seien.[316] Somit war der Weg für eine formale Abwicklung nach den Gesetzen aus dem Jahr 1933 mit individuellen Einziehungsverfügungen frei.

Der Rückgriff auf das ältere Verfahren bedeutete für die Finanzbeamten einen erhöhten Arbeitsaufwand. Dennoch wurde die Enteignungsmethode beispielsweise in Berlin, von wo ab November 1942 nur noch Deportationszüge nach Auschwitz und Theresienstadt fuhren, wieder auf individuelle Einziehungsverfügungen umgestellt.[317] Auch in München[318] sowie in Trier und Koblenz[319] scheint man das Konfiskationsverfahren für die Deportationen zu Zielorten im Reichsgebiet im Laufe des Jahres 1942 angepasst zu haben.

Aber nicht überall kam es zu einer solchen Verfahrensänderung. Als beispielsweise im Juni 1943 von Würzburg ein Transport nach Auschwitz und nach Theresienstadt fuhr, legte die Gestapo den Unterlagen an das Finanzamt für die 57 Personen, die nach Auschwitz verschleppt wurden, keine Einziehungsverfügungen und Zustellungsurkunden bei, wie das an sich für die „Einziehung volks- und staatsfeindlichen Vermögens" im Inland notwendig war. Dies musste besonders ins Auge fallen, weil für die sieben Juden, die ihren Wohnsitz nach Theresienstadt „verlegten", solche Vermögenseinziehungsverfügungen ausgegeben wurden. Möglicherweise stützte sich dieses Vorgehen, das formal nach der damaligen Gesetzeslage illegal war,[320] auf eine weite Auslegung des oben erwähnten Runderlasses des Reichsinnenministeriums vom 3. Dezember 1941. Allerdings gibt es bislang keine Quellen, die eine solche ausweitende Deutung belegen würden. Und in anderen Regionen lässt sich zeigen, dass man eine solche Auslegung gerade nicht anwandte. So hielt etwa in Hannover die Gestapo stattdessen an der Fiktion fest, dass Transporte die Reichsgrenze überschritten hätten, und benachrichtigte die Finanzverwaltung in diesem Sinne.[321]

Auch in den Fällen, in denen Deportationszüge tatsächlich ins „Ausland im Sinne der Verordnung" fuhren und damit die 11. Verordnung angewandt werden konnte, zeigte sich eine Diskrepanz zwischen den Vorgehensweisen der Gestapo und der Finanzbeamten. In einer Anweisung erklärte der Reichsfinanzminister, dass die Gestapo den Vermögensverfall nicht ausdrücklich feststellen müsse, vielmehr sei die Übersendung der Vermögensverzeichnisse seitens der Gestapo mit der entsprechenden Mitteilung eine ausreichende Bescheinigung für den Vermögensverfall. Die Finanzbeamten nahmen die-

316 Sammelfeststellung des Reichsinnenministeriums vom 30.6.1942, zit. nach Adler, Mensch, S. 569.

317 Friedenberger, Ausplünderung, S. 283 f.

318 Vgl. dazu die Fallakten des Oberfinanzpräsidiums München, StAM, Bestand OFD.

319 Rummel, Enteignung, S. 70.

320 Adler, Mensch, S. 577.

321 Das Beispiel wird erwähnt bei Schmid, Finanztod, S. 150 f.

ses Dispensangebot aber offenbar nicht überall an. Darauf deutet zumindest der Stempel hin, mit dem sie die Formulare für die obligatorische Meldung des Vermögensverfalls an das Oberfinanzpräsidium Berlin-Brandenburg versahen. Dieser Stempel hielt fest, dass das Verfahren unter Vorbehalt stehe, denn die Finanzbeamten könnten „nicht zweifelsfrei feststellen [...], ob die Voraussetzungen über den Vermögensverfall vorliegen".[322]

Ein weiteres Konfliktfeld betraf die Konkurrenz um die Profite aus der Enteignung der Juden. Obwohl die Zuständigkeit für die Verwaltung und Verwertung der Vermögen der Deportierten 1941 formal auf die Reichsfinanzverwaltung übergegangen war, kam es immer wieder zu Auseinandersetzungen mit der Gestapo und dem Reichssicherheitshauptamt. Unter anderem sahen sich die Finanzbeamten mit dem Problem der „Vorverwertung"[323] durch die SS konfrontiert: Juden mussten vor der Deportation mindestens ein Viertel ihres Vermögens als „Spende" an die Reichsvereinigung abgeben, die zu dieser Zeit vollständig unter der Kontrolle des Reichssicherheitshauptamtes stand. Das Geld gelangte von dort auf das Sonderkonto „W" des Reichssicherheitshauptamtes, wo es der Finanzierung der Deportationen dienen sollte. Zudem führte das Reichssicherheitshauptamt bei Deportationen nach Theresienstadt „Heimeinkaufsverträge" ein, durch die Juden vor ihrer „Abwanderung" in das Lager der Reichsvereinigung der Juden ihr gesamtes Barvermögen abtreten mussten, um sich dadurch vermeintlich ein lebenslanges Wohn- und Verpflegungsrecht zu erwerben. Diese Gelder kamen auf ein Sonderkonto „H", das ebenfalls unter der Kontrolle des Reichssicherheitshauptamtes stand. Auf diese Weise flossen erhebliche Teile der jüdischen Vermögen auf dessen Konten ab, bevor die Reichsfinanzverwaltung mit der Konfiskation beginnen konnte.[324]

Bereits in den Studien H. G. Adlers wurde dieser Konflikt erwähnt. Durch die Vermögensüberweisungen an die Reichsvereinigung würden beträchtliche Werte „dem Zugriff des Reiches entzogen", hieß es im Dezember 1942 in einem Bericht aus dem Referat Maedel im Reichsfinanzministerium.[325] Reinhard Heydrich hatte seinerseits in einem Schreiben an die Stapo-Leitstellen vom 2. April 1942 seinen Standpunkt deutlich gemacht: „Es würde dementsprechend einen Eingriff in die mir als vom Reichsmarschall bestellten Beauftragten für die Endlösung der europäischen Judenfrage zustehenden Befugnisse darstellen, wenn andere Behörden und Dienststellen durch Beschlagnahme usw. die

322 Rummel/Rath, Dem Reich verfallen, S. 93, Zitat ebd., S. 96.

323 Bezeichnung nach Rummel/Rath, Dem Reich verfallen, S. 134. Zum Folgenden vgl. auch Adler, Mensch, S. 563–571; Friedenberger, Ausplünderung, S. 305–312.

324 Vgl. dazu Rundschreiben 141 der Wirtschaftsgruppe Privates Bankgewerbe vom 9.10.1942 nach dem, im Einvernehmen mit dem Reichsfinanzministerium, das RSHA nur den Teil der Vermögen einziehen ließ, der nicht die Heimeinkaufsverträge betraf.

325 Vermerk Referat Maedel vom 14.12.1942, S. 5, BAB, R 2, 12222, Bl. 228. Folgende Zitate, soweit nicht anderes belegt, stammen aus diesem Vermerk.

hiesigen Planungen auf diesem Gebiet für die Endlösung der europäischen Judenfrage durchkreuzen würden."[326]

Nach Maedels Aussage hatten Vertreter des Reichssicherheitshauptamtes keinerlei „Neigung" gezeigt, vom bisherigen Verfahren abzuweichen. Der Vorschlag der Finanzbeamten, das gesamte jüdische Vermögen der Reichskasse zuzuführen und dafür die Aufwendungen für die „Endlösung der Judenfrage" im ordentlichen Haushalt auszuweisen, wurde als „zu umständlich" abgelehnt. Die Aufgabe benötige die derzeitige „außerordentlich bewegliche und den Erfordernissen angepasste Finanzierungsmethode", hieß es.

In diesem Dokument vom Dezember 1942 wird der Kern des Konfliktes zwischen der Finanzverwaltung und dem Reichssicherheitshauptamt deutlich. Was man im Reichsfinanzministerium ablehnte, war weniger die Tatsache, dass erhebliche Teile der Vermögen an das Reichssicherheitshauptamt übergingen, sondern vor allem, dass die Gelder am regulären Haushalt vorbei direkt an die Gestapo flossen. Es mag sein, dass der Zugriff des Reichssicherheitshauptamtes auf die Profite aus der Verwertung jüdischen Vermögens dem Reichsfinanzministerium generell ein Dorn im Auge war. Der Vermerk des Referats Maedel aber bezog sich aber nicht auf die Summen, die das Reichssicherheitshauptamt für sich beanspruchte – geschweige denn darauf, dass dieses Vermögen den ursprünglichen Eigentümern auf kriminellem Weg entzogen wurde –, sondern auf die Art und Weise, wie diese SS-Behörde dadurch am offiziellen Haushalt vorbei agierte. Im Reichsfinanzministerium deutete man dieses Verhalten als einen Versuch, Finanzierungen außerhalb der ordentlichen Mittelbewilligung durch den Haushalt durchzuführen und „nur mit Nettospitzen im Haushaltsplan zu erscheinen".

Aus dem Vermerk Maedels ist auch die Dynamik der Auseinandersetzung ein Stück weit herauszulesen. So gab es offenbar ein Telefongespräch zwischen einem Mitarbeiter des Referats Maedel und dem Reichssicherheitshauptamt, das ergebnislos verlief. Die Finanzbeamten prüften daraufhin andere Optionen und versuchten, den Rechnungshof für ihre Interessen einzusetzen. Der Fall der Reichsvereinigung erfüllte aber wohl wichtige Kriterien nicht, um auf die Agenda des Rechnungshofes zu kommen.[327]

Der Konflikt zwischen Reichsfinanzministerium und Reichssicherheitshauptamt löste sich aber im Laufe des Jahres 1943 doch noch auf einvernehmliche Weise. Möglicherweise hatten die Finanzbeamten schon im Herbst 1942

326 Schreiben Reinhard Heydrichs an die Stapoleitstellen vom 2.4.1942, zit. im Vermerk Referat Maedel vom 14.12.1942, S. 5, BAB, R 2, 12222, Bl. 228.

327 Der Rechnungshof verlagerte seine Prüfungstätigkeit während des Krieges in die besetzen Gebiete und scheint vor allem dann tätig geworden zu sein, wenn er sich in seiner Kritik von Teilen der nationalsozialistischen Führungsgruppe unterstützt wusste. Vgl. dazu Weinert, Sauberkeit; Gilles, Finanz- und Verwaltungskontrolle; Dommach, Funktionsverlust.

ihren Vermerk mit Blick auf diesen Lösungsansatz formuliert, wenn sie so stark auf die Frage der Haushaltsverbuchung fokussierten. Denn genau die angesprochene Haushaltsanbindung ergab sich im Laufe des Jahres 1943, weil das Reichsfinanzministerium das gesamte Vermögen der Reichsvereinigung der Juden ab Juni in seine Verwaltung übernahm.

Etwas ratlos kommentiert Adler diese Entwicklung mit den Worten, es „lief [...] aber trotzdem auf dasselbe hinaus", denn die Reichsfinanzverwaltung habe das Vermögen der Reichsvereinigung nicht für sich beschlagnahmt, sondern nur in Verwaltung genommen und die geforderten Beträge aus diesen Mitteln weiterhin an das Reichssicherheitshauptamt abgegeben.[328] Geht man jedoch davon aus, dass es dem Finanzministerium nicht um die Einnahmen an sich, sondern um das Verfahren und die Haushaltskontrolle ging, kann man das Ergebnis durchaus als Erfolg für Schwerin von Krosigks Behörde bewerten.

Auch wenn die Spannungen nicht dauerhaft beseitigt wurden und insbesondere in der Abwicklung vor Ort Auseinandersetzungen um jüdische Vermögen weiterhin an der Tagesordnung blieben, zeigt die Lösung des Problems von 1942/43 doch, dass es auf beiden beteiligten Seiten offenbar eine Bereitschaft zum Formelkompromiss gab, der sowohl seitens der Finanzbeamten als auch der Mitarbeiter im Reichssicherheitshauptamt eine geregelte Fortsetzung ihrer Tätigkeit – die Ausplünderung aller deutschen Juden und ihre Deportation – ermöglichte.

5.5.3 Die „Aktion 3": Die 11. Verordnung zum Reichsbürgergesetz und die Deportationen in der Praxis

Mitte September 1941 stimmte Hitler der systematischen Deportation aller Juden aus dem deutschen Reichsgebiet zu.[329] Einiges spricht dafür, dass die Reichsfinanzverwaltung vom Beginn der Deportationen im Herbst 1941 überrascht wurde, obwohl die Finanzbehörden seit dem Führererlass vom 29. Mai 1941 offiziell an der Vermögensverwertung mitwirken sollten. Ein Referent für Rechtsfragen im Reichsfinanzministerium hatte noch im August 1940 konstatiert, er halte es für „nicht sehr wahrscheinlich", dass eine reformierte Verordnung zur Einziehung „volks- und reichsfeindlichen Vermögens" große praktische Bedeutung im Gebiet des Altreichs haben werde.[330] Allgemeine Mitteilungen des Reichssicherheitshauptamtes an die Reichsfinanzverwaltung

[328] Adler, Mensch, S. 571, vgl. dazu die Stellungnahme Schlüters vom Reichsfinanzministerium vom 17.3.1943, erwähnt ebd.

[329] Vgl. dazu Browning, Entfesselung, S. 537 f.

[330] Vermerk des Referats V/8, Reichsfinanzministerium, vom 13.8.1940 zum Entwurf einer Neufassung der Verordnung über die Einziehung volks- und reichsfeindlichen Vermögens (Abschrift), BAB, R 2, 11372, Bl. 117.

über die bevorstehenden Deportationen gab es wohl nicht,[331] und die örtlichen Finanzbehörden wurden im Oktober vor Beginn der ersten Deportationen von ihren vorgesetzten Behörden offenbar kurzfristig in Einzelbesprechungen über ihre konkrete Rolle informiert.[332] Erst am 4. November - drei Wochen nach dem Beginn der Deportationen - verschickte das Reichsfinanzministerium einen Schnellbrief, der die 14 betroffenen Mittelbehörden über die Aufgaben der Oberfinanzpräsidien und Finanzämter bei den Deportationen offiziell in Kenntnis setzte und erstmals die alleinige Zuständigkeit der Finanzbehörden für die Verwaltung und Verwertung des Eigentums der „abgeschobenen Juden" festschrieb.[333]

Allerdings war die Reichsfinanzverwaltung organisatorisch durchaus vorbereitet. Sie hatte schon im Mai 1941, in zeitlicher Nähe zum Führererlass über Vermögensverwertung, ihren Aktenplan geändert und führte seither das Aktenzeichen O 5205 für die „Übernahme von Vermögen, das zugunsten des Reichs eingezogen ist", unter dem später die Deportationsunterlagen abgelegt wurden.[334] Und das Referat für „ehemals fremdstaatliches, eingezogenes und verfallenes Vermögen" unter Leitung von Regierungsrat Walter Maedel, das später für die Koordination der „Aktion 3", der Verwaltung und Verwertung der eingezogenen und verfallenen Vermögenswerte von Juden, zuständig sein sollte, taucht schon im überarbeiteten Geschäftsverteilungsplan des Reichsfinanzministeriums aus dem Jahr 1940 auf.[335]

Eine erste Phase der Vermögensverwertung war geprägt durch Improvisation. Die ersten Deportationen begannen in Wien am 15. Oktober, in Trier und Prag am 16. Oktober, in Berlin am 18. Oktober und in Frankfurt am 19. Oktober, es folgten Düsseldorf, Köln und Hamburg am 21., 27. und 30. Oktober. Im Zeitraum vom Beginn der Deportationen am 15. Oktober 1941 bis zum 4. November 1941, an dem der erste Schnellbrief des Reichsfinanzministers an seine Behörden verschickt wurde, fuhren insgesamt zwanzig Transporte aus Wien, Prag, Trier, Berlin, Frankfurt a. M., Köln, Hamburg und Düsseldorf „in den Osten".[336] Alle diese Transporte, die verwaltungsintern als „erste Welle" bezeichnet wurden, gingen nach Litzmannstadt (Lodz), also an einen Zielort innerhalb des Reichsgebietes. Zwischen dem 4. und dem 25. November 1941, als die 11. Verordnung in Kraft trat, folgten sechs Transporte nach Minsk und fünf

331 Rummel/Rath, Dem Reich verfallen, S. 87.

332 Vgl. dazu Kuller, Finanzverwaltung und Judenverfolgung, S. 1 f., und den Abdruck einer Niederschrift über eine Besprechung vom 6.11.1941 mit Vertretern aus Nürnberg, Stuttgart und München ebd., S. 214–220.

333 Schnellbrief des Reichsfinanzministeriums an das Oberfinanzpräsidium Nürnberg, 4.11.1941, Staatsarchiv Nürnberg, OFD Nürnberg (Bund) 15472.

334 Friedenberger, Ausplünderung, S. 277 f.

335 Geschäftsverteilungsplan des Reichsfinanzministeriums von 1940, BAB, R 2, 30976.

336 Die folgende Übersicht nach Gottwald/Schulle, Judendeportationen, S. 444.

Transporte nach Kaunas. Im Zuge der „ersten Welle“ wurden rund 14 000 Juden und rund 5 000 Sinti und Roma aus Prag, Wien und sechs deutschen Städten nach Litzmannstadt verschleppt, rund 8 000 Juden wurden aus dem Reichsgebiet nach Minsk deportiert, und rund 5 000 Juden befanden sich in den Zügen, die, statt zum ursprünglich geplanten Ziel Riga zu fahren, nach Kaunas umgeleitet wurden.[337]

Da im Oktober 1941, als die systematische Deportation aller Juden aus dem deutschen Reichsgebiet einsetzte, die 11. Verordnung zum Reichsbürgergesetz noch nicht in Kraft war, wickelten die Finanzbehörden die jüdischen Vermögen zunächst nach den Enteignungsgesetzen vom Juli 1933 und nach den Vorgaben des Führererlasses vom Mai 1941 ab. Die Finanzbeamten in den Städten, aus denen Deportationen schon vor offizieller Klärung der rechtlichen Lage abgingen, wurden von Mitarbeitern des Reichsfinanzministeriums und des Berliner Finanzamts Moabit-West in Besprechungen instruiert. In vielen Bereichen mussten sie improvisieren, und ihre Erfahrungen flossen in die späteren Regelungen ein. Im Folgenden soll die vermögensrechtliche Abwicklung dieser frühen Deportationen in Wien, Berlin und Frankfurt näher betrachtet werden, die entsprechend der lokalen Konstellation unterschiedlich ablief.

Der erste Deportationszug aus dem Reichsgebiet nach der Entscheidung Hitlers im Herbst 1941 fuhr am 15. Oktober 1941 aus Wien ab. Diese Aktion trug allerdings die Bezeichnung „6. Transport“, weil sie sich an fünf Transporte im Februar und März 1941 anschloss, mit denen insgesamt 5 013 Personen aus Wien in den Distrikt Lublin deportiert worden waren. So existierte in Wien auch für die Verwaltung und Verwertung der Vermögen, die die Wiener Deportierten zurücklassen mussten, schon seit Längerem ein gut eingespielter Apparat unter der Leitung der Gestapo. Die Wiener Gestapo hatte – vermutlich schon 1940 – eine „Möbelverkehrsstelle“ bzw. „Möbelverwertungsstelle“ eingerichtet, die ab 1941 als Zentrale für die Verwertung der Mobilien der deportierten Juden fungierte und in engem Kooperationsverhältnis mit der VUGESTA stand.[338] Gestapo, Zentralstelle für jüdische Auswanderung und die Möbelverwertungsstelle sicherten und verwerteten gemeinsam das Vermögen der Deportierten.

Die Wiener Finanzbehörden führten dabei eine Art Oberaufsicht, die sich allerdings wohl darauf beschränkte, die Erlöse aus der Verwertung in die Staatskasse zu übernehmen. Die VUGESTA erwirtschaftete nach eigenen Angaben einen Erlös in Höhe von 13–14 Millionen Reichsmark, wovon allerdings nur rund 5–6 Millionen Reichsmark an die staatlichen Finanzbehörden (das

337 Longerich, Politik, S. 448 f.

338 Vgl. den einzigen erhaltenen Leistungsbericht der Möbelverwertungsstelle von jüdischem Umzugsgut vom 1.1. bis 3.06.1944, Volksgerichtsprozess gegen Bernhard Witke, zit. nach Lütgenau u. a., Staat, S. 150 f.; zur VUGESTA und der Möbelverwertungsstelle vgl. Anderl u. a., Arisierung, S. 105–163.

Finanzamt Moabit-West, nach dessen Entmachtung das Oberfinanzpräsidium Berlin und ab Mitte 1942 die regionalen Oberfinanzpräsidien, in denen der letzte Wohnsitz der Juden bestanden hatte) überwiesen wurden. Die restlichen rund 8 Millionen Reichsmark verwendete die VUGESTA für die Deckung von Speditionskosten und Spesen.

Mit Blick auf diese Zahlen wird deutlich, warum der Direktor der Reichsverkehrsgruppe Spedition und Lagerei für die „Ostmark", Karl Herber, die Gründung der VUGESTA initiiert hatte.[339] Er sah darin vor allem eine Rettungsaktion für das Speditionsgewerbe, das durch die Einlagerung von Umzugsgütern jüdischer Auswanderer im Sommer 1940 angeblich offene Forderungen in Höhe von 2,5 Millionen Reichsmark hatte. Die VUGESTA übernahm zum Stichtag 1. September 1940 alle offenen Forderungen und die weitere Lagerung auf Kosten des Reiches. Herber erhielt dann eine Vollmacht von der Gestapo, alle betroffenen Vermögensgegenstände zu beschlagnahmen und nach den Richtlinien der Gestapo zu verwerten.

Als die Deportationen begannen, hatte sich der Apparat schon eingespielt. Zwar weigerte sich Herber, sich selbst an der Verwertung der Wohnungseinrichtungen der Deportierten zu beteiligen, weil dies, wie er nach 1945 aussagte, seinem Berufsbild als Spediteur widersprochen habe. In einem Einzelfall ist seine Beteiligung aber nachgewiesen, und es waren auch Mitarbeiter der VUGESTA, welche die Möbelverwertungsstelle errichteten, die Objekte aus den Deportiertenwohnungen schätzten und auch verwerteten.

Geringwertige Gegenstände wurden an Kriegsversehrte, Luftkriegsgeschädigte oder junge Ehepaare verkauft. H. G. Adler konstatierte, dass in Österreich von der Verwertung jüdischen Eigentums in besonderem Maße sozial Bedürftige, insbesondere Opfer von Luftangriffen, profitiert hätten. Diese „soziale" Tendenz, die im Altreichsgebiet vielfach nur auf dem Papier existierte, erklärt sich seiner Ansicht nach möglicherweise daraus, dass in Österreich nicht die Oberfinanzpräsidien die Verwertung selbst durchführten, sondern andere Instanzen zuständig waren, die nur den Erlös an die Finanzbehörden weiterleiteten.[340]

Insgesamt waren die Vorgänge aber vor allem geprägt von massiver Korruption. Wertvolle Möbel, Teppiche, Bilder und Schmuck gingen meist an „verdiente" Parteimitglieder, Gestapobeamte und SS- und SA-Angehörige. Einer der Leiter der Möbelverwertungsstelle, Anton Grimm, war außerdem an einer Kunst- und Antiquitätenhandlung beteiligt. Vielfach scheint er Möbel und Wertgegenstände dorthin verbracht und zum eigenen Gewinn verkauft zu haben. Er war damit auch unmittelbarer Profiteur.[341] Ein Großteil der Angestellten der VUGESTA und Personen aus dem Umfeld, aber auch private

[339] Jabloner u. a., Schlussbericht, S. 120–123.
[340] Adler, Mensch, S. 592.
[341] Vgl, zu dem Vorgang Lütgenau u. a., Staat, S. 147.

Verwalter und Erwerber jüdischen Eigentums bereicherten sich persönlich bzw. profitierten von ihrer Tätigkeit im Dienst der VUGESTA.[342]

Einer der ersten Deportationszüge aus dem Gebiet des „Altreiches" fuhr am 18. Oktober 1941 aus Berlin nach Litzmannstadt ab. Die Berliner Gestapo enteignete die deportierten 1 014 Personen mit Einzelverfügungen, die alle auf den 3. Oktober 1941 rückdatiert wurden.[343] Rechtliche Grundlage für die Vermögenseinziehung waren auch hier das Einziehungsgesetz vom Juli 1933 und der Führererlass vom Mai 1941. Litzmannstadt lag in den eingegliederten Gebieten, d. h. nicht außerhalb der Reichsgrenzen. Auch bei den Deportationen nach Minsk und Kaunas im November 1941 verfuhren die Berliner Behörden nach demselben Schema der Einzelenteignungen. Hier wurde ein „Pseudo- oder Scheinlegalismus" deutlich, denn die Konfiskation von ganzen Familienvermögen wurde formal damit gerechtfertigt, dass die Gegenstände „volks- und staatsfeindlichen" Zwecken dienen würden. Es waren vor allem die Finanzbehörden, die diesen legalistischen Formalismus einforderten.

Zunächst trat auch in Berlin ein etablierter institutioneller Apparat in Aktion. Die Verwaltung und Verwertung des Eigentums der Deportierten wurde vom Finanzamt Moabit-West abgewickelt, das mit der Vermögensverwertung bereits langjährige Erfahrungen hatte. Im November 1941 kam es in Berlin zum schon erwähnten Konflikt zwischen dem Finanzamt Moabit-West und dem Berliner Oberfinanzpräsidium um die Zuständigkeit für die Verwaltung und Verwertung des Eigentums der Deportierten. Der Leiter des Finanzamts Moabit-West Dirks hatte schon länger über eine Überlastung seiner Behörde geklagt, damit allerdings nur eine teilweise Entlastung im Bereich der Liegenschaftsverwaltung erreichen wollen. Letztlich setzte sich Dirks aber mit seinem Plan nicht durch. Vielmehr wurde die Abteilung für Verwertung jüdischen Vermögens mit ihrem gesamten Personalbestand der „Judenabteilung" aus dem Finanzamt Moabit-West, der zu diesem Zeitpunkt aus zwanzig Beamten, darunter sechs Regierungsräte, und achtzig Angestellten und Arbeitern bestand, aus seinem Finanzamt herausgelöst und im Januar 1942 in das Oberfinanzpräsidium Berlin übernommen. Auch der Leiter der Vermögensverwertungsstelle, Willy Bötcher, blieb in seiner Leitungsposition und wechselte zum Oberfinanzpräsidium.[344] Diese Verlagerung war schon seit März 1941 geplant gewesen, wurde aber erst umgesetzt, während die ersten Deportationen schon liefen. Durch die Umstrukturierung änderte sich die institutionelle Zuordnung der Vermö-

[342] Viele Mitarbeiter der VUGESTA wurden nach Kriegsende verurteilt, vgl. dazu Anderl u. a., Arisierung, S. 146–157.

[343] Friedenberger, Ausplünderung, S. 274; vgl. auch Willems, Jude, S. 277–279.

[344] Bericht des OFP Berlin-Brandenburg an den Reichsfinanzminister vom 25.2.1944 betr. Geschäftsführung der Vermögensverwertungsstelle, LA, A Rep. 093-03/Nr. 54632; vgl. dazu auch Friedenberger, Ausplünderung, S. 288.

gensverwertungsstelle, ihr Personal blieb aber unverändert, und die Dienststelle arbeitete lediglich unter einem neuen Dach weiter. Auswirkungen hatte dieser Binnenkonflikt wohl vor allem jenseits des lokalen Horizonts. Die Ausschaltung des zuvor reichsweit agierenden Finanzamts Moabit-West bedeutete die Durchsetzung der Zuständigkeit der regionalen Oberfinanzpräsidien in Fragen der Verwaltung und Verwertung jüdischen Eigentums, die Mitte 1942 auch vom Reichsfinanzministerium definitiv bestätigt wurde.

Kasseler und Frankfurter Finanzbeamten, zuständig für die Vermögen der Deportierten, die am 20. Oktober 1941 aus Frankfurt am Main deportiert wurden, konnten im Gegensatz zu ihren Berliner Kollegen nicht auf eigene Erfahrungen mit der Verwertung jüdischer Vermögen zurückgreifen. Sie stehen damit exemplarisch für die Finanzbehörden außerhalb Berlins, aus deren Regionen Transporte der „ersten Welle" abgingen. Sie erhielten am 9. Oktober 1941 eine Einweisung in die Materie im Berliner Finanzamt Moabit-West.[345] Dort wurden sie von Ministerialrat Maedel aus dem Reichsfinanzministerium und den Mitarbeitern des Berliner Finanzamts in ihre neue Aufgabe eingeführt.

Auf Anweisung des Reichsfinanzministeriums wurde das Finanzamt Frankfurt a. M.-Außenbezirk und das Oberfinanzpräsidium Kassel zur geplanten „Abwicklung der Judenaktion" am 19. Oktober 1941 bestimmt.[346] Im Finanzamt Frankfurt a. M.-Außenbezirk sollte Regierungsrat Ibach von der Liegenschaftsstelle und im Oberfinanzpräsidium Kassel Oberregierungsrat Heinemann für die „Verwertung des eingezogenen Vermögens" zuständig sein. Eine Woche nach der Besprechung in Berlin schlug Ibach dem Oberfinanzpräsidenten von Kassel vor, die Arbeiten besser dezentral von den Vollstreckungsstellen der Finanzämter durchführen zu lassen. „Diese Stellen", argumentierte er, „verfügen über die nötigen Erfahrungen und einen geschulten Beamtenstab".[347]

Zudem schlug Ibach vor, für rund 600 Grundstücke, die nach der „Evakuierung" in Frankfurt verwaltet werden müssten, freie Grundstücksverwalter unter Aufsicht der Finanzämter einzusetzen. Die Abwicklung innerhalb der eigenen Behörden sei personell nicht möglich, und das Verfahren habe sich bereits bei der Verwaltung von Grundstücken jüdischer Emigranten bewährt. Ibachs Vorschlag der Dezentralisierung wurde im Oberfinanzpräsidium Kassel zunächst abgelehnt, da die Anweisungen aus dem Reichsfinanzministerium

345 Vgl. zur Verwaltung und Verwertung des jüdischen Eigentums in den hessischen Oberfinanzbezirken Kassel und Darmstadt auch Meinl/Zwilling, Legalisierter Raub, S. 133–171.

346 Schreiben des Oberfinanzpräsidiums Kassel an das Reichsfinanzministerium vom 5.11.1941 über die mündlichen Anweisungen des Reichsfinanzministeriums am 9.10.1941 beim Finanzamt Moabit-West, vgl. dazu Mehl, Reichsfinanzministerium, S. 87.

347 Schreiben des Finanzamts Frankfurt a. M.-Außenbezirk, Ibach, an das Oberfinanzpräsidium Kassel vom 17.10.1941, HHStAW, 519/2, 1364.

eindeutig dagegen sprächen und „sachliche Gründe“, die nicht näher ausgeführt wurden, das bisher geplante, zentrale Verfahren angeblich rechtfertigten.[348]

So wie vom Finanzamt Moabit-West vorgeschlagen wurden die Verfahren bei den Deportationen allerdings in Frankfurt nicht durchgeführt. Mit dem Argument, dass Partei- und andere Dienststellen forderten, dass Möbel und Wohnungen möglichst schnell für „bombengeschädigte Volksgenossen“ verfügbar gemacht werden sollten, setzte sich vielmehr Ibach durch. Das Kasseler Oberfinanzpräsidium autorisierte 33 Vermögenspfleger, die vom Frankfurter Amtsgericht und vom Gau-Heimstättenamt geprüft und empfohlen wurden, die die Vermögenserklärungen der rund 1 180 Juden, die am 19. Oktober 1941 aus Frankfurt „evakuiert“ wurden, überprüften.[349] Die geprüften Vermögensverzeichnisse gingen dann weiter an von der Industrie- und Handelskammer bestellte Taxatoren, die den Wert der Gegenstände schätzten und, in Abstimmung mit dem Kreiswirtschaftsberater, Taxen und Gebühren festlegten. Gebrauchsgegenstände erhielten die NSV und die Oberbürgermeister zur weiteren Verteilung an „Bombengeschädigte“. Was dann noch übrig blieb und nicht von der Reichsfinanzverwaltung oder anderen Reichsbehörden benötigt wurde, sollte vom Hauptzollamt Frankfurt versteigert werden.

Diese Vorgehensweise unterschied sich in einigen wichtigen Punkten von den Anweisungen aus Berlin und auch von der späteren Praxis. Zum einen wurden in Frankfurt externe Fachkräfte von den Finanzbehörden mit einbezogen und für die Verwaltung und Verwertung jüdischer Vermögen eingesetzt, zum anderen entsprach die Abgabe der Gegenstände an Vermittlungsstellen für Luftkriegsopfer, bevor die Reichsfinanzverwaltung und andere Reichsstellen ihren Bedarf gesichert hatten, nicht der später üblichen Vorgehensweise.

Dass die frühen Deportationen ohne zentrale Anweisungen durchgeführt wurden bzw. die lokalen Beteiligten sich über solche Anweisungen offenbar hinwegsetzen konnten, erleichterte es den Finanzbeamten, sich in der Situation der beginnenden Deportationen pragmatisch zu arrangieren. Es konnten konkrete lokale Lösungen entwickelt werden, die den politischen Erfordernissen der örtlichen Situation nach Ansicht der Akteure entsprachen.

Das Frankfurter Beispiel erlaubt einen näheren Einblick in die Situation im Oktober 1941, weil die Frankfurter Finanzbeamten über die Besprechung vom 9. Oktober und die Durchführung der ersten Abschiebungen eine acht-

[348] Schreiben des Oberfinanzpräsidiums Kassel an das Finanzamt Frankfurt a. M.-Außenbezirk vom 18.10.1941, HHStAW, 519/2, 1364.

[349] Bericht Oberregierungsrat Heinemann, Oberfinanzpräsidium Kassel, vom 5.11.1941, zu den mündlichen Anweisungen des Reichsministers der Finanzen am 9.10.1941 beim Finanzamt Moabit-West in Berlin (Abschrift), Bundesamt für zentrale Dienste und offene Vermögensfragen, Berlin, Generalakte zu Zwangsabgaben, NS 3.

seitige handschriftliche Notiz anfertigten, die erhalten ist.[350] Die Einziehung der Vermögen erfolgte demnach durch Einzelverfügungen des Kasseler Regierungspräsidenten, der sich auf das Gesetz über die Einziehung volks- und staatsfeindlichen Vermögens stützte. Der Regierungspräsident stellte Blanco-Verfügungen aus, welche die Gestapo dann ausfüllte. Die Juden erhielten diese Verfügungen erst unmittelbar vor ihrem Abtransport zugestellt. Dieses Verfahren eröffnete der Gestapo große Handlungsspielräume und bot für die Finanzbeamten gleichzeitig den erwünschten legalistischen Rahmen. Dabei belegt die Aufzeichnung, dass den Finanzbeamten durchaus bewusst war, an welcher scheinrechtlichen Farce sie mitwirkten.

Am 4. November 1941 informierte das Reichsfinanzministerium die Oberfinanzpräsidenten im „Altreich" offiziell über die „Judenabschiebungen" und gab erste Richtlinien für die Vermögensverwertung an die nachgeordneten Behörden weiter.[351] Der Kreis der betroffenen Oberfinanzpräsidien hatte sich nun von zuvor sechs auf 14 ausgeweitet. Neben den Bezirken Berlin, Hamburg, Weser-Ems, Kassel, Köln und Düsseldorf, wo die „Abschiebungen" schon begonnen hatten, richtete sich das Schreiben auch an die Oberfinanzpräsidien Hannover, Westfalen, Niederschlesien, München, Nürnberg, Württemberg, Danzig-Westpreußen und Nordmark.

Als gesetzliche Grundlage für die Vermögenskonfiskation galten zu diesem Zeitpunkt – bis zum Erlass der 11. Verordnung am 25. November 1941 – das „Gesetz über den Widerruf von Einbürgerungen und die Aberkennung der deutschen Staatsangehörigkeit" und insbesondere das „Gesetz über die Einziehung volks- und staatfeindlichen Vermögens".[352] Wegen der Bewirtschaftung der verlassenen Wohnungen sollte mit den Stadtverwaltungen Kontakt aufgenommen werden, hieß es in dem Schnellbrief vom 4. November. Die Möbel sollten in Lagerräume geschafft werden. Aus den beweglichen Gegenständen sollte die Finanzverwaltung zunächst ihren eigenen Bedarf sichern, dann den Rest verkaufen. Kunstgegenstände seien dem Landesleiter der Reichskammer der bildenden Künste zu melden, hieß es in dem Erlass, Edelmetalle,

350 Auf Grund der erwähnten Erlasse kann man davon ausgehen, dass die Aufzeichnung rückblickend im November oder Anfang Dezember verfasst wurde.

351 Erlass des Reichsfinanzministeriums an 14 Oberfinanzpräsidien, darunter München und Nürnberg, vom 4.11.1941, StAN, Oberfinanzdirektion Nürnberg (Bund), 15472 (5210 B, 1-660 = NS 6). Das Reichsfinanzministerium informierte seine Behörden am 9.12.1941 über die Änderungen, die sich durch die Einführung der 11. Verordnung zum Reichsbürgergesetz ergaben. Wichtigste Veränderung war, dass keine individuellen Einziehungsverfügungen mehr notwendig waren. Dokument ebenfalls in StAN, Oberfinanzdirektion Nürnberg (Bund), 15472 (5210 B, 1-660 = NS 6).

352 Gesetz über die Einziehung volks- und staatsfeindlichen Vermögens vom 14.7.1933, RGBl. I (1933), 479 f.; Gesetz über den Widerruf von Einbürgerungen und die Aberkennung der deutschen Staatsangehörigkeit vom 14.7.1933, RGBl. I (1933), 480 f.

Briefmarken und Wertpapiere zu Sammelstellen nach Berlin abzuliefern und Immobilien bis auf Weiteres in die Verwaltung zu übernehmen.

Außerdem ordnete das Reichsfinanzministerium an, dass in den Oberfinanzpräsidien neue Dienststellen für die Verwaltung und Verwertung jüdischen Eigentums eingerichtet werden sollten.[353] Innerhalb weniger Tage mussten daraufhin Anfang November 1941 in den Oberfinanzpräsidien entsprechende organisatorische Strukturen geschaffen werden.

Wenig später fand für die süddeutschen Oberfinanzpräsidien eine Besprechung zwischen regionalen Behördenmitarbeitern und einem Beamten des Reichsfinanzministeriums statt.[354]

In dieser Sitzung wurde eine Reihe von praktischen Fragen erörtert, die von der kritischen Überprüfung von Vermögensverzeichnissen, die die Juden vor ihrem Abtransport aufstellen mussten, bis zur „Entwesung“ der Wohnungen reichten. Daneben wies Regierungsrat Schwarzat, ein Mitarbeiter des Referats von Walter Maedel im Reichsfinanzministerium, die süddeutschen Kollegen aber auch darauf hin, ihre großen Ermessenspielräume etwa im Bereich des Schätzwertes von Gegenständen zu nutzen, und ermunterte sie darüber hinaus dazu, in Ausnahmefällen an die Grenzen des Zulässigen zu gehen, beispielsweise, wenn sie Dinge an die NSV günstig abgaben oder an Beamte der eigenen Dienststelle verkauften. Dies sollten sie aber „nicht an die große Glocke hängen“, vielmehr „manches diskret erledigen“.

Die Niederschrift über die Sitzung offenbart zudem, dass zu Beginn der Deportationen große Bereiche der Vermögensabwicklung nicht oder nicht eindeutig geregelt waren. Viele der Widersprüche und Ermessensfragen beruhten darauf, dass die antijüdische Diskriminierung schwer als allgemeine Verfahrensregelung zu formulieren war. So gipfelten die Ratschläge, die Schwarzat seinen süddeutschen Kollegen mitteilte, in schwammig formulierten „Grund-

353 Während die neu geschaffenen Dienststellen bei den Oberfinanzpräsidien noch mit den Abwicklungen der ersten Deportationstransporte beschäftigt waren, änderte sich die Verwaltungsorganisation für die Abwicklung der „Aktion 3“. Ab Juni 1942 waren die regionalen Oberfinanzpräsidenten allein zuständig für die Gesamtabwicklung des verfallenen und eingezogenen Vermögens in ihrem Verwaltungsbezirk. Die zuvor nicht ganz eindeutige Arbeitsaufteilung zwischen dem Berliner Oberfinanzpräsidium und seinen regionalen Parallelbehörden in anderen Finanzbezirken wurde damit neu geregelt. Schreiben des Reichsfinanzministeriums an die Oberfinanzpräsidenten vom 25.4.1942, betr. Verwaltung und Verwertung des dem Reich verfallenen oder zugunsten des Reichs eingezogenen Vermögens, Regelung der Zuständigkeiten, Bundesamt für zentrale Dienste und offene Vermögensfragen, NS 3.

354 Aufzeichnung über die Besprechung mit Regierungsrat Dr. Schwarzat vom Reichsfinanzministerium in Anwesenheit der Vertreter von Stuttgart und Nürnberg ohne Datum (6.11.1941), StAN, Oberfinanzdirektion Nürnberg (Bund), 15472 (5210 B, 1-660 = NS 6). Vgl. dazu auch Kuller, Finanzverwaltung und Judenverfolgung, S. 62–67, die Aufzeichnung ist abgedruckt ebd. Dokument 1, S. 214–220.

sätzen“ wie „Der Arier soll nicht leiden, wenn der Jude geprügelt wird“, oder „Leute, die viel mit Juden wirtschaftlichen Verkehr hatten, sind bezüglich ihrer Forderungen nicht so schutzbedürftig“.

Auch grundlegende Rechtsvorstellungen zerflossen angesichts der ideologischen Vorgaben. „Die Leute betrachten das angefallene Gut als Judenvermögen. Es handelt sich aber um Reichsvermögen“, hieß es in der Aufzeichnung. Dies bezog sich unter anderem auf die Eintreibung von Schulden. Die Finanzbehörden sahen sich nämlich damit konfrontiert, dass sich Schuldner mit einer ideologischen Argumentation ihrer Pflichten zu entledigen versuchten. Sie stellten dabei die Finanzbehörden in die Rolle von Vollstreckern „jüdischer“ Interessen. Die Finanzbehörden taten sich schwer damit, zu erklären, warum dieselben Schulden dem jüdischen Eigentümer gegenüber als „Wucher“ galten, nach der staatlichen Konfiszierung des jüdischen Vermögens aber bezahlt werden mussten.[355]

Schließlich findet sich in der Notiz über die Besprechung auch der Satz: „An eine Ausrottung denkt man nicht.“[356] Hier wird der Radius des Denkmöglichen in einer ganz normalen Finanzbehörde sichtbar: Auch wenn die „Ausrottung“ der Juden negiert wurde, war sie offenbar Thema der Besprechung gewesen.

Die Mitschrift der Münchner Besprechung, welche die Ergebnisse der Einführungsbesprechung zur „Aktion 3“ festhielt, ist eines der wenigen erhaltenen schriftlichen Zeugnisse dafür, dass die praktische Umsetzung der „Aktion 3“ die Finanzbeamten vor zahlreiche Fragen stellte und ihnen erhebliche Ermessensspielräume öffnete. Dass diese Aufzeichnung in ihrer ausführlichen siebenseitigen Fassung erhalten ist, geht wohl nicht zuletzt auf den Ordnungssinn des ersten leitenden Beamten für die „Aktion 3“ in Nürnberg zurück. Er war in den ersten Tagen und Wochen offenbar darum bemüht, dort, wo Vorgaben fehlten, einheitliche Regelungen zu vereinbaren und diese auch schriftlich festzuhalten. Allgemein galt hingegen der Grundsatz, nur mündlich über Fragen der „Aktion 3“ zu kommunizieren, weshalb wenige Quellen dieser Art erhalten sind.[357]

Organisatorisch konnte die „Aktion 3“ grundsätzlich auf zwei unterschiedliche Weisen geregelt werden: Entweder konzentrierte sich der Oberfinanzpräsi-

355 Beispiele dazu bei Rummel/Rath, Dem Reich verfallen, S. 174–179.

356 Aufzeichnung über die Besprechung mit Regierungsrat Dr. Schwarzat vom Reichsfinanzministerium in Anwesenheit der Vertreter von Stuttgart und Nürnberg, ohne Datum (6.11.1941), S. 6, StAN, Oberfinanzdirektion Nürnberg (Bund), 15472 (5210 B, 1-660 = NS 6).

357 Reisebemerkungen des Nürnberger Regierungsrats Dr. O. über seine Dienstreise nach Schwandorf (Bayern) am 22.4.1942. In seiner Notiz hielt der Mitarbeiter der Nürnberger Vermögensverwertungsstelle abschließend fest: „Als vornehmliche Aufgabe wurde den Beteiligten bezeichnet: [...] Abstandnahme von allem überflüssigem Schriftwerk, möglichst mündliche Erledigung aller durchzuführenden Aufklärungen“, StAN, Oberfinanzdirektion Nürnberg (Bund), 15472 (5210 B, 1-660 = NS 6).

dent auf die Verwertung von Möbeln und anderen beweglichen Gegenständen sowie die Einziehung von Geld- und Wertpapiervermögen. Die Verwaltung und Verwertung der Grundstücke delegierte er hingegen auf die Finanzämter. Eine solche Übertragung war prinzipiell möglich, wurde aber nicht in allen Oberfinanzbezirken des Deutschen Reiches praktiziert. An anderen Orten blieb die zentrale Verwertungsstelle im Oberfinanzpräsidium auch für die Verwertung von jüdischen Grundstücken zuständig.[358]

Die Frage, ob sich ein Oberfinanzpräsidium für die zentrale Verwaltung im eigenen Haus oder für eine Einbindung der örtlichen Finanzämter entschied, war von erheblicher Bedeutung für den weiteren Verlauf. Eine Zentralisierung der Arbeitsaufgaben im Oberfinanzpräsidium war eine wichtige Voraussetzung für eine koordinierte Verwaltungsstrategie. Die Mitarbeiter einer solchen Verwaltungsabteilung konnten bestimmte Routinen und damit einen gemeinsamen Arbeitsstil entwickeln. War die Arbeit hingegen dezentral auf die Finanzämter verteilt, spielten lokale Konstellationen wie etwa die Kommunalverwaltung und die lokale Gestapo eine größere Rolle. In der Vielzahl der unterschiedlichen lokalen Mächtekonstellationen konnte modifizierendes und abschwächendes, aber auch radikalisierendes Potential liegen, wie die folgenden Beispiele zeigen.

Im Oberfinanzpräsidium München wurde beispielsweise am 27. November 1941 eine personalstarke Dienststelle zur Verwertung des einzuziehenden Vermögens von „abgeschobenen Juden“ eingerichtet.[359] Gut ein halbes Jahr später, als fast die Hälfte der Münchner Juden schon deportiert worden war, übernahm die Dienststelle auch die Verwaltung von 1 895 noch nicht abgeschlossenen Enteignungsfällen jüdischer Emigranten aus dem Oberfinanzbezirk München. In den nächsten Monaten kamen fast noch einmal so viele neue Fälle hinzu. Insgesamt bearbeitete die Münchner Dienststelle der Finanzverwaltung die Verwertung von rund 7 800 jüdischen Vermögen. Darunter befanden sich 3 655 Emigranten, über 3 600 Deportierte und Juden, die sich unmittelbar vor der Deportation das Leben nahmen,[360] sowie rund 500 Erbfälle und jüdische Personen, die nicht aus dem Verwaltungsgebiet stammten, aber Besitz dort hatten. Bis zu fünfzig Beamte und Angestellte waren in der Dienststelle zeitweise beschäftigt.

[358] Vgl. dazu auch Kap. 1.

[359] Vgl. Bericht der Oberfinanzdirektion München an das Bayerische Finanzministerium vom 8.10.1946. Bundesamt für zentrale Dienste und offene Vermögensfragen, VV 6000, A 136.

[360] Fallakten der „Aktion 3“ im Bestand Oberfinanzpräsidium München im Staatsarchiv München.

Die neue Dienststelle mit ihren zunächst zehn Arbeitsgebieten war der Abteilung Steuer unterstellt,[361] was außergewöhnlich war. Eigentlich hätte die Dienststelle zur 1938 eingerichteten Abteilung P gehört, wo auch andere organisatorische Fragen des Reichsvermögens angesiedelt waren. In München war die Dienststelle für Vermögensverwertung aber erst ab 1944 nach einer erneuten strukturellen Umgestaltung, in der eine weitere neue Abteilung für Vermögen geschaffen wurde, dieser Abteilung zugeteilt.

Dass die neue Dienststelle zunächst der Steuerabteilung zugeordnet wurde, dürfte wohl damit zusammenhängen, dass die dominierende Figur der Münchner Finanzbehörde in Fragen der „Arisierung" und der Verwaltung und Verwertung jüdischer Vermögen der Leiter der Steuerabteilung Hans Rauch war. Rauch war schon seit Längerem an den Besprechungen wichtiger „Arisierungen" beteiligt gewesen. Sein Rat wurde auch bei der Gründung der NSDAP-Institution „Vermögensverwertung München GmbH" nach dem Novemberpogrom 1938 herangezogen.[362] Rauch hatte in der Regel die fiskalischen Interessen vertreten und darauf gedrängt, die „Arisierungen" so durchzuführen, dass der Erlös ausreichte, um die von seiner Behörde errechneten Steuerschulden zu begleichen.

Nach Kriegsende bezeichnete Rauch seine Tätigkeit in der Finanzverwaltung gegenüber der Spruchkammer als eine Form des Widerstandes gegen die „nazistischen Anordnungen des Reichsfinanzministeriums". Durch Verschleppung von Dienstaufträgen hätte eine Gruppe von Mitarbeitern in der Münchner Verwertungsstelle versucht, das Vermögen „möglichst nicht aus der Hand zu lassen, insbesondere soweit es sich um wertvolle Vermögensobjekte handelte, sondern es für die rechtmäßigen Eigentümer zu erhalten".[363]

Rauch und der spätere Leiter der Münchner Dienststelle „Vermögensverwertung" im Oberfinanzpräsidium, Franz Schroll waren seit Mitte der 1930er Jahre als Betriebsprüfer für geistliche Orden, Klöster und Kongregationen eingesetzt und damit bereits in einem Bereich fiskalischer Verfolgungspolitik gegenüber der katholischen Kirche tätig gewesen. Dass Rauch und einige

361 Geschäftsverteilungsplan des Oberfinanzpräsidiums München vom 15.1.1943, StAM, FinA 19883.

362 Nach Aussage von Hans Wegner, dem Leiter der Vermögensverwertung München GmbH, vertrat Rauch „den parteipolitischen Standpunkt in der Judenfrage". Allerdings ist diese Aussage Wegners kritisch zu hinterfragen, denn der Gesamtduktus seiner Aussage zielte auf eine Beschuldigung Rauchs. Spruchkammerakte Hans Rauch, StAM 3405. Die folgenden Zitate stammen aus einer Erläuterung Rauchs zum Meldebogen in seiner Spruchkammerakte.

363 Vermerk Angelo Kramel, Abteilung P VI der Oberfinanzdirektion München, über eine Besprechung mit einem Mitarbeiter der US-Armee am 21.12.1945, Bundesamt für zentrale Dienste und offene Vermögensfragen, WGM 104. Vgl. zum Folgenden auch Kuller, Finanzverwaltung und Judenverfolgung, S. 58–61.

seiner Mitarbeiter sich damals zugunsten der kirchlichen Einrichtungen einsetzten, ist durch eine Reihe von Zeugenaussagen in den Spruchkammerverfahren der Nachkriegszeit belegt. Das Handeln im Bereich der Verwaltung und Verwertung jüdischen Vermögens ist im Vergleich dazu schwieriger einzuordnen.

Bei der Beurteilung von Hans Rauch trat nach 1945 eine Diskrepanz zwischen dem Umgang mit kirchlichem und mit jüdischem Vermögen zutage. Bei ihm ist ein Handeln zugunsten der jüdischen Verfolgten und ein vertrauensvoller Kontakt zu ihnen nach 1945 bislang nicht belegt – im Gegenteil: Er hatte große Schwierigkeiten, vor der Spruchkammer zu beweisen, dass er nicht persönlichen Vorteil aus der Enteignung von jüdischem Vermögen gezogen hatte. Letztlich waren aber die Aussagen für sein Engagement zugunsten der kirchlichen Einrichtungen ausschlaggebend, und Rauch wurde 1949 als „Entlasteter" eingestuft.

Die amerikanische Besatzungsmacht berief Rauch nach Kriegsende kurzzeitig an die Spitze des Oberfinanzpräsidiums München. Für einige Wochen krönte er auf diese Weise seine Karriere mit einer Behördenleitungsposition. Bald musste er diesen Posten allerdings räumen und im Alter von sechzig Jahren in den vorzeitigen Ruhestand gehen, wohl vor allem deshalb, weil der bayerische Ministerpräsident, ehemalige NS-Verfolgte und Finanzexperte Fritz Schäffer mit Alexander Prugger einen eigenen Kandidaten und ehemaligen Verfolgten des NS-Regimes auf den Posten rufen wollte.

Auch Rauchs Mitarbeiter bei der Betriebsprüfung und erster Leiter der Vermögensverwertungsstelle, Franz Schroll, wurde 1947 wegen seiner Mitgliedschaft im Kreis um Rauch lediglich als „Mitläufer" entnazifiziert. In seinen Spruchkammerunterlagen gibt es ebenfalls ein Ungleichgewicht zwischen lebhaften Fürsprechern aus kirchlichen Institutionen und Stellungnahmen vonseiten ehemaliger jüdischer Verfolgter. So bleibt die einzige Darstellung von jüdischer Seite in den Akten des Spruchkammerverfahrens aus der Feder des jüdische Rechtsanwaltes Siegfried Neuland unverbindlich und enthält keine Hinweise auf irgendwelche über die Dienstpflicht hinausgehenden Hilfeleistungen, wenn er schrieb:

> „Ich kenne Herrn Regierungsrat Dr. Schroll aus meiner beruflichen Tätigkeit als früherer jüdischer Rechtskonsulent. Er war Sachbearbeiter beim Oberfinanzpräsidenten für die Behandlung beschlagnahmten und eingezogenen Vermögens, so auch des Vermögens der ausgewanderten und deportierten Juden. Es kam vor, dass sich darunter Vermögenswerte befanden, die Angehörigen der betroffenen Juden oder sonstigen Dritten gehörten, die dann freizugeben waren. Hierdurch kam ich in Berührung mit Herrn Dr. Schroll. Bei der Behandlung solcher Anträge konnte ich beobachten, dass Dr. Schroll keine harten Beweisanforderungen stellte und nicht engherzig war. Dadurch erhielt ich den Eindruck, daß er diese Maßnahmen des Naziregimes nicht teilte und die Juden nicht drücken wollte. Bei

meinen Vorsprachen zeigte er mir gegenüber stets ein freundliches Benehmen. Er ließ es mich wirklich nicht merken, daß ich Jude bin."[364]

Schroll nahm 1947 seinen Dienst in der Finanzverwaltung wieder auf und wurde 1966 als Regierungsdirektor pensioniert.

Ein starkes Indiz für das Engagement eines Münchner Finanzbeamten zugunsten jüdischer Verfolgter findet sich allerdings in der Nachkriegszeit. Die jüdische Kunsthändlerfamilie Bernheimer, die während der NS-Zeit nach Südamerika fliehen musste, legte nach Kriegsende die Vertretung ihrer Interessen in den Hände von Schrolls Nachfolger in der Leitung der Vermögensverwertungsstelle, Angelo Kramel. Der Vertrauensbeweis, den die Familie Bernheimer ihm damit erbrachte, führte dazu, dass im Spruchkammerverfahren „über die nach dem bisherigen Stand der Ermittlungen nicht schwere politische Belastung des Herrn Kramel hinweggesehen" wurde, damit er zur Wiedergutmachung weiter beitragen könne.[365] Im März 1947 wurde Kramel, der erst 1941 in die NSDAP eingetreten war, als „Mitläufer" entnazifiziert und musste lediglich eine Sühne von 500 Mark zahlen.

Im Juli 1947 wurde Kramel wieder in die Finanzverwaltung als Regierungsrat aufgenommen und machte noch eine steile Karriere. 1952 stieg er zum Oberregierungsrat, 1962 zum Regierungsdirektor auf. Bald nach Kriegsende begann auch die politische Karriere Kramels: 1948 war er Vorsitzender des Vereins der Finanzbeamten geworden, ein Jahr später Vorsitzender des Bayerischen Beamtenbundes, 1955–1958 auch Vorsitzender des Deutschen Beamtenbundes.[366] 1953 zog er für die CSU in den Bundestag ein, 1962 kam er in den Bayerischen Senat. Kramel erhielt 1960 das Bayerische Verdienstkreuz. Solchermaßen hoch geehrt trat er 1968 in den Ruhestand. Die Oberfinanzdirektion bedachte den scheidenden Beamten mit den Worten: „Kramel hat nicht nur als Beamter jederzeit vorbildlich seine Dienstpflichten erfüllt, sondern sich darüber hinaus außergewöhnliche Verdienste im staatspolitischen Bereich erworben. Sowohl als Abgeordneter des Deutschen Bundestags wie auch seit 1962 als Mitglied des Bayerischen Senats ist er mit seiner ganzen Persönlichkeit für den demokratischen Rechtsstaat eingetreten".[367]

Betrachtet man die Karriereverläufe von Franz Schroll und Angelo Kramel vor ihrer Tätigkeit in der Vermögensverwertungsstelle, so fällt ins Auge, dass

[364] Schreiben von Rechtsanwalt Siegfried Neuland vom 3.7.1946, StAM, Spruchkammerakte 1706 (Franz Schroll).

[365] Schreiben OMGUS, Munich Civil, vom 11.2.1947, StAM, Spruchkammerakte Angelo Kramel.

[366] Kröker/Schmitz, Lebensbilder, S. 158–223, Abschnitt zur Tätigkeit in der Vermögensverwertungsstelle, S. 162.

[367] Empfehlung der Oberfinanzdirektion München zum Verdienstkreuz Erster Klasse vom 30.1.1968, StAM, PA 21540.

beide vergleichsweise jung waren und erst spät als Quereinsteiger in den Finanzdienst kamen. Franz Schroll, der erste Leiter der Münchner Dienststelle „Vermögensverwertung", war im Oktober 1936 zum Betriebsprüfungsreferat gestoßen, nachdem er zuvor in einem Wirtschaftsbetrieb als Abteilungsleiter und ab 1930 als Sachbearbeiter bei der Württembergischen Treuhand AG in Stuttgart tätig gewesen war.[368] Angelo Kramel war sogar erst 1941 zur Finanzverwaltung gekommen und befand sich 1943, als er die kommissarische Leitung der Vermögensverwertungsstelle übernahm, noch in der Ausbildung. Ihm folgte Friedrich Hirsch,[369] dem es schließlich zu verdanken war, dass sich die Unterlagen der Vermögensverwertung des Oberfinanzpräsidiums über das Kriegsende 1945 hinweg erhalten haben und nicht vernichtet wurden.

Aufgrund der besonderen personellen Konstellation in der „Vermögensverwertungsstelle" im Oberfinanzpräsidium München lassen sich die Ergebnisse nicht ohne Weiteres verallgemeinern. Die personalstarke Dienststelle „Vermögensverwertung" im Oberfinanzpräsidium mit zeitweise über fünfzig Mitarbeitern blieb während der ganzen NS-Zeit zentral für die Verwaltung und Verwertung eingezogenen und verfallenen jüdischen Eigentums zuständig. Diese Organisationsstruktur war mit dafür verantwortlich, dass man im Oberfinanzbezirk München einen gewissen einheitlichen „Stil" der Vermögensverwertung erkennen kann und auch ein koordiniertes Vorgehen zugunsten der Verfolgten aus organisatorischer Perspektive gesehen nicht unplausibel ist. Die Verfahren waren einheitlicher als in anderen Finanzbezirken, wo die Mittelbehörde die Verwaltung und Verwertung jüdischen Eigentums an die Finanzämter übertragen hatte. Dies wog die häufigen Führungswechsel ein Stück weit auf.

Nicht so ungewöhnlich war hingegen, dass in der Münchner Dienststelle Beamte tätig waren, die schon zuvor in anderen Verfolgungskontexten eingesetzt gewesen waren. Auch im Landesfinanzamt Westfalen beispielsweise koordinierte der ehemalige Chef der Straf- und Prüfungsabteilung der Münsteraner Devisenstelle, Heinrich Heising, die Vermögensverwertung ab 1941.[370] Heising hatte damit zuvor in einem Kernbereich der fiskalischen Maßnahmen gegen jüdische Emigranten gearbeitet. Angesichts der immer engmaschigeren Auflagen dürfte wohl kaum ein Jude nach 1933 aus dem westfälischen Finanzbezirk aus-

[368] Vgl. dazu die Personalakte und Spruchkammerakte Franz Schroll im StAM.

[369] Vgl. Geschäftsverteilungsplan vom 1.1.1944, StAM, FinA 19840. Personalakte Friedrich Hirsch im StAM.

[370] Heinrich Heising, geb. am 25.1.1885, Ausbildung im Kaiserreich, Studium in Lausanne, München, Kiel und Münster, Teilnahme am ersten Weltkrieg, Eisernes Kreuz erster und zweiter Klasse, 1920 Eintritt in die Reichsfinanzverwaltung, nach 1945 zuständig für Wiedergutmachungsfragen, 1947 Regierungsdirektor, 1949 Präsident des Düsseldorfer Finanzgerichts. Vgl. zu Heinrich Heising Kenkmann, Pater Devisius, S. 57–72; ders., Looting; ders., Konfrontationen.

gewandert sein, ohne seine Vermögensverhältnisse vor Heising offengelegt und sein Vermögen zu einem Großteil an den Staat abgegeben zu haben.

Dass Heising 1941 zum Leiter der „Dienststelle für die Einziehung von Vermögenswerten" avancierte, bedeutete für ihn einen Karrieresprung. Seine Berufsbiografie weist ihn als einen langjährigen Mitarbeiter der Finanzverwaltung aus. Wie viele der in der Judenverfolgung beteiligten Beamten war er bereits seit 1920 im Dienst der Reichsfinanzbehörden, 1931 bis 1947 als Oberregierungsrat im Landesfinanzamt bzw. Oberfinanzpräsidium Münster. Heising, der vor 1933 Zentrum gewählt hatte, trat Zeit seines Lebens nicht in die NSDAP ein. Als Nicht-Parteimitglied war Heising keine Ausnahme. Im Oberfinanzpräsidium Weser-Ems und Hannover etwa war – sieht man von den Personalreferaten ab – eine große Zahl von Beamten nicht NSDAP-Mitglied. In der westfälischen Finanzverwaltung waren rund ein Drittel der Beamten nicht in der Partei, ein ähnlicher Organisationsgrad wie beim Offizierskorps der Schutzpolizei oder Gendarmerie.[371] Obwohl nicht NSDAP-Mitglied und mit langjähriger, katholisch-konservativer Prägung vor der NS-Zeit scheint Heising die Verwaltung und Verwertung jüdischen Eigentums reibungslos durchgeführt zu haben.

Deutlich andere Charakteristika prägten hingegen die Arbeit der Vermögensverwertungsstelle im Oberfinanzpräsidium Nürnberg. Dort organisierte ein überzeugter Nationalsozialist und aus München strafversetzter Beamter die Verwertung des jüdischen Besitzes. Am 5. November 1941, einen Tag nach der offiziellen Anweisung aus dem Reichsfinanzministerium, wurden drei Hauptsachbearbeiter sowie fünf weitere Beamte für die „Aktion 3" abgestellt und mehrere Büroräume organisiert.[372] Die Verwaltung und Verwertung der Grundstücke delegierte der Nürnberger Oberfinanzpräsident an die Finanzämter.[373] In Nürnberg wäre eine gezielte Verwertungspolitik des jüdischen Grundbesitzes allerdings auch bei Fortsetzung der zentralen fiskalischen Verwaltung nicht in vergleichbarem Maße wie in München möglich gewesen, da die Finanzbehörden nur für einen geringen Teil des jüdischen Immobilienbesitzes zuständig waren und sich mit den Polizeibehörden dabei intensiv auseinandersetzen mussten, die den „Arisierungsmarkt" seit einem Skandal 1938/39 kontrollierten.

Im Stadtgebiet Nürnberg fielen noch vergleichsweise viele Grundstücke zur Verwertung an. Der Oberfinanzpräsident setzte für die Verwertung des Ver-

371 Vgl. zu den Zahlenangaben Schleier, Beamtenschaft; Meinl, Finanzverwaltung; Birkwald, Steuerverwaltung, S. 139–186. Die Daten werden zusammengestellt bei Kenkmann, Pater Devisius, S. 58 f.

372 Vermerk Oberfinanzpräsidium Nürnberg zur „Aktion 3" vom 5.11.1941, StAN, Oberfinanzdirektion Nürnberg (Bund), 15472 (5210 B, 1–660 = NS 6).

373 Schreiben des Oberfinanzpräsidenten Nürnberg an die Finanzämter des Bezirkes vom 16.5.1942, Bundesamt für zentrale Dienste und offene Vermögensfragen Berlin, NS 3.

mögens von Juden aus dem Stadt- und Landkreis Nürnberg das Finanzamt Nürnberg-Augustinerstraße ein. Zur personellen Verstärkung teilte er dem Finanzamt zusätzlich einen Regierungsrat aus Bayreuth sowie sieben Beamte und eine Angestellte zu, die bisher im Oberfinanzpräsidium tätig gewesen waren.[374] Im Dezember 1942 wurden vier Finanzbeamte, die bisher im Nürnberger Oberfinanzpräsidium in der „Vermögensverwertungsstelle“ gearbeitet hatten, „entbehrlich“ und kehrten an ihre alten Arbeitsstellen zurück.[375]

Im Oberfinanzpräsidium Köln wurde im November 1941 eine neue Abteilung 26 als „Judenreferat“ eingerichtet, die für die „Erfassung der Judenvermögen“ zuständig sein sollte, bis diese auf das Reich überschrieben seien und damit in die normale Liegenschaftsverwaltung der Behörde eingegliedert werden könnten.[376] Geleitet wurde diese Dienststelle von Oberregierungsrat Ernst Thomas.[377] Trotz seines frühen und laut Zeugenaussagen im Spruchkammerverfahren von Überzeugung getragenen Beitritts in die NSDAP 1933 wurde dem „Judenreferenten“ Thomas nach 1945 Widerstand und Verletzung der Amtspflichten zugunsten von Juden, deren Deportation er verzögerte, und der jüdischen Gemeinde Köln, der er heimlich enteignetes Vermögen zurückgab, bescheinigt. Thomas wird daher in der Forschung als „Helfer im Verborgenen“[378] charakterisiert.

So hatte Thomas nach Aussage einer Zeugin 1947 vor der Spruchkammer bei mehreren Personen die Verschleppung hinausgezögert, indem er erklärte, dass sie „zur vermögensmässigen Abwicklung der jüdischen Angelegenheiten“ unentbehrlich seien. Als die Betroffenen dann im Juni 1943 doch noch deportiert wurden, ging der Transport nach Theresienstadt und nicht in ein Vernichtungslager, was die Überlebenschancen nach Aussage der Zeugin deutlich erhöht hatte. Was hier deutlich wird, war eine Umkehr von Mittel und Zweck: Die Vermögensverwertung wurde zum Instrument um Menschen zu retten.

Thomas war zudem für eine außergewöhnliche Initiative in Theresienstadt verantwortlich: Im Dezember 1942 veranlasste er, dass ein ihm unterstellter Steuerinspektor in das „Altersghetto“ reiste, um dort rechtliche Fragen zu klären, damit Gelder, die Personen in Theresienstadt zustanden, nicht an den Staat

[374] Schreiben des Oberfinanzpräsidiums Nürnberg an das Finanzamt Nürnberg-Augustinerstraße vom 20.1.1943 (Entwurf), StAN, Oberfinanzdirektion Nürnberg (Bund), 15457 (5205 B, 781–899).

[375] Schreiben des Oberfinanzpräsidiums Nürnberg, Sachgebiet 27, an die Sachgebiete 12 und 14, beide vom 19.12.1942 (Entwürfe), StAN, Oberfinanzdirektion Nürnberg (Bund), 15463 (5210 B, 3000–3350).

[376] Rummel/Rath, Dem Reich verfallen, S. 157, 221–223. Folgende Zitate aus dem Spruchkammerverfahren S. 222 f.

[377] Dr. Ernst Thomas (1886–1967), 1933 Eintritt in die NSDAP, Abbildung in Rummel/Rath, Dem Reich verfallen, S. 544.

[378] Dieses und das folgende Zitat ebd.

fallen, sondern an noch in Köln lebende bedürftige Juden transferiert werden konnten. Schließlich nutzte Thomas auch seine Ermessensspielräume vielfach zugunsten von Juden, wie ihm die Zeugin vor dem Spruchkammergericht bescheinigte.

Auch das Oberfinanzpräsidium Kassel richtete ähnlich wie die Nürnberger Kollegen einen kleinen Stab mit drei Mitarbeitern und zwei Kanzleikräften unter Leitung von Oberregierungsrat Heinemann ein, der sich zu Beginn seiner Tätigkeit mit zahlreichen Amtskollegen über seine Erfahrungen bei der „Aktion 3" austauschte, weil Kassel einer der Finanzbezirke war, in denen die ersten Abschiebungen stattfanden.[379]

Untersuchungen zur „Aktion 3" in Hessen erlauben auch einen Blick auf die Tätigkeit der Finanzämter. Im Oberfinanzbezirk Darmstadt wurden den Vollstreckungsstellen der Finanzämter jeweils neu eingerichtete Vermögensverwertungsstellen angegliedert. Im Oberfinanzbezirk Kassel wurden in größeren Finanzamtsbezirken eigene Verwertungsstellen eingerichtet, in den kleineren Finanzämtern waren hingegen Mitarbeiter der Liegenschaftsstellen mit dieser Aufgabe betraut.[380] Im September 1942 wurden alle Finanzämter aufgefordert, solche Verwertungsstellen einzurichten.[381]

In Wiesbaden leitete Hanns Trommershausen seit 1939 das Finanzamt.[382] Der 1881 in Frankfurt geborene Trommershausen war seit 1921 Finanzbeamter, trat 1937 der NSDAP bei und scheint kein „politisch übermässig hervorgetretener Aktivist" gewesen zu sein. Gemeinsam mit zwei Beamten war er für die Vermögensverwertung der Vermögen der aus Wiesbaden deportierten Juden verantwortlich. Auch der mit der Verwaltung und Verwertung betraute Obersteuerinspektor Emil Josef Schreck war nach der Untersuchung von Meinl eine „unauffällige Figur". Schreck trat wie sein Vorgesetzter 1937 der NSDAP bei, war gleichzeitig aber Kirchenmitglied und zeichnete sich nach Aussage von Kollegen und ehemaligen Verfolgten durch Menschlichkeit und Hilfsbereitschaft aus. Die Spruchkammerunterlagen zeigen Schreck als einen Beamten, der die Vorschriften genau erfüllte, aber keinen darüber hinausweisenden ideologischen Eifer zeigte.

In Frankfurt am Main leitete hingegen der „überzeugte Nationalsozialist" und „fanatische Pflichterfüller" Walter Mahr die Vermögensverwertung. Nach 1945 nahm Mahr für sich in Anspruch, Widerstandskreisen nahe gestanden zu haben und deutete seine Tätigkeit in der Vermögensverwertung als Strafver-

379 Vgl. Bericht des Oberfinanzpräsidenten Kassel, Heinrich Voß, an die Vermögensverwertungsstelle beim Oberfinanzpräsidium Hamburg vom 9.10.1942, abgedruckt in Meinl/Zwilling, Legalisierter Raub, S. 140.

380 Ebd., S. 135.

381 Ebd., S. 137.

382 Zum Folgenden vgl. ebd., S. 184–192.

setzung. Mahr, der seit 1933 NSDAP-Mitglied war, hatte eine Schwester, die in engem Kontakt zu den beiden späteren Widerstandskämpfern Carlo Mierendorff und Theodor Haubach stand. Gegen eine Strafversetzung spricht jedoch, dass Mahr an vertraulichen Sitzungen teilnahm und die Vermögensverwertung auch hochengagiert und mit eigener Initiative vorantrieb. Obwohl nach Kriegsende Vorwürfe gegen Mahr erhoben wurden, er habe sich an jüdischen Vermögen persönlich bereichert, wurde er 1948 als „Mitläufer" eingestuft und war seit Ende der 1940er Jahre auch wieder als Oberregierungsrat im Finanzdienst tätig.

Im Finanzamt Marburg leitete mit Waldemar Kämmerling ein Finanzbeamter einer anderen Generation und Prägung die Vermögensverwertung. Der 1881 geborene Kämmerling trat nie in die NSDAP ein. Nach 1945 versuchte er, dem Spruchkammergericht zu erklären, dass er 1941 selbst geglaubt habe, dass die Juden im Osten neu angesiedelt würden, eine Aussage, die jedoch dadurch konterkariert wird, dass Kämmerling im Juni 1945 Akten aus der Vermögensverwertungsstelle nach Hause schaffen wollte, und eine Reihe von Zeugen ihn im Hinblick auf seine Tätigkeit bei der Vermögensverwertung belasteten.

Belegt ist im Raum Hessen auch ein Beamter, der eine Art von Widerstand leistete, aus dem Finanzamt Friedberg. Steuerinspektor Otto Wolff, seit 1933 NSDAP-Mitglied, galt gleichzeitig als gläubiger Katholik. Nach 1945 bestätigten Überlebende und Geflüchtete Wolff Hilfeleistungen und seine widerständige Haltung. Dieser hatte eine eigene genaue Liste aller Vermögenswerte der „abgeschobenen Juden" geführt und auch die Vermögensgegenstände von jüdischen Emigranten erfasst, nach eigener Aussage mit dem Ziel, „später den Juden wieder zu ihrem Recht verhelfen zu können". Wolff soll zudem Beschlagnahmungen von Liegenschaften verhindert und Wäsche und Lebensmittel in das KZ Sachsenhausen eingeschleust haben.

Die geschilderten Beispiele zeigen, dass es für die Durchführung der „Aktion 3" keines neuen, ideologisch besonders geprägten Personals bedurfte. Vielfach waren die Finanzbeamten, die die Verwaltung und Verwertung jüdischen Vermögens organisierten, schon lange vor 1933 Mitarbeiter der Reichsfinanzverwaltung gewesen und brachten langjährige Erfahrung und Fachwissen in den Prozess ein. Wie das Beispiel aus München zeigt, waren eher die neuen Quereinsteiger diejenigen, die möglicherweise resistentes Verhalten zeigten.

Die Untersuchung der praktischen Durchführung der „Aktion 3" zeigt, dass die „Verwertung" einer großen Vermögensmasse, wie es das Eigentum der Deportierten darstellte, ein erhebliches Konfliktpotential in sich trug, das sich aus mehreren Quellen speiste.[383] So wehrten sich Kommunen dagegen,

383 Zur Praxis der „Aktion 3" vgl. auch Kuller, Finanzverwaltung und Judenverfolgung, S. 62–163 (Bayern); Meinl/Zwilling, Legalisierter Raub, S. 133–206 (Hessen); Friedenberger, Ausplünderung, S. 267–329 (Berlin); Rummel/Rath, Dem Reich verfallen, S. 116–224 (Rheinland-Pfalz).

dass die Finanzverwaltung als eine Reichsverwaltung die Verfügungsgewalt über die Vorgänge haben sollte. Die Vergabe der „frei gemachten" Wohnungen und die Verteilung von Mangelwaren an die durch Luftangriffe in Not geratenen Einwohner sahen die Bürgermeister als ihre eigene Aufgabe an. Sie widersetzten sich den Vorgaben der Finanzbeamten, die das jüdische Eigentum nach überregionalen Kriterien neu verteilten und primär den eigenen Bedarf und den anderer Reichsbehörden bedienten. Auch wenn es um wertvolle Kunstwerke und Möbel ging, führten Bürgermeister lokale Interessen an, um einen Abtransport der Werte zu verhindern. Waren Finanzbeamte nicht in der Ortsgemeinde verankert, fehlte ihnen zuweilen die notwendige Autorität, um sich gegen den Bürgermeister oder lokalen NSDAP-Vertreter durchzusetzen.

Eine Reihe von Streitfällen ergab sich auch aus dem andauernden Konkurrenzverhältnis zwischen Gestapo und Finanzverwaltung. Als Grundmotiv wirkte hier die allgemeine Konkurrenz der beiden Einrichtungen um die besten Profite aus der Plünderungsaktion. Am Ort war dieser Konflikt jedoch nicht selten durch spezifische Konstellationen überformt, wie beispielsweise in Nürnberg, wo die Gestapo seit 1939 als Regulierungsinstanz erfolgreich die monströsen Auswüchse der persönlichen Bereicherung in der örtlichen NSDAP bekämpfte. Nach über zwei Jahren nahezu unangefochtener Entscheidungsgewalt der Gestapo über jüdisches Vermögen in Nürnberg trat mit dem Oberfinanzpräsidium 1941 erstmals eine ähnlich autorisierte Fachverwaltung auf den Plan, die den Anspruch der Gestapo infrage stellte, sich aber letztlich kaum durchsetzen konnte.

In einigen Regionen gab es zudem der NSDAP nahestehende, formal oft privat oder halbstaatlich organisierte „Arisierungsstellen", die bei der „Verwertung" jüdischen Eigentums mit den Finanzbehörden konkurrierten. Diese befanden sich auf der einen Seite strategisch im Vorteil, da sie nicht in das relativ enge Korsett aus offiziellen Verordnungen und Anweisungen eingebunden waren. Auf der anderen Seite konnten sich die Finanzbehörden als von Hitler selbst eingesetzte Instanz auf die höchste Autorisierung berufen, die im NS-Staat möglich war. Lange Auseinandersetzungen in vielen Einzelfragen, die häufig bis 1945 nicht gelöst werden konnten, waren die Folge.

Konflikte zwischen den Institutionen konnten einen Radikalisierungsschub in Gang setzen. In Bamberg etwa zwang die Stadtverwaltung beispielsweise mit Unterstützung der Gestapo Juden, schon lange vor der Deportation ihre Wohnungen zu räumen und mit anderen Juden gemeinsame Wohnungen zu beziehen. Dabei durften sie nur wenige Möbel mitnehmen. Die übrig gebliebenen Möbel ließ die Stadtverwaltung in ihr eigenes Möbeldepot im alten Theater bringen. Ähnlich Vorgänge sind auch aus anderen Städten des Deutschen Reiches überliefert.

Um das Vermögen der geflohenen und deportierten Juden begann rasch ein Bereicherungswettlauf zwischen einer Reihe von Reichs- und Parteistellen, NS-

DAP-Instanzen, Privatleuten, Unternehmen und Verbänden. Größter Profiteur der „Aktion 3" war das Deutsche Reich und seine Finanzverwaltung.

Entgegen der öffentlich propagierten Behauptung, vor allem Opfer von Luftangriffen aus dem Vermögen der „abgeschobenen Juden" zu entschädigen, waren es die Dienststellen der Reichsfinanzverwaltung, die als erste ihren eigenen Bedarf deckten. Will man eine Reihenfolge derjenigen erstellen, die die Gegenstände bekamen, dann stand an erster Stelle die Reichsfinanzverwaltung selbst. Finanzbeamte hatten formal als erste Zugriff auf das Vermögen, und ihr Auftrag lautete: „Erster Grundsatz: Horten für die Reichsfinanzverwaltung".[384] Dabei sicherten sich die Finanzbeamten nicht nur Bürogegenstände wie Schreibtische, Regale oder Schreibutensilien. Auch alle möglichen anderen Haushaltsgegenstände fanden den Weg in die Finanzbehörden: Im Finanzamt Coburg zum Beispiel stapelten sich im Dezember 1941 30 Bettbezüge, 30 Betttücher, 60 Kopfkissen, 60 Servietten, 30 Tischdecken, 100 Handtücher und 50 Küchentücher aus dem Eigentum der Deportierten.[385] In Aschaffenburg kamen fünf komplette Schlafzimmer, 67 Ober- und Unterbetten und 104 Kopfkissen zusammen.[386] Diese Dinge sollten der Ausstattung von Freizeit- und Schulungsstätten der Finanzverwaltung dienen.

Die Unterlagen aus den Finanzbehörden belegen eine ganze Reihe von Fällen, in denen die Beamten sowohl ihre Büros neu ausstatteten als auch sich persönlich bereicherten – Letzteres eine Praxis, die in der Öffentlichkeit auf große Kritik stieß und daher bald verboten wurde, auch wenn sie sich in einer rechtlichen Grauzone bewegte. Zweigten die Finanzbehörden auf diese Weise schon zu Anfang einen Teil des jüdischen Vermögens ab, flossen später auch die Millionen-Erlöse aus Verkäufen von konfiszierten Gegenständen und Immobilien aus dem Besitz von Emigranten und Deportierten auf die Konten des Deutschen Reiches.

Doch nicht nur materiell war der NS-Staat der größte Profiteur; er zog aus dem jüdischen Eigentum auch einen herrschaftstechnischen Stabilisierungsnutzen. Dass das Regime in der für das eigene Ansehen prekären Phase der Bombenangriffe auf deutsche Städte Versorgungslücken mit jüdischem Eigentum ausfüllen konnte, dürfte nicht unwesentlich zur Loyalitätssicherung beigetragen haben. Hinzu kommt, dass die Involvierung von privaten Profiteuren in die Profite aus der „Aktion 3" auch eine partielle Einbindung in

384 Aufzeichnung über die Besprechung mit Regierungsrat Dr. Schwarzat vom Reichsfinanzministerium in Anwesenheit der Vertreter von Stuttgart und Nürnberg (geheim), ohne Datum (6.11.1941), S. 6, StAN, Oberfinanzdirektion Nürnberg (Bund), 15472 (5210 B, 1-660 = NS 6).

385 Schreiben des Finanzamts Coburg an das Oberfinanzpräsidium Nürnberg vom 3.12.1942, StAN, Oberfinanzdirektion Nürnberg (Bund), 15456 (5205 B, Band 2).

386 Schreiben des Finanzamts Aschaffenburg an das Oberfinanzpräsidium Nürnberg vom 26.8.1942, StAN, Oberfinanzdirektion Nürnberg (Bund), 15456 (5205 B, Band 2).

die Verbrechenspolitik des Regimes bedeutete. Wer bereit war, Gegenstände aus jüdischem Besitz wohlfeil zu erwerben, wurde damit zum Komplizen des Regimes.[387]

Nach den Finanzbehörden, die den ersten Zugriff auf das eingezogene bzw. verfallene jüdische Vermögen hatten, waren als nächstes andere Reichsbehörden und sonstige Institutionen als Empfänger für jüdische Einrichtungsgegenstände vorgesehen. So sollten beispielsweise Heime und Schulen bedacht werden, etwa mit Klavieren, Wäsche oder Wohn- und Schlafzimmereinrichtungen. Auch NSDAP-Organisationen meldeten ihren Bedarf an.

Hatten sich Finanzbehörden und andere öffentliche Einrichtungen bedient, dann konnte der verbliebene Rest an andere Interessenten abgegeben werden. „Die Erfahrungen aus der letzten Aktion lehren, daß sich unglaublich viele Stellen herandrängen. Sie können alle das haben, was nicht von uns gebraucht wird, aber es muß alles bezahlt werden", hieß es dazu in dem bereits erwähnten Nürnberger Protokoll vom November 1941.[388] Jetzt erst – an dritter Stelle – kam die Verwertung zugunsten der Luftkriegsopfer zum Zuge, die propagandistisch stets im Vordergrund stand. Der Kölner Oberfinanzpräsident, Walter Kühne, rechtfertigte beispielsweise seine Beteiligung an der „Aktion 3" vor allem mit dem sozialen Zweck, dem sie dienen sollte. Während die Versorgung von Luftkriegsopfern im Schnellbrief des Reichsfinanzministeriums nur als eine von mehreren Verwertungsmöglichkeiten genannt worden war, instruierte Kühne seine Abwicklungspartner dahingehend, dass sie im Kölner Oberfinanzbezirk primärer und eigentlicher Zweck der „Aktion 3" sein sollte.[389] Die Vermittlung an Luftkriegsgeschädigte war letztlich – neben der Erfahrung, dass die Finanzbeamten mit der Organisation der Verwertung überfordert waren – vielerorts ein entscheidendes Argument dafür, die weitere Verwertung weitgehend in die Hände der Kommunalverwaltungen zu übergeben, denn diese waren für die Versorgung von Luftkriegsgeschädigten zuständig.[390] Oft wurden aber auch professionelle Händler eingeschaltet.

Betrachtet man die Verwaltungsunterlagen, dann fällt auch die große Zahl derjenigen ins Auge, die als indirekte Profiteure[391] bezeichnet werden können. Minutiös führen die Statistiken auf, welche Spediteure mit dem Transport

387 Zur Verstrickung der Bevölkerung in die Vernichtungspolitik am Beispiel einer schwäbischen Landgemeinde vgl. auch Becker, Gewalt.

388 Aufzeichnung über eine Besprechung mit Regierungsrat Dr. Schwarzat vom Reichsfinanzministerium in Anwesenheit der Vertreter von Stuttgart und Nürnberg, ohne Datum (6.11.1941), StAN, Oberfinanzdirektion Nürnberg (Bund), 15472 (5210 B, 1-660 = NS 6).

389 Rummel/Rath, Dem Reich verfallen, S. 220 f.

390 Schnellbrief des Reichsfinanzministeriums an die Oberfinanzpräsidenten vom 4.11.1941, 5, StAN, Oberfinanzdirektion Nürnberg (Bund), 15472 (5210 B, 1-660 = NS 6).

391 Susanne Meinl bezeichnet diese Personengruppe als „kleine Profiteure", vgl. Meinl/Zwilling, Legalisierter Raub, S. 196–198.

der Gegenstände aus den Wohnungen beauftragt wurden, welche Gutachter Wertschätzungen vornahmen, welche Handwerker Reparaturen durchführten oder welche Lagerhäuser als Zwischenlagerstätte angemietet wurden. Die Liste der beteiligten Transportunternehmer, Sachverständigen und Handwerker umfasst allein für die zweite Deportationswelle aus München über vierzig Beteiligte, die alle in kleinerem oder größerem Rahmen von der Verwertung profitierten. Im Gegensatz zu den unmittelbaren Erwerbern jüdischen Eigentums verdienten mittelbare Profiteure an der Vermittlung, am Zwischenhandel und an Versteigerungen, an Reparaturen, Lagerung und Transporten, kurz: an den Leistungen, die beim Abwicklungsprozess der Verwertung gebraucht wurden.[392] Wie bereits im Zusammenhang mit der österreichischen VUGESTA angesprochen, eröffneten sich für zahlreiche Schätzer, Treuhänder, Verwalter, Lager- und Transportunternehmen neue Verdienstmöglichkeiten auf einem Vermögensverwertungsmarkt. Auch hier bestimmten die Finanzbeamten, welche Unternehmen an dem lukrativen Geschäft beteiligt wurden. Die Finanzverwaltung agierte also nicht als abgekapseltes System, sondern war mit dem gesellschaftlichen Umfeld vielfach verklammert.[393]

Auch weite Kreise der Bevölkerung erzielten ihren Vorteil aus der Verwertung des Vermögens der in die Vernichtungslager deportierten Juden. Die Gegenstände aus „nichtarischem" Besitz stießen in der Bevölkerung auf rege Nachfrage. Die Verwertung des Eigentums der Deportierten war in der deutschen Gesellschaft ein „offenes Geheimnis".[394] Die Deportationen fanden ja vor den Augen der Bevölkerung statt, und von der Verschleuderung des letzten Besitzes der deutschen Juden profitierte eine erhebliche Zahl von Nachbarn und sonstigen Nutznießern. In nicht wenigen Orten fanden Versteigerungen statt, die entweder eindeutig als Versteigerungen von „Judengut" angekündigt waren oder an Orten stattfanden, die als Sammel- und Verteilungsstelle für jüdisches Eigentum bekannt waren. Auch die zahlreichen Anfragen aus der Bevölkerung nach jüdischem Eigentum, die sich in den Unterlagen der Finanzbehörden finden, belegen, dass man in der Bevölkerung wusste, dass hier ganze Wohnungseinrichtungen günstig abgegeben wurden. Neben der Vergabe von Möbeln und Hausrat an Luftkriegsopfer war die Vermittlung der Wohnungen der Deportierten an neue Mieter einer der Bereiche der Verwertung jüdischen Eigentums, der mit das größte Aufsehen in der deutschen Bevölkerung erregte.

[392] In diesem Zusammenhang sind auch Banken zu nennen. Dazu sind in den letzten Jahren einige grundlegende Untersuchungen erschienen, so dass diese Fragen hier nicht näher ausgeführt werden, sondern eine Diskussion des Themas mit Verweis auf die einschlägige Literatur unterbleibt. Vgl. u. a. Ziegler, Dresdner Bank; Herbst/Weihe, Commerzbank; Lorenz, Commerzbank; James, Die Deutsche Bank und die „Arisierung".

[393] Vgl. dazu Kuller, Finanzverwaltung und Judenverfolgung, S. 111–146.

[394] Bajohr/Pohl, Holocaust, S. 53–55.

Dabei nahmen die Finanzbeamten vielfach Einfluss auf die Verteilung der Vermögensgegenstände und trugen nicht selten zu Korruption und Vetternwirtschaft bei. Von den Finanzbeamten hing es in erheblichem Maße ab, in wessen Hand das geraubte Gut gelangte. Die neuen Eigentümer erhielten die Gegenstände und Immobilien zu günstigsten Preisen oder umsonst, und dabei nahmen die Finanzbeamten eine Vermittlerfunktion ein.

In den Unterlagen der Finanzbehörden finden sich einige Hinweise auf Kritik aus der Bevölkerung an den Verwertungsverfahren der Finanzbehörden. Insbesondere die Tatsache, dass sich die Finanzbehörden vor allen anderen Interessenten – für den Dienst- und für den Privatbedarf – aus dem Vermögen der Juden bedienen durften, sorgte für Unmut in der Öffentlichkeit. Allerdings gibt es kaum unmittelbare Zeugnisse der Beschwerden, sondern sie wurden in der Regel im Rahmen eines Konfliktes – beispielsweise zwischen Finanzbehörde und Kommune – von den Behörden als Argument angeführt. Ob es die öffentliche Empörung, von der in diesen Schreiben berichtet wird, wirklich gegeben hat, oder ob sie erfunden oder aufgebauscht wurde, lässt sich mit den Quellen der Finanzbehörden alleine meist nicht zweifelsfrei klären. Zeugnisse aus der Bevölkerung, die explizit Missstände benennen und Kritik daran üben, sind eher die Ausnahme.

Ein solches Beispiel ist der Brief einer Frau aus Fürth, die sich über die Selbstbereicherung der Finanzbeamten beim Reichsstatthalter von Bayern Ritter von Epp beklagte:

„Im Namen vieler Volksgenossen wende ich mich an Sie, Herr Reichsstatthalter. Da sämtliche Juden fortkommen, werden da selbstverständlich auch deren Wohnungen frei mit Mobiliar. [...] Auf unser Befragen, ob man da auch was haben könnte, wurden wir barsch abgewiesen mit dem Vermerk, das geht uns nichts an, das geht nur durch das Finanzamt. [...] so muß ich Ihnen mitteilen, daß nun schon etliche Wochen sämtliche Möbelstücke einschließlich Betten nur von Finanzbeamten weggeholt wird. Wo ist da Gerechtigkeit und Volksgemeinschaft. Genau so ist es auch mit den Wohnungen. Wir haben so viele junge Kriegerfrauen, die keine Wohnungen haben und Kinderreiche. Aber die Beamten vom Finanzamt haben es, wie es scheint, notwendiger. Meines Erachtens nach ist das nicht am Platze, wenn schon die Sachen verkauft werden, dann bitte für die Allgemeinheit, nicht nur für Beamte. "[395]

Zeugnisse wie dieser Brief sind kennzeichnend für eine Veränderung. Das Handeln der Finanzbehörden wurde hier kritisch infrage gestellt. Obwohl sich die Finanzbeamten nicht nur im Hinblick auf ihre Zuständigkeit bei der Verwaltung und Verwertung jüdischen Vermögens, sondern auch bei der Praxis, zuerst Gegenstände für den eigenen Behördenbedarf zu sichern, auf geltende Verordnungen und Verwaltungsanweisungen berufen konnten, wurde ihr Handeln

395 Abschrift eines Schreibens einer Einwohnerin aus Fürth an den Reichsstatthalter von Bayern, Ritter von Epp, vom 24.9.1942, StAN, Oberfinanzdirektion Nürnberg (Bund), 15456 (5205 B, Band 2), abgedruckt in Kuller, Finanzverwaltung und Judenverfolgung, Dokument 8, S. 231–233.

hier nicht mehr unhinterfragt akzeptiert, sondern sie mussten sich für ihr Verhalten mehr und mehr rechtfertigen.

Das lag nicht nur daran, dass die Beamten in diesem Bereich häufiger und unmittelbarer Kontakt mit der Bevölkerung hatten. Es ist vielmehr bezeichnend, dass dieser Verlust an Amtsautorität gerade in dem Moment auftrat, als die Finanzbehörden mit der „Aktion 3" in großem Stil in die „Arisierung" jüdischen Eigentums einstiegen und im Zuge dessen antisemitische Grundsätze explizit in ihr Handeln aufnahmen. Dieser Prozess der Aufweichung ihrer traditionellen Prinzipien und die Erweiterung ihres Handlungsraumes in den Bereich der expliziten Judenverfolgung machte die Behörden offenbar angreifbar, zumal sie im Bereich der Judenverfolgung nicht die einzigen waren, die eine Definitions- und Regelungsmacht beanspruchten.

Zusammenfassung und Schlussbetrachtung

Die staatlichen Finanzbehörden waren auf vielfältige Weise in die nationalsozialistische Verfolgungs- und Vernichtungspolitik gegen die Juden involviert. Durch diskriminierende Steuerverfahren setzten sie jüdische Steuerpflichtige unter Druck und trugen zu deren Kriminalisierung bei. Finanzbehörden wickelten die wirtschaftliche Hinterlassenschaft der in die Flucht Getriebenen ab, und sie tilgten die letzten wirtschaftlichen Spuren der Ermordeten in ihrer Heimat. Wie konnte ein so weit verzweigter Apparat wie die staatliche Finanzverwaltung nahezu reibungslos in die Durchführung der Verbrechenspolitik eingebunden werden und im Sinne der NS-Ideologie funktionieren? Welche besonderen Charakteristika ergaben sich daraus, dass die Verfolgung von einem bürokratisch organisierten Apparat durchgeführt wurde? Und welche spezifischen Faktoren prägten die Dynamik der Radikalisierung der fiskalischen Judenverfolgung? Diese Fragen standen im Mittelpunkt der Studie.

Beim Blick auf die frühen Verfolgungsmaßnahmen der Finanzbehörden gegen Juden fällt ins Auge, dass die Verfahren in weiten Bereichen durch Gesetze und Verordnungen geregelt waren, die noch aus der Weimarer Zeit stammten. Die Reichsabgabenordnung von 1919 beispielsweise blieb weiter in Kraft, und die „nationalsozialistische" Steuerreform, die Hitler in seiner Regierungserklärung 1933 vollmundig ankündigt hatte, basierte, soweit sie überhaupt realisiert wurde, weitgehend auf Vorarbeiten aus der Weimarer Zeit. Die Novellen hatten bis 1938 auch keine explizit antisemitische Ausrichtung. Dennoch brachte die Machtübernahme durch das NS-Regime für jüdische Steuerpflichtige gravierende Veränderungen. Dies war vor allem auf die Auslegung der Steuergesetze nach ideologischen und rassistischen Grundsätzen zurückzuführen. Das Steueranpassungsgesetz vom Oktober 1934 legte offiziell fest, was bereits seit 1933 vielfach Praxis war: Die Auslegung der Steuergesetze nach nationalsozialistischer Weltanschauung. Damit wurde ein hochwirksamer Diskriminierungsmechanismus etabliert: Die ideologische Steuerung eines scheinbar unpolitischen Rechtsgebietes durch eine vorgeschaltete Generalklausel. Damit war die Steuerverwaltung die erste öffentliche Verwaltung, welche die NS-Ideologie offiziell zur Auslegungsrichtlinie erhoben hatte.

Dass die ideologische Auslegung große Wirkung entfalten konnte, hing damit zusammen, dass das deutsche Steuerrecht traditionell zahlreiche Möglichkeiten für Steuervergünstigungen bot, an die die Diskriminierung während der NS-Herrschaft anknüpfen konnte. In rassistischer Pervertierung der Verfahren erklärten die Finanzbehörden die Rassenzugehörigkeit zu einem ausschlaggebenden Kriterium für die Steuerpflicht. Wer nach nationalsozialistischer Definition als Jude galt, wurde von Vergünstigungen und Billigkeitserlassen ausgeschlossen.

Ein weiterer Funktionsmechanismus fiskalischer Verfolgung zeigt sich exemplarisch beim Blick auf die sogenannte Reichsfluchtsteuer, die im Falle einer Auswanderung zu leisten war. Die Regelung, nach der Emigranten ein Viertel ihres Vermögens an den Staat abführen mussten, stammte ebenfalls noch aus der Weimarer Zeit. Ihr ursprünglicher Zweck, vermögende Personen von einer Auswanderung abzuschrecken und sie als Steuerzahler im Reichsgebiet zu halten, wurde für Juden aber mit Beginn der nationalsozialistischen Herrschaft zur Farce. Die Judenpolitik des NS-Regimes zielte ja im Gegenteil gerade darauf, Juden in Flucht und Emigration zu treiben. Dieses Widerspruchs war man sich im Reichsfinanzministerium durchaus bewusst, und der zuständige Referent entwickelte schon kurz nach der nationalsozialistischen Machtübernahme eine neue Auslegungsleitlinie, die es erlaubte, auch angesichts der dezidierten Vertreibungspolitik bei Juden weiterhin die Reichsfluchtsteuer zu erheben. Selbst wenn ein „Inlandsinteresse" an der Auswanderung der Juden bestehe, so argumentierte er, liege die Tätigkeit von Juden im Ausland keinesfalls im deutschen Interesse, und daher könne die Reichsfluchtsteuerpflicht nicht aufgehoben werden. De facto gewann die Reichsfluchtsteuer für Verfolgte des NS-Regimes den Charakter einer erzwungenen Teilenteignung. Sie steht damit exemplarisch für Gesetze, die formal nahezu unverändert fortbestanden, im Kontext anderer nationalsozialistischer Verfolgungsmaßnahmen ab 1933 aber ihre Funktionsweise grundlegend veränderten und dadurch zu Verfolgungsinstrumenten wurden.

In den politischen Machtkämpfen um den Zugriff auf das Vermögen von Juden bildete die Reichsfluchtsteuer einen mächtigen Hebel, den die Finanzverwaltung ansetzen konnte, um ihren Zugriff zumindest auf ein Viertel der jüdischen Vermögen zu sichern. Mit ihren Ansprüchen auf die Reichsfluchtsteuer setzten sich die Finanzbehörden gegenüber anderen politischen Akteuren immer wieder durch. So beharrten sie auf der Zahlung, als das Reichswirtschaftsministerium auf eine mildere Auslegung der Reichsfluchtsteuer drängte, um die Auswanderung der Juden nicht zu behindern. Aber auch jenseits der Emigrationspolitik zeigt sich insbesondere ab 1938 in Österreich und den „angeschlossenen Gebieten", später auch im „Altreich", dass die Finanzbeamten ihre Reichsfluchtsteuerforderungen erfolgreich vorbrachten – hier meist nicht gegenüber den jüdischen Emigranten, die zu diesem Zeitpunkt die Verfügungsgewalt über ihr Eigentum in der Regel schon verloren hatten, sondern vor allem gegenüber konkurrierenden Ansprüchen der Gestapo und der NSDAP.

Neben gezielt antisemitischen Vorgehensweisen gab es funktionale Zusammenhänge, welche die Radikalisierungsdynamik der finanzpolitischen Maßnahmen gegen Juden in den frühen Jahren in starkem Maße prägten. Schon die Tatsache, dass Juden zahlenmäßig einen großen Anteil der Menschen bildeten, die vom NS-Regime in die Flucht getrieben wurden, trug dazu bei, dass diese Gruppe zunehmend in den Fokus der Behörden geriet. Sachbearbeiter in Auswanderungsfragen wurden zu Experten in „Judenfragen“ und Mitarbeiter in den Arbeitsstäben für Emigranten entwickelten spezifische Routinen gegenüber Juden. Je stärker Juden als Gruppe im Fokus der Finanzbehörden standen, umso mehr konnten auch antisemitische Ressentiments und stereotype Vorurteile Raum gewinnen.

Das zeigt sich beispielsweise im Bereich der Devisenbewirtschaftung. Auch wenn in den Akten über die Verschärfungen der Devisenbeschränkungen in den frühen Jahren der NS-Herrschaft kaum explizit antisemitische Motive sichtbar werden, spielten die währungspolitischen Folgen der Auswanderung von Juden bei den Überlegungen der Devisenexperten schon allein wegen ihrer zahlenmäßigen Dimension eine Rolle, nicht zuletzt auch deshalb, weil die Vertreibung politisch nicht zur Disposition stand und die Finanzexperten sich auf die devisentechnischen Konsequenzen einstellen mussten. Spätestens seit dem Herbst 1935 tauchten jüdische Auswanderer als besondere Gruppe in den Planungspapieren von Reichsbank, Reichswirtschaftsministerium und Reichsfinanzministerium auf, und es begannen Überlegungen zu einer speziellen Behandlung dieser Auswanderergruppe. Die Lösungskonzepte zielten allerdings anfangs noch nicht ausschließlich auf einen möglichst umfassenden Zugriff auf das Vermögen von Juden. Die funktionale Wechselwirkung von Devisen- und Judenpolitik konnte zuweilen auch zu einem Impuls für eine Mäßigung in der Verfolgungspolitik führen, etwa als Hjalmar Schacht 1935 die kritischen Folgen einer forcierten Judenvertreibung für die Außenwirtschaftspolitik anmahnte. Auch Debatten wie diese, die um eine Erleichterung der Ausreisekonditionen kreisten, trugen dazu bei, Juden als besondere Gruppe der Emigranten zu behandeln.

Für die Konfiskation jüdischen Vermögens schuf die NS-Regierung bereits im Juli 1933 neue Gesetze, die an frühere Regelungen aus der Weimarer Zeit anknüpften, aber über den bisherigen rechtlichen Rahmen deutlich hinausgingen. Eine pauschale Enteignung aller Juden gab es – entgegen propagandistischer Aussagen aus der Zeit vor 1933 – im „Dritten Reich“ nicht. Jahrelang existierten stattdessen komplizierte Verfahren, die im Einzelfall eine Enteignung begründeten. Dabei entwickelte der NS-Staat neben der Enteignung von „Volks- und Staatsfeinden“ ein weiteres Verfahren, das daran anknüpfte, dass nach dem Verlust der Staatsangehörigkeit das Vermögen von Staatenlosen konfisziert werden konnte. So erklärt sich die enge Verknüpfung zwischen der Debatte um den staatsbürgerlichen Status und den Zugriff auf das Vermögen von Juden. Die Entscheidung über Ausbürgerung und Enteignung lag dabei in Händen der Innenverwaltung. Die Finanzbehörden waren erst im Anschluss daran für die Verwaltung und Verwertung des konfiszierten Vermögens zuständig und befanden sich damit in einer ganz anderen Position als in den Steuerverfahren.

Trotz der formal nachgeordneten Funktion konnten jedoch die Mitarbeiter im Finanzamt Moabit-West, das bis 1941 reichsweit für konfiszierte Vermögen zuständig war, auch in diesem Bereich Initiativen entwickeln. Durch ihre Kenntnisse und Erfahrungen in praktischen Verwaltungsroutinen und die Akkumulation von Informationen über die Verfolgten waren sie zum einen einflussreiche Informationsmanager im Prozess der Ausbürgerung und Enteignung. Großen Einfluss hatten sie zum anderen bei der Auswahl der Profiteure. In wessen Hände das Hab und Gut der Verfolgungsopfer am Ende kam und wie hoch die Gewinnspanne dabei war, bestimmten die Finanzbeamten wesentlich mit.

Auch bei der „Arisierung" jüdischen Eigentums, die auf den ersten Blick wenig mit der Finanzverwaltung zu tun zu haben scheint, spielten die Finanzbehörden schon frühzeitig eine wichtige Rolle. So trugen diskriminierende Abgabenberechnungen vielfach dazu bei, dass jüdische Gewerbetreibende finanziell in die Enge getrieben wurden. Mit diskriminierenden Steuerforderungen konnten Finanzbehörden im Vorfeld der „Arisierung" den Handlungsspielraum der jüdischen Eigentümer massiv einschränken. Verkaufte ein Jude Teile seiner Vermögensgegenstände, dann galt das zudem als ein Indiz für Ausreisepläne und brachte den Verkäufer auch in dieser Hinsicht ins Fadenkreuz der Finanzbehörden.

Steuerberechnung und „Arisierung" waren nicht selten unmittelbar miteinander verknüpft: Finanzbeamte hatten ein Interesse an „Arisierungsverhandlungen", weil ihnen an einer gewissen Mindesthöhe des „Arisierungspreises" lag, damit aus dem Erlös die Steuerschulden und Emigrationsabgaben beglichen werden konnten. Die Finanzbehörden nutzten auch hier ihre Forderungen vor allem dazu, dem Staat einen Anteil am jüdischen Vermögen zu sichern und diesen gegenüber anderen Profiteuren zu verteidigen. Die jüdischen Verkäufer waren häufig nur noch Beobachter der finanziellen Transaktionen zwischen dem neuen Besitzer und dem Staat.

Je weiter die steuerliche Diskriminierung gegenüber Juden voranschritt, umso wichtiger wurde auch die Frage, wann die besondere Behandlung eines ehemals „jüdischen" Gewerbebetriebes oder Grundstückes nach einer „Arisierung" enden und wie der Übergang in eine „arische" steuerliche Behandlung gestaltet werden sollte. Bereits im ersten Regierungsjahr der NS-Machthaber setzten auch Überlegungen im Reichsfinanzministerium ein, durch steuerliche Sonderregelungen finanziell Anreize für „Arisierungen" zu geben, beispielsweise indem Steuern und Abgaben, die im Falle eines Eigentumstransfers normalerweise fällig wurden, generell oder gegenüber bestimmten Profiteursgruppen erlassen wurden.

Im Jahr 1938 kam es in dreifacher Hinsicht zu einem Radikalisierungsschub bei den rechtlichen Rahmenbedingungen der fiskalischen Judenverfolgung. Einmal traten zu diesem Zeitpunkt erstmals Steuerregelungen in Kraft, deren

Formulierungen explizit gegen Juden gerichtet waren. Während zuvor die Zielgruppe der Diskriminierung nur indirekt über den Bezug auf die nationalsozialistische Weltanschauung erschlossen worden war, nannten 1938 erstmals Steuergesetze und -verordnungen „Juden" als Sondergruppe der Steuerpflichtigen. Dies bedeutete den Übergang zu einem „Sonderrecht für Juden" im Steuerbereich. Um als Steuerzahler nicht darunter zu fallen, musste man mit der Steuererklärung nun eine Art „Ariernachweis" erbringen.

Noch in einer anderen Hinsicht markiert das Jahr 1938 eine Zäsur, denn zuvor war die Mehrzahl der steuerlichen Diskriminierungen einer steuerpolitischen Binnenlogik gefolgt. Wenn jüdische Unternehmer keine Billigkeitserlasse erhielten und wenn für jüdische Kinder keine Steuerfreibeträge mehr gewährt wurden, so wurden damit zentrale außerfiskalische Ziele der Steuerpolitik – Wirtschaftsförderung und Familienförderung – rassistisch überformt. Die „Judenvermögensabgabe" vom November 1938 hingegen verfolgte ein anderes Ziel: Sie war auf die Eintreibung einer Gesamtsumme von einer Milliarde Reichsmark ausgerichtet. War es bei früheren steuerlichen Maßnahmen vor allem darum gegangen, Juden bestimmte wirtschafts- und sozialpolitische Impulse, die das Steuersystem bot, zu verweigern, so zielte die „Judenvermögensabgabe" auf eine kollektive Teilenteignung aller Juden.

Der Zeitpunkt der Erhebung der „Judenvermögensabgabe" als größter antisemitischer Sonderabgabe kurz nach den Novemberpogromen deutet auf eine Verknüpfung mit der allgemeinen Radikalisierung der Judenpolitik. Allerdings bot die Pogromnacht lediglich den Anlass für eine Realisierung der Maßnahme. Die zeitliche Verbindung zum Novemberpogrom 1938 darf nicht darüber hinwegtäuschen, dass eine Sonderabgabe für Juden im Reichsfinanzministerium seit langem vorbereitet worden war. Den offiziellen Startschuss für die Planungen hatte Hitler schon zwei Jahre zuvor gegeben, und in das Konzept flossen auch Ansätze und Initiativen mit ein, die die Finanzbeamten schon vor Hitlers Auftrag entwickelt hatten. Diese langfristigen Planungen sind auch ein Argument gegen die These, dass hinter der Idee für eine Judensonderabgabe vor allem die Bewältigung der Krise der deutschen Staatsfinanzen im Jahr 1938 stand.

Die Motive für die Verschiebung der Schwerpunkte von anderen Steuerbereichen in Richtung Vermögenskonfiskation lassen sich angesichts der lückenhaften Quellenüberlieferung heute nur noch schwer rekonstruieren. Vermutlich war ausschlaggebend, dass der steuerliche Zugriff auf Juden jenseits der Vermögensteuer kaum noch ertragreich war. Wenn Juden nach 1938 überhaupt noch einkommensteuerpflichtig waren, so handelte es sich in der Regel um Einkünfte aus schlecht bezahlten Jobs. Eine wirtschaftliche Tätigkeit konnten Juden nach 1938 kaum mehr ausüben, und die steuerlichen Einnahmen daraus verloren zunehmend an Bedeutung. So richtete sich die

Aufmerksamkeit der Finanzbehörden auf das Vermögen der Juden, und die „Judenvermögensabgabe" steht genau an diesem Übergang.

1938 war schließlich drittens auch das Jahr, in dem die nationalsozialistische Regierung die zwangsweise „Arisierung" aller jüdischen Wirtschaftsunternehmen beschloss und den Finanzbehörden einen festen Platz in diesem Prozess zusprach. Reichsfinanzminister Schwerin von Krosigk hatte sich seit 1933 mehrfach kritisch zur Frage der forcierten „Arisierung" jüdischen Eigentums geäußert. Dabei stellte er in der Regel Ressortinteressen in den Vordergrund, beispielsweise, als er gegen den Boykott vom 1. April 1933 intervenierte und dabei auf drohende Umsatzsteuerausfälle hinwies. Auch im Sommer 1938 wandte er sich mit Hinweis auf die wirtschaftlichen Folgen scharf gegen eine Umstellung der „Arisierung" auf ein zwangsweises Verfahren unter staatlicher Kontrolle. Diese Intervention, die er im Übrigen nur wenige Monate bis zum Pogrom im November 1938 aufrechterhielt, wurde allerdings dadurch in gewissem Maße konterkariert, dass der Übergang zur Zwangsarisierung im Sommer 1938 unter anderem durch Initiativen Berliner Finanzbeamter im Fall der „Arisierung" des Petschek-Konzerns maßgeblich vorangetrieben wurde. Festzuhalten bleibt, dass Schwerin von Krosigk dem Beschluss zur allgemeinen Einführung der „Zwangsarisierung" nach dem Novemberpogrom 1938 zustimmte. Von nun an waren Finanzbehörden offiziell an den Genehmigungsverfahren für „Arisierungen" beteiligt, um ihre Steuerforderungen zu sichern.

Mit den Verordnungen zur „Zwangsarisierung" versuchte der Staat die Kontrolle über die Durchführung der „Arisierung" an sich zu ziehen, war dabei allerdings nur teilweise erfolgreich. Dies zeigt unter anderem die Entwicklung der Ausgleichsabgabe für „Entjudungsgewinne", welche die NS-Regierung ab Jahresende 1938 erhob. Diese richtete sich weniger gegen die gesellschaftlichen „Ariseure", die jüdische Betriebe zu günstigen Konditionen übernommen und dabei hohe Gewinne gemacht hatten, sondern vor allem gegen die regionalen NSDAP-Institutionen, die ihrerseits schon länger solche Abgaben erhoben und damit aus den „Arisierungen" Millionengewinne in die eigenen Kassen geleitet hatten.

Obwohl die Gesamteinnahmen aus der Ausgleichsabgabe mit gut 200 Millionen Reichsmark rund viermal so hoch anzusetzen sind, wie in der Forschung bisher angenommen, ändert dies wenig an dem Gesamtergebnis, dass die Ausgleichsabgabe nur einen kleinen Bruchteil der „Arisierungsgewinne" erfassen konnte. Nach wie vor kann man die Entwicklung der Ausgleichsabgabe insgesamt als Indikator dafür deuten, dass die Reichsinstitutionen auf die „Arisierung" nicht den gewünschten Einfluss nehmen konnten, und die Gewinne aus der „Arisierung" letztlich weiterhin vor allem in private Taschen und auf regionale Parteikonten flossen.

Aber auch wenn der Versuch, die Gewinne aus der „Arisierung" im Nachhinein zugunsten der Staatskasse zu erfassen, am Ende in weiten Teilen misslang – eine bemerkenswerte Ausnahme war der Gau Franken –, sind die Mechanismen, die die staatlichen Instanzen dazu in Bewegung setzten, dennoch aufschlussreich. Die Ausgleichsabgabe war kein erfolgreiches Instrument, um große Summen in die Staatskassen zu bringen, aber sie erlaubt einen aufschlussreichen Einblick in die Funktionszusammenhänge der „Arisierung".

Im Bereich der Konfiskationen war die Dynamik der Entwicklung wie erwähnt dadurch geprägt, dass es enge Verknüpfungen mit der Frage des staatsbürgerlichen Status' von Juden gab. Eigentumsrechte von staatenlosen Personen waren grundsätzlich weniger geschützt, als die von Inländern. Dies führte dazu, dass die Debatte um die staatsbürgerlichen Rechte, die im Zusammenhang mit den „Nürnberger Gesetzen" begann und sich insbesondere in der Kriegszeit beschleunigte, in unmittelbarer Wechselwirkung mit der Frage der Enteignung von Juden stand.

Nachdem über die Jahre ein unübersichtlicher Flickenteppich an unterschiedlichen regionalen Regelungen entstanden war, setzte das Reichsinnenministerium im November 1941 die unter seiner Federführung erarbeitete 11. Verordnung zum Reichsbürgergesetz durch. Sie bestimmte, dass das Vermögen aller Juden, die die Reichsgrenze überschritten, automatisch an den Staat fiel. In den Planungssitzungen für die Verordnung war nicht nur auf Auswanderung, sondern ausdrücklich auch auf Deportationen Bezug genommen worden. Die 11. Verordnung zum Reichsbürgergesetz gilt als die wichtigste Regelung für die systematische Enteignung aller deutschen Juden.

Für die Reichsfinanzbehörden bedeutete die 11. Verordnung eine erhebliche Erweiterung ihres Handlungsfeldes. Sie wurden offiziell mit der Verwaltung und Verwertung des auf diese Weise „verfallenen" jüdischen Vermögens beauftragt. Die Finanzbeamten erhielten damit endgültig die zuvor heftig umkämpfte Schlüsselposition als Koordinatoren und Vermittler auf dem Markt für konfisziertes „Judengut".

Dieser Überblick über die Verfolgungsmaßnahmen der Finanzverwaltung und ihre Funktionszusammenhänge macht deutlich, dass der Zugriff der Finanzbehörden auf jüdische Vermögen in weiten Teilen eine gesetzesförmige Basis hatte. Das Handeln der Finanzbeamten lässt sich jedoch nicht unmittelbar aus den gesetzlichen Vorgaben ableiten. Wie die Gesetze und Verordnungen in den Behörden umgesetzt wurden, war wesentlich mitgeprägt durch organisatorische Strukturen, Routinen der Arbeitsabläufe und kommunikative Regeln im Behördenapparat. Diese Studie zielte daher nicht nur darauf, unterschiedliche Funktionsweisen der gesetzlichen Regelungen zu untersuchen und deren Spielräume und Grenzzonen zu beschreiben. Um die Charakteristika der fiskalischen Judenverfolgung zu erklären, ist auch der Blick auf die bürokratische Praxis notwendig. Auch in der nationalsozialistischen Diktatur war die Verwaltung mehr als nur ausführender Arm einer von oben angeordneten Verbrechenspolitik. Die Judenverfolgung lässt sich mit einem einfachen Befehl-Gehorsam-Modell nicht hinreichend beschreiben. Vielmehr formten organisatorische und kommunikative Strukturen der Verwaltungsinstitutionen den Verfolgungsprozess wesentlich mit.

Betrachtet man die organisatorische Entwicklung, dann zeigt sich, dass Referate und Arbeitsgruppen, die sich auf „Judenfragen" spezialisierten, auf allen Verwaltungsebenen zu finden waren. Neben den Steuerreferenten im Reichsfinanzministerium gab es mit dem Berliner Finanzamt Moabit-West eine reichsweite Zentralstelle für die Verwaltung der Vermögen von jüdischen Emigranten, während gleichzeitig ab 1935 auch in einer Reihe lokaler Finanzämter „Reichsfluchtsteuerstellen" entstanden, die sich vor allem auf jüdische Auswanderer konzentrierten. 1940/41 wurden im Reichsfinanzministerium und in den Mittelbehörden spezielle Dienststellen geschaffen, die das Vermögen aller ausgewanderten und deportierten Juden verwerteten.

Im Reichsfinanzministerium findet sich erstmals im Geschäftsverteilungsplan 1940 das „Referat Maedel". Es war zuständig für die Verwaltung konfiszierten Reichsvermögens. Güter aus jüdischem Vermögen fielen von nun an in diesen Verwaltungsbereich. Nach Beginn der Deportationen aus dem Reichsgebiet waren Maedel und sein Referentenkollege Eylert für die Koordination der Verwaltung und Verwertung jüdischen Eigentums zuständig. Dem Bedeutungszuwachs, den die beiden Referate von Maedel und Eylert erfuhren, entsprach im Gegenzug, dass das Finanzamt Moabit-West, das bislang für die Enteignung jüdischer Auswanderer zuständig gewesen war, seine reichsweite Kompetenz verlor. In den neuen Referaten, in denen sich professionelle Kompetenz der Finanzbeamten mit der Bereitschaft zur Politisierung ihrer Tätigkeit und der Flexibilität einer relativ jungen Sonderarbeitsstelle verbanden, fand das Reichssicherheitshauptamt während der Deportationen einen ebenso selbstbewussten wie effizienten Kooperationspartner. Im Zusammenhang mit den Deportationen richteten auch die Oberfinanzpräsidien eigene Referate bzw. Arbeitsstäbe ein, die für das enteignete Vermögen der deportierten Juden zuständig waren.

An einer Reihe von Beispielen lässt sich zeigen, dass es für die Durchführung der „Aktion 3", wie die Verwaltung und Verwertung des Eigentums der verschleppten Juden in der Behördensprache hieß, keines neuen, ideologisch besonders geprägten Personals bedurfte. Vielfach waren die Finanzbeamten, die die Verwaltung und Verwertung jüdischen Vermögens organisierten, schon lange vor 1933 Mitarbeiter der Reichsfinanzverwaltung gewesen und brachten langjährige Erfahrung und Fachwissen in den Prozess ein.

Wichtig ist jedoch auch festzuhalten, dass die Verfolgungsmaßnahmen sich nicht in der Tätigkeit solcher Dienststellen für „Judenfragen" erschöpften. Würde man nur die spezialisierten Arbeitsstäbe untersuchen, dann bliebe ein erheblicher Teil der fiskalischen Verfolgungsmaßnahmen unsichtbar. Richtet man hingegen einen breiter angelegten Blick auf die Verfolgung, dann zeigt sich: Antisemitische Verwaltungspraxis gehörte für Finanzbeamte im „Dritten Reich" zum Alltag; sie war nicht in spezielle Abteilungen delegiert.

Die organisatorische Struktur prägte den Charakter der Verfolgungsverfahren wesentlich mit, denn es bedeutete einen großen Unterschied, ob „Judenfragen" in einem Referat zusammengeführt wurden, oder antisemitische Grundsätze in einer Vielzahl von Arbeitsbereichen als Handlungsmaximen galten. Im ersten Fall konnten sich schnell antijüdische Verwaltungsroutinen entwickeln, die zu einer effizienten Verfolgung – aber teilweise auch zu Spannungen mit anderen Handlungsprinzipien – führten, während im zweiten Fall die Verfahren langsamer antisemitisch ausgerichtet, aber auch stärker in das übrige Verwaltungshandeln eingebunden und damit harmonisiert werden konnten.

Vermutlich trug die breite organisatorische Streuung nicht unwesentlich dazu bei, dass die Mitarbeiter der Finanzverwaltung die innere Kohärenz des Steuersystems stärker im Auge hatten als politisch induzierte Vorstöße für Einzelmaßnahmen. Das konnte zu Gunsten der jüdischen Verfolgten ausfallen, etwa wenn der Reichsfinanzminister mit dem Argument drohender Steuerausfälle im April 1933 gegen den allgemeinen Boykott jüdischer Geschäfte und im Sommer 1938 gegen die „Zwangsarisierung" argumentierte. Vielfach aber wirkte es sich auch zu Ungunsten der jüdischen Steuerpflichtigen aus, gegenüber denen das Reichsfinanzministerium vehement auf seinen Forderungen beharrte ohne auf andere politische Ziele Rücksicht zu nehmen.

Die Verankerung von „Judenfragen" innerhalb des Behördenapparates war nicht nur das Ergebnis von äußeren Anstößen der neuen Machthaber. Auch die innere Entwicklungslogik der Verwaltungsorganisation, die aus ihrem Aufbau, ihren Traditionen und den eingespielten Routinen, aber auch aus den darin eingeschlossenen inneren Widersprüchen entsprang, bildete Subtexte der organisatorischen Dynamik, die auch für die Einrichtung von Dienststellen für die Verfolgungsmaßnahmen gegen Juden eine wichtige Rolle spielten. Insbesondere die Tatsache, dass die 1919 geschaffene Finanzverwaltung ein vergleichsweise junger Teil der Reichsverwaltung war, hatte Konsequenzen für Organisation, Kompetenzprofil und Personal im Bereich der fiskalischen Judenverfolgung.

So hatte die Reichsfinanzverwaltung während der Weimarer Zeit immer wieder neue, politisch hoch aufgeladene Aufgaben insbesondere im Bereich der Reparationspolitik übernommen. Sie hatte somit Erfahrung darin, neue, tagesaktuelle und hochpolitische Aufgaben schnell institutionell umzusetzen und wechselndes Leitungspersonal zu integrieren. Der Preis dafür war allerdings mitunter eine geringe Professionalität in Haushalts- und Steuerangelegenheiten.

Das Thema Professionalität spielte für die Personalpolitik in der Finanzverwaltung während der NS-Zeit eine wichtige Rolle. Schon lange ist bekannt, dass das Berufsbeamtengesetz dort weniger durchgreifend angewandt wurde als in anderen Verwaltungszweigen und insgesamt nur für knapp 2,4 Prozent der rund 73 000 Mitarbeiter der Reichsfinanzverwaltung zu Entlassung, Strafversetzung oder zum zwangsweisen Übergang in den Ruhestand führte. Offenbar maßen sowohl der schon seit 1932 amtierende Reichsfinanzminister Schwerin von Krosigk als auch der NS-Staatssekretär und Parteimann Fritz Reinhardt der Professionalität ihrer Mitarbeiter hohen Stellenwert zu.

Dass der personelle Austausch zu Beginn der NS-Herrschaft in relativ geringem Maße mit gewaltsamen Eingriffen verbunden war, hing allerdings auch damit zusammen, dass 1933/34 an vielen Stellen ohnehin ein altersbedingter Generationenwechsel anstand, der mit der Vorgeschichte der Reichsfinanzverwaltung in der Weimarer Zeit zusammenhängt. In den frühen 1920er Jahren hatte man in der Reichsfinanzverwaltung schnell Karriere machen können, dann waren die meisten Aufstiegskanäle für lange Jahre verschlossen gewesen. Viele der Leiter, insbesondere in den Landesfinanzämtern, erreichten zum Zeitpunkt der nationalsozialistischen Machtübernahme oder in den Jahren der NS-Herrschaft das Pensionsalter. Die nachrückenden Beamten hatten im Gegensatz zu ihren Amtsvorgängern eine vergleichsweise lange Ausbildungs- und Vorbereitungszeit durchlaufen, weil die begehrten höheren Stellen vorerst blockiert gewesen waren. Ihre Karrieren entsprachen in der Regel traditionellen Beamtenlaufbahnen. Der Typus des politisch protegierten Quereinsteigers oder -aufsteigers bildete auch in der NS-Zeit die seltene Ausnahme in der Reichsfinanzverwaltung.

Blickt man auf die Dienststellen, die mit Fragen der Diskriminierung von Juden befasst waren, dann zeigt sich allerdings auch, dass Professionalität nicht im Wiederspruch zu einer Ideologisierung der Verwaltungsarbeit stehen musste. Insbesondere die Mitarbeiter der Steuerabteilung im Reichsfinanzministerium, wo in den ersten Jahren der NS-Herrschaft Verfahren zur fiskalischen Judenverfolgung entwickelt und koordiniert wurden, hatten in der Weimarer Zeit erfolgreich Karriere in der Reichsfinanzverwaltung gemacht und genossen als Fachexperten hohes Ansehen. Gleichzeitig standen sie der NSDAP nahe und trugen die ideologische Diskriminierung von Juden in breitem Maße mit, wie nicht zuletzt Memoranden zum Vorgehen gegen „Nichtarier" vom Sommer 1935 belegen.

Ein weiteres Erbe der Weimarer Zeit waren die Spannungen zwischen Zentrale und Regionalinstitutionen, die im „Dritten Reich" zusätzlich von den Konflikten mit der regionalen NSDAP überformt wurden. In der NS-Zeit kam es zunächst zu einer Entmachtung der Mittelbehörden der Finanzverwaltung, die eine wesentliche Voraussetzung dafür war, dass diese schnell und flexibel auf die territorialen Umstrukturierungen und Erweiterungen in der nationalsozialistischen Diktatur reagieren konnte. Nach Kriegsbeginn zeichnete sich dann eine Gegentendenz der Dezentralisierung von Kompetenzen ab, die wiederum als wichtiger Faktor für die effiziente Durchführung von Verwaltungsaufgaben in Zeiten des Krieges gilt. In der Judenverfolgung avancierten die „Vermögensverwertungsstellen" in den Mittelbehörden der Finanzverwaltung (Oberfinanzpräsidien) ab 1941 zu zentralen Schaltstellen für die Verwaltung und Verwertung des Eigentums von emigrierten und deportierten Juden.

Noch ein dritter Faktor in der organisatorischen Entwicklung hatte frühe Wurzeln: die Friktionen zwischen Zoll- und Steuerbereich, die 1919 erstmals in einer gemeinsamen Verwaltungsinstitution zusammengebunden worden waren. Dieses Spannungsfeld ist im Zusammenhang mit der fiskalischen Judenverfolgung insbesondere deswegen von Bedeutung, weil die expliziten „Judenreferate" im Reichsfinanzministerium und in der mittleren Verwaltungsebene, diejenigen Referate nämlich, die ab 1941 für die Konfiskation jüdischer Vermögen zuständig waren, in einer kurz vorher neu eingerichteten Mischabteilung von Steuer- und Zollbereich (Abteilung VI für Personal- und Verwaltungsangelegenheiten) angesiedelt wurden. Auch wenn zu den Hintergründen der weitreichenden Umstrukturierung im Reichsfinanzministerium, die zur Einrichtung der neuen Abteilung führte, nur sehr wenige Quellen vorhanden sind, deuten die überlieferten Aussagen darauf hin, dass Veränderungen in der Zollabteilung und ein daraufhin notwendiger neuer Ausgleich zwischen Zoll- und Steuerbereich als Auslöser eine wichtige Rolle spielten.

Einer der Profiteure dieser Umstrukturierung war der Staatssekretär und NS-Chefideologe im Reichsfinanzministerium Fritz Reinhardt. Nach der hausinternen Kompetenzverteilung im Reichsfinanzministerium, die schon in der Weimarer Zeit bestanden hatte, war der Reichsfinanzminister für die Belange der Haushaltsabteilung und der Staatssekretär für die Steuerfragen zuständig. Durch die Einrichtung der neuen Abteilung, die dem Staatsekretär zugeschlagen wurde, erweiterte dieser seine Einflusssphäre und vereinnahmte auch die Kontrolle über die beschlagnahmten jüdischen Vermögen.

Die Trennungslinie zwischen Minister- und Staatssekretärsbereich, auf die Schwerin von Krosigk nach 1945 pochte, um seine geringe Beteiligung an fiskalischen Verfolgungsmaßnahmen zu belegen, verschwimmt in dieser neuen Abteilung allerdings ein Stück weit, wenn man die personelle Besetzung näher betrachtet. Auf der einen Seite war der Abteilungsleiter ein ehemaliger Mitarbeiter Fritz Reinhardts und wohl einer der wenigen, die trotz geringer Qualifikation auf Grund ihrer Parteizugehörigkeit in der Finanzverwaltung eine Spitzenposition erreicht hatten. Auf der anderen Seite finden sich als nachgeordnete Referatsleiter aber nicht nur Mitarbeiter aus Reinhardts Umfeld, sondern auch enge Vertraute des Reichsfinanzministers.

Die Umstrukturierung der Reichsfinanzverwaltung begann im selben Jahr, in dem auch der „Anschluss" Österreichs vollzogen wurde. Für die Judenverfolgung wies die Entwicklung in Österreich organisatorisch besondere Spezifika auf. Dort entstanden für die wirtschaftliche Ausplünderung der Juden neue staatliche Dienststellen insbesondere unter der Regie von Gestapo und Sicherheitsdienst der SS, für die es im „Altreich“ kein Vorbild gab. Gegenüber diesen Institutionen mussten die Finanzbehörden ihre Position neu definieren. Das gelang teilweise kooperativ wie mit der Zentralstelle für jüdische Auswanderung unter Adolf Eichmann, teilweise gab es aber auch starke Konflikte wie mit der Vermögensverkehrsstelle im Wirtschaftsministerium, die in den Fragen der „Arisierung“ kaum Rücksicht auf die Interessen der Finanzbehörden nahm.

Fragt man danach, wie die antisemitische Verfolgung im Arbeitsalltag der Finanzbeamten organisiert war, dann kommen die bürokratischen Organisationsprinzipien der Behörden in den Blick. Lange gehörte der funktionale Widerspruch zwischen den traditionellen Organisationsleitbildern des Verwaltungsapparats und dem Regierungsstil des nationalsozialistischen Regimes zu den gängigen Topoi der Interpretation von Verwaltungshandeln in der NS-Zeit, und auch die Finanzbeamten haben ihn nach 1945 für sich in Anspruch genommen. Schon durch ihre etablierten Verwaltungsprinzipien hätten die Beamten die Willkürmaßnahmen des nationalsozialistischen Terrorregimes in Grenzen gewiesen, so lautete die Argumentation. Kollegiale Willensbildung nach rationalen und standardisierten Verfahren, bürokratische Entscheidungsbildung ohne Ansehen der Person, die sich allein an allgemeingültigen Normen orientierte – dies galt den Vordenkern der nationalsozialistischen Verwaltungsforschung als rückständig und hemmend. Sie setzten dem als neue Leitbilder eine nationalsozialistische „Menschenführung“ mit den Elementen des „Führer-“ und des „Persönlichkeitsprinzips“ entgegen. Das „Führerprinzip“ bedeutete strikte Autorität nach unten und absolute Verantwortlichkeit nach oben. Verbunden mit dem „Persönlichkeitsprinzip“, wonach politische Aufgaben an Einzelpersonen gebunden werden sollten, bildete es das Leitbild für eine Verwaltung nach nationalsozialistischer Vorstellung, das mit herkömmlichen bürokratischen Prinzipien wie Amtsautorität, klar definierten Zuständigkeiten und kollegialen Beschlussverfahren kollidierte.

Das Potential der bürokratischen Organisation der Staatsbehörden war jedoch ambivalent. Denn trat ein bürokratischer Apparat erst einmal in Aktion, dann schien er geradezu prädestiniert für die effiziente Implementation einer Verfolgungspolitik. Klassische bürokratische Prinzipien wie das Handeln ohne Ansehen der Person und eine sachliche Herangehensweise ohne persönliches Engagement begünstigten die Entwicklung einer mörderischen Dynamik. Die charakteristische Segmentierung von Verantwortlichkeit und die Arbeitsteilung im bürokratischen System führten dazu, dass sich der Einzelne als kleines Rädchen einer überindividuellen Maschinerie mit geringer eigener Verantwortung fühlen konnte. Effizienzdenken, professioneller Selbstanspruch und Karrierestreben bildeten zudem bei den Mitarbeitern der staatlichen Behörden des „Dritten Reiches“ eine eigenständige Triebfeder für die Radikalisierung von Verfolgungsmaßnahmen. So gesehen waren die Beamten nicht Gegenspieler, sondern Vollstrecker der nationalsozialistischen Verbrechenspolitik, eine Interpretation, die vor allem die Konvergenz traditioneller bürokratischer Verfahren mit den Handlungsprinzipien der verbrecherischen Politik des NS-Regimes und die Bereitschaft der Beamten zur Kooperation betont.

Die Ambivalenz lässt sich exemplarisch an den Papieren der Steuerabteilung des Reichsfinanzministeriums über „Maßnahmen gegen Nichtarier" vom Sommer 1935 verdeutlichen. Man kann diese Vorschläge als Reflexion über die Möglichkeiten einer verwaltungstechnischen Umsetzung von antisemitischen Leitvorstellungen und damit als konkretisierenden Vorstoß deuten, der über bloße Gedankenspiele hinausweist. Diese Interpretation verweist auf die tragende Rolle, die Verwaltungsbeamte im Verfolgungsprozess hatten, indem sie ideologische Ziele in Gesetzesreformvorschläge und Verwaltungsanweisungen „übersetzten". Aus vagen Vorstellungen wurden so konkret umsetzbare Maßnahmen. Gleichzeitig benennen die Dokumente aber auch praktische Hindernisse bei einer Umsetzung, ein für die Verwaltung charakteristisches Vorgehen, um Kritik zu formulieren. Die Papiere enthalten somit – in je nach Verfasser unterschiedlichem Maße – treibende und widerständige Argumente.

Inwiefern Antisemitismus die treibende Kraft im Handeln von Finanzbeamten war, ist aus den Quellen oft schwer herauszulesen. Das Interesse der Finanzbeamten, eine möglichst hohe Summe an Einnahmen für den Staat auf möglichst effiziente Weise zu sichern und dabei die Arbeitsaufgabe professionell zu erfüllen, lässt sich im Rückblick von dem antisemitischen Ziel des zunehmenden Zugriffs auf das Vermögen von Juden analytisch nur schwer trennen. Ob Finanzbeamte aus ideologischem Rassismus, aus professionellem Amtsinteresse oder auch aus persönlicher Karriereambition heraus systematisch und effizient gegen Juden vorgingen, ist im Nachhinein nur schwer feststellbar. Leistungsdenken und Effizienzstreben als traditionelle Motivationen von Beamten konvergierten vielfach mit den ideologischen Zielen. Festhalten lässt sich jedoch, dass der Antisemitismus als Kategorie der Entscheidungsbildung breit akzeptiert war und bis auf seltene Ausnahmen keinen Widerspruch hervorrief.

Vielfach kooperierten die Finanzämter mit der Staatspolizei. Bei Ermittlungen gegen jüdische Emigranten gaben die Finanzbeamten gezielt Informationen weiter und gingen dabei an die Grenze der rechtlich gedeckten Möglichkeiten und teilweise auch darüber hinaus. An der Basis gab es Kritik an der Kooperation, die sich vor allem an der langsamen Reaktionszeit der Gestapo festmachte: Nicht selten dauerte es Wochen, bis die Finanzämter eine Antwort erhielten. Belegt ist aber auch ein Fall von grundsätzlicher Kritik, dass die Polizei nicht berechtigt sei, in „reichsfiskalische Belange" einzugreifen. Erst durch eine Grundsatzentscheidung von Staatssekretär Fritz Reinhardt vom Juni

1936 wurden die Bedenken insbesondere hinsichtlich des Steuergeheimnisses aus dem Weg geräumt.

Mit dem verstärkten Zugriff auf das Vermögen der Juden entstanden zunehmend Rivalitäten und Konflikte mit anderen Akteuren der Judenpolitik. Die Verwaltung und Verwertung des Vermögens der Deportierten, die „Aktion 3“, führte beispielsweise zu zahlreichen Auseinandersetzungen. Vor allem in der lokalen Umsetzung war die „Aktion 3“ eine Konfliktgeschichte zwischen Kommunalverwaltungen, Finanzbehörden, NSDAP und Gestapo. Die Gestapo war für die Durchführung der Deportationen zuständig und wollte sich – nicht zuletzt unter dem Vorwand der Deckung eigener Kosten – aus jüdischem Vermögen bereichern. Die Finanzbeamten sollten hingegen sicherstellen, dass der Gewinn aus der Judenenteignung in die Staatskasse floss. Die Kommunen wiederum reklamierten ihrerseits drückenden Bedarf, weil sie für die Versorgung von Luftkriegsopfern zuständig waren. Betrachtet man heute die Unterlagen, die im Zuge der Konflikte entstanden, dann zeigt sich, dass von diesen Konflikten in der Regel eine Radikalisierungsdynamik zulasten der Opfer ausging. Die konkurrierenden Konfliktparteien versuchten möglichst früh auf das Vermögen der Deportationsopfer zuzugreifen und auf immer rücksichtslosere Weise in dessen Besitz zu kommen. Nur selten wirkte sich das Handeln der Finanzbeamten zugunsten von jüdischen Verfolgten aus, wenn etwa ein Kölner Finanzbeamter unter Hinweis auf offene Vermögensfragen die Verschleppung einzelner Juden in die Vernichtungslager hinauszögerte.

Die „Aktion 3“ war Höhe- und Endpunkt der fiskalischen Verfolgungsmaßnahmen, und Möglichkeiten und Grenzen der bürokratischen Regelbarkeit zeigten sich hier deutlich. Mit der 11. Verordnung zum Reichsbürgergesetz gab es eine gesetzliche Grundlage für die Einziehung der Vermögen der Deportierten und die anschließende Verwertung. Haftungsfragen, die Zusammenarbeit mit anderen Behörden und Details der „Verwertung“ waren durch einen Erlass des Reichsfinanzministeriums genau geregelt. Aber in der Praxis stießen die Finanzbeamten an vielen Stellen auf Probleme und unklare Entscheidungssituationen, in denen ihre Verwaltungsverfahren mit dem Primat der Ideologie und der Geheimhaltungspolitik der Gestapo kollidierten. Mit besonderem Nachdruck stellt sich daher an dieser Stelle die Frage nach der Bedeutung der gesetzlichen Regelungen.

Es gehört zu den Kennzeichen der fiskalischen Judenverfolgung, dass sie in weiten Bereichen durch Gesetze und Verordnungen geregelt war. Im Bewusstsein der Mitarbeiter der Finanzbehörden, in den Augen von zeitgenössischen Beobachtern und häufig auch für die Verfolgungsopfer verlieh die formale Gestalt als Rechtsakt der fiskalischen Verfolgung lange Zeit einen Anstrich der Legitimität, die sie von Willkürmaßnahmen der Parteigliederungen und terroristischen Übergriffen des Radau-Antisemitismus unterschied.

In der Forschung ist der Unrechtscharakter der Gesetze zur steuerlichen

Diskriminierung und Ausplünderung der Juden betont worden. Reimer Voß beispielsweise bezeichnete die Regelungen des Nationalsozialismus als „eine Perversion des Steuerrechts", die geschichtlich ohne Beispiel sei. „Krasses Unrecht" war nach seiner Ansicht insbesondere, dass die Prinzipien der Gleichmäßigkeit der Besteuerung und der Besteuerung nach Leistungsfähigkeit gegenüber Juden und anderen „Fremdvölkischen" außer Kraft gesetzt worden seien.[1] Dem liegt eine Definition von „Unrecht" als ethisch verwerfliche, moralisch nicht akzeptierte Norm mit Bezug auf den Inhalt der nationalsozialistischen Steuer- und Enteignungsgesetze zugrunde. Orientierungspunkt für diese Beurteilung ist eine übergeordnete Gerechtigkeitsvorstellung, an der die (Un)Rechtmäßigkeit der nationalsozialistischen Gesetze gemessen wird.[2] In diesem Sinne gelten die damaligen gesetzlichen Regelungen heute als Elemente einer nationalsozialistischen Verbrechenspolitik.

Im zeitgenössischen Deutungshorizont besaßen die Gesetze gleichwohl bindende Kraft. Die Finanzbeamten der NS-Zeit waren verpflichtet, die Vorgaben als geltendes Recht anwenden. Es bedeutete eine sehr weitreichende und gefährliche Entscheidung, die Legitimität der Regelungen in Frage zu stellen. Den Schritt, abweichende Gerechtigkeitsvorstellungen über die herrschende Rechtsordnung zu stellen, gingen nur sehr wenige.

Der Rückblick auf die Judenverfolgung durch die Finanzbehörden kann sich allerdings nicht im Hinweis auf solche „Unrechtsgesetze" erschöpfen. Die Perspektive muss in zweifacher Hinsicht erweitert und spezifiziert werden: Erstens besteht die Gefahr, dass durch die Betonung der „Unrechtsgesetze" ein zentraler Bereich der fiskalischen Verfolgung weitgehend ausgeblendet wird: der Ermessenspielraum. Im Unterschied zu willkürlichen Maßnahmen, die sich jeder Beschränkung entzogen, war der Ermessensspielraum der Finanzbeamten durch gesetzlich klar bestimmte Zuständigkeiten prinzipiell begrenzt. Allerdings bestand hier ein erheblicher Handlungsspielraum für die Behördenmitarbeiter.

Dieser Bereich ist nicht nur für die vom nationalsozialistischen Regime neu geschaffenen Gesetze zu untersuchen. Auch Gesetze, die formal nicht unter die Definition von nationalsozialistischen „Unrechtsgesetzen" fallen, eröffneten Ermessensspielräume, die antisemitisch ausgelegt werden konnten. Große Teile der Diskriminierung und Verfolgung von Juden durch die Finanzbehörden resultierten daraus, dass die Finanzbeamten im Rahmen ihres Ermessensspielraumes rassistische Kategorien zugrunde legten und systema-

[1] Voß, Steuern, S. 244 f. Ähnlich interpretierte auch Schauer, Steuergesetzgebung, S. 256 f., das nationalsozialistische Steuerrecht als „Steuerunrecht".

[2] Gustav Radbruch fasste diesen Ansatz schon kurz nach Kriegsende in eine Formel, wonach das gesetzte Recht in Frage zu stellen sei, wenn „der Widerspruch des positiven Gesetzes zur Gerechtigkeit ein so unerträgliches Maß erreicht, daß das Gesetz als ‚unrichtiges Recht' der Gerechtigkeit zu weichen hat." Radbruch, Gesetzliches Unrecht.

tisch zu Ungunsten von Juden entschieden. In der Rückschau lässt sich zudem auch eine Ausweitung des gesetzlichen Ermessensspielraumes beobachten.

Zweitens kann die Geschichte der fiskalischen Judenverfolgung nicht alleine als gesetzesbasierter Prozess beschrieben werden, denn es gab erhebliche Bereiche von Willkür. Die fiskalische Judenverfolgung kann somit nicht ausschließlich dem Normenstaat in Ernst Fraenkels Doppelstaatsmodell zugeordnet werden.[3] Auch hier lässt sich eine Tendenz zur Auflösung geregelter Verfahren und das Eindringen von Willkür beobachten, was nach Ernst Fraenkel den Bereich des Maßnahmenstaates charakterisiert. Die Entwicklung von der Diskriminierung über die Herabstufung zum „Steuerbürger zweiter Klasse" bis zum vollständigen Verlust des Steuerbürgerstatus bildete Etappen in einem Prozess, der am Ende in den Ausschluss aus dem Rechtssystem und damit aus dem Bereich des Normenstaates mündete.

Lange Zeit war unklar, wer überhaupt als Jude gelten sollte. Der Begriff „Jude" war nicht rechtlich, sondern völkisch-rassisch aus der NS-Ideologie heraus bestimmt. Immer wieder trat die problematische Vermischung von Rasse- und Religionskriterien im Verwaltungsalltag der Finanzbehörden offen zutage. Die Nachprüfung der „Ariereigenschaft" war, wie es ein Steuerreferent im Reichsfinanzministerium 1935 formulierte, eine „Komplikation des Steuerrechts".[4]

Unsicherheit ergab sich für die Verfolgten auch dadurch, dass die verfassungsmäßigen Kontrollinstanzen, insbesondere die Rechtsprechung, außer Funktion gesetzt waren. Dies bedeutete beispielsweise, dass ein Steuerpflichtiger seinen Widerspruch gegen Diskriminierung durch Finanzbehörden nicht mehr auf dem Rechtsweg durchsetzen konnte. Er war allein den Entscheidungen der Finanzbehörden unterworfen. Insbesondere der Rechtsschutz jüdischer Steuerpflichtiger erodierte während der NS-Herrschaft, was als Ausdruck des Verfalls der Rechtsstaatlichkeit im NS-Steuerrecht interpretiert werden kann.

Das Vorgehen der Finanzbeamten gegen Juden scheint also sonderbar zu changieren. Auf der einen Seite beharrten sie auf gesetzlicher Legitimation, auf der anderen Seite finden sich schon frühzeitig Belege für entgrenztes, willkürliches Handeln. Betrachtet man die Verwaltungsvorgänge, dann lassen sich die beiden scheinbar widersprüchlichen Beobachtungen jedoch auch zusammenführen. Denn was auf der einen Seite ein willkürliches Vorgehen gegen Juden war, stellte sich auf der anderen Seite als Vermögenstransfer in die „Volksgemeinschaft" dar, in der bürgerliche Eigentumsrechte durchaus weiterhin von Bedeutung waren. Die fiskalischen Maßnahmen lagen gewissermaßen in einer Übergangszone zwischen dem Bereich der aus der „Volksgemeinschaft"

3 Fraenkel, Doppelstaat, S. 99, 119 f.

4 Vermerk Referat Kühne, betrifft Steuerliche Behandlung der Nichtarier, vom 22.8.1935, abgedruckt in: Gruner, Verfolgung, S. 479–482.

ausgeschlossenen Juden, die keinen Rechtsschutz erwarten konnten, und den Mitgliedern der „Volksgemeinschaft", in deren Hände das Vermögen übergehen sollte. Die Finanzbehörden waren damit eine Instanz, die konfisziertes „Judengut" mit neuen, in der „Volksgemeinschaft" anerkannten Eigentumsrechten versah. Sie fungierten als Garanten dafür, dass bei diesem Vorgang alles seine Ordnung hatte, und die neuen Besitzer sich auf die Rechtsgültigkeit der Vermögensübertragung verlassen konnten. Die Finanzbehörden verwandelten „Judengut" in „Volksgut" und verliehen damit den Vermögensgegenständen einen neuen Status. So gesehen war das Vorgehen der Finanzbeamten nicht nur Ausdruck einer Erosion rechtsstaatlicher Leitprinzipien gegenüber Juden, sondern trug gleichzeitig zu einer rassistischen Neujustierung des Eigentumsbegriffs bei. Mit ihrer Vermittlungs- und Transformationsarbeit war die Finanzverwaltung also in doppelter Hinsicht ein Tragpfeiler der nationalsozialistischen Herrschaft: Sie war maßgeblicher Akteur der Judenverfolgung und leistete einen essentiellen Beitrag zur Etablierung einer neuen nationalsozialistischen Gesellschaftsordnung. Beides stabilisierte die Funktionsfähigkeit der rassistischen Diktatur.

Abkürzungen

Abt.	Abteilung
AdR	Archiv der Republik (Österreichisches Staatsarchiv, Wien)
ALR	Allgemeines Landrecht
Aufl.	Auflage
AVA	Allgemeines Verwaltungsarchiv (Österreichisches Staatsarchiv, Wien)
BAB	Bundesarchiv Berlin
BAK	Bundesarchiv Koblenz
Bd.	Band
BDC	Berlin Document Center
Bearb.	Bearbeiter
BLVW	Bayerisches Landesamt für Vermögensverwaltung und Wiedergutmachung
BMF	Bundesfinanzministerium
BVP	Bayerische Volkspartei
DAF	Deutsche Arbeitsfront
Dep.	Depositum
Dir.	Direktor
Diss.	Dissertation
Div.	Division
Dok.	Dokument
DÖW	Dokumenstationsarchiv des österreichischen Widerstand
DZZ	Deutsche Zollzeitung
EStG	Einkommensteuergesetz
FA/FinA	Finanzamt
FBI.	Finanzblatt
FDO	Dienstordnung für Finanzämter
FinA	Finanzamt
Fn.	Fußnote
GBlÖ	Gesetzblatt für das Land Österreich (Ostmark)
GehStA	Geheimes Staatsarchiv
GerAss	Gerichtsassassor
GVP	Geschäftsverteilungsplan
HHStAW	Hessisches Hauptstaatsarchiv Wiesbaden
IfZ	Institut für Zeitgeschichte
IHG	Industrie- und Handelsgremium
IHK	Industrie- und Handelskammer
IMT	International Military Tribunal

JUVA	Judenvermögensabgabe
komm.	kommissarisch
Kt.	Karton
LA	Landesarchiv Berlin
LFA	Landesfinanzamt
LG	Landgericht
LMU	Ludwig-Maximilians Universität
MA	Arbeitsministerium (Quellenbestand)
Mag.Abt	Magistratsabteilung
MinDir	Ministerialdirigent
MinR/MinRat	Ministerialrat
NDB	Neue Deutsche Biografie
NS-Hago	nationalsozialistische Handels-, Handwerks- und Gewerbeorganisation
NSDAP	Nationalsozialistische Deutsche Arbeiterpartei
NWHStAD	Nordrhein-westfälisches Hauptstaatsarchiv Düsseldorf
o.P.	ohne Paginierung
Ob-.St.Bf.	Obersturmbannführer
OFD	Oberfinanzdirektion
OFP/OFPräs	Oberfinanzpäsidium/Oberfinanzpräsident
OLG	Oberlandesgericht
OMGUS	Office of Military Government of the United States
OPG	Oberstes Parteigericht
ORegR/ORR	Oberregierungsrat
ÖStA	Österreichisches Staatsarchiv Wien
PA	Personalakt
PAAA	Politisches Archiv des Auswärtigen Amtes
Pg.	Parteigenosse
RdI/RMdI/RIM	Reichsministerium des Innern
RegRat/RegR	Regierungsrat
RFH	Reichsfinanzhof
RFM/RFMin.	Reichsfinanzministerium
RFSSuChdDPol.	Reichsführer SS und Chef der Deutschen Polizei
RGBl.	Reichsgesetzblatt
RM	Reichsmark
RSHA	Reichssicherheitshauptamt
RStBl.	Reichssteuerblatt
RWM	Reichswirtschaftsministerium
RzW	Rechtsprechung zur Wiedergutmachung
SA	Sturmabteilung
SD	Sicherheitsdienst der SS
Sp.	Spalte

SS	Sturmstaffel
StadtAM	Stadtarchiv München
StadtAN	Stadtarchiv Nürnberg
StAB	Staatsarchiv Bamberg
StAM	Staatsarchiv München
StAN	Staatsarchiv Nürnberg
StAnpG	Steueranpassungsgesetz
StAW	Staatsarchiv Würzburg
Stellv.d.F.	Stellvertreter des Führers
StK	Staatskanzlei
ThHStAW	Thüringisches Hauptstaatsarchiv Weimar
UA	Universitätsarchiv
unverz.	unverzeichnet
VfZ	Vierteljahrshefte für Zeitgeschichte
Vgl.	Vergleiche
VIAG.	Vereinigte Industrieunternehmen AG
VUGESTA	Verwertungsstelle für jüdisches Umzugsgut der Gestapo Wien
WGM	Wiedergutmachung
WrStLA	Wiener Stadt- und Landesarchiv
WRV	Weimarer Reichsverfassung
ZBLG	Zeitschrift für bayerische Landesgeschichte
ZgStW	Zeitschrift für die gesamte Staatswissenschaft
zit.	zitiert

Quellen- und Literaturverzeichnis

Ungedruckte Quellen

Bayerisches Hauptstaatsarchiv (BayHStA)
MInn Bayerisches Staatsministerium des Innern
MWi Wirtschaftsministerium
StK Staatskanzlei

Bayerisches Wirtschaftsarchiv (BWA)
Fallakten „Arisierung“
IHK München, Arbeitskreis Judenangelegenheiten

Bundesamt für zentrale Dienste und offene Vermögensfragen, Berlin (OFD Nürnberg)
Generalakten „Aktion 3“
NS 3 (Generalakte Zwangsabgaben)
Einzelfälle „Aktion 3“
VV 6299, 5400, E 91-100 und 150-195 (Einzelfälle Wiedergutmachung)
WGM 61 (Generalakte Rückerstattung)
WGM 68 (Generalakte Rückerstattung)

Bundesarchiv Berlin (BAB)
BDC Berlin Document Center
NS 1 Reichsschatzmeister
R 2 Reichsfinanzministerium
R 2, Anh. Reichsfinanzministerium (Sammlung Nachkriegszeit)
R 37 Reichsfinanzhof
R 43 Reichskanzlei
R 58 Reichssicherheitshauptamt
R 2501 Deutsche Reichsbank
R 3101 Reichswirtschaftsministerium

Bundesfinanzakademie Brühl/Finanzgeschichtliche Sammlung
Nachlass Rolf Grabower

Dokumentationsarchiv des österreichischen Widerstands (DÖW)
DÖW 17072/a. Deportation Nisko
DÖW 19400/177 Gestapo Wien

Geheimes Staatsarchiv Berlin (GStA)
Rep. 151 Preußisches Finanzministerium
Rep. 335 Dokumente Nürnberger Prozesse
Rep. 90 11. Verordnung zum Reichsbürgergesetz

Hessisches Hauptstaatsarchiv Wiesbaden (HHStAW)
519/2 OFP Kassel, Dienststelle für Vermögensverwertung

Jüdisches Museum Franken
NL Schäler

Landesarchiv Berlin (LAB)
Zentralkartei der Vermögensverwertungsstelle des Oberfinanzpräsidenten Berlin
A Rep. 092 Landesfinanzamt/Oberfinanzpräsidium Berlin
A Rep. 093-03 Finanzamt Moabit-West

Niedersächsisches Hauptstaatsarchiv Hannover
Hann 210 Acc. „Aktion 3", Dienststelle für Vermögensverwertung
Nds. 220 Steuerfahndungsdienst

Nordrhein-westfälisches Hauptstaatsarchiv Düsseldorf (NWHStAD)
BR 1164 Steuerliche Behandlung kirchlicher Einrichtungen
BR 1411 „Arisierung" und „Aktion 3" (Einzelfälle)
Entnazifizierungsakten

Oberfinanzdirektion Nürnberg
VV 6299, 5300, 1-150 Entziehungs- und Rückerstattungsakten
Karteien der „Aktion 3" für München

Österreichisches Staatsarchiv, Wien (ÖStA)
AdR BMF Bundesfinanzministerium
AdR BMF (JUVA) Bundesfinanzministerium, Beschlagnahmte Vermögen, Judenvermögensabgabe
AdR 04, „Bürckel" Materie Reichskommissar Bürckel
AdR 04, „Bürckel" Nachträge (rot) Reichskommissar Bürckel
AdR Ministerium für Handel und Verkehr
AdR Stiko Wien-Ref. Stillhaltekommissar
AVA E 1742 (Fischböck) Autobiografische Aufzeichnung Fischböck
AVA Nachlass Fischböck

Staatsarchiv München (StAM)
Finanzämter
Landratsämter
NSDAP und Gestapo-Leitstelle München
OFD Personalakten Oberfinanzdirektion München
OFD Einzelfälle Vermögenseinziehung
OFD Generalakten Oberfinanzdirektion München
PA Personalakten
Pol. Dir. Polizeidirektion
Spruchkammerakten

Staatsarchiv Nürnberg (StAN)
Finanzämter
Mischbestand NSDAP, Gauleitung
Mischbestand NSDAP, Sammlung Streicher
OFD (Bund) Oberfinanzdirektion Nürnberg (Generalakten „Aktion 3")
Staatsanwaltschaft Nürnberg-Fürth, Deportationsprozess
Staatsanwaltschaft Nürnberg-Fürth, Nachkriegsprozess Kronach

Staatspolizeistelle Nürnberg-Fürth, Arisierungsakten
Steuerakten Einzelfälle
Wiedergutmachungsakten Einzelfälle
Zentralfinanzamt Nürnberg

Staatsarchiv Würzburg (StAW)
Finanzämter
Landratsämter
NSDAP Gau Mainfranken

Stadtarchiv München
Gewerbeamt

Gedruckte Quellen, Memoiren und zeitgenössische Literatur

Periodika

Amtsblatt der Reichsfinanzverwaltung/Reichsfinanzblatt
Bundesgesetzblatt
Deutsche Juristen-Zeitung
Deutsche Steuer-Zeitung und Wirtschaftlicher Beobachter
Deutsche Zollzeitung
Gesetzblatt für Österreich
Rechtszeitschrift zur Wiedergutmachung
Reichsgesetzblatt
Reichssteuerblatt
Reichsverwaltungsblatt und Preußisches Verwaltungsblatt
Statistisches Jahrbuch für das Deutsche Reich
Steuern und Wirtschaft
Verhandlungen des Deutschen Reichstags

Gedruckte Quellen

Akten der Reichskanzlei, Regierung Hitler 1933–1945, hrsg. für die Historische Kommission bei der Bayerischen Akademie der Wissenschaften von Hans Günter Hockerts und für das Bundesarchiv von Friedrich P. Kahlenberg (bis Band II), Hartmut Weber (ab Band III), 5 Bde. 1933–1938, München 1983–2008.

Anonym (= Wilhelm Hoegner): Hitler und Kahr. Die bayerischen Napoleonsgrößen von 1923. Ein im Untersuchungsausschuß des Bayerischen Landtags aufgedeckter Justizskandal, hrsg. v. Landesausschuß der SPD in Bayern, 2 Teile, München 1928.

Anschütz, Gerhard: Verfassungsurkunde für den preußischen Staat, Berlin 1912.

Anschütz, Gerhard: Die Verfassung des Deutschen Reiches vom 11. August 1919. Ein Kommentar für Wissenschaft und Praxis, Berlin 1921.

Ball, Kurt: Einführung in das Steuerrecht, 4. neu bearb. Aufl., Mannheim u. a. 1927.

Becker, Enno: Die Reichsabgabenverordnung vom 13. Dezember 1919 nebst Ausführungsbestimmungen, 2. neu bearb. Aufl., Berlin 1922.

Becker, Enno: Zur Rechtsprechung, in: Steuern und Wirtschaft (1934), Sp. 471 f.

Berger, Horst: Der Einfluß verbotswürdiger Devisengeschäfte auf die Entwicklung der Devisengesetzgebung, Diss. Leipzig/Dresden 1938.

Bernheimer, Ernst: Familien- und Geschäftschronik der Firma L. Bernheimer, München 1950.

Bernheimer, Otto: Erinnerungen eines alten Münchners, München 1957.

Boenicke, Albert: Die Organisation der Reichssteuerverwaltung, in: Steuer und Wirtschaft 7 (1928), S. 701–750.

Deeg, Peter: Die Judengesetze Großdeutschlands, Nürnberg 1939.

Der Prozeß gegen die Hauptkriegsverbrecher vor dem Internationalen Militärgerichtshof, Nürnberg, 14.11.1945–1.10.1946, 42 Bde., München 1984–1989 (Nachdruck der Ausgabe von 1948).

Deutschland-Berichte der Sozialdemokratischen Partei Deutschlands (SOPADE-Berichte) 1934–1940, 7 Bde., hrsg. und mit einem Register versehen von Klaus Behnken, Salzhausen/Frankfurt a. M. 1980.

Die Juden in Deutschland, hrsg. v. Institut zum Studium der Judenfrage, München 1935.

Donandt, Walter: Die Judenvermögensabgabe, in: Deutsche Steuer-Zeitung und Wirtschaftlicher Beobachter 28. Jg. (28.1.1939) Nr. 4, S. 78–84.

Die Tagebücher von Joseph Goebbels, hrsg. v. Elke Fröhlich. Teil I: Aufzeichnungen 1923–1941, 9 Bde., Berlin 1998–2006.

Elsler, Helmut: Währung und Außenhandel. Eine Studie der deutschen Devisenbewirtschaftung, Köln 1939.

Eulitz, Walter: Der Zollgrenzdienst. Seine Geschichte vom Beginn des 19. Jahrhunderts bis zur Gegenwart, Bonn 1968.

Feder, Gottfried: Das Manifest zur Berechnung der Zinsknechtschaft des Geldes, Diessen 1919.

Feder, Gottfried: Der Staatsbankerott, die Rettung, Diessen 1919.

Feder, Gottfried: Der kommende Steuerstreik. Seine Gefahr, seine Unvermeidlichkeit, seine Wirkung, Diessen 1921.

Feder, Gottfried: Der Deutsche Staat auf nationaler und sozialer Grundlage. Neue Wege in Staat, Finanz und Wirtschaft, München 1923.

Feder, Gottfried: Das Programm der NSDAP und seine weltanschaulichen Grundgedanken, München 1934.

Frick, Wilhelm: Die Nationalsozialisten im Reichstag 1924–1928, München 1928.

Fritsch, Konstantin: Handbuch der Eisenbahngesetzgebung in Preußen und dem Deutschen Reiche, 2. Aufl. Berlin 1912.

Gierke, Otto von: Deutsches Privatrecht. 2. Band, Sachenrecht, Leipzig 1905.

Goldschmidt, Hans: Eigentum und Eigentumsteilrechte in ihrem Verhältnis zur Sozialisierung, Marburg 1920.

Groth, Karl: Die Reichsfinanzverwaltung, 4. Aufl. Berlin 1939/7. Aufl. Berlin 1942/8. Aufl. Berlin 1944.

Hensel, Albert: Steuerrecht, Berlin 1924.

Hering, Hermann: Der Widerruf von Einbürgerungen und die Aberkennung der deutschen Staatsangehörigkeit, in: Reichsverwaltungsblatt und Preußisches Verwaltungsblatt 54 (1933) Nr. 32, S. 621–624.

Herting, Detlef u. a.: Die Umsatzsteuer. Ihre Geschichte und gegenwärtige Gestaltung im In- und Ausland, 2. Aufl. Köln u. a. 1962.

Hitler, Adolf: Reden, Schriften, Anordnungen. Februar 1925 bis Januar 1933. Hrsg. vom Institut für Zeitgeschichte. Bd. 3: Zwischen den Reichstagswahlen. Juli 1928 – September 1930. Teil 2: März 1929 – Dezember 1929. Hrsg. und kommentiert von Klaus A. Lankheit, München 1994.

Huber, Ernst Rudolf: Die Rechtsstellung der Volksgenossen. Erläutert am Beispiel der Eigentumsordnung, in: ZgStW 96 (1936), S. 438–474.

Isay, Ernst: Das deutsche Fremdenrecht. Ausländer und Polizei, Berlin 1923.

Kaemmel, Ernst/Bacciocco, Eduard: Einkommensteuergesetz vom 16. Oktober 1934, München/Berlin 1936.

Kaufmann, Erich: Die reichseigene Steuerverwaltung – ihre politische Bedeutung und ihre verfassungsrechtlichen Grundlagen, in: Recht und Wirtschaft 8 (1919), S. 211–218.

Krüger, Alf: Die Lösung der Judenfrage in der deutschen Wirtschaft. Kommentar zur Judengesetzgebung, Berlin 1940.

Kürschners deutscher Gelehrten-Kalender, hrsg. v. Werner Schuder/Joseph Kürschner, Berlin/München 1935.

Mannlicher, Egbert (Hrsg.): Wegweiser durch die Verwaltung. Unter besonderer Berücksichtigung der Verwaltung im Reichsgau Wien sowie in den Reichsgauen Kärnten, Niederdonau, Oberdonau, Salzburg, Steiermark und Tirol mit Vorarlberg, Berlin u. a. 1942.

Markmann, Werner/Enterlein, Paul: Die Entjudung der deutschen Wirtschaft. Arisierungsverordnungen vom 26. April und 12. November 1938, Berlin 1938.

Merk, Walter: Das Eigentum im Wandel der Zeiten, Langensalza 1934.

Mitze, Rudolf: Der Kampf der Zollverwaltung gegen Himmler und Heydrich, 4 Teile, in: Zeitschrift für Zölle und Verbrauchssteuern 27 (1951), S. 234–236, 250–260, 260–262, 280–282.

Müller, Heinrich: Beamtentum und Nationalsozialismus (= Nationalsozialistische Bibliothek, Bd. 30), München 1931.

Müller, Heinz: Steuer und Bevölkerungspolitik, in: Steuerwarte (1935), S. 515 f.

Müller, Heinz: Führerauslese der Volksgemeinschaft, Berlin 1937.

Narewczewitz, Albert: Das Devisen-Depot. Eine Grundlage der Auswanderung, in: Jüdisches Nachrichtenblatt, Ausgabe Berlin (1940) Nr. 97 vom 3.12.1940.

Oermann, Josef: Sozialausgleichsabgabe, Lohnausgleichsabgabe, Ostarbeiter-Abgabe (= Bücherei des Steuerrechts Bd. 47), Berlin/Wien 1942.

Peters, Joseph Franz Hubert: Die Reichsfluchtsteuer, Köln 1938.

Pfeifer, Helfried: Die Ostmark. Eingliederung und Neugestaltung, historisch-systematische

Gesetzessammlung nach dem Stande vom 16. April 1941. Mit Einführung, Erläuterungen, Verweisungen und Schrifttumsangaben, Wien 1941.

Reinhardt, Fritz: Generalplan gegen die Arbeitslosigkeit, Oldenburg 1933.

Reinhardt, Fritz: Die Beiräte der Finanzämter, in: Deutsche Steuer-Zeitung vom 19.1.1935, 24 (1935) Nr. 3, S. 58–63.

Reinhardt, Fritz/Gebhardt, Joseph (Hrsg.): Handbuch der steuerlichen Betriebsprüfung, Berlin 1937.

Rönne, Ludwig von: Das Staatsrecht der preußischen Monarchie, 5. Aufl. neu bearb. v. Philipp Zorn, Bd. 2, Leipzig 1906.

Ruppel, Irmgard: Erinnerungen, München 2009.

Safrian, Hans/Witek, Hans (Hrsg.): Und keiner war dabei. Dokumente des alltäglichen Antisemitismus in Wien 1938, Wien 1988.

Schmidt von Ilmenau, Karl Adolf: Der prinzipielle Unterschied zwischen römischem und germanischem Recht. Bd. 1: Die Verschiedenheit der Grundbegriffe und des Privatrechts, Aalen 1964 (Nachdruck der Originalausgabe Rostock 1853).

Scholl, Albert: Die Entjudung des deutschen Grundbesitzes. Die Verordnung über den Einsatz des jüdischen Vermögens vom 3. Dezember 1938 nebst Durchführungsverordnung vom 16. Januar 1939 und der ministeriellen Durchführungsbestimmungen vom 6. Februar 1939 erläutert, Berlin 1939.

Schubert, Karl: Die Entjudung der ostmärkischen Wirtschaft und die Bemessung des Kaufpreises im Entjudungsverfahren, Diss. Wien 1940.

Schwerin von Krosigk, Lutz Graf: Wirtschaftspolitische und sozialpolitische Grundsätze der deutschen Steuergesetzgebung, in: Zeitschrift der Akademie für Deutsches Recht 4 (1937), S. 610.

Schwerin von Krosigk, Lutz Graf: Staatsbankrott. Finanzpolitik des Deutschen Reiches 1920–1945, Frankfurt/Zürich 1974.

Schwerin von Krosigk, Lutz Graf: Memoiren, Stuttgart 1977.

Statistisches Handbuch der Hauptstadt der Bewegung für die Jahre 1927–1937, München 1938.

Wieacker, Franz: Wandlungen der Eigentumsverfassung, Hamburg 1935.

Würdiger, Hans: Wandlungen in der Eigentumsverfassung, in: Zeitschrift der Akademie für Deutsches Recht 3 (1936), S. 70–77.

Zielke, Günter: Die Stellung der Ausländer nach dem bürgerlichen Recht, Diss. iur. Halle-Wittenberg 1905.

Zülow, Kurt: Die Verlängerung der Reichsfluchtsteuer, in: Deutsche Steuerzeitung (1938) Nr. 4 vom 8.1.1938, S. 27.

Forschungsliteratur

Adam, Uwe Dietrich: Judenpolitik im Dritten Reich, Düsseldorf 2003 (unveränderter Nachdruck 1972).

Adler, H. G.: Der verwaltete Mensch. Studien zur Deportation der Juden aus Deutschland, Tübingen 1974.

Aly, Götz: „Endlösung". Völkerverschiebung und der Mord an den europäischen Juden, Frankfurt a. M. 1995.

Aly, Götz: Hitlers Volksstaat. Raub, Rassenkrieg und nationaler Sozialismus, Frankfurt a. M. 2005.

Aly, Götz/Heim, Susanne: Die Ökonomie der „Endlösung", in: Sozialplanung und Judenvernichtung (= Beiträge zur nationalsozialistischen Gesundheits- und Sozialpolitik, Bd. 5), Berlin 1987, S. 11–90.

Aly, Götz/Roth, Karl-Heinz: Die restlose Erfassung. Volkszählen, Identifizieren und Aussondern im Nationalsozialismus, Frankfurt a. M. 2000.

Anderl, Gabriele: Die Zentralstelle für jüdische Auswanderung, in: Tel Aviver Jahrbuch für deutsche Geschichte 23 (1994), S. 275–300.

Anderl, Gabriele u. a.: „Arisierung" von Mobilien, Wien/München 2004.

Anderl, Gabriele u. a.: Die Zentralstelle für Jüdische Auswanderung als Beraubungsinstitution, München/Wien 2004.

Aretin, Cajetan von: Die Erbschaft des Königs Otto von Bayern. Höfische Politik und Wittelsbacher Vermögensrechte 1916 bis 1923, München 2006.

Arndt, Ino/Boberach, Heinz: Deutsches Reich, in: Benz, Wolfgang (Hrsg.): Dimensionen des Völkermords. Die Zahl der jüdischen Opfer des Nationalsozialismus, München 1991, S. 23–65.

Audeval, Aurélie u. a.: „Arisierungsnetzwerke". Akteurskonstellationen, Arbeitsteilung und Interessenkonflikte bei der „Arisierung" größerer Unternehmen in Frankreich 1940–1944, in: Francia 32/3 (2005), S. 101–138.

Bajohr, Frank: „Arisierung" in Hamburg. Die Verdrängung der jüdischen Unternehmer 1933–1945, Hamburg 1997.

Bajohr, Frank: „Arisierung" als gesellschaftlicher Prozess. Verhalten, Strategien und Handlungsspielräume jüdischer Eigentümer und „arischer" Erwerber, in: Woyak, Irmtrud/Hayes, Peter (Hrsg.): ‚Arisierung' im Nationalsozialismus. Volksgemeinschaft, Raub und Gedächtnis, Frankfurt a. M. 2000, S. 15–30.

Bajohr, Frank: Verfolgung aus gesellschaftlicher Perspektive. Die wirtschaftliche Existenzvernichtung der Juden und die deutsche Gesellschaft, in: Geschichte und Gesellschaft, 26 (2000) Nr. 4, S. 629–652.

Bajohr, Frank: Parvenüs und Profiteure. Korruption in der NS-Zeit, Frankfurt a. M. 2001.

Bajohr, Frank: „Arisierung" und Rückerstattung. Eine Einschätzung, in: Goschler, Constantin/Lillteicher, Jürgen (Hrsg.): „Arisierung" und Restitution. Die Rückerstattung jüdischen Eigentums in Deutschland und Österreich nach 1945 und 1989, Göttingen 2002, S. 39–60.

Bajohr, Frank: Der folgenlose Skandal. Korruptionsaffären im Nationalsozialismus, in: Sabrow, Martin (Hrsg.): Skandal und Diktatur. Formen öffentlicher Empörung im NS-Staat und in der DDR, Göttingen 2004, S. 59–76.

Bajohr, Frank/Pohl, Dieter: Der Holocaust als offenes Geheimnis. Die Deutschen, die NS-Führung und die Alliierten, München 2006.

Banken, Ralf: Das nationalsozialistische Devisenrecht als Steuerungs- und Diskriminierungsinstrument 1933–1945, in: Bähr, Johannes/ders. (Hrsg.): Wirtschaftssteuerung durch Recht im Nationalsozialismus. Studien zur Entwicklung des Wirtschaftsrechts im Interventionsstaat des „Dritten Reichs", Frankfurt a. M. 2006, S. 121–236.

Banken, Ralf: Die deutsche Goldreserven- und Devisenpolitik 1933–1939, in: Jahrbuch für Wirtschaftsgeschichte 1 (2003), S. 49–78.

Bankier, David (Hrsg.): Probing the Depths of German Antisemitism. German Society and the Persecution of the Jews, 1933–1941, New York u. a. 2000.

Barkai, Avraham: Der wirtschaftliche Existenzkampf der Juden im Dritten Reich 1933–1938, in: Paucker, Arnold u. a. (Hrsg.): Die Juden im nationalsozialistischen Deutschland 1933–1943, Tübingen 1986, S.153–166.

Barkai, Avraham: Vom Boykott zur „Entjudung". Der wirtschaftliche Existenzkampf der Juden im Dritten Reich 1933–1943, Frankfurt a. M. 1988.

Barkai, Avraham: „Schicksalsjahr 1938". Kontinuität und Verschärfung der wirtschaftlichen Ausplünderung der deutschen Juden, in: Pehle, Walter H. (Hrsg.): Der Judenpogrom 1938. Von der „Reichskristallnacht" zum Völkermord, Frankfurt a. M. 1988, S. 94–117.

Barkai, Avraham: German Interests in the Haavara-Transfer Agreement, in: Leo Baeck Institut Year Book 35 (1990), S. 245–266.

Barkai, Avraham: Volksgemeinschaft, ‚Arisierung' und der Holocaust, in: Herzig, Arno/Lorenz, Ina (Hrsg.): Verdrängung und Vernichtung der Juden unter dem Nationalsozialismus, Hamburg 1992, S. 133–152.

Barkai, Avraham: Ausgrenzung und „Arisierung" im Vorfeld der Endlösung, in: Herzig, Arno u. a. (Hrsg.): Verdrängung und Vernichtung der Juden in Westfalen, Münster 1994, S. 115–124.

Barkai, Avraham: Das Wirtschaftssystem des Nationalsozialismus. Ideologie, Theorie, Politik 1933–1945, erw. Neuaufl. Frankfurt a. M. 1995.

Barta-Fliedl, Ilsebill/Posch, Herbert (Hrsg.): Invent*arisiert*. Enteignung von Möbeln aus jüdischem Besitz, Wien 2000.

Bathe, Horst: Die Geschichte der Berliner Finanzämter 1919–1994, Brühl 1996.

Bathe, Horst/Kumpf, Johann Heinrich (Hrsg.): Die Mittelbehörden der Reichsfinanzverwaltung und ihre Präsidenten 1919–1945. Eine Dokumentation, Brühl 1999.

Bauer, Yehuda: Freikauf von Juden? Verhandlungen zwischen dem nationalsozialistischen Deutschland und jüdischen Repräsentanten von 1933–1945, 2. Aufl. Frankfurt a. M. 1996.

Baumann, Angelika/Heusler, Andreas (Hrsg.): München „arisiert". Entrechtung und Enteignung der Juden in der NS-Zeit, München 2004.

Baumann, Zygmunt: Dialektik der Ordnung. Die Moderne und der Holocaust, Hamburg 1992.

Baumgartner, Gerhard: „... konnten wir es nicht glauben, dass unsere Existenz von Staats wegen in Frage gestellt werde!". „Arisierung" und rassistisch motivierter Vermögensentzug im Burgenland, in: Pawlowsky, Verena/Wendelin, Harald (Hrsg.): Ausgeschlossen und entrechtet. Raub und Rückgabe. Österreich von 1938 bis heute, Budapest 2006, S. 31–53.

Baumgartner, Gerhard u. a.: „Arisierungen", beschlagnahmte Vermögen, Rückstellungen und Entschädigungen im Burgenland, Wien/München 2004.

Becker, Franziska: Gewalt und Gedächtnis. Erinnerung an die nationalsozialistische Verfolgung einer schwäbischen Landgemeinde, Göttingen 1994.

Berg, Nicolas: Der Holocaust und die westdeutschen Historiker. Erforschung und Erinnerung, Göttingen 2003.

Bertz, Inka: „Ein Karteiblatt für jeden abgeschobenen Juden erleichtert die Übersicht." Zur Praxis der „Entjudung" der Vermögen bei den Berliner Finanzbehörden, in: Kolland, Dorothea (Hrsg.): Zehn Brüder waren wir gewesen ... Spuren jüdischen Lebens in Berlin-Neukölln, Berlin 1988, S. 372–386.

Birkwald, Ilse: Die Steuerverwaltung im Dritten Reich, in: Leesch, Wolfgang u. a.: Geschichte der Finanzverfassung und -verwaltung in Westfalen seit 1815, 3. Sonderausgabe, Münster 1998, S. 239–286.

Birkwald, Ilse: Der Einzug des Nationalsozialismus in die Finanzämter, Münster 1999.

Bischoff, Frank/Höötmann, Hans-Jürgen: Wiedergutmachung – Erschließung von Entschädigungsakten im Staatsarchiv Münster, in: Der Archivar 51 (1998) Heft 3, S. 426–440.

Blaich, Fritz: Die „Grundsätze nationalsozialistischer Steuerpolitik" und ihre Verwirklichung, in: Henning, Friedrich-Wilhelm (Hrsg.): Probleme der nationalsozialistischen Wirtschaftspolitik, Berlin 1976, S. 99–118.

Blasius, Dirk: Zwischen Rechtsvertrauen und Rechtszerstörung. Deutsche Juden 1933–1935, in: ders./Diner, Dan (Hrsg.): Zerbrochene Geschichte. Leben und Selbstverständnis der Juden in Deutschland, Frankfurt a. M. 1993, S. 121–137.

Blau, Bruno: Das Ausnahmerecht für die Juden in Deutschland 1933–1945, 2. Aufl. Düsseldorf 1954.

Blumberg, Gerd: Flucht über die Grenze. Die Hollandflucht im Dritten Reich über die niederländisch-westfälische Grenze und Kontrollmaßnahmen der Steuer- und Zollbehörden, in: Unser Bocholt. Zeitschrift für Kultur- und Heimatpflege, 46 (1995), S. 3–19.

Blumberg, Gerd: Die Zollverwaltung und die Devisenstelle im Dritten Reich, in: Leesch, Wolfgang u. a.: Geschichte der Finanzverfassung und -verwaltung in Westfalen seit 1815, 3. Sonderausgabe, Münster 1998, S. 288–353.

Blumberg, Gerd: Etappen der Verfolgung und Ausraubung und ihre bürokratische Apparatur, in: Kenkmann, Alfons/Rusinek, Bernd A. (Hrsg.): Verfolgung und Verwaltung. Die wirtschaftliche Ausplünderung der Juden und die westfälischen Finanzbehörden, Münster 1999, S. 15–40.

Boelcke, Willi Alfred: Die deutsche Wirtschaft 1930–1945. Interna des Reichswirtschaftsministeriums, Düsseldorf 1983.

Böhmer, Peter/Faber, Ronald: Die österreichische Finanzverwaltung und die Restitution entzogener Vermögen 1945–1960, Wien/München 2003.

Bohnsack, Hans Joachim: Die Finanzverwaltung der Stadt Hamburg. Ihre Geschichte von den Anfängen bis zum Ersten Weltkrieg, Hamburg 1992.

Bopf, Britta: Diskriminierung und Enteignung jüdischer Immobilienbesitzer im Nationalsozialismus, in: Stengel, Katharina (Hrsg.): Vor der Vernichtung. Die staatliche Enteignung der Juden im Nationalsozialismus, Frankfurt a. M. 2007, S. 182–203.

Botz, Gerhard: Arisierungen in Österreich (1938–1940), in: Stiefel, Dieter (Hrsg.): Die politische Ökonomie des Holocaust. Zur wirtschaftlichen Logik von Verfolgung und „Wiedergutmachung", Wien/München 2001, S. 29–56.

Botz, Gerhard: Nationalsozialismus in Wien. Machtübernahme, Herrschaftssicherung, Radikalisierung 1938/39, überarb. und erw. Neuaufl. Wien 2008.

Brandt, Martin: Eigentum und Eigentumsbindung, in: Böckenförde, Ernst Wolfgang (Hrsg.): Staatsrecht und Staatsrechtslehre im Dritten Reich, Heidelberg 1985, S. 212–235.

Brechtken, Magnus: „Madagaskar für die Juden“. Antisemitische Idee und politische Praxis 1885–1945, 2. Aufl. München 1998.

Broszat, Martin: Der Staat Hitlers, 14. Aufl. München 1995.

Browning, Christopher Robert: Referat Deutschland. Jewish Policy and the German Foreign Office (1933–1940), in: Yad Vashem Studies 12 (1977), S. 37–73.

Browning, Christopher Robert: Die Entfesselung der „Endlösung“. Nationalsozialistische Judenpolitik 1939–1942, mit einem Beitrag von Jürgen Matthäus, Berlin 2006.

Brubaker, Rogers: Citizenship and Nationhood in France and Germany, 3. Aufl. Cambridge 1996.

Brünneck, Alexander von: Die Eigentumsordnung im Nationalsozialismus, in: Kritische Justiz (1979), S. 151–172.

Bruns-Wüstefeld, Alex: Lohnende Geschäfte. Die „Entjudung“ der Wirtschaft am Beispiel Göttingens, Hannover 1997.

Buchheim, Hans: Der Zollgrenzschutz der Reichsfinanzverwaltung, in: Gutachten des Instituts für Zeitgeschichte, Bd. 1, München 1958, S. 290–293.

Buchheim, Hans: Die SS – das Herrschaftsinstrument, in: ders. u. a.: Anatomie des SS-Staates, Bd. 1, 4. Aufl. München 1984, S. 15–212.

Bundesministerium der Finanzen (Hrsg.): Arthur Zarden (1885–1944). Staatssekretär im Reichsfinanzministerium. Eine Gedenkausstellung, veranstaltet von der Bundesfinanzakademie, Siegburg 1985.

Bundesministerium der Finanzen (Hrsg.): Wenn im Amte, arbeite, wenn entlassen, verbirg dich. Prof. Dr. iur. Dr. phil. Rolf Grabower in Zeugnissen aus der Finanzgeschichtlichen Sammlung der Bundesfinanzakademie. Ein Lesebuch und Materialband, Bonn 2010.

Burger, Hannelore/Wendelin, Harald: Vertreibung, Rückkehr und Staatsbürgerschaft. Die Praxis der Vollziehung des Staatsbürgerschaftsrechts an den österreichischen Juden, in: Kolonovits, Dieter/dies. (Hrsg.): Staatsbürgerschaft und Vertreibung, Wien/München 2004, S. 239–501.

Büttner, Ursula (Hrsg.): Die Deutschen und die Judenverfolgung im Dritten Reich, Hamburg 1992.

Caesar, Rolf/Hansmeyer, Karl-Heinrich: Haushalts- und Finanzwesen, in: Jeserich, Kurt G. A. u. a. (Hrsg.): Deutsche Verwaltungsgeschichte, Bd. IV Das Reich als Republik und in der Zeit des Nationalsozialismus, Stuttgart 1985, S. 832–872.

Caplan, Jane: Government without Administration. State and Civil Service in Weimar Republic and Nazi Germany, Oxford 1988.

Cordes, Helmut: Untersuchungen über Grundlagen und Entstehung der Reichsabgabenordnung vom 13. Dezember 1919, Diss. Köln 1971.

Dawidowicz, Lucy S.: The War against the Jews 1933–1945, London 1975.

Dean, Martin: The Development and Implementation of Nazi Denaturalization and Confiscation Policy up to the Eleventh Decree to the Reich Citizenship Law, in: Holocaust and Genocide Studies 16 (2002) Nr. 2, S. 217–242.

Dean, Martin: Die Beraubung der europäischen Juden im Vergleich, in: Goschler, Constantin/ Ther, Philipp (Hrsg.): Raub und Restitution. „Arisierung“ und Rückerstattung des jüdischen Eigentums in Europa, Frankfurt a. M. 2003, S. 26–41.

Dean, Martin: Robbing the Jews. The Confiscation of Jewish Property in the Holocaust 1933–1945, New York 2010.

Dengg, Sören: Deutschlands Austritt aus dem Völkerbund und Schachts „Neuer Plan“. Zum Verhältnis von Außen- u. Außenwirtschaftspolitik in der Übergangsphase von der Weimarer Republik zum Dritten Reich (1929–1934), Frankfurt a. M. u. a. 1986.

Diehl-Thiele, Peter: Partei und Staat im Dritten Reich. Untersuchungen zum Verhältnis von NSDAP und allgemeiner Staatsverwaltung 1933–1945, 2. durchges. Aufl. München 1971.

Dokumentationsarchiv des österreichischen Widerstands (Hrsg.): Widerstand und Verfolgung im Burgenland 1934–1945, Wien 1979.

Dokumentationsarchiv des österreichischen Widerstands (Hrsg.): Widerstand und Verfolgung in Wien. Eine Dokumentation, Bd. 3, 2. Aufl. Wien 1984.

Dommach, Hermann A., Der Funktionsverlust des Reichsrechnungshofs (RRH) in den Vorkriegsjahren, in: Pirker, Theo (Hrsg.): Rechnungshöfe als Gegenstand zeitgeschichtlicher Forschung. Entwicklung und Bedeutung der Rechnungshöfe im 20. Jahrhundert, Berlin 1987, S. 35–50.

Döring, Martin: Parlamentarischer Arm der Bewegung. Die Nationalsozialisten im Reichstag der Weimarer Republik, Düsseldorf 2001.

Drecoll, Axel: Der Fiskus als Verfolger. Die steuerliche Diskriminierung der Juden in Bayern 1933–1941/42, München 2009.

Drecoll, Axel u. a.: Nationalsozialistische Verfolgung der jüdischen Ärzte in Bayern. Die berufliche Entrechtung durch die Vierte Verordnung zum Reichsbürgergesetz von 1938, München 1998.

Dreßen, Wolfgang (Bearb.): Betrifft „Aktion 3“. Deutsche verwerten jüdische Nachbarn. Dokumente zur Arisierung, Berlin 1998.

Duizend-Jensen, Shoshana: Jüdische Gemeinden, Vereine, Stiftungen und Fonds. „Arisierung“ und Restitution, Wien/München 2004.

Düwell, Kurt: Die Rheingebiete in der Judenpolitik des Nationalsozialismus vor 1942. Beitrag zu einer vergleichenden zeitgeschichtlichen Landeskunde, Bonn 1968.

Ebi, Michael: Devisenrecht und Außenhandel, in: Gosewinkel, Dieter (Hrsg.): Wirtschaftskontrolle und Recht in der nationalsozialistischen Diktatur, Frankfurt a. M. 2005, S. 181–198.

Eichengreen, Barry: Historical Research on International Lending and Debt, in: Journal of Economic Perspectives 5 (1991) Nr. 2, S. 149–169.

Eschenburg, Theodor: Matthias Erzberger. Der große Mann des Parlamentarismus und der Finanzreform, München 1973.

Essner, Cornelia: Die „Nürnberger Gesetze“ oder die Verwaltung des Rassenwahns 1933–1945, Paderborn/München 2002.

Faber, Ronald/Meissel, Franz-Stefan: Nationalsozialistisches Steuerrecht und Restitution, Wien 2006.

Fauck, Erwin: Mitnahme von Devisen und Schmuckstücken bei Auswanderung von Juden, in: Gutachten des IfZ (II), Stuttgart 1966, S. 23 f.

Feilchenfeld, Werner u. a.: Haavara-Transfer nach Palästina und Einwanderung deutscher Juden 1933–1939, Tübingen 1972.

Feldman, Gerald D.: Die Allianz und die deutsche Versicherungswirtschaft 1933–1945, München 2001.

Felix, Günther: Die Juden-Rechtsprechung des RFH vor Erlaß des Steueranpassungsgesetzes, in: Steuerliches Journal 1 (1993), S. 111–123.

Felix, Günther: Der Reichsfinanzhof im Dritten Reich, die jüdischen Deutschen und die unbegrenzte Auslegung, in: Betriebsberater 48 (1993) Heft 19, S. 1297–1303.

Felix, Günther: Kurzkommentierte Auswahl. Dokumente der Juden-Rechtsprechung des Reichsfinanzhofes, in: Betriebsberater 48 (1993) Nr. 19, S. 1597–1603.

Felix, Günther: Scheinlegalität und Rechtbeugung – Finanzverwaltung, Steuergerichtsbarkeit und Judenverfolgung im „Dritten Reich", in: Steuer und Studium 16 (1995) Nr. 5, S. 197–204.

Fichtl, Franz u. a. (Hrsg.): „Bambergs Wirtschaft judenfrei". Die Verdrängung der jüdischen Geschäftsleute in den Jahren 1933 bis 1939, Bamberg 1998.

Fischer, Albert: Hjalmar Schacht und Deutschlands „Judenfrage". Der Wirtschaftsdiktator und die Vertreibung der Juden aus der deutschen Wirtschaft, Köln u. a. 1995.

Förster, Christina M.: Der Harnier-Kreis. Widerstand gegen den Nationalsozialismus in Bayern, Paderborn u. a. 1996.

Fraenkel, Ernst: Der Doppelstaat, 2. durchges. Aufl. Hamburg 2001.

Franke, Christoph: Die Rolle der Devisenstellen bei der Enteignung der Juden, in: Stengel, Katharina (Hrsg.): Vor der Vernichtung. Die staatliche Enteignung der Juden im Nationalsozialismus, Frankfurt a. M./New York 2007, S. 80–93.

Franke, Christoph: Legalisiertes Unrecht. Devisenbewirtschaftung und Judenverfolgung am Beispiel des Oberfinanzpräsidiums Hannover 1931–1945, Hannover 2011.

Franz, Fritz: Das Prinzip der Abstammung im deutschen Staatsangehörigkeitsrecht, in: Institut für Migrations- und Rassismusforschung (Hrsg.): Beiträge des Hamburger Kongresses „Rassismus und Migration in Europa", Hamburg 1992, S. 237–245.

Friedman, Towiah (Bearb.): Das Vermögen der ermordeten Juden Europas: Dokumentensammlung. Historische Dokumentation zur Erforschung der Nazi-Kriegsverbrechen, Haifa 1961.

Friedenberger, Martin: Das Berliner Finanzamt Moabit-West und die Enteignung der Emigranten des Dritten Reichs 1933–1942, in: Zeitschrift für Geschichtswissenschaft 49 (2001) 8, S. 677–694.

Friedenberger, Martin: Die Rolle der Finanzverwaltung bei der Vertreibung, Verfolgung und Vernichtung der deutschen Juden, in: ders. u.a . (Hrsg.): Die Reichsfinanzverwaltung im Nationalsozialismus. Darstellung und Dokumente, Bremen 2002, S. 10–94.

Friedenberger, Martin: Walter Blümich, in: ders. u. a. (Hrsg.): Die Reichsfinanzverwaltung im Nationalsozialismus. Darstellung und Dokumente, Bremen 2002, S. 260–265.

Friedenberger, Martin: Willy Bötcher – ein Eichmann der Finanzverwaltung? Überlegungen zum autoritären Charakter, in: Gedenk- und Bildungsstätte Haus der Wannsee-Konferenz/ Haus am Kleistpark (Hrsg.): Verfolgung und Verwaltung. Die Rolle der Finanzbehörden bei der wirtschaftlichen Ausplünderung der jüdischen Bevölkerung in Berlin. Dokumentation einer Ausstellung im Haus am Kleistpark, Berlin 2003, S. 28–30.

Friedenberger, Martin: Fiskalische Ausplünderung. Die Berliner Steuer- und Finanzverwaltung und die jüdische Bevölkerung 1933–1945, Berlin 2008.

Friedenberger, Martin u. a. (Hrsg.): Die Reichsfinanzverwaltung im Nationalsozialismus. Darstellung und Dokumente, Bremen 2002.

Friedländer, Saul: Das Dritte Reich und die Juden, Bd. 1: Die Jahre der Verfolgung 1933–1939, 2. durchges. Aufl. München 1998.

Friedländer, Saul: Das Dritte Reich und die Juden, Bd. 2: Die Jahre der Vernichtung. 1939–1945, München 2006.

Fritz, Wolfgang: Fortschritt und Barbarei. Österreichs Finanzverwaltung im Dritten Reich, Wien 2011.

Fuchs, Gertraud: Die Vermögensverkehrsstelle als Arisierungsbehörde jüdischer Betriebe. Diplomarbeit, Wien 1989 (ungedruckt).

Füllberg-Stolberg, Claus: Die Rolle der Oberfinanzpräsidien bei der Vertreibung der Juden. Familie Seligmann aus Ronnenberg bei Hannover, in: zeitenblicke 3 (2004) Nr. 2 URL: http://www.zeitenblicke.historicum.net/2004/02/fuellberg-stolberg/index.html.

Gellately, Robert: Die Gestapo und die deutsche Gesellschaft. Die Durchsetzung der Rassenpolitik 1933–1945, 2. Aufl. Paderborn 1994.

Generaldirektion der Staatlichen Archive Bayerns (Hrsg.): Wege in die Vernichtung. Die Deportation der Juden aus Mainfranken 1941–1943. Begleitband zur Ausstellung des Staatsarchivs Würzburg und des Instituts für Zeitgeschichte München-Berlin in Zusammenarbeit mit dem Bezirk Unterfranken, München 2003.

Genschel, Helmut: Die Verdrängung der Juden aus der Wirtschaft im Dritten Reich, Göttingen u. a. 1966.

Gerloff, Wilhelm: Die öffentliche Finanzwirtschaft, Bd. 2, 2. neubearb. Aufl. Frankfurt a. M. 1950.

Gibas, Monika (Hrsg.): „Arisierung" in Thüringen. Entrechtung, Enteignung und Vernichtung der jüdischen Bürger Thüringens 1933–1945, Erfurt 2006.

Giese, Frank Paul: Abgabenordnung im Dritten Reich. Rechtsentwicklung und -entartung im Steuerverfahrens- und allgemeinen Steuerrecht, Frankfurt a. M. 1998.

Gilles, Franz-Otto: Hauptsache sparsam und ordnungsgemäß. Finanz- und Verwaltungskontrolle in den während des Zweiten Weltkrieges von Deutschland besetzten Gebieten, Opladen 1999.

Goehrke, Klaus: In den Fesseln der Pflicht. Der Weg des Reichsfinanzministers Lutz Graf Schwerin v. Krosigk, Köln 1995.

Goschler, Constantin/Lillteicher, Jürgen (Hrsg.): „Arisierung" und Restitution. Die Rückerstattung jüdischen Eigentums in Deutschland und Österreich nach 1945 und 1989, Göttingen 2002.

Goschler, Constantin/Lillteicher, Jürgen: Einleitung, in: dies. (Hrsg.): „Arisierung" und Restitution. Die Rückerstattung jüdischen Eigentums in Deutschland und Österreich nach 1945 und 1989, Göttingen 2002, S. 7–28.

Goschler, Constantin/Ther, Philipp (Hrsg.): Raub und Restitution. „Arisierung" und Rückerstattung des jüdischen Eigentums in Europa, Frankfurt a. M. 2003.

Goschler, Constantin/Ther, Philipp: Eine entgrenzte Geschichte. Raub und Rückerstattung jüdischen Eigentums in Europa, in: dies. (Hrsg.): Raub und Restitution. „Arisierungen" und Rückerstattung des jüdischen Eigentums in Europa, Frankfurt a. M. 2003, S. 9–25.

Gosewinkel, Dieter: „Unerwünschte Elemente". Einwanderung und Einbürgerung der Juden in Deutschland 1848–1933, in: Tel Aviver Jahrbuch für deutsche Geschichte 27 (1998), S. 71–106.

Gosewinkel, Dieter: Eigentum vor nationalen Grenzen. Zur Entwicklung von Eigentumsrecht und Staatsangehörigkeit in Deutschland während des 19. und 20. Jahrhunderts, in: Siegrist, Hannes/Sugarman, David (Hrsg.): Eigentum im internationalen Vergleich. 18.–20. Jahrhundert, Göttingen 1999, S. 87–106.

Gosewinkel, Dieter: Einbürgern und Ausschließen. Die Nationalisierung der Staatsangehörigkeit vom Deutschen Bund bis zur Bundesrepublik Deutschland, Göttingen 2001.

Goshen, Seev: Eichmann und die Nisko-Aktion im Oktober 1939. Eine Fallstudie zur NS-Judenpolitik in der letzten Etappe vor der „Endlösung", in: VfZ 29 (1981), S. 74–96.

Gössel, Klaus-Dieter: Beamtentum im Nationalsozialismus, in: Friedenberger, Martin u. a. (Hrsg.): Die Reichsfinanzverwaltung im Nationalsozialismus. Darstellung und Dokumente, Bremen 2002, S. 95–142.

Gotto, Bernhard: Nationalsozialistische Kommunalpolitik. Administrative Normalität und Systemstabilisierung durch die Augsburger Stadtverwaltung 1933–1945, München 2006.

Gottwald, Alfred Bernd/Schulle, Diana: Die „Judendeportationen" aus dem Deutschen Reich 1941–1945. Eine kommentierte Chronologie, Wiesbaden 2005.

Grahn, Gerlinde: Die Enteignung des Vermögens der Arbeiterbewegung und der politischen Emigration 1933 bis 1945, in: 1999. Zeitschrift für Sozialgeschichte des 20. und 21. Jahrhunderts 12 (1997) Heft 3, S. 13–38.

Grau, Bernhard: Entschädigungs- und Rückerstattungsakten als neue Quelle der Zeitgeschichtsforschung am Beispiel Bayerns, in: zeitenblicke 3 (2004) Nr. 2, URL: http://www.zeitenblicke.historicum.net/2004/02/grau/index.html.

Grieser, Utho: Himmlers Mann in Nürnberg. Der Fall Benno Martin: Eine Studie zur Struktur des Dritten Reiches in der „Stadt der Reichsparteitage", Nürnberg 1974.

Gritschneder, Otto: Bewährungsfrist für den Terroristen Adolf Hitler. Der Hitler-Putsch und die bayerische Justiz, München 1990.

Gruner, Wolf: Die Reichshauptstadt und die Verfolgung der Berliner Juden 1933–1945, in: Rürup, Reinhard (Hrsg.): Jüdische Geschichte in Berlin. Essays und Studien, Berlin 1995, S. 229–266.

Gruner, Wolf: Die Grundstücke der „Reichsfeinde". Ein Überblick zur „Arisierung" von Immobilien durch Städte und Gemeinden 1938–1945, in: Wojak, Irmtrud/Hayes, Peter (Hrsg.): „Arisierung" im Nationalsozialismus. Volksgemeinschaft, Raub und Gedächtnis, Frankfurt a. M. 2000, S. 125–156.

Gruner, Wolf: Die NS-Judenverfolgung und die Kommunen. Zur wechselseitigen Dynamisierung von zentraler und lokaler Politik 1933–1941, in: VfZ 48 (2000), S. 75–126.

Gruner, Wolf: Zwangsarbeit und Verfolgung. Österreichische Juden im NS-Staat 1938–1945, Wien u. a. 2000.

Gruner, Wolf: Öffentliche Wohlfahrt und Judenverfolgung. Wechselwirkung lokaler und zentraler Politik im NS-Staat (1933–1942), München 2002.

Gruner, Wolf: Von der Kollektivausweisung zur Deportation der Juden aus Deutschland (1938–1945). Neue Perspektiven und Dokumente, in: Kundrus, Birthe/Meyer, Beate (Hrsg.): Die Deportation der Juden aus Deutschland. Pläne Praxis, Reaktionen 1938–1945, Göttingen 2004, S. 21–62.

Gruner, Wolf (Hrsg.): Die Verfolgung und Ermordung der europäischen Juden durch das nationalsozialistische Deutschland, 1933–1945, Bd. 1: Deutsches Reich 1933–1937, München 2008.

Gruner, Wolf/Nolzen, Armin (Hrsg.): Bürokratien. Initiativen und Effizienz, Berlin 2001.

Hachtmann, Rüdiger: „Neue Staatlichkeit". Überlegungen zu einer systematischen Theorie des NS-Herrschaftssystems und ihrer Anwendung auf die mittlere Ebene der Gaue, in: John, Jürgen u. a. (Hrsg.): Die NS-Gaue. Regionale Mittelinstanzen im zentralistischen „Führerstaat", München 2007, S. 56–79.

Haerendel, Ulrike: Kommunale Wohnungspolitik im Dritten Reich. Siedlungsideologie, Kleinhausbau und „Wohnraumarisierung" am Beispiel Münchens, München 1999.

Haferkamp, Hans-Peter: Die heutige Rechtsmißbrauchslehre – Ergebnis nationalsozialistischen Rechtsdenkens?, Berlin 1995.

Hagspiel, Hermann: Die Ostmark. Österreich im Großdeutschen Reich 1938 bis 1945, Wien 1995.

Hamburger, Arno: Die Pogromnacht vom 9. auf den 10. November in Nürnberg, in: Wollenberg, Jörg: „Niemand war dabei und keiner hat's gewußt". Die deutsche Öffentlichkeit und die Judenverfolgung 1933–45, München u. a. 1989, S. 21–25.

Händler-Lachmann, Barbara/Werther, Thomas: „Vergessene Geschäfte – verlorene Geschichte". Jüdisches Wirtschaftsleben in Marburg und seine Vernichtung im Nationalsozialismus, Marburg 1992.

Hanke, Peter: Zur Geschichte der Juden in München zwischen 1933 und 1945, München 1967.

Hayes, Peter: Big Business and „Aryanization" in Germany 1933–1939, in: Jahrbuch für Antisemitismusforschung 3 (1994), S. 254–281.

Hehl, Ulrich von: „Keine Beamten, sondern fanatische Apostel". Verwaltung und Beamtenschaft im Übergang vom autoritären zum nationalsozialistischen „Führerstaat", in: Rumschöttel, Hermann/Ziegler, Walter (Hrsg.): Staat und Gaue in der NS-Zeit. Bayern 1933–1945, München 2004, S. 11–37.

Heim, Susanne: „Deutschland muß ihnen ein Land ohne Zukunft sein". Die Zwangsemigration der Juden 1933 bis 1938, in: Beiträge zur nationalsozialistischen Gesundheits- und Sozialpolitik 11 (1993), S. 48–81.

Heim, Susanne: Vertreibung, Raub und Umverteilung. Die jüdischen Flüchtlinge aus Deutschland und die Vermehrung des „Volksvermögens", in: Beiträge zur nationalsozialistischen Gesundheits- und Sozialpolitik 15 (1999), S. 107–138.

Heim, Susanne/Aly, Götz: Staatliche Ordnung und „organische Lösung". Die Rede Hermann Görings „über die Judenfrage" vom 6. Dezember 1938, in: Jahrbuch für Antisemitismusforschung 2 (1993), S. 378–404.

Heinemann, Isabel: „Rasse, Siedlung, deutsches Blut". Das Rasse- und Siedlungshauptamt der SS und die rassenpolitische Neuordnung Europas, Göttingen 2003.

Heinig, Kurt: Das Budget. Bd. I: Die Budgetkontrolle, Tübingen 1949.

Held, Steffen: Eigentum und Besitz von jüdischen Einrichtungen und Bürgern im Visier der Leipziger Stadtverwaltung, in: Gibas, Monika (Hrsg.): „Arisierung" in Leipzig, Leipzig 2007, S. 34–51.

Henkelmann, Franz: Die Umgestaltung der Steuerverwaltung durch den Nationalsozialismus unter besonderer Berücksichtigung der Verordnungspraxis des Reichsministers der Finanzen, Diss. Köln 1947.

Henning, Friedrich-Wilhelm: Die nationalsozialistische Steuerpolitik. Programm, Ziele und

Wirklichkeit, in: Schremmer, Eckart (Hrsg.): Steuern, Abgaben und Dienste vom Mittelalter bis zur Gegenwart, Stuttgart 1994, S. 197–211.

Hepp, Michael (Hrsg.): Die Ausbürgerung deutscher Staatsangehöriger 1933–45 nach den im Reichsanzeiger veröffentlichten Listen, 3 Bde., München 1985–1988.

Hepp, Michael: Deutsche Bank und Dresdner Bank. Gewinne aus Raub, Enteignung und Zwangsarbeit 1933–1944, in: 1999. Zeitschrift für Sozialgeschichte des 20. und 21. Jahrhunderts, 15 (2000) Heft 1, S. 63–116.

Herbert, Ulrich: Best. Biographische Studien über Radikalismus, Weltanschauung und Vernunft 1903–1989, Bonn 1996.

Herbert, Ulrich: Vernichtungspolitik. Neue Antworten und Fragen zur Geschichte des „Holocaust", in: ders. (Hrsg.): Nationalsozialistische Vernichtungspolitik 1939–1945. Neue Forschungen und Kontroversen, Frankfurt a. M. 1998, S. 9–66.

Herbst, Ludolf/Goschler, Constantin (Hrsg.): Wiedergutmachung in der Bundesrepublik Deutschland, München 1989.

Herbst, Ludolf/Weihe, Thomas (Hrsg.): Die Commerzbank und die Juden 1933–1945, München 2004.

Herbst, Ludolf u. a.: Einleitung, in: ders./Weihe, Thomas (Hrsg.): Die Commerzbank und die Juden 1933–1945, München 2004, S. 9–19.

Herting, Detlef u. a.: Die Umsatzsteuer. Ihre Geschichte und gegenwärtige Gestaltung im In- und Ausland, 2. Aufl. Köln u. a. 1962.

Herzig, Arno (Hrsg.): Verdrängung und Vernichtung der deutschen Juden unter dem Nationalsozialismus, Hamburg 1992.

Hettlage, Karl M.: Die Finanzverwaltung, in: Jeserich, Kurt G. A. u. a. (Hrsg.): Deutsche Verwaltungsgeschichte, Bd. IV Das Reich als Republik und in der Zeit des Nationalsozialismus, Stuttgart 1985, S. 177–200.

Heusler, Andreas/Weger, Tobias: „Kristallnacht". Gewalt gegen die Münchner Juden im November 1938, München 1998.

Hilberg, Raul: Täter, Opfer, Zuschauer. Die Vernichtung der Juden 1933–1945, Frankfurt a. M. 1996.

Hilberg, Raul: Die Vernichtung der europäischen Juden, Bd. 1, 9. Aufl. Frankfurt a. M. 1999.

Hockerts, Hans Günter: Wiedergutmachung in Deutschland. Eine historische Bilanz 1945–2000, in: VfZ 49 (2001), S. 167–214.

Hockerts, Hans Günter/Kuller, Christiane (Hrsg.): Nach der Verfolgung. Wiedergutmachung nationalsozialistischen Unrechts in Deutschland?, Göttingen 2003.

Hockerts, Hans Günter/Kuller, Christiane: Von der wirtschaftlichen Verdrängung zur Existenzvernichtung. Dimensionen der „Arisierung", in: Stäbler, Wolfgang (Hrsg.): Kulturgutverluste, Provenienzforschung, Restitution. Sammlungsgut mit belasteter Herkunft in Museen, Bibliotheken und Archiven, München/Berlin 2007, S. 21–38.

Hockerts, Hans Günter u. a.: Die Finanzverwaltung und die Verfolgung der Juden in Bayern. Bericht über ein Forschungsprojekt der LMU München in Kooperation mit der Generaldirektion der Staatlichen Archive Bayerns, München 2004.

Högemann, Werner: Das deutsche Steuerrecht unter dem Einfluß des Nationalsozialismus (1933–1945), Münster 1993.

Hüttenberger, Peter: Die Gauleiter. Studien zum Wandel des Machtgefüges in der NSDAP, Stuttgart 1969.

Jabloner, Clemens u. a.: Schlussbericht der Historikerkommission der Republik Österreich. Vermögensentzug während der NS-Zeit sowie Rückstellungen und Entschädigungen seit 1945 in Österreich. Zusammenfassung und Einschätzungen, München u. a. 2003.

James, Harold: Deutschland in der Weltwirtschaftskrise 1924–1936, Stuttgart 1988.

James, Harold: Die Deutsche Bank und die „Arisierung", München 2001.

James, Harold: Die Deutsche Bank im Dritten Reich, München 2003.

Jansen, Hans: Der Madagaskar-Plan. Die beabsichtigte Deportation der europäischen Juden nach Madagaskar, München 1997.

Jung, Otmar: Volksgesetzgebung. Die „Weimarer Erfahrungen" aus dem Fall der Vermögensauseinandersetzungen zwischen Freistaaten und ehemaligen Fürsten, 2. Aufl. Hamburg 1996.

Junz, Helen, B.: Where did all the Money go? The Pre-Nazi Era Wealth of European Jewry, Bern 2002.

Kanther, Michael Alfred: Finanzverwaltung zwischen Staat und Gesellschaft. Die Geschichte der Oberfinanzdirektion Köln und ihre Vorgängerbehörden 1824–1992, Köln 1993.

Kaplan, Marion: Der Mut zum Überleben. Jüdische Frauen und ihre Familien in Nazi-Deutschland, Berlin 2001.

Kau, Jakob: Verwaltung unter Diktatur und Terror. Das Landesfinanzamt 1933–1944, in: Heimat 13 (1962), S. 18–22, 51–55, 75–79, 102–105.

Keiser, Thorsten: Eigentumsrecht in Nationalsozialismus und Fascismo, Tübingen 2005.

Kenkmann, Alfons: Der Beamte als „germanischer Kavalier". Historisches Lernen am Beispiel von Verwaltung und Verfolgung, in: ders./Rusinek, Bernd A. (Hrsg.): Verfolgung und Verwaltung. Die wirtschaftliche Ausplünderung der Juden und die westfälischen Finanzbehörden, Münster 1999, S. 151–167.

Kenkmann, Alfons: Konfrontationen. Biografische Zugänge zu Verfolgern und Verfolgten zwischen Raub und Rückerstattung, in: Hockerts, Hans Günter/Kuller, Christiane (Hrsg.): Nach der Verfolgung. Wiedergutmachung nationalsozialistischen Unrechts in Deutschland, Göttingen 2003, S. 177–198.

Kenkmann, Alfons: „Pater Devisius" – ein Finanzbeamter zwischen Weltwirtschaftskrise, Weltanschauung und Wiedergutmachung, in: Hirschfeld, Gerhard/Jersak, Tobias (Hrsg.): Karrieren im Nationalsozialismus. Funktionseliten zwischen Mitwirkung und Distanz, Frankfurt a. M. 2004, S. 57–72.

Kenkmann, Alfons: The Looting of Jewish Property and the German Financial Administration, in: Feldman, Gerald D./Seibel, Wolfgang (Hrsg.): Networks of Nazi Persecution. Bureaucracy, Business and the Organization of the Holocaust, New York/Oxford 2005, S. 148–167.

Kenkmann, Alfons/Rusinek, Bernd A. (Hrsg.): Verfolgung und Verwaltung. Die wirtschaftliche Ausplünderung der Juden und die westfälischen Finanzbehörden, Münster 1999.

Kershaw, Ian: Antisemitismus und Volksmeinung. Reaktionen auf die Judenverfolgung, in: Broszat, Martin/Fröhlich, Elke (Hrsg.): Bayern in der NS-Zeit, Bd. II: Herrschaft und Gesellschaft im Konflikt, München/Wien 1979, S. 281–348.

Kingreen, Monica (Hrsg.): „Nach der Kristallnacht". Jüdisches Leben und antijüdische Politik in Frankfurt am Main 1938–1945, Frankfurt a. M./New York 1999.

Klamper, Elisabeth: Der „Anschlusspogrom“, in: Schmid, Kurt/Streibel, Robert (Hrsg.): Der Pogrom 1938. Judenverfolgung in Österreich und Deutschland, Wien 1990, S. 25–34.

Klee, Ernst: Das Personenlexikon zum Dritten Reich. Wer war was vor und nach 1945, Frankfurt a. M. 2005.

Klein, Franz: 70 Jahre RFH [Reichsfinanzhof]/BFH [Bundesfinanzhof], in: Deutsches Steuerrecht 26 (1988), S. 591–594.

Klenner, Jochen: Verhältnis von Partei und Staat 1933–1945. Dargestellt am Beispiel Bayerns, München 1974.

Kratzsch, Gerhard: Der Gauwirtschaftsapparat der NSDAP. Menschenführung – „Arisierung“ – Wehrwirtschaft im Gau Westfalen-Süd, Münster 1989.

Kröker, Thomas/Schmitz, Walter: Lebensbilder der Vorsitzenden des Deutschen Beamtenbundes, Köln 1992.

Kühnl, Reinhard: Zur Programmatik der nationalsozialistischen Linken: Das Strasser-Programm von 1925/26, in: VfZ 14 (1966), S. 317–333.

Kuller, Christiane: Dimensionen nationalsozialistischer Verfolgung, in: Hans Günter Hockerts/dies. (Hrsg.): Nach der Verfolgung. Wiedergutmachung nationalsozialistischen Unrechts in Deutschland?, Göttingen 2003, S. 35–60.

Kuller, Christiane: „Erster Grundsatz: Horten für die Reichsfinanzverwaltung“. Die Verwertung des Eigentums der deportierten Nürnberger Juden, in: Kundrus, Birthe/Meyer, Beate (Hrsg.): Die Deportationen der Juden aus Deutschland. Pläne – Praxis – Reaktionen 1938–1945, Göttingen 2004, S. 160–179.

Kuller, Christiane: Finanzverwaltung und „Arisierung“ in München, in: Baumann, Angelika/Heusler, Andreas (Hrsg.): München arisiert. Entrechtung und Enteignung der Juden in der NS-Zeit, München 2004, S. 176–197.

Kuller, Christiane unter Mitarbeit von Axel Drecoll und Tobias Winstel (Hrsg.): Historisches Online-Journal zeitenblicke, Themenausgabe „Raub und Wiedergutmachung“, 3 (2004), Nr. 2, http://www.zeitenblicke.historicum.net/2004/02/index.htm/02.11.2004.

Kuller, Christiane: Finanzverwaltung und Judenverfolgung. Die Entziehung jüdischen Vermögens in Bayern während der NS-Zeit, München 2008.

Kuller, Christiane: Oswald von Nell-Breuning. Ein Jesuit im Visier der NS-Devisenfahnder, in: Bauer, Theresia u. a. (Hrsg.): Gesichter der Zeitgeschichte. Deutsche Lebensläufe im 20. Jahrhundert, München 2009, S. 23-40.

Kuller, Christiane: Der arrangierte Normenstaat. Die staatliche Finanzverwaltung und die wirtschaftliche Ausplünderung der deportierten Juden, in: Reichardt, Sven/Seibel, Wolfgang (Hrsg.): Der prekäre Staat. Herrschen und Verwalten im Nationalsozialismus, Frankfurt a. M. 2011, S. 213-240.

Kuller, Christiane/Drecoll, Axel: Inszenierter Volkszorn, ausgebliebene Empörung und der Sturz des Gauleiters Julius Streicher. Reaktionen auf die wirtschaftliche Ausplünderung der deutschen Juden, in: Sabrow, Martin (Hrsg.): Skandal und Diktatur. Formen öffentlicher Empörung im NS-Staat und in der DDR, Göttingen 2004, S. 77–101.

Kundrus, Birthe/Meyer, Beate (Hrsg.): Die Deportationen der Juden aus Deutschland. Pläne – Praxis – Reaktionen 1938–1945, Göttingen 2004.

Kwiet, Konrad: Nach dem Pogrom. Stufen der Ausgrenzung, in: Benz, Wolfgang (Hrsg.): Die Juden in Deutschland 1933–1945. Leben unter nationalsozialistischer Herrschaft, 3. durchges. Aufl. München 1993, S. 545–659.

Laak, Dirk van: Die Mitwirkenden bei der „Arisierung". Dargestellt am Beispiel der rheinisch-westfälischen Industrieregion 1933–1940, in: Büttner, Ursula (Hrsg.): Die Deutschen und die Judenverfolgung im Dritten Reich, Hamburg 1992, S. 231–257.

Laube, Stefan: „Nach einer Mitteilung unserer Geschäftsstelle vom 20. Mai soll Herr Oppenheimer Jude sein". Über den Umgang mit Lebensversicherungspolicen im Dritten Reich, in: VfZ 51 (2003), S. 339–361.

Leesch, Wolfgang u. a.: Geschichte der Finanzverfassung und -verwaltung in Westfalen seit 1815, 3. Sonderausgabe Münster 1998.

Lehmann, Hans Georg: Acht und Ächtung politischer Gegner im Dritten Reich. Die Ausbürgerung deutscher Emigranten 1933–45, in: Hepp, Michael (Hrsg.): Die Ausbürgerung deutscher Staatsangehöriger 1933–45 nach den im Reichsanzeiger veröffentlichten Listen, München 1985, S. IX–XXIII.

Leidel, Herbert: Die Begründung der Reichsfinanzverwaltung, Bonn 1964.

Longerich, Peter: Politik der Vernichtung. Eine Gesamtdarstellung der nationalsozialistischen Judenverfolgung, München/Zürich 1998.

Longerich, Peter: Heinrich Himmler. Biographie, München 2008.

Lorentz, Bernhard: Die Commerzbank und die „Arisierung" im Altreich. Ein Vergleich der Netzwerkstrukturen und Handlungsspielräume von Großbanken in der NS-Zeit, in: VfZ 50 (2002), S. 237–268.

Lösener, Bernhard: Als Rassereferent im Reichsministerium des Innern, in: VfZ 9 (1961), S. 262–313.

Loth, Wilfried: Verwandlungspolitik: NS-Eliten in der westdeutschen Nachkriegsgesellschaft, Frankfurt a. M. u. a. 1998.

Lowenthal, Ernst Gottfried: Die Juden im öffentlichen Leben, in: Paucker, Arnold/Mosse, Werner Eugen (Hrsg.): Entscheidungsjahr 1932. Zur Judenfrage in der Endphase der Weimarer Republik, 2. revidierte und erweiterte Aufl. Tübingen 1966, S. 51–85.

Lütgenau, Stefan August u. a.: Zwischen Staat und Wirtschaft. Das Dorotheum im Nationalsozialismus, Wien/München 2006.

Luza, Radomir V.: Österreich und die großdeutsche Idee in der NS-Zeit, Wien u. a. 1977.

Majer, Diemut: „Fremdvölkische" im Dritten Reich. Ein Beitrag zur nationalsozialistischen Rechtssetzung und Rechtspraxis in Verwaltung und Justiz unter besonderer Berücksichtigung der eingegliederten Ostgebiete und des Generalgouvernements, Boppard am Rhein 1981.

Majer, Diemut: Nationalsozialismus im Lichte der Juristischen Zeitgeschichte. Ideologie – Staat – Besatzungsregime in Europa 1939–1945, Baden-Baden 2002.

Mason, Timothy Wright: Innere Krise und Angriffskrieg, in: Forstmeier, Friedrich/Volkmann, Hans-Erich (Hrsg.): Wirtschaft und Rüstung am Vorabend des Zweiten Weltkrieges, Düsseldorf 1975, S. 158–188.

Matzerath, Horst: Bürokratie und Judenverfolgung, in: Büttner, Ursula (Hrsg.): Die Deutschen und die Judenverfolgung im Dritten Reich, Hamburg 1992, S. 105–130.

Maurer, Trude: Ostjuden in Deutschland 1918–1933, Hamburg 1986.

Maurer, Trude: Abschiebung und Attentat. Die Ausweisung der polnischen Juden und der Vorwand für die "Kristallnacht", in: Pehle, Walter H. (Hrsg.): Der Judenpogrom 1938. Von der "Reichskristallnacht" zum Völkermord, Frankfurt a. M. 1988, S. 52–73.

Mayer, Michael: Staaten als Täter. Ministerialbürokratie und „Judenpolitik“ in NS-Deutschland und Vichy-Frankreich, München 2010.

Mecking, Sabine: Immer treu. Kommunalbeamte zwischen Kaiserreich und Bundesrepublik, Münster 2003.

Mehl, Stefan: Das Reichsfinanzministerium und die Verfolgung der deutschen Juden 1933–1943, Berlin 1990.

Meinl, Susanne: „Das gesamte bewegliche und unbewegliche Vermögen der in Deutschland aufhältlichen Angehörigen des jüdischen Volkstums ist beschlagnahmt“. Antisemitische Wirtschaftspropaganda und völkische Diktaturpläne in den ersten Jahren der Weimarer Republik, in: Wojak, Irmtrud/Hayes, Peter (Hrsg.): „Arisierung“ im Nationalsozialismus. Volksgemeinschaft, Raub und Gedächtnis, Frankfurt a. M./New York 2000, S. 31–58.

Meinl, Susanne: Finanzverwaltung und Judenverfolgung. Tagung des Historischen Seminars der Universität und des Niedersächsischen Hauptstaatsarchivs mit Unterstützung der DFG (Tagungsbericht), in: Newsletter des Fritz Bauer Instituts 10 (2001), Nr. 21, S. 11–13.

Meinl, Susanne/Zwilling, Jutta: Legalisierter Raub. Die Ausplünderung der Juden im Nationalsozialismus durch die Reichsfinanzverwaltung in Hessen, Frankfurt a. M./New York 2004.

Melzer, Emanuel: Relations between Poland and Germany and Their Impact on the Jewish Problem in Poland (1935–1938), in: Yad Vashem Studies 12 (1977), S. 193–229.

Melzer, Emanuel: No Way Out. The Politics of Polish Jewry 1935–1939, Cincinnati 1997.

Menges, Franz: Reichsreform und Finanzpolitik. Die Aushöhlung der Eigenstaatlichkeit Bayerns auf finanzpolitischem Wege in der Zeit der Weimarer Republik, Berlin 1971.

Metzger, Ulrike/Weingarten, Joe: Einkommensteuer und Einkommenssteuerverwaltung in Deutschland. Ein historischer und verwaltungswissenschaftlicher Überblick, Opladen 1989.

Michaelis, Dolf: Die wirtschaftliche und politische Entwicklung der Auswanderungs- und Transferfrage im nationalsozialistischen Deutschland, in: Feilchenfeld, Werner u. a.: Haavara-Transfer nach Palästina und die Einwanderung deutscher Juden 1933–1939, Tübingen 1972, S. 15–36.

Milton, Sibyl: Menschen zwischen Grenzen. Die Polenausweisung 1938, in: Menora. Jahrbuch für deutsch-jüdische Geschichte (1990), S. 184–206.

Misera, Hans-Ulrich: Organisationsveränderungen in der Verwaltung. Verwaltungswissenschaftlich untersucht am Beispiel der Entwicklung der inneren Organisation der Finanzämter von 1919 bis 1992, Frankfurt a. M. u. a. 1994.

Mistele, Karl Heinz: Das Ende einer Gemeinde. Juden in Bamberg 1930–1942, Bamberg 1988.

Modert, Gerd: Motor der Verfolgung. Zur Rolle der NSDAP bei der Entrechtung und Ausplünderung der Münchner Juden, in: Baumann, Angelika/Heusler, Andreas (Hrsg.): München „arisiert“. Entrechtung und Enteignung der Juden in der NS-Zeit, München 2004, S. 145–175.

Mohnhaupt, Heinz: Justus Wilhelm Hedemann und die Entwicklung der Disziplin „Wirtschaftsrecht“, in: Zeitschrift für Neuere Rechtsgeschichte 25 (2003), S. 238–268.

Mohr, Gundi: Die fiskalische Ausbeutung der Juden im Dritten Reich. Ein Beitrag zur Rolle der Finanzverwaltung 1933–1945, Frankfurt a. M. 1996.

Mommsen, Hans: Beamtentum im Dritten Reich. Mit ausgewählten Quellen zur nationalsozialistischen Beamtenpolitik, Stuttgart 1966.

Mommsen, Hans: Der Nationalsozialismus. Kumulative Radikalisierung und Selbstzerstörung des Regimes, in: Meyers Enzyklopädisches Lexikon, Bd. 16, 9. Aufl. Mannheim u. a. 1976, S. 785–790.

Mommsen, Hans: Verspielte Freiheit. Der Weg der Republik von Weimar in den Untergang 1918–1933, Berlin 1989.

Mommsen, Hans: Zur Verschränkung traditioneller und faschistischer Führungsgruppen in Deutschland beim Übergang von der Bewegungs- in die Systemphase, in: ders.: Der Nationalsozialismus und die deutsche Gesellschaft, zum 60. Geburtstag hrsg. v. Lutz Niethammer und Bernd Weisbrod, Reinbek b. Hamburg 1991, S. 39–66.

Mommsen, Wolfgang J.: Nationalität im Zeichen offensiver Weltpolitik. Das Reichs- und Staatsangehörigkeitsgesetz des Deutschen Reiches vom 22. Juni 1913, in: Hettling, Manfred (Hrsg.): Nation und Gesellschaft in Deutschland. Historische Essays, München 1996, S.128–141.

Muellerheim, F. (Hrsg.): Die gesetzlichen und außergesetzlichen Maßnahmen zur wirtschaftlichen Vernichtung der Juden in Deutschland 1933–1945, Hamburg 1952.

Mühl-Benninghaus, Sigrun: Das Beamtentum in der NS-Diktatur bis zum Ausbruch des Zweiten Weltkrieges. Zu Entstehung, Inhalt und Durchführung der einschlägigen Beamtengesetze, Düsseldorf 1996.

Müller, Arnd: Geschichte der Juden in Nürnberg 1146–1945, Nürnberg 1968.

Müller, Bernhard: Alltag im Zivilisationsbruch. Das Ausnahme-Unrecht gegen die jüdische Bevölkerung in Deutschland 1933–1945, München 2003.

Mußgnug, Dorothee: Die Reichsfluchtsteuer 1931–1953, Berlin 1993.

Neliba, Günter: Wilhelm Frick. Der Legalist des Unrechtsstaates. Eine politische Biografie, Paderborn u. a. 1992.

Nicholas, Lynn H.: The Rape of Europe. The Fate of Europe's Treasures in the Third Reich and the Second World War, New York 1994.

Niesler, André: „Aufopferung" und „Enteignung" vom ALR bis zur WRV, in: Jahrbuch für Juristische Zeitgeschichte Bd. 8 (2006/2007), S. 128–153.

Niethammer, Lutz: Die Mitläuferfabrik. Die Entnazifizierung am Beispiel Bayerns, Berlin/Bonn 1982.

Nietzel, Benno: Die Vernichtung der wirtschaftlichen Existenz der deutschen Juden 1933–1945, in: Archiv für Sozialgeschichte 49 (2009), S. 561–614.

Nietzel, Benno: Handeln und Überleben. Jüdische Unternehmer in Frankfurt am Main 1924–1964, Göttingen 2012.

Niewyk, Donald L.: Jews in Weimar Germany, New Brunswick 2001.

Offenberg, Mario: Die Vernichtung von Menschen und die Verwaltung ihrer Sachen. Legal und korrekt. Deportationsakten, in: ders. (Hrsg.): Adass Jisroel. Die Jüdische Gemeinde in Berlin (1869–1942). Vernichtet und vergessen, Berlin 1986, S. 222–255.

Offerhaus, Klaus: Der Bundesfinanzhof, Stuttgart 1985.

Oltmer, Jochen: Migration und Politik in der Weimarer Republik, Göttingen 2005.

Ophir, Baruch Z./Wiesemann, Falk (Hrsg.): Die jüdischen Gemeinden in Bayern 1918–1945. Geschichte der Zerstörung, München u. a. 1979.

Osterloh, Jörg: Nationalsozialistische Judenverfolgung im Reichsgau Sudetenland 1938–1945, München 2006.

Pätzold, Kurt: Faschismus, Rassenwahn, Judenverfolgung. Eine Studie zur politischen Strategie und Taktik des faschistischen Imperialismus, Berlin (Ost) 1975.

Paul, Gerhard/Mallmann, Klaus-Michael (Hrsg.): Die Gestapo im Zweiten Weltkrieg. „Heimtafront" und besetztes Europa, Darmstadt 2000.

Pauley, Bruce: Eine Geschichte des österreichischen Antisemitismus. Von der Ausgrenzung zur Auslöschung, Wien 1993.

Pausch, Alfons: Geschichte der Steuerverwaltung im Raum der Oberfinanzdirektion Stuttgart, Stuttgart 1965.

Pausch, Alfons: Von der Reichsschatzkammer zum Bundesfinanzministerium. Geschichte, Leistungen und Aufgaben eines zentralen Staatsorgans, Köln 1969.

Pausch, Alfons: Fritz Reinhardt als Mahnung. Ein Steuerfachmann im Dienste Hitlers, in: Der Steuerberater (1987) Heft 11, S. 349–360.

Pausch, Alfons: Persönlichkeiten der Steuerkultur. Steuergeschichte in Lebensbildern von Johannes von Miquel bis Armin Spitaler, Herne/Berlin 1992.

Pausch, Alfons/Pausch, Jutta: Kleine Weltgeschichte der Steuerzahler. Steueruntertanen – Steuerrebellen – Steuerbürger, Köln 1988.

Pawellek, Stefan: Die badische Finanzverwaltung 1919–1952. Ihre Geschichte unter besonderer Berücksichtigung der Entwicklungen im Reich und in der Bundesrepublik, Rheinfelden1986.

Petzina, Dietmar: Autarkiepolitik im Dritten Reich. Der nationalsozialistische Vierjahresplan, Stuttgart 1968.

Piper, Ernst: Alfred Rosenberg. Hitlers Chefideologe, München 2005.

Potthast, Jan Björn: Das jüdische Zentralmuseum der SS in Prag. Gegnerforschung und Völkermord im Nationalsozialismus, Frankfurt a. M. 2002.

Radbruch, Gustav: Gesetzliches Unrecht und übergesetzliches Recht, in: Süddeutsche Juristenzeitung (1946), S. 105–108.

Rapp, Petra Madeleine: Die Devisenprozesse gegen katholische Ordensangehörige und Geistliche im Dritten Reich. Eine Untersuchung zum Konflikt deutscher Orden und Klöster in wirtschaftlicher Notlage, totalitärer Machtausübung des nationalsozialistischen Regimes und im Kirchenkampf 1935/36, Diss. Bonn 1981.

Rappl, Marian: „Arisierungen" in München. Die Verdrängung der jüdischen Gewerbetreibenden aus dem Wirtschaftsleben der Stadt 1933–1939, in: Zeitschrift für bayerische Landesgeschichte 63 (2000), S. 123–184.

Rappl, Marian: „Unter der Flagge der Arisierung ... um einen Schundpreis zu erraffen". Zur Präzisierung eines problematischen Begriffs, in: Baumann, Angelika/Heusler, Andreas (Hrsg.): München arisiert. Entrechtung und Enteignung der Juden in der NS-Zeit, München 2004, S. 17–30.

Rathkolb, Oliver: Asyl- und Transitland 1933–1938?, in: Heiss, Gernot/ders. (Hrsg.): Asylland wider Willen. Flüchtlinge in Österreich im europäischen Kontext seit 1914, Wien/Salzburg 1995, S. 109–121.

Rauh-Kühne, Cornelia/Ruck, Michael (Hrsg.): Regionale Eliten zwischen Diktatur und Demokratie. Baden und Württemberg 1930–1952, München 1993.

Rebentisch, Dieter: Führerstaat und Verwaltung im Zweiten Weltkrieg. Verfassungsentwicklung und Verwaltungspolitik 1939–1945, Stuttgart 1989.

Rebentisch, Dieter/Teppe, Karl (Hrsg.): Verwaltung contra Menschenführung im Staat Hitlers. Studien zum politisch-administrativen System, Göttingen 1986.

Reichardt, Sven/Seibel, Wolfgang (Hrsg.): Der prekäre Staat. Herrschen und Verwalten im Nationalsozialismus, Frankfurt a. M. 2011.

Reichardt, Sven/Seibel, Wolfgang: Radikalität und Stabilität. Herrschen und Verwalten im Nationalsozialismus, in: dies. (Hrsg.): Der prekäre Staat. Herrschen und Verwalten im Nationalsozialismus, Frankfurt a. M. 2011, S. 7–27.

Rennert, Klaus: Die „geisteswissenschaftliche Richtung" in der Staatsrechtslehre der Weimarer Republik. Untersuchungen zu Erich Kaufmann, Günther Holstein und Rudolf Smend, Berlin 1987.

Ritschl, Albrecht: Die deutsche Zahlungsbilanz 1936–1941 und das Problem des Devisenmangels vor Kriegsbeginn, in: VfZ 39 (1991), S. 103–123.

Ritschl, Albrecht: NS-Devisenbewirtschaftung und Bilateralismus in Zahlen. Eine Auswertung der bilateralen Devisenbilanzen Deutschlands aus den Jahren 1938–1940, in: Schremmer, Eckart (Hrsg.): Geld und Währung vom 16. Jahrhundert bis zur Gegenwart, München 1991, S. 289–314.

Rösch, Mathias: „Hammer oder Amboß"? Zur Rolle des Bayerischen Finanzministeriums 1933–1945. Strukturen, Entwicklungslinien, Fragestellungen, in: Rumschöttel, Hermann/Ziegler, Walter (Hrsg.): Staat und Gaue in der NS-Zeit. Bayern 1933–1945, München 2004, S. 217–245.

Rosenkranz, Herbert: „Reichskristallnacht". 9. November 1938 in Österreich, Wien 1968.

Roth, Karl-Heinz: Innere Kriegsursachen. Von der Zahlungsbilanzkrise zum Raubkapitalismus, in: Bulletin für Faschismus und Weltkriegsforschung 14 (2000), S. 3–38.

Roth, Karl-Heinz: Krieg vor dem Krieg: Die Annexion Österreichs und die Zerschlagung der Tschechoslowakei 1938/39, in: 1999. Zeitschrift für Sozialgeschichte des 20. und 21. Jahrhunderts 16 (2001) Heft 1, S. 14–48.

Rot-Weiß-Rot-Buch – Gerechtigkeit für Österreich! Darstellungen, Dokumente und Nachweise zur Vorgeschichte und Geschichte der Okkupation Österreichs. Erster Teil, Wien 1946.

Ruck, Michael: Korpsgeist und Staatsbewußtsein. Beamte im deutschen Südwesten 1928–1972, München 1996.

Ruck, Michael: Beharrung im Wandel. Neuere Forschungen zur deutschen Verwaltung im 20. Jahrhundert (2 Teile), in: Neue Politische Literatur 42 (1997), S. 200–256 und 43 (1998), S. 67–112.

Rummel, Walter: Die Enteignung der Juden als bürokratisches Verfahren. Funktion und Grenzen der pseudo-legalen Formalisierung eines Raubes, in: Stengel, Katharina (Hrsg.): Vor der Vernichtung. Die staatliche Enteignung der Juden im Nationalsozialismus, Frankfurt a. M. 2007, S. 61–79.

Rummel, Walter/Rath, Jochen (Bearb.): „Dem Reich verfallen" – „den Berechtigten zurückzuerstatten". Enteignung und Rückerstattung jüdischen Vermögens im Gebiet des heutigen Rheinland-Pfalz 1938–1953, Koblenz 2001.

Rumschöttel, Hermann/Ziegler, Walter (Hrsg.): Staat und Gaue in der NS-Zeit. Bayern 1933–1945, München 2004.

Rupnow, Dirk: „Zur Förderung und beschleunigten Regelung der Auswanderung…" Die Zentralstelle für jüdische Auswanderung in Wien, in: Pawlowsky, Verena/Wendelin, Harald

(Hrsg.): Ausgeschlossen und entrechtet. Raub und Rückgabe. Österreich von 1938 bis heute, Budapest 2006, S. 13–30.

Rusinek, Bernd-A.: Nationalsozialismus, Judenverfolgung und „Bürokratie", in: Kenkmann, Alfons/ders. (Hrsg.): Verfolgung und Verwaltung. Die wirtschaftliche Ausplünderung der Juden und die westfälischen Finanzbehörden, Münster 1999, S. 138–150.

Sabrow, Martin (Hrsg.): Skandal und Diktatur. Formen öffentlicher Empörung im NS-Staat und in der DDR, Göttingen 2004.

Safrian, Hans: Die Eichmann-Männer, Wien/Zürich 1993.

Safrian, Hans: Beschleunigung der Beraubung und Vertreibung. Zur Bedeutung des „Wiener Modells" für die antijüdische Politik des „Dritten Reiches" im Jahr 1938, in: Goschler, Constantin/Lillteicher, Jürgen (Hrsg.): „Arisierung" und Restitution. Die Rückerstattung jüdischen Eigentums in Deutschland und Österreich nach 1945 und 1989, Göttingen 2002, S. 61–89.

Safrian, Hans: Kein Recht auf Eigentum. Zur Genese antijüdischer Gesetze im Frühjahr 1938 im Spannungsfeld von Peripherie und Zentrum, in: Stengel, Katharina (Hrsg.): Vor der Vernichtung. Die staatliche Enteignung der Juden im Nationalsozialismus, Frankfurt/New York 2007, S. 245–262.

Sandkühler, Thomas: Von der „Gegnerabwehr" zum Judenmord. Grenzpolizei und Zollgrenzschutz im NS-Staat, in: Gerlach, Christian (Hrsg.): „Durchschnittstäter". Handeln und Motivation, Berlin 2000, S. 95–154.

Saß, Anne-Christin: Berliner Luftmenschen. Osteuropäisch-jüdische Migranten in der Weimarer Republik, Göttingen 2012.

Sauer, Paul (Hrsg.): Dokumente über die Verfolgung der jüdischen Bürger in Baden-Württemberg durch das nationalsozialistische Regime 1933–1945, Bd. 2, Stuttgart 1966.

Schaible, Sylvia: Das Jahr 1938: Die „Entjudung der Wirtschaft" wird vorangetrieben und reguliert, in: Fichtl, Franz u. a. (Hrsg.): Bambergs Wirtschaft „judenfrei". Die Verdrängung der jüdischen Geschäftsleute in den Jahren 1933 bis 1939, Bamberg 1998, S. 135–170.

Schauer, Ralf Erich: Die Steuergesetzgebung des Nationalsozialismus als Mittel der Machtpolitik. Vom Steuerrecht zum Steuerunwesen, Frankfurt a. M. u. a. 2003.

Scheffler, Wolfgang: Judenverfolgung im Dritten Reich, 1933–1945, Berlin 1960.

Scheffler, Wolfgang/Schulle, Diana (Bearb.): Buch der Erinnerung. Die ins Baltikum deportierten deutschen, österreichischen und tschechoslowakischen Juden, 2 Bde., München 2003.

Scheiger, Brigitte: „Ich bitte um baldige Arisierung der Wohnung ...". Zur Funktion von Frauen im bürokratischen System der Verfolgung, in: Wobbe, Theresa (Hrsg.): Nach Osten. Verdeckte Spuren nationalsozialistischer Verbrechen, Frankfurt a. M. 1992, S. 175–196.

Schenke, Ralf Peter: Die Rechtsfindung im Steuerrecht. Konstitutionalisierung, Europäisierung und Methodengesetzgebung, Tübingen 2007.

Schilde, Kurt: Bürokratie des Todes. Lebensgeschichten jüdischer Opfer des NS-Regimes im Spiegel von Finanzamtsakten, Berlin 2002.

Schilde, Kurt: Josef Oermann, in: Friedenberger, Martin u. a. (Hrsg.): Die Reichsfinanzverwaltung im Nationalsozialismus. Darstellung und Dokumente, Bremen 2002, S. 266–272.

Schleier, Bettina: Das Umzugsgut jüdischer Auswanderer – von der Enteignung zur Rückerstattung, in: Bremisches Jahrbuch 77 (1998), S. 247–265.

Schleier, Bettina: Die Beamtenschaft der Finanzverwaltung in Bremen in der unmittelbaren Nachkriegszeit, in: Bremisches Jahrbuch 80 (2001), S. 168–180.

Schleusener, Jan: „Arisierung" und Rückerstattung. Das Kunsthandelshaus Bernheimer, München 2000 (unveröff. Magisterarbeit).

Schleusener, Jan: Vom Kunsthändler zum Kaffeebauer. Ausschaltung und Emigration am Beispiel Bernheimer, in: zeitenblicke 3 (2004) Nr. 2, URL: http://www.zeitenblicke.de/2004/02/schleusener/index.html.

Schleusener, Jan: Eigentumspolitik im NS-Staat. Der staatliche Umgang mit Handlungs- und Verfügungsrechten über privates Eigentum 1933–1939, Frankfurt a. M. u. a. 2009.

Schmid, Hans-Dieter: „Finanztod". Die Zusammenarbeit von Gestapo und Finanzverwaltung bei der Ausplünderung der Juden in Deutschland, in: Paul, Gerhard/Mallmann, Klaus-Michael (Hrsg.): Die Gestapo im Zweiten Weltkrieg. „Heimatfront" und besetztes Europa, Darmstadt 2000, S. 141–154.

Schmid, Kurt/Streibel, Robert (Hrsg.): Der Pogrom 1938. Judenverfolgung in Österreich und Deutschland, Wien 1990.

Schmidt, Normann: Die Entziehung von Geldvermögen, in: Biella, Friedrich (Hrsg.): Das Bundesrückerstattungsgesetz, München 1981, S. 311–367.

Schmitz-Berning, Cornelia: Vokabular des Nationalsozialismus, Berlin/New York 1998.

Schmöckel, Mathias: Auf der Suche nach der verlorenen Ordnung. 2000 Jahre Recht in Europa - ein Überblick, Köln 2005.

Schmöckel, Mathias: Rechtsgeschichte der Wirtschaft seit dem 19. Jahrhundert, unter Mitarb. v. Matthias Maetschke, Tübingen 2008.

Schönknecht, Eberhard: Die Ausbildung in der Reichsfinanzverwaltung von 1933 bis 1945, in: Friedenberger, Martin u. a. (Hrsg.): Die Reichsfinanzverwaltung im Nationalsozialismus. Darstellung und Dokumente, Bremen 2002, S. 186–243.

Schöpf, Andreas: Fritz Reinhardt, in: Friedenberger, Martin u. a. (Hrsg.): Die Reichsfinanzverwaltung im Nationalsozialismus. Darstellung und Dokumente, Bremen 2002, S. 253–259.

Schöpf, Andreas: Rolf Grabower, in: Friedenberger, Martin u. a. (Hrsg.): Die Reichsfinanzverwaltung im Nationalsozialismus. Darstellung und Dokumente, Bremen 2002, S. 273–278.

Schott, Herbert: Die ersten drei Deportationen mainfränkischer Juden 1941/42, in: Generaldirektion der Staatlichen Archive Bayerns (Hrsg.): Wege in die Vernichtung. Die Deportation der Juden aus Mainfranken 1941–1943, München 2003, S. 73–166.

Schubert, Werner: Zur Entwicklung des Enteignungsrechts von 1919–1945 und zu den Plänen des NS-Staates für ein Reichsenteignungsgesetz, in: Zeitschrift der Savigny-Stiftung für Rechtsgeschichte 111 (1994), S. 482–524.

Schüren, Ulrich: Der Volksentscheid zur Fürstenenteignung 1926. Die Vermögensauseinandersetzung mit den depossedierten Landesherren als Problem der deutschen Innenpolitik unter besonderer Berücksichtigung der Verhältnisse in Preußen, Düsseldorf 1978.

Schwab, Dieter: Eigentum, in: Brunner, Otto u. a. (Hrsg.): Geschichtliche Grundbegriffe. Historisches Lexikon zur politisch-sozialen Sprache in Deutschland, Bd. 2, Stuttgart 1979, S. 65–115.

Schwarz, Walter: Rückerstattung und Entschädigung. Eine Abgrenzung der Wiedergutmachungsformen, München 1952.

Schwarz, Walter: Rückerstattung nach den Gesetzen der Alliierten Mächte. Die Wiedergutmachung nationalsozialistischen Unrechts durch die Bundesrepublik Deutschland, Bd. I, München 1974.

Seibel, Wolfgang: Staatsstruktur und Massenmord. Was kann eine historisch-vergleichende

Institutionenanalyse zur Erforschung des Holocaust beitragen?, in: Geschichte und Gesellschaft 24 (1998), S. 539–569.

Seibel, Wolfgang: A Market for Mass Crime? Inter-Institutional Competition and the Initiation of the Holocaust in France 1940–1942, in: International Journal of Organization Theory and Behavior 5 (2002), S. 219–257.

Seibel, Wolfgang: The Strength of Perpetrators. The Holocaust in Western Europe 1940–1944, in: Governance 15 (2002), S. 211–240.

Seibel, Wolfgang: Restraining or Radicalizing? Division of Labor and Persecution Effectiveness, in: Feldman, Gerald D./Seibel, Wolfgang (Hrsg.): Networks of Nazi Persecution. Business, Bureaucracy and the Organization of the Holocaust, Oxford/New York 2005, S. 340–360.

Seibel, Wolfgang/Raab, Jörg: Verfolgungsnetzwerke. Arbeitsteilung und Machtdifferenzierung in den Verfolgungsapparaten des Holocaust, in: Kölner Zeitschrift für Soziologie und Sozialpsychologie 55 (2003) Heft 2, S. 197–230.

Selig, Wolfram: Leben unterm Rassenwahn. Vom Antisemitismus in der „Hauptstadt der Bewegung“, Berlin 2001.

Selig, Wolfram: „Arisierung“ in München. Die Vernichtung jüdischer Existenz 1937–1939, Berlin 2004.

Selmer, Peter: Steuerinterventionismus und Verfassungsrecht, Frankfurt a. M. 1972.

Spuhler, Gregor u. a.: „Arisierungen“ in Österreich und ihre Bezüge zur Schweiz, Zürich 2002.

Stadtarchiv München (Hrsg.): „... verzogen, unbekannt wohin“. Die erste Deportation von Münchner Juden im November 1941, Zürich 2000.

Steiner, Hubert/Kucsera, Christian: Recht als Unrecht. Quellen zur wirtschaftlichen Entrechtung der Wiener Juden durch die Vermögensverkehrsstelle, Wien 1993.

Steiner, Hubert: The Files of the Nationalsocialistic Authority Dealing with Properties (Vermögensverkehrsstelle) within the Archive of Republic and the Records of Restitution, Wien 2004.

Steinweis, Alan E.: Kristallnacht 1938, Cambridge, Mass. u. a. 2009.

Stephan, Michael: Steuer-, Devisen- und Einziehungsakten als neue Quellen der Zeitgeschichtsforschung, in: zeitenblicke 3 (2004) Heft 2, URL: http://www.zeitenblicke.de/2004/02/stephan/index.html.

Stiefel, Dieter (Hrsg.): Die politische Ökonomie des Holocaust. Zur wirtschaftlichen Logik von Verfolgung und „Wiedergutmachung", Wien/München 2001.

Stolleis, Michael: Gemeinwohlformeln im nationalsozialistischen Recht, Berlin 1974.

Stolleis, Michael: Recht im Unrecht. Studien zur Rechtsgeschichte des Nationalsozialismus, Frankfurt a. M. 1994.

Süß, Winfried: Der „Volkskörper“ im Krieg. Gesundheitspolitik, Gesundheitsverhältnisse und Krankenmord im nationalsozialistischen Deutschland 1939–1945, München 2003.

Tarrab-Maslaton, Martin: Rechtliche Strukturen der Diskriminierung der Juden im Dritten Reich, Berlin 1993.

Terhalle, Fritz: Handbuch der Finanzwissenschaft, Band I, 2. überarbeitete Aufl. Tübingen 1952.

Tipke, Klaus/Kruse, Heinrich Wilhelm: Abgabenordnung, Finanzgerichtsordnung, Kommentar, 13. Aufl. Köln 1988.

Tooze, J. Adam: Ökonomie der Zerstörung. Die Geschichte der Wirtschaft im Nationalsozialismus, München 2007.

Treue, Wilhelm: Hitlers Denkschrift zum Vierjahresplan 1936, in: VfZ 3 (1955), S. 184–210.

Trevisiol, Oliver: Die Einbürgerungspraxis im Deutschen Reich 1871–1945, Göttingen 2006.

Turner, Henry A.: Deutsches Staatsbürgerrecht und der Mythos der ethnischen Nation, in: Hettling, Manfred (Hrsg.): Nation und Gesellschaft in Deutschland. Historische Essays, München 1996, S. 142–150.

Tutas, Herbert E.: Nationalsozialismus und Exil. Die Politik des Deutschen Reiches gegenüber der politischen Emigration 1933–1939, München 1975.

Ullmann, Hans-Peter: Der deutsche Steuerstaat. Geschichte der öffentlichen Finanzen, München 2005.

Unfried, Berthold: Liquidierung und Arisierung von Betrieben als Elemente von Strukturpolitik und NS-„Wiedergutmachung", in: Felber, Ulrike u. a.: Ökonomie der Arisierung. Teil 1: Grundzüge, Akteure und Institutionen, Wien/München 2004, S. 166–226.

Venus, Theodor/Wenck, Alexandra-Eileen: Die Entziehung jüdischen Vermögens im Rahmen der Aktion Gildemeester, Wien/München 2004.

Verse-Herrmann, Angela: Die „Arisierungen" in der Land- und Forstwirtschaft 1938–1942, Stuttgart 1997.

Voegeli, Wolfgang/Willenbacher, Barbara: Das realisierte System der familienpolitischen Leistungen im Nationalsozialismus, in: Voegeli, Wolfgang (Hrsg.): Nationalsozialistische Familienpolitik zwischen Ideologie und Durchsetzung, Hamburg 2001, S. 17–47.

Vogel, Rolf: Ein Stempel hat gefehlt. Dokumente zur Emigration deutscher Juden, München/Zürich 1977.

Voß, Reimer: Steuern im Dritten Reich. Vom Recht zum Unrecht unter der Herrschaft des Nationalsozialismus, München 1995.

Walk, Joseph (Hrsg.): Sonderrecht für Juden im NS-Staat. Eine Sammlung der gesetzlichen Maßnahmen und Richtlinien. Inhalt und Bedeutung, Heidelberg 1981.

Wandel, Eckhard: Hans Schäffer. Steuermann in wirtschaftlichen und politischen Krisen 1886–1967, Stuttgart 1974.

Weber, Fritz: Die Arisierung in Österreich. Grundzüge, Akteure und Institutionen, in: Felber, Ulrike u. a.: Ökonomie der Arisierung. Teil 1: Grundzüge, Akteure und Institutionen, Wien/München 2004, S. 40–165.

Weber, Max: Wirtschaft und Gesellschaft. Grundriß der verstehenden Soziologie, hrsg. von Johannes Winckelmann, 5. Aufl. Tübingen 1976.

Weinert, Rainer: „Die Sauberkeit der Verwaltung im Kriege". Der Rechnungshof des Deutschen Reiches 1938–1946, Opladen 1993.

Werner, Stefan: Wirtschaftsordnung und Wirtschaftsstrafrecht im Nationalsozialismus, Frankfurt a. M. u. a. 1991.

Wernsmann, Rainer: Verhaltenslenkung in einem rationalen Steuersystem, Tübingen 2005.

Wetzel, Juliane: Auswanderung aus Deutschland, in: Benz, Wolfgang (Hrsg.): Die Juden in Deutschland 1933–1945. Leben unter nationalsozialistischer Herrschaft, München 1988, S. 413–498.

Wetzel, Juliane: Haavara-Abkommen, in: Benz, Wolfgang u. a. (Hrsg.): Enzyklopädie des Nationalsozialismus, München 1997, S. 500.

Wildt, Michael: Die Judenpolitik des SD 1935–1938. Eine Dokumentation, München 1995.

Wildt, Michael: Generation des Unbedingten. Das Führungskorps des Reichssicherheitshauptamtes, Hamburg 2002.

Wilhelm, Walter: Maut und Zoll 1834–1984. Von der General-Zoll- und Mautdirektion für das königliche Bayern bis zur Oberfinanzdirektion München. Festschrift zum 150. Jahrestag der Gründung des Deutschen Zollvereins, München 1984.

Willems, Susanne: Der entsiedelte Jude. Albert Speers Wohnungsmarktpolitik für den Berliner Hauptstadtbau, Berlin 2000.

Winstel, Tobias: Verhandelte Gerechtigkeit. Rückerstattung und Entschädigung für jüdische NS-Opfer in Bayern und Westdeutschland, München 2006.

Wippermann, Wolfgang: Das „ius sanguinis" und die Minderheiten im Deutschen Kaiserreich, in: Hahn, Hans-Henning/Kunze, Peter (Hrsg.): Nationale Minderheiten und staatliche Minderheitenpolitik in Deutschland im 19. Jahrhundert, Berlin 1999, S. 133–143.

Wippermann, Wolfgang: Das Blutrecht der Blutsnation. Zur Ideologie- und Politikgeschichte des ius sanguinis in Deutschland, in: Baumann, Jochen u. a. (Hrsg.): Blut und Boden. Doppelpaß, Staatsbürgerrecht und Nationenverständnis, Berlin 1999, S. 10–48.

Wirsching, Andreas: Jüdische Friedhöfe in Deutschland 1933–1957, in: VfZ 50 (2002), S. 1–40.

Witt, Peter-Christian: Die Finanzpolitik des Deutschen Reiches von 1903 bis 1913. Eine Studie zur Innenpolitik des Wilhelminischen Deutschland, Lübeck 1970.

Witt, Peter-Christian: Reichsfinanzminister und Reichsfinanzverwaltung. Zum Problem der Verhältnisse von politischer Führung und bürokratischer Herrschaft in den Anfangsjahren der Weimarer Republik (1918/19–1924), in: VfZ 23 (1975), S. 1–61.

Wixforth, Harald: Die Dresdner Bank im Sudetenland und im Protektorat Böhmen und Mähren, in: ders. unter Mitarbeit von Johannes Bähr, Jörg Osterloh, Friederike Sattler und Dieter Ziegler: Die Expansion der Dresdner Bank in Europa, München 2006, S. 55–394.

Woitkowski, Hans-Peter: Graf von Krosigk, in: Friedenberger, Martin u. a. (Hrsg.): Die Reichsfinanzverwaltung im Nationalsozialismus. Darstellung und Dokumente, Bremen 2002, S. 246–252.

Wojak, Irmtrud/Hayes, Peter: Einleitung, in: dies. (Hrsg.): „Arisierung" im Nationalsozialismus. Volksgemeinschaft, Raub und Gedächtnis, Frankfurt a. M./New York 2000, S. 7–13.

Wolf, Kerstin/Wolf, Frank: Reichsfluchtsteuer und Steuersteckbriefe 1932–1942, Berlin 1997.

Wollenberg, Jörg: Enteignung des „raffenden" Kapitals durch das „schaffende" Kapital. Zur Arisierung am Beispiel von Nürnberg, in: ders. (Hrsg.): „Niemand war dabei und keiner hat's gewusst." Die deutsche Öffentlichkeit und die Judenverfolgung 1933–1945, München/Zürich 1989, S. 158–186.

Wunder, Bernd: Geschichte der Bürokratie in Deutschland, Frankfurt a. M. 1991.

Wurm, Siegfried: Die finanzielle Vernichtung der Juden im Dritten Reich, Berlin 1999.

Ziegler, Dieter: Die Dresdner Bank und die deutschen Juden, unter Mitarbeit von Maren Janetzko, Ingo Köhler und Jörg Osterloh, München 2006.

Personenregister

Anschütz, Gerhard 312
Arlosoroff, Chaim 233

Bacciocco, Eduard 168
Ball, Kurt 173
Barth, Karl 367
Bayrhoffer, Walther 64f.
Beck, Ernst 94
Becker, Enno 136f., 180, 182
Berger, Fritz 43f., 63–65
Best, Werner 345
Beusch, Paul 35
Blümich, Walter 57f., 60, 87, 103, 147f., 150f., 156, 167–169
Boenicke, Albert 43f.
Bösing, Wilhelm 384
Bötcher, Willy 127–131, 299, 406
Bormann, Martin 50, 273f., 349, 359f., 395
Boruttau, Ernst Paul 156
Brahtz, Walter 65, 67, 70
Brandt, Alexander von 82
Bretz, Paul 94f., 103
Brüning, Heinrich 185, 195
Bürckel, Josef 89, 95, 153, 174–177, 274, 295, 297, 301–304, 353, 356–359, 362f., 366, 368f.

Carl, Friedrich 103
Casdorf, Hans 60, 103
Cohen, Sam 232f.

Daluege, Kurt 158
Dandl, Otto Ritter von 81
Dannecker, Theodor 383
Denhard, Wilhelm 84, 103
Desbalmes, Armand 299f.
Diels, Rudolf 98, 339
Dingler, Max 81
Dirks, Johann 126, 129, 131, 406
Döhle, Walter 234
Dollfuß, Engelbert 364
Donandt, Walter 161f.
Dorn, Herbert 53f.
Düsing, Max 81
Dziewas, Gotthold 259

Ebner, Karl 129
Egger, Rudolf 93f.
Eichmann, Adolf 96f., 99, 127, 177, 234, 377, 382, 438
Eiffler, Kurt 156
Eigruber, August 374
Einstein, Albert 344
Engelbrecht, Christian 67
Epp, Franz Ritter von 425
Erbe, Hans 361
Ernst, Willy 43f., 62, 74
Erzberger, Matthias 32f., 37f., 40, 57, 118, 133
Esser, Hermann 326
Eylert, Konrad 68, 70f., 156, 434

Feuchtwanger, Lion 340
Fiedler, Ewald 94
Fischböck, Hans 97, 152, 154, 271, 295, 300, 367, 370, 372
Flick, Friedrich 267
Fourier, Hermann 108
Frick, Wilhelm 77, 124f., 151, 253f., 307, 322f., 329, 333f., 361
Fritsch, Werner von 290
Funk, Walther 158, 226, 271f., 278, 301, 305

Gering, Hermann 343
Gierke, Otto von 317f.
Giese, Richard 79, 103, 108
Globocnik, Odilo 368
Goebbels, Joseph 158, 270f., 320
Göring, Hermann 74, 117, 152f., 157–160, 188f., 204, 224–226, 229, 237, 243f., 248f., 264, 270f., 275, 281, 287, 290–292, 295, 299, 301f., 304, 329, 351f., 374, 392
Grabower, Rolf 49, 51–53, 57f.
Grimm, Anton 405
Groß, Franz 93f., 103
Groth, Karl 31, 65, 67, 70f., 76, 86, 109, 116, 180
Grünszpan, Herschel 157, 225
Günter, Alfred 103
Gürtner, Franz 151, 157, 329

Hagen, Herbert 234
Hampf, Walter 116
Haubach, Theodor 420
Hedding, Otto 43f., 56, 63, 65, 84, 144, 176
Heinemann (Oberregierungsrat) 407, 419
Heising, Heinrich 416f.
Hell, Walter 114f.
Herber, Karl 405
Herting, Detlef 59f., 103, 148f., 156
Heß, Rudolf 50, 85, 121f., 144, 152, 174, 188, 253, 255, 276, 296, 329, 346, 358, 360
Heydrich, Reinhard 73, 75, 100, 117, 158, 224f., 271, 341, 344–346, 354, 375, 377, 383f., 388, 391, 395, 400
Hilgard, Eduard 158
Hillmer, Theodor 82, 103
Himmler, Heinrich 73f., 129, 344, 358, 372, 378–380, 385, 388, 395
Hindenburg, Paul von 187, 206
Hinze, Kurt 116
Hirsch, Friedrich 416
Hitler, Adolf 14, 42, 47, 73, 81, 85, 92, 100, 102, 120, 122, 124, 137, 151f., 156–159, 168, 188, 202f., 224, 234f., 250–252, 256, 258, 271, 275, 307, 322–324, 328f., 334, 344, 350, 360, 362f., 374, 377, 385f., 391, 393, 395f., 402, 404, 421, 427, 431
Holtei, Max 94
Holz, Karl 289, 291
Hopf, Paul 80
Hoßfeld, Hans 63–65, 74f., 103
Huber, Ernst Rudolf 318
Hugenberg, Alfred 252

Illgner (Referatsleiter) 59f., 143

Jahn, Erik 130
Jahr (Abteilungsleiter) 43f., 63f.
Jancke, Herbert 88
Joel, Günther 291
Jury, Hugo 374

Kaemmel, Ernst 168
Kämmerling, Waldemar 420
Kämpfer, Adolf 238f.
Kaufmann, Erich 37
Kaufmann, Karl 274, 320
Kerr, Alfred 340
Kießel, Georg 291
Kluge, Johannes 63–66
Körner, Paul 304
Kramel, Angelo 415f.
Kritzinger, Friedrich Wilhelm 362
Krüger, Alf 154
Kühne, Walter 59, 87, 145–148, 156, 161, 423
Kuhn, Karl 103

Laer, Paul von 84
Lammers, Hans Heinrich 188, 254, 333, 358, 362f., 386, 395
Lipski, Józef 381
Lösener, Bernhard 253f.

Maaß, Otto 45, 64–67, 92, 130
Maedel, Walter 67–71, 161, 400f., 403, 407, 410, 434
Mahr, Walter 419f.
Mann, Ernst 81, 88
Mann, Thomas 344
Manteuffel, Joachim von 43, 63–66
Martin, Benno 290, 351f.
Mayer, Josef 69, 373
Meisinger, Josef 290f.
Merk, Walter 317
Mierendorff, Carlo 420
Mirre, Ludwig 81f.
Mitze, Rudolf 75, 88, 103
Moldenhauer, Paul 51
Müller, Hans 79, 103
Müller, Heinrich 82f.
Murr, Wilhelm 274
Mußfeld, Richard 191

Narewczewitz, Albert 201f.
Nasse, Arthur 65
Neuland, Siegfried 414
Neurath, Konstantin von 124, 251, 377

Oermann, Josef 169
Oertzen, Dieter 47
Olscher, Alfred 43f., 66

Papen, Franz von 45, 252
Patzer, Max 71
Petschek, Ignaz 129, 267–269
Petschek, Julius 267

Pfeiffer, Ernst 103
Pfordten, Theodor von der 307
Pfundtner, Hans 77, 328, 356
Pißel, Ludwig 81
Poerschke, Stephan 69
Popitz, Johannes 51-53, 133, 136, 144, 389
Posse, Hans 350
Prugger, Alexander 80f., 414

Rademacher, Franz 382f.
Rafelsberger, Walter 97, 294f., 297–299
Rath, Ernst vom 157
Rauch, Hans 103, 259, 350, 413f.
Rauschning, Georg 103
Reichle, Karl 65
Reinhardt, Fritz 11, 43, 45–48, 50, 55, 57, 60, 66f., 69f., 77, 82, 85–87, 94, 102, 114, 118f., 137f., 142, 144f., 151, 164, 167, 179, 270, 341, 359f., 389, 436f., 439
Richter, Richard 92, 94, 362
Riehle, Joachim 359
Rinkefeil, Rudolf 103
Rizzi, Hans 366
Ronge, Georg 82
Rosenberg, Alfred 322
Rosenfeld, Kurt 323
Rühe, Paul 82, 103
Rust, Josef 359

Schacht, Hjalmar 204, 210–213, 215, 217f., 224–226, 248, 250, 254f., 263, 266, 429
Schaefer (Referent) 59, 146–148
Schäffer, Fritz 414
Schäffer, Hans 51, 252
Scherer, Karl 85
Scherer, Robert 259
Schirach, Baldur von 374
Schleicher, Kurt von 188
Schlieben, Otto von 84, 133, 136
Schlüter, Walter 67f.
Schlumprecht, Karl 78
Schmidt, Carl Adolf 317
Schmitt, Kurt 218
Schmittmann, Heinrich 79
Schön, Franz 93, 103f.
Scholl, Franz 103
Schreck, Emil Josef 419
Schroll, Franz 413–416
Schuschnigg, Kurt 361
Schwandt, Johannes 65, 97, 266, 361, 396
Schwarz, Franz Xaver 276
Schwarzat, Friedrich 69f., 410
Schwerin von Krosigk, Lutz Graf 11, 40, 45–48, 51, 62, 66f., 69, 73f., 79, 81, 84, 107, 124, 144f., 156–159, 166, 176, 250, 252–256, 265–267, 270f., 278, 296, 305, 329f., 338, 348, 359-361, 363, 366, 402, 432, 436f.
Seldte, Franz 46, 329
Seyss-Inquart, Arthur 89, 97, 358–360, 365
Sobe, Fritz 102f.
Solf, Wilhelm 51
Spindler, Alfred 103
Sprenger, Jakob 82, 102
Stahlecker, Walter 356
Strasser, Gregor 320
Strasser, Otto 320, 324
Streicher, Julius 251, 287–291, 351
Stresemann, Gustav 87
Strobl, Otto 290
Stuckart, Wilhelm 77, 151, 361, 390–393, 396, 398

Thomas, Ernst 418f.
Trapp, Albert 64, 138f., 156, 391f.
Trommershausen, Hanns 419

Ueberschaer, Rudolf K. G. 81
Uhlich, Martin 60, 161

Voß, Heinrich 87f., 103, 116

Wachsmann, Kurt 82
Wagner, Adolf 274, 348
Wagner, Robert 301f.
Warburg, Max 234
Weidemann, Walther 80, 103
Weinrich, Karl 102
Weisensee, Christian 82, 85, 103, 350
Weißenstein, Sandor 257
Weltzien, August 53, 58
Wening, Hugo 52
Wever, Karl 43f., 63–66
Weymann, Otto 103
Wieacker, Franz 317f.
Wilhelm II. 185
Wimmer, Friedrich 359, 361
Wörmann, Ernst 158

Wolff, Heinrich 232
Wolff, Otto 420
Wucher, Theodor 63–65

Zarden, Arthur 46f., 51, 114
Zerahn, Erich 88, 103
Zimmermann, Hans 291
Zorn, Philipp 312f.
Zschaler, Ernst 45, 66, 75, 87, 103
Zülow, Kurt 55f., 114, 146–148, 156, 188, 190–194, 255f.